U0456708

本成果受到中国人民大学"中央高校建设世界一流大学（学科）和特色发展引导专项资金"支持，项目批准号：15XNLG09

大国学研究文库

国学视野下的
经学与子学研究

Studies on Chinese Classics and Pre-Qin Scholars: From the
Approach of Chinese Study

杨庆中◎主编

中国社会科学出版社

图书在版编目（CIP）数据

国学视野下的经学与子学研究/杨庆中主编.—北京：中国社会科学
出版社，2017.12
　（大国学研究文库）
　ISBN 978-7-5203-1768-9

　Ⅰ.①国… Ⅱ.①杨… Ⅲ.①经学—研究②先秦哲学—研究
Ⅳ.①Z126②B220.5

中国版本图书馆 CIP 数据核字（2017）第 314131 号

出 版 人　赵剑英
责任编辑　史慕鸿
责任校对　闫　萃
责任印制　戴　宽

出　　　版　中国社会科学出版社
社　　　址　北京鼓楼西大街甲 158 号
邮　　　编　100720
网　　　址　http：//www.csspw.cn
发 行 部　010-84083685
门 市 部　010-84029450
经　　　销　新华书店及其他书店

印刷装订　北京君升印刷有限公司
版　　　次　2017 年 12 月第 1 版
印　　　次　2017 年 12 月第 1 次印刷

开　　　本　710×1000　1/16
印　　　张　33.25
插　　　页　2
字　　　数　546 千字
定　　　价　148.00 元

目　　录

老子"不言之教"义趣疏证[*]

黄克剑

有其"道"必有其"教";在纯然逻辑的意趣上,先秦儒家"修道之谓教"(《礼记·中庸》)之说,亦当可用以推绎老子所谓"道"与"教"的内在关联。《道德经》开篇即称"道,可道也,非恒道也",与这非"可道"之"道"相应,老子申示其"教"为"不言之教"。"教"而"不言"或"不言"而"教"是耐人寻味的,本文拟对此煞似诡谲的理致略作疏证,以解悟老子所"言"中之"不言"的微旨及"不言"而"言"之深趣。

一 "法自然"之"道"与"不言之教"

"不言之教",语出《老子》二章、四十三章。二章云:

> 天下皆知美之为美,亚(恶)已;皆知善,斯不善矣。有无之相生也,难易之相成也,长短之相刑(形)也,高下之相盈也,音声之相和也,先后之相隋(随)也,恒也。是以耵(圣)人居无为之事,行不言之教:万物昔(作)而弗始也,为而弗侍(恃)也,成功而弗居也,夫唯弗居,是以弗去。①

"行不言之教"可以说是全章的点睛之句,但欲考寻此句所由出之原委,

* 此文原载于《哲学研究》2013 年第 9 期。

① 本文引《老子》语以帛书乙本为底本,并参酌以帛书甲本、郭店竹简本及世传碑、刻、注本。

则不可不从司马迁所谓"周秦之间，可谓文敝矣"（《史记·高祖本纪》）之"文敝"说起。西周以来，风行一代的"礼"、"乐"一直以"美"、"善"为教，至春秋末季，与"礼坏乐崩"一致的是"美"、"善"流于乡愿——"乡原（愿），德之贼也"（《论语·阳货》）——而变为媚曲之辞。演为缘饰的"美"、"善"盛称于天下人之口，却适成一种"丑"、"恶"而戕败天下人之心。所以，老子遂宁可拒斥这削夺了人之朴直天性的"美"、"善"，而痛切告诫世人："天下皆知美之为美，恶已；皆知善，斯不善矣。"老子如此讽论"美"而至于"恶"（丑）、"善"而至于"不善"（恶），也取譬于"有、无"、"难、易"、"长、短"、"高、下"、"音、声"、"先、后"的关系以作印证。对于老子所说"有无之相生也，难易之相成也，长短之相刑（形）也，高下之相盈也，音声之相和也，先后之相隋（随），恒也"，近人多附会以"辩证"思致，但由此而把特定语境下谈及的"美"与"恶"（丑）、"善"与"不善"（恶）归结为一种被几乎说滥了的"对立统一"可能并不切合其原意。其实，只要关联着《老子》二十章"唯与呵，其相去几何？美与亚（恶），其相去何若"而细审其趣，即不难明了老子取譬"无、有"、"难、易"、"长、短"等以喻说"美"与"恶"（丑）、"善"与"不善"（恶）转换的意致所在。论主并不要重复世人尽知的有"无"即有"有"、有"难"即有"易"、有"长"即有"短"——从而有"美"即有"恶"（丑）——之类的常识性道理，而是要由其相对的性状导示某种恒常而未加剖判、分别的境地，以求对那种对立双方相互转换的超越。老子是不驻念于世俗"有、无"、"难、易"、"长、短"、"高、下"、"音、声"、"先、后"的任何一方的，他以"相生"、"相成"、"相刑（形）"、"相盈"、"相和"、"相隋（随）"泯却其界限不是要调和二者，而是为着扬弃二者以归于"恒道"所指示的浑朴、圆备之境。因此，他不会执着于世俗的"美"、"善"，反倒是要淡化这些过多地浸染了人的文饰的价值。倘一定要说老子心目中自有其"美"、"善"，这"美"、"善"也当是不在尘网的好恶、迎拒中的"大美"、"大善"。有如"大方无隅"、"大音希声"、"大象无形"（《老子》四十一章），"大美"、"大善"乃是不可"言"、"知"、无从觅见其端崖的美、善。

如果说"天下皆知美之为美，恶已；皆知善，斯不善矣"是对陷于"文敝"的世俗教化的遮拨，那么所谓"耵（圣）人居无为之事，行不言之教"即是老子对自己所主张的相称于"恒道"的教化的昭布。"道"既然不可"道",修"道"之"教"便绝不可诉诸言诠;"不言之教"只在于行此"教"者的切实躬行,这躬行即在于如"圣人"那样"居无为之事"——以"无为"为其所从事。"圣人"是指晓悟"恒道"而居于治理国家、天下之地位的人,其"居无为之事"的做法即在于"万物昔(作)而弗始也,为而弗侍(恃)也,成功而弗居也"。这里的"万物"可理解为天地间的万事万物,亦即"无名,万物之始也;有名,万物之母"之"万物";"万物"之"物"也可理解为人,所以"万物"亦未尝不可称之为百姓。应该说,前一种意义上的"万物"涵括了后一种意义上的"万物",然而,即使是在前一种意义上,"万物"中的人仍是其重心或焦点所在。听任万物生息而无所谋图,惠及万物而不恃之自负,成全万物之化育而不以有功者自居,这无为不是无所事事,其毋宁说乃是一任万物"自化"、"自正"而对其无所不予成全。因此,"无为"不可理解为一种世俗的策略,而对万物的成全也绝不可看作是事先即已谋虑于此的某种目的。同样,所谓"夫唯弗居,是以弗去",其意蕴也不可带着功利之机心妄作诠度,不可将"弗去"与"弗居"分别以既定的目标与相应的手段视之。此外,有必要指出的是,老子由"叺(圣)人居无为之事,行不言之教"所示于天下的教化诚然可施用于政治,但这并不意味着"不言之教"唯政治是务,因此,所谓"居无为之事"自始便不可狭隘地理解为某种不无权谋性智慧的"君人南面之术"。

　　与二章相呼应,四十三章在重申"不言之教"时也分外说到了"无为":

　　　　不言之教,无为之益,天下希能及之矣。

就二章、四十三章之所论而言,"不言之教"亦可谓为"无为"之"教"。以"无为"称"教"着眼于修道之践履或修道者的躬行,以"不言"称"教"则重在强调这"教"非可以言语相喻。不过,真正说来,"言"也是一种人之所为,"无言"未始不可以归之于"无为"。诚然,四十三章一如二章,并未明确提及"道",但有趣的是,正像二章之前的一章由"万物之始"("无名")、"万物之母"("有名")标示非"可道"之"道"一样,四十三章之前的四十二章则由"道生一,一生二,二生三，三生万物"称述有着生生之德的"道"。从一章到二章，从四十二章到四十三章，这由"道"而"教"的推演所默示的理趣乃在于：以"无为"为主旨的"不言之教"终是出于"道"——"'道'本或作'导'"（陆德明《经典释文·老子道经意义》）——之所导。换句话说，"不言"而"无为"之"教"导自"道"的"无为"而"不言"。《老子》二十五章云：

> 国（域）中有四大，而王居一焉。人法地，地法天，天法道，道法自然。

"道法自然"，意即"道"以"自然"为法或"道"取法于"自然"。王弼注曰："法，谓法则也"；"道不违自然，乃得其性，法自然也。法自然者，在方而法方，在圆而法圆，于自然无所违也。自然者，无称之言，穷极之辞也"（王弼《老子道德经注》二十五章注）。作为无称之言或穷极之辞的"自然"非可表诠，倘以遮诠方式作义训，则勉可谓之不造作、无预虑或不措意而为，这用老子的别有寓意的术语说即是"无为"。因此，"道法自然"亦约略可领悟为"道"取法"自然"而"无为"。由"道法自然"趣归于"无为"，可知"天法道"从而"法自然"以趣归于"无为"，亦可知"地法天"从而"法道"、"法自然"以趣归于"无为"，则遂又可知"人法地"从而"法天"、"法道"、"法自然"以趣归于"无为"。"法自然"之"道"是虚寂无言的，"法地"从而"法天"、"法道"、"法自然"的人也因此而应当"至（致）虚极也，守静督（笃）也"（《老子》十六章）以至于"不言"。"修道之谓教"，修"法自然"之"道"，必至于倡立"无为"而"不言"之"教"，这是老子之"道"与老子之"教"之玄旨的一以贯之。

老子是主张因任"自然"而摈斥人为的；诚然，"人法地"从而"法天"、"法道"、"法自然"之"法"也可以看作是一种"为"，但这"为"是"为无为"（《老子》六十三章）。托"道"、"教"于"自然"，老子称叹"天之道，不单（战）而善朕（胜），不言而善应"（《老子》七十三章），老子也诲戒人们"希言，自然"（《老子》二十三章）。这由"道"而"教"地一再告之以"希言"、"不言"，乃出于本体意义上的一种断制，其决绝地捐弃"言"是因为"言"的发生和运用乃是与"自然"不无扞格的人为之举。从宣述"道，可道也，非恒道也；名，可名也，非恒名也"（《老子》一章），到申言"善者不辩，辩者不善"（《老子》八十一章），老子对"名"、"言"的不予信恃是贯穿其所论之始终的，这同他"道法自然"、"复归于朴"（《老子》二十八章）的人生而世界的终极归着全然相契。"朴"消解了人们通常认可的所有价值，以至取代所有被消解的价值而成为人生唯一可信守的价值。当老子说"大道废，安有仁义；知（智）慧出，安有大伪。六亲不和，安有孝兹（慈）；国家昏乱，安有贞臣"（《老子》十八章，"安"，意为"于是"）时，他否定了"仁义"、"智慧"、"孝慈"、"贞臣"的价值；当老子说"绝耵（圣）弃知（智），民利百倍；绝仁弃义，民复孝兹（慈）；绝巧弃利，盗贼无有"（《老子》十九章）时，他除了否定"仁义"、"智慧"的价值，甚至在否定"巧"、"利"价值的同时也否定了所谓"圣"的价值。所有这些价值都是在二元对立——如"利"与"害"、"巧"与"拙"、"智"与"愚"、"圣"与"凡"以至前文所说"美"与"恶"（丑）、"善"与"不善"（恶）等——的思维中确立的，也都是由富有分辨性的"名"、"言"逐一指示的，"朴"消解这种种二元对立并不就是对世俗对立的曲意调和，而是要导人于那种"鱼相忘于江湖之道"（王弼）的境地。从价值取向上说，老子的"道"——"法自然"之"道"——的一元论也可谓为"朴"的价值一元论。在一元化了的"朴"的价值领域，没有人为之"文"的位置，因而没有属于人文范畴的"名"、"言"的位置。

二　"不言"之"言"："强为之容"

不过，无论老子怎样信守其"不言之教"，当他说"道，可道也，非恒道也"时，却已经是对"道"（"恒道"）的一种道，而当他一再喻示"教"的未可言说时，却已经是对其"教"的"言"而又"言"。"不言之教"毕竟不能不以"言"诲导，这难堪的悖论曾使千余年后的唐代诗人白居易以诗句写下困惑和感慨："言者不知知者默，此语吾闻于老君。若道老君是知者，缘何自著五千文？"（《读〈老子〉》）然而，老子言其"不言"的悖论或正是对言语本身的悖论的道破，由此道家的宗师在探向"道"的深刻时也留下了别一种风致的言说。这对本当"不言"的勉为之"言"，或不妨称其为"不言"之"言"。

"言"其"不言"不免相强，《史记·老子列传》所载"关令尹喜曰：'子将隐矣，强为我著书'"之"强"即是此意。《老子》五千言或皆可谓"强"为之"言"，而论主于言说中亦屡屡自白以"强"。如：

> 有物昆（混）成，先天地生。萧（寂）呵漻（寥）呵，独立而不玹（改），可以为天地母。吾未知其名，字之曰道，吾强为之名曰大。（《老子》二十五章）

> 古之善为道者，微眇玄达，深不可志（识），夫唯不可志（识），故强为之容。（《老子》十五章）

对非可道之道称之以"道"，对非可名之名命名以"大"，原出于勉强而无奈，老子对"道"的运作和"为道者"之所为的精微、玄奥、通达而高深莫测遂只能勉为其难地予以形容。如此之"强为之容"充仞整部《老子》，而其中最典型的用语则莫过于"恍惚"或"惚恍"：

> 视之而弗见，命（名）之曰微；听之而弗闻，命（名）之曰希；捪之而弗得，命（名）之曰夷。三者不可至（致）计（诘），故绲（混）而为一。一者，其上不谬（皦），其下不忽（昧），寻寻呵不可命（名）也，复归于无物。是胃（谓）无状之状，无物之象，是胃（谓）沕（惚）望（恍）。（《老子》十四章）

"惚恍"（"沕望"），亦为"恍惚"。王弼注云："恍惚，无形不系之叹。"（《老子道德经注》二十一章注）近人蒋锡昌则云："'恍惚'，亦即'仿佛'。《说文》：'仿，仿佛，相似。视不諟也。……佛，仿佛也。'段注：'仿佛，或作仿佛，或作髣髴，或作拂坊，或作放怫，俗作彷彿。'而《老子》必欲以'恍惚'倒成'惚恍'者，因'象'、'恍'为韵耳。'是谓惚恍'，谓道若存若亡，恍惚不定也。"① 王弼以"惚恍"为嗟叹之词，所叹在于"道"的无形无象而无所牵系；蒋锡昌以"惚恍"与"仿佛"同义，谓其隐约不定。二者虽各有其趣，但都触到了"惚恍"或"恍惚"

---

① 蒋锡昌：《老子校诂》，商务印书馆1937年版，第83页。

所透示的那种似有若无、难以捉摸的意味。"视之而弗见"（"微"）、"听之而弗闻"（"希"）、"捪之而弗得"（"夷"），是对"道"的似"有"还"无"的性状的描摹，"其上不谬（皦），其下不忽（昧），寻寻呵不可命（名）也"（其上不会因为向阳而明亮，其下不会因为背阴而黯昧，浑沦没有边际呵难以形容），也是对"道"的似"有"还"无"的性状的描摹，而"无状之状，无物之象"仍是对"道"似"有"还"无"的性状的描摹，这些描摹或形容皆可一言以蔽之于"惚恍"。不过，这里由"惚恍"示意的"道"的似"有"若"无"的性状，从前文所一再申言的"弗见"、"弗闻"、"弗得"、"复归于无物"看，显然更多地侧重于"有"、"无"相即中的"无"的一维。与此相应，出现在下面这段文字中的"惚恍"或"恍惚"则于"道"的似"有"若"无"之性状的"有"的一维略有所重：

> 道之物，唯望（恍）唯沕（惚）。沕（惚）呵望（恍）呵，中又（有）象呵；望（恍）呵沕（惚）呵，中有物呵。幼（窈）呵冥呵，其中有请（情）呵，其请（情）甚真，其中有信。（《老子》二十一章）

"道"并非物，所谓"道之物"乃是拟物而言"道"；拟物言"道"是对"道"的强为之言，所言尽赅于"恍惚"间。"道"被示之以"恍惚"（"沕"）则似"无"还"有"而有无不定，不过，从"又（有）象"、"有物"、"有请（情）"、"有信"的描摹看，相对于十四章就"道"的"有"、"无"相即的性状而更突出其"无"的一维，此章略要突出的是"道"的"有"、"无"相即之性状的"有"的一维。比起"物"、"象"来，"情"与"信"更虚灵些，为了使"有情"、"有信"不致落入俗常的执着，老子在既以"恍惚"对"道"作了形容后又以"幼（窈）冥"对其作了描摹。一如诠注"恍惚"，王弼亦以"窈冥"为嗟叹之词："窈冥，深远之叹。"（王弼《老子道德经注》二十一章注）此外，宋人苏辙于该处所注亦颇可给人以启示，其云："方有无之未定，惚恍而不可见。及夫有无之交，则见其窈冥深眇，虽未成形，而精存其中矣。"（苏辙《道德真经注》二十一章注）其实，"恍惚"之辞已多少配称于老学之玄微，复措词以"窈冥"拟度不落言诠的"道"，亦真可谓趣涉"玄而又玄"了。

除上述所引章句外，他如"沕（惚）呵，其若海；望（恍）呵，若无所止"（《老子》二十章），乃至"与（豫）呵，其若冬涉水；猷（犹）呵，其若畏四叟（邻）；严呵，其若客；涣呵，其若凌（凌）泽（释）；沌呵，其若朴"（《老子》十五章）等，亦皆可视为"恍惚"之言。然而，"与（豫）呵，其若冬涉水"等也是一种别有趣致的比喻，而这类比喻则正可谓"强为之容"的又一典型的言说形态。比喻——尤其是隐喻——在《老子》中几乎随处可见，这类由形下直观通形上意境的措辞方式使"不言之教"之所"言"显得亲切而灵动。今试举几例略作疏解，以透过"强为之容"的喻说而探玩《老子》义理之玄秘。老子喻"道"，或譬之以"虚而不屈，动而愈出"的"橐籥"（古时冶炼用以鼓风吹火的器具，犹今人所称之风箱）（《老子》五章），或譬之以生机绵长、活力不竭的"玄牝"或"玄牝之门"（"牝"为雌性之生殖器官）（《老子》六章），而其"如水"之譬则最为传神。其谓：

> 上善如水。水善利万物而有争（静），居众人之所亚（恶），故几于道矣。居善地，心善渊，予（与）善天，言善信，正善治，事善能，动善时。夫唯不争，故无尤。（《老子》八章）

这是说：上善之人，其德如水。水善于滋养万物而自甘寂静，安于众人所嫌弃的卑下之地，所以与"道"相近。其处身，乐于像地那样谦下不矜；其居心，得以像渊那样深沉能容；其施与，乐于像天那样无所为而为；其言语，笃好真诚而不佞；其为政，笃好和洽而清静；其遇事，善于因应而能止能进；其行动，笃好有节而适时守恒。正因为其与物无争，所以才不至于产生过错或罪咎。老子以上善之人的德行比之于"水"，又称这似"水"的德行与"道"相近，实际上即是在以"水"喻"道"。水无常象，但毕竟有形，水"不争"，却只是"几于道"，如此所言中的"不言"之意即在于"道"的"不争"之境比起水的"不争"来更为高卓而虚灵。"上善如水"章全章之字句皆在言说"水"的德用，都在言说如"水"般的上善之人的德行，而这"言"却又只在于启示人们去推想那非可逼视、非可言说的"道"。这"言"是言"不言"，是由"水"的可思议去迫近那"道"的非可思议。

像这样由"言"而进于"不言"以对非可道之"道"强为之容的比喻，在《老子》中不乏其匹，这里还可再举一例。如：

> 卅（三十）福（辐）同一毂，当其无、有，车之用也。埏（埏）埴而为器，当其无、有，埴器之用也。凿户牖［而为室］，当其无、有，室之用也。故有之以为利，无之以为用。（《老子》十一章）

整段文字由三个相关的喻例和一个看似抽绎自所举事例却并不为其例所限的论断构成。"有"、"无"是贯穿始终的关键词，二者的一体关联所喻示的是老子所谓"无名"而"恒无欲"与"有名"而"恒有欲"乃为"异名同谓"（《老子》一章）的至深意趣。车得以行走，机械在于车毂。毂位于轮的中央，其状若环，外接三十条辐木以与轮圈结成一体，中有圆孔可容车轴穿过。正是这车毂，其外实内空，实于外的部分连着车轮，空于中的部分贯穿车轴而承载车身，车遂得以成为一个有着特殊功用的整体。若将车毂实于外的部分视为"有"，则其空于中的部分即可视为"无"，这种"有"、"无"一体于毂成全了车毂之"用"，亦成全了整个车之"用"。此"无"、"有"而"用"，即所谓"卅（三十）福（辐）同一毂，当其无、有，车之用也"。一个由黏土塑形烧制成的陶器，其亦外实而中空：器皿的内壁与外壁之间是器皿实于外的部分，为内壁围裹而被赋形的空间是器皿空于中的部分；空于中的部分可容物，实于外的部分则可使可容物的空于中的部分得以以一定的造型持续存在。这器皿有容物之"用"，固然因着其中有所空，但中有所空终究离不开其外有所实。若将实于外的部分视为"有"，则空于中的部分即可视为"无"，这"无"、"有"一体于黏土塑制的器皿，成全了器皿之"用"。此"无"、"有"而"用"，即所谓"埏（埏）埴而为器，当其无、有，埴器之用也"。同样，修筑屋室在于辟出一个与外境相隔的空间来供人栖居，而辟出一个与外境相隔的空间来则不可不砌砖盖瓦以筑墙造顶，亦不可不凿门开窗以便出入、采光与通风。若以屋内空间为"无"，则造成这空间的屋顶与四壁即为"有"，这"无"与"有"共同成全了屋室的功用。一如车毂、埴器各以其"无"、"有"而致其"用"，屋室的"无"、"有"而"用"亦正可谓"凿户牖［以为室］，当其无、有，室之用也"。由"车之用"、"埴器之用"、"室之用"所涉及的"有"、"无"是从经验的实有与虚空说起的"有"、"无"，而所谓"有之以为利，无之以为用"的"有"、"无"则是"有名"而"恒有欲"与"无名"而"恒无欲"的"有"、"无"，因而是"两者同出，异名同谓"的那种"有"、"无"，亦是"昔（作）而弗始，为而弗侍（恃），成功而弗居"或"生之畜之，生而弗有，长而弗宰也，是胃（谓）玄德"（《老子》十章）的"有"（"作"、"为"、"成功"、"生"、"长"）、"无"（"弗始"、"弗恃"、"弗居"、"弗有"、"弗宰"）；前一种"有"、"无"为可"言"之"有"、"无"，后一种"有"、"无"为严格意义上的非可"言"之"有"、"无"，以前者比喻后者是以"言"诱示"不言"，诱示"不言"的"言"乃是对"恒道"、"玄德"的"强为之容"。

三　"不言"之"言"："正言若反"

与"强为之容"构成互补的另一种"不言"之"言"是老子的"若反"的"正言"，这种诡异的言说方式使其所欲传示的"道"显得分外灵奥而玄澹。《老子》七十八章云：

> 是故耵（圣）人之言云，曰："受国之詢（诟），是胃（谓）社稷之主；受国之不祥，是胃（谓）天下之王。"正言若反。

"圣人"为老子所托始，而所引"圣人之言"与鲁宣公十五年（公元前594年）晋国大夫宗伯进谏晋侯时说的话颇相近。宗伯有云："谚曰：'高下在心。'川泽纳污，山薮藏疾，瑾瑜匿瑕，国君含垢（诟），天之道也。"（《左传·宣公十五年》）其时为孔子降生前43年，老子尚未出世。由此或可推知，老子所谓"圣人之言"显然并非杜撰，其与宗伯"国君含垢（诟）"之谈当属同源。不过，老子毕竟以"正言若反"点出了这类话语的特征，并自觉将有如此特征的言说习用为自己"不言"之"言"的一种类型。事实上，老子对"受国之詢（诟），是胃（谓）社稷之主；受国之不祥，是胃（谓）天下之王"的赞可，是从"天下莫柔弱于水，而攻坚强者莫之能胜"（《老子》七十八章）说起的，而规劝"主"、"王"对"诟"（耻辱）与"不祥"（灾祸）的承受则正相当于"水善利万物而有争（静），居众人之所亚（恶）"。这是再一次借水喻"道"而诲示"不言之教"，不过，这次却着意凸显了示教者与众人或常人间的那种价值取舍上的紧张感：为众人所"恶"的"诟"或"不祥"的东西却是循"道"而行的人必得要承担或乐意领受的，对于众人说来"若反"的道理原本是与"道"相契的"正言"。

　　同是出于言说者的不得已，如果说"强为之容"终是因着较大程度地顾及"众人"而所言尽可能地做到便于闻言者接受，那么"正言若反"则是另一种情形，这种言说在于加大言者与闻言者之间措思的张力，以使闻言者对看似"反"说的"正言"在其不无抵触的接受中留下更深的印象。《老子》中，心契于"道"的"我"与"众人"在诸多境况下所取的人生态度或其处世方式往往大相径庭：

> 众人熙（熙）熙（熙），若乡（飨）于大牢，而春登台。我博（泊）焉未垗（兆），若婴儿未咳。累呵，佁（似）无所归。众人皆又（有）余，我独遗（匮）。我愚人之心也，湷（沌）湷（沌）呵。鬻（俗）人昭昭，我独若闼（昏）呵。鬻（俗）人察察，我独闻（闷）闻（闷）呵。沕（惚）呵，其若海。望（恍）呵，若无所止。众人皆有以，我独闶（顽）以鄙。吾欲独异于人，而贵食母。（《老子》二十章）

"众人"或"俗人"与"我"的分别，说到底，乃在于失"朴"或"朴散"（《老子》二十八章）与"抱朴"（《老子》十九章）或"复朴"的歧异。众人多为失"朴"之人，争名逐利、寻欢觅乐遂为世俗之常情，所谓"众人熙（熙）熙（熙），若乡（飨）于大牢，而春登台"，即是对尘垢中人惟功名利禄是求的形容。享受太牢（牛、羊、豕三牲具备）宴乐、春日登台览胜当是一种比喻，所喻在于失其本然之"朴"的人们对于"使人目盲"的"五色"、"使人耳聋"的"五音"、"使人口爽（伤）"的"五味"、"使人心发狂"的"驰骋田猎"、"使人行仿（妨）"的"难得之货"的热衷，对形骸嗜欲的放浪。与"众人"不同，循"道"而行的"我"淡泊世俗之所好，其犹如尚不会咳笑的婴儿，天真寡欲而无忧无虑。从"未咳"的"婴儿"这里可以直观老子心目中的"朴"的境地，由"婴儿"反观欲念层出不穷的"众人"则又正可领略老子一再称说的"复归于朴"（《老子》二十八章）的真趣。与众人熙熙皆为名利所驱、众人攘攘皆为嗜欲所役相比，婴儿般无求无祈的"我"累然若有所失，似乎无所趋就，无所归附；与众人孜孜谋取而皆有盈余大异其趣，婴儿般的"我"仿佛匮乏得一无所有。老子由此感叹：我揣的竟是一颗愚人之心啊，在众人面前显得是那么鲁钝和迂拙！"我"以"愚人"自谓而以"沌沌"自嘲，这原是在难以理喻于世的情境下对惑于利欲的人们所作的激切的提醒。与羁于利禄相应，世人通常也累于算计；同样，与疏于财货相应，淡泊的"我"也不存机心。"婴儿"般的人是无嗜无欲的，与无嗜无欲相伴的则是无知无识。于是，老子也对世人与"我"作了这样的比较：世人聪明机巧，"我"却懵懂而无所用心；世人精察细微，"我"却浑噩而不辨所以。这"我独若闷（昏）"、"我独闽（闷）闽（闷）"非可以通常所谓愤世嫉俗视之，它是对世人"昭昭"、"察察"的那种精明的底蕴的窥破，是对一种认定了的人生真际的笃信。一如所叹"累呵，似无所归"，那"沕（惚）呵，其若海；望（恍）呵，若无所止"的感喟是自白其心的，其由茫茫而无所归着、无所托寄之情的抒发所要表明的乃是"众人"或"鬻（俗）人"倚重的一切决不足以为"我"所属意。在老子再度将"众人"与"我"作了"有以"（有为）与"（顽）以鄙"（顽朴、鄙讷而无为）的比勘后，他以庄重的"正言"点出了"我"真正独异于世人之处，此即所谓"贵食母"——以体"道"而践"道"为贵。"我"与世人（"众人"、"俗人"）在人生态度、人生价值取向上的比并是上面所引全部文字的运思线索，其间"我"所自称的"愚"、"顽"、"沌沌"、"若（昏）"、"闽闽（闷闷）"，皆可谓"正言若反"，其对世人的讽告近于后来庄子所谓"以天下为沉浊，不可与庄语"（《庄子·天下》），然而，这"若反"的"正言"毕竟意趣深晦，耐人玩索。

由惯常思维得到的观念往往被世人视为"正"理或道理的"正"态，老子之所思多与世俗不合，因而反被看作与当然之理相"反"。就此而言，《老子》所言几乎无一不是"若反"的"正言"。上文所列举的七十八章、二十章中文字只是更典型些，真正说来，"正言若反"式的吊诡之"言"于五千言中随处可见。所谓"曲则全，枉则正，洼则盈，敝则新，少则得，多则惑"、"夫唯不争，故莫能与之争"（《老子》二十二章），所谓"恒使民无知无欲也，使夫知不敢，弗为而已，则无不治矣"（《老子》三章），所谓"天地不仁，以万物为刍狗；圣人不仁，以百姓为刍狗"（《老子》五章），所谓"圣人退其身而身先，外其身而身存。不以其无私与？故能成其私"（《老子》七章），所谓"持而盈之，不如其已。揣而兑（锐）之，不可长保"（《老子》九章），所谓"大道废，安有仁义；智慧出，安有大伪；六亲不和，安又（有）孝兹（慈）；国家阔（昏）乱，安有贞臣"（《老子》十八章），所谓"含德之厚者，比于赤子"、"物壮则老，谓之不道"（《老子》五十五章），所谓"知者弗言，言者弗知。塞其垸，闭其门，和其光，同其尘，锉（挫）其兑（锐）而解其纷，是胃（谓）玄同"（《老子》五十六章），所谓"为无为，事无事，味无味"、"是以圣人终不为大，故能成其大"（《老子》六十三章），所谓"是以耵（圣）人欲不欲，而不贵难得之货；学不学，复众人之所过；能辅万物之自然，而弗敢为"（《老子》六十四章），所谓"以知（智）知（治）国，国之贼也；以不知（智）知（治）国，国之德也"（《老子》六十五章），所谓"善为士者不武，善单（战）者不怒，善朕（胜）敌者弗与，善用人者为之下"（《老子》六十八章），所谓"勇于敢则杀，勇于不敢则活"、"天之道，不单（战）而善朕（胜），不言而善应，弗召而自来"（《老子》七十三章），所谓"坚强死之徒也，柔弱生之徒也"、"兵强则不朕（胜），木强则兢（烘）。故强大居下，柔弱居上"（《老子》七十六章）……诚然皆可谓"正言若反"之谈，而即如"道，可道也，非恒道也；名，可名也，非恒名也"、"天下皆知美之为美，亚（恶）已；皆知善，斯不善矣"之说，亦未尝不可归之于"若反"的"正言"。倘以言诠本身似已径直自相驳诘为其突出特征，《老子》中"正言若反"的最引人瞩目的辞句则莫过于所谓：

> 上德不德，是以有德；下德不失德，是以无德。（《老子》三十
> 八章）

单从字面索解，"上德不德"、"下德不失德"似乎皆不免于自相抵牾，那像是在说有着上乘德行的人不讲求德行，而德行沦于下乘的人不愿意失去德行。其实，这"若反"的话语所示之于人的终究是"正言"。寻其玄趣，老子之衷曲当在于对"德"的自然之"朴"的一力保任：德行臻于上乘的人与德无间而相忘于德，其德在自身而无所措意于一举一动，老子称德与有德者一体不二的情形为"上德不德，是以有德"；德行落于下乘

的人对德有意求取，唯恐失去它，但这样刻意而为，本身即已表明修德者与德相对为二而不是浑然一体，老子称这种情形为"下德不失德，是以无德"。所谓"无德"，是指失去了"德"作为自然无为之"道"的发用的那一份真切。比如谦让这种品德，如果一个人的谦让行为是无意而为因此真切不虚，那么他的谦让之德即是"上德"，这个人也便称得上为"上德"之人；反之，如果一个人只怕自己身上表现不出为别人所关注的谦让的品德来，他只是为了谦让而谦让，这着意而为因此不再有自然而然的那种真切感的谦让之德便属于"下德"，而德行如此的人亦即是所谓"下德"之人。"上德"却"不德"，"不失德"反倒为"下德"，这"若反"的"正言"是玄奥的，它只是在了悟老子以"自然"之"朴"为"正"而与世俗之见适"反"这一价值导向的前提下才可能被真正理解。

　　"若反"的"正言"毕竟是"正言"，"正言若反"喻示于人的是"言"在正、反相及处可能产生的奇异的运思张力，它述说着老子循"道"以"处众人之所恶"的人生趣尚，涵淹了一位玄澹的隐者的卓越智慧。

四　结语

　　1. 老子所谓"不言之教"之"不言"，略相应于"上德无为而无以为"（《老子》三十八章）之"无为"；一如"无为"不可以有所图谋的策略视之，"不言"也绝不就是言默斟酌中的修辞技巧。由"恒道"之非可"道"、"恒名"之非可"名"相推，"不言"所晓示的乃是老子在本体意味上对"言"的贬斥。有学者注"知者不言，言者不知"云："二章，'行不言之教'；五章，'多言数穷，不如守中'；四十三章，'不言之教，无为之益，天下希及之'；是'言'乃政教号令，非言语之意也。'知者'，谓知道之君；不言，谓行不言之教，无为之政也。王（弼）注，'因自然也'。知道之君，行不言之教，无为之政，是因自然也。'言者'，谓行多言有为之君；'不知'，谓不知道也。王注，'造事端也'。行多言之教，有为之政，则天下自此纷乱，是造事端也。"① 其以"政教号令"为"言"未始不可，但以"言"为"非言语之意"则可能已有背老学之

---

　　①　蒋锡昌：《老子校诂》，第345页。

旨。"政教号令"当然可以视为一种"言",不过"言"却并不尽于"政教号令",这正像老子学说有其政治见地,而有其独特政治见地的老子学说并不全然归结于政治。换句话说,老子之"道"可发用于政治,然而这"法自然"之"道"的发用不必尽在于政治。"不言之教"与"无为之政"固然相通,但相通的二者并不能相互涵盖。"不言之教"是相称于"法自然"之"道"或不可道之"道"的,践修此不可道之"道"必至于"行不言之教";这里的"不言"当然是一种"无为",不过其终究是见之于言语的"无为"。如此见之于言语的"无为"没有对语言底蕴的相当程度的把握而不可思议,而由对"不言"的强调所透出的关于语言底蕴的消息则正可谓一种独特的语言自觉。在老子这里,"道"第一次作为核心思想范畴的提出与"言"第一次在深层意趣上被反省是相因相成的,它构成中国思想上一个寓托了灵思开合之契机的玄纽。

2. 老子之"道"或可领略为"自然"之"朴"的圆融,任何人为的造作都可能打破这圆融而使其"朴散"以失却天真。《老子》一书多处申戒"无为",说到底只是为着更大程度地复归"自然"的圆融之"朴"。除了上文先后引述的第二章、二十八章、四十三章、五十七章、六十三章、六十四章等的相关文字外,五千言中径直说到"无为"("弗为"、"非可为")的语句还可列举如下:"使夫知不敢,弗为而已,则无不治矣"(《老子》三章);"夫天下神器也,非可为者也。为者败之,执者失之"(《老子》二十九章);"是以圣人弗行而知,弗见而名,弗为而成"(《老子》四十七章);"为学者日益,闻道者日损,损之又损,以至于无为"(《老子》四十八章)。凡此论及"无为"的章句,或以"无为"与"无言"并提(如二章、四十三章所言),或仅标举"无为"(二章、四十三章外其他诸章所言),然而质实说来,"言"相对于"道"的"自然"之"朴"也是一种人为,"无为"或当涵盖"无言",而"无言"就其对"言"这一人之所为摈斥而言即是"无为"。至于"言"对"道"的割裂,于老子之学不无承袭的庄子曾有深切的评议,其云:"古之所谓道术者,恶乎在?……其数散于天下,而设于中国者,百家之学,时或称而道之。天下大乱,贤圣不明,道德不一,天下多得一察焉以自好。譬如耳、目、鼻、口,皆有所明,不能相通。犹百家众技也,皆有所长,时有所用。虽然,不该不遍,一曲之士也。判天地之美,析万物之理,察古人之全,寡能备于天地之美,称神明之容。是故内圣外王之道,暗而不明,郁而不发。天下之人各为其所欲焉以自为方。悲夫! 百家往而不反,必不合矣。后世之学者,不幸不见天地之纯,古人之大体,道术将为天下裂。"(《庄子·天下》)整段话中未见一"言"字,但"天下多得一察焉以自好"与"察古人之全"之"察"(支离),"判天地之美"之"判"(割裂),"析万物之理"之"析"(分解),却无不有"言"贯穿,而"百家之学,时或称而道之"之"称"、"道",则本身即是"言"。"言"而有"物论"(诸多人之议论),有"物论"遂有"百家之学",有"百家之学"遂有"百家往而不反"以至于"道术将为天下裂"。倡行"不言之教"的老子,乃是称说"大道不称,大辩不言"(《庄子·齐物论》)、"道不可闻,闻而非也;道不可见,见而非也;道不可言,言而非也"(《庄子·知北游》)的庄子的先驱,而庄子"言无言"(《庄子·寓言》)以"齐"百家之"物论"亦正是老子既已说过的"希言,自然"的应有之义。

3. 即使主张"不言",把这"不言"的主张说出来仍须得"言"。老子深知他所遭遇的悖论,不过,这并不妨碍他"言"其"不言"。"不言"是根本性的断制,对"不言"的"言"虽属不得已,却是在一个相对浅近的层次上。这用后来东传中土的佛学的话说,即是"不言"有着"究竟"的意义,而"言"则只是为达于"究竟"而采取的"方便"施设。《老子》五千言皆是为着传示"不言之教"而运用的权变之"言",其或措辞"恍惚"、设譬相喻而"强为之容",或遣词造语不拘常例而借重诠表的陌生化示人以"正言若反"。这类终于不落言筌之束缚的话语可谓真正的玄言,它在步其后尘的庄子那里被演迪为"寓言"、"重言"、"卮言",从而又被称作不入"庄语"范畴的"谬悠之说,荒唐之言,无端崖之辞"(《庄子·天下》)。老子依"道"施"教"还不曾诉诸"寓言"(以此意寓于彼事之言),但已有"重言"(借重为人们所信尚的贤哲之言而言)的使用,如所谓:"是以圣人之言曰:'我无为而民自化,我好静而民自正,我无事而民自富,我欲不欲而民自朴'"(《老子》五十七章),"'曲则全,枉则正,洼则盈,敝则新,少则得,多则惑。'是以圣人执一,以为天下牧⋯⋯故所谓'曲则全'者,岂虚言哉! 诚全归之"(《老子》二十二章),"用兵有言曰:'吾不敢为主而为客,不敢进寸而退尺'"(《老子》六十九章),"是故圣人言云,曰:'受国之垢(诟),是胃(谓)社稷之主;受国之不祥,是胃(谓)天下之王'"(《老子》

七十八章）等。至于那些"恍惚"之辞、设譬之语、"若反"之"正言"，则皆可以"卮言"（圆通而不执守字面含义之言）视之。这类可称作"卮言"的言说方式为老子所始创，它最大程度地消除了常用语言由形式逻辑所赋予的措思圭角，让一种言外之意灵动地透示出来。词语的内涵与外延间的张力被引向某种极致，这样锤炼而出的语言固然别有审美价值，但它的主要功能则在于对人的有待觉悟之心灵的启示。

4. 标的在于"不言"的"言"必至于取超越常例的奇诡言说方式，这"言"终究为"不言"所笼罩，因而终是难以弥合由"言"所造成的老子学说的内在裂隙——"言"这一人为之"文"与"法自然"之"道"所导向的"复归于朴"的抵牾。倘要在终极意趣上消除这一扞格，则唯有两条蹊径可供选择：要么彻底弃绝作为人为之"文"的"言"，使人返回自然之"朴"的浑沌；要么在根原处即认可"言"这一人为之"文"的必要，从而在"质"（"朴"）与"文"间寻求谛当的张力。第一条路是老子及此后的庄子之徒所着力一试的，然而对其"不言之教"的不得不"言"注定了这条路最终难以走通。第二条路是孔子及此后的孟子之徒所孜孜探寻的，其所奉行的教化在于"或默或语"（《周易·系辞上》）而"文质彬彬"（《论语·雍也》）。老子的"法自然"之"道"或可称之以"奇"，孔子的"依于仁"之"道"相对于老子之"奇"则适可以"正"称之。"或默或语"而"文质彬彬"的儒家义理显然更圆融些，但其在人间世的践行中却往往不免流于"乡愿"而背离初衷，此时诚然有待彰宣儒门义理之本始，却也分外需要以"复朴"为指归的道家作"绝圣弃智"、"绝仁弃义"、"绝巧弃利"的棒喝。儒、道相持而相因，其由"道"而"教"互补的秘密正可从这里窥见一斑。

参考文献

古籍：《周易》、《论语》、《中庸》、《庄子》、《史记》、《老子道德经章句》（河上公）、《道德真经指归》（严遵）、《老子道德经注》（王弼）、《道德经古本篇》（傅奕）、《道德真经新注》（李约）、《老子道德经古本集注》（范应元）、《道德真经注》（苏辙）、《老子鬳斋口义》（林希逸）、《老子翼》（焦竑）、《道德经解》（释德清）、《老子本义》（魏源）、《经典释文》等。

马叙伦：《老子覈诂》（1924），载《老子》（四部要籍注疏丛刊），中华书局1998年版。

奚侗：《老子集解》（1925），上海古籍出版社 2007 年版。

蒋锡昌：《老子校诂》，商务印书馆 1937 年版。

于省吾：《老子新证》（1940），载《双剑誃群经新证　双剑誃诸子新证》，上海书店出版社 1999 年版。

高亨：《老子正诂》，开明书店 1943 年版。

朱谦之：《老子校释》（1957），中华书局 1984 年版。

张松如：《老子校读》，吉林人民出版社 1981 年版。

高明：《帛书老子校注》，中华书局 1996 年版。

"有"、"无"之辨[*]

——《老子》第一章再读解

黄克剑

《老子》一章是老子"道"论的总纲，也可视为整部《老子》的眼目。"道"（"恒道"）由此而定其所导，"名"（"恒名"）由此而明其所谓；老子之属意，于此可窥其大略，五千言的致思脉络遂亦就此敷演而出。自《韩非子》以至于汉魏以降，《老子》注疏之众不可胜数，而诸注之意境则大都可从其对于一章的诠释判别高下。

今以帛书《老子》为底本，参酌世传碑、刻、注本，于前贤思绎之未尽处对《老子》一章再作申解，以期由此寻取"众眇"所通而我心所契的玄理之门。或有未当，方家正焉。

一 "始"与"母"："无名"、"有名"之辨

帛书《老子》甲、乙本"无名，万物之始也；有名，万物之母也"句，自河上公本、王弼本以下，世传《老子》诸本大都为"无名，天地之始；有名，万物之母"，而河北易州龙兴观《道德经碑》本、河北易州龙兴观《道德经幢》本、河北遂州《道德经碑》本、敦煌写本之甲本等则为"无名，天地始；有名，万物母"。较之帛书本，世传本除或少虚词"也"或少虚词"之"、"也"外，前者之"万物之始"在后者这里却为"天地之始"或"天地始"；虚词的出入显然无关大旨，但"天地"与

---

*　此文原载于《哲学研究》2012 年第 7 期。

"万物"毕竟有别。欲作"无名"、"有名"之辨，遂不可不对"万物"与"天地"孰更近于《老子》之本真作出裁定。

《史记·日者列传》载："宋忠见贾谊于殿门外，乃相引屏语。相谓自叹，曰：'道高益安，势高益危。居赫赫之势，失身且有日矣。夫卜而有不审，不见夺糈；为人主计而不审，身无所处。此相去远矣，犹天冠地屦也。此老子所谓"无名者，万物之始也"……'"马叙伦《老子覈诂》援其所引"无名者，万物之始也"，并证之以王弼注"凡有皆始于无，故未形无名之时，则为万物之始。及其有形有名之时，则长之、育之、亭之、毒之，为其母也"，谓"王本两句皆作万物，与《史记》所引合，当是古本如此"①。此后，蒋锡昌《老子校诂》申用马说，复以《老子》四十章、五十二章之经文、《老子》二十一章王弼注及张君相《道德真经注释》于五十二章经文下所引成玄英疏四证相印合，以为"'天地'二字当改'万物'以复古本之真"②。马、蒋依《史记》及王弼注、成玄英疏正"天地之始"为"万物之始"时帛书《老子》尚在汉墓，其于当年的考证与数十年以至近半个世纪后的地下发掘相契，殊不可不谓其有先见之明。

然而，"无名"、"有名"之辨亦尚涉及此处如何断句的问题。司马光《道德真经论》、王安石《老子注》皆将此句读为"无，名天地之始；有，名万物之母"。校之以《老子》三十二章经文"道恒无名"、"始制有名"，三十七章经文"吾将镇之以无名之朴"，四十一章经文"道隐无名"，复校之以《史记·日者列传》所引古本《老子》语"无名者，万物之始也"，可知"无名"、"有名"俱为老子专用术语，不可破而读之。魏源《老子本义》援丁易东所引《老子》三十二章经文即已指出"上二句以'有'、'无'为读者，非也"，蒋锡昌《老子校诂》则再度申说"'有名'、'无名'为老子特有名词，不容分析"③。梁启超《老子哲学》、高亨《老子正诂》蹈司马光、王安石之前辙，依然以"无"、"有"为逗，张松如《老子校读》遂引蒋锡昌之说又一次予以矫正④⑤⑥。

① 马叙伦：《老子覈诂》，《老子》（四部要籍注疏丛刊），中华书局 1998 年版，第 1586 页。
② 蒋锡昌：《老子校诂》，商务印书馆 1937 年版，第 4 页。
③ 同上书，第 6 页。
④ 梁启超：《老子哲学》，《饮冰室合集·文集》第 10 册，中华书局 1936 年版，第 9 页。
⑤ 高亨：《老子正诂》，开明书店 1943 年版，第 2 页。
⑥ 张松如：《老子校读》，吉林人民出版社 1981 年版，第 5—6 页。

在校正了语词、勘定了句读后,《老子》一章的此节文字可确认为这样:"无名,万物之始也;有名,万物之母也。"于是,"无名"与"有名"的对举,由同时称说"万物"而正可被归结为"始"与"母"的微妙关联。河上公《老子道德经章句》注"无名"、"有名"云:

> 无名者谓道;道无形,故不可名也。始者,道之本也,吐气布化,出于虚无,为天地本始也。有名谓天地;天地有形位、有阴阳、有柔刚,是其有名也。万物母者,天地含气生万物,长大成熟,如母之养子也。

王弼《老子道德经注》则注"无名"、"有名"云:

> 凡有皆始于无,故未形无名之时,则为万物之始。及其有形有名之时,则长之、育之、亭之、毒之,为其母也。言道以无形无名始成万物,万物以始以成而不知其所以然,玄之又玄也。

河上公注以"无名"谓"道"、以"有名"谓"天地","无名"、"有名"之异遂被判为"道"与"天地"之别,这显然受其所注经文中"天地"一语的限约更大些。王弼注虽未执着于经文中的"天地"而将其亦作"万物"解,但由"有皆始于无"而把"未形无名"与"有形有名"作为两个"时"段,则与河上公注由"道"而说"天地"、由"天地"而说"万物"的逻辑约略相通。大体说来,汉魏以下的注家多受启于河上公注、王弼注,往往对"无名"而"有名"作某种宇宙发生论的解释,而从本体意味上疏解"无名"、"有名"者则罕有其人。不过,苏辙是这罕见的注者中较有代表性的一位,其《道德真经注》云:

> 自其无名,形而为天地,天地位而名始立矣。自其有名,播而为万物,万物育而名不胜载矣。故无名者道之体,而有名者道之用也。

尽管苏注仍不免多少受制于经文中的"天地"一语,但以"无名"为"道之体"、以"有名"为"道之用"却终是对二者的微妙关联作了一之于"道"的抉示。

　　大约是"始"的涵义似乎分外显豁的缘故，历来注家很少比勘于"母"对老子以其与"母"对举的匠心多所措意。其实，就"无名，万物之始（也）；有名，万物之母（也）"的句格、句脉看，"无名"与"有名"的全部差异即在于"始"与"母"的有别。近人朱谦之是对此颇敏感的学者，他在其《老子校释》中指出："《说文》：'始，女之初也。''母'则'象怀子形，一曰象乳子也'。以此分别有名与无名之境界，意味深长。"① 然而，他并未就此说出老子所以如此措辞的更深微的东西，而且所注"无名，天地始"的经文亦多少束缚了他可能向更明切处问询的灵思。其实，"无名"、"有名"皆喻"道"之称，其相系而相异可由"万物之始"、"万物之母"之"始"与"母"之蕴意辨其大略。"始"，《说文》释其"女之初也"；"母"，《说文》解为"从女，象裹子之形。一曰象乳子也"。"女之初"为处女，"母"则为"裹（怀）子"之女或乳子（以乳哺子）之女；处女与怀子之女或哺子之女原是一女，前者有孕育、生养之潜质而未孕，后者则既已孕乳而其生之潜质亦由隐而显。以"女之初"（处女）与"裹（怀）子"或"乳子"之女——一女而为未母之女、既母之女——隐喻"道"的朴壹与"道"的生生之德的内在关联，老子遂由此晓示了"道"由"无名"而"有名"所称说的"无"、"有"两种同时存于一体的性状。

　　老子以"道"（"恒道"）为不可言说（"不可道"），然而不予言说便无从示喻他人何所谓其心领神会的"法自然"之"道"。"不可道"之"道"终究又不可不道，这使得老子不得不选择别一种言诠方式以曲尽"道"之趣致。他或借"惚恍"之词以勉作摹状之谈，如所谓"道之物，唯望（恍）唯沕（惚）。沕（惚）呵望（恍）呵，中又（有）象呵；望（恍）呵沕（惚）呵，中有物呵。幼（窈）呵冥呵，其中有请（情）呵；其请（情）甚真，其中有信"（帛书乙本《老子》二十一章，甲本残损三字）；或以譬语作微赜之意趣的启示，如所谓"恒德不离，复归婴儿"（帛书甲本《老子》二十八章，乙本残损后四字）、"含德之厚者，比于赤子"（帛书乙本《老子》五十五章，甲本前半句残损三字）；或"正言若反"（帛书乙本《老子》八十章，甲本残损前二字，见王弼本《老子》七十八章），如"鬻（俗）人昭昭，我独若閽（昏）呵；鬻（俗）人察

---

① 朱谦之：《老子校释》，中华书局1984年版，第5页。

察，我独闽（闷）闽（闷）呵"（帛书乙本《老子》二十章，甲本残损字数较多）。"无名，万物之始（也）；有名，万物之母（也）"句之"始"、"母"皆为譬语，古来学者释"始"大都未能尽致，或正在于其唯知"母"为譬语而不知"始"亦是隐喻。若以"始"与"母"皆取譬之言，而由此知"无名"、"有名"同在于喻"道"，则正可以之印证于同章之下文所谓"两者同出，异名同胃（谓）"（帛书甲、乙本此句同）。

二 "眇"与"噭"（曒）："无欲"、"有欲"之辨

帛书《老子》甲本"［故］恒无欲也，以观其眇；恒有欲也，以观其所噭（曒）"句（"故"字残损，今据乙本补；乙本此句残损"以观其眇"四字，"恒有欲"作"恒又欲"），河上公本、王弼本皆作"故常无欲，以观其妙；常有欲，以观其徼"。世传其他诸本，与河上公本、王弼本略从同，其或无"故"字，如河北邢州龙兴观《道德经幢》本、河北易州龙兴观《道德经碑》本、甘肃庆阳天真观《道德经幢》本、陕西周至楼观台《道德经碑》本、张君相《道德真经注疏》本、宋徽宗《御解道德真经碑》本、邵若愚《道德真经直接》本、司马光《道德真经论》本、苏辙《道德真经注》本、彭耜《道德真经集注》本、吴澄《道德真经注》本等；其或上下分句皆无"以"字，如河北易州龙兴观《道德经碑》本、河北易州龙兴观《道德经幢》本、遂州龙兴观《道德经碑》本、敦煌写本之甲本（此书"徼"作"曒"）等。倘撇开非关理致的虚词不论，帛书本与世传本的差异不外有三：一是帛书本之"恒"，世传本作"常"；二是帛书本之"眇"，世传本作"妙"；三是帛书本之"噭"（曒），世传本作"徼"。"恒无欲"、"恒有欲"之"恒"在世传本作"常"一如"恒道"、"恒名"之"恒"作"常"，原是自汉人始为避汉孝文帝刘恒讳的缘故，今当复其初始。唯"眇"与"妙"、"噭"（曒）与"徼"的同异，涉及"无欲"、"有欲"或"恒无欲"、"恒有欲"之辨，不可不覈究其详。

不过，犹如上句"无名、万物之始也；有名，万物之母也，"欲关联着"眇"与"妙"、"噭"（曒）与"徼"分辨"无欲"、"有欲"或"恒无欲"、"恒有欲"，尚须理会此节文字的断句。河上公、王弼诸家之注皆以"常（恒）无欲"、"常（恒）有欲"为句，宋人司马光、王安石、苏

辙、范应元（其注本为《老子道德经古本集注》）、林希逸（其注本为
《老子鬳斋口义》）、明人释德清（其注本为《道德经解》）等则断句于
"常（恒）无"、"常（恒）有"；近人马叙伦、劳健、高亨、朱谦之等亦
步武上述宋、明人，而近人陶方琦、束世澂、蒋锡昌等却又上追河上公、
王弼，遂于此处聚讼不已。马叙伦《老子覈诂》指出：

> 详此二句，王弼、孙盛（东晋人，撰有《老子疑问反讯》——
> 引者注）之徒，并以"无欲"、"有欲"为句；司马光、王安石、范
> 应元诸家，则并以"无"字、"有"字为句。近有陶方琦依本书后文
> 曰"常无欲可名于小"，谓"无欲"、"有欲"仍应连读。易顺鼎则
> 依《庄子·天下篇》曰"建之以常无有"，谓《庄子》已以"无"
> 字、"有"字为句。伦校二说，窃从易也。①

蒋锡昌《老子校诂》却认为：

> 此文"无欲"、"有欲"皆老子特有名词，不可分割。三章"常
> 使民无知无欲"、三十七章"无名之朴，夫亦将无欲"、五十七章
> "我无欲而民自朴"，皆其证也。束世澂曰："《老子》中'以'字作
> 介词用者，有后置之例……此处'常无欲，以观其妙；常有欲，以
> 观其徼'文例正同，犹云'常以无欲观其妙，常以有欲观其徼'也。
> 于'无'、'有'读，失其旨矣。"（《国立东南大学校刊》第十三号
> 《老子研究法》）束氏以文例来定"无欲"、"有欲"为读，亦极精
> 确。又以文谊而论，此文"无欲"、"有欲"正分承上文"无名"、
> "有名"而言。三十七章"无名之朴，夫亦将无欲"，以"无欲"紧
> 接"无名"之下，可知二者有密切之关系也。安可以"无"、"有"
> 为读乎。②

两相校雠，显然以"常（恒）无欲"、"常（恒）有欲"为读更契于句
脉，但最后之定论尚须勘验于帛书《老子》。无论是帛书甲本，还是帛书

---

① 马叙伦：《老子覈诂》，《老子》（四部要籍注疏丛刊），第1587页。
② 蒋锡昌：《老子校诂》，第7—8页。

乙本，其"无欲"、"有欲"后皆有一明确表示停顿的句末助词"也"字，这一战国末期的《老子》古本足可印证河上公、王弼至束世澂、蒋锡昌等的判断不误。

倘以"恒无欲"、"恒有欲"为句读，"无欲"、"有欲"的歧异则自当由"眇"与"嗷"（曒）的对举作分辨。世传本大都以"眇"为"妙"而"嗷"（曒）则作"徼"，其对"妙"、"徼"的诠解却多有意趣不相合者。河上公注云：

> 妙，要也。人常能无欲，则可以观道之要，要谓一也。一出布名道，赞叙明是非也。徼，归也。常有欲之人，可以观世俗之所归趣也。

王弼注云：

> 妙者，微之极也。万物始于微而后成，始于无而后生。故常无欲空虚，可以观其始物之妙。徼，归终也。凡有之为利，必以无为用；欲之所本，适道而后济。故常有欲，可以观其终物之徼也。

此后，注者释"妙"、"徼"受河上公、王弼注启示颇多，而亦有不以其为是而另作一说者。以《老子》十五章所谓"古之善为道者，微眇玄达，深不可志"（此为帛书乙本文句，王弼本则为"古之善为士者，微妙玄通，深不可识"）相验覈，王弼以"微"注"妙"显然更确切些，但河上公注、王弼注皆释"徼"为"归"或"归终"则意犹未妥。近人于省吾撰《双剑誃诸子新证·老子新证》对此有精当之检讨，所论至可玩味。他说：

> "徼"彭耜谓黄（指黄茂材，宋人，撰有《老子解》——引者注）作"窍"，毕沅谓李约（唐人，撰有《老子道德真经新注》——引者注）作"傲"，敦煌本作"曒"，"曒"即"皦"，十四章"其上不皦"，景龙本作"曒"，敦煌丙本作"皎"，是"徼"、"傲"、"窍"、"皎"并"皦"之假字也。玄应《一切经音义》四引《埤苍》"皦，明也。"……十五章"微妙玄通"，微、妙叠义，微妙

与皦明为对文。"常"，俞樾读"尚"，是也。金文"常"皆作
"尚"。故尚"无"者，欲以观其微妙，尚"有"者，欲以观其皦
明。"有"、"无"既分，则可别其微、明；"有"、"无"不分，则
显、晦一致。十四章云"故混而为一，其上不皦，其下不昧"，是
"上"、"下"为对文，"皦"、"昧"为对文。……河上公、王弼并误
训"徼"为"归"，果如是，上句"妙"字应改作"始"，欲以观其
始与欲以观其归，方为对文。或训"徼"为"边"，则上句"妙"
字应改作"中"，方与边徼为对文。于《老子》本义，均未符也。①

于氏如此裁别"妙"、"徼"早在帛书《老子》出土数十年前，今以帛书
"观其眇"、"观其噭（皦）"验之，其灼见煞是令人惊叹。然而，依清人
俞樾之《诸子平议》而读"常"为"尚"，并由此以"无"（"常无"）、
"有"（"常有"）为句，却不能不说是学者的遗憾。

　　真正说来，世传本"常无欲，以观其妙"之"妙"，依帛书甲、乙
本，当为"眇"。清人黄生所撰《义府》云："篆文'妙'作'纱'，本训
精微之意，《易》'神也者，妙万物而为言者也'，《老子》'常无欲以观其
妙'，又'玄之又玄，众妙之门'，正得本训。后遂以妙为美好之称，故
隶字变而从女。"（《义府卷下·隶释》）又云："（妙）本字当作幺纱……
自汉以来，又借为美好之称，因改其字从女作妙，其实古无此字。《老
子》之妙，必后人所改也。"（《义府卷下·幼眇》）据此可知，先秦无
"妙"字，《老子》"观其妙"之"妙"乃汉人用隶书后由"眇"所改。
"眇"之本义在于微小、微茫、眇默，此处以"眇"形容"道"之微茫、
眇默，正与《老子》二十一章"道之物，唯望（恍）唯沕（惚）"（"惚
呵恍呵"、"恍呵惚呵"、"窈呵冥呵"）之意味相通。从"恒无欲"、"恒
有欲"之对文，可知"观其眇"之"眇"与"观其徼"之"徼"的对
文；"眇"为眇茫、眇默之意，则"徼"或当作"皦"。敦煌本即作
"皦"，校之以帛书甲、乙本"以观其所噭"之"噭"，"皦"较之河上公
本、王弼本以下诸本之"徼"更合老子本义。"徼"、"皦"、"噭"以至
李约本"常有欲以观其儌"之"儌"，《老子》河上公、王弼诸本"其上

　　① 于省吾：《老子新证》，《双剑誃群经新证　双剑誃诸子新证》，上海书店出版社 1999 年
版，第 337 页。

不皦"之"皦"，皆本之于"敫"而由"敫"孳乳以生。《说文》释
"敫"："光景流也。"段玉裁注云："谓光景（影）流行，煜燿昭著。"
"敫"之"光景（影）流"所喻示的昭著、显著、彰显之意，无不隐含
于"皦"、"噭"、"皦"、"儌"、"徼"之中。"皦"，光明之谓，寓昭著、
彰显之意于其中；"噭"，声音响亮之谓，亦寓昭著、彰显之意于其中；
"皦"，光亮、洁白之谓，仍寓昭著、彰显之意于其中；至于"徼"、
"儌"皆边界、边际之谓，其对界限、畛域的指示亦未尝不寓有昭著、彰
显之意。不过，与"眇"对文，在诸多由"敫"孳乳的字中，"皦"显
然更相宜些。于是，所谓"恒无欲也，以观其眇；恒有欲也，以观其所
噭（皦）"，便应作如是理解：以其恒常无所欲求，体察道的幽微与眇默；
以其恒常有所趋就，观览道的运作与呈现。

三 "异名同胃（谓）"："无"、"有"
皆在于称"道"

帛书《老子》乙本"两者同出，异名同胃（谓），玄之又玄，众眇之
门"（甲本"又"作"有"，残损一"门"字，除此则与乙本从同）句，
河上公《老子道德经章句》、王弼《老子道德经注》皆作"此两者同出而
异名，同谓之玄，玄之又玄，众妙之门"。其他诸世传本此句多与河上公
本、王弼本同，而断句，除陈景元《道德真经藏室纂微篇》、吴澄《道德
真经注》、释德清《道德经解》、蒋锡昌《老子校诂》等以"此两者同"
为读外，历来注家大都与河上公、王弼不异。今衡之以帛书《老子》，显
然陈、吴、释、蒋等所断未妥，世传本之句读当以河上公、王弼等多数注
家为是。帛书本之句式与世传本略有差别而句读亦非可一例相绳，但整节
文字之意趣却并无多大出入。

然而，"此两者同出而异名"之"两者"所指者何，诸世传本争议颇
多。凡对上句以"常（恒）无"、"常（恒）有"为读者，如司马光、王
安石、苏辙、范应元以至梁启超、马叙伦、朱谦之、高亨等，必以"两
者"为"无"与"有"或"常（恒）无"与"常（恒）有"；凡对上句
以"常（恒）无欲"、"常（恒）有欲"为读者，则或如河上公所谓"两
者，谓'有欲'、'无欲'也"，或如王弼所谓"两者，'始'与'母'
也"，或如吴澄所谓"此两者，谓'道'与'德'也"，不一而足。其

实，细审全章，"恒无欲"、"恒有欲"何尝不通于"无名"、"有名"，"恒无欲"而"无名"、"恒有欲"而"有名"又何尝不可以"无"、"有"概而言之，诚然，这既不必将"无名，万物之始（也）；有名，万物之母（也）"读为"无，名万物之始；有，名万物之母"，也不必将"恒无欲，以观其眇；恒有欲，以观其所噭（曒）"读为"恒无，欲以观其眇；恒有，欲以观其所噭（曒）"。"无名"而"有名"，这"两者"亦可谓为就"名"而说的"无"、"有"。殷商时期即已出现"名"字，其在甲骨文中写为"吅"。一如后来篆体、隶体的"名"字，甲骨文的"吅"亦"从口从夕"，只是《说文》对其所作"名，自命也"、"夕者，冥也，冥不相见，故以口自名"的解释，尚难以从既经发现的甲骨卜辞中得到印证。但酝酿而初成篇章于春秋末期的《老子》，其"名"已具有"自命"之"命"（命名、称呼、告诉）义而与"明"通："名，明也。"（刘熙《释名·释言语》）因此，所谓"无名"，即意味着不可名状或未可全然明了于人；所谓"有名"，即意味着可予名状或尚可取一定方式明了于人。"名"的"无"、"有"既是未可"名"与可"名"，则亦即是未可"明"与可"明"；这既可"名"又不可"名"或既可"明"而又不可"明"，乃是对人所当悟知而终又难以悟知的某一"恍惚"可信的东西的描摹或形容。同样，"无欲"、"有欲"、是就"欲"而说的"无""有"。"欲"，意为愿望、欲求；"无欲"当指无所欲求，"有欲"则为有所祈愿。无所欲求必至虚、静而了无迹象，有所欲求必至引发作、为而有迹象可寻；了无迹象即不可"明"或不可"名"，有迹象可寻即尚可"明"或尚可"名"。所以"无欲"通于"无名"而"有欲"通于"有名"，而"欲"、"名"的"无"与"有"则又未尝不可理解为"无"、"有"两种性向在"欲"、"名"上的显现。由此，遂可作"欲"、"名"之"有"、"无"的如是推绎："无欲"与"有欲"之"异名同胃（谓）"而"无名"与"有名"之"异名同胃（谓）"，贯洽地说，正可谓为"无"之与"有"的"异名同胃（谓）"。

"同胃（谓）"谓何？这关联着"两者同出"之"同出"。与"两者"在诸多注家那里歧说纷纭相应，"同出"亦有颇不同的诠注。凡以"常（恒）无，欲以观其妙（眇）；常（恒）有，欲以观其徼（所噭）"断句的注家，几乎毫无例外地认为"同出"乃同出于"道"。如王安石《老子注》云：

两者，"有"、"无"之道，而同出于道也。言"有"、"无"之体用皆出于道。世之学者，常以"无"为精，"有"为粗，不知二者皆出于道，故云"同谓之玄"。此两者同出而异名者，同出乎神；而异者，"有"、"无"名异也。

又如范应元《老子道德经古本集注》云：

两者，"常无"与"常有"也。玄者，深远而不可分别之义。盖非"无"不能显"有"，非"有"不能显"无"，"无"与"有"同出而异名也。以道为"无"，则万化由之而出；以道为"有"，则无形无声，常常不变，故曰常无常有也。"无"、"有"之上俱着一"常"字，乃指其本，则"有"、"无"不二，深远难穷，故"同谓之玄"也。

相形而言，以"常（恒）无欲，以观其妙（眇）；常（恒）有欲，以观其徼（所噭）"为读的注家，情形要复杂些。不过，就大端而论，河上公注与王弼注可视为两种最具代表性的说法。河上公注云：

同出者，同出人心也，而异名者，所名各异也。名无欲者长存，名有欲者亡身也。

王弼注则谓"同出者，同出于玄也"。他于《老子指略》中疏解说：

夫"道"也者，取乎万物之所由也；"玄"也者，取乎幽冥之所出也；"深"也者，取乎探赜而不可究也；"大"也者，取乎弥伦而不可极也；"远"也者，取乎绵邈而不可及也；"微"也者，取乎幽微而不可睹也。然则，"道"、"玄"、"深"、"大"、"微"、"远"之言，各有其义，未尽其极者也。然弥伦无极，不可名细；微妙无形，不可名大。是以篇云："字之曰道"、"谓之曰玄"，而不名也。

这即是说，在王弼这里，尽管"道"、"玄"、"深"、"大"、"微"、"远"

皆是对"常道"（"恒道"）的各取一端而"未尽其极"的形容，但比勘而言，"道"与"玄"是用于此一形容的最相宜的术语。亦即是说，"道"、"玄"之所指原只是同一"惚恍"之"状"（"无状之状，无物之象"——《老子》十四章），因此，"同出"于"玄"正可谓"同出"于"道"。比起河上公以"无欲"、"有欲"两者"同出人心"诠解"此两者同出而异名"来，王弼以"始"（"无名"）、"母"（"有名"）两者"同出于玄"或同出于"道"阐释老子之言无疑更中肯些。而且，事实上，"无欲"、"有欲"可对人而言，却未尝不可对在老子那里往往被拟物或拟人而谈的"道"而言。倘依上文就"无欲"通于"无名"、"有欲"通于"有名"所作的论说而把"两者"理解为显现于"欲"、"名"的"无"与"有"，那么，"两者同出"便可领略为"无"、"有"两种性态"同出"于"道"（"恒道"）。同理，"异名同胃（'谓'）"亦正可疏解为："无欲"、"无名"而"无"与"有欲"、"有名"而"有"两者"名"虽相异，却同是在指称所谓"道"。换一种说法，亦可谓"无"（"无名"而"恒无欲"）、"有"（"有名"而"恒有欲"）两者相即不离而同一于"道"（"恒道"。）

　　这"无"（"无名"而"恒无欲"）、"有"（"有名"而"恒有欲"）相即不离同一于"道"（"恒道"）的理致是深微而又深微的，懂得了如此深微而又深微的理致，也就找到了领悟"道"（"恒道"）的诸多奥趣之门径。此所谓："玄之又玄，众眇之门。"如果说，"道之物，唯望（恍）唯沕（惚）。沕（惚）呵望（恍）呵，中又（有）象呵。望（恍）呵沕（惚）呵，中有物呵。幼（窈）呵冥呵，其中有请（情）呵。其请（情）甚真，其中有信"（《老子》二十一章），其"惚恍"而"有象"、"有物"、"有情"、"有信"的措辞更多地在于从兼具"无"、"有"性态的"道"那里提撕其"有"，那么，所谓"一（即'道'——引者注）者，其上不谬（皦），其下不忽（昧），寻寻呵不可命（名）也，复归于无物。是胃（谓）无状之状，无物之象，是胃（谓）沕（惚）望（恍）"（《老子》十四章），其"无状之状"，"无物之象"、"复归于无物"之说即是在更大程度上从兼具"无"、"有"性态的"道"那里强调其"无"。若能将这里所引的《老子》二十一章、十四章之言，与一章"无名"、"无欲"而"无"和"有名"、"有欲"而"有"二者"异名同胃（谓）"之谈一体合观，则"道"之"玄之又玄"的趣致当可不至于在解读中消释于或贵"无"或崇"有"的一偏之见。

四 结语

　　"道"是老子运思的至极范畴，它由通常所谓"道路"（导路）之"道"升华而来，至老子时它已有了"形而上者谓之道"的那种"形而上"的品格。"道"字不见于甲骨文①，其最早出现于西周金文的字形为"𢔬"，从行从首。甲骨文已有"行"字，写为"𣥂"。清人罗振玉释"𣥂"谓："𣥂象四达之衢，人所行也。石鼓文或增人作𢔤，其义甚明。许（慎）书作𢔻，形义全不可见。古从行之字，或省其右或左，作彳及亍，许君（慎）释行为人之步趋，谓其字从彳从亍，盖由字形传写失其初状使然。"② 甲骨文亦已有"首"字，写为"𦣻"，其金文即由此演化而来。细玩"道"之初文"𢔬"，所寓之意当为寻路而行或辨路而行。寻或辨涉及所行方向的选择，其在于对所行方向的辨而导之，而这则正可印证唐人陆德明"'道'本或作'导'"（《经典释文·尔雅音义》）之说。

　　老子遭逢春秋末季，周代"郁郁乎文"（《论语·八佾》）数百年后这时已日见"文敝"（《史记·高祖本纪》）——"文胜质则史（饰）"（《论语·雍也》）——而"礼坏乐崩"。"文敝"的现实逼使敏感于此的老子从终极处反省人为之"文"对于人生而天地万物的意义，其"恒道"意味上的"道"的提出乃在于导示世人弃"文"复"朴"以返回生命之自然。在老子看来，朴浑而自然是人生与万物本始之常态，而任何"文"——相对于自然它涵括了所有措意为之的人为——的出现都会打破这种常态的浑全或纯备。人的言说是人为之"文"的一种，为"道"之所导的那种浑化之自然一旦诉诸言说即可能为言说所析离。所以，从根本上说，言喻这一人为之"文"与朴壹的自然之"道"终究是不相应的，此所谓"道，可道也，非恒道也"。

　　与"道"的无可名状、无从描摹（"无名"）相应的是"道"的恒常无所欲求（"恒无欲"），与"道"因着成全可名状的万物而自身遂亦可名状、亦可描摹（"有名"）相应的是道的恒常有所欲求（"恒有欲"）。

---

　　① 甲骨文中已出现"道"的异构字"𬾐"，此当另文考辨。
　　② 徐中舒主编：《甲骨文字典》，四川辞书出版社2006年版，第182页。

"道"的恒常有所欲求（"恒有欲"）唯在于对万物的"生之、畜之、长之、育之、毒之、养之、覆之"（《老子》五十一章），但"道"的这种有所欲求本身即体现了"道"在究竟处的无所欲求，亦即其"生而弗有，为而弗恃，长而弗宰"（同上）。"道"在对万物的成全中恒常显现，而"道"之显现的深眇终在于其"弗有"、"弗恃"、"弗宰"的"恒无欲"，此即所谓"恒无欲也，以观其眇；恒有欲也，以观其所噭（曒）"。

老子之"道"不像古希腊哲学中的"逻各斯"（λογος）那样把一种势所必至的"命运"——所谓"不可挽回的必然"（伊壁鸠鲁）——强加于宇宙万物和人，它没有那种一匡天下的咄咄逼人的霸气，它对于万物和人并不意味着一种强制性的他律（人和万物之外或之上的某种律令）。"道"也绝非黑格尔以思辨所悬设的那种"绝对理念"（absolute Idee）；作为精神实体的"绝对理念"利用人类的"热情"（利欲、权势欲等）对人施以"理性的狡计"，从而在一种"正、反、合"的逻辑节奏中为自己的既定目标开辟道路，"道"则绝无预谋，亦绝不把人与万物用作达到自己某种目的——真正说来"目的"之谓对于它全然不相应——的资具。"道"不是实体，既非不同于诸物态实体（"万物"）的另一物态实体，也非"逻各斯"、"绝对理念"那样的精神实体。它只意味着一种对"文"之所"敝"消而除之的引导，一种对摈绝一切造作以使人与万物归于自然而然的开示。"道"之所"导"无所谋取，无所执着，这诚可谓其始终无所欲求（"恒无欲"）而无可标示（"无名"），但既然其确有所"导"而从不间断，则又不可不谓之始终有所趋就（"恒有欲"）而未始不可勉予称述（"有名"）。"无"（"无名"而"恒无欲"）与"有"（"有名"而"恒有欲"）同出于"道"之所导，名虽相异却相即于一，这"异名"而"同谓"的玄眇趣致乃在于：其形而上境地的持存与其对形而下俗世导引的相因相成，与其说是对"道"的阃机的最后吐露，不如说是对领悟"道"的诸多奥义之门径（"众眇之门"）的宣示。

参考文献

古籍：《论语》、《史记》、《老子道德经章句》（河上公）、《老子道德经注》（王弼）、《老子指略》（王弼）、《经典释文》（陆德明）、《道德真经论》（司马光）、《老子注》（王安石）、《道德真经注》（苏辙）、《老子道德经古本集注》（范应元）、《老子鬳斋口义》（林希逸）、《道德真经注》（吴澄）、《道德经解》（释德清）、《老子本义》（魏源）等。

　　高亨：《老子正诂》，开明书店 1943 年版。

　　高明：《帛书老子校注》，中华书局 1996 年版。

　　蒋锡昌：《老子校诂》，商务印书馆 1937 年版。

　　梁启超：《老子哲学》（1920），载《饮冰室合集·文集》第 10 册，中华书局 1936 年版。

　　马叙伦：《老子覈诂》（1924），载《老子》（四部要籍注疏丛刊），中华书局 1998 年版。

　　徐中舒主编：《甲骨文字典》，四川辞书出版社 2006 年版。

　　于省吾：《老子新证》（1940），见《双剑誃群经新证　双剑誃诸子新证》，上海书店出版社 1999 年版。

　　张松如：《老子校读》，吉林人民出版社 1981 年版。

　　朱谦之：《老子校释》，中华书局 1984 年版。

庄子"不言之辩"考绎[*]

黄克剑

一如老子喻示非可道之"道"必致称举"不言之教"(《老子》二章、四十三章),庄子以其对信守中的"不道之道"不能不有所申说而终至于诉诸"不言之辩"(《庄子·齐物论》)。"辩"隐示着别一种言,"不言之辩"即不言之言,亦即以"不言"为"言"或与所谓"为无为,事无事,味无味"(《老子》六十三章)意趣略通之"言无言"(《庄子·寓言》)。

"不道之道"即老子"道,可道也,非恒道也"之"恒道",而"不言之辩"则大致相应于老子"名,可名也,非恒名也"之"恒名";由"恒名"之于"恒道"而"不言之辩"之于"不道之道"的思致,或可觅一蹊径以窥寻庄子学说之阃机。本文拟以此为管钥,勉力抉示"不言之辩"之要妙而一探庄子道术之门径。

一 从"天籁"之喻说起

庄子称天抑人,于天有"天一"、"天子"、"天民"、"天成"、"天光"、"天放"、"天门"、"天食"、"天乐"、"天真"、"天倪"、"天理"、"天极"、"天均"、"天游"、"天道"、"天机"诸语,而"天籁"之说尤其发人深省:

> 子游曰:"地籁则众窍是已,人籁则比竹是已,敢问天籁?"子

---

* 此文原载于《哲学研究》2014 年第 4 期。

綦曰："夫吹万不同，而使其自己也。咸其自取，怒者其谁邪?"（《庄子·齐物论》）

人籁、地籁、天籁皆就声音而言，人籁为人造之管类乐器演奏时发出的声音，地籁为地上诸自然物之窍穴为风所吹时发出的声音，天籁却非与人籁、地籁并列的一种声音，它意味着"吹万不同，而使其自己也"。《广雅·释诂三》释"己"云："己，成也。"这即是说，风吹万窍发出不同的声音全然在于其自己，如此之窍声自成便是天籁所在。万窍自己使自己发出各不相同的声音，这自成其声或自己使自己如此恰是所谓自然。由天然或自然领悟天籁，此天籁当纯由地籁推绎，而人籁则与之相暌隔。郭象注云："夫天籁者，岂复别有一物哉? 即众窍、比竹之属，接乎有生之类，会而共成一天耳。无既无矣，则不能生有。有之未生，又不能为生。然则生生者谁哉? 块然而自生耳。自生耳，非我生也。我既不能生物，物亦不能生我，则我自然矣。自己而然，则谓之天然。天然耳，非为也，故以天言之。以天言之，所以明其自然也，岂苍苍之谓哉!"① 其以"自己而然，则谓之天然。天然耳，非为也，故以天言之"申释"天籁"颇得庄学之旨，但又谓天籁"即众窍、比竹之属，接乎有生之类，会而共成一天"，则多少与"天然"之意趣相扞格。"比竹"乃人造之管乐，既为人造便非"天然"，以比竹与众窍、有生"会而共成一天"显然与庄子所谓"天"之意不相侔。郭象之后，诠解《庄子》之学人多有将"人籁"归于"天"或"天籁"者，其或谓"故夫天籁者，岂别有一物邪? 即比竹、众窍、接乎有生之类是尔"（成玄英之说）②，或谓"丧我者，闻'众窍'、'比竹'，举是天籁。有我者闻之，只是'地籁'、'人籁'而已"（姚鼐之说）③，或谓"一切皆由自取，谁使之怒号邪? 地籁如此，人籁之声响亦然。自不齐观之，则有人籁、地籁、天籁之别，自其齐观之，则人籁、地籁皆天籁也"④，或谓"虽就声音而言，但天籁却是无声；虽是无声，而又为众声之所自出。所以地籁里有它，人籁里也有它，没有

---

① 郭庆藩:《庄子集释》，中华书局 2004 年版，第 50 页。
② 同上。
③ 钱穆:《庄子纂笺》，九州出版社 2011 年版，第 10 页。
④ 王叔岷:《庄子校诠》，中华书局 2007 年版，第 48 页。

它，则地籁、人籁也无从说起"①。诸家所以会有上述判断，或是因着《庄子》原文之"地籁则众窍是已，人籁则比竹是已。敢问天籁"句，但此句诚如宋人林希逸所云"前说地籁，后说天籁，却把人籁只一句断送了"②，其仅在于由"地籁"说"天籁"时将"人籁"作为一种衬托，并无举"人籁"以与"地籁"共同推寻"天籁"之意。其实，细辨文脉，"夫吹万不同，而使其自己也"之"万不同"正相应于前文"夫大块噫气，其名为风，是唯无作，作则万窍怒号"之"万窍"；"万窍"既然明显是就因风而"怒号"的"地籁"而言，则"万不同"必指"地籁"而与"人籁"无涉。换句话说，庄子是由"地籁"的"自己"或"咸其自取"晓示"天籁"的，此"天籁"的自然无为正与"人籁"之造意而为相睽异。"牛马四足，是谓天；落马首，穿牛鼻，是谓人。故曰：无以人灭天，无以故灭命，无以得殉名"（《庄子·秋水》）；庄子以"天籁"喻其因任自然之"道"原是摈斥人为的，郭象不舍"比竹"（一种人造乐器）而诠释"天籁"则一定程度地在庄学中融入了儒教的思致。

"天籁"之喻把无声无闻的"道"启示于人，此无声无闻的"道"隐在于发为自然之声而为人所闻的"地籁"，亦即隐在于由"地籁"指代的各种自然物。倘依庄子的另一种说法，"道"于自然之物中"无所不在"，以至于其"在蝼蚁"、"在稊稗"、"在瓦甓"、"在屎溺"（《庄子·知北游》）。不过，庄子从未说过"道"亦载之于人为，载之于非自然而然的人的作为。"道"并非与人无缘，但与"道"有缘的人必是法自然之人或依其天性自然抱朴守真之人。在庄子看来，有如"人籁"必至于乖离"天籁"，人一旦有其"言"——与"人籁"相类的另一种人为之声——必至于失却"道"。"天地有大美而不言，四时有明法而不议，万物有成理而不说"（《庄子·知北游》），可喻之以"天籁"的"道"常"不言"、"不议"、"不说"，而有"言"、有"议"、有"说"因而有为的人事实上已不再能蓄养"道"的那种无为的渊默。庄子遂谓：

> 夫言非吹也，言者有言，其所言者特未定也。果有言邪？其未尝有言邪？其以为异于鷇音，亦有辩乎？其无辩乎？道恶乎隐而有真

---

① 张默生：《庄子新释》，齐鲁书社1993年版，第97页。
② 林希逸：《庄子鬳斋口义》，中华书局1997年版，第15页。

伪？言恶乎隐而有是非？道恶乎往而不存？言恶乎存而不可？道隐于
小成，言隐于荣华。故有儒墨之是非，以是其所非而非其所是。欲是
其所非而非其所是，则莫若以明。（《庄子·齐物论》）

其意为：人的言说不同于"吹万不同，而使其自己"的天籁，有了言说
就有了诠释和论辩，言说引起的争议遂难以有定论。这没有定论的话究竟
算是说了呢？还是不曾说呢？人们以为言说终是与初出于卵的雏鸟的鸣叫
不同，但二者到底有分别呢？还是无分别呢？大道隐蔽到了何处而有了世
间的真伪之辩？至言（与道相应的言）隐蔽到了何处而有了尘俗的是非
之争？大道去了哪里而不存在于当下？至言存于何处而不被世人认可？大
道被小有所成的偏见遮蔽了，至言被华而不实的浮辞掩盖了。于是便有了
儒墨两家的是非争讼，他们肯定对方所否定的而否定对方所肯定的。然
而，与其像这样肯定对方所否定的而否定对方所肯定的，则不如在彼我易
位省察中放弃是非的执着以求明达。这里须得分外留意的是，"言非吹
也"之"言"与"言恶乎隐而有是非"之"言"所指大异其致。前者与
"吹万不同，而使其自己"的天籁相对，为一般所谓言语、辩说；后者则
与"道"相契，通于老子所谓"名，可名也，非恒名也"之"恒名"或
庄子所谓"大辩不言"、"不言之辩"之"大辩"，亦即"言而足，则终
日言而尽道"（《庄子·则阳》）之"言"，其可称为至言。对于前者，庄
子始终持一种决绝否定的态度；对于后者，他则以其配称于"道"而借
寓言、重言、卮言以为言。从老子到庄子，道家对一般言说的屏弃可谓一
以贯之，《庄子》一书贬黜言诠之语比比皆是，其较典型者或如"大道不
称，大辩不言，大仁不仁，大廉不嗛，大勇不忮。道昭而不道，言辩而不
及，仁常而不成，廉清而不信，勇忮而不成，五者园而几向方矣"（《庄
子·齐物论》），或如"形色名声，果不足以得彼之情，则知者不言，言
者不知，而世岂识之哉"（《庄子·大道》），或如"道不可闻，闻而非
也；道不可见，见而非也；道不可言，言而非也。知形形之不形乎，道不
当名"（《庄子·知北游》），或如"道物之极，言默不足以载；非言非
默，议其有极"（《庄子·则阳》）。而对于言诠与道相乖以至于所言支离
失真的检讨，其深切而足以颠覆世俗之言语观者则莫过于如下一段话：

天地与我并生，而万物与我为一。既已为一矣，且得有言乎？既

已谓之一矣，且得无言乎？一与言为二，二与一为三，自此以往，巧
历不能得，而况其凡乎？故自无适有，以至于三，而况自有适有乎？
无适焉，因是已。（《庄子·齐物论》）

天地万物与我为一之境即我与天地万物齐之于道之境，亦即我与天地万物
冥合为一而法道、法自然之境。我既与天地万物相忘于道，自忘于这一境
地的我还能以言语述说这一境地吗？然而我既已谓与天地万物相忘于道，
那我又怎能说对这种物我相忘的境地未可诉诸言说呢？倘以言语把我与天
地万物冥合为一之境说出来，这说出来的境况必是不同于原本那种我与天
地万物冥合为一之境，于是先前的渊默的一与对一的诠述便由此一彼一相
对为二；倘再以言语把由一到二而二中的此一与彼一何以不同加以申说，
这便又有了既不同于原本的一也不同于对原本的一的诠述的又一种情形，
于是这又一种情形连同它之前的两种情状就成了各各相异的三；依这样的
理趣，倘对三再有诠述就会有四，对四有所诠述就会有五。如此以往，即
使再精于历算的人也无法算出最后会有怎样多的诠说中的情状，更不用说
一般人对这愈说愈多的情状的把握了。从渊默的一的无言，到诠说这渊默
的一的有言，即可衍生不可胜数的多，至于从有言到诠说这有言而衍生出
的新的言诠会多到什么程度就更不待说了。庄子由此得出的结论是：由于
言语在诠述我与天地万物冥合为一的无言之境时只会徒然衍生愈益远离此
境的繁冗诠言，所以应"无适"而不可"自无适有"——自无言趋于
有言。

　　与庄子以至于道家捐弃言诠的意致相印合，此后《淮南子》——一
部与道家渊源颇深的著述——曾就苍颉造字这一历史传说谓：

昔者苍颉作书，而天雨粟，鬼夜哭。（《淮南子·本经训》）

东汉学者高诱注称："苍颉始视鸟迹之文造书契，则诈伪萌生，诈伪萌生
则去本趋末，弃耕作之业而务锥刀之利。天知其将饿，故为雨粟。鬼恐为
书文所劾，故夜哭也。"①"苍颉作书"意味着人类有了文字，文字既是人
为之文而非出于自然，"诈伪萌生"在道家人物看来便是势所必至的事

---

① 何宁：《淮南子集释》，中华书局1998年版，第571页。

情。作为一种征兆，天雨粟正可视为天对人的一种提醒或儆告。高诱注"天雨粟"颇合《淮南子》撰文之初衷，但对"鬼夜哭"的诠释似与原本之意略不相应；鬼为已逝之祖先，其夜哭恐非惮于书文用于对之过失的弹劾，而是出于对书文可能带给后代子孙之敝害的担忧。文字而书契的产生使言说得以规范化和经典化，由"天雨粟"、"鬼夜哭"而评说"苍颉作书"足见道家人物对言说的鄙弃。

诚然，庄子在终极意趣上是弃绝言诠的，但把"天地与我并生，而万物与我为一"之境启示于人却又不能不言。这犹如"天籁"自是无声的，而无声的"天籁"毕竟见之于有声的"地籁"。"既已为一矣，且得有言乎"，"天籁"无声般的"无言"是取决于庄子的"不道之道"的；然而"既已谓之一矣，且得无言乎"，庄子终至于未可不言却又不能如世俗所言而言，遂使他言其不言而祈取所谓"不言之辩"。

二 "不道之道"与"不言之辩"

渊默的道一经以"道"命名就已经处在被"言"中，"言"与"道"在道家人物这里的不即不离的微妙纠结自此即已绽露。老子论"道"，开篇即申明"道，可道也，非恒道也；名，可名也，非恒名也"，以提示欲闻道于此者在借助名言后务必绝去对名言的滞泥。庄子行文别有格局，但他亦以独异的语例对同样的意趣作了表达。其谓：

> 夫道未始有封，言未始有常，为是而有畛也。请言其畛：有左有右，有伦有义，有分有辩，有竞有争，此之谓八德。六合之外，圣人存而不论；六合之内，圣人论而不议；《春秋》经世先王之志，圣人议而不辩。故分也者，有不分也；辩也者，有不辩也。曰：何也？圣人怀之，众人辩之，以相示也。故曰：辩也者，有不见也。夫大道不称，大辩不言……孰知不言之辩，不道之道？若有能知，此之谓天府。注焉而不满，酌焉而不竭，而不知其所由来，此之谓葆光。（《庄子·齐物论》）

这整段文字皆在讲"道"与"言"的关涉及扞格："道"原本浑沦一体，未尝随人我彼此而有分界，但"言"则难以如道那样自有其常，人们因为言说往往会生出种种界限。这类界限，简要说来即如：一有了左就有了右，一有了伦类（"伦"）的判别就有了仪节（"义"）的规定，一有了条分缕析（"分"）就有了是非分辨（"辩"），一旦竞相自以为是（"竞"）也就有了永无休止的争论（"争"），这"左"、"右"、"伦"、"义"、"分"、"辩"、"竞"、"争"，即由言说势必引生的八种畛界。因此，圣人慎于言诠。他们对天地四方之外的事理只是存之于心而不予述说，对于天地四方之内的事理只是述说而不予论议，至于对《春秋》所记载的世事之治理及先王之行迹，圣人也只是鉴古喻今而有所论议却并不着意作是非的分辨。圣人懂得：言诠之能事在于分解，但六合内外自有不可分解者；言诠之功用在于辩析，但六合内外自有不可辩析者。何以知道圣人懂得这一点？这只须看圣人与众人在言说上所持态度的差异：对于不可分解、辩析的东西圣人只是存于胸中以求与之默然相契，而众人则往往逞其言辩将自己的一偏之见夸示于人。因此说，那些恃言逞辩的人反倒对事理之大端无所识见。大道是不可称说的，大辩是不诉诸言诠的……然而有谁真正知晓这"不言之辩"（不诉诸言诠的大辩）和"不道之道"（不可称说的大道）呢？若是能对此有所了悟，那种藏天道于灵府（心灵）的境界真可谓之"天府"。这虚灵的天府其大无涯，无论怎样灌注也不会盈满，无论怎样酌取也不会竭尽，其所由来不可测度，此又可称之为"葆光"。"葆光"者，内敛其心智之光之谓，此光之强外可普照万有，内可明烛灵府。

庄子由"不道之道"否定了通常所谓言诠问津于"道"的可能，但与此同时则提出了相应于"不道之道"的"不言之辩"。这"不言之辩"诚然仍在于强调"不言"，然而以"不言"作限定的"辩"毕竟有了喻"道"的机缘。不过，"不言之辩"终是諔诡之辞，非一般之思议所可申解。所幸庄子为之留下了心会其意的线索，借助这线索尚可关联着"不道之道"的消息寻问"不言"而"辩"的玄趣。这里，可聊举《庄子》中所述"轮扁斫轮"的寓言以究其致。这寓言称：

桓公读书于堂上，轮扁斫轮于堂下。（轮扁）释椎凿而上，问桓公曰："敢问，公之所读者何言邪？"公曰："圣人之言也。"曰："圣人在乎？"公曰："已死矣。"曰："然则君之所读者，古人之糟魄已夫！"桓公曰："寡人读书，轮人安得议乎！有说则可，无说则死。"轮扁曰："臣也以臣之事观之。斫轮，徐则甘而不固，疾则苦而不

入。不徐不疾，得之于手而应于心，口不能言，有数存焉于其间。臣
不能以喻臣之子，臣之子亦不能受之于臣，是以行年七十而老斫轮。
古之人与其不可传也，死矣。然则君之所读者，古人之糟魄已夫！"
（《庄子·天道》）

轮扁斫轮有道，此道"口不能言"，因此其难以喻轮扁之子，而轮扁之子
亦无从受其"数"于轮扁。但斫轮之道确乎存在于轮扁"不徐不疾"的
斫轮实践中，所谓"得之于手而应于心"而"有数存焉于其间"之
"数"即是此道。由斫轮之道以喻圣人之道，圣人之道亦当"口不能言"，
桓公所读"圣人之言"则必如轮扁所说乃"古人之糟魄"。然而圣人之道
亦当如斫轮之道，其亦"有数"存在于圣人修身治世的切己践履中。庄
子以轮扁斫轮的故事所喻说的道理似乎仅止于此，但依其意属，尚可作如
是推理：斫轮之道须于斫轮的亲历亲为中去体验，同样，圣人之道则应于
有似已逝圣人那样的践行中去领悟。"口不能言"之"道"可谓"不道之
道"，而在切己的践履中寻取"存焉于其间"的"数"以至于"得之于
手而应于心"遂可谓"不言之辩"——虽"不言"却已对"不道之道"
有所"辩"。

　　另有一则寓言，所喻旨趣与"轮扁斫轮"相通而于"不道之道"、
"不言之辩"之"无为"之意似有更多隐示。兹录之于下：

　　　　仲尼之楚，楚王觞之，孙叔敖执爵而立，市南宜僚受酒而祭曰：
"古之人乎！于此言已。"曰："丘也闻不言之言矣，未之尝言，于此
乎言之。市南宜僚弄丸而两家之难解，孙叔敖甘寝秉羽而郢人投兵。
丘愿有喙三尺。"彼之谓不道之道，此之谓不言之辩，故德总乎道之
所一，而言休乎知之所不知，至矣。道之所一者，德不能同也；知之
所不能知者，辩不能举也。……狗不以善吠为良，人不以善言为贤，
而况为大乎！夫为大不足以为大，而况为德乎！夫大备矣，莫若天
地，然奚求焉？而大备矣。知大备者，无求，无失，无弃，不以物易
己也。反己而不穷，循古而不摩，大人之诚。（《庄子·徐无鬼》）

借孔子之口所说的"市南宜僚弄丸而两家之难解"，指昔时楚国权臣白公
胜欲借重勇士宜僚杀令尹子西以作乱，宜僚不为白公之威逼利诱所动而弄

丸——抛接若干弹丸以戏耍——如故，终使白公反事未遂而"两家难解"。"孙叔敖甘寝秉羽而郢人投兵"，则是指当年令尹孙叔敖执扇、恬卧以无为治国而使楚国边患不起、兵无所用。在庄子看来，宜僚与孙叔敖的无为之为正合于他所谓的"不道之道"，而孔子的"不言之言"亦正是所谓"不言之辩"。宜僚与孙叔敖之所为与轮扁斫轮皆是言诠难以尽述其妙的践履，欲寻问这践履中所寓的"不道之道"则唯有诉诸"不言之辩"——在相通的践履中以求对道的心领神会，这心神的领会也是一种"辩"（辨），只是"不言"罢了。"不道之道"只是在"不道"时才是完备而自足的，其见之于天地是天地默然的无求、无失、无弃，倘人能取法天地，其当在"不言"中有所"辩"（辨），此即亦无求、无失、无弃而不舍己求物以免于心为物夺。

不过，无论是轮扁斫轮，还是宜僚弄丸、孙叔敖"甘寝秉羽"，抑或孔子言其"不言之言"，似皆不能说未用心智。即使其表现为"无为"，亦还难以说此"无为"出于无心或无意。诚然，任何寓言都有其喻理之所重，不可对寓言之所喻求全责备，但庄子还是通过诸多寓言的相援互济对某一寓言的可能有欠周全作了弥补。如可用来印证"轮扁斫轮"、"仲尼之楚"寓言的寓言"黄帝遗珠"：

> 黄帝游乎赤水之北，登乎昆仑之丘而南望。还归，遗其玄珠。使知索之而不得，使离朱索之而不得，使喫诟索之而不得也。乃使象罔，象罔得之。黄帝曰："异哉！象罔乃可以得之乎？"（《庄子·天地》）

所谓"玄珠"，是"道"的代称；关联着"玄珠"（"道"）的"索"与"得"，寓言中人物的名谓则别有意指："知"即智，智思之谓；"离朱"即离娄，传说中的古之明目者；"喫诟"，言辩之谓，传说中的古之能言善辩者；"象罔"，亦称罔（无）象，无形象无心意之谓。"知"、"离朱"于玄珠"索之不得"，隐示"道"绝虑、无形而非可以智求、目及；"喫诟"于玄珠"索之不得"，则隐示"道"离言不称而非可以诠表。唯"象罔"觅玄珠而"得之"，乃意味着契道须出于无心而不可着意为之。总之，道不可见，道不可思，道亦不可言，悟此"不道之道"有待"不言之辩"，而"不言之辩"之所"辩"（辨）只在于切己的生命践履，并且其必得尽其自然而不落于意致。

犹如"不道之道"与所谓"大道不称"相应,"不言之辩"与"大辩不言"意蕴贯通。历来学者多依"大辩不言"之旨诠说"不言之辩"之所谓,这思路诚然并无失错,但问题在于如何理解"大辩不言"。成玄英疏解"大辩不言"云:"妙悟真宗,无可称说。故辩彫万物,而言无所言。"①"辩彫万物"语出《庄子·天道》"辩虽雕万物,不自说也",玄英疏解此语云:"弘辩如流,彫饰万物,而付之司牧,终不自言也。"② 由"彫饰万物"释"辩彫万物",而又以"辩彫万物"释"大辩不言"之"大辩",其说或起于刘勰"庄周云'辩雕万物',谓藻饰也"(《文心雕龙·情采》)之谈,但以"藻饰"或"彫饰"解"彫"不免使"辩彫万物"以至"大辩不言"之"大辩"被赋予贬义,而这显然与庄子所言之本意相左。至近世,章太炎、奚侗、王叔岷等对成玄英所疏之讹失方先后有所辨正。王叔岷注"辩虽雕万物,不自说也"句谓:

> 成(玄英)《(庄子)疏》"宏辩如流,彫饰万物。"章太炎云:"彫借为周,《易》曰:'知周乎万物。'魏征《群书治要序》曰:'虽辩周万物,愈失司契之原。'是唐人尚知彫即周字。"奚侗云:"章说是也,《天下篇》:'遍为万物说。'即此义。"案"彫"借为"周",与上文"落"字(即"知虽落天地"之"落"——引者注),下文"穷"字(即"能虽穷海内"之"穷"——引者注),义并相符。成《疏》释为雕饰字,则不类矣。《文心雕龙·情采篇》:"庄周云:'辩彫万物',谓藻饰也。"(彫、雕正假字)亦未明《庄子》之旨。晋傅玄《鼓吹曲》三十二首之二十一:"智理周万物。"亦用周字,本于《系辞》。《齐物论篇》:"大辩不言。"即辩周万物不自说之旨。③

这对刘勰、成玄英以"藻饰"、"彫饰"解"雕"之误的矫正无疑是中肯的,但谓"《齐物论篇》:'大辩不言。'即辩周万物不自说之旨"则与庄

① 郭庆藩:《庄子集释》,第86页。
② 同上书,第466页。
③ 王叔岷:《庄子校诠》,第476页。

子之趣致相去甚远。确如奚侗所说，"辩彫（周）万物"即"遍为万物说"之义。然而，"遍为万物说"乃是庄子对惠施"逐万物而不反"的批评语，其整句话为："遍为万物说，说个不休，多而无已，犹以为寡，益之以怪。"（《庄子·天下》）既如此，则庄子所称述的"大辩不言"又何以可能与其所贬责的惠施之"遍为万物说"同其旨趣呢？

切近庄子本怀，关联着"大道不称"的"大辩不言"寻味于由"不道之道"引出的"不言之辩"，这"不言之辩"当由此处"辩"的"辨"意悟入以究其真际。从既经解读的上述几则寓言看，"不言之辩"之"辩"当为一种言所不及的辨识，此辨识毋宁为默契而冥证之同义语。这"辨"或默契冥证只有在切己的践履中才有可能。而且此践履当是无所为而为之，因此它必出于无造作、无措意之自然——以自然而然之践行契于法自然之道。"不道之道"终是"不道"，"不言之辩"亦终是"不言"，然而"道"既然无乎不在，其为人所"辩"（辨）并非不可，只是"辩"（辨）"道"者这时法道法自然而与自然之道相忘于一体，"辩"（辨）亦无所谓"辩"（辨）了。

三 "言无言"：寓言、重言、卮言

"不道之道"、"不言之辩"所示于人的重在"不道"、"不言"，但"不道之道"、"不言之辩"的说出本身已构成一种"言"，这种言其"不言"或"不言"而言适可谓为"不言之言"或"言无言"。由"不言之辩"契悟"不道之道"，其理致不可不言，庄子著述即是为此，但著述所言大抵皆为"言无言"。依庄子自述，如此之"言无言"所取的形式或为寓言，或为重言，或为包括寓言、重言却又不止于此的卮言。

寓言是寓此意于彼言之言，亦即借某个简单故事说出一种意味深长的道理的言说方式。其特征，即如庄子所谓"借外论之，亲父不为其子媒，亲父誉之，不若非其父者也"（《庄子·寓言》）。就是说，这是借立论者之外的人和事表达立论者意旨的那种言说，所以如此，正像亲生父亲不为自己的儿子做引荐人那样——因为由父亲称道自己的儿子以求信，不如由他人赞誉其子更能使人认可。司马迁为庄子修传称："其学无所不窥，然其要本归于老子之言，故其著书十余万言，大抵率寓言也。"（《史记·老庄申韩列传》）其所说"大抵率寓言"，与庄子自谓"寓言十九"约略相合。不过庄子尚有"重言十七，卮言日出，和以天倪"诸语，史家只是审其大端而于其详备未遑缕述。其实司马迁所称之寓言其涵盖也许更广些，重言——借重先哲先贤之口以抒己见——何尝不是寓托他人所言之言，而卮言亦未始不与寓言相涵容。倘不执着于名谓，庄子著书所言尽可依司马迁所云谓之"大抵率寓言"，亦尽可一言以蔽之而谓其为"卮言"。

"卮言"，乃圆通而不露圭角、不执一守故之言。郭象注"卮言日出，和以天倪"云："夫卮，满则倾，空则仰，非持故也。况之于言，因物随变，唯彼之从，故曰日出；日出，谓日新也。"成玄英疏云："卮，酒器也。……夫卮满则倾，卮空则仰，空满任物，倾仰随人。无心之言，即卮言也。是以不言，言而无系倾仰，乃合于自然之分也。"[1] 这种言说虽亦是言说，却又自异于通常之言说，它"因物随变"、"无系倾仰"，以其"无心"而随顺自然之分际。换句话说，卮言所以谓之卮言就在于，它在把自然之道启示于人的同时也对言诠引发人的种种执着的可能作了消解。言而不留通常之言所必致的偏蔽，其言虽言却无异于无言，言此言亦可谓"言无言"。庄子就此指出：

> 卮言日出，和以曼衍，因以曼衍，所以穷年。不言则齐，齐与言不齐，言与齐不齐也。故曰（言）无言。言无言，终身言，未尝言；终身不言，未尝不言。有自也而可，有自也而不可；有自也而然，有自也而不然。恶乎然？然于然。恶乎不然？不然于不然。恶乎可？可于可。恶乎不可？不可于不可。物固有所然，物固有所可，无物不然，无物不可。非卮言日出，和以天倪，孰得其久？（《庄子·寓言》）

"日"有"时"义，"卮言日出"是说"卮言"这种"不言之言"或"言无言"之言适时而出或应时而发；"和"有附和、依顺之义，"和以天倪"意指应时而发的卮言依从自然之道。凭着这卮言传布道理，可以流播久远。在庄子看来，物有其理，不去言说它，它是完备的，这完备的状况与对它的言说并不一致，所以说不要执着于言诠。说那些不执着于一端的话，虽终身在说，却未尝在说；虽终身不说，却未尝不在说。说可有其

---

[1]　郭庆藩：《庄子集释》，第947页。

可的原由，说不可有其不可的原由；说是有其是的原由，说不是有其不是的原由。何处谓是？于是处谓是。何处谓不是？于不是处谓不是。何处谓可？于可处谓可。何处谓不可？于不可处谓不可。事物原本就有其所是之处，事物原本就有其所可之处，没有什么事物无其是处，也没有什么事物无其可处。若是不能以依从自然之道而应时所发的卮言言之，所言怎么可能得以长久？依庄子之意，"物论"之"齐"在于将诸多各是其是的议论齐之于"然于然"（于是处说是）、"不然于不然"（于不是处说不是）、"可于可"（于可处说可）、"不可于不可"（于不可处说不可）的卮言，而与这齐其物论相应的是齐其"固有所然"、"固有所可"的诸物。庄子谓：

> 万物皆种也，以不同形相禅，始卒若环，莫得其伦，是谓天均。天均者，天倪也。（《庄子·寓言》）

物之繁多不可胜计，但其种源毕竟相同。这同种的诸物以不同形态相传演，终始相接如环，没有尊卑高下的伦次，其所遵从的是被称作"天均"的自然均平之理。万物自然均平出于自然之道，此即所谓"天倪"。物论齐之于"言无言"的卮言，万物齐之于自然之道的天倪，天倪乃是"不道之道"，卮言则为"不言之辩"，究底而言，"卮言日出，和以天倪"所道出的原只是"不言之辩"对于"不道之道"的虚灵的应和。庄子之学辐辏于"不道之道"，而此"不道之道"终究又不可不道，其所赖以道此"不道之道"者唯在于有着"不言之辩"或"言无言"之效用的卮言。庄子曾就此自述其独异之道术和与之相配称的独异之言喻如下：

> 芴漠无形，变化无常。死与生与？天地并与？神明往与？芒乎何之？忽乎何适？万物毕罗，莫足以归。古之道术有在于是者，庄周闻其风而悦之，以谬悠之说，荒唐之言，无端崖之辞，时恣纵而不傥，不以觭见之也。以天下为沈浊，不可与庄语，以卮言为曼衍，以重言为真，以寓言为广。独与天地精神往来，而不敖倪于万物；不谴是非，以与世俗处。其书虽瑰玮，而连犿无伤也；其辞虽参差，而諔诡可观。彼其充实，不可以已。上与造物主游，而下与外死生、无终始者为友。其于本也，弘大而辟，深闳而肆；其于宗也，可谓稠适而上

遂矣。虽然，其应于化而解于物也，其理不竭，其来不蜕，芒乎昧乎，未之尽者。(《庄子·天下》)

所谓"芴漠无形（恍惚溟漠而无形无象），变化无常（随机变化而没有常态）。死与生与（死呢生呢）？天地并与（与天地一体呢）？神明往与（与神明同往呢)？芒乎何之（恍惚何处来）？忽乎何适（惚恍何所归)？万物毕罗（森然万象皆包罗其中），莫足以归（没有什么足以为它所归附)"，这被述说的"庄周闻其风而悦之"的"古之道术"其实即是庄子所信奉的道术，亦即他所称述的"不道之道"；此处对这"不道"的道术的道出，虽未采用寓言或重言方式，但"芴漠"、"芒"（恍）"忽"（惚)之言仍可说是有着"言无言"特征的卮言。所谓"以谬悠之说（虚灵悠婉的说法)，荒唐之言（荒廓广洽的话语)，无端崖之辞（不囿于边际限制的言辞)，时恣纵而不傥（时常放言无忌却并无偏颇)，不以觭见之（不流于一偏之见)"，相对于其"不道之道"则又正可说是"不言之辩"——其重在一种启示，一种对"道"有所辨识的启示，虽有"言"、"辞"以"说"，但"荒唐"、"无端崖"而至于"谬悠"则所言亦无异于无言。不过，这是留下了启示的不言之言或言无言。庄子称"以天下为沈浊，不可与庄语"（由于天下人沈溺于暗浊，不可与之庄重直言)，遂"以卮言为曼衍，以重言为真，以寓言为广"（凭借不执一守故的话语使"道"之所导得以流衍，借人们看重的先哲先贤的言辞加深理致的真切感，借各种寓言使寄托于其中的旨趣得以推阐)；这"卮言"、"重言"、"寓言"或可视为"谬悠之说"、"荒唐之言"、"无端崖之辞"的另一种说法，其依然是在申说可用以契悟"不道之道"的"不言之辩"。至于所谓"独与天地精神往来，而不傲倪于万物；不谴是非，以与世俗处"（独自与天地精神交往，却不傲视万物，不责问人间物论之是非，而又不脱开世俗以故作高卓)，所谓"上与造物者游，而下与外死生、无终始者为友"（上与造物之自然相交游，下与那些不囿于死生、不陷在终始循环中的得道者结友)，乃是依据"不道之道"所取的一种人生态度；而"其书虽瑰玮，而连犿无伤也；其辞虽参差，而諔诡可观。彼其充实，不可以已"（其著述虽奇诡，却宛转相喻而无伤于理致；其言辞虽虚实不定，但意趣卓异而值得玩味。那所喻内容的丰赡，不可以穷尽)，"其于本也，弘大而辟，深闳而肆；其于宗也，可谓稠（调）适而上遂。虽然，其应于化而解于物也，其理不竭，其来不蜕，芒乎昧乎，未之尽者"（其对于道之根本讲得思路开阔而精辟，道理深广而不拘泥；其对于道之宗旨，可以说讲得妥切、恰当而能上达至高之境。唯其如此，其顺应变化而善于理解事物，其理致不枯竭，其给予人们的启示不留任何痕迹，那真是广博深微，意味不可穷尽），则在于对依道所著文字的"言无言"或"不言之辩"之风致的申示或告白。

不过，"寓言"、"重言"、"卮言"毕竟是"言"，而"不言之辩"既然终究牵涉"辩"——尽管此"辩"之义蕴在于辨识而契悟——便仍脱不了"言"的干系。因此，庄子由"言无言"或"不言之言"所道出的乃是一种追求，亦即对言所能达到的"不言则齐"境地的逼近。尽管逼近并不就是契合，但这逼近的祈向使道家以不信任言说为前提的那种言说自成一格。老子是道家自成格度的言说的首倡者，庄子绍述这一言说方式从而将其推衍至极致。《老子》一书中多有"恍惚"之辞，亦多有"若反"之"正言"。前者如"视之而弗见，名之曰微；听之而弗闻，名之曰希；捪之而弗得，名之曰夷。三者不可致诘，故混而为一。一者，其上不皦，其下不昧，寻寻呵不可名也，复归于无物。是谓无状之状，无物之象，是谓惚恍"（《老子》十四章）、"道之为物，唯恍唯惚。惚呵恍呵，中有象呵；恍呵惚呵，中有物呵。窈呵冥呵，其中有情呵，其情甚真，其中有信"（《老子》二十一章）等，后者则如"上德不德，是以有德；下德不失德，是以无德"（《老子》三十八章）、"众人熙熙，若飨于大牢，而春登台；我泊焉未兆，若婴儿未咳，累呵，似无所归。众人皆有余，我独遗（匮）。我愚人之心也，蠢蠢呵！俗人昭昭，我独若昏；俗人察察，我独闷闷呵……众人皆有以，我独顽以鄙"（《老子》二十章）、"是故圣人有言曰：'受国之诟，是谓社稷之主；受国之不祥，是谓天下之王。'正言若反"（《老子》七十八章）等。无论是"恍惚"之辞，还是"若反"之"正言"，老子之所言皆有以言限言而消解闻言者对言诠执着的特征，其言在吐露某种微妙的启示意味时也对言可能留下的"言与齐不齐"的后果作了最大程度的泯除。总体而言，老子的不言之言多是论理性的直言，不过这直言在经由以言限言的坎陷后酝酿出了深长的玄意，因而可恰切地称其为"玄言"——"言"与"不言"以"言"之"有"、"无"同入于"玄"而为"玄言"。况且老子亦善于取譬相喻，玄言辅之以取譬相喻则更可冥通幽微而曲尽其说。庄子亦有与老子相类的玄言，如"大道不称"、"道昭而不道"、"大辩不言"、"言辩而不及"等,然而其著述中终是"寓言十九",这"寓言"是言的间接化——它把直言难以尽致的奥趣托诸有较大容纳的叙事、对话和摹状中。老、庄示"道"之言皆可谓"言无言"或在言中消去其线型指向的"卮言",不过老子那里的"卮言"更多是"恍惚"无著或"正言若反"的玄言,庄子此处的"卮言"更多是圆融、宛转、有着间接表述之从容的"寓言",尽管"卮言"、"寓言"等只是在庄子这里才被命名而对于言称的运用者亦才最终明确起来。

四 结语:"浑沌"之喻的阄机

在《庄子》一书的诸多寓言中,"残凿浑沌"的寓言可能对所谓"不道之道"的隐喻和对"不言之辩"的默示最具典型性。这则寓言称:

> 南海之帝为倏,北海之帝为忽,中央之帝为浑沌。倏与忽时相与遇于浑沌之地,浑沌待之甚善。倏与忽谋报浑沌之德,曰:"人皆有七窍,以视听食息,此独无有,尝试凿之。"日凿一窍,七日而浑沌死。(《庄子·应帝王》)

"倏"、"忽"或被学者以"有"、"无"作解(成玄英之说)①,或被学者以"阳"、"阴"注疏(宣颖之说)②,似皆可聊备一说。而没有疑问的是,浑沌当是"道"的化身,亦可了解为"自然"之代称。浑沌是浑全的"一",不显现任何圭角,不透露任何迹象,没有可测度的边际,略无可分辨的轮廓。它生机充盈,这生机默默地通着北忽南倏所暗示的阴阳之变,也默默地通着有形万物的生生不已,但如果措意为它凿出可借以视、听、食、息的"七窍",因而有面目可辨,那它一定会由于生机消歇而死。"浑沌"的品质无从说起,这无从说起的品质是"自然"的品质。"自然"的品质在于无所规定,在于"无为",在于"惝然若亡若存,油然不形而神"(《庄子·知北游》);"天无为以之清,地无为以之宁"(《庄子·至乐》),人既然"法地"、"法天"、"法道"、"法自然",便亦

① 郭庆藩:《庄子集释》,第309页。
② 张默生:《庄子新释》,第241—242页。

当"无为"。自然无为与一切造作、文饰、雕琢、奢华相对，其底蕴倘一言以蔽之，或正可谓之为"朴"。对此"浑沌"之"朴"若"尝试凿之"而"日凿一窍"，则必致"浑沌死"而"朴散"（《老子》二十八章）。"残凿浑沌"的寓意在于因任自然而贬黜人为，人之言诠既然并非根于自然，那么人由言而依类判物便必至于害"道"以伤"朴"。有如老子，庄子对语言的鄙弃是出自"道法自然"这一本体断制的；无论是老子取"恍惚"之辞或"若反"之"正言"以作"玄言"，还是庄子取"寓言"、"重言"、"卮言"以"言无言"而不为"庄语"，都是出于对"不道之道"有所导示的不得已。

与"残凿浑沌"的寓言相呼应，庄子也这样评说蜂起于晚周的"百家之学"：

> 天下大乱，贤圣不明，道德不一，天下多得一察焉以自好。譬如耳目鼻口，皆有所明，不能相通。犹百家众技也，皆有所长，时有所用，虽然，不该不遍，一曲之士也。判天地之美，析万物之理，察古人之全，寡能备于天地之美，称神明之容。是故内圣外王之道，暗而不明，郁而不发。天下之人各为其所欲焉以自为方。悲夫！百家往而不反，必不合矣！后世之学者，不幸不见天地之纯，古人之大体，道术将为天下裂。（《庄子·天下》）

其实，由"天下多得一察焉以自好"所导致的"道术将为天下裂"，正是"浑沌"寓言所喻之"日凿一窍"以至于"浑沌死"的情形。"判天地之美"之"判"，"析万物之理"之"析"，"察古人之全"之"察"，其得以可能皆在于与智虑一体的言辩，而言思之路一经打开，"不该不遍"的"物论"必纷嚣而竞起于尘境。庄子欲"齐物"不可不"齐物论"，因为物之"齐"在于"不言"，而"不言则齐"本身即意味着"齐"其众口宣眕的"物论"，亦即"齐"诸种"言"于"不言"。一旦由"齐"其"物论"而"齐"其"物"，以至于物我、物物间的界限泯没，我之于物、物之于我不再相待有歧，人遂可游于此物我相忘——"鱼相忘于江湖，人相忘于道术"（《庄子·大宗师》）——的无待之境，其游则始可许之以"逍遥"之"游"。《庄子》一书首篇以《逍遥游》为题，次篇以《齐物论》为题，此"逍遥游"、"齐物论"分别为前后相承的两篇文字的破的之语，亦是庄子全部著述的点睛之笔。"逍遥"作为一种境界，指"忘己"、"忘物"、"入于天"（《庄子·天地》）的那种无待（对外境无所依赖）的洒脱，指自然、率性、"天地与我并生，而万物与我为一"的那种无所拘牵的逸致，它是庄子的终极趋求或其"不道之道"的最终导向所在；"齐物论"而"齐物"则是化"有待"为"无待"以"游"于"逍遥"的必要前提，但"物论"而"物"得以齐的可能最终却在于由"言无言"（以"卮言"而言）以臻于"不言之辩"。领悟庄子之学神致的蹊径或许不止一条，然而，检讨其在言诠上的诡谲态度可能是逼近其灵思之堂奥的较为可靠的入路。

"言"是人为之"文"，它往往受动于为它所命名、称说的对象，却也能动于被命名、称说的对象。出现在人的视野中的世界显得秩序井然，但这井然的秩序不过是人对世界的取景或世界对人的成像，而在取景或成像中以命名、诠释的方式起选择、淘滤、赋义、润色作用的则是与人的知、情、意密不可分的语言。在人们通常的意识中，语言只是对本来如此的对象做如其所是的描摹，似乎像是可穿戴于对象亦可从对象那里随时剥落因而全然不影响对象本身的服饰，然而，这毕竟是一种错觉。语言使世界在人这里因条分缕析而面目清晰，语言也由此使世界对于人永不再是一体之浑然或浑然之一体。人在认知维度上与世界谋面总是或隐或显地以语言为媒介的，经由语言提供的概念网络进入人的认知视野的世界是被语言凿出了"七窍"因而改变了其浑朴面目的世界。这是运用语言却也为渗透于其身心的语言所制约的人类与世界间长久以来隐藏着的一重秘密，老子是中国古代最早揭示这一隐秘的人，庄子则以"残凿浑沌"的寓言把这一隐秘在道家的独特思致维度上经典化了。

道家由克除"文敝"——因"文胜质则史（饰）"（《论语·雍也》）所导致的人文弊害——而否定一切人为之文，属于人为之文的语言自然在其弃绝之列。"浑沌"意味着浑全、朴真、渊默而未著于任何人文印迹，以其象征庄子心目中的"法自然"之"道"并就此泯却"物论"以至言诠原是至为贴切的。不过"浑沌"之自然对于身处尘垢以"复朴"、"返其真"为务的道家说来也还指示着一种应然，而应然作为一种祈愿既然必得提撕于某种极致之境——非此而无"形而上者谓之道"（《周易·系辞上》）可言——便终是难以与言诠绝缘。"浑沌"之可祈想，在于对其命名为"浑沌"后又以寓言方式对之作了诠释，而这命名和诠释本身便又成为言诠最终非可捐弃的见证。

诚然，"不言之辩"把对"不道之道"的体悟更大程度地引向某种躬身践履，但实践作为不无归着的生命化运作没有实践者的观念寓于其中是难以设想的，而只要有这种观念，比如老子所谓"为无为，事无事，味无味"的观念或庄子所谓"配神明，醇天地，育万物，和天下，泽及百姓"（《庄子·天下》）的观念，便不可能全然屏绝与观念形影相随的语言。庄子的"残凿浑沌"的寓言原是要诱导人们"修浑沌氏之术"（《庄子·天地》）的，修此术固然是一种人生实践而非只是一种言谈，然而"浑沌氏之术"已经构成一种观念，无论怎样，它都不可能全然离言而自明。即便是信从"道不可言"，但对"道不可言"的指出本身已是在言；即使是"不道之道"只在于践行中的契悟，而对"道"之"不道"的点破亦已是对"不道之道"的有所"道"（言）。这是庄子学说以至道家之道术在终极处自行绽露的内在扞格，幸运的同情理解者在真正进到一个芴漠、瑰玮而諔诡可观的神思王国后有可能在这里遇到它的疆界。然而疆界的寻得，对于不懈的探路者说来又何尝不是对某种越出此疆界的契机的捕获呢？

参考文献

古籍：《周易》、《论语》、《中庸》、《老子》、《庄子》、《史记》、《庄子注》（郭象）、《文心雕龙》（刘勰）、《庄子疏》（成玄英）、《南华经解》（宣颖）、《庄子章义》（姚鼐）等。

林希逸：《庄子鬳斋口义》，中华书局 1997 年版。

郭庆藩：《庄子集释》，中华书局 2004 年版。

钱穆：《庄子纂笺》，九州出版社 2011 年版。

王叔岷：《庄子校诠》，中华书局 2007 年版。

张默生：《庄子新释》，齐鲁书社 1993 年版。

何宁：《淮南子集释》，中华书局 1998 年版。

"名"的自觉①与名家*

黄克剑

《说文》云:"名,自命也。从口从夕,夕者冥也,冥不相见,故以口自名。"(许慎《说文解字·口部》)这可能是"名"的初始意谓,它缘于"冥"而出于"口"。"命"原在于称呼、告诉,"自命"即自呼、自告;唯自呼、自告可在晦昧夜色中明示自己为何人,所以"名"由"命"而与"明"通:

> 名,明也,名实使分明也。(刘熙《释名·释言语》)

> 冀州从事郭君碑:卜商唬唬,丧子失名。以名为明。(阮元《经籍纂诂·庚韵》)

"名"由"自命"可引申至"命名",命名使浑沌中的世界得以依类判物,而为人所分辨。这依类分辨固然赋予了森然万象一种秩序而使其明见于人,但先前浑沌中的那种圆备也因着如此的察识而被打破。世界的圆备一经打破,便再也难以重新弥合——这几可说是命名及与之密不可分的言说带给人的无从规避的命运。

"名"和"命名"自始就同语言的发生关联着,它可以追溯到"伏羲

---

① 此"'名'的自觉"之"自觉",有似鲁迅所谓"曹丕的一个时代可说是文学的自觉时代"(鲁迅《而已集·魏晋风度及文章与药及酒之关系》,见《鲁迅全集》第3卷,人民文学出版社1973年版,第491页)之"自觉"。"'名'的自觉"是指先前日用不察的"名"或"名言"开始被反省,从而因其特殊价值的被检讨、被觉识而被确认为一个相对独立的致思领域。

* 此文原载于《哲学研究》2010年第7期。

氏之王天下也，始画八卦，造书契，以代结绳之政"（《〈尚书〉序》）或
"仓颉之作书"（《韩非子·五蠹》）等传说所朦胧指称的往古。但先哲对
"名"和"命名"有所反省以达于对语言的自觉，显然并不能早于"礼坏
乐崩"而诸子蜂起的春秋战国之际。

一　老庄与"名"的自觉

老子可能是最早达到"名"、"命名"或语言自觉的人，不过，这自
觉主要是在消极的意义上。老子之学"以自隐无名为务"（《史记·老庄
申韩列传》），与其"自隐"而趣归于"无名之朴"（《老子》三十七章）
相应，这位伟大的隐者在诲示人们领悟绝待或无待的"道"时分外强调
了离"言"或"不言"。《老子》开篇即称：

> 道可道，非恒道；名可名，非恒名。无名，天地之始；有名，万
> 物之母。故恒无欲以观其妙，恒有欲以观其徼。此两者同出而异名，
> 同谓之玄，玄之又玄，众妙之门。（《老子》一章）

此章是老子"道"论的总纲，也是其"名"（言）论的总纲，"道"论与
"名"论的相即相成意味着道家价值形态的形而上学与道家名言观的相即
相成。"'道'本或作'导'"（陆德明《经典释文》）；从"道"之所
"导"看老子之"道"，这"道"因任自然而以"自然"为"法"。此即
所谓：

> 人法地，地法天，天法道，道法自然。（《老子》二十五章）

"法自然"，意味着摒弃人为而一任"天地不仁"（《老子》五章），以使
万物自是其是、"自化"、"自正"（《老子》三十七、五十七章）。"名"
的运用或"命名"行为的发生乃是人为之举，它在老子看来自始即与
"自然"相左。"道"是渊默的，以"名"名道或以"言"言道终究与恒
常如如之道不相应。所以，老子主张"行不言之教"：

> 是以圣人处无为之事，行不言之教，万物作而弗始，生而弗有，

为而弗恃，功成而弗居。夫唯弗居，是以不去。(《老子》二章)

如果说"法自然"之"道"是老子之学的本体性范畴，那么对"不言"的一再申示则意味着老子对"名"、"言"在本体意义上的捐弃。这捐弃透露了捐弃者在"名"、"言"上的自觉，尽管它所取的只是一种消极或否定的姿态。

然而"不言之教"毕竟不能不借重"名"、"言"启示于人，这对于老子之学说来的悖论所道出的乃是言语同言语初衷的违离。一如光亮总会带来阴影，"名"、"言"是对所"名"所"言"者某一性态的开示，却也是对所"名"所"言"者其他可能显现的性态的遮蔽。老子以"道"或"大"命名其不可道之恒道，是出于不得已的"强字之"或"强为之名"(《老子》二十五章)，而以五千言言这一强为之名者则正可以说是强为之言。老子说：

> 古之善为道者，微妙玄通，深不可识。夫唯不可识，故强为之容。(《老子》十五章)

"强为之容"——勉强对不可道者予以形容——的这些"言"，在尽可能消去概念性语词("名")所引出的"一察"(察其一端)之偏时，把人导向对"法自然"之"道"的践行和领悟。此外，老子对其微妙之理也往往取譬相喻，其或喻"道"之德用而谓"上善若水"(《老子》八章)，或喻"无名之朴"为"婴儿"、"赤子"而谓"恒德不离，复归于婴儿"(《老子》二十八章)、"含德之厚，比于赤子"(《老子》五十五章)，或以车、器、室之用喻说所谓"有无相生"(《老子》二章)之神趣：

> 三十辐共一毂，当其无、有，车之用也；埏埴以为器，当其无、有，器之用也；凿户牖以为室，当其无、有，室之用也。故有之以为利，无之以为用。(《老子》十一章)

与取譬相喻和"强为之容"的言说方式构成一种互补，老子发论也往往着意于"正言若反"(《老子》七十八章)及遣词造意的相反相成——前者或如"众人皆有余，而我独若遗，我愚人之心也哉！众人昭

昭，我独昏昏；众人察察，我独闷闷"（《老子》二十章），后者则如
"为无为，事无事，味无味"（《老子》六十三章）、"欲不欲"、"学不学"
（《老子》六十四章）。其实，倘要作一种归结，所有这些言说方式，都既
可以一言以蔽之为"强为之容"，又可以概而视之为以"若反"的措辞对
相系于"道"的"正言"的成全。

"为无为，事无事，味无味"，施之于言说，亦正可谓"言无言"或
"言不言"。老子所"言"以"不言"为前提，而这"不言"又必得由
"言"相喻示。这不言而言，所言终是在于言其不言；老子言中取默或默
中亦言的言说方式正与他所一再示教的"道"的那种"玄"致或"玄
德"相应和。换句话说，如此约略隐含了"有"、"无"玄同之致的"不
言"之"言"又恰可说是名副其实的"玄"言。

庄子学说与老子学说神韵相贯，亦以"道"为枢纽而因任自然。上
承老子"道可道，非恒道"、"道恒无名"（《老子》三十二章）、"道隐无
名"（《老子》四十一章）之说，庄子断言：

> 道不可闻，闻而非也；道不可见，见而非也；道不可言，言而非
> 也。知形形之不形乎！道不当名。（《庄子·知北游》）

所以他同样倡导"不言之教"（《庄子·德充符》，又见《庄子·知北
游》）。在他看来，

> 夫大道不称，大辩不言，大仁不仁，大廉不嗛，大勇不忮。道昭
> 而不道，言辩而不及，仁常而不成，廉清而不信，勇忮而不成。五者
> 圆而几向方矣。故知止其所不知，至矣。孰知不言之辩，不道之道？
> 若有能知，此之谓天府。（《庄子·齐物论》）

然而，亦如老子，庄子毕竟对"不称"之"道"不能不有所称，对
"不言之教"不能不有所言。相应于老子"强为之容"而至于"正言若
反"的"玄"言，庄子所取的言说方式为"寓言"、"重言"、"卮言"：

> 寓言十九，重言十七，卮言日出，和以天倪。（《庄子·寓言》）

"寓言"（将此意寓于彼言之言）、"重言"（借重那些为人们看重的贤哲之言而言）可以说是两种不同于通常表达方式的表达方式，但就二者皆是"卮言"（不执着于某一定向的圆通而富于神韵之言）而言，就庄子所说无不是"卮言"而言，"卮言日出，和以天倪"所说的已不仅仅是语言的表达方式，而是一种涉及语言局限之反省与消解的语言哲学了。庄子有一则寓言，借"浑沌"以喻"道"：

> 南海之帝为倏，北海之帝为忽，中央之帝为浑沌。倏与忽时相与遇于浑沌之地，浑沌待之甚善。倏与忽谋报浑沌之德，曰："人皆有七窍，以视听食息，此独无有，尝试凿之。"日凿一窍，七日而浑沌死。（《庄子·应帝王》）

"凿"是"以心捐道"、"以人助天"（《庄子·大宗师》），其结果则必至于"以人灭天"（《庄子·秋水》）。事实上，依庄子的看法，对事物的命名、言说本身即属于这人为之"凿"。不过，"言"终是不可尽废，即使必得指出人为之"凿"对自然之"道"的违逆，也不能不诉诸言说，因此他分外要标举所谓"言无言"：

> 不言则齐，齐与言不齐，言与齐不齐也，故曰无言。言无言，终身言，未尝言；终身不言，未尝不言。（《庄子·寓言》）

如此"言"而"无言"的"卮言"，是对"名"（概念）消去了其惯常指属后的运用，言语遂由习用中的那种直接表达转换为"芒乎"、"昧乎"却又"諔诡可观"（《庄子·天下》）的间接表达。从老子的"玄"言到庄子的"卮言"，道家人物对"言与齐不齐"这一"名"、"言"底蕴的勘破，反倒为"名"、"言"以越出常规方式的见用开辟了道路。无论如何，消极意义上的"名"、"言"自觉，带来的是一种积极的结果——"名"、"言"达意所必要保持的内在张力（原始义与创述义间的张力）被更大程度地开发出来。

无论是称述"大直若屈，大巧若拙，大辩若讷"（《老子》四十五章）的老子，还是断言"至言去言，至为去为"（《庄子·知北游》）的庄子，都不可能为"名辩"或"辩说"推波助澜。但庄子生活的时代辩风已成，他反复申说的"明见无值，辩不若默"（同上）的道理非但未能对既起的辩势有所抑止，太多的"言无言"反倒构成对于诸家辩言的一种"辩"。

二 孔孟与"名"的自觉

与老子的"法自然"之"道"不无缘契而又大异其趣，孔子所谓"道"乃"为仁"或"成仁"之"道"。这"道"的价值趣求在于"仁"，而"仁"的发现和弘扬张大又有赖于人。单是由"仁"领悟人之所以为人而又由"仁"与"人"领悟"道"之所以为"道"这一点，即可认定孔子之"道"绝不至于像老子之"道"那样因否弃人为而否弃"名"、"言"。不过，孔子也绝不会执泥于"名"、"言"，《易传》就曾援引孔子的话说"书不尽言，言不尽意"（《易传·系辞上》）。"书不尽言，言不尽意"之"不尽"，是对"书"（书写）、"言"在抒言、达意上非可越度的界限的检讨，也是对"书"、"言"在抒言、达意上非可捐弃的功能的认可，这检讨和认可表明了孔子对"名"、"言"价值的相当的自觉。

孔子不曾像老子那样着意为不可道之"道"标举"不言之教"，对于言说亦如对于仕、止、久、速，他有别于老子一类隐者的一贯态度是："无可无不可"（《论语·微子》）——不拘泥于这样，也不拘泥于不这样。他从不在言说中作抽象推理，甚至也全然不用老子式的玄言或诡异之辞。在孔子这里，其言为"道"而言，其默为"道"而默，对于言、默的"无可无不可"始终出于对一以贯之的"为仁"之道的眷注。《易传》引孔子语曰：

> 君子之道，或出或处，或默或语。二人同心，其利断金。同心之言，其臭如兰。（《易传·系辞上》）

孔子对相对于"语"的"默"的看重，尚可证诸《论语》：

> 子曰："予欲无言。"子贡曰："子如不言，则小子何述焉？"子曰："天何言哉？四时行焉，百物生焉。天何言哉？"（《论语·阳货》）

子曰："默而识之，学而不厌，诲人不倦，何有于我哉？"（《论语·述而》）

不过，孔子示人以"默而识之"，本身已经是一种"言"；"默"不可自明，称"默"不能无言。没有"言"的点化，"默"只是一团冥昧，而冥昧终究与真切寂阒的生命体证无缘。孔子重"默"而"欲无言"，唯其如此，他对设言立辞却又格外经心。他有"辞，达而已矣"（《论语·卫灵公》）之说，这"达"是一种引发，也隐示着一种导向，而如此引发、导向乃是儒家教化创始者用"辞"的意致所在。

孔子一生"学而不厌，诲人不倦"，"学"、"诲"之所祈皆不离于"修身以道，修道以仁"（《礼记·中庸》），孔子弟子多次问"仁"，孔子亦曾一一作答，但应答皆不落在界说或定义式的语格内，其至可玩味的是这样一段话：

夫仁者，己欲立而立人，己欲达而达人。能近取譬，可谓仁之方也已。（《论语·雍也》）

"近取譬"是孔子置"言"立"辞"最可称述的方式，它把言说关联于切己的人生践履，并因此寓托了"人能弘道"的信念和对人与人之间可以"同心"相感的期冀。显然，这"近取譬"与老子"上善若水"、"复归于婴儿"、"比于赤子"那样的取"譬"相喻略不相袭。老子之"譬"引人摒除或远离人的作为而"法自然"，孔子之"譬"则引人返乎自身而"求诸己"，如此系于孔、老之"道"的一"近"一远把两种取"譬"之"言"从根柢上区别了开来。

与"近取譬"构成一种互补，孔子诲人"学以致其道"的另一重要言说方式为品题人物以作范本引导。"人能弘道"，"道"必在人的践行中。由此，孔子可以理所当然地把对难以"言"传的"道"的疏解，转换为对那些在致"道"上具有范本作用的人的评述。孔子的这类话语在后儒辑集的《论语》一书中随处可见，诸如：

子曰："贤哉回也！一箪食，一瓢饮，在陋巷。人不堪其忧，回

也不改其乐。贤哉回也！"（《论语·雍也》）

（子贡）曰："伯夷、叔齐何人也？"（子）曰："古之贤人也。"曰："怨乎？"曰："求仁而得仁，又何怨？"（《论语·述而》）

微子去之，箕子为奴，比干谏而死。孔子曰："殷有三仁焉。"（《论语·微子》）

子曰："泰伯，其可谓至德也已矣。三以天下让，民无得而称焉。"（《论语·泰伯》）

（子曰：）"三分天下有其二，以服事殷，周之德，其可谓至德而已矣。"（同上）

子曰："巍巍乎！舜禹之有天下也，而不与焉。"（同上）

子曰："大哉！尧之为君也。巍巍乎！唯天为大，唯尧则之。荡荡乎！民无能名焉。巍巍乎！其有成功也。焕乎！其有文章。"（同上）

……

这对颜回、伯夷、叔齐、微子、箕子、比干、泰伯、文王、尧、舜、禹……的品题，同时即是对透露于这些人物生命践履的"为仁"之"道"的真趣的隐示。致"道"不离"为仁"，而"为仁"见之于为人，这使孔子在达于"名"、"言"自觉后有可能摈除不堪论"道"的直言判断，代之以品评人物的述说之言。这种以人物褒贬而婉转示"道"的言称方式是倡行"法自然"之"道"因而否弃人为的老子无从采用的，孔、老的"名"、"言"观念在这里又一次显露出某种泾渭分明的界限。

立义于"为仁"而"为人"、"为人"而"为仁"的"道"，决定了孔子终是一位道德而伦理的理想主义者。被品题的颜回、伯夷、叔齐、微子、箕子、比干、泰伯、文王、尧、舜、禹等，是可资效法的"求仁而得仁"的范本；这些经验形态的范本所以成为范本，乃在于这些范本无不祈向或趋归于一个虚灵的至高的范本——此即所谓"圣人"。"圣人"在孔子这里不是经验的实存,而只是对一种至高、至圆满的人的应然境地的指称。换句话说,"圣"只是作为一个"名"而存在于向着其作不懈追求的人的心目中。"圣人,人伦之至也"(《孟子·离娄上》),有了这个人伦上的极致("至")之"名",便有了处于不同伦理地位上的人所当以标准视之的其他种种"名",诸如"君"、"臣"、"父"、"子"等。于是,也便有了孔子"必也正名"的"正名"之说:

> 名不正则言不顺,言不顺则事不成,事不成则礼乐不兴,礼乐不兴则刑罚不中,刑罚不中则民无所措手足。(《论语·子路》)

"正名"的要义,用孔子的话说即是"君君,臣臣,父父,子子"(《论语·颜渊》)。"正名"虽重在伦理的践履,却已多少表明孔子对同一个"名"在指称某种当有境地(作为某种标准的"君"、"臣"、"父"、"子")和称谓某个别对象(某一君、某一臣、某一父、某一子)时意谓相疏离的一定程度的察觉——而全然达到这样的自觉并将"正名"纳入言辩或名辩之域的,则是后来的所谓"名家者流"。

上承孔子对人之心性的默识冥证,孟子成就了一种与儒家立教初衷相契的心性之学。心性之学重体认,不重言辩,这决定了孟子的"名"、"言"观念在大端处与孔子一脉相贯。孔子对"性与天道"持一种渊默态度,因此子贡曾有"夫子之言性与天道不可得而闻也"(《论语·公冶长》)之叹,而"性"与"天"在孟子那里却是有着体系化趣向的学说的枢纽性范畴。不过,孟子究论"性"、"天"总是缘"心"而谈。他说:

> 尽其心者,知其性也;知其性,则知天矣。(《孟子·尽心上》)

"知天"缘于"知性","知性"则缘于"尽心"。对"心"之所谓的喻示,孟子从未泥于言诠,但他毕竟不能不言。不过,这不得已的言说所取用的方式,乃是孔子称之为"仁之方"的"近取譬":

> 所以谓人皆有不忍人之心者,今人乍见孺子将入于井,皆有怵惕

恻隐之心，非所以内交于孺子之父母也，非所以要誉于乡党朋友也，非恶其声而然也。由是观之，无恻隐之心，非人也；无羞恶之心，非人也；无辞让之心，非人也；无是非之心，非人也。……（《孟子·公孙丑上》）

涵盖"恻隐"、"羞恶"、"辞让"、"是非"的"不忍人之心"，说到底，原是一种可明证于当下体验而不能自已的情愫。理或可条分缕析，情却浑然不可界说，其唯有"近取譬"以"今人乍见孺子将入于井，皆有怵惕恻隐之心"而使人体会，才能为灵府相感相通者所知。这油然而发、沛然未可抑止的"不忍人之心"是笃挚的，它只是在为人所觉因而为人所"尽"（"扩而充之"）时才为人所省思，并缘此使人悟知其所以为人的人之"性"。所以心性之学亦可概而言之为心性之觉（"学，觉悟也"），此觉在默会中而本不至于诱发言辩或论争。但孟子终是处在所谓"圣王不作，诸侯放恣，处士横议，杨朱、墨翟之言盈天下"（《孟子·滕文公下》）的时势下，出于一种回应，他不得不起而力辩诸子以维系儒学的传承。为此，时人遂对孟子有"好辩"之称。孟子本不以"好辩"为能事，他辩解说：

予岂好辩哉？予不得已也。（同上）

"不得已"之"辩"是被动的"辩"，而且孟子的"辩"始终关联着人的"心"、"性"的体证，它同那种经意于言辞和逻辑推理本身的辩说非可一例相看。不过，既然涉于辩难而不得不论争，对言辞的斟酌以至逻辑的讲求便终不可免。孟子的言辩已经寓了相当自觉的"类"观念，而且他对所辩必得明"故"（缘故、缘由）有着清醒的意识。"类"、"故"作为逻辑范畴萌蘗于墨子而成熟于后墨之"墨经"，孟子依"类"辨"故"或依"类"求"故"则将其用于对儒家义理的论证或申辩。因此这依"类"辨"故"或依"类"求"故"往往不落于抽象思辨，而多是取譬相喻式的类比推理。其或如：

口之于味也，有同耆焉；耳之于声也，有同听焉；目之于色也，有同美焉。至于心，独无所同然乎？心之所同然者何也？谓理也，义

也。(《孟子·告子上》)

或如:

> 规矩,方员(圆)之至也;圣人,人伦之至也。(《孟子·离娄
> 上》)

以口"同嗜"、耳"同听"、目"同美"为譬类推"理"、"义"为人
"心之所同然",更相应于孔子那样的由情入理的"近取譬";而以"规
矩,方员之至"为譬类推"圣人"乃"人伦之至",则是纯然辨理的比类
相推。前一类类比推理多用于设言以立论,后一类——与墨子、告子的折
辩之喻相近——类比推理则多用于辩对或论诘。

孟子亦曾自称"知言":"诐辞知其所蔽,淫辞知其所陷,邪辞知其
所离,遁辞知其所穷。"(《孟子·公孙丑上》)这"知言"与孔子的"不
知言,无以知人也"(《论语·尧曰》)之"知言"的意趣大致相通,其
指归并不落在"名"的审求或"言"、"辞"结构本身的辨析上。不过,
在孟子与告子关于"性"的论辩中的确出现了如下的对话:

> 告子曰:"生之谓性。"孟子曰:"生之谓性也,犹白之谓白与?"
> 曰:"然。"(曰:)"白羽之白也犹白雪之白、白雪之白犹白玉之白
> 与?"曰:"然。"(曰:)"然则犬之性犹牛之性,牛之性犹人之性
> 与?"(《孟子·告子上》)

像"白羽之白也犹白雪之白、白雪之白犹白玉之白与"之类的说法,已
经与后来被人们称作"名家"的那些人的辩难很有几分相似了。

三　墨家与"名"的自觉

老子、孔子之后,墨子在道家、儒家之外另立一种教化,为抗衡儒术
以阐扬"兼爱"、"非乐"的学说,开了字句必较的论辩之端。与老子所
行"不言之教"形成鲜明比勘,亦与孔子"欲无言"而导人以"默而识
之"的态度大相径庭,墨子颇看重"言谈"或"谈辩"。他以为:

> 贤良之士厚乎德行，辩乎言谈，博乎道术……此固国家之珍，而
> 社稷之佐也。（《墨子·尚贤上》）

> 譬如筑墙然，能筑者筑，能实壤者实壤，能欣者欣，然后墙成
> 也。为义犹是也，能谈辩者谈辩，能说书者说书，能从事者从事，然
> 后义事成也。（《墨子·耕柱》）

"言谈"或"谈辩"不可能不借重"名"、"言"，对"言谈"、"谈辩"
的看重表明了墨子对"名"、"言"的自觉，而且，这自觉比起老子的言
"不言"、孔子的"欲无言"来对"名"、"言"的正面价值更多了些积极
的肯定。

墨子施教几乎无处不取论辩方式，其辩锋之雄于《墨子》中所辑纂
的诸多篇章随处可见。其好辩亦颇善辩，这好辩与善辩显然寓托了他对
"名"、"言"本身的信赖。在辩论中，墨子往往对论争双方所用概念
（"名"）的辨析分外执着。例如，他说：

> 今逮夫好攻伐之君，又饰其说以非子墨子曰："以攻伐之为不
> 义，非利物与？昔者禹征有苗，汤伐桀，武王伐纣，此皆立为圣王，
> 是何故也？"子墨子曰："子未察吾言之类，未明其故者也。彼非所
> 谓攻，谓诛也。"（《墨子·非攻下》）

墨子反对攻掠，却并不否定禹征有苗、汤伐夏桀、武王伐纣那样的诛伐，
所以他分外要区别"攻"和"诛"。由分辨不合道义的"攻"和合于道
义的"诛"，他提出了措辞用语所不能不留意的"类"、"故"范畴。墨
子著述中说到"类"的地方并不多，但"类"作为论说"言谈"规则的
一个重要范畴在他这里是没有疑义的（见《墨子·公输》）。与"类"相
比，墨子言及"故"之处要更多些，而且除业已提到的"未察吾言之类，
未明其故"外，从如下的一些说法亦可看出其对"故"在范畴意义上的
理解：

> 子墨子言曰："天下之士君子，特不识其利、辩其故也。……"

（《墨子·兼爱中》）

　　且今天下之士君子，将欲辩是非利害之故，当天（夫）有命者，不可不疾非也。（《墨子·非命中》）

　　……应之曰："若皆仁人也，则无说而相与。仁人以其取舍是非之理相告，无故从有故也，弗知从有知也。无辞必服，见善必迁……"（《墨子·非儒下》）

诚然，墨子没有就"类"、"故"多所诠释，但其终究为墨家后学所延用，而开了所谓"墨辩"之先河。

墨子褒赏"言谈"或"谈辩"非为言而言，乃是为了践言于行。什么样的"言"才"足以复行"（《墨子·耕柱》）、"足以迁行"（《墨子·贵义》），这涉及"言"之可行、"言"之可信的标准问题：

　　子墨子言曰："必立仪。言而毋仪，譬犹运钧之上而立朝夕者也，是非利害之辨，不可得而明知也。故言必有三表。"何谓三表？子墨子言曰："有本之者，有原之者，有用之者。于何本之？上本之于古者圣王之事。于何原之？下原察百姓耳目之实。于何用之？废（发）以为刑政，观其中国家百姓人民之利。此所谓言有三表也。"（《墨子·非命上》）

"三表"即察验"言"是否"足以复行"的三条标准。这三者，无论是哪一条，都还拘囿于经验。与之相表里，"三表"所对应的言说推理方式为归纳法。不过，墨子并未止于"三表"，在阐发"本之者"时他也曾说到"考之天鬼之志"（《墨子·非命中》）。承墨子之遗旨，稍后的墨者乃至把"以天为法"作为至高的"法仪"置于"三表"之上：

　　然则奚以为治法而可？故曰：莫若法天。天之行广而无私，其施厚而不德，其明久而不衰。故圣王法之。既以天为法，动作有为，必度于天。天之所欲则为之，天所不欲则止。然而天何欲何恶者也？天必欲人之相爱相利，而不欲人之相恶相贼也。（《墨子·法仪》）

如果说与"三表"相应的"言谈"推理主要是归纳法，那么以"天之所欲"的"兼相爱，交相利"之价值追求为前提的"言谈"推理便正可谓之演绎法。归纳推理和演绎推理在墨子施教之"谈辩"中的结合酝酿着逻辑的自觉，而这逻辑自觉的真正实现则见之于墨家后学的"墨辩"。不过，单就概念以至言说意义上的"名"的自觉而言，墨子则已明确将"名"、"实"对举，并开始从认知角度提示世人关注二者的关系。他说：

> 今天下所同意者，圣王之法也。今天下之诸侯，将犹多皆攻伐并兼，则是有誉义之名，而不察其实也。此譬犹盲者之与人，同命白黑之名，而不能分其物也。（《墨子·非攻下》）

墨子身后，其尚"谈辩"、考"名实"、期于"察类"、"明故"、"立仪"之志趣为墨家后学所绍继。辑于《墨子》一书的《经上》、《经下》、《经说上》、《经说下》、《大取》、《小取》等篇当为墨家后学所著，其"名辩"之义理臻于完备，却毕竟与墨子对"名"、"言"之所思一脉相系。《经上》的文字由对九十多个"名"——范畴或概念——的界说构成，《经说上》则是对《经上》所作诸界说的逐条疏解；《经下》的文字由所提八十余条立言辩理须得遵循的定则构成，《经说下》则是对《经下》先后列举之定则的一一阐释。

《墨子》之《大取》、《小取》，或当成文于《经》上下、《经说》上下之后，其所言在相当程度上可视为对"墨辩"之总体意致的概说。《大取》之旨，似在于如何于涉及墨家所说"爱"、"利"的若干两难选择中有所"取"。"爱"、"利"为墨者价值趋求之大端，于此有所取为"大取"。但后墨将这类伦理性话题置于论理性辨别以求解决，于是便有了对论理或名理必至牵涉的所谓"故"、"理"、"类"之意谓及其三者关系的概括：

> （夫辞）以故生，以理长，以类行也者。立辞而不明于其所生，忘（妄）也。今人非道无所行，唯（虽）有强股肱，而不明于道，其困也，可立而待也。夫辞以类行者也，立辞而不明于其类，则必困矣。（《墨子·大取》）

这里，"明于其所生"即墨子所谓"明故"，"明于其类"即墨子所谓"察类"或"知类"，而"明于道"则略可比拟于墨子所谓"立仪"或"立法仪"。所以，可以说，"大取"之所取，重在取墨子以"爱"、"利"立教之"义"，亦尝取墨子为"爱"、"利"而立辞之"法"。

相对于《大取》，《小取》之所"取"乃在于墨子所倡"谈辩"自当措意之"名"、"言"规范的探求。不过，墨子至多仅可谓发其端，而真正竟其成者则为创制了"墨经"或"墨辩"的后墨。《小取》通篇缕述名辩之术，其涵盖全文的篇首一节则尤可见其指归而耐人玩索：

> 夫辩者，将以明是非之分，审治乱之纪，明同异之处，察名实之理，处利害，决嫌疑焉。（乃）摹略万物之然，论求群言之比。以名举实，以辞抒意，以说出故。以类取，以类予。有诸己不非诸人，无诸己不求诸人。（《墨子·小取》）

此节文字言简意赅，所论不外立辞以置辩的作用、目的及必得恪遵的规范。"墨辩"对"辩术"的理会之精到已远非墨子可比，其对"名"、"实"、名辩的自觉亦远比墨子深刻，但其根荄毕竟培壅于墨子所创始之墨学，为经验所局限的"实"养润着其"名"，亦因此牵累着其名。

四 "名家"的发生

当"名"、"言"在老子、孔子、墨子、庄子、孟子等道家、儒家、墨家人物那里取不同蹊径达到相当程度的自觉后，一批所谓"辩士"（见《庄子·徐无鬼》）或"辩者"（见《庄子·天下》、《韩非子·外储说左上》）、"察士"（见《吕氏春秋·审应览·不屈》）应运而生——这些人被汉代最早的史学家（司马谈、司马迁）和最早的目录学家（刘向、刘歆）称作"名家"。"名家"不是道家、儒家或墨家的附庸；其得以独立成家，乃在于这一派人物把言谈或辩难所涉及的思维形式及"名"、"言"性状问题拓辟为一个有着特殊探讨价值的领域。

《汉书·艺文志》列邓析、尹文、惠施、公孙龙、成公、黄公、毛公七人为"名家者流"，此外，据先秦载籍，名家人物至少还可举出桓团、兒说、綦毋子等人。成、黄、毛著述尽佚，已无从稽考。桓团、兒说、綦毋子虽知名于一时，其行迹却仅见于《庄子·天下》、《韩非子·外储说左上》、《淮南子·人间训》、刘向《别录》中的只言片语。邓析、尹文之撰著或于魏晋时已佚，或已有秦汉学人的种种话语附益或窜杂其中。唯惠施、公孙龙为名家中最负盛名者，其幸而遗存于今的残略文字尚可资探赜者寻问"坚白无厚之词"之徽妙。

邓析可视为法家之先驱，亦可视为名家之先驱。《汉书·艺文志》著录《邓析》二篇，列名家，早佚。今本《邓析》当为晋人伪托之作，所言与先秦典籍述载邓析之说颇不相类。刘向《别录·邓析子叙》谓"邓析好刑名，操两可之说，设无穷之辞"，并称"其论无厚者言之异同，与公孙龙同类"。当时刘向奉诏遍校经传、诸子、诗赋，"每一书已，向辄条其篇目，撮其指意，录而奏之"（《汉书·艺文志》）。以此相推，《邓析子叙》应是这位目录学的创始者校阅古本《邓析》后撮要"录而奏之"的文字。由这信实的叙录可知，邓析著论关系于名家者大端有二，一为"两可之说"，一为"无厚"之谈。所谓"两可"，用《庄子·秋水》引述公孙龙的话说即是"然不然，可不可"；为"墨辩"作注的晋人鲁胜亦曾解释说："是，有不是；可，有不可：是名两可。"（鲁胜《墨辩注叙》，见《晋书·隐逸传》）依此，邓析持说"两可"，则可证诸《荀子》和《吕氏春秋》：

> 不恤是非、然不然之情，以相荐樽，以相耻怍，君子不若惠施、邓析。（《荀子·儒效》）

> 子产治郑，邓析务难之。与民之有狱者约，大狱一衣，小狱襦袴。民之献衣、襦袴而学讼者，不可胜数。以非为是，以是为非，是非无度，而可与不可日变。（《吕氏春秋·审应览·离谓》）

> 洧水甚大，郑之富人有溺者。人得其死者。富人请赎之，其人求金甚多。以告邓析，邓析曰："安之。人必莫之卖矣。"得死者患之，以告邓析，邓析又答之曰："安之。此必无所更买矣。"（同上）

"然不然"、"可与不可"固然是"两可"，而对赎卖双方分别告之"人必莫之卖矣"、"此必无所更买矣"以使其两"安",亦何尝不是"两可"。《荀子》、《吕氏春秋》是贬斥邓析的"两可"之说的,其贬责中的转述会有怎样的偏颇可想而知。倘作一种同情理解,"两可"则可能意味着对"可"与"不可"的执着的松开,可能意味着对非此即彼这一僵硬思维定式的动摇。邓析的"两可"说显然与惠施"日方中方睨,物方生方死"、"南方无穷而有穷"一类论题相契,而其"无厚"之说似亦当与惠施"无厚不可积也,其大千里"(《庄子·天下》)所论之"无厚"相通。也许正是这个缘故,荀子才一再将邓析与惠施相提并论——除上面已引出的《荀子·儒效》中的说法外,他还曾指出:

> 不法先王,不是礼仪,而好治怪说,玩琦辞,甚察而不惠,辩而无用,多事而寡功,不可以为治纲纪;然而其持之有故,其言之成理,足以欺惑愚众;是惠施、邓析也。(《荀子·非十二子》)

荀子对惠施、邓析的评价未可视为定论,但以其一直将邓析、惠施并置用来印证邓析之"两可"、"无厚"之说与惠施之学的缘契,或不致太过牵强。

相应于邓析对于惠施,与公孙龙的学缘更近些的名家先驱人物是尹文。《汉书·艺文志》著录《尹文子》一篇,列名家。东汉末高诱撰《吕氏春秋注》,其注《正名》谓"尹文,齐人。作《名书》一篇。在公孙龙前,公孙龙称之"。《名书》或正是魏晋时已有窜杂的《尹文子》,想必高诱之前的汉人尚有幸一睹此书的古本。刘向《别录·尹文子叙》称:"尹文子学本庄老,其书自道以至名,自名以至法;以名为根,以法为柄。凡二卷,仅五千言。"其所谓"以名为根"可能是《汉书·艺文志》列《尹文子》为名家的依据,而"自道以至名,自名以至法"则当是该书的逻辑条贯。但古本《尹文子》(《名书》上、下卷)已不可复得,今本《尹文子》虽谋篇之条理酷似刘向所言,而明显的窜杂却亦不无可举。唯《庄子·天下》、《公孙龙子·迹府》、《吕氏春秋·先识览·正名》之所载尚可凭以辨识尹文致思的踪迹,倘能与刘向叙录合观,或得以觅见其学术之崖略。

《庄子·天下》中有如下一段评说尹文学说的文字:

　　不累于俗，不饰于物，不苟于人，不忮于众，愿天下之安宁以活民命，人我之养毕足而止，以此白心。古之道术有在于是者，宋钘、尹文闻其风而悦之。作为华山之冠以自表，接万物以别宥为始。语心之容，命之曰心之行。以聏合欢，以调海内。请欲置之以为主。见侮不辱，救民之斗，禁攻寝兵，救世之战。……以禁攻寝兵为外，以情欲寡浅为内。其小大精粗，其行，适至是而止。

庄子之学首在明"道"，其有"古之语大道者，五变而形名可举，九变而赏罚可言。骤而语形名，不知其本；骤而语赏罚，不知其始也"（《庄子·天道》）之说。这里没有谈到尹文的"形名"观念或其对"名"的见解，但由其"以禁攻寝兵为外，以情欲寡浅为内"之"道"已略可推见其论"名"或当重在世间的治理，而不重于知解的智慧——尽管其对"名"的见地不乏这样的智慧。

　　《吕氏春秋·先识览·正名》为证衍"名正则治，名丧则乱"、"凡乱者形名不当"的道理，曾引述当年尹文与齐王论"士"的一段话。问答的双方都没有提到"名"、"实"一类语词，但尹文之所言所辩无不归落于循名以责实：齐王既承认有"事亲则孝，事君则忠，交友则信，居乡则悌"等"四行"者为"士"，并声言愿得这样的"士"而予以任用，却又在一个人有此"四行"而仅仅由于其"见侮而不斗"便不再任用他因而实际上不再认其为"士"，这是标榜自己"甚好士"的齐王的自相抵牾。尹文以其机辩陷齐王于自相乖连，乃是要引"好士"之名规谏齐王行"好士"之实，而其措思则又恰在"正名实"的理路上。这里似有某种意趣，与此后的公孙龙相通，但因着尹文著述的遭际已难以理出更靠实的线索。不过，无论如何，尹文辩"士"是为"公孙龙称之"的。据《公孙龙子·迹府》所辑录，公孙龙辩斥孔穿时就援引过尹文与齐王的对话，并以孔穿不明"白马"意之所在比之齐王不察"士"之理致："子之言有似齐王。子知难白马之非马，不知所以难之说，此犹（齐王）知好士之名，而不知察士之类。"

　　随着"名"、"言"在诸子这里日臻自觉，经由邓析、尹文等一批先驱者的酝酿，较为典型的可堪后人以"名家"相称的人物惠施、公孙龙出现了。犹如尹文与邓析颇不相类，公孙龙与惠施学说之相去亦正可谓非能以道里计。诚然，他们都是"辩士"或"辩者"，而且他们的"善辩"

往往因着措辞奇诡而引人骇怪，以至于既不同于墨子式"谈辩"的锋芒直逼，也有别于孟子式辩难的设譬曲致，甚且亦迥异于庄子用于"不辩"之辩的"谬悠之说，荒唐之言，无端崖之辞"，但仅此而将惠施、公孙龙归于一系似仍嫌理据不足。真正说来，公孙龙和惠施的"琦辞"之辩都在于"正名实"，公孙龙之学"正名实"之旨趣是毋庸赘言的，即如惠施"历物"之诸多论题虽无一言提及"名"、"实"，然审其所辩，则终不过示人以究"实"当如何用"名"：比如"物"的真实存在，仅名之以"生"似可却又不可，仅"名"之以"死"似不可却又未始不可，而名之以"方生方死"于其"实"则切当不过；又如"南方"的真实定位，仅名之以"无穷"似可却又不可，仅名之以"有穷"似不可却又未始不可，而"名"之以"无穷而有穷"于其"实"则恰如其分。

　　不过，同是"正名实"，公孙龙由"物以物其所物而不过焉，实也"（《公孙龙子·名实论》）所说的"实"关联着依类相从的事物的共相，所谓"实"乃指"物以物其所物而不过"——某物（"物"）如果（"以"）体现（"物"）了这类物（"其"）所具有的实质（"所物"）而没有偏差（"不过"），就是说这"实"在于对某类事物的实质或共相的体现；惠施"历物"所指陈的"实"却是各各自在的事物的实际情形，其"实"并不重在对某个确定的标准或尺度的凭靠或依赖。公孙龙那里的"实"尽管是从"物"说起的，但实存的某物是否称得上"实"则要视其与这类事物之共相或本质属性契合的程度，而这类事物的共相或其本质属性并不受时空的局限。惠施那里的"实"是另一种情形，其为一种时空里的存在，因而具有空间上的广延性和时间上的变动性。所以，从一定意义上说，公孙龙的所谓"实"有着相当的确定性和绝对性，尤其是当这种"实"被衡之以"位"——"实以实其所实而不旷焉，位也"（"实"如果完满到它应有的程度而没有缺欠）——时更是这样，而惠施所把握的"实"却是相对的，变动不居的，永远处在非可解析的情境中。这不同意谓的"实"决定了公孙龙和惠施对"名"的理解或运用大异其致。

　　惠施不曾为他"历物"所涉及的"实"作界说，也不曾界说他构辞立论所不能不取用的"名"。他所用"名"除"大一"、"小一"外，都既是对某一事物的称谓，又是对包括此事物在内的一类事物的指称，因此其终究同共相脱不了干系。并且正因为这样，在以共相之"名"指称或描摹具体事物之实时，便会由于二者间的相牵相离而使描摹者让"名"在奇异的相互限定中构造出蕴意诡曲的论题。但如此被运用的"名"在惠施那里是不指向某种极致或绝对完满的情境的，这使惠施之学自始即着思于器物世界而与形而上的虚灵之域无缘。公孙龙却不同，与他对"实"、"位"的界说相应，他由界说"正"而界说了他所谓"正名"。公孙龙指出："出其所位非位，位其所位焉，正也。"（《公孙龙子·名实论》）由"实"而"位"，由"位"而"正"，这"正"——就其绝对的那个分际而言——之所指乃在于：以某名称谓的某物体现了由此"名"指称的这一类物的共相或实质，并且这被"名"指称的共相或实质尽其完满地趋于其极致状态。就此，公孙龙说："其正者，正其所实也；正其所实者，正其名也。"（同上）可见，其所谓"名"——"夫名，实谓也"（同上）——不仅用于指称一类事物的共相或实质，而且也喻示这类事物之共相或实质可能达到的那种极致状态或理想情境。公孙龙之学遂经这一维度通往形而上的境地，并由此而有了其"欲推是辩，以正名实，而化天下"（《公孙龙子·迹府》）这一教化意趣上的追求。

惠施、公孙龙对"名"、"实"及其关系之所思并不能凑集于同一焦点，其见解看似正相对峙，却不过以理路的错落彼此互补。通常把惠施的"日方中方睨，物方生方死"、"南方无穷而有穷"一类论题归结为"合同异"，而把公孙龙的"坚未与石为坚而物兼，未与物为坚而坚必坚"之类辩说归结为"离坚白"，这当然并不错的，问题只在于真正洞悉这"离"、"合"在视野交汇处对"正名实"这一名家独特议题的共同承诺："离"不是离"同异"，"合"也不是合"坚白"；由"离"而"正"必致对超越经验实存的形上尺度的承认，由"合"而"正"却是要对时空中的动态存在作一种如其所是的阐示。"离"而辩微必得借重形式逻辑的推绎，"合"而探赜则开了所谓"辩证"思维的先河。主张"离坚白"的辩者建构了一个"名"、"言"的独立王国，而其为着维系这王国的独立价值却又必得使"名"、"言"指向"名"、"言"之外；主张"合同异"的辩者则把天地万物视为一体，而当他把"天地一体"、"万物毕同毕异"（《庄子·天下》）之类见地诉诸言辩时却在实际上预设了"名"、"言"对于天地万物的他在，并把这他在的"名"、"言"引向了天地万物。惠施、公孙龙似乎不期然而有所默契，这默契宣告了一个有异于玄理、伦理而勉可称之为名理的致思维度被界别并标示出来。

参考文献

古籍：《尚书》、《老子》、《庄子》、《论语》、《孟子》、《墨子》、《公孙龙子》、《荀子》、《韩非子》、《吕氏春秋》、《史记》、《汉书》等。

郭湛波：《先秦辩学史》，中华书局 1932 年版。

伍非百：《中国古名家言》，中国社会科学出版社 1983 年版。

王弼玄理辨略[*]

黄克剑

玄学取代经学以引领一个时代的学尚,始于所谓"正始之音"①,而为"正始之音"定下基调并因此预示了往后玄风嬗变的大致走势的则是王弼。王弼之学崇本而不抑末、贵无而不贱有、执一而不舍多、重自然而不轻名教,其在本末、有无、一多、自然与名教的分辨中所晓示的乃是一种意味深长的玄旨。

一 "寻言"、"忘言"以"得意"的诠释方法

王弼并未着意建构一个范畴自创的学说系统,他只是借着对《老子》、《周易》、《论语》的诠注和疏解,把一种迥异于经学的义理视野开示了出来。这是某种富有创造性的阐释,当两汉经学家依其特定的"六经"阐释方式走到尽头而终于自相桎梏时,欲使已有典籍的蕴蓄再度焕发活力,便不能不另觅诠释路径。对新的诠释路径的寻找本身即意味着一种新的诠释,而如此的新的诠释在王弼这里是始于所谓言意之辨的。《庄子》已有"筌者所以在鱼,得鱼而忘筌;蹄者所以在兔,得兔而忘蹄;言者所以在意,得意而忘言"(《庄子·外物》)之说,《易传》亦曾援引"子曰"而申言:"书不尽言,言不尽意","圣人立象以尽意,设卦以尽情伪,系辞焉以尽其言"(《周易·系辞上》)。缘此,王弼遂就《周易》

* 此文原载于《哲学研究》2011 年第 6 期。

① "正始"为魏齐王芳年号(240—249 年),其时"何晏之徒,始盛玄论,于是聃、周当路,与尼父争涂矣"(刘勰《文心雕龙·论说》),世称之为"正始之音"(见《世说新语·文学》、《晋书·卫玠传》)。

之"言"、"象"、"意"的关联指出：

> 夫象者，出意者也；言者，明象者也。尽意莫若象，尽象莫若言。言生于象，故可寻言以观象；象生于意，故可寻象以观意。意以象尽，象以言著。故言者所以明象，得象而忘言；象者所以存意，得意而忘象。犹蹄者所以在兔，得兔而忘蹄；筌者所以在鱼，得鱼而忘筌也。然则，言者，象之蹄也；象者，意之筌也。是故，存言者，非得象者也；存象者，非得意者也。象生于意而存象焉，则所存者乃非其象也；言生于象而存言焉，则所存者乃非其言也。然则，忘象者，乃得意者也；忘言者，乃得象者也。得意在忘象，得象在忘言。（王弼《周易略例·明象》）①

始于"寻言以观象"、"寻象以观意"，终于"得象而忘言"、"得意而忘象"，在"言"、"象"的"寻"而"忘"中透露着新的一脉学术经心于"观意"、"得意"的玄趣。这里，重要的在于"忘"。倘滞累于"言"、"象"而不能"忘"，其不仅对于"意"终无所得，而且所"存"之"言"、"象"也已不再是本来意义上的"言"、"象"——"言"、"象"由"意"而生，真正有价值的"言"、"象"是在达"意"时被扬弃了的，而不是翳塞心灵使其与"意"相疏隔的蔽障。然而，"忘"不是弃绝，不是抛舍，成全这"忘"的是对"言"、"象"的"寻"；"忘"是为了得"意"，得"意"却又离不开"寻言"、"寻象"。"寻"（"言"、"象"）而"忘"之才可能探悉"意"的玄微，这是打着"正始"印记的独异的诠释学。王弼由此把他对经籍的诠释与汉儒对经籍的诠释区别开来，也由此使他对"六经"的看法与庄子对"六经"的评说有了泾渭之判。汉儒或如今文经学家那样"六经注我"②，从经典中寻章摘句附比己说，或如古文经学家那样"我注六经"，埋首于经文的训诂以至斤斤于繁冗的字斟句酌。其末流或至于深陷灾异、谶纬之说而"增益图书，矫称

----

① 楼宇烈：《王弼集校释》，中华书局1980年版，第609页。本文王弼论著引文皆出自本书，不再一一注明。

② "六经注我"及下文"我注六经"皆宋儒陆九渊语（见《宋史·陆九渊传》），这里姑且借以喻说两种诠释"六经"的倾向。

谶记，以欺惑贪邪"（《后汉书·桓谭传》），或至于"不思多闻阙疑之义，而务碎义、逃难（避开诘难——引者注），便辞巧说，破坏形体，说五字之文至于二三万言"（《汉书·艺文志》）。① 为走出"存言"、"存象"以至于"伪说滋漫"、"义无所取"（王弼《周易略例·明象》）的泥淖，王弼在对经籍作别一种诠释时从《庄子》那里汲取了"得鱼而忘筌"、"得兔而忘蹄"、"得意而忘言"的智慧，但他并没有拘泥于最终鄙薄"言"、"象"而一味屈人任天的庄子之学。《庄子》中有"语之所贵者，意也"之类的话，也有"意之所随者，不可以言传"之说，但其终是把前贤所遗之著述视为"古人之糟魄"（《庄子·天道》），并且以毋庸置疑的口吻断言：

> 夫"六经"，先王之陈迹也，岂其所以迹哉？（《庄子·天运》）

在《庄子》中，"迹"没有溯往"所以迹"的通道，所以其虽云"忘言"，却无异于弃言，此即所谓行"不言之教"而"绝圣弃知"。王弼正是在这里与《庄子》揖别了，他相信"寻言"、"寻象"可以"得意"，而这"意"未始不就是为《庄子》所称述的"所以迹"。所以，在《庄子》这里，不存在如何诠释"六经"的问题，因为它只在弃绝之列；在王弼这里，"六经"却未必应当被排拒，它对于执泥于"言"、"象"未知其"意"者固然可谓之"陈迹"，而对于"寻言"、"寻象"以寻得其"意"者说来，"得意"则意味着从中领悟那"所以迹"。

　　早在魏明帝（曹叡）太和（227—233）年间，荀粲就已经论及"言"、"意"关系，其似可视为王弼的言意之辨的先声。《三国志·魏书·荀彧传》裴松之注引何劭《荀粲别传》称：

> 粲诸兄并以儒术论议，而粲独好言道。常以为子贡称夫子之言性与天道不可得闻，然则六籍虽存，固圣人之糠秕。粲兄俣难曰："《易》亦云，圣人立象以尽意，系辞焉以尽言，则微言胡为不可得

---

① 桓谭《新论·正经》："秦近（延）君能说《尧典》，篇目两字之说，至十余万言，但说'曰若稽古'二三万言。"刘勰《文心雕龙·论说》："若秦君延之注《尧典》十余万字，朱普之解《尚书》三十万言，所以通人恶烦，羞学章句。"

而闻见哉?"粲答曰:"盖理之微者,非物象之所举也。今称立象以尽意,此非通于意外者也。系辞焉以尽言,此非言乎系表者也。斯则象外之意,系表之言,固蕴而不出矣。"及当时能言者,不能屈也。

不过,相形而言,荀粲以"六籍"为"圣人之糠秕",尚是《庄子》之余音,而其由驳诘《易传》所标举的"象外之意,系表之言"尤其与王弼所谓"言者所以明象,得象而忘言;象者所以存意,得意而忘象"之说大相径庭。依《庄子》所言"六经"乃"先王之陈迹"或荀粲所言"六籍"为"圣人之糠秕"的逻辑,未尝不可以说《老子》、《庄子》为老子、庄子的"陈迹"或"糠秕";既然同是"陈迹"或"糠秕","六经"诚然不值得诠释,而《老子》、《庄子》又何尝值得重新予以理会?倘如此,"三玄"当无由说起,玄风亦当无由畅行。然而,依王弼"寻"言、象而"忘"之以"得意"的思路则是另一种情形,其既可施之于对《周易》、《论语》的诠释以求会其"意",亦可施之于对《老子》以至《庄子》的诠释以求悟其何以说"所以迹"。显然,比起"好言道"的荀粲来,王弼融摄《易》、《老》的致思逻辑要通洽得多。玄学的勃发须得一种与之相称的方法的创始,这真正的创始者是王弼,而不是更早些的荀粲。

二 "崇本以举其末"的玄思局度

与"寻言"、"忘言"以求"得意"的方法相应和,由诠释经籍而引出的意趣终是被纳入一个焦点以究其指归,王弼就此阐发了他玄思中的一多之辨。他指出:

> 夫众不能治众,治众者,至寡者也。夫动不能制动,制天下之动者,贞夫一者也。故众之所以得咸存者,主必致一也;动之所以得咸运者,原必无二也。物无妄然,必由其理,统之有宗,会之有元,故繁而不乱,众而不惑。……故自统而寻之,物虽众,则知可以执一御也;由本以观之,义虽博,则知可以一名举也。(王弼《周易略例·明象》)

众寡或一多之辨是从抉示《周易》象辞在领会一卦之整体上的价值或意义说起的，但王弼由此把以寡治众、以一御多视为天下事理的普遍定则。诚然，这既可以用来疏解老子所谓"天得一以清，地得一以宁，神得一以灵，谷得一以盈，万物得一以生，侯王得一以为天下贞"（《老子》三十九章)，也可以用来申说孔子所谓"吾道一以贯之"（《论语·里仁》）、"予一以贯之"（《论语·卫灵公》）。王弼注《老子》三十九章谓：

> 一，数之始而物之极也。各是一物之生，所以为主也。物皆各得此一以成，既成而舍一以居成，居成则失其母，故皆裂、发（废）、歇、竭、灭、蹶也。

又注《老子》四十二章谓：

> 故万物之生，吾知其主，虽有万形，冲气一焉。百姓有心，异国殊风，而王侯得一者主焉。以一为主，一何可舍？愈多愈远，损则近之。损之至尽，乃得其极。

以同样的理致，王弼亦注《论语·里仁》"吾道一以贯之"章：

> 贯，犹统也。夫事有归，理有会。故得其归，事虽殷大，可以一名举；总其会，理虽博，可以至约穷也。譬犹以君御民，执一统众之道也。

对于王弼说来，"一"与"无"相通，其或以"无"为"一"之所出的原由，或以"无"即是"一"而"一"、"无"异称而同指。前者如他对《老子》四十二章"道生一，一生二，二生三，三生万物"句的诠注："万物万形，其归一也。何由致一？由于无也。由无乃一，一可谓无？已谓之一，岂得无言乎？有言有一，非二如何？有一有二，遂生乎三。从无至有，数尽乎斯，过此以往，非道之流。"后者则如他对《周易·系辞上》所谓"大衍之数五十，其用四十有九"的疏解：

> 演天地之数，所赖者五十也。其用四十有九，则其一不用也。不

用而用以之通，非数而数以之成，斯易之太极也。四十有九，数之极也。夫无不可以无明，必因于有，故常于有物之极，而必明其所由之宗也。

"太极"被视为"一"，也被视为"无"，它是"四十有九"这一"数之极"施其用时得以"通"、得以"成"的依据，而"太极"作为"不用而用"、"非数而数"的"无"却也只有通过"其用四十有九"这样的"有"才得以呈露或显现。此之谓"无不可以无明，必因于有"，其"无"之于"有"则正略相当于"一"之于"多"。显然，玄学意味上的"无"既可以用于称说老子之"道"，也可以称说孔子之"道"。以"无"称说老子之"道"，见于其《老子》一章注："凡有皆始于无，故未形无名之时，则为万物之始。及其有形有名之时，则长之、育之、亭之、毒之，为其母也。言道以无形无名始成万物，万物以始以成而不知其所以然，玄之又玄也。"亦见于其《老子》十四章注："无形无名者，万物之宗也。"其以"无"称说孔子之"道"，则见于其《论语·述而》"志于道"章注：

> 道者，无之称也，无不通也，无不由也。况之曰道，寂然无体，不可为象，是道不可体（摹状——引者注），故但志慕而已。

"道"通万有，亦可谓万有之宗、品物之本。"天下万物，皆以有为生。有之所始，以无为本。将欲全有，必反于无。"（王弼《老子注》三十九章注）王弼这样分辨"无"、"有"，却也是在论说"本"、"末"；以"以无为本"相推，"以有为生"的"天下之物"自当是"末"，但如此理会"无"、"有"、"本"、"末"，并不意味着贵无而贱有或崇本而抑末。

王弼综核老子之学，其对《道德经》有如下评说：

> 《老子》之文，欲辩而诘者，则失其旨也；欲名而责者，则违其义也。故其大归也，论太始之原以明自然之性，演幽冥之极以定惑罔之迷。因而不为，损（顺）而不施；崇本以息末，守母以存子；贱夫巧术，为在未有；无责于人，必求诸己。此其大要也。（王弼《老子指略》）

　　《老子》之书，其几乎可一言而蔽之。噫！崇本息末而已矣。观其所由，寻其所归，言不远宗，事不失主。文虽五千，贯之者一；义虽广瞻，众则同类。解其一言而蔽之，则无幽而不识；每事各为意，则虽辩而愈惑。……故竭圣智以治巧伪，未若见质素以静民欲；兴仁义以敦薄俗，未若抱朴以全笃实；多巧利以兴事用，未若寡私欲以息华竞。故绝司察，潜聪明，去劝进，剪华誉，弃巧用，贱宝货。唯在使民爱欲（贪欲——引者注）不生，不在攻其为邪也。故见素朴以绝圣智，寡私欲以弃巧利，皆崇本以息末之谓也。（王弼《老子指略》）

在所引的两段话中，王弼三次提到"崇本以息末"或"崇本息末"，并以此概括《老子》旨趣之"大归"。然而，"息"在这"一言"中可以有全然相反的两种含义，一为止息、停息，一为滋息、生长。从后一段话中所谓"息华竞"——以至于"绝司察"、"潜聪明"、"去劝进"、"剪华誉"、"弃巧用"、"贱宝货"——看，"崇本以息末"之"息"似当为止息、停息之意，但从前一段话所谓"崇本以息末，守母以存子"看，则"崇本以息末"之"息"却正当为滋息、生长之意。两段话原是意趣相贯的，依"寻言"、"忘言"以"得意"之法推绎下来，"崇本以息末"理应在于崇尚根本以滋育枝叶，而绝不类于汉魏之际士人所谓"凡明君莅国，必崇本抑末，以遏乱危之萌"（王符《潜伏论·务本》）或"王者之治，崇本抑末，务农重谷"（《三国志·魏书·司马芝传》）之"崇本抑末"。在"崇本"的前提下，"息末"乃是养末、存末而非"抑末"。与之相印合，王弼尚有意味确切的另一种表述：

　　以无为用，则莫不载也。故物，无焉，则无物不经；有焉，则不足以免其生。是以天地虽广，以无为心；圣人虽大，以虚为主。……载之以道，统之以母，故显之而无所尚，彰之而无所竞。用夫无名，故名以笃焉；用夫无形，故形以成焉。守母以存子，崇本以举其末，则形名俱有而邪不生，大美配天而华不作。故母不可远，本不可失。（王弼《老子注》三十八章注）

显然，"崇本以举其末"是"崇本以息末"的同义语；"举"有兴起、生长之义，而这正相当于滋息、生息之"息"。"崇"与"举"或"崇"与"息"的对举所祈求的是"本"与"末"或"母"与"子"的相称而非对立，而且，对于"以无为本"的王弼说来，那所"举"（"息"）之"末"自当属于"有"。"有"可见诸形迹，可予以命名，但形必有所分，名必有所属，因而，"有"即意味着被规定，亦意味着被限定。限定中的"有"如能体现无形无名而无所限定的"无"，此"有"便是本"无"而"有"；如果诉诸形名的"有"与"无"相乖离，那便须得反本于"无"以对其有所厘正。诚然，王弼所谓"本"、"末"、"有"、"无"是从老子之学说起的，但在他这里，这些范畴皆可用于对孔子之学的诠释。事实上，在王弼看来，孔子是高于老子的，而这比较乃基于孔、老在"本"、"末"、"有"、"无"所标定的玄学视野中的可比性。

三　孔老之辨中的玄理秘密

如上文所述，王弼释《论语·述而》"志于道"章谓："道者，无之称也，无不通也，无不由也。况之曰道，寂然无体，不可为象。"以"无"称说孔子之"道"，这似乎是在以老解孔或以道解儒。与之相应，他也这样诠注孔子所谓"予欲无言"——"天何言哉？四时行焉，百物生焉。天何言哉"（《论语·阳货》）：

> 予欲无言，盖欲明本。举本统末，而示物于极者也。夫立言垂教，将以通性，而弊至于湮；寄旨传辞，将以正邪，而势至于繁。既求道中，不可胜御，是以修本废言，则天而行化。（王弼《论语释疑·阳货注》）

"则天而行化"与老子"人法地，地法天，天法道，道法自然"（《老子》二十五章）之旨相契，而"修本废言"却又正可用来喻说老子的"不言之教"（《老子》二章、四十三章）。至于"天"对于"四时行"、"百物生"的成全，王弼则以"举本统末，而示物于极"晓示其趣，这"举本统末"当略通于其对《老子》一书"一言而蔽之"的"崇本以息末"或"崇本以举其末"。在"本"、"末"、"有"、"无"范畴所支撑的诠释结构中，孔子仿佛被老子化了，而老子又仿佛被孔子化了，但真正说来，孔、老乃是被玄学化了。玄学化了的《周易》煞似被赋予了《老子》的灵韵，而与此同时，所引《老子》之术语或词句亦被收摄于儒家经典的论域。其典型例证，除王弼对"大衍之数五十，其用四十有九"所作的"无不可无明，必因于有"的诠注外，尚可从其《周易注》中随处指出，如其对《周易》讼卦象辞"天与水违行，讼。君子以作事谋始"的注释：

> "听讼吾犹人也，必也使无讼乎！"无讼在于谋始，谋始在于作制。契之不明，讼之所以生也。物有其分，职不相滥，争何由兴？讼之所以起，契之过也。故有德司契，而不责于人。（王弼《周易注·讼象注》）

注文中所引"听讼吾犹人也，必也使无讼乎"是载于《论语·颜渊》的孔子语，而"有德司契，而不责于人"则是对老子语"圣人执右契，而不责于人。有德司契，无德司彻"（《老子》七十九章）的援用。在一段不长的文字中把孔、老所言之意趣融贯为一，其最可看出正始玄学绍述儒、道而又有别于儒、道的致思风趣。不过，王弼综摄儒、道以说玄理的至可留意处，尚不在于诸如此类的局部性注释文字，而在于将孔、老引入"崇本以举其末"或"崇本以息末"的措思格局以使其在相互允纳中相互扬弃。在王弼的思路中，"无"与"有"的"本"、"末"关系的确立是决定性的，由此可因着会通孔、老而重新分辨孔、老。何劭《王弼传》载：

> 时裴徽为吏部郎，弼未弱冠，往造焉。徽一见而异之，问弼曰："夫无者诚万物之所资也，然圣人莫肯致言，而老子申之无已者何？"弼曰："圣人体无，无又不可以训，故不说也；老子是有者也，故恒言无所不足。"（《三国志·魏书·钟会传》裴松之注）

王弼往造裴徽而答其所问，《世说新语》亦有记述而文句略异，其谓：

> 王辅嗣弱冠诣裴徽，徽问曰："夫无者，诚万物之所资，圣人莫肯致言，而老子申之无已，何耶？"弼曰："圣人体无，无又不可以

训，故言必及有；老、庄未免于有，恒训其所不足。"（刘义庆《世说新语·文学》）

孔子体"无"，不以言训；老子言"无"，言必及"有"而申之无已。王弼的这一分辨寓着玄学的闳机，它让"圣人莫肯致言"的"无"作为天地、教化之"本"而为孔子所体悟，它也使对"无"这一"不可以训"的境地申之无已的老子于"末"处远为丰赡的"有"有了更多的承诺。王弼释老不泥于老，他如此推绎《老子》之义：

> 象而形者，非大象也；音而声者，非大音也。然则，四象不形，则大象无以畅；五音不声，则大音无以至。四象形而物无所主焉，则大象畅矣；五音声而心无所适焉，则大音至矣。故执大象则天下往，用大音则风俗移也。无形畅，天下虽往，往而不能释也；希声至，风俗虽移，移而不能辩也。是故天生五物，无物为用；圣行五教，不言而化。（王弼《老子指略》）

无形的"大象"或希声（无声）的"大音"是对"道"、对"本"的拟物（拟象、拟音）而谈，其所指乃为"无"；"四象"、"五音"皆见诸形声，其相对于被视为"本"的"无"而为处于"末"之地位的"有"。"大象"为众象之主，"大音"为诸音之宗；唯有"执大象"、"用大音"才会"本"（"无"）立而"末"（"有"）举，同理，倘不借重"有"（"四象"、"五音"），则"无"（"大象"、"大音"）亦无以显现，无以发用（"无以至"、"无以畅"）。就此而说"天生五物，无物为用"，诚可谓尚在老子的理趣内，然而由其引申而说"圣行五教，不言而化"，虽依然未出"本"、"末"、"有"、"无"所拓辟的致思范域，却已不再能为老子之《道德经》所涵盖。"五物"，木、金、火、水、土，皆为自然之物；"五教"，"父义、母慈、兄友、弟恭、子孝"（《左传·文公十八年》）之教，则被儒门所推重。本之于"无"而以其为"不皦不昧，不恩不伤"的"五教之母"（王弼《老子指略》），此则非道非儒，却又即儒即道，乃是出入于儒、道而不限于其任何一家的玄理。玄思境界上的至尊人物是依然被称作"圣人"的孔子，但王弼并不因此而可归诸儒家。单就所谓"竭圣智以治巧伪，未若用质素以静民欲；兴仁义以敦薄俗，未若抱朴以全笃实；多巧利以兴事用，未若寡私欲以息华竞"而言，"好老氏，通辩能言"（何劭《王弼传》）的王弼甚至可全然视为老、庄之徒，但他并不像老、庄那样一味弃绝仁、义、礼敬。其注《老子》三十八章语焉至详，而蕴意亦最耐人寻味。一方面，他依老子本意对"上德"、"下德"、"上仁"、"上义"、"上礼"有如是阐释："上德之人，唯道是用，不德其德，无执无用，故能有德而无不为。不求而得，不为而成，故虽有德而无德名也。下德求而得之，为而成之，则立善以治物，故德名有焉。求而得之，必有失焉；为而成之，必有败焉。善名生，则有不善应焉。故下德为之而有以为也。无以为者，无所偏为也。凡不能无为而为之者，皆下德也，仁义礼节是也。……舍无以为体，则失其为大矣，所谓失道而后德。以无为用，则得其母，故能己不劳焉而物无不理。下此已往，则失用之母。不能无为，而贵博施（即'上仁'——引者注）；不能博施，而贵正直（即'上义'——引者注）；不能正直，而贵饰敬（即'上礼'——引者注）。所谓失德而后仁，失仁而后义，失义而后礼也。"但另一方面，他也对老子之趣致着意予以引申：

> 故苟得其为功之母，则万物作焉而不辞也，万事存焉而不劳也。用不以形，御不以名，故仁义可显，礼敬可彰也。夫载之以大道，镇之以无名，则物无所尚，志无所营。各任其贞事，用其诚，则仁德厚焉，行义正焉，礼敬清焉。（王弼《老子注》三十八章注）

"用不以形，御不以名"并不只在于老子那样的"复归于婴儿"、"复归于朴"（《老子》二十八章），其发用尚至于"仁义可显"、"礼敬可彰"；"载之以大道，镇之以无名"也不仅在于老子所期待的"见素抱朴"（《老子》十九章），也还祈望由"用其诚"所带来的"仁德厚"、"行义正"、"礼敬清"。玄学意味上的"仁德"、"行义"、"礼敬"都在"有"（"末"）的范畴，但这"有"是见之于"诚"的有情之"有"，已非老子那样不知不识的无情之"有"——所谓"天地不仁，以万物为刍狗；圣人不仁，以百姓为刍狗"（《老子》五章）。从"有"（"末"）的内涵的相异可推及相应的"无"（"本"）的底蕴的有别；由"无"而"有"、"崇本以息末"不再只是《老子》之"大归"，却也还是王弼向着孔子而由《老子》诠释而出的玄理之精义。这玄理受启于老子而又偏离老子，以至于机智而深刻的《老子》诠释者竟会诉诸这样的措辞：

> 古人有叹曰：甚矣，何物之难悟也！既知不圣为不圣，未知圣之
> 不圣也；既知不仁为不仁，未知仁之为不仁也。故绝圣而后圣功全，
> 弃仁而后仁德厚。夫恶强非欲不强也，为强则失强也；绝仁非欲不仁
> 也，为仁则伪成也。……寻斯理也，何往而不畅哉！（王弼《老子指
> 略》）

由老子的"绝圣"而讲"圣功全"，把老子的"弃仁"归结于"仁德
厚"，其既指出了乡愿化的"为仁"可能落于"伪成"，也分外强调了
"绝仁非欲不仁"，王弼以圣人（孔子）的名义借儒与道的相互督责而融
儒、道于玄理的用心于此可窥知其大概。玄学发生于对既有经典的意有别
裁的诠释，它不是折中孔、老或杂糅儒、道的产儿，而是民族学术从两汉
经学突围后所选取的一种新的富有其时代个性的形态。

四　对王弼玄理的几点评说

（一）正如孔、老之学起于对晚周"文敝"的矫正，创始于"正始之
音"的玄学乃是对汉代末季的又一次"文敝"的回应。"文"，原出于人
的创制；人创制"文"本在于规范、导示、陶养人，但"文"也因此可
能由于其形式化、乡愿化而疏离、牵累、桎梏人。一旦"文"被托为外
饰而流为伪蔽，便会积垢而成所谓"文敝"。司马迁曾指出："周秦之间，
可谓文敝矣。"（《史记·高祖本纪》）其所说"文敝"，其实即是春秋末
造至战国时期的"礼坏乐崩"。"礼坏乐崩"并非"礼"、"乐"之"文"
在形式上失于周备，而是"文胜质"以至于虚浮而蜕变为伪饰。在当时
的先觉者中，老子和孔子是最早敏感到"礼坏乐崩"或"文敝"之底蕴
并试图对面临问题从终极处寻求解决的人，他们各自立于一种"道"，或
摈绝"礼"、"乐"之"文"而导示人"法自然"以"复归于朴"，或于
人之生命自然中抉发"仁"的精神性状而在"文胜质则史（饰）"与
"质胜文则野"的两端间求取所谓"文质彬彬"（《论语·雍也》）。汉末，
经学体制的愈益繁猥和经文训辞的愈益沦为伪饰使"文敝"再度发生，
玄学的出现看似对经学的反动，究其底里则在于对新的"文敝"的冲决。

不像先秦的孔、老那样各自创教立论而对世人"道"（导）之以"德"，玄学中人倚重既有的儒、道典籍而以诠释先哲文句的方式标示自己的义理。何晏、王弼是这种学尚的开创者，只是王弼比之略早于他的何晏，其在玄学格局的奠立中所起的作用更值得称述：何晏对王弼有"若斯人，可与论天人之际矣"之叹，而载籍亦称"何晏注《老子》未毕，见王弼自说注《老子》旨。何意多所短，不复得作声，但应诺诺"（刘义庆《世说新语·文学》）。

（二）在老子那里，"有"、"无"相通而玄同于"自然"；在王弼这里，"有"、"无"亦相通而玄同于"自然"。但王弼的运思虽通于老子，而运思所涵淹的神韵却为孔子所导引。王弼注老子"人法地，地法天，天法道，道法自然"谓："法，谓法则也。人不违地，乃得全安，法地也；地不违天，乃得全载，法天也；天不违道，乃得全覆，法道也；道不违自然，乃得其性，法自然也。法自然者，在方而法方，在圆而法圆，于自然无所违也。自然者，无称之言，穷极之辞也。"（王弼《老子注》二十五章注）人、地、天皆为"有"，"道"乃贯"有"之"无"，而非空无虚设；贯"有"之"无"或"无"之贯"有"自然而然，非可致诘其所以然，此即"道"之所"法"而"得其性"以称"自然"者。不过，老子之"自然"与王弼之"自然"毕竟不同，这不同显现于"有"而本之于贯"有"之"无"；说到底，前者的"有"、"无"而"自然"无情可言，后者的"有"、"无"、"自然"却有情相系。王弼所谓"圣人体无"，亦可理解为圣人于"自然"有所体悟，这被体悟的"自然"，乃蕴情于其中之"自然"。"仁义"、"礼敬"倘不流于外在的缘饰，而欲真正做到"仁德厚"、"行义正"、"礼敬清"，便必得有出于自然而然的真情贯注其中，正是在这里王弼注《老子》顺着其"有"、"无"、"自然"的思路反倒不是走向以为"天地不仁"、"圣人不仁"的老子，而是趣归于并不绝"情"的孔子。"文"（仁、义、礼、乐等）有其情，这有情之"文"须配称于相应的"质"，此"质"出于自然却不能无情。由此看来，王弼以"崇本以举其末"的玄理对"文敝"的回应不是老子那样的一味"复朴"以扫"文"，乃是更大程度地着意于孔子所祈向的"文质彬彬"。王弼不否认圣人有情，却又认为"圣人之情，应物而无累于物"（何劭《王弼传》），把"应物而无累于物"之"情"归之于"圣人"，实际上即意味着对那种为自然所出而达至至真至正的情的认可。换句话说，去除"文敝"，对于王弼说来，不在于屏"情"弃"文"，而在于如何养"情"存"质"以润泽其"文"。

（三）克除"文敝"既然是对僵固、伪饰的文教规条的打破，便可能带给世人——尤其是士人——一种心灵以至于行为方式上的解放感。这种解放感或使人在摆脱先前的束缚后重新寻得人生所必要的规范，或使人一意放达以至于任诞。同是为"正始之音"所触动的一代人，"（向）秀与嵇康、吕安为友，趣舍不同。嵇康傲世不羁，（吕）安放逸迈俗，而（向）秀雅好读书"（刘义庆《世说新语·文学》刘孝标注引《向秀别传》）。真正说来，王弼一脉玄理的承继者是向秀及后来的郭象，不是嵇康、吕安、阮籍，也不是约晚一两代之久的王衍、庾敳、卫玠，更不是放任到"或乱项科头，或裸袒蹲夷，或濯脚于稠众，或溲便于人前，或停客而独食，或行酒而止所亲"（葛洪《抱朴子·外篇·刺骄》）之辈。东晋以降，王弼玄理屡遭诋斥，而措辞刻峭以至于晋诉却颇具代表性者则莫过于东晋人范宁。范宁以"浮虚相扇，儒雅日替"之时风"源始于王弼、何晏"，遂贬责其"二人之罪，深于桀纣"（《晋书·范宁传》）。毋庸置辩，对王弼、何晏作这样的诋毁性评说是没有真实依据的。两晋时的"浮虚相扇，儒雅日替"的风气诚然是事实，但士人颓萎或当有其深刻的社会政治原由，而即使从一个侧面寻缘到"文敝"的克除，那也应该对被责咎的玄理作具体的辨析。"崇本以举其末"的王弼之玄理总的说来是建构性的，它的破中有立绝不至于导致伦常的失范。前文已指出，王弼对"仁德厚"、"行义正"、"礼敬清"是推重的，其所追求则暗合于孔子晓示的"文质彬彬"，此外，王弼对《论语》的经心诠释亦可为之佐证。"自然亲爱为孝，推爱及物为仁也"（王弼《论语释疑·学而注》），当王弼这样注释所谓"孝悌也者，其为仁之本与"时，他显然是认同属于儒家教化范畴的"孝"、"爱"、"仁"的，他只是把"自然亲爱"或"亲爱"出于"自然"——"亲爱"发自生命"自然"之真切——作了他如此认同的出发点。所以，他在疏解孔子语"性相近也，习相远也"时则分外要说："不性其情，焉能久行其正，此是情之正也"，"若以情近性，故云性其情；情近性者，何妨是有欲"（王弼《论语释疑·阳货注》）。

（四）从严格意义上说，王弼并没有就诠释本身建构一种范畴有致的诠释学。然而，他以对《老子》、《周易》及《论语》的诠释，把一种值得称述的诠释精神启示给了人们。传统活在不绝的生活之流中，经典活在现实境况下的人的理解或诠释中。诠释涉及的学问是多层次、多维度的，但其核心问题在于诠释者的既得视野与诠释对象所可能蕴有的视野在相遇中的相互开示与融会，此即所谓"视界融合"（伽达默尔语）。诠释视野涉及诠释者与诠释对象的学养、才情、眼光、价值取向、运思决断等，诠释者与诠释对象间视野差异构成的张力愈大而融合得愈无扞格，诠释便愈成功、愈具有创造性。作为先秦典籍的《老子》、《周易》、《论语》——王弼选择它们为诠释对象显然与克除面对的"文敝"相关——各有其人文学术视野，王弼处于魏晋之际而要把视野差异如此之大的几种诠释对象在他这里融为一体，其作为诠释主体与这些诠释对象间的视野张力之大可想而知。但王弼毕竟在如此大的张力下达成了足够圆通的"视界融合"，其玄理的相应大的创造意趣遂亦由此而出。在"崇本（无）以举其末（有）"的诠释格局中，《论语》、《周易》原本没有"有"、"无"范畴，王弼则由诠释孔子"志于道"一语称"道者，无之称也，无不通也，无不由也"，亦借诠释《周易》"大衍之数"谓"其用四十有九，则其一不用也……夫无不可以无明，必因于有"，这样，不仅为其注出了"无"这一以贯之"本"，而且也为其注出了"有"宗于"无"、"执一统众"（王弼《论语释疑·里仁注》）的理趣。同样，老子学说"绝圣弃智"、"绝仁弃义"，其中原本没有"仁"、"义"、"礼"的地位，王弼则由诠释《老子》之"绝"、"弃"而措意申明"绝圣而后圣功全，弃仁而后仁德厚"。所作诠释既能贴近原文，毫无牵强之感，又能引申得体，从诠释对象那里抉发出新意，其所达到的"视界融合"据此当略可见其境界之高。王弼径直谈论诠释的话语的确不多，但重要的是他留下了《老子注》、《周易注》、《论语释疑》等创造性诠释的范本。这些范本表明，其于诠释所"言"虽少，而其所"体"（"圣人体无"之"体"）则殊深。

参考文献

古籍：《周易》、《论语》、《老子》、《庄子》、《史记》、《三国志》、《世说新语》。

楼宇烈：《王弼集校释》，中华书局 1980 年版。

汤用彤：《魏晋玄学论稿》，人民出版社 1957 年版。

罗宗强：《玄学与魏晋士人心态》，浙江人民出版社 1991 年版。

余敦康：《魏晋玄学史》，北京大学出版社 2004 年版。

历史的真实与历史的重构

——儒家有关上古战争现象的虚拟化解读

黄朴民

东汉时期著名史学家班固在其《汉书·艺文志·兵书略序》中称云："下及汤武受命，以师克乱而济百姓，动之以仁义，行之以礼让，司马法是其遗事也。"班固是儒家学说的坚定服膺者，在这里，他是站在儒家的基本立场上，按照儒家的观念对春秋之前的战争之性质、特征及其表现方式作出自己的理解与总结的。在他看来，殷商，尤其是西周时期的战争，受"军礼"文化精神的规范，战争的基本宗旨是"吊民伐罪"，所呈示的主导倾向为"义兵至上"；而战争的表现形式，则体现为温和宽厚的特色，充满着"仁义"精神与"礼让"原则。这一切在"古代王者司马兵法"中都有着具体而生动的反映。① 这种情况，到春秋战国之际发生了革命性的改变。当时"礼崩乐坏"的结果，导致战争由信奉"军礼"转变为热衷"诡道"，即所谓"自春秋至于战国，出奇设伏，变诈之兵并作"②。南宋学者郑友贤有言："《司马法》以仁为本，孙武以诈立；《司马法》以义治之，孙武以利动；《司马法》以正，不获意则权，孙武以分合为变。"③ 就是对这种差异性准确扼要的概括。

---

① 《汉书·艺文志》源自于刘向、刘歆父子的《叙录》与《七略》。故班固有关殷周战争历史的认识，其实是对刘向、刘歆父子在此问题上的基本观点的承袭。

② 《汉书·艺文志·兵书略序》。又，刘向《战国策书录》亦云："滔然道德绝矣……贪饕无耻，竞进无厌，国异政教，各自制断；上无天子，下无方伯；力功争强，胜者为右；兵革不休，诈伪并起。"

③ 《十家注孙子遗说并序》。

　　其实，在两汉时期，就春秋之前战争基本特征作如此解读与认识的，并不仅仅限于刘歆、班固等儒家人物，其他学派也普遍持类似的观点。例如，在带有浓厚黄老道家学派色彩的《淮南子》一书中，就认为"古今"战争在表现形式上，有着明显的区别，在历史的进程中，战争经历了由温和为残酷、由宗仁尚义为唯力是尚的翻天覆地式的变化："古之伐国，不杀黄口，不获二毛，于古为义，于今为笑。古之所以为荣者，今之所以为辱也。"① 由此可见，将春秋之前的战争，定义为性质上的"道义化"与形式上的"温和化"，是两汉时期许多人的广泛共识，也是当时思想界的主流看法。

　　众所周知，战争是政治的特殊表现形式，流血杀戮，暴力残酷，是战争的本质属性。中国春秋之前的战争是否真的有其例外？温和节制是否成为当时战争手段实施中的普遍现象？当时的战争是否全面以遵循与贯彻"军礼"基本原则为必要前提？总之，后人有关春秋之前的战争之描述究竟属于真实的历史存在？抑或是虚拟的理想境界？这是值得我们今天进行重新考察并予以认真回答的一个问题。唯其如此，我们才能准确梳理先秦时期战争演变的清晰脉络，才能全面理解"军礼"传统与社会变革之间的深层次关系及其互动的渊源、性质和意义。

一

　　考察殷周和春秋前中期的大量战争史实，我们可以清楚地看到，班固等人有关上古战争特征的追叙，并不是单纯的理想化虚拟，而是建立在一定的史实依据之上的，有着具体的历史文献记载作为有力的支持。

　　春秋之前的战争，其规模上的有限性、程度上的节制性、手段上的温和性，在相当程度上乃是不争的事实。这方面早已有学者给予了注意和提示。如雷海宗先生曾指出："春秋时代的战争由贵族包办，多少具有一些游戏的性质。我们看《左传》中每次战争都有各种的繁文缛节，杀戮并不甚多，战争并不以杀伤为事，也不以灭国为目的，只求维持国际势力的均衡。到战国时期，情形大变，战争的目的在乎攻灭对方，所以各国都极力奖励战杀，对俘虏甚至降卒往往大批的坑杀，以便早日达到消灭对方势

---

　　① 《淮南子·汜论训》。

力的地步。吴越之争是春秋末年的长期大战，也可说是第一次的兼并型战争。前此大国相互之间并无吞并的野心，对小国也多只求服从，不求占领。"①

之所以存在着这样的情况，当是与当时"军礼"文化精神对军事行动的全面规范与强烈主导直接相关联。我们知道，礼起源于原始社会的习惯风俗，所谓礼制是指礼的制度化、程式化、典仪化，具体分为吉礼、凶礼、军礼、宾礼、嘉礼五大类，具有文治和教化的功能。军礼，是礼制在军事方面的体现，"是在建立军事联盟，'徵师诸侯'、'习用干戈以征不享'的长期战争之中及其前后萌芽、形成的"②。军礼包含的内容很宽泛，不仅用于战场上，很多时候还用于国家内部治安、公共事务等。根据《司马法》的记载，古代军礼的内容包括畿服制度、军赋制度、军队编制、官吏设置、列队训练以及旌旗、徽章、鼓铎的使用规定等。而在《周礼·春官·大宗伯》那里，军礼可具体划分为五大类。"以周礼同邦国。大师之礼，用众也；大均之礼，恤众也；大田之礼，简众也；大役之礼，任众也；大封之礼，合众也。"③ 这里，大师礼是天子出兵征伐之礼；大均礼是校正户口、调整赋税等组织军事力量之礼；大田礼是天子、诸侯定期田猎和军事演习之礼；大役礼是筑王宫、城邑，发动徒役之礼；大封礼是校正封国疆界，以兵整顿各国关系与天下秩序之礼。由此可见，军礼主要指战事，但也包括田猎、筑城等活动。但在全部"军礼"中，有关战争起因、战场礼仪、战争方式、战争善后以及战争禁忌等方面的规定，最能体现军礼的精神，乃是军礼的核心之所在。换言之，西周时期所确立的古典礼乐文明，表现在军事领域方面，便是用军礼来指导和制约具体的战争行动。

在春秋前中期，这种军礼的外在形式与内在宗旨开始遇到冲击，这从子鱼、舅犯等人对"军礼"的批语言辞中可以窥见一斑。如子鱼曾指出"三军以利用也，金鼓以声气也，利而用之，阻隘可也；声盛致志，鼓儳可也"④。然而从总体考察，"军礼"的基本精神却依旧得到人们的尊重和

---

① 雷海宗：《中国的兵》，中华书局 2005 年版，第 14—15 页。
② 陈戍国：《中国礼制史》，湖南教育出版社 2001 年版，第 91 页。
③ 《周礼注疏·春官宗伯第三》，《十三经注疏》，北京大学出版社 1999 年版，第 466—467 页。
④ 《左传·僖公二十二年》。

奉行。我们认为，不能简单地断言春秋时期已完全陷入"礼崩乐坏"的无序状态。在当时，西周时所缔造的礼乐文明出现危机固然是事实，但是"礼乐"的解体是个非常漫长的历史过程，传统作为一种强大的惯性力量，它的实质影响不会须臾消亡，因此，"军礼"在春秋时期得到顽强的延续，也没有特殊的例外。

这里，我们可先看几组有趣的历史镜头：在晋楚邲之战进行过程中，"晋人或以广队不能进，楚人惎之脱扃，少进，马还，又惎之拔旆投衡，乃出，顾曰：吾不如大国之数奔也"①。当两军阵上致刃交锋之际，居然教敌人如何摆脱困境遁逃，结果还招致对手的一番奚落，自讨没趣，这在今天看来，未免太不合乎情理。然而在当时，却是完全符合"军礼"的做法。

又如在晋楚鄢陵之战中，"晋韩厥从郑伯，其御杜溷罗曰：速从之，其御屡顾，不在马，可及也。韩厥曰：不可以再辱国君。乃止。郤至从郑伯。其右茀翰胡曰：谍辂之，余从之乘，而俘以下。郤至曰：伤国君有刑。亦止"②。晋军将领韩厥、郤至等人在交战中，均曾有机会擒获协同楚军作战的郑伯，然而他们却拒绝了部下的建议，停止追击，让敌手逃逸。郤至本人还曾"三遇楚子（楚共王——引者注）之卒。见楚子，必下，免胄而趋风"，向敌国国君竭尽恭敬之礼，而楚共王也不含糊，"使工尹襄问之以弓"③，回报以礼物与慰问。令人不可思议。其实这不过是郤至等人忠实遵循"军礼"的要求行事而已。《国语·周语中》明确道出了这一点：即郤至以"三伐"为自豪，"吾有三伐：勇而有礼，反之以仁。吾三逐楚军之卒，勇也；见其君必下而趋，礼也；能获郑伯而赦之，仁也"。

正是在这种浓厚的尊崇旧"军礼"社会氛围影响之下，以春秋中期为界，战争指导观念呈现出明显的不同。春秋中叶以前的战争，除了铁血厮杀的残酷一面外，还存在着比较多的以迫使敌方屈服为宗旨的温和一面。这是与战国以后那种"争地以战，杀人盈野；争城以战，杀人盈

---

① 《左传·宣公十二年》。
② 《左传·成公十六年》。
③ 同上。

城"① 的现象有所区别的。

具体地说，在当时军事威慑要多于会战②，即以军事威慑和政治外交谋略迫使对方接受自己的条件而屈服，乃是当时普遍存在的战争指导原则。真正以主力进行会战以决定胜负的战争为数相对有限。所谓的"霸主"，一方面固然兼并小国，坐大自己；另一方面在同其他大、中型国家发生冲突时，则多以双方妥协或敌方屈服为结局，而彻底消灭对方武装力量，摧毁对方政权的现象则较为罕见。于是会盟，"行成"与"平"乃成为重要的军事斗争方式。

齐桓公所从事的战争，就突出反映了这一战争指导原则。他在位43年，参与战争20余次。其中除了长勺之战、乾时之战等个别战例外，都是凭借军事行动的威慑作用，来达到预期的战略目的，即所谓"九合诸侯，不以兵车"。这是齐桓公战争指导上的一大特色，也是儒家人物异口同声称道其功业的缘由。③

在春秋战争史上，齐桓公的所作所为并非孤立的现象。《左传》中就有很多类似的例子：如《左传·隐公元年》载："惠公之季年，败宋师于黄，公立而求成焉。九月，及宋人盟于宿。"又如《左传·隐公八年》载："齐人卒平宋、卫于郑，秋，会于温，盟于瓦屋，以释东门之役，礼也。"再如《左传·桓公八年》载："秋，随及楚平。楚子将不许。斗伯比曰：天去其疾矣，随未可克也。乃盟而还。"其他像公元前770年，屈瑕率楚军大败绞师，结城下之盟而还；公元前571年，晋、卫、宋三国之师攻郑，冬，城虎牢，逼迫郑国求和。凡此等等，不胜枚举，都充分反映了当时战争以屈服敌方为宗旨的普遍性。

这种以"军礼"原则规范，指导战争活动的时代特征，究其原因，当是与当时的大中型政权都属于贵族阶级专政，且相互又有宗族、姻亲关系分不开的。《左传·闵公元年》引管仲语："诸夏亲昵，不可弃也。"即是对这种情况的揭示，而它反映在战争指导观念上，就不能不笼罩着一层温情脉脉的色彩。由此可见"兄弟之国"、"甥舅之国"名分的存在，决

① 《孟子·离娄上》。
② 《孙子兵法》所云"伐交"便是典型的军事威慑之法。基本义是通过布列阵势，显示强大实力，威慑敌人而逼迫其退缩或降服，它是三代与春秋前期通行的"观兵"威慑之法的理论总结和升华。
③ 如孔子表彰齐桓公"正而不谲"，孟子推崇齐桓公，称"五霸桓公为盛"。

定了当时的战争指导讲究的是正而不诈，否则便是违背"军礼"，要受到人们的谴责，"合诸侯而灭兄弟，非礼也"①。

从更深的层次考察，当时战争指导的"军礼"精神还具体表现为：

第一，关于战争的目的，"军礼"所主张的是征讨不义。《周礼·夏官·大司马》称云："及师，大合军，以行禁令，以救无辜，伐有罪。"《左传·庄公二十三年》云："征伐以讨其不然。"《国语·周语上》云："伐不祀，征不享。"《左传·成公十五年》云："凡君不道于其民，诸侯讨而执之。"《司马法·仁本》云："兴甲兵以讨不义。"讲的都是这一层意思。即只有当对方犯有"凭弱犯寡"、"贼贤害民"、"放杀其君"等九种严重罪过时，才可以兴师征讨。关于这一点，《周礼》中曾有非常明确的记载，"大司马之职，掌建邦国之九法，以佐王平邦国。制畿封国以正邦国，设仪辨位以等邦国，进贤兴功以作邦国，建牧立监以维邦国，制军诘禁以纠邦国，施贡分职以任邦国，简稽乡民以用邦国，均守平则以安邦国，比小事大以和邦国。以九伐之法正邦国，冯弱犯寡则眚之，贼贤害民则伐之，暴内陵外则坛之，野荒民散则削之，负固不服则侵之，贼杀其亲则正之，放弑其君则残之，犯令陵政则杜之，外内乱，鸟兽行，则灭之"②。对此，《司马法·仁本》中亦有类似的记载。

第二，军事行动"不加丧，不因凶"的限制。如果不得已而从事战争，就必须在行动中贯彻"礼"、"仁"的原则，"以礼为固，以仁为胜"③，《左传·文公十二年》亦云："死伤未收而弃之，不惠也。不待期而薄人于险，无勇也。"这都是本"仁"宗"礼"的意思。郤至之所以在鄢陵之战后自我欣赏："吾有三伐"，也在于他曾做到了"勇而有礼，反之以仁"这一点。正因为征伐归宗于"礼"、"仁"，所以"冬夏不兴师""不如丧，不因凶"④，成为对敌军事行动的重要原则之一，甚至成为一种具有不容挑战的军事禁忌。覆按史实，可谓信而有征。《左传·襄公四年》载："三月，陈成公卒，楚人将伐陈，闻丧乃止。"又《左传·襄公十九年》载："秋七月辛卯，齐侯环卒。……晋士匄侵齐，及榖，闻丧而

———

① 《左传·僖公二十八年》。
② 《周礼注疏·夏官司马第四》，第759—763页。
③ 《司马法·仁本》。
④ 《司马法·仁本》。又，《司马法》逸文："春不东征，秋不西伐，月食班师，所以省战。"（《太平御览》卷二十，时序部五引）

还，礼也。"再《左传·昭公二十七年》载："楚师闻吴乱而还。"凡此等等，不胜枚举，皆为显著的事例。

第三，战场交锋的正大不诈原则。当进行正式的战场交锋时，当时的军礼也有不少具体的原则，要求作战双方共同遵循。这在《左传》、《司马法》、《穀梁传》、《公羊传》中均有反映。《司马法·仁本》云："成列而鼓，是以明其信也。"宋襄公则云："古之为军也，不以阻隘也；寡人虽亡国之余，不鼓不成列。"① 《司马法》云："不穷不能而哀怜伤痛，是以明其仁也。"又云："见其老幼，奉归勿伤；虽遇壮者，不校勿敌；敌若伤之，医药归之。"《穀梁传·隐公五年》亦云："战不逐奔，诛不填服。"而这在宋襄公的口中，便是"君子不重伤，不擒二毛"②。禁止在战场交锋时实施偷袭一类的阴损毒招，如《司马法》逸文就强调："无干车，无自后射。"③ 即不准冒犯敌国国君乘的车，也不允许从背后攻击敌人。

就战场纪律而言，"军礼"要求做到禁止劫掠，尽可能避免破坏财物，扰乱民众。《尚书·费誓》即言："无敢伤牿，牿之伤，汝则有常刑；马牛其风，臣妾逋逃，勿敢越逐，祗复之，我商赏汝。乃越逐，不复，汝则有常刑！无敢寇攘，逾垣墙，窃牛马，诱臣妾，汝则有常刑！"《司马法》也一再强调这一点："入罪人之地，无暴神祇，无行田猎，无毁土功，无燔墙屋，无伐林木，无取六畜禾黍器械。"④

在作战方式和战术运用上，"军礼"积极提倡"军旅以舒为主"的主张，《尚书·牧誓》对当时的作战战术有过具体的阐述："今日之事，不愆于六步、七步，乃止，齐焉……不愆于四伐、五伐、六伐、七伐，乃止，齐焉。"即规定军队冲锋前进了一段短促距离之后，就暂停进击以整顿作战队形，这正是早期笨拙的大方阵进攻作战的基本特点。《司马法》同样讲求"徒不趋，车不驰，逐奔不逾列，是以不乱。军旅之固，不失行列之政，不绝人马之力，迟速不过诚命"⑤。一再强调"逐奔不过百步，

---

① 《左传·僖公二十二年》。
② 同上。
③ 《周礼·士师》郑玄注引。
④ 《司马法·仁本》。
⑤ 《司马法·天子之义》。

纵绥不过三舍”①。所有这一切，不能简单地断定为是《司马法》、《周礼》、《穀梁传》、《公羊传》或宋襄公“迂远而阔于事情”，而恰恰应视为其对古军礼的申明和执着。

第四，战争善后措施上的宽容态度。“服而舍人”是“军礼”中的又一项重要原则。春秋中期以前的战争指导者，其从事战争，所追求的是战而服诸侯的旨趣与境界。这一目标既已达到，便偃兵息武，停止军事行动，给予敌方以继续生存的机会。《司马法·仁本》云：“又能舍服，是以明其勇也。”《左传·僖公十五年》云：“贰而执之，服而舍之。德莫厚焉，刑莫威焉。”《左传·文公七年》：“叛而不讨，何以示威？服而不柔，何以示怀？”《左传·宣公十二年》云：“叛而伐之，服而舍之，德、刑成矣。伐叛，刑也；柔服，德也。二者立矣。”说的都是这层意思。即使是对战败国的国君，也要予以足够的尊重。这就是《司马法》逸文中所称的：“其有陨命，行礼如会所，争义不争利。”② 在战争过程中俘获了战败国的国君，应该举行类似于盟会时的隆重礼仪，借此以表明该次战争的目的是出于申明道义而不是追逐利益。

在“既诛有罪”，完成了战争使命之后，进一步行动纲领就是《司马法·仁本》所说的“王及诸侯修正其国，举贤立明，正复厥职”。参之以《左传》，信而有征。鲁昭公十三年（前529年），楚“平王即位，既封陈、蔡，而皆复之，礼也。隐大子之子庐归于蔡，礼也，悼大子吴归于陈，礼也”。又如，鲁昭公十六年“楚子闻蛮氏之乱也与蛮子之无质也，使然丹诱戎蛮子嘉杀之，遂取蛮氏。既而复立其子焉，礼也”③。再如，鲁哀公二十四年“邾子又无道，越人执之以归，而立公子何”④。孔子所谓“兴灭国，继绝世，举民，天下之民归心焉”⑤ 的真切含义，终于借此而昭白于今了。

二

战争的形式与手段由残酷暴虐逐渐向相对文明温和演变，这是世界文

---

① 《司马法·仁本》。

② 《国语·晋语五》韦昭注引。

③ 《左传·昭公十六年》。

④ 《左传·哀公二十四年》。

⑤ 《论语·尧曰》。

明史递嬗过程中的共性现象。从这个规律来考察，西周礼乐文明规范下"军礼"传统的存在与影响，应该是属于战争史上的一个较为特殊阶段。其实，在先秦基本文献中，记载当时战争残酷惨烈状况的文字内容比比皆是，这才是合乎战争逻辑与历史实际的基本现实，是当时战争中的主流现象。它与温情脉脉、节制有度的"军礼"文化精神形成了鲜明的对比。

战争作为政治的暴力继续，血雨腥风、酷烈残忍、你死我活，乃是非常正常的表现。这种残酷性，在中国的战争发展史上同样存在。

在中国，战争萌芽于史前时期。正如《吕氏春秋·荡兵》所说："兵之所自来久矣，与始有民俱。"原始人类为了争夺生存条件，就曾发生过无数次的暴力冲突。具体地说，随着原始社会的发展，大约在距今六七千年之前，在黄河、长江、辽河、汉水等流域的广大地域上，母系氏族社会进入了繁荣阶段，这与我国古代史传说中的神农时代大体相当。当时各个氏族部落之间，为了保有或扩大各自的生存空间，不时发生激烈的武力冲突。在这类武力冲突之中，"血亲复仇"是一条重要的原则，按照这一古老的集体复仇法则，氏族内部的某一成员遭受侵害，即被看作是对氏族整体的侵害，个别冲突也就迅即演变为集体的武力冲突。

这种情况的产生是很自然的，因为在生产力极不发达的前提下，人们差不多完全受着陌生的、对立的、不可理解的外部大自然的支配，一个人无法独立生存，血缘的纽带把同一氏族人们的命运紧连在一起，所以为同一氏族的人进行血亲复仇是一项基本义务，也是神圣的权利，它的根子深深地扎在自卫的本能之中①。《左传·成公四年》所援引的"《史佚之志》有之曰：非我族类，其心必异"，正是这种观念的孑遗。而在这种以部族生存与发展为基本宗旨的征战中，血腥残酷自是基调，殷商先人翦灭有易氏的战事就是显著的例子。

黄帝之后，中国历史进入了所谓的尧舜禹时代，也即原始社会向阶级社会过渡的最后一个阶段——军事民主制时代。这个时期的主要战争就是旷日持久的尧、舜、禹攻伐三苗之战。这场战争的性质，可谓是与阶级分化相紧密联系的部落征服战争。

"三苗"即指南方的苗蛮集团。据《尚书·吕刑》记载，"三苗之君"的罪状是不敬神灵，残害百姓，道德沦丧，背信弃义，反复诅盟。

---

① 罗琨、张永山：《夏商西周军事史》，军事科学出版社1998年版，第22页。

说明这场战争是在氏族制度陷入深重危机的情况下爆发的,是原始战争向阶级社会战争转化的一个标志。此战于尧时开始,"尧与有苗战于丹水之浦",战场主要在今河南南阳地区①。舜时加紧攻势,战场又逐次扩大到洞庭湖、鄱阳湖之间,而舜本人也于南征途中"道死苍梧"②。禹继位后,利用南方地区不断发生地震、水灾而人心动荡的时机大破三苗,杀其首领,最终取得了胜利③。

据有限的史料记载,这场连绵多年的战争异常残酷血腥:战败者的宗庙被夷为平地,祭祀重器被彻底焚毁,战俘及其子孙世代沦为奴隶,所谓"人夷其宗庙,而火焚其彝器,子孙为隶,不夷于民"④。胜利者不但掠夺财物,而且掠夺人口,还要"更易其俗",这完全不再是血亲复仇或生存空间的争夺,而是对敌对部族赤裸裸的征服。战争的目的转变为掠夺生产资料和从事阶级奴役,这意味着原始战争的终结,新的阶级社会战争已是呼之欲出了⑤。

进入所谓的阶级社会后的战争,历史的真实同样是战争的残酷性一如既往,大肆杀戮、灭族绝种始终是战争过程中的主旋律。这在甲骨文、铜器铭文中均有生动具体的反映。《禹鼎》有言:"无遗寿幼",意即战争的目的,是杀尽剿灭对手的一切有生力量,无论是白发苍苍的老者,还是咿呀学语的幼童,均是屠戮残杀的对象。由此可见,战争行动惨绝人寰的基本属性。《墨子·非攻下》云"入其国家边境,芟刈其禾稼,斩其树木,堕其城郭,以埋其沟池,攘夺其牲牷,燔溃其祖庙,刭杀其万民,覆其老弱,迁其重器",《孙子兵法·九地篇》称"堕其城,隳其国",固然是春秋战国战争的特色,但同样可以说是上古三代战争手段残酷惨烈特征的写照。

战争决策者还制定非常严峻的军纪军法,以最大限度地确保战争参与者在战争过程中绝对摈弃任何怜悯恻隐之心,把屠戮毫无保留地进行到底,《甘誓》云:"王曰:嗟!六事之人,予誓告汝:有扈氏威侮五行,弃怠三正。天用剿绝其命。今予惟恭行天之罚。左不攻于左,汝不恭命;

---

① 参见罗琨、张永山《复商西周军事史》,军事科学出版社 1998 年版,第 49 页。

② 《淮南子·修务训》。

③ 《墨子·非攻下》。

④ 《国语·周语下》。

⑤ 参见黄朴民《孙子兵法与古代战争》,《浙江学刊》1996 年第 5 期。

右不攻于右，汝不恭命；御非其马之正，汝不恭命。用命，赏于祖；弗用命，戮于社。予则孥戮汝。"① 商汤在鸣条之战临战前夕，颁布誓词，明确宣布严格的战场纪律和作战要领，"尔尚辅予一人致天之罚，予其大赉汝。尔无不信，朕不食言。尔不从誓言，予则孥戮汝，罔有攸赦"②，等等，均体现了崇尚血腥征服的战争主旨。

儒家津津乐道"汤武革命，顺乎天而应乎人"，认为这当属"吊民伐罪"，正义高尚之举。但是，即便是他们所推崇备至的象征正义之战的牧野之战，其表现的形式也同样是血腥残酷，杀戮惨烈。所谓"血流漂杵"，就是十分形象的描述。

"牧野洋洋，檀车煌煌，驷骒彭彭。维师尚父，时维鹰扬，凉彼武王，肆伐大商，会朝清明。"③ 牧野之战中，双方的军队在商都朝歌的郊外牧野遭遇。纣王的军队，《史记·周本纪》说"发兵七十万"，显然失之于夸大，通常人们认为当是"十七万"之误。但可以看出殷军是聚集了大量步兵。周军的战车部队为"戎车三百乘，虎贲三千人，甲士四万五千人"，其基本编制与考古资料相符，而甲士的数目偏多；走在前阵的步兵，则是"歌舞以凌"的勇锐的巴师④。双方军队的部署，当是两线配置：第一线的步兵按左、中、右列成三个大排面的密集方阵，左、右阵为三列纵深，中阵为五列纵深；第二线的战车可能是以 25 辆为单位横向编组，排成左、中、右 3 个平列横队⑤。

会战以军前誓师发布作战命令开始，在最后决战中，面对"殷商之旅，其会如林"⑥ 的优势之敌，武王先派遣姜太公率领少量精锐突击部队向商军挑战，以牵制迷惑敌人，并打乱其阵脚⑦。然后第一线步兵（巴师等）以整齐的大方阵队形，唱着军歌缓慢地推进，"歌舞以凌"，"不愆于六步、七步，乃止，齐焉"⑧。接敌后，仍以严正方阵队形进行刺杀格斗，

---

① 《尚书·甘誓》。

② 《尚书·汤誓》。

③ 《诗经·大雅·大明》。

④ 《华阳国志·巴志》。

⑤ 蓝永蔚、黄朴民等：《五千年的征战：中国军事史》，华东师范大学出版社 2000 年版，第 34 页。

⑥ 《诗经·大雅·大明》。

⑦ 这种用小股精锐部队向对手进行挑战的军事行动，古代军事术语称之为"致师"。

⑧ 《尚书·牧誓》。

"不愆于四伐、五伐、六伐、七伐，乃止，齐焉"①。在如此沉重有力的攻击下，殷军第一线步兵终于被击败投降，"殷人前徒倒戈"②。于是武王乘势亲率周军第二线的战车队急驰攻击，以"大卒（主力部队）冲驰帝纣师"，遂使殷军阵形被突破，导致全线崩溃，"纣师皆倒兵以战，以开武王，武王驰之，纣兵皆崩"③。周室联军大开杀戒，奋勇拼搏，杀得商军丢盔弃甲，"血流漂杵"，十七万之众顷刻土崩瓦解，纣王见大势尽去，遂弃军逃窜回朝歌，于绝望中登上鹿台放火自焚。纣王一死，商军残兵就停止了最后抵抗，周联军在武王统率下顺利攻占朝歌。牧野之战终止了殷商王朝 600 余年的统治，确立了西周王朝对中原地区的统治秩序，为西周古典礼乐文明的全面兴盛开辟了道路。但是，不论怎样，这种古典礼乐文明是建立在"血流漂杵"的残酷屠戮之基础上的，这一点，乃是不争的事实。

在接下来的"周公东征"中，暴戾杀戮依旧是战争的基调。从现存史料考察，可知周公东征前后历时三年，这中间大致经历了三个主要阶段④。

第一阶段，"救乱、克殷"，即平息武庚和三叔发动的叛乱，消灭叛乱势力。第二阶段，讨平淮夷，扩大周王室的势力范围。"凡所征熊盈族十有七国，俘淮九邑"⑤。第三阶段："践奄"，将周王室统治推进到东方地区。在征服了淮夷诸小国后，周公挥师北方"践奄"，讨平东方最后一个叛乱据点。而"践奄"，则明白无疑地揭示了"周公东征"的残酷惨烈特征，即周公是借助残酷厮杀的手段才达成目标的，"践之者，籍之也。籍之谓杀其身，执其家，潴其宫"（《尚书大传·成王政》）。奄国灭亡后，丰、薄姑等诸方国亦相继归附，周王朝的统治势力一下子扩大到了渤海、黄海边上。至此，历时三年的周公东征，以胜利而宣告结束。

这种战争形式上的惨烈性、战争手段上的残酷性，在春秋时期仍在延续。作"京观"以炫耀赫赫战功，以"杀人者众"显示自己的成就，似乎是社会的一般共识，人们都习惯性予以接受并赞赏。

---

① 《尚书·牧誓》。

② 《华阳国志·巴志》。

③ 《史记》卷四《周本纪》。

④ 参见罗琨、张永山《夏商西周军事史》，第 236—245 页。

⑤ 《逸周书·作雒解》。

晋楚邲之战后，楚国大臣潘党曾建议楚庄王筑"京观"以纪念战胜晋国的功勋。"潘党曰：'君盍筑武军而收晋尸以为京观？臣闻克敌必示子孙，以无忘武功。'"楚庄王虽然以"夫武，禁暴、戢兵、保大、定功、安民、和众、丰财者也"为由，拒绝了潘党的这个建议，但是，他还是很明确地肯定了作"京观"炫耀"杀敌者众"，扬威慑敌，乃是先王正当的做法，具有历史的合理性，"古者明王伐不敬，取其鲸鲵而封之，以为大戮，于是乎有京观以惩淫慝"①。

正是因为嗜血杀戮与上古战争之间存在着如影随形、共生相伴的密切联系，所以，即使是"军礼"文化精神被热衷倡导、积极弘扬的西周、春秋期间，仍有不少人对拘守"军礼"的做法持保留甚至反对的立场，对战争中运用"诡道"，以功利的大小或有无为从事战争活动的出发点加以肯定与支持。这用狐偃（舅犯）的话来说，是"繁礼之人，不厌忠信；战阵之间，不厌诈伪"；而在前引《左传·僖公二十二年》所载宋人子鱼之语，更是这方面的一个有力佐证。

显而易见，战争的铁血残酷性，作为与当时"军礼"指导下的战争相对温和性，是一并存在的，两种表面上看上去截然不同的战争价值观与行为方式，并非绝对排斥，形同水火，恰恰相反，这两者之间乃是并行不悖，共生互补的。

三

就历史的真实性而言，中国春秋以前的战争中，崇尚"军礼"、战争手段相对温和与唯力是凭，战争手段极端残暴，都是客观的存在。为什么会出现这种矛盾对立的现象，"军礼"精神究竟在当时战争中居于怎样的地位？发挥怎样的影响？是值得作进一步的考察与分析的。唯有如此，我们才能更全面地认识与把握西周至春秋时期战争的基本面貌及其主导趋势，既避免给春秋时期简单地贴上"礼崩乐坏"的标签，也不至于把西周、春秋时期的战争一厢情愿界定为所谓的"动之以仁义、行之以礼让"的理想化状态。

毫无疑问，"军礼"在当时的战争活动中始终起着不可忽视的作用，

---

① 《左传·宣公十二年》。

发挥着不能低估的影响。但是，这种作用与影响又是有一定限度的，受到某种程度上的制约与规范。具体地说，这表现为以下三个方面。

第一，"军礼"在适用性问题上，有一定的针对性，有特定的"空间"范围。

从相关史料的记载来看，"军礼"的适用对象是相对特定的，即主要适用于中原诸夏列国，而蛮夷一般并不在"军礼"的应用范围之内。中原各国多为兄弟、甥舅之国，姬姓的周天子是天下共主，故周初分封，姬姓封国占了分封诸侯中的主体，在此基础上形成了所谓的"兄弟之国"。"富辰言周公封建亲戚凡二十六国，成专言武王兄弟之国十有五人，姬姓之国四十人。荀子谓周公立七十一国，姬姓独居五十三人。汉表谓周封国八百，姬姓五十有余。后汉章和（章帝十二年改元章和——引者注）元年诏，谓周之爵封，千有八百，姬姓居半。"① 除姬姓封国之外，就是先王之后或异姓功臣的封国，如姜齐、陈杞、子宋之属。它们与姬姓封国之间，往往通过互为婚姻的关系，建立起血缘与利益的共同体，是为"甥舅之国"。在"兄弟之国"与"甥舅之国"普遍存在的情况下，诸夏列国血缘相近，利益息息相关，战争的烈度自然会有所节制，"军礼"获得贯彻与落实也就有了基本的前提。换言之，中原诸侯既为兄弟、甥舅之国，相互屏蔽，相互依靠，有着共同的利益基础。亲情、利益皆有，即使难免冲突，仍不能割断兄弟情谊，就算发生了战争，也很难发展到你死我亡的残酷阶段。尊奉礼仪的"军礼"便有了存在的环境。"大上以德抚民，其次亲亲，以相及也。昔周公吊二叔之不咸，故封建亲戚以蕃屏周。……召穆公思周德之不类，故纠合宗族于成周而作诗，曰：'常棣之华……凡今之人，莫如兄弟。'其四章曰：'兄弟阋于墙，外御其侮。'如是，则兄弟虽有小忿，不废懿亲。"② 这一基本原则，就是所谓的"德以柔中国"。

与之相反，不奉周天子为"天下共主"的异族，尤其是那些四夷少数部族则不是"军礼"的适用对象，他们不受"军礼"的保护，同样，他们也没有恪守"军礼"的义务，不接受"军礼"的规范与约束。用《左传》所引的苍葛话来说，就是"刑以威四夷"③。史载"楚大饥，戎

---

① 王应麟：《困学纪闻》，上海古籍出版社 2008 年版，第 565 页。
② 《左传·僖公二十四年》。
③ 《左传·僖公二十五年》。

伐其西南，至于阜山，师于大林。又伐其东南，至于阳丘，以侵訾枝。庸人帅群蛮以叛楚。麇人率百濮聚于选，将伐楚。于是申、息之北门不启"①夷狄乘楚饥而伐之，若按照"军礼"之军事禁忌来要求，夷狄的这一做法不合时宜。由此可见，"军礼"作为中原文化，对夷狄并没有约束作用。

同样的道理，中原诸夏列国也不按"军礼"来用兵于四夷，如："秋，周甘歜败戎于邥垂，乘其饮酒也。"②

又如，"晋中行穆子败无终及群狄于大原，崇卒也。将战，魏舒曰：'彼徒我车，所遇又厄，以什共车，必克。困诸厄，又克。请皆卒，自我始。'乃毁车以为行，五乘为三伍。荀吴之嬖人不肯即卒，斩以徇。为五陈以相离，两于前，伍于后，专为右角，参为左角，偏为前拒，以诱之。翟人笑之。未陈而薄之，大败之。"③ 此次战役，晋国在夷狄摆好阵势之前就攻打，大败夷狄。"未陈而薄之"这显然有违"军礼""成列而鼓"的做法。

再如，"北戎侵郑。郑伯御之，患戎师，曰：'彼徒我车，惧其侵轶我也。'公子突曰：'使勇而无刚者，尝寇而速去之。君为三覆以待之。戎轻而不整，贪而无亲，胜不相让，败不相救。先者见获，必务进；进而遇覆，必速奔。后者不救，则无继矣。乃可以逞。'"④ 郑庄公与北戎作战时，同样不按"军礼"所倡导的"不以阻隘"等原则出牌，预设埋伏攻击他们。

总之，军礼只是中原各国间的军事礼仪，有对象的具体限制。

第二，"军礼"在延续性问题上，有逐渐的衰减性，有明显的"时间"趋向。

"军礼"的形成及其应用有一个时间上的演化。大致而言，在春秋之前的统治阶级中，礼既是治国、治军的根本，也是使用战争暴力的主要依据，并且是衡量战争的重要价值尺度。所谓"礼，经国家，定社稷，序民人，利后嗣者也"⑤。春秋时期虽有"礼崩乐坏"的趋势，但实际上周

---

① 《左传·文公十六年》。

② 《左传·文公十七年》。

③ 《左传·昭公元年传》。

④ 《左传·隐公九年传》。

⑤ 《左传·隐公十一年》。

礼传统仍然在影响着社会各个阶层的人们，规范着他们的言行。春秋时期战争中军礼的存在，不仅关乎各邦国之间的邦交关系，也对春秋时期社会结构特点的形成产生了深远影响。故尊礼、重信、轻诈和"先礼后兵"等是春秋时期战争的重要特点。但无可否认的是，"军礼"和其他礼制一样，在春秋时期也有一个逐渐衰减的历史趋势，这是不以人们的意志为转移的。

春秋后期，随着社会变革的日趋剧烈，战争也进入了崭新的阶段。当时的战争指导者，已比较彻底地抛弃了旧"军礼"的束缚，使战争艺术呈现出夺目的光彩。这集中表现为战争指导观念的根本性进步。

新型战争指导观念的形成，当然主要取决于战争方式的演变。在春秋中叶以前，军事行动中投入的兵力一般不多①，范围尚较为狭小，战争的胜利主要通过战车兵团的会战来取得，在很短的时间之内即可决定战争的胜负。而进入春秋晚期之后，随着"作丘甲"、"作丘赋"等一系列改革措施的推出，"国人当兵，野人不当兵"的旧制逐渐被打破，军队人员成分发生巨大变化，实际上已开始推选普遍兵役制。与此同时，战争地域也明显扩大，战场中心渐渐由黄河流域南移至江淮汉水流域。加上弓弩的改进，武器杀伤力的迅速提高，故使得作战方式也发生重大的演进，具体表现为：步战的地位日渐突出，车步协同作战增多，激烈的野战盛行，战争带有较为持久的性质，进攻方式上也比较带有运动性了。以吴军破楚入郢之战为例，其纵深突袭、迂回包抄等特点，体现了运动歼敌、连续作战的新战法，这是以往战争的规模和方式所无法比拟的。而与上述变化相适应，春秋晚期起战争的残酷性也达到了新的程度。

但春秋后期战争上最大的新特色，还在于当时战争指导观念的重大变化。这就是"诡诈"战法原则在战争领域内的普遍运用，过去那种"鸣鼓而战"，堂堂之阵的战法遭到全面的否定。

当然，冰冻三尺，非一日之寒。以诡诈奇谲为特色的战争指导现象，在春秋前中期的一些战例中即已露出端倪。例如郑卫制北之战中郑军正合奇胜打败燕师，就既是迂回作战，也是兵分奇正而用的先例。又如晋借道灭吞虞之战，晋以"借道"为名，行攻伐之实，一石二鸟，兼并对手。

---

① 著名的城濮之战，晋国方面所动用的兵车仅七百乘而已，楚国方面稍多一些，但亦不超过千辆，于此可见春秋前期战争规模之一斑。

另外，像齐鲁长勺之战中的后发制人，晋楚鄢陵之战中楚军晦日用兵，出其不意，先敌列阵，等等，无不充满了作战指导上的诡诈特色。

到了春秋后期，欺敌误敌，示形动敌，避突击虚的诡诈战法遂进入了全面成熟的阶段。当时南方地区吴、楚、越诸国之间的几场大战就是这方面的典型。

（一）公元前 570 年，楚令尹子重遣邓廖率组甲三百、被练三千进攻吴国。吴军利用楚师轻敌疏忽的弱点进行截击，大破楚师，擒获邓廖，并乘胜进击，夺取驾（楚地）。

（二）公元前 560 年吴楚庸浦之战中，楚军诱使吴师深入预先设伏地区，突出伏兵，大破之。

（三）公元前 548 年吴楚舒鸠之战，楚军运用诱敌推进，尔后进行内外夹击的战法，战胜吴军。

（四）公元前 525 年，吴楚长岸之战爆发。吴军初战失利，吴王乘船"余皇"落入楚军之手。吴公子光为夺回"余皇"，先派人潜伏在"余皇"附近，夜间派人袭击楚军并高呼"余皇"，潜伏者轮番呼应，造成楚军大乱，吴军乘势发动全面进攻，大败楚军，夺回"余皇"。

（五）公元前 508 年，楚囊瓦率军伐吴，进至豫章（今大别山以东、巢湖以西，淮南、江北一带）。吴军伪示怯战之意，故意将大量船中集中于豫章南部江面上，示以守势；而同时暗将主力潜伏于巢（楚邑，今安徽桐城、安庆一带）地附近。囊瓦中计，误以为吴军尽在江上，对陆上方向松懈戒备。吴军乘机从侧背空袭楚师，大破之，并乘胜攻占巢城，俘楚大夫公子繁。

（六）公元前 482 年，吴越姑苏之战进入最后阶段，是役中，越王勾践同样是采用战略空袭的手段，特许隙蹈虚，一举攻克吴都姑苏（今江苏苏州市）的。

其他诸如吴楚鸡父之战、吴越槜李之战、吴越笠泽之战等，亦多运用设伏诱敌、突然袭击、避实击虚、奇正相生、攻其不备的诡诈奇谲的战争指导。在这里已很难看到过去中原争战中所经常遵循的"成列而鼓"的做法，也不曾见到像鄢陵之战中郤至遇敌君必下，"免胄而趋风"这类现象，更不曾听到类似于宋襄公那样的"宏论"。

这种战争指导观念的变革，不仅仅反映在当时的战争实践上，而且也体现在这一时期的军事理念建树方面。孙子、伍子胥、范蠡等人的有关战争指导的论述，可以说是主要的代表。《孙子兵法》注重探讨作战指导，并指出，"兵者，诡道也"，这是对以往战争注重申明"军礼"做法的变革。在战争目的方面，《孙子兵法》明确提出"伐大国"，"战胜强立"，这是以往"诛讨不义"、"会天子正刑"的否定。在战争善后上，《孙子兵法》主张拔"其城"，隳"其国"，这是与以往"又能舍服"、"正复厥职"的对立。在作战方式上，以往"军旅以舒为主"、"虽交兵致刃，徒不趋，车不驰"情况所截然不同的是，《孙子兵法》一再强调"兵之情主速，乘人之不及，由不虞之道，攻其所不戒也"。在后勤保障及执行战场纪律方面，《周礼》、《司马法》等主张"入罪人之国"，"无取六畜禾黍器械"，而到了《孙子》那里，则是宣扬"因粮于敌"，主张"掠于饶野"、"掠乡分众"。凡此种种，不胜枚举，均反映了春秋后期的战争指导思想，较春秋前期有许多显著的变革、发展和差异。

其他像伍子胥、范蠡等人的战争指导观念也和孙子基本相一致，伍子胥提出高明卓越的"疲楚误楚"策略方针，主张"亟肆以罢之，多方误之"① 就是"变诈之兵"勃兴条件下的必然产物。范蠡主张"随时而行，是谓守时"，提倡"得时无怠，时不再来"②，其后发制人，把握战机，及时出击的思想，同样属于符合历史潮流的进步战争指导观念。它们来源于春秋晚期变化了的战争实践活动，同时进而更好地指导着新形势条件下的战争，从而使春秋晚期的军事活动呈现出新的面貌。很明显，"军礼"在延续性问题上的确存在着一个时间上的衰减趋势。

这里需要附带指出的是，其实崇尚"军礼"并不能简单归之于战争指导者"道德"境界高下，其中也有受战争物质条件限制的因素在内。这个因素，就是"车战"的作战样式在相当程度上决定了人们奉行"军礼"成为不得已的选择。具体而言，军礼种种规则的产生并非人们凭空臆想的，它的出现定有其现实基础。

春秋时期，特别是春秋前期的战争以车战居多。车战对战争场地的要求比步兵高，一般只能在较宽敞的平地进行，行动没有步兵灵活，因此诡诈战术难以施行。当时的战争大多数在开始之前双方就已约定战争的具体时间、地点，偷袭的情况极少发生。当时的战争"大多表现为堂

---

① 《左传·昭公三十年》。
② 《国语·越语下》。

堂之阵的正面会战。其作战特点最初为大正面的密集方阵进攻，继之以车兵为主、步兵为辅的疏散方阵进攻，进而演变为纵队进攻"①。而战争所用的兵器由于受当时生产力水平的影响，杀伤力、射程等方面均受限制，诡诈战术缺乏运用的基本条件。可见，是车战这一作战样式制约了战争方式的多样化，为当时"军礼"的继续存在并发挥作用提供了客观的保障。

第三，"军礼"在奉行过程问题上，有复杂的个体性，有突出的"环境"差异。

即使在中原诸夏列国普遍遵循"军礼"的大氛围之下，践行"军礼"精神方面也存在着明显的个体差异，具有相当的复杂性，不能一概而论。例如，在战场上"伤国君有刑"是"军礼"的教条之一，但是有人奉行，有人却并不遵循。鄢陵之战中，郤至认为自己勇而有礼，并为自己在战场上三次对楚君行礼，且放过活捉郑伯的机会的做法而感到自豪。但是，同为晋军将领的吕锜却汲汲于杀伤敌国国君为务，"吕锜梦射月，中之，退入于泥。占之，曰：'姬姓，日也；异姓，月也，必楚王也。射而中之，退入于泥，亦必死矣。'及战，射共王中目"②。可见，在遵循"军礼"问题上，人们带有强烈的个人色彩。个人对"军礼"的理解认识多有不同，个体价值观念多有差异。换言之，面对同一件事情，遵循军礼与否，以及在多大程度上遵循它，不同的人会有不同的抉择。

不仅如此，在同一个人身上，在特定的环境中，他对"军礼"的遵循也往往带有选择性，表现经常前后不一，判若两人。如郤至其人，他在鄢陵之战的战场交锋时固然对郑伯、楚子等敌国国君竭尽恭敬尊重之能事，文质彬彬，温文尔雅，体现了对"军礼"的高度重视与恪守遵循。可是，在鄢陵之战开战前夕的战略建言里，却是主张乘楚国还没有完全摆好阵势就攻打，这又违背了"无薄人于险"的"军礼"基本要求。这显然反映了郤至本人在遵循"军礼"原则问题上的自相矛盾，首鼠两端，"楚师将退，我击之，必以胜归。夫陈不违忌，一间也；夫南夷与楚来而不与陈，二间也；夫楚与郑陈而不与整，三间也；且其士卒在陈而哗，四间也；夫众闻哗则必惧，五间也。郑将顾楚，楚将顾夷，莫有斗心，不可

---

① 黄朴民：《刀剑书写的永恒》，国防大学出版社 2002 年版，第 142 页。
② 《左传·成公十六年》。

失也"①。

这充分表明，在当时，个人对"军礼"的认识也往往有所侧重，对待"军礼"的态度也比较灵活，绝不是全盘遵守或全盘否定这么简单。总之，对于当时那些贵族将领而言，"军礼"并不是金科玉律，它更是一种道德上的要求，没有特别的强制性，绝非严格的法律，人们似乎没有必须绝对遵守的义务。

四

综上所述，西周春秋时期战争活动中既存在着不少的崇尚"军礼"的做法，但又不乏大量的运用暴戾残酷的手段。这两种历史真实性的并存，不免给人们在追溯和了解上古三代战争整体状况、基本特征时带来认知上的困惑，这种貌似矛盾实质一致的战争行为方式，也使得儒家在构筑其以"义战"为中心的战争观念之时，很自然地有意识地采取了选择性的立场。而这样选择性取舍的结果，则逻辑地导致了历史的某一种真实得以无限制的放大，另一种真实却被人为地加以虚化或掩盖，从而促成了历史的真实向历史的虚构的转化。

阐释并倡导所谓的"义战"，是儒家军事思想的根本宗旨，也是儒家有关三代战争性质的历史虚拟化之重构的主要表现。

在儒家看来，那种拯民水火、吊民伐罪，为实施仁义而开辟道路性质的"义战"，不是虚幻的想象，而是普遍存在于历史上的："周公相武王诛纣，伐奄，三年讨其君，驱飞廉于海隅而戮之，灭国者五十，驱虎、豹、犀、象而远之，天下大悦"②；"是以尧伐驩兜，舜伐有苗，禹伐共工，汤伐有夏，文王伐崇，武王伐纣。此四帝、两王皆以仁义之兵行于天下也"③。

儒家进而指出，"义战"顺乎天而应乎民心，"汤武革命，顺乎天而应乎人"，因此必定是所向披靡，无敌于天下，甚至根本无需通过真正的

---

① 《国语·晋语六》。

② 《孟子·滕文公下》。

③ 《荀子·议兵》。

战斗，"国君好仁，天下无敌焉……征之为言正也，各欲正己也，焉用战"①；"彼王者不然，仁眇天下，义眇天下，威眇天下……以不敌之威，辅服人之道，故不战而胜，不攻而得，甲兵不劳而天下服。"②

"义战"既然如此合乎天道人心，又这样成效显著，儒家就据此而逻辑地得出结论，从事"义战"，就是用兵上的最理想境界，是任何战争指导者都应该执着追求的战争宗旨："故仁人之兵，所存者神，所过者化，若时雨之降，莫不喜悦。"③ 至于该通过何种手段才能达到这种境界，儒家人物是不曾也不屑于从军事学术层面去考虑的，而认为只要在政治上贯彻实施仁政就可以了："如施仁政于民，省刑罚，薄税敛，深耕易耨，壮者以暇日修其孝悌忠信，入以事其父兄，出以事其长上，则可以制梃以挞秦、楚之坚甲利兵矣。"④ 在他们眼里，其他条件均是无足轻重，都可忽略不计："域民不以封疆之界，固国不以山溪之险，威天下不以兵革之利。"⑤

需要指出的是，儒家所津津乐道的"义战"，并不仅仅是其主观臆想的产物，而是建立在一定的历史真实性的基础上的。这种历史真实性，就是西周春秋时期战争中所反映的崇尚"军礼"的现象，所谓"动之以仁义，行之以礼让"。他们对"义战"的肯定和歌颂，并非是无本之木、无源之水。

按照这个逻辑，儒家认为战争的胜负，决定于战争性质是否属于"义战"，决定于民心的向背，决定于"军礼"的遵循与否。具体地说，行仁义之师，军事上的成功即有了充分的保证，"今夫天下之人牧，未有不嗜杀人者也。如有不嗜杀人者，则天下之民皆引领而望之矣。诚如是也，民归之，由水之就下，沛然谁能御之？"⑥ 同样，军事活动遭到挫折，在他们看来，也是不行"义战"的必然结果："若杀其父兄，系累其子弟，毁其宗庙，迁其重器，如之何其可也……今又倍地而不行仁政，是动

---

① 《孟子·尽心下》。
② 《荀子·王制》。
③ 同上。
④ 《荀子·议兵》。
⑤ 《孟子·公孙丑下》。
⑥ 《孟子·梁惠王上》。

天下之兵也。"① 总之，"义战"原则与军事成败之间存在着对应关系，民心向背决定着战争的不同结局："得道者多助，失道者寡助。寡助之至，亲戚畔之；多助之至，天下顺之。以天下之所顺，攻亲戚之所畔，故君子有不战，战必胜矣。"② "凡用兵攻战之本，在乎壹民……士民不亲附，则汤武不能以必胜也。故善附民者，是乃善用兵者也。故兵要在于善附民而已。"③

而"义战"能否顺利推行，则与恪守"军礼"息息相关。荀子视礼为"治辨之极"、"威行之道"、"功名之总"，认为只有尊奉礼义，遵循制度，才能造就军事上的强盛："故上好礼义，尚贤使能，无贪利之心，则下亦将綦辞让，致忠信，而谨于臣子矣……故藉敛忘费，事业忘劳，寇难忘死，城郭不待饰而固，兵刃不待陵而劲。"④

为此，儒家普遍主张运用"军礼"来治理军队，以期行必中矩。"以之田猎有礼，故戎事闲也；以之军旅有礼，故武功成也。"⑤ 所谓"军礼"，就是军队根据儒家"礼乐"精神而具体制定的一整套规章制度。到了荀子那里，对"礼治"的强调更达到了一个新的高度，"礼乐"成为军队强盛，战争胜利的基本保证："上不隆礼则兵弱"⑥；"大国之主也，不隆本行，不敬旧法，而好诈故。若是，则夫朝廷群臣亦从而成俗于不隆礼义，而好倾覆也。朝廷群臣之俗若是，则夫众庶百姓亦从而成俗于不隆礼义，而好贪利矣。君臣上下之俗莫不若是，则地虽广，权必轻，人虽众，兵必弱"⑦。

问题是，三代乃至春秋时期的战争，除了崇尚"军礼"、温和节制这种历史真实的存在外，还有着铁血厮杀、残酷惨烈的另一种历史的真实。然而，面对这种历史的真实，儒家不是去严肃地反映它，而是按自己的"义战"理念加以曲解和解构，从而导致了战争历史的虚拟化重构。

这首先是对历史真实的选择性遗忘与否定，以自己的逻辑，对既有的

① 《孟子·梁惠王下》。
② 《孟子·公孙丑下》。
③ 《荀子·议兵》。
④ 《荀子·君道》。
⑤ 《礼记·仲尼燕居》。
⑥ 《荀子·富国》。
⑦ 《荀子·王霸》。

明确史实进行解构与抹煞。像孟子他根本无法接受武王伐纣过程中牧野之战"血流漂杵"的残酷事实，提出了所谓"尽信书不如无书"的说法，直接对儒家经典的可靠性进行挑战："尽信书，则不如无书。吾于《武成》取二三策而已！仁人无敌于天下，以至仁伐至不仁，而何其血之流杵也！"① 很显然，孟子在这里是置史实于不顾，理念大于真实，诡辩压倒历史，强词夺理，几乎近于走火入魔的地步了。而他之所以如此偏激极端，就是因为他只能接受"军礼"传统存在的历史真实，而无法容忍和面对三代战争暴虐残酷的另一种历史真实。

其次是对历史真实的曲解性解释与阐述，以自己的逻辑，对历史事件的真实涵义进行歪说与篡改。如牧野之战中，曾出现过"前歌后舞"、"前徒倒戈"的具体历史场面。儒家人物对此的一般解释是，武王伐纣是"吊民伐罪"的"义战"，因此，理所当然得到普天之下所有民众的欢迎，不仅己方民众热烈拥护，而且敌方民众也以"奚后我"的心态乐意予以支持。缘是之故，纣王之卒"倒戈以开"，转过戈矛替周军开道，周室联军"前歌后舞"，轻松愉快地长驱直入，毫无困难。其实，这纯粹是儒生们的理想化想象。"倒戈以开"，只是说明纣王的军队抵挡不住对手的猛烈进攻，曳兵而走、兵败如山倒。至于"前歌后舞"、"歌舞以凌"等，更是与战事轻松无关，乃是当时作战方式的形象反映而已。

我们知道，排演练习战斗舞蹈（"武舞"）是三代军事训练中的重要项目。参加武舞的人员，一般都手持干盾，模拟基本战斗动作，既用来激励舞者本人和旁观者的战斗激情和尚武精神，又促使参加舞蹈者熟悉作战动作的要领，为实战作必要的准备。闻一多先生曾指出："除战争外，恐怕跳舞对于原始部落的人，是唯一的使他们觉得休戚相关的时机。它也是对于战争最好的准备之一，因为操练式的跳舞有许多地方相当于我们的军事训练。"② 这是很精辟的说法。唯根据实战过程，制为舞乐，"美盛德之形容"③ 者，不仅原始部落有之，夏商以降历代均有之；不仅汉族有之，其他民族也有之。

从文献记载看，当时的武舞是和射御紧紧联系在一起的。如《礼

---

① 《孟子·尽心下》。

② 闻一多：《说舞》，《神话与诗》，上海人民出版社2005年版，第162页。

③ 《毛诗序》。

记·内则》说："成童舞象，学射御。"又如《诗经·齐风·猗嗟》也说："舞则选兮，射则贯兮，四矢反兮，以御乱兮。"可见武舞实际上就是军事操练的一种形式①，与"蒐狩"活动一起，构成当时军事训练的主体内容，并且在实战中体现出其独特的壮观景象。武王伐纣时，在进攻朝歌的前夜，士兵们曾"欢乐以达旦，前歌后舞"②。而在凌晨进攻时，勇锐的巴师则"歌舞以凌"，正是这种训练与战法应用于实战的一个生动例证。可是，儒生们为了论证"义战"天然合理性的需要，不惜以曲解史实的手法，给"前歌后舞"以冠冕堂皇、似是而非的阐释，这可谓是差之毫厘，谬以千里了。这不能不说是典型的历史重构之表现。

　　儒家对历史真实的曲解与解构的做法，也在其有关"偏战"性质与特点的解释上有非常明显的体现。所谓"偏"，在西周、春秋时期，乃是指战车的编组与集成。具体地说，"偏"与"两"是战车战斗编成的主要形式，每两由数量不等的"乘"组成，并分为两"偏"，一般多称为"左偏"、"右偏"。根据实战的需要，"偏""两"的兵车数可随时作出调整。故文献上有大偏、小偏之分。据《司马法》逸文记载，当时有以 9 乘为小编，15 乘为大偏，或 25 乘为偏，50 乘为两（或为卒），81 乘为专，125 乘为伍等不同的战斗编组形式③。战争指导者也注重对"偏"加以必要的战术编队调整和改进，以加强了车步兵的战术协调，提高军阵的实力。繻葛之战中的"鱼丽之阵"，就是这方面的典型。据《左传·桓公五年》记载，鱼丽阵的特点是"先偏后伍，伍承弥缝"。杜预注云："《司马法》车战二十五乘为偏。以车居前，以伍次之，承偏之隙而弥缝漏也。五人为伍。"其特点是取消了原配置在战车前面的第一线步兵横队，把战车放在前列，提高了方阵的运动速度；将步卒疏散配置在战车的两侧和后方，密切了步车协同作战。可见，其阵是以 25 辆战车组成一个战斗单位，而将以伍为单位的徒兵疏散配置于战车之间，其位置稍居后。这就是在"三阵"框架内的车步配置的局部调整，它很好地发挥了车、步协同作战的能力，为郑军击败周王室联军提供了重要的

---

① 《礼记·郊特牲》有"朱干设钖，冕而舞大武"之语，意谓手执装有铜盾饰的朱漆盾牌，盛装服晚跳大武舞。也是武舞为重要军事训练形式之一种的重要证据。

② 《尚书大传》。

③ 《左传·桓公五年》、《左传·宣公十二年》注引《司马法》。

保证。

其他如以 15 乘兵车为一偏，两偏为一卒；或以 50 乘兵车为一个战斗单位，也都属于同样的性质，即更好地运用"偏"的组合，来提升作战能力，为克敌制胜创造必要的条件。由此可见，"偏战"说到底，其实就是"车战"，是战车主导时代的特有的战法名称，没有什么神秘色彩，更谈不上有任何道德上的涵义在内。

可是，这到了后代儒家人物那里，"偏战"的原始本义被消解了，而成为体现"以礼为固，以仁为胜"军礼基本原则的充满了道德化意蕴的特定战法。何休《春秋公羊传解诂·桓公十年》有云："偏，一面也。结日定地，各居一面，鸣鼓而战，不相诈。"这就是非常典型的歪曲"偏战"原意的说法。表面上看，这样的释绎也似乎是别出心裁，言之有理，但是如果从文献学与历史本身真实性来考察，何休这样理解"偏战"，是很明显的郢书燕说，曲解原义的。当然，他这么做，是基于儒家"义战"概念的虚拟化杜撰，为儒家所谓贵"偏战"而贱"诈战"的理念张目，即所谓"诈战不言战"①，"诈谓陷阱奇伏之类。兵者，为征不义，不为苟胜而已"②，"军法：以鼓战，以金止，不鼓不战。不成列，未成陈也。君子不战未成陈之师"③。这样，就从"偏战"释义这个特定的切入点，儒家巧妙地将真实的历史予以虚拟化，从而逐渐实现了历史的重构。

荀子尝言："齐之技击不可遇魏氏之武卒，魏氏之武卒不可以遇秦之锐士，秦之锐士不可以当桓、文之节制，桓、文之节制不可以当汤、武之仁义。"④ 这里，"齐之技击不可遇魏氏之武卒，魏氏之武卒不可以遇秦之锐士"，乃是事实判断，所反映的是历史的真实；但是，"秦之锐士不可以当桓、文之节制，桓、文之节制不可以当汤、武之仁义"云云，则当看作是价值判断，所体现的是历史的重构。史学求真，经学尚善。儒家作为理想主义者，基于自己固有的理念，在许多情况下，总是为了"尚善"而牺牲"求真"，于是就经常性地陷入自相矛盾的两难境

---

① 《春秋公羊传解诂·庄公二十八年》。
② 《春秋公羊传解诂·哀公九年》。
③ 《春秋公羊传解诂·僖公二十二年》。
④ 《荀子·议兵》。

地，于是乎，在他们那里，解构历史的真实，致力于历史的重构，也就成为其合乎逻辑的选择了。其有关三代战争性质与特征的阐释就属于这方面的一个具体例证。

银雀山汉墓竹简《孙子兵法》
之文献学价值刍议

黄朴民

1972 年在山东临沂银雀山西汉古墓中出土了一大批珍贵简牍，其中有关古代兵书的竹简占了相当大的比重。这些兵书竹简对于破解历史上两孙子之谜、判断《孙子兵法》成书的大致时代、厘定《孙子兵法》"十三篇"的篇章次序、对勘《孙子兵法》传世本的文字内容、释读《孙子兵法》的某些疑难章句、阐明《孙子兵法》的相关军事原则、深化有关孙子所处时代之社会变革性质的认识、梳理《孙子兵法》与"古司马兵法"之间的渊源关系、佐证传世古籍的流传规律、恢复或接近《孙子兵法》的原典状态，均具有重大的文献学术价值。

如果将汉简本《孙子》与传世的《孙子兵法》宋刻"武经本"、"十一家注本"进行对勘比较，认真考察两者之间的异同，并就导致这些异同之所以发生的深层次历史文化原因作出解释说明，对其优劣得失提出自己的看法，这无疑会有助于我们深化对有关出土新资料与传世文献在兵学史、思想史考察方面所发挥功能的认识。

——

1972 年山东临沂银雀山汉墓竹简《孙子兵法》是迄今为止所发现的《孙子》最早手抄本。据专家研究，汉简本《孙子》陪葬的年代大约在建元元年（公元前 140 年）到元狩五年（公元前 118 年）之间。从字体风格来看，其抄写年代当在秦到汉文景时期，较历史上早期著录《孙子》

的《史记》要早数十到上百年①。有的学者据此而论定汉简本与今之传世本相比，更接近于孙武的手定原本②。我们认为，这一说法有一定的道理，汉简本在校勘传世本《孙子》方面确有相当的价值，但却不尽全面。因为汉简本虽弥足珍贵，但终究并非完璧。且刘向、任宏诸人校书，乃是综合勘比众多《孙子》古抄本，多方征考，择善而从，而成定本的，其质量当较汉简本为胜。从这个意义上说，汉简本可资参考，然不宜过于迷信。汉简本的最佳整理本，系文物出版社 1985 年出版的《银雀山汉墓竹简·【壹】·孙子》。

汉简本《孙子》对深化《孙子兵法》的研究，首先是给我们就《孙子兵法》"十三篇"的篇目次序，提供了一个更合理的编排序列。

传世本《孙子兵法》的"十一篇"编排序列，是始于《计篇》③；而终于《用间篇》。在全书的内容逻辑上看，这是成立的，也是合理的。"知彼知己，胜乃不殆；知天知地，胜乃不穷"，是孙子兵学思想的重点内容。《计篇》的中心内容，即是阐述"知彼知己"的基本方法，强调"五事七计"，具体地讲，就是从五个决定战争胜负的基本要素着眼，通过七个方面的具体比较，对敌我双方的战略态势、优劣作出正确的估价，在此基础上对战争的可能性结果作出比较合乎实际的预测，并据此制定好自己这一方的战略决策，这叫作"夫未战而庙算胜者，得算多也"。

孙子曰："胜兵先胜而后求战，败兵先战而后求胜。"在他看来，必须先有胜利的条件，先有胜利的方案，先有胜利的把握，才可以对敌一战。这就是所谓的"先胜"。因此，他不厌其烦地强调要"料敌制胜，计险厄远近"，认为这才是巧妙驾驭战争的"上将之道"。这就决定了孙子把战略决策和作战指导的制定和实施，立足于"先胜"的前提之上。

然而，如何达到"先胜"的目的呢？孙子认为，必须通过主观上的不懈努力来加以实现。努力的正确方向，则是全面了解和掌握各种情况，预测各种变数，在此基础上正确筹划战略全局，机宜实施战役指导，以赢得战争的胜利。用他的话说，即是"知彼知己，胜乃不殆；知天知地，

---

① 参见《银雀山汉墓竹简》［壹］，"前言"，文物出版社 1985 年版。

② 参见吴九龙《简本与传本孙子兵法比较研究》，载《孙子新探》，解放军出版社 1990 年版。

③ 此为"十一家注本"的命名，"武经本"则作《始计篇》。

胜乃不穷"①。由此可见，以"知彼知己"为主要方式的"先胜"思想，是孙子制胜之道的出发点和基础。故曹操有云："审计重举，明画深图，不可相诬。"② 可谓得其要旨。

孙子说："知彼知己者，百战不殆；不知彼而知己，一胜一负；不知彼，不知己，每战必殆"，"知天知地，胜乃不穷"。可见，孙子所说的"知"，既包括战略层次对双方综合实力的对比，如"五事""七计"。也包括对战术层次敌我双方虚实强弱的比较，还包括对战场环境的了解，如"知天知地"，"知战之日，知战之地"。

孙子对"知"在战争中的地位和作用极为重视。他认为，战争中的"知"包括敌我双方政治的、经济财力的、军事的和自然环境条件诸方面的因素。具体来讲首先是战争的决策谋划和指挥者国君与将领，国君必须善于"修道而保法"（《计篇》）、"择人而任势"、"安国全军"，他必须具备"动而胜人"的"先知"，他从不"怒而兴师"，他的政令军令通畅无阻，兵民愿与他同生共死而"不畏危"。总的来讲，他文武兼备，智谋超人，治国有道，安民有策，知战知兵。将领必须具有"智、信、仁、勇、严"的素质，必须"尽知用兵之利"、明察"九地之变、屈伸之利、人情之理"，善于"形兵""造势"，深谙"奇正之术"、"迂直之变"，能"伐谋"和"不战而屈人之兵"，深懂诡道，做到"攻而必取，守而必固"，善"修其功"，"进不求名，退不避罪，唯人是保，而利合于主"。还要看兵器是否锐利先进，兵士是否训练有素，粮饷是否充足，编制是否合理，通讯是否通达，信息情报是否充足。还要掌握季节、气候和天气的变化，了解地形、地物、地势、交通情况及行军路线怎样，"知战之地，知战之日，则可千里而会战"（《虚实篇》）。

还需要特别指出的是，《孙子兵法》有关"知"的内涵其实包含了"知行合一"的根本要素。这也就是尊重客观规律与发挥主观能动性的统一。《孙子兵法》中有些论述，我们今天看起来，至少在表面上存在着很大的矛盾，前后说法颇不一样。如《形篇》中讲到："胜可知而不可为也。"意即胜利可以预知，但是却不能去强求。然而《虚实篇》却又讲"胜可为也，敌虽众，可使无斗"。这里"不可为"变成了"可为"，似

---

① 按，"胜乃不穷"，乃"十一家注"本的文字，在"武经本"中，则作"胜乃可全"。
② 曹操：《孙子注·序》。

乎讲不通，在同一本《孙子兵法》里面，五千多字中间怎么会出现两种截然不同的说法呢？其实这并不是传抄之中出现了错简，而恰恰反映了孙子思维理性的深刻与辩证，它包含了一种深层次的哲理的思考。孙子认为，战争是一种客观社会现象，必须实事求是，尊重客观的实际，不能在客观条件不成熟的情况下从事军事活动。但是同时作为战争指导者在战争面前不是无所作为的，不是被动的，而应该积极主动地去创造条件，发挥主观能动性，使胜利的可能及早转化为现实。可见"胜可知而不可为"与"胜可为也"两者之间不是相互排斥的，而是对立统一的，前者是就尊重战争客观规律性角度发论，后者则是从发挥将帅主观能动性发论，浑然一体，相辅相成，知行合一，是中国古代哲学认识论发展史上的一个重大贡献①。

正是由于"知彼知己"的极端重要性，《孙子兵法》以《计篇》为全书的首篇，在其中起提纲挈领、总揽全局的作用，也就十分自然了。考竹简本《孙子兵法》，其13篇中②，《计篇》亦为其首篇。

然而，竹简本与传世本《孙子兵法》的结束篇，则并不相同。传世本为《用间篇》。考察《用间篇》的主要内容，我们认为，其列为整部《孙子兵法》的终结篇，是有其内在逻辑合理性的。它主要论述在战争活动中使用间谍以侦知、掌握敌情的重要性，以及间谍的种类划分、基本特点、使用方式，等等。它是孙子从理论上对前人丰富的用间方面实践经验的系统总结，是中国古代用间思想体系基本形成的重要标志。孙子主张战争指导者必须做到"知彼知己"；而要"知彼"，即"知敌之情者"，最为重要的手段之一，就是用间。孙子认为同战争的巨大耗费相比，用间实在是代价小而收效多的好办法，必须充分运用。反之，如果因为爱惜爵禄不使用间谍，盲目行动，导致战争的失败，那才是十足的罪人。接着，孙子充分论证了使用间谍的原则和方法，他把间谍划分为五大类，即因间、内间、反间、生间、死间，指出"五间"的不同特点和功用，主张"五间并用"，而以"反间"为主。并提出了"三军之事，莫亲于间，赏莫厚于间，事莫密于间"的用间三原则。同时孙子还指出了用间的必要条件："非圣智不能用间，非仁义不能使间，非微妙不能得间之实。"把它们看

① 黄朴民：《孙子兵法解读》，中国人民大学出版社2008年版，第141页。
② 实为12篇，《地形篇》有目而未见具体文字内容。

作是正确发挥"用间"威力的重要保证。最后，孙子列举历史上用间的成功经验，进一步肯定了用间的意义和作用。

中国文化的一个很大特色，是绕同心圆，是起点与终点的重合，这叫作"功德圆满"。《孙子兵法》同样体现了这么一种文化精神。从算计、预算敌情（《计篇》），经战争准备（《作战篇》）、运用谋略（《谋攻篇》）、发展实力（《形篇》）、创造有利态势（《势篇》）、灵活用兵、争夺先机、因敌变化而取胜（《虚实篇》、《军争篇》、《九变篇》），到解决"处军相敌"（《行军篇》）、利用地形（《地形篇》）、掌握兵要地理（《九地篇》）、实施火攻（《火攻篇》）等更具体的战术问题，恰好一个完整的战争程序，现在又回复到《用间篇》的预知敌情，重新开始，等同于环绕了一个大圆圈，这就是周而复始，否定之否定的大循环。从这个意义上说，《用间篇》既是全书的终结，也是《孙子兵法》兵学理论生生不息、与时俱进的象征，其具有独特的价值与意义自不待言。

日本学者山鹿素行也认为《用间篇》是对首篇《计篇》的前后呼应、是全书的浑然一体之标志。他在《孙子谚义》中阐述了他对孙子兵法理论体系的认识："愚谓，始计之一篇者，兵法之大纲大要也。作战、谋攻者次之，兵争在战与攻也，战攻相通，以形制虚实，是所以军形、兵势、虚实并次，此三篇全在知己。知己而后可军争，军争有变有行，故军争、九变、行军次之，是料敌知彼也。知己知彼而可知天知地，故地形、九地、火攻次之。地形、九地者地也，火攻因时日者天也。自始计迄修功未尝不先知，是所以序用间于篇末，三军所恃而动也。然乃始计、用间二篇，知己知彼知天知地之纲领。军旅之事，件件不可外之。作战、谋攻可通读，形势、虚实一串也，地形、九地一意也，火攻一意。始计、用间在首尾，通篇自有率然之势。"①

银雀山汉墓出土的《孙子》简牍材料中，有著录有"十三篇"篇题的木牍，其内容表明，在西汉初期，《孙子》一书的篇目次序与后世传本的篇目次序有较大的差异。据王正向《孙子十三篇竹简本校理》一书统计，两者之间，"十三篇"中只有《计篇》、《形篇》、《军争篇》、《地形

---

① 山鹿高祐：《武经七书谚义·孙子谚义》卷一，见《山鹿素行集》，大正元年（1912）右川黄印本。

篇》、《九地篇》五篇的篇次相一致，其余八篇则次序不同①。这中间，尤以结束篇的差异最为引人关注。在竹简本中，"十三篇"的终结篇为《火攻篇》，而非众所周知的《用间篇》。

我们认为："十三篇"在全书结构中的安排，是孙子颇有深意处置的结果，不可予以轻忽。这里，我们就有必要认真考察《孙子兵法》的核心价值观究竟为何者？通观全书，我们必须承认，"知兵而不好战"乃是孙子著述兵书的基本立场和根本出发点。众所周知，春秋时代战争频繁，诸侯列国争霸与兼并一日无已。《墨子·非攻下》云："入其国家边境，芟刈其禾稼，斩其树木，堕其城郭，以堙其沟池，攘夺其牲牷，燔溃其祖庙，到杀其万民，覆其老弱，迁其重器"，《孟子·离娄上》也称："争地以战，杀人盈野；争城以战，杀人盈城"，云云，就是当时战争日趋激烈与残酷的形象写照。《孙子兵法》当然要反映这一时代特色，这就决定了孙武在战争问题上鲜明地提出慎战与备战并重的主张，换言之，"安国全军"是孙武战争观的基本主线。

孙武对战争采取十分慎重的态度，《孙子兵法》开宗明义就提出："兵者，国之大事，死生之地，存亡之道，不可不察也。"既然战争是关系到国家存亡的头等大事，所以孙武多次告诫并提醒统治者，必须慎重对待战争，指出："怒可以复喜，愠可以复悦，亡国不可以复存，死者不可以复生。故明君慎之，良将警之。"对于那种缺乏政治目标和战略价值而轻启战端的愚蠢做法，孙武持坚决反对的态度："主不可以怒而兴师，将不可以愠而致战。"（《火攻篇》）并要求战场指挥员做到"战道不胜，主曰必战，无战可也"（《地形篇》）。所以，如果按孙子"慎战与重战至上"的战争观念这一内在逻辑主线，那么，"十三篇"始于"兵者，国之大事"，而终于"安国全军之道"，以"重战"和"慎战"为全书之核心宗旨以贯穿于全书，也完全可以成立，它遂使《孙子兵法》全书"譬若率然"之势得以毫无滞涩，通贯融会。

很显然，无论是传世本始于《计篇》，终于《用间篇》；抑或竹简本始于《计篇》，迄于《火攻篇》，均是各有理据，可以成立的。其区别在于传世本的篇次结构序列设计，更注重于按用兵制胜的要领与方法加以逻辑展开，即以战争规律性为立足点；而竹简本的篇次结构序列排比，尤其

① 参见王正向《孙子十三篇竹简本校理》"前言"，军事科学出版社2009年版。

注重"兵凶战危"的宗旨与原则，在此基础上再加以逻辑展开，即以战争价值观为出发点。前者，关心的是战争实践中的可操作性，后者，考虑的是战争理念上的永恒合理性与崇高合法性。概括地讲，是前者侧重和倡导"或然"，后者推崇和张扬"必然"。但由于核心价值规范着事物的本质属性，具有根本的指标性意义，因此，竹简本有关"十三篇"的篇次排序，似乎更接近孙子撰写兵书的本意，更有其合法性。

二

　　银雀山汉墓竹简《孙子》的价值，更体现为其在文献学上对勘、比较、厘定传世本《孙子兵法》文字、文义方面所起到的独特作用，它可以在相当程序上廓清传世本《孙子兵法》在流传过程中因种种原因所导致的某些文字的歧义，并可以帮助人们理解时代文化精神折射在《孙子兵法》文本演变上的诸多特殊烙印，从而更好地接近或复原《孙子兵法》的本来面貌。

　　首先，它有助于澄清传世历史典籍中征引《孙子》之文有异于传世本《孙子兵法》文字的谜团，解答由于这类差异的存在而给后人所造成的困惑。

　　如《形篇》讨论"攻守"问题时，有一个十分重要的观点，即"守则不足，攻则有余"。十一家注本、武经本等各本皆同。即谓：采取防御，是由于兵力上处于劣势；采取进攻，是因为在兵力上拥有优势。从文义上看，这是说得通的。但是考察史籍，我们会发现有一个很难解的现象，这就是汉人言兵法、征引《孙子兵法》者多言攻不足守有余。像《汉书·赵充国传》言："臣闻兵法，攻不足者守有余。"又，《后汉书·冯异传》云："夫攻者不足，守者有余。"那么，这中间的矛盾与扞格，又是怎么产生的呢？赵充国与冯异等人，所依据的《孙子兵法》文本又是什么？千百年来，人们对此聚讼纷纭，莫衷一是。

　　然而，由于竹简本的发现，我们终于得以知道，在汉代流传的《孙子兵法》中，此句当作"守则有余，攻则不足。"意为在同等兵力的情况下，用于防御则兵力有余，用于进攻则会感到兵力不足。其文义恰与赵充国、冯异等人有关《孙子》的引文相同，换言之，赵充国、冯异等人所征引《孙子》之言实有所本。"十一家注本"、"武经本"等传世本作

"守则不足，攻则有余"，乃是后世辗转传抄过程中所产生的错讹误植。

又如，传世本《作战篇》有云："故车战，得车十乘已上，赏其先得者，而更其旌旗，车杂而乘之，卒善而养之，是谓胜敌而益强。"此处，更其旌旗：意为在缴获的敌军战车上更换上我军的旗帜。张预注："变敌之色，令与己同。"更，变更、更换。旌旗，古代用羽毛装饰的旗帜，是重要的军中指挥号令工具。车杂而乘之：杂，掺杂、混合。《国语·郑语》云："先王以土与金木水火杂，以成万物。"韦昭注："杂，合也。"乘，驾、使用。意为将缴获的敌方战车和我方车辆掺杂在一起，用于作战。卒善而养之：意谓优待被俘虏的敌军士卒，使之为己所用。张预注："所获之卒，必以恩信抚养之，俾为我用。"卒，俘虏、降卒。胜敌而益强：指在战胜敌人的同时使自己变得更加强大。杜牧注："因敌之资，益己之强。"益，增加。

这样，全句的意思就当为：在车战中，凡是缴获战车十辆以上的，就奖赏最先夺得战车的人。同时，要更换战车上的旗帜，混合编入自己的战车行列。对敌方战俘要予以优待和任用。这也就是说愈是战胜敌人，自己也就愈是强大。从表面上看，这么解释似乎文通字顺，没有什么问题。但是，如果对照竹简本，我们就会发现问题来了，即"卒善而养之"之"善"，汉简本乃作"共"。而"共"之文义，有"共有"的义项，如祸福与共，《论语·公冶长》："愿车马、衣轻裘，与朋友共，敝之而无憾。"也可引申为掺杂、混合的意思。考究《孙子》全句的文义，很显然，汉简本言"共"是正确的，"共"与"杂"交错对文，均为掺杂与混合，孙子言此，乃是反复强调在作战中当将俘获的敌方人员、车辆加以利用，混合并掺杂编入己方的车队与军阵之中，共赴战事，从而来增强自己的力量。这里，孙子说的是因敌之资以助己的问题，借力打力而已，实与优待俘虏风马牛不相及。张预等人"恩信抚养之"的说法乃望文生义、郢书燕说。由此可见，"共"在传世本作"善"，当属《孙子兵法》流传过程中为后人所臆改，以迁就所谓"善俘"的主张①。

再如：传世本《军争篇》："五十里而争利，则蹶上将军，其法半至。"此处，"上将军"，《菁华录》谓应作"上军将"。汉简本无"军"

---

① 古代兵书中，"善俘"的主张是常见的，如《司马法·天子之义》即有言："见其老幼，奉归勿伤；虽遇壮者，不校勿敌；敌若伤之，医药归之。"

字，止作"厥（蹶）上将"，张预注："蹶上将，谓前军先行也。"贾林注："上，犹先也。"上将，即上军（前军）的主将。此言若军队奔赴五十里地而汲汲争利，则前军的主将会受挫。《史记·孙子吴起列传》："孙子谓田忌曰：'……兵法，百里而趋利者蹶上将。'"所引亦称"上将"，而无"军"字。很显然，传世本"上将军"中的"军"字乃衍文，《孙子》原文当为"上将"。贾林、张预之注已注意到这个问题，但毕竟是缺乏文献依据的断制，现则凭借汉简本的原始文字而能得以最终确立了。类似的例子也见于《势篇》。传世本"可使必受敌而无败者"，然而，此处"必"字，注家多释为"毕"义。张预注云："人人皆受敌而无败"，是其所本当为"毕"字。而王晢注则云："必当作'毕'"，是其所据本作"毕"。那么，其所据本为何者？在银雀山汉墓竹简出土前是无法考究的。现在这一疑窦则赖汉简本的发现而得以涣然冰释了：因为在汉简本之中，"必"正作"毕"。

其次，通过汉简本《孙子》与传世本《孙子兵法》文字进行对勘比较，我们可以发现：尽管两者之间存在着多处的差异歧义，但是，这似乎并不影响各自文本文义句意上的顺畅通贯，分别可以作疏通阐释，而不会给人们理解《孙子兵法》的思想与相关学理造成太大的困扰与障碍。然而，我们必须指出的是：其语境、其文义依然存在着高下轩轾之别，在不少情况下，汉简本的用词显然更为贴切妥恰、切中肯綮，更合乎学理上的逻辑属性，也有助于人们更好地认识孙子兵学的深邃哲理与基本原则。

汉简本"合之以文，齐之以武"与传世本"令之以文，齐之以武"的差异，就很典型地说明在一定的程度上，汉简本的文字表述，似乎要优异于传世本的通常描述。

众所周知，军队是国家政权机器的柱石，作为执行武装斗争任务的特殊团体，要确保其发挥强大的战斗力，关键之一是要搞好内部的治理，即所谓"以治为胜"。而要治理好军队，使它在关键时刻顶得上去，用得顺手，就必须遵循一定的原则，因为只有在正确原则的指导之下，再配合以具体的方法和手段（比如严格军纪、信赏必罚、强化训练，等等），才能使全军上下进退有节，团结一致，令行而禁止，无往而不胜。

同先秦时期其他著名兵书，如《司马法》、《吴子》、《尉缭子》、《六韬》等相比，对治军问题的论述，在《孙子兵法》一书中并不占据突出的位置。但是，这并不等于孙子他本人不重视治军，相反，孙子对这个问题还是有自己独到的看法的，曾就如何治军经武提出过许多精辟的原则。

这些原则的根本精神，就是刚柔相济，恩威并施："故合之以文，齐之以武，是谓必取"，文武两手都要硬，双管齐下，互补协调，共同作用于治理军队的实践。这里所谓的"文"，指的是精神教育、物质奖励，是"胡萝卜"；这里所谓的"武"，是军纪军法，重刑严罚，是"大棒"。孙子指出，在军队管理上，如果没有教化，一味讲求军纪军法，动不动打人屁股，砍人脑袋，使大家整天生活于恐怖之中，那么必然导致将士思想不统一，精神不振奋，离心离德，矛盾激化，"上有政策，下有对策"，极大地影响部队战斗力的正常发挥，"卒未亲附而罚之，则不服，不服则难用也"（《行军篇》）。但是如果不严肃军纪军法，单纯宽厚溺爱，行"姑息之政"，也势必会导致将士斗志涣散，各行其是，整支军队如同一盘散沙，"卒已亲附而罚不行，则不可用也"（《行军篇》），这同样不利于军队的行动，同样是军队建设上的灾难。所以，在孙子看来，只有真正地做到教罚并用，宽严结合，胡萝卜与大棒一样不缺，方能够"与众相得"，才能有效地控御全军上下，使广大官兵在沙场上同仇敌忾，视死如归，英勇杀敌，从而赢得战争。

但是，在传世本中，"合之以文，齐之以武"乃作"令之以文，齐之以武"。应该说，从文义上讲，这也是讲得通的。其意为：要用怀柔宽仁的手段去教育士卒，用军纪军法去约束管制士卒。这也是将帅管束部队、治理属下的通常做法。即《吴子·论将》所言为将者的基本要求："总文武者，军之将也；兼刚柔者，兵之事也。"

然而，细加体会，我们不得不指出："合之以文"较之"令之以文"更为妥帖，且在语法结构上与下句"齐之以武"更为对应和一致。也更接近《孙子》原来文字的本相。考汉简本，此句作"合之以交，济之以……"此处，"交"当为"文"之误。"济"则当为"齐"之借字。可见，其文为"合之以文，齐之以武"。若是，则"合"字之义在这里显然要胜过"令"之义。因为，"文"、"武"对文，"合"、"齐"亦对文。"合"本身亦含有"齐"义①。《易·乾文言》云："与日月合其明。"即言"齐"。从语词与语法角度考察，"令"、"合"、"齐"虽皆为动词，但是，"令"为表述单纯性的动作行为，而"齐"、"合"皆含有动作之后

---

① 参见吴九龙主编《孙子校释》，军事科学出版社1990年版，第164页。

所呈示的状态之义蕴。据此，则我们可知孙子所追求的治军理想境界：通过怀柔宽仁的手段教育士卒，使全军上下凝聚成一体，通过军纪军法的途径约束管制士卒，使全军上下步调一致。

很显然，按汉简本的文字，孙子在这里强调的是用文、武两手管治部队，并具体说明了治军管理上的终极目标。而传世本的文字，仅仅表述了孙子的前一层意思，而没有反映出孙子的后一层意思，这无疑是要稍逊色于汉简本的类似表述的。

我们讲汉简本"合之以文，齐之以武"的表述要胜于传世本"令之以文，齐之以武"的表述。也是有文献学上的依据的。《淮南子·兵略训》亦云："是故合之以文"，可见《淮南子》所据之本，当与汉简本相同。《北堂书钞》卷一百一十三与《太平御览》卷二百九十六引《孙子》时亦并作"合之以文，齐之以武"。表明在唐宋时期，同样有《孙子》文本与汉简本之文字相同。这些情况均表明，《孙子兵法》此语的正确文字当为"合之以文，齐之以武"，今传世本"合"作"令"，或因与"合"字形近似而讹误，或涉下文"令素行"、"令不素行"而臆改，实是值得商榷的。

又如，传世本《计篇》所云"道者，令民与上同意也。故可以与之死，可以与之生，而不畏危"。各本皆作"不畏危"。这虽于义可通，但殆非《孙子》原文。曹操、李筌等注家均止注"危"字，云："危者，危疑也"，杜佑注亦云："佹者，疑也"，可见，这些注家均不注"畏"字。孟氏注虽注"畏"字，然又云："一作：人不疑"，"一作：人不危"。意近曹氏诸家之义。考俞樾《诸子平议·补录》，其要云："曹公注曰：'危者，危疑也'，不释'畏'字。其所据本无'畏'字也。民不危，即民不疑，曹注得之。孟氏注曰：'一作人不疑'，文异而义同也。《吕氏春秋·明理篇》曰：'以相危'，高诱训'危'为'疑'。盖古有此训，后人但知有危亡之义，妄加畏字于危字上，失之矣。"

应该说，俞樾的见解是正确的。今幸得汉简本而予以证实之。按：汉简本"不畏危"作"弗诡也"。"弗诡"即"不诡"，诡，读 gui，古训"违"，训"疑"，即乖违、疑贰之意。《吕氏春秋·淫辞》云："言行相诡，不祥莫大焉。"由此可知，孙子言"可以与之死，可以与之生，而弗诡"，其意乃为民众与统治者能做到生死与共，而绝无二心。而并非简单地指民众不畏惧危险。显而易见，汉简本"弗诡"可以纠正传世本"不畏危"的错讹,证实自曹操直至俞樾有关"危"字的释读乃是言之有据的。并很好地说明了"危"字的由来,即"危"系"诡"的借字,义蕴皆为"疑贰"。汉简本对于深化《孙子兵法》文本的研究之功用于此又可见一斑。

类似这方面的文献学贡献,汉简本实不胜枚举。像"王霸之兵"的提法,传世本《九地篇》皆作"霸王之兵",如"四五者,一不知①,非霸王之兵也","夫霸王之兵,伐大国,则其众不得聚;威加于敌,则其交不得合",云云。很显然,"霸王之兵"的称谓实非《孙子》原文的提法。按,春秋战国时期,只有"王霸"的提法,而罕见"霸王"的称呼。如《尉缭子·制谈》言:"独出独入者,王霸之兵也。"《司马法·仁本》云:"王霸之所以治诸侯者六。"《吕氏春秋·知度》:"夫成王霸者固有人。"又《荀子》一书中有《王霸篇》。故银雀山汉简整理小组在校语中指出:"汉简本作'王霸'胜于传本。"②斯言可谓得之。简言之,汉简本"王霸之兵"乃是孙子之原意,而传世本"霸王之兵"则是后人在传抄《孙子兵法》过程中出现的错讹。

又:《用间篇》中,孙子提出"用间"的三个前提条件,把它们看作是正确发挥"用间"威力的重要保证。传世本作:"非圣智不能用间,非仁义不能使间,非微妙不能得间之实。"从文义上讲,这当然讲得通。然而"非圣智不能用间",汉简本作"非圣□□□□","圣"字下残缺四字,疑原无"智"字。"非仁义不能使间",汉简本作"非仁不能使……"下缺。"仁"下无"义"字。应该说,汉简本的文字当更为接近历史的真实。因为,战国中期之前,单音词使用更频繁,战国中期之后,才普遍使用双音节词,故孔子更习惯于单称"仁",到孟子那里才热衷于"仁义"并称③。《孙子兵法》成书于春秋晚期,那时用词的习惯当是"仁"、"圣"相称,而不宜"圣智"、"仁义"连称。在这里,我们可以从一个

① "一不知","十一家注"本作:"不知一"。
② 见《银雀山汉墓竹简》[壹]。
③ 刘笑敢的观点似可为本文这一看法作佐证。刘笑敢指出:在汉语词汇中首先出现的是单纯词,只是随着社会生活的发展,复合词才逐步出现。……在几类不同时期的文字材料中,只要每一类材料都有[一定的可比性和]足够的代表性,那么,使用复合词较少的一类,必然是早出的,使用复合词较多的一类,必然是晚出的。参见氏著《庄子哲学及其演变》(修订版),中国人民大学出版社2010年版,第29页。

侧面了解到汉简本保存了《孙子》遣词造句的原始风貌之特点，实可谓难能可贵。

最后，考察和分析汉简本《孙子》与传世本《孙子兵法》的文字差异，也可以从一个侧面了解和认识《孙子兵法》其书在长期流传过程中所受特定历史文化的影响与规范，看到不同时期文化精神在其书内容文字变迁上的折射、渗透。换言之，这有助于人们正确释读不同思想文化观念在《孙子兵法》其书上所打下的特殊烙印。

《孙子兵法·形篇》有下列一段十分精彩的文字："故善战者之胜也，无智名，无勇功。"意谓真正能打仗的人取得胜利，并不显露智谋的名声，并不呈现为勇武殊俗的赫赫战功，而于平淡中表现出来。即老子所谓"大方无隅，大器晚成，大音希声，大象无形"。因此，杜牧注云："胜于未萌，天下不知，故无智名；曾不血刃，敌国已服，故无勇功也。"

然而，对勘比照汉简本同段文字，我们看到："故善战者之胜也"，汉简本作"故善者之战"。更为重要的，是汉简本有"无奇胜"三字，甲本作"无奇□"，乙本作"□奇胜"，而这恰恰是传世各本所皆无的。

那么，"无奇胜"这三字是否该有，怎么来解答为何汉简本"无奇胜"三字到了传世本那里而不见踪影的缘由，并进而如何释读与判断汉简本与传世本两者之间，因"无奇胜"三字的有无而产生的优劣高下，也就成了当今《孙子》研究者无可回避的问题了。

奇正，是中国古代兵法中的常用术语，其含义非常广泛。一般以常法为正，变法为奇，它包括正确使用兵力和灵活变换战术两个方面。具体地说，在兵力使用上，守备、钳制的为正兵；机动、突击的为奇兵。在作战方式上，正面攻、明攻为正；迂回、侧击、暗袭为奇。在作战方式上，按一般原则作战为正，采取特殊战法为奇。在战略上，堂堂正正进军为正，突然袭击为奇。

"用兵之钤键，制胜之枢机"，这是古人对"奇正"地位和价值最富诗意的评论。"奇正"概念最早见于《老子》，但真正把它引入军事领域并作系统阐发的，则是孙子。在《势篇》中，孙子用精粹的语言揭示了"奇正"的基本含义：凡是开展军事行动，无论是进攻还是防御，在兵力使用上，要用正兵当敌，奇兵制胜，"凡战者，以正合，以奇胜"。在战术变换上，则要做到奇正相生，奇正相变，虚实莫测，变化无端。"战势不过奇正，奇正之变，不可胜穷也。奇正相生，如循环之无端，孰能穷之?"(《势篇》)在孙子看来，军事指挥员如果能根据战场情势而灵活理解和运用"奇正"战法，做到战术运用上正面交锋与翼侧攻击相结合，兵力使用上正兵当敌与奇兵制胜相互补，作战指挥上"常法"与"变法"交替使用得当，那么就算是真正领会了用兵的奥妙，也为"造势"、"任势"创造了必要的条件。

孙子确立"奇正"这一范畴后，后世兵家无不奉为圭臬，广为沿用和阐述。如《孙膑兵法（下编）·奇正》说："形以应形，正也；无形而制形，奇也"；《尉缭子·勒卒令》说："故正兵贵先，奇兵贵后。或先或后，制敌者也"；曹操《孙子注》说："正者当敌，奇兵从旁击不备也"，就是这方面的例子。而到了《李卫公问对》那里，"奇正"范畴则有了新的丰富和发展。它对"奇正"论述更完备，分析更透彻，提出了一个重要论断："善用兵者，无不正，无不奇，使敌莫测。故正亦胜，奇亦胜。"这比孙子的"奇正"理论显然更全面，更深刻。但它依旧是祖述和发展《孙子》的逻辑结果。

很显然，如果按照《孙子兵法》整个思想体系范围来剖析，以孙子所提倡用兵打仗必须贯彻"奇正相生"的原则，做到"以正合，以奇胜"等种种迹象来讲，"无奇胜"三字与《孙子兵法》"奇正"理论相背离，传世本不见"无奇胜"显然有其合理性。

但是，问题在于："无奇胜"三字原本是在《形篇》之中。而《形篇》乃是《孙子兵法》全书中专论"军事实力"建设问题的。它全面系统地论述了军事实力在战争中的地位和作用，以及军事实力运用的原则和实力建设的方法、途径诸问题。具体地说，"先为不可胜"，"胜兵先胜而后求战"是实力政策；"守则不足，攻则有余"，即"强攻弱守"是对实力的战略运用；"修道而保法"是发展军事实力的基本原则，而"善战者之胜也，无奇胜，无智名，无勇功"，"胜于易胜"则是实现实力政策所要达到的上乘境界。孙子认为，战争指导者必须依据敌我双方物质条件的优劣，军事实力的强弱，灵活采取攻守两种不同形式，"以镒称铢"，"决积水于千仞之溪"，以达到在战争中保全自己、消灭敌人的目的。

孙子强调实力至上，以提倡发展实力为优先之务，乃是有其深刻思考的。战争归根结底是拼实力。这就是说，军事实力是军队综合战斗力的具体表现，也是战争的物质基础。在军事斗争中，奇谋妙计固然占有举足轻重的位置，但从根本上讲，强大的军事实力才是真正决定战争胜败天平上的砝码。因为不仅"伐兵"、"攻城"离不开一定的军事实力的巧妙运用，就是"伐谋"、"伐交"也必须要以雄厚的军事实力为后盾。综观古今中外的战争历史，无一不是力量强大的一方战胜力量弱小的一方，即使本来是弱小的一方，要最后战胜力量强大的一方，也是由于通过各种途径，逐渐完成优劣强弱态势的转换，使自己的力量最后从总体上超过了最初力量强大的一方而实现的，这是战争活动的客观规律。杜甫诗云："诸葛大名垂宇宙"，但是不论诸葛亮先生怎样足智多谋，忙前忙后，殚精竭虑，鞠躬尽瘁，熬白了头发，累酸了腰腿，"三顾频烦天下计，两朝开济老臣心"，五月渡泸，深人不毛，六出祁山，北伐中原，但到头来依然是僻处西南一隅，"出师未捷身先死"，就是因为蜀汉与曹魏实力之比，实在太过于悬殊了，"起巴蜀之地，蹈一州之土，方之大国，其战士人民，盖有九分之一也"①，"众寡不侔，攻守异体"②。常言道，"巧妇难为无米之炊"，诸葛亮"连年动众，未能有克"的命运乃是注定了的，后人们除了替他一掬同情的眼泪，"长使英雄泪满襟"，还真的不能多说些什么。隋王朝一举灭亡南朝陈国，完成统一南北的大业，人心向往统一、战略决策高明、作战指挥卓越固然是十分重要的原因，但是归根结底，在于隋王朝包括军事在内的综合实力，较之于陈后主方面，好比是"以镒称铢"，占有压倒性的优势。由此可见，孙子对军事实力建设问题有清醒的认识，并用专门的篇章加以深入详尽的探讨，这的确反映了其军事思想注重实际、尊重客观的科学理性精神。

　　明乎《形篇》的宗旨，我们就可以理解为什么在属于较早期《孙子》版本的汉简本《形篇》中，会有"无奇胜"这样的文句了。为了突出和强调从事军事实力建设的至高无上性，孙子可以将"正合奇胜"、"出奇制胜"、"奇正相生"等一般原则暂时放置一边，提倡一切从根本做起，固本而强基，主张人们不要玩弄小聪明，老老实实，脚踏实地，把加强实力作为重中之重。在这种强调与张扬实力优先原则的背景下，《形篇》中遂有了貌似与"奇正"原则相悖，实际精神实质一致的"无奇胜"这类文字了。换言之，"无奇胜"一语在《形篇》中出现，实际上就是孙子为了最大限度突出军事实力的中心地位之文字修饰手法，既是合理的，也是

---

　　① 《三国志》卷三十五《蜀书·诸葛亮传》，裴松之"注"引张俨《默记》。

　　② 《三国志》卷三十五《蜀书·诸葛亮传》。

别出心裁的。应该说，这样的特定篇章之特定表述，"无奇胜"的提法并非为个案，在《孙子兵法》一书中在所多有。如《形篇》言"胜可知而不可为"，《虚实篇》言"胜可为也，敌虽众，可使无斗"，云云，就是类似的例子。它们看起来自相矛盾、扞格乖舛，其实内在统一，浑然一体。仅仅是外在形式表达上的各有侧重而已。传世本的传抄整理者，未能深谙孙子的苦心孤诣，只知其一，不知其二。看到"无奇胜"一词，马上联想起孙子所主张的"正合奇胜"用兵原则，进而判断"无奇胜"与"奇正相生"相背悖乖戾，于是在传世本定型过程中，自以为是地将它删去，还自鸣得意，睥睨一切。其实，他们这么做，恰恰是弱化了《孙子兵法》哲理的深刻性、睿智度，或多或少使孙子深邃的辩证法思想趋于平淡化，买椟还珠，可谓是《孙子兵法》一书的"罪人"。而让我们感到欣幸的是：银雀山汉墓竹简本《孙子》的面世，遂使"无奇胜"这一精言妙语能重见天日，帮助我们对《孙子兵法》一书哲学上的深刻辩证法又有了更为深切的体悟。

类似的情况，也见于《计篇》之中。其言"五事七计"，其中，解释"天"之内涵时，汉简本较之于传世本，除"阴阳、寒暑、时制也"外，又多出"顺逆，兵胜也"五字，为各本所无。这里，所谓"顺逆"乃是以阴阳向背为禁忌，所谓"兵胜"则是以五行相胜为禁忌①。

我们认为，汉简本有此五字，恰好说明它更为接近《孙子兵法》的原始面貌。《孙子兵法》为"兵权谋家"，据《汉书·艺文志·兵书略序》所言："权谋者，以正治国，以奇用兵。先计而后战。兼形势，包阴阳，用技巧者也。"可见，"包阴阳"乃《孙子兵法》的必有之义。考察今本《孙子兵法》，我们可以发现其涉及"阴阳"的痕迹尚有存在。如《虚实篇》有云："画地而守之。"李零在其《兵以诈立：我读〈孙子〉》一书中认为，画地本为一种画地为方，不假城池，禁鬼魅虎狼的防身巫术。后来兵家用来指营垒的规划，指出孙子在此处指划定范围，不用沟垒，喻其至易。而这就是"兵阴阳"的特色。李说颇有新意，可资参考②。又如《行军篇》言："黄帝之所以胜四帝也"，这里同样有"五行

---

① 参见李零《兵以诈立：我读〈孙子〉》，中华书局 2006 年版，第 62 页。
② 同上书，第 207—208 页。又可参见氏著《〈孙子〉十三篇综合研究》，中华书局 2006 年版，第 431—433 页。

相生相胜"的"阴阳五行"含义在内，也是"兵阴阳"的语言。

但是，从根本上说，《孙子兵法》中"兵阴阳"的成分是相当有限的。其书的本质特征，乃是《用间篇》所云的"先知者，不可取于鬼神，不可象于事，不可验于度，必取于人，知敌之情者也"。更为重要的是，随着时间的推移，社会的进步，"兵阴阳"在越来越多的人眼里显得荒诞不经，乖谬妄戾。故《唐太宗李卫公问对》"卷下"尝言："行兵苟便于人事，岂以避忌为疑。今后诸将有以阴阳拘忌失于事宜者，卿当丁宁诫之。"① 可见，至唐宋时期，"兵阴阳"虽仍存之于世，但影响与作用其实是在一步步弱化之中。之所以不废"兵阴阳"，亦仅仅如李靖所言，是为了"托之以阴阳术数则使贪使愚"罢了。缘是之故，汉简本所处的时代为"阴阳灾异"思潮弥漫的汉代，故很自然地保留了诸如"顺逆，兵胜也"等充满"兵阴阳"色彩的文字，而宋代最终付梓刻印的传世诸本，则致力于冲淡弱化"兵阴阳"的痕迹，故顺理成章地将"顺逆、兵胜"等文字删去抹煞。应该说，这种文字上的变化绝不是简单的版本异同问题，其背后乃是有深厚的历史文化变迁因素在起着指导引领和制约规范的作用，是打上了深刻的时代文化精神的烙印的。

综上所述，我们通过对汉简本《孙子》与传世的《孙子兵法》宋刻"武经本"、"十一家注本"的初步比较研究，就两者之间诸如"顺逆"、"无奇胜"、"攻则不足、守则有余"、"合之以文、齐之以武"等关键语词所存在的差异作出自己的阐释，以力求说明汉简本在不少方面较之于传世宋本，更接近于《孙子》文献的原始面貌，更加符合孙子兵学的内在逻辑与核心精神，并试图就导致这些异同之所以发生的深层次历史文化原因做出我们自己的解释，对两者之间的优劣得失提出自己的看法。当然，汉简本的文献学价值远远不止于这些方面，至少，它还包括了可以为我们深化有关《孙子兵法》成书年代的认识提供可贵的帮助，使我们有可能更恰当地评估《史记·孙子吴起列传》的史料依据及其价值，等等，其学术意义是不可低估的。限于水平与篇幅，诸如《孙子兵法》成书年代的再研究，等等，本文也就暂时无法展开，作细致的考察了，而只能俟诸他日，期待未来。

---

① 毛元佑、黄朴民注译：《武经七书》，国防大学出版社1997年版，第626页。

　　但是，需要明确坚定地指出的是：汉简本《孙子》虽然具有重要的文献学研究价值，但它的发现并不能对传世本《孙子兵法》的整体结构产生颠覆性的冲击，导致决定性的改变，更不能取代传世本《孙子兵法》在今天研究与弘扬孙子兵学上的主导性地位，这一点当是毫无疑义的。换言之，至少在《孙子兵法》与中国古代兵学研究领域，所谓"重写学术史"的"曙光"，并没有任何的端倪与征兆。

魏晋南北朝军事学术杂识

黄朴民

一 战略作战轴线、水军与水战

当时的统一战争战场一般在淮河长江一带，那里江河湖泊、丘陵盆地的特殊地形条件，决定了不适宜动用擅长野外驰骋的骑兵作战，而必须主要依赖水师突破江河天险。因此，统一战争的指导者普遍把建造战船、建设水师，提高江河作战能力作为军事准备的重点来抓。如西晋王朝为统一全国，针对吴军水师实力较强，且持长江天险负隅顽抗的实情，致力发展水军；晋武帝采纳羊祜的建议，委任王濬在蜀地修造各类战舰，训练士卒，终于组建起一支强大的水师，在灭吴战争中发挥了关键性的作用。同时知人善任，拔擢任用人才，遴选优秀将帅担当指挥战争的主角，使之在统一大业中发挥关键的作用。像晋武帝任用羊祜、杜预、王濬等人的情况就是这方面典型的例子。

该时期统一战争战略作战轴线发生了重大的转移。在这一时期以前的中国统一战争，其战略作战的轴线一般为东西方向，其具体战役行动均环绕这一主轴线进行展开。比如公元前230年开始的秦统一六国的战争，就是从西部发动，首先灭韩、灭魏，完成了东渡黄河的战略展开；然后左翼朝东北方向灭赵、灭燕，右翼则指向东南方的楚国；而最后的进攻方向则是一直向东，指向位于胶东半岛的齐国，从而达到了统一全国的目的。公元前206年开始的楚汉战争，刘邦首先以巴蜀、汉中进入关中地区，得形胜之利，然后出函谷关，兵锋东指，直逼江淮地区的彭城（今江苏徐州），沿荥阳一线与楚军进行东西方向的对峙；同时左翼东渡黄河，攻魏、破赵、下燕、灭齐，沿东北方向实行战略出击；右翼则以秦岭山脉为依托，沿东南方向出武关，直拊楚军的左侧背；而最后与楚军的决战则仍然是在河南、山东之间的东西轴线上发生的①。

进入魏晋以后，这种情况发生了重大的变化。统一战争战略作战的轴线不再是东西方向，而是变为了南北方向，并且大多为自北向南的进攻；作战地区也不再集中于黄河流域，而是集中于淮河和长江中、下游地带了。这一变化最初开始于三国时期，当曹操完成了对北方地区的统一以后，便开始了横渡长江对南方的征服与统一，于是孙权与刘备联合，在长江中、下游地区和来自北方的攻击进行了对峙，著名的赤壁之战就是这样发生的。西晋灭吴、苻坚南下攻晋、南方政权的多次北伐行动，其战略作战方向，也都是横渡长江、自北向南或自南向北的攻击。从这个角度考察，我们可以发现统一战争战略作战的轴线的转移的确在中国军事学术发展史上具有里程碑式的意义。

随着战略作战轴线由东西方向逐渐转变为南北方向，水军在战争中的地位迅速提高，成为魏晋南北朝时期军事学术发展的一个重要动态与特点。

在作战轴线转移的背景下，主战场大多是在江淮、江汉之间的广大地域实施纵向作战。这一带多江河湖泊、丘陵盆地的地形条件不适合擅长野外驰骋的骑兵作战，而必须依靠水军突破江河天险来实施战略进攻。因此，南北统一战争的发动者普遍把建造战船，建设水军，提高江河作战能力作为军事准备的首要任务。如曹魏的北方军队就是因为不习水战，舍长用短，"舍鞍马而就舟楫"才大败于赤壁，使统一战争半途而废；西晋王朝为了进行渡江作战，经过多年努力，组建了强大的水师，最终一举灭亡东吴，实现了南北统一，即所谓"王濬楼船下益州，金陵王气黯然收"②。这一作战样式的变化，无疑大大提高了水军在整个军队中的地位，在实施横渡江河的战略作战时，水军的强弱已经成为战争胜败的关键之一。魏晋南北朝时期水军得到迅速发展，在江汉、江淮流域地区的作战中扮演主要角色，是与当时战船种类齐全、功能多样、实战能力提高的情况相一致的。

---

① 参见蓝永蔚、黄朴民等《五千年的征战：中国军事史》，华东师范大学出版社 2000 年版，第 91 页。

② 刘禹锡：《西塞山怀古》，载《刘宾客集》。

用于水战的船舰，既需要载重量大，装载兵士多；又需要船身高，能控制制高点，以防范敌方水军缘舷登舰；还要求机动性强，操作灵便，便于向敌人发起冲锋。这样的不同战术需求，决定了这一时期的战舰，既有载重量大和船身高的楼船，以及载重量较大和冲击力强的艨冲大舰，也有灵活轻便的各类快船小舰，它们在水战中相互配合，形成了水战船舰结构的完整体系。

大型战舰：大型战舰（船）是这一时期战舰队列中的主体，它的主要代表是楼船。所谓楼船，就是"作大船，上施楼"①。它是一种高达十余丈，船上分为数层的江海通行的大船，在每一层楼的外面都建有高数尺的"女墙"，作为防御敌方弓箭矢石的掩体。女墙上有箭孔，可以向外射箭发弩。楼的四周均用坚硬的木材建成叫作"战格"的保护层，或再蒙上生牛皮。两边船舷伸出若干支木桨，作为舰船前进的主要动力，舰顶有帆，以便借助风势加快航速②。

楼船的制造与使用始于秦汉时代，魏晋以降更有了新的发展。三国时吴国董袭所督造的五楼船，其上层建筑多达五层，堪为巨无霸式的战舰。西晋王濬所建造的楼船，"方百二十步，受二千余人，以木为城，起楼橹，开四出门，其上皆得驰马往来"③，也是规模空前的大型楼船。东晋末年，卢循举事，率水军沿长江而下，其中楼船百余艘，"新作八艚舰九枚，起四层，高十二丈"，晋将刘裕为与之相抗衡，也是"大水军，皆大舰重楼，高者十余丈"④。由此可见楼船在战舰系列中所占的主力地位。南朝后期，楼船的形制更趋于庞大，如梁朝末年的陆纳在湘州所造的三王、青龙、白虎三舰，舰身"并高十五丈"⑤，外用牛皮蒙住舰身，以阻挡敌人的攻击。另外，当时楼船的载重量也大为可观，据《颜氏家训》称，大船之载重量已达"一万斛"⑥，约合今天五百吨。

中型战舰：其主要代表是艨冲斗舰。它们的主要特点是船体适中，既有楼船的稳固性，又有快艇的灵敏性。它一般在船舷上建女墙，女墙下有

---

① 《汉书》卷六《武帝纪》颜师古注引应劭说。
② 参见袁庭栋等《中国古代战争》，四川省社会科学院出版社1988年版，第380页。
③ 《晋书》卷四十二《王濬传》。
④ 《宋书》卷一《武帝纪》。
⑤ 《南史》卷六十三《王僧辩传》。
⑥ 参见《颜氏家训·归心》。

若干"掣棹孔"，供桨伸出，而划桨水兵则全部掩藏在船内，在船舷各方，还开设若干"弩窗"、"牙孔"，便于攻击各个方向的敌人。船体上为两层，战士分据指定的位置，用弓弩向敌方进攻。舰身上一般蒙着生牛皮之类的防护物。艨冲斗舰的主要功能是在水战中实施冲锋突击，冲散敌方水军的阵形，冲没敌方小舰。它是这一时期最为常用的水战舰只①，在作战中冲锋陷阵，屡显威风，既有相当的防卫能力，又有强大的攻击力量。

小型战船：小型战船的名目类型甚多，概括地说，可统称为"走舸"。这类战船体积较小，船上无建筑，只在船舷上建造有蔽身的女墙，不用露桡而用明桡（即划桨手暴露身体于船上）。它的主要特点是轻便灵活，速度很快，所谓"往返如飞，乘人之不及，兼备非常之用"。这一时期，这种"走舸"类小型战船数量巨大，形制不断得到改进，经常用于水上交战。如据《梁书·王僧辩传》记载，王僧辩率水军进攻侯景水军，侯景水军有"舳舻五千艘……两边悉八十棹，棹手皆越人，去来趋袭，捷过风电"，在战斗中显示了很强的威力。当时用于水战的其他小型战船，据记载还有斥候、先登、赤马舟、艋冲、飞云船、飞鸟船、苍隼船等多种。

除上述各类战舰（船）外，这一时期用于水战的还有木筏、双体船（舫）等。其中木筏既用于运输兵力，又常用来破坏敌人布设的水上障碍物（木栅、铁锥等）。

水军在这一时期的空前发展伊始于三国时期的孙吴政权。当时长江是吴国的主要防线，吴国凭依强大的水军，北防曹魏，西拒蜀汉，牢牢占据了富饶的江南地区。当时吴国在侯官（今福建闽侯）设立造船厂，在濡须口（今安徽巢县）和西陵（今湖北宜昌）设置水军基地，驻重兵防守。水军的大型战船称"五楼船"，为上下五层结构，可载乘士卒3000人。孙吴后期，吴国水军已经具有海上作战能力，黄龙二年（230年）水军万人抵达夷州（今台湾省）；嘉禾二年（233年）其水军沿海路北上辽东；赤乌五年（242年）其水军3万人征讨今海南岛珠雀、儋耳，均显示了很强的运载力与战斗力。

西晋王朝经过近十年的努力，建立了一支拥众七八万人的庞大水军，

---

　　① 据《三国志·吴书·周瑜传》记载，三国时，地处荆州的刘表水军曾拥有"蒙冲斗舰，乃以千数"。可见魏晋南北朝时期艨冲斗舰数量之大，用途之广。

其大型战船，方 120 步，载士卒 2000 人，船上筑木楼，开四道门，甲板上可以驰马往来①。东晋水军比西晋更为强盛，当时东晋军队出征，经常以水军为其主力。如平定桓玄之乱，就是以水军在长江峥嵘洲（今湖北鄂州东）进行水战，一举奠定胜利的基础的。

南北朝时期，水军是南朝军队的主力兵种，南朝历次出兵，多以水军为主。如宋文帝元嘉元年，北魏大军南进，宋军水师沿长江列阵迎击，从采石直到暨阳，江面上船舰集结连营，绵延六七百里，旗帜鲜明，军容整肃。在强大的南朝水军面前，北朝以骑兵为主的军队一筹莫展，只得铩羽而归。

这一时期的水军与步兵之间的区分并不十分严格，所谓"上岸击贼，洗足入船"②，根据作战的需要，随时可以投入陆战，是名副其实的两栖部队。这一特点是由当时水军武器装备相对简单，水军战场局限于水面不宽的内陆江河水域而造成的。战船在当时更多的功用是作为一种横渡江河的搭载工具，而水面作战又必须以陆战为依托，这也就是所谓的"沿江而下"、"水陆齐发"的作战模式。

这一时期的水军主要由两部分人员编成：一是水手，主要任务是操棹、把舵、张帆等战船驾驶勤务；一是作战人员，主要装备是弓弩、戟矛与甲胄，并备有"拍竿"、引火燃料等水战器材，职责是手执武器，投入战斗。

水战的进攻首先要注意的是水流和风向。进攻者抢占上游和顺风位置，所谓"据上流以藉水力"，这样便可借水力和风力，而加快战船速度以压制、冲击敌船，同时这也便于向敌船施放烟尘、实施火攻和发射箭矢。其次是要善于破除敌方布设的木栅、铁锁、铁锥等水中障碍物，以保证船舰顺利驶行；同时，还要采取防护措施来对付敌方的矢石与火攻。如在西晋灭吴之役中，吴军为抵御西晋水师的挺进，"于江险碛要害之处，并以铁锁横截之，又作铁锥长丈余，暗置江中，以逆距船"。晋将王濬针对这一情况，"乃作大筏数十……遇铁锥，锥辄著筏去。又作火炬……灌以麻油，在船前，遇锁，燃炬烧之"③，烧断铁锁，保证战船行驶畅通，

① 参见《晋书》卷四十二《王濬传》。
② 《三国志》卷九十四《吴书·吕蒙传》。
③ 《晋书》卷四十二《王濬传》。

遂为晋军一举灭吴奠定基础。

攻击的实施程序，首先是远距离的弓弩齐射，接近敌人时则使用"拍竿"打压击撞，接舷格斗时使用矛、戟等长兵器击刺，攻入敌船后则以刀、剑等短兵器近身肉搏。特定条件下也常实施火攻。当敌人弃船逃跑时，则实施登陆作战，追歼敌军。

水战攻守的基本方法，一是进行舰队与舰队之间的对攻；二是利用风势，设法火烧进攻之敌的战船；三是设法打破进攻之敌的火攻；四是在战船必经之水道中设置各种障碍物，阻扼敌船的前进，如在水底设立木栅、尖桩，在水中设铁链拦江；等等。但它通常是消极的、被动的，在大多数情况下并不能奏效。前述孙吴长江防线的溃败即为明证。

为了夺取水战的胜利，水军的武器除矛戟弓箭外，还配置有钩拒、梨头镖、拍竿等水战专门装备。钩拒在先秦时即用于水战，这时形制更有改进，已普遍带有利刃了。拍竿尤为这一时期重要的水战武器①。当时的拍竿尚多为早期的 T 型，它具有强大的攻击力，战时靠近敌船，松动辘轳，使竿首坠石拍打下来，将敌船击碎，在水战中大显神威。

二　重甲骑兵、方阵与战法

魏晋南北朝时期是我国古代骑兵发展史上继两汉骑兵兴盛之后的又一个大繁荣阶段。这主要表现为骑兵始终是中原地区军队中的第一主力，骑战成为当时战争中的主要作战样式，重甲骑兵的建设与运用进入全面发展时期。马镫的发展与使用使骑兵的战术动作更为娴熟多样，战斗力得以更好的发挥，等等。

自三国时期起，与秦汉时期骑兵主要用于漠北漠南等边地作战不同的是，骑兵的作战地域主要转移到内地北方。三国时骑兵最为强盛的当数曹魏，其骑兵在军队中占有绝对主力的地位，曾在统一北方的战争中发挥过决定性的作用，其所拥有的乌桓三郡"天下名骑"及曹纯虎豹骑那样的"天下骁锐"之强大实力，是蜀汉、东吴少得可怜的骑兵无法比拟的。不过，当时的骑兵尚未配备马镫，这当然多少限制了骑兵战斗力的进一步

---

① 关于拍竿的形制与功能的问题，可参见钟少异《拍竿考辨及复原研究》，载《考古》1996 年第 6 期。

发挥。

　　西晋的兵种建设承袭曹魏而来，骑兵也为军队中的绝对主力。当时行军、作战，经常以骑、步相结合，协同出征交锋，步、骑两者配置的比例大约在十比二三之间，骑兵的数量虽然要较步兵为少，但是却在步、骑的协同作战之中处于完全主导的地位。

　　骑兵的进一步发展是在十六国北朝时期。这些地方政权大多是由北方游牧民族入主中原所建立的，骑马善射是其所长，这就使得骑兵理所当然地成为其军队的主力。例如前赵政权中央兵力近30万，石勒后赵政权中央兵力50余万，主要均由骑兵组成；前秦苻坚南伐东晋，统率"戎卒六十余万，骑二十七万"[1]，骑兵也占有其总兵力的三分之一。在具体战争过程中，动辄投入骑兵数万或十几万人，最多时竟高达数十万之众。如北魏拓跋焘平定北方中原地区时，经常动用骑兵十余万，最多时为40万左右[2]，可见骑兵数量之多，作用之大。在一般的战斗中，骑兵作战也往往起着决定性的作用，如南北朝刘宋元嘉二十七年（450年），宋军攻入关中与北魏军激战，宋方勇将薛安都"瞋目横矛，单骑突阵，四向奋击，左右皆辟易不能当，杀伤不可胜数。于是众军并鼓噪俱前，士皆殊死战"[3]，取得了战斗的胜利。

　　与之相应，当时的马政建设也十分发达，如北魏先后有规模宏大的4个官办畜牧场，经常储备战马数十万匹，以备军用。

　　当时骑兵大发展的另一个重要标志，乃是重装甲骑兵的出现。所谓重装甲骑兵，就是人和马都披戴铁甲的骑兵，当时称作为"铁骑"或"甲骑"。这种骑兵的最大特点是具有较强的防护力和集团冲击力，在对没有厚重装甲的轻骑或步兵作正面猛烈突击之时，往往具有很强大的杀伤力。

　　重甲骑兵从现有的史料分析最早出现于三国时期，当时开始初步使用马铠，如官渡之战中，袁绍已拥有马铠300具，数量是曹操军马铠数的10倍左右；但后来，曹操的重装骑兵有了很快的发展，当其与马超、韩遂诸部公元211年大战于潼关之时，已拥有铁骑5000了，"精光曜日"，颇为壮观。

---

① 《晋书》卷一百一十四《苻坚载记》。
② 参见《魏书》卷四《太武帝纪》。
③ 《宋书》卷七十七《柳元景传》。

　　而十六国北朝时期，则是重装骑兵全面发展的关键阶段。当时马铠大幅度增加，成批次装备于骑兵部队，称为"具装铠"，使得重甲骑兵在整个骑兵部队中占有了相当大的比例。据记载，在当时的战争中，铁骑经常成千上万，甚至数万用于战场交锋。如后赵石勒在襄国保卫战中，大败西晋大将王濬部下的鲜卑段疾陆眷，击溃其骑兵5万之众，"枕尸三十余里，获铠马五千匹"，此战的晋方铁骑数为其骑兵总数的十分之一。又，石勒击破刘琨部将箕澹10万余众，获其铠马万匹，可见铠马数也占总兵力的十分之一。南燕国有步卒37万人，而拥"铁骑五万三千"，铁骑数的比例似乎更高一些，占总兵力的八分之一。这些例子均表明铁骑的确已成为骑兵中的重要组成部分，并且被大量应用于作战行动。

　　重甲骑兵虽然具有独特的优越性，但是也存在着一定的弱点，即人与马匹的负担过重，降低了骑兵特有的快速突击能力与机动作战能力。所以，这一时期各政权在高度重视发展重甲骑兵的同时，也充分注重利用轻骑兵机动灵活的优势，常用它实施长途奔袭。这些轻骑兵常备有"兼马""马皆有副"，即每个兵士拥有战马两匹，在长途奔袭时可以做到两马互乘，从而保持进军的高速度，可以迅速及时地赶赴到预定的战场，"先趋战地而待敌"，给予敌人歼灭性的打击①。轻骑兵的存在以及与重装骑兵的配合使用，对于战法的变化也产生了较大的影响，即迂回、奔袭颇为普遍，战争的运动性得到了进一步的加强。

　　这一时期骑兵大发展的一个重要关节，是马镫的发明与使用。已知最早的马镫见于湖南长沙西晋墓出土的陶俑，但为起上下踏脚作用的短镫，用于实战的长镫见于东晋时期制作的陶俑；而最早的长马镫的实物则发现于辽宁一座北燕期间的墓葬之中。马镫虽小，但对于骑兵的发展、骑战水平的提高却具有十分重要的意义：因为有了马镫，骑手双脚便有了支撑点，可以用腿力完全控驭战马，这便使得骑兵双手均可用于战斗，同时骑手也可以用全身的力量进行格架、击刺，便于使用长短兵器（如矛、刀等）进行马上交锋；此外，双脚踩镫，使人马完全合为一体，骑手便可完成马上站立、俯身、马侧藏身躲闪等以前不可能做到的战术动作，从而

---

　　①　如《北史·尔朱荣传》载："荣率精骑七千，马皆有副"，又《资治通鉴》卷一百二十一"宋文帝元嘉六年""魏主至漠南，舍辎重，帅轻骑兼马袭击柔然"。胡三省注云："兼马者，每一骑兼有副马也。"

大大增强了骑兵的作战能力。从这个意义上讲，马镫虽小，却是中国古代军事学术发展史上一个意义不可低估的环节。

这一时期的矛，一般称作为枪，或称槊与矟。其形制与传统的矛也有了一定的差别，即矛头较短，更适合于实战的需要，因此，它也可以看成是改进型的刺兵。枪成为当时战争中最重要、最常用的长兵器，这应当是大规模骑兵作战所带来的必然结果。因为作为刺兵，枪的直而锐的矛头最适合骑兵冲锋，它的刃形和杀伤方式均与战马的前进方向完全一致，同时，它的形制比戟简单，打造较为容易，适合于装备大规模的骑兵部队。

根据骑兵与步兵的不同作战要求，当时的枪又分为步矟和马矟两种。《武备志》上说："阵所实用者，莫枪若也。"① 作战中，枪的作用与威力是既实用又巨大的。骑兵作战，一般都采取挺枪策马突驰敌阵的方式。这里挺枪，是将枪水平端起，伸出于马前，以这种姿态突入敌阵，靠的完全是马的奔驰速度和冲刺力，使静止状态的敌方骑兵或步兵无法阻挡。因为马的速度加上数十斤乃至上百斤枪的重量所产生的冲刺力，无论从正面还是从侧面都很难阻挡得住，可谓"所向无前"。这便显示出枪在骑兵冲锋中锐不可当的优势了。可以看出，枪十分符合骑兵作战的特点，如果使用重甲骑马的横队大排面挺枪冲锋，呐喊前进，那么，它对敌军阵列的突破力是十分巨大的。这也是这一时期北方骑兵作战优势之所在。

值得注意的是，该时期八阵——集团方阵战术有了显著的发展。即随着实战经验的积累，作战指挥艺术水平的提高，尤其是步、骑、车兵协同作战能力的不断强化，当时的阵法也日趋繁多，呈现出更为成熟的形态。

据文献记载，这一时期比较著名的阵法有公孙瓒方阵、曹操十重阵、诸葛亮八阵、田豫圜阵、任峻复阵，等等。名目虽然繁多，但是若从队形排列上考察，实际上仍为两种基本形态，一种是进攻型的阵式——方阵，另一种为防御型的阵式——圆阵，即所谓："方阵者，所以剸（截断，引申为冲击——引者注）也；圆阵者，所以榑（结聚，引申为防守——引者注）也。"② 公孙瓒方阵、袁绍之阵、曹操十重阵、诸葛亮八阵均属前

---

① 《武备志》卷一百三。
② 《孙膑兵法》下编《十阵》。

者，而田豫圜阵、任峻复阵法等当归入后者。《后汉书·袁绍传》记载，当时盘踞冀州的公孙瓒"兵三万，列为方阵，分突骑万匹，翼军左右，其锋甚锐"。《晋书·马隆传》记载马隆在平定秃拔树机能之役中，"依八阵图作偏箱车，地广则鹿角车营，路狭则为木屋施于车上，且战且前，弓矢所及，应弦而倒"。等等，是为用方阵的史例。北魏时左将军杨播在一次南征时，被敌军围困于淮河南岸，形势比较危急，杨播处变不惊，"乃为圆阵以御之"①。又如北魏末年，高欢起兵攻伐尔朱兆，双方在邺城（今河北临漳）相遭遇，高欢"时马不满二千，步兵不至三万，众寡不敌，乃于韩陵为圆阵，连牛驴以塞归道"②。这些便是布设圆阵进行防御的史例。从上述情况看，当时作战中以方阵实施进攻，以圆阵进行防御乃是十分普遍的现象，是阵法运用上的显著特点之一。

这一时期阵法的军事学术特征，一是阵内诸兵种——步、骑、车兵的配置更趋合理，更能发挥整体攻防、协同作战的巨大威力。二是军阵的基本形式普遍采用八阵。关于八阵，古代记载很多，先秦时《孙膑兵法》就已有《八阵》篇。汉代班固《封燕然山铭》中亦有"勒以八阵，莅以威神"之说③。但《孙膑兵法》中的"八阵"指的是八种阵法，而汉以后的"八阵"则是指的一阵八体，即阵形的若干变化④。魏晋南北朝时期所谓"八阵"同样是五军阵的变体，即四正四奇八阵合成的集团大方阵，具有"以前为后，以后为前，四头八尾，触处为首，敌冲其中，两头皆救"⑤ 的快速反应和灵活应变的机动攻击能力。

八阵作为集团方阵，从阵式编成上看，是将部队分别置于八个方向，八个方向的兵力合拢在一起，组成一个大阵，即所谓"八阵本一也，分为八焉"，"散而成八，复而为一"。在八阵的中央，是大将及直属的机动兵力，即"握奇"（掌握余奇兵力），"中心零者，大将握之，四面八向，皆取准焉"⑥。根据"阵数有九"的说法，八阵中央之"余奇"也可视为一个中阵，故"八阵"也可被称为"九军阵"，"大抵八阵即九军，九军

---

① 《魏书》卷五十八《杨播传》。
② 《北齐书》卷一上《神武帝纪上》。
③ 参见严可均《全上古三代秦汉三国六朝文》卷二十四。
④ 参见袁庭栋等《中国古代战争》，第480页。
⑤ 《唐太宗李卫公问对》卷上。
⑥ 同上。

者方阵也"①。

"八阵"在编成上一般遵循三个基本原则。一是包容与对称。所谓"包容"，即"阵间容阵，队间容队"；所谓"对称"，即保持平衡与呼应，"隅落钩连，曲折相对"。二是中外与离合。八阵在兵力的配置上，区分为中央与外围，主要兵力部署于外围，少而精的兵力置于中央，形成厚外薄中、外实内虚的兵力部署；在阵地配置上，讲究离合，既依据地形而分散配置，又能够按照统一指挥的要求迅速地合成作战。三是奇正，即把部队区分为正兵与奇兵，"四为正，四为奇"，外为正，中央大将直接控制的"余奇之兵"为奇。于是"四正四奇而八阵生焉"，这就是所谓的"数起于五，而终于八"。

"八阵"作为中国古代成熟的集团方阵，其列阵、队列、机动、阵战实施、兵种配属、兵种运用、阵形变化，等等，都有相应的法则可供遵循与操作。如列阵之时在前、后、左、右等四块实地上部署正兵，在东南、西南、东北、西北等四块闲地上部署奇兵，"四面八向，皆取准焉"，在中央部署精锐的机动兵力。在四军转阵实施机动时，"以前为后，以后为前"。在实施阵战时，进行全方位的协同作战，即所谓"四头八尾，触者为首，敌冲其中，两头皆救"。八阵的全面确立与普遍运用，标志着这一时期的野战战法业已进入一个新的水平。迄至明清，"八阵"作为最基本的作战阵法，仍然被广泛沿用。

当然，"八阵"在后来历史发展过程中也不断得到改进与调整，出现了许许多多的"变体"。如唐代李靖所创的"六花阵"，即根据魏晋南北朝时期的八阵法推演而来。它的基本特点是外方而内圆，即外侧六阵为方阵，部署正兵；居中的军阵为圆阵，部署奇兵。

当时一般军阵中都配置有步、骑、车诸兵种，互相配合与协同，以更好地提高军阵整体攻防能力。如三国时曹操部将田豫即动用步兵千人，骑兵数百，同时用兵车构成阵外环形障碍，防御敌方骑兵的冲击："军次易北（易水之北——引者注），虏伏骑击之，军人扰乱，莫知所为。豫因地形，回车结圜阵，弓弩持满于内，疑兵塞其隙。胡不能进，散去。"② 取得了很好的效果。阵中混成后的兵力又往往区分为"先登"、"中坚"、

① 《宋史》卷一百九十五《兵志九》。
② 《三国志》卷二十六《魏书·田豫传》。

"殿后"与"侧翼"诸部,分别执行不同的战斗任务。各兵种内部也有具体不同的分工。如步兵分为主射箭的弩兵与主近体格斗的徒卒。又如,曹操将战阵中的骑兵按照进攻、掩护、守御等不同的任务及其要求,专项区分为"陷骑"、"游骑"与"阵骑"三部分。

三　魏晋南北朝兵学理论及其特色

魏晋南北朝时期的军事思想在前代的基础上又有了新的丰富和发展。其主要内容包括"天下一家"、融众取长的战争观念;以治为胜、制必先定的建军思想;"弘思远益"、统揽全局的战略决策思想;多极角逐、避害趋利的联盟策略方针;"南船北骑"、因敌制胜的作战指导理论;等等。这些军事思想极大地丰富了中国古代兵学理论的宝库,是中国历史上冷兵器作战时代军事思想的重要总结,对后世军事思想的递嬗演变曾产生过相当深远的影响①。

这一时期的兵书撰著从数量上说并不突出,《隋书·经籍志》所著录的三国两晋南北朝的时期兵书仅仅有 74 部,这是这个时代各王朝图书屡遭兵燹劫难的结果。然而就是这样数量极其有限的兵书,在流传过程之中也不断有散佚。这 74 部劫后余生的兵书,仅有曹操的《孙子略解》一书以注文附于《孙子兵法》的形式而得以流传至今,至于诸葛亮名下的《将略》、《便宜十六策》等兵书,是否完全属于魏晋南北朝范围的兵书,学术界一直有分歧意见,莫衷一是,故只有参考的价值。

尽管如此,这一时期的军事思想成就仍然十分可观。这具体表现为:第一,流传至今的曹操《孙子注》一书内容翔实,颇有创新,堪称大浪淘沙之后的兵学精品,"文字简炼而切要,对于后人理解《孙子兵法》本义具有开创性意义";"阐发《孙子兵法》义旨,有的有新的发挥"②,这样的评价,可谓切中肯綮。第二,这一时期出现了许多精彩的非兵书论兵之作,散见于奏议、政论、类书、诗歌、散文、史书等文献之中,而《北堂书钞》、《通典》、《文献通考》、《群书治要》、《太平御览》等唐、宋时代的政书、类书也保留了这一时期众多散佚兵书的部分内容。第三,

---

① 参见蓝永蔚、黄朴民等《五千年的征战:中国军事史》,第 113 页。
② 参见于汝波主编《孙子兵法研究史》,军事科学出版社 2001 年版,第 78 页。

这一时期涌现出众多杰出的军事家，如曹操、诸葛亮、司马懿、羊祜、杜预、王濬、王猛、崔浩、谢玄、檀道济、拓跋焘、宇文泰等。他们卓越的军事实践活动以及建立在此基础之上的军事理性认识，更从另一个层面极大地丰富和充实了中国军事思想的宝库，使得该时期的兵学建树呈现出崭新的面貌。

从总体考察，这一时期的军事思想具有几个鲜明的时代特色，体现了独到的成就。

一是注重实用。这表现为人们普遍偏重于军事对策性研究，着眼于兵法基本原则的实际应用。这一时代兵学思想的发展水平往往不在于原理的发现，而主要表现为兵法原理与军事实践的有机结合。这乃是对兵法的二度创造，它常常离不开具体的时间、地点和条件，是一定历史背景下的产物。著名的军事对策，如诸葛亮的《隆中对》、《前出师表》，羊祜的《平吴疏》，杜预的《平吴表》，王濬的《伐吴疏》，王猛的《临终谏伐晋言》，等等，都不是抽象的兵学原则阐发，而是饱含兵法一般原理的具体战略对策方案，具有很强的实用性和可操作性，是理论与实践圆满结合的典范。

二是注重综合。学术兼容，博采众长的文化趋势在这一时期的兵学建树中依然表现得非常明显。即兵学著述在秦汉时期多元综合的基础上进一步由创造学派、标新立异转向为融会贯通诸家之长。例如曹操、诸葛亮、司马懿等人的军事思想，都是在一般的兵学原则上，吸收申、韩学说的精髓，并杂取儒、道、墨诸家之长。其他像王猛军事观念兼容儒、法、兵家的思想，拓跋焘军事思想体现中原农业军事文明与北方草原游牧军事文化的色彩，也同样鲜明地反映了当时的兵学理论建设注重综合、强调兼容的一般特点。

三是注重发展。这一时期的兵学家纷纷致力于对前代兵家所提出的重要兵学范畴加以丰富、充实和发展。如曹操的《孙子略解》、《孙子接要》针对《孙子兵法》的有关范畴发表自己独到的见解，对奇正、主客、形势、虚实、攻守、久速等范畴的内涵加以丰富，对"十则围之"的阐发、补充便是典型一例："以十敌一则围之，是将智等而利钝均也。若主弱客强，不用十也，操所以倍兵围下邳生擒吕布也。"[1] 这类精辟的见解，在

---

① 曹操：《孙子·谋攻篇注》。

一定程度上充实了中国历代军事思想，并多少透露出中国古典兵学的重点，正开始由战略层次向战役战斗层次转移的信息。有论者认为曹操《孙子注》"对孙子思想从战略上注解不足，而只从战法、战术上着眼"①，这种观察是细致而准确的，其实它恰好反映了兵学重心更多侧重于战役、战斗、战法、战术的层次之历史文化趋势。

另外，在战略决策思想、作战指导思想、建军治军思想等方面，这一时期也有独特的建树。如西晋统一全国战略决策的制定和实施；诸葛亮有关将帅修养问题的理性认识；邓艾等人正兵相持、奇兵"冲其腹心"的作战指导；宇文泰府兵制的实行所体现的寓兵于农、组织严密的建军思想；安内服外的富国强兵的思想；"伐谋伐交"，借力打人，善结同盟的军事外交艺术；利用江河天险，进行军事对峙的斗争策略，等等，在中国古代军事学术思想发展史上均闪耀着特有的光芒。它们既是对先秦两汉时期兵学理论成就的继承与发展，也为隋唐两宋兵学思想的再次繁荣兴盛准备了必要的条件。

魏晋南北朝时期的作战指导思想，具有了强烈的地域特征与民族风格。其中南方以水战思想为主，辅以城战理论，而北方则以骑战思想见长。这种南北差异，根源在于地理环境与民族特性的不同，梁朝人沈约对此曾有具体的分析，要云："夫地势有便习，用兵有短长，胡负骏足，而平原恶习车骑之地；南习水斗，江湖固舟楫之乡。代马胡驹，出自冀北，豫章，植乎中土，盖天地所以分区域也。若谓膻裘之民，可以决胜于荆、越，必不可矣；而曰楼船之夫，可以争锋于燕、冀，岂或可乎。"②

南方政权所在地域河湖纵横，因而水战成为十分重要的作战方式，这就直接促成了水战思想的迅速发展。大致而言，南方水战思想包括了以下几个重要观念。

第一，以长击短的观念。在南北相峙中，南方的战略指导者充分肯定水战之长，认为在水战中具有对北军"以一当千"的优势③，并在此基础上树立起以弱胜强的信心。赤壁之战前夕，吴将周瑜对战胜曹操优势兵力

① 参见于汝波主编《孙子兵法研究史》，第78页。
② 《宋书》卷九十五《索虏传》。
③ 《晋书》卷七十七《蔡谟传》。

信心百倍，原因就在于水战为南方作战的主要样式，而曹军恰恰在这一点上处于下风，无能为力："舍鞍马，仗舟楫，与吴越争衡，本非中国所长。……驱中国士众远涉江湖之间，不习水土，必生疾病。"① 赤壁之战的结局，证明了周瑜看法的正确，此后，东晋南朝不少人都把保卫南方的希望寄托在南方以长击短的水战优势上。这方面，北方的战争指导者也是有共识的。如魏文帝曹丕两次广陵观兵，临江而返，喟然叹道："魏虽有武骑千群，无所用也"②；"嗟乎！固天所以隔南北也"③。就是证据。

第二，诱敌深入观念。当南北双方相持不下时，为了扬长避短，不如诱而致之；实施战略进攻，不如展开积极防御。这实质上是主张将北军放进到江淮附近，以便南军依托江淮水系作战。如东晋时，征西将军庾亮以后赵统治者石勒新死，准备北伐，侍中蔡谟反对，认为应"开江延敌"，将北军诱至长江附近，内线歼敌，以利于充分发挥南军水战的优势。指出如果贸然地离江北伐，乃是"以我所短击彼所长"④，纯属战略上的败笔。

第三，控扼上流的观念。南方战争指导者认为，控扼长江上流为江防之重点。如夷陵之战中，吴军主帅陆逊认为夷陵处在荆州之最上流，为东吴之大门，故全力死守该地，挫败刘备重夺荆州的企图。其子陆抗守荆州时，也提出西陵（即夷陵）为国家之藩篱，社稷安危之关键，应当全力争夺和据有⑤。整个六朝沿着这一思路，无不高度重视控扼其上流要地。

第四，依托水道的观念。江河不仅是南方水军的战场，也为南军陆战提供了机动的水道。南军陆战，一般都愿意利用水道进兵或退兵，以方便运输和兼得水战优势。如三国时东吴攻魏，多数选在合肥方向，原因就在于该方向有水道贯通江淮，便于依托水道陆战。

至于南方战争指导者的城市防御战思想，则是其水战思想的补充。北方骑兵善于野战而不善于城战，遇到死守的坚城往往进攻乏术。正是在这样的背景下，南方战争指导者形成了依托坚城实施防御的观念，认为据城

---

① 《三国志》卷五十四《吴书·周瑜传》。
② 《三国志》卷五十五《吴书·徐盛传》注引《魏氏春秋》。
③ 《三国志》卷四十七《吴书·吴主传》注引《吴录》。
④ 《晋书》卷七十七《蔡谟传》。
⑤ 参见《三国志》卷五十八《吴书·陆抗传》。

防御，"战士二千，足抗群虏三万"①。主张力避不利的野战，力争有利的城战，以便依托城市的军事工事，减少骑兵的机动与冲击优势。

与南方截然不同，北方的战争指导者视骑战为自己的强项，在与南军作战中，力主骑战，力避水战与城战。如东魏叛将侯景生长于北方，降梁又叛梁后，兼并了南方众多水军，规模之大，"江左以来，水军之盛未有也"②。然而他仍畏惧水战，叮嘱部下说："西人善水战，不可与争锋；若得马步一交，必当可破"③，仍将取胜的希望寄托在所熟悉的作战方式上。正是在与南方水战、城战相抗衡的基础上，北方的战争指导者逐渐形成了系统的骑战思想，其基本内涵有：

第一，发挥骑兵机动和冲击力的观念。北军认为，骑兵的优势，在于其强大的机动性。所以北魏崔浩在充分认识这一点的基础上，设计了以北制南的"长策"："轻骑同出，耀威桑梓之中，谁知多少？百姓见之，望尘震服。此是国家威制诸夏之长策也。"④ 应该说，"以铁骑兼行袭之，无不克矣"⑤，乃是这一时期北方战争指导者的普遍认识。

第二，运动防御的观念。当敌人发动来势凶猛的进攻时，北方的战争指导者强调骑兵在大踏步运动中退却，以求示弱骄敌，避其锐气，疲劳敌人，等待反攻的时机，因此往往把退却的终点放在极其遥远的地方⑥。如参合坡之战中，北魏放弃都城盛乐（今内蒙古和林格尔西北），退却千余里，西渡黄河，从而为时机成熟后实施反攻并取得胜利奠定基础。

第三，快速进攻观念。北方骑兵进攻总的要求是发挥灵活机动的优势，实施快速进攻。但是在不同地形和对不同敌人的进攻中又提倡区别对待，实行不同的作战原则。如对漠北草原地区的进攻，是以骑制骑，故主张多路奔袭，突然袭击。当咬住敌之主力后，当不怕疲劳追击到底。然而对江淮以北地区的进攻，则是以骑制步、制城，面对南方长于水战、城战的特点，北方战争指导者的骑兵快速进攻实行了新的作战原则，一是以掠

---

① 《宋书》卷六十四《何承天传》。

② 《南史》卷八十《侯景传》。

③ 《梁书》卷五十六《侯景传》。

④ 《魏书》卷三十五《崔浩传》。

⑤ 《资治通鉴》卷一百六十五，梁元帝承圣二年。

⑥ 参见于汝波、黄朴民主编《中国历代军事思想史教程》，军事科学出版社2000年版，第88页。

夺而不以占领土地为目的，所谓"北人不乐远行，唯乐钞掠"①；二是以掠夺广大农村地区为主，对城池可攻则攻，不可攻则绕城而过；三是冬去春来，进攻的终点以淮河至多以长江为界限；四是回军时全部撤兵，"兵不戍一城，土不辟一成"②。

第四，酌情攻坚的观念。北方战争指导者在对南朝进行己所不擅长的城战时，主张最好能避免攻城，当非攻不可时，也要扬长避短，采用以下两种机动战法攻城。一是以骑兵对所攻之城昼围夜撤，并且筑堤引水灌城。二是把重点放在围城打援的野战之上，认为一旦野战打援成功，则守城者心理绝望，其城往往可不攻而下。

魏晋南北朝时期"南船北骑"的作战指导原则，是当时战争实践的产物，同时又转而对该时期的战争活动开展，具有指导的意义。它的形成及其运用，标志着古代军事学术的发展又进入了一个新的阶段。

---

① 《资治通鉴》卷一百四十一，齐明帝建武四年。
② 《资治通鉴》卷一百四十，齐明帝建武二年。

先秦儒家道统意识与批判精神

韩　星

问题的缘起

五四新文化运动以来，国人形成了一个基本看法：两千多年来儒学为封建帝王的统治提供理论基础，儒家是封建专制主义的帮凶，还发明了一个"专制儒学"的名词。其实，在中国儒学发展史上，也存在着一条若明若暗的线索，这就是儒家的批判精神，甚至可以说就是反专制主义的传统。

"专制"是一个政治学的概念，是指被垄断了的政治权力只属于一人或一个小集团，其他社会成员只是权力的被动承受者。这种权力具有无条件的绝对性。18世纪法国思想家孟德斯鸠区分了共和政体、君主政体和专制政体三种，认为："共和政体是全体人民或仅仅一部分人民握有最高权力的政体；君主政体是由单独一个人执政，不过遵照固定的和确立了的法律；专制政体是既无法律又无规章，由单独一个人按照一己的意志与反复无常的性情领导一切。"① 其实，儒家尚德不尚力，秦汉以后儒家学说与皇帝制度相结合的政体是君主政体，不是专制政体。专制政体又叫暴君政体。法家与皇帝制度相结合的政体才是专制政体。实际上，中国历史上主要是君主政体，即使出现了孟德斯鸠讲的专制政体，也往往都是短命的，如秦始皇、隋炀帝等。

先秦儒学虽然提倡君主制，但并不意味着要实行君主专制。儒家之所以选择君主政体很大程度是早期中国政治发展的产物，是由当时的社会发

---

① ［法］孟德斯鸠：《论法的精神》，张雁深译，商务印书馆1961年版，第8页。

展阶段所决定。正如有学者所论："中国自国家诞生之日起，就采取了君主政体……中国古代政体的单一，使孔子和其他的儒学者不知在君主政体之外还有什么政体，他们也想象不出还会有不同于君主专制政体的存在"，"在这种观念下，儒家学者在其政治思想中只能把君主政体设计得尽可能完美，不可能超越君主政体，设计出另外一种政体"①。因此，毋宁说儒家是不得不认可君主制，但主张限制君主的独裁，一定程度上可以说是反专制的。他们以对民的态度来区分圣君和暴君，反对君主个人独裁暴政，为社会提供一套是非观价值观，并以之作为限制王权的武器，这便是他们所共同尊崇的"道"。他们主张以道对君权予以一定的限制，认为治理国家，以道为本，道比权位更为重要。

一　人道为本——孔子之道

《汉书·艺文志》："儒家者流……于道最为高。"这就是说儒家把"道"看成是最高的价值理念和终极理想。

孔子之"道"为何？《论语·里仁》载孔子概括其思想时说"吾道一以贯之"，曾子认为这个"道"就是"忠恕之道"。其实，孔子"道"的范围极其广泛，内涵极其丰富，具有有机整体性，"反映出一个对整体真实与整体真理的意识与认识。他不用'吾学'，而用'吾道'，也具有深义。'道'显然兼指真实本体及达致此一本体的方法。……不只是单纯思想的自觉或思虑认识，而是包含了特殊性与普遍性、历史性与前瞻性、理论性与实践性的一个真理实体，对个人及社会形成一个价值目标，也形成一种生活形态"②。

孔子的"道"主要指人道。"孔子的'道'具有普遍性和包容性，它是一个大的道理，具有广大的客观性，它是在人的文化发展当中的人的价值，是人的理、社会的理。"③ 孔子心目中有两个理想的政治范本：一是先王之道，即尧、舜、禹、汤、文、武、周公之道；二是周代的礼乐文

---

① 马振铎、徐远和、郑家栋：《儒家文明》，中国社会科学出版社1999年版，第132页。

② 成中英：《孔子哲学中的创造性原理》，《成中英文集》第二卷，湖北人民出版社2006年版，第5页。

③ 成中英：《道德自我与民主自由：人权的哲学基础》，《成中英文集》第二卷，第370页。

化。在他看来，这二者又是一体的，因为周代的礼乐乃是先王之道的载体。因此，孔子通过礼乐文化的反思达致对儒家之"道"的自觉。在《论语》中，孔子屡屡称赞周代的礼乐文化，他对礼乐文化的反省是深刻而超前的：（1）他发现了人性之本常，（2）他发现了人性的理想，（3）他发现了人的善恶是是非的准则①。孔子生长在一个礼崩乐坏、天下无道的时代，他对道有了自觉的意识，这就是通过对礼乐文化的历史反思来"悟道"的，所体悟出来的是历史之道、人文之道②。

二　人能弘道——先秦儒家的道统意识

孔子在中国历史上的轴心时代萌发出对人类的责任意识与使命感，形成了"道统"意识。正如余英时先生写道："'哲学的突破'以前，士固定在封建关系之中而各有职事；他们并没有一个更高的精神凭藉可持以批评政治社会、抗礼王侯。但'突破'以后，士已发展了这一精神凭藉，即所谓'道'。""道"确立以后，"'士'的特征已显然不在其客观身份，而在其以'道'自任的精神"③。"道"就是古代"士"履行他们的社会责任的内在价值基础。

在"道"的自觉的基础上，孔子把"道"放在一个不可动摇的很高的地位上，要求"士人"必须作为"道"的担当者、固守者。所以他倡言，"士志于道，而耻恶衣恶食者，未足与议也"（《论语·里仁》）。"笃信好学，守死善道。危邦不入，乱邦不居。天下有道则见，无道则隐。邦有道，贫且贱焉，耻也；邦无道，富且贵焉，耻也。"（《论语·泰伯》）"君子谋道不谋食。耕也，馁在其中矣；学也，禄在其中矣。君子忧道不忧贫。"（《论语·卫灵公》）"人能弘道，非道弘人。"（《论语·卫灵公》）这就是要求士人们能够超越自己个体的和群体的利害得失，而发展为对整个社会的深厚关怀。显然，孔子把"道"视为一种不可轻易放弃的理想价值。

从儒家道统谱系来说，孔子是一个承前启后的中心人物。他观殷夏所

---

① 成中英：《现代新儒学建立的基础》，《成中英文集》第二卷，第402页。
② 韩星：《孔学述论》，陕西师范大学出版社2008年版，第1页。
③ 余英时：《道统与政统之间》，《士与中国文化》，上海人民出版社2003年版，第88页。

损益，追迹三代之礼，删定六艺，仁体礼用，仁智双彰，"尽人道之极致，立人伦之型范"①，不但是其前两千五百年历史文化积累的集大成者、守成者，也是上古三代历史文化的反省者，还是其下两千五百年历史文化演进的开新者。尽管孔子没有提出"道统"的概念，但他谓天之历数尧、舜、禹递相传授，实际上启发了孟子的道统思想。上古三代圣圣相传的道统，被孔子点化而彰显，守护而常存。牟宗三也认为，尧、舜、禹三代一系相承的道统，到孔子时有了进一步创造性的突进。而其开辟突进的关键，是在于道的本质内容的自觉，通过此自觉开辟了一个精神的领域，这就是孔子所立的仁教。以孔子的仁教与尧、舜、禹三代的德政业绩合起来看，便是所谓"内圣外王之道"。所以，内圣外王之道的成立，正表示孔子对"道之本统"的开发与重建②。

孟子在孔子的基础上以"道"更挺立起士人的独立人格。他说："道在迩而求诸远"（《孟子·离娄上》），希望士人有高远的追求，"士穷不失义，达不离道。穷不失义，故士得己焉；达不离道，故民不失望焉"（《孟子·尽心上》）。"天下有道，以道殉身；天下无道，以身殉道。"（《孟子·尽心上》）在坚守道和具体利益之间的权衡上，他强调"未闻以道殉乎人者也"（《孟子·尽心上》）。与孔子相比，孟子更以捍卫和承继"先王之道"为己任，勾画出一个自尧、舜、禹、汤、文王、孔子的圣人之道相传授受统绪："由尧、舜至于汤，五百有余岁。若禹、皋陶，则见而知之。若汤，则闻而知之。由汤至于文王，五百有余岁。若伊尹、莱朱，则见而知之。若文王，则闻而知之。由文王至于孔子，五百有余岁。若大公望、散宜生，则见而知之。若孔子，则闻而知之。由孔子而来，至于今，百有余岁。"（《孟子·尽心下》）孟子沿着一条历史文化基线以五百年为一个周期从尧数至孔子，清晰地勾勒出一幅儒家道统的承传谱系，这也是儒家道统论的开端，并为后世所遵循。

尽管后儒把儒家道统狭隘化为心性道统，但如果从孔子有机整体的道统原型出发，荀子在儒家道统史也应该占有一席之地。他继承发展孔子的思想，又吸收改造道家的思想，提出"天有常道"的命题，强调天道自然，人道有为。他虽然主张"法后王"，但他对"先王之道"同样也是称

---

① 牟宗三：《历史哲学》，广西师范大学出版社 2007 年版，第 83 页。
② 牟宗三：《心体与性体》（上），上海古籍出版社 1999 年版，第 163—191 页。

颂不已，甚至还极力主张恢复古者先王之道、先王之政。荀子的尊古意识实质上是贯彻在他的文化生命中的一种历史文化精神，也就是承接道统的意识。当然，比较起来，荀子的"道"与孟子的高远与超越相比，就显得具体、实际多了，甚至有更多现实功利的考虑。如他说："道者，非天之道，非地之道，人之所以道也，君子之所道也。"（《荀子·儒效篇》）"道也者，何也？礼让、忠信是也。"（《荀子·强国篇》）"道也者，治之经理也。"（《荀子·正名篇》）可以看出，从孔子文化关怀到荀子政治参与的明显变化，显示了孔孟与荀子之间的区别。这种区别的一个重要标志，就是孔孟与荀子虽然共同言"道"，但其内涵已经有明显的不同，孔孟的"道"中包含着更多的文化批判因素，而荀子则更看重士人对现实政治的参与效果①。

三　道统与政统

儒家重视"道"，既是出于本体论或宇宙论的理解，也是出于政治伦理的需要，最主要是想用"道"这个价值理想来对为政者的施政行为进行规范和调正。

先秦儒者有明确的"道统"意识，并与君主所代表的"政统"形成两个相涉而又分立的系统。在儒学道统思想发展史上，孔子以前王圣统一，政统与道统合一，然而自孔子以后，王圣分而为二，则以师儒为道的承担者，政统与道统不再合一，以政统言，王侯是主体；以道统言，则师儒是主体。后来"德"与"位"相待而成的观念就由此而起②。孔子强调的是君臣双方的责任和义务，所谓"君使臣以礼，臣事君以忠"（《论语·八佾》），说明君与臣是对待的、互为条件的。郭店楚简《语丛一》云："君臣，朋友其择者也。"《语丛一》云："友，君臣之道也。"即是说君臣关系是一种朋友间的相互选择关系。《语丛三》还说："父亡恶，君犹父也……所以异于父，君臣不相在也，则可已；不悦，可去也；不义而加诸己，弗受也"，都把君臣关系看成与父子不同的朋友关系。

思孟学派把"道统"与"政统"的分立具体化为"道"与"势"、

① 王长华：《春秋战国士人与政治》，上海人民出版社1997年版，第52页。
② 牟宗三：《历史哲学》，第92页。

"德"与"位"的分立，认为"道高于势"、"德尊于位"。思孟学派的代表人物是子思和孟子，他们的基本形象是王者师，不是顾问、智囊、高参，而是有自己文化理想、历史使命、政治远见、道德人格，能够特立独行的儒者。子思，孔子之孙，名伋。子思曾在鲁国收徒授业，后又周游列国，到过宋、齐、卫等诸侯国，以儒家的仁政德治思想游说诸侯，虽然没有得到统治者的认可和重用，但没有因此而动摇其持守儒家之道的志向，更没有卑躬屈膝以求得荣华富贵，而是为了维护儒者的道德理想和人格尊严，为了光大儒家思想在社会中的影响，抗节守道，不降其志，恒称诸侯残民害道之行，不惧自己身处穷困危难之中，成为当时一位颇有影响的儒者代表人物。

对于国君应当如何对待士人，子思认为国君应当以士人为师，而不是与士人交友。《孟子·万章下》载："缪公亟见于子思，曰：'古千乘之国以友士，何如？'子思不悦，曰：'古之人有言曰：事之云乎？岂曰友之云乎？'子思之不悦也，岂不曰：'以位，则子君也，我臣也，何敢与君友也？以德，则子事我者也，奚可以与我友？'"子思的意思是说，论地位，你是国君，我是臣下，我哪能同你交朋友呢？论道德，你是向我学习的人，你怎么可以同我交朋友呢？《孔丛子·抗志》还载：曾参的儿子曾申，看到子思志向难达、身处贫困，就对他说："屈己以伸道乎，抗志以贫贱乎？"子思说："道伸，吾所愿也。今天下王侯，其孰能哉？与屈己以富贵，不若抗志以贫贱。屈己则制于人，抗志则不愧于道。"在"道"与"势"的对峙上，子思表现出了一位真正儒者的高风亮节和浩然正气。

孟子说："天下有达尊三：爵一，齿一，德一。"（《孟子·公孙丑下》）这里所说的爵是权位，齿指血缘辈分，德代表着儒家的政治理念。他认为爵、齿和德作为不同类型的价值标准，适用于不同的领域："朝廷莫如爵"，在政权系统里，以权力高低为标准，爵位越大越高贵；"乡里莫如齿"，在社会生活中，以辈分年纪论尊；"辅世导民莫如德"，作为理国治民的政治原则，当以德为本。在现实生活中，此三者缺一不可，"恶得有其一以慢其二哉？"（《孟子·公孙丑下》）孟子还认为，德与爵相比，德更重要。他把权势地位称作"人爵"，道德仁义称为"天爵"，鲜明地对比说："有天爵者，有人爵者。仁义忠信，乐善不倦，此天爵也；公卿大夫，此人爵也。古之人修其天爵，而爵从之。今之人修其天爵，以要人爵，既得人爵，而弃其天爵，则惑之甚者也，终亦必亡而已矣。"（《孟子·告子上》）"天爵"与"人爵"虽然不是对立或抵牾的关系，但毕竟是两种不同的价值判断，通过褒贬古今的对比表达了重"天爵"轻"人爵"，以"天爵"统摄"人爵"的价值倾向。在这样的基础上，假如需要在道和权势财利之间作选择，只能是先道而后势。所以他又说："古之贤王好善而忘势，古之贤士何独不然？乐其道而忘人之势，故王公不致敬尽礼，则不得亟见。见且由不得亟，而况得而臣之乎？"（《孟子·尽心上》）对于君臣关系，他强调："君之视臣如手足；则臣视君如腹心；君之视臣如犬马，则臣视君如国人；君之视臣如土芥，则臣视君如寇雠。"（《孟子·离娄下》）倘若君主真有背离道的倾向，贤人君子就要设法予以阻劝，通常采用的方式是"进谏"。贤人君子具有规劝君主的资格和义务，"惟大人为能格君心之非"（《孟子·离娄上》）。"君子之事君也，务引其君以当道，志于仁而已。"（《孟子·告子下》）就是以有道的君子来革除君主心中不正的欲念，引导君主合于尧舜之道，志于仁政。就贤人君子应尽的为臣的职责而言，他认为"责难于君谓之恭，陈善闭邪谓之敬，吾君不能谓之贼"（《孟子·离娄上》）。这是说勉励君主做难为之事才是恭，以善法善事劝谏君主行善拒邪才是敬，但如果为臣者面对君主的不肖无所作为那就是贼其君。

假若通常的劝谏手段不能奏效，孟子主张采用非常手段，即以"有道伐无道"，取消无道之君的君主资格。这就是："君有过则谏，反复之而不听，则去。""君有大过则谏，反复之而不听，则易位。"（《孟子·万章下》）"贼仁者谓之贼，贼义者谓之残，残贼之人谓之一夫。闻诛一夫纣矣，未闻弑君也。"（《孟子·梁惠王下》）这显然是对儒家经典《易传》汤武革命思想的继承和发挥。在七国争雄、兵火交加、交相争霸的时代，君权日益膨胀，出现这种思想，确实是难能可贵的，而且对后世封建君主专制条件下，出现某些敢于抗衡暴君独夫的净臣志士起了积极影响，具有一定民主意义。

荀子认为儒者之所以受人尊敬主要是在他身上有道在，有道的儒者在处理与君主的关系时就要以道为精神价值，"道高于君"，要"从道不从君"。他说："入孝出弟，人之小行也；上顺下笃，人之中行也；从道不从君，从义不从父，人之大行也。若夫志以礼安，言以类使，则儒道毕矣。"（《荀子·子道篇》）认为"从道不从君"是儒道中的大行。因为道的存亡决定国家的存亡，"道存则国存，道亡则国亡"（《荀子·君道篇》），所以要以道的价值理想作为士人的指导思想，而不是权势和利益。这体现了儒家道统思想的一个重要特征，也由此形成了中国历史上君、道二元对立的政治格局。荀子还把这种"道统"与"政统"的分立具体化为"圣"与"王"的并立："圣也者，尽伦者也；王也者，尽制者也；两尽者，足以为天下极矣，故学者以圣王为师。"（《荀子·解蔽篇》）"圣"是人伦道德的承担者，"王"是政治制度的奠定者。上古时代圣王合一，但现在圣王分立，只有二者合作，才能治理好天下。显然，这种"合作"是一种理想，而他就以这理想作为天下的最高标准。这样，不但"圣"和"王"之间构成了张力，理想与现实也形成了紧张。

先秦儒者"道高于势"、"德尊于位"的思想和精神当然有其特定的社会历史条件的。在当时诸侯纷争的时候，各国君主为了互相争霸，尽力争取具有思想和声威的士人，借以增强自身的政治号召力，这样就使士人的社会价值得到了充分实现，也就迫使现实政权对他们的价值有足够的认识，士人的社会地位就自然高了。《孔丛子·居卫》载曾子对孔伋说："昔者吾从夫子巡守于诸侯，夫子未尝失人臣之礼，而圣道不行。今吾观子有傲世主之心，无乃不容乎？"孔伋对曰："时移世异，人有宜也。当吾先君，周制虽毁，君臣固位，上下相持，若一体然。夫欲行其道，不执礼以求之，则不能入也。今天下诸侯，方欲力争，竞招英雄，以自辅翼，此乃得士则昌，失士则亡之秋也。伋于此时不自高，人将下吾；不自贵，人将贱吾。舜禹揖让，汤武用师，非相诡也，乃各时也。"子思认为，现实发生了变化，人的行为也要与时俱变。他指出孔子时代，西周的礼乐制度虽然出现了崩坏，但君臣名位依然，上下尊卑，浑然一体。要推行政道，礼节仍然要持守，否则在社会上就行不通；现今时代，天下诸侯力争，正在极力招贤纳士，辅助自己争霸天下，士人的重要性就凸现出来了。在这种情况下，如果我不能自尊自爱持守节义，那将会受到世人的轻视。因此，我的行为方式虽然与祖父有所不同，但这就如同舜禹因禅让而得到天下，汤武因用兵而获得政权一样，并不是狡诈行为，而是由时世的不同所决定的。

四　先秦儒家的批判精神

先秦儒家以"道"价值理想，追求并护持"道"，体现出强烈的批判精神。孔子面对礼崩乐坏的社会现实，批评当时"天下无道"，并正话反说，"天下有道，则政不在大夫。天下有道，则庶人不议"（《论语·季氏》）。在孔子那里，臣对君的"忠"是有条件的，"所谓大臣者，以道事君，不可则止"（《论语·先进》），"勿欺也，而犯之"（《论语·宪问》），这样就把君臣关系统摄于更高的"道"这么一个价值理想上，"以道事君"就是以仁道事君，从政治哲学上说这就是儒家的民本主义价值观。"犯之"就是对君主的"不仁"进行批评；如果君主不听谏阻，那就应该"止"，即辞官而隐退。"道"成为君臣关系存在的前提，丧失了这个前提，为臣的一方是有主动的批评权，完全可以终止君臣关系。孔子说虽然把"君臣之义"当作"人之大伦"，但认为君主如果要求"言莫予违"就有"一言丧邦"的危险，这就是明显地反对个人独裁。曾子也说："晋楚之富，不可及也；彼以其富，我以吾仁；彼以其爵，我以吾义；吾何慊乎哉！"（《孟子·公孙丑下》）孔子及其弟子虽然一无政权，二无实力，却能够勇敢地发表言论，批评与劝谏当时的时君世主，使各国的君主官吏都不敢小看他们，原因便在于孔子通过对历史上"道统"的阐发，不但为儒家找到了一套价值理想体系，一定程度上也表达了大多数人的思想和愿望。

到了子思、孟子，这种精神得到了更进一步的弘扬，发展成为维护道德理想和人格尊严，抗节守道，不降其志的刚风傲骨，对战国时代"捐礼让而贵战争，弃仁义而用诈谲"（《刘向〈战国策〉书录》）的社会进行大胆批判，对王者表示出一种高傲的风骨。

郭店楚简《鲁穆公见子思》："鲁穆公问于子思曰：'何如而可谓忠臣？'子思曰：'恒称其君之恶者，可谓忠臣矣。'公不悦，揖而退之。成孙弋见，公曰：'乡者吾问忠臣于子思，子思曰："恒称其君之恶者，可谓忠臣矣。"寡人惑焉，而未之得也。'成孙弋曰：'噫，善哉，言乎！夫为其君之故杀其身者，尝有之矣。恒称其君之恶，未之有也。夫为其[君]之故杀其身者，效禄爵者也。恒称其君之恶者，远禄爵者[也]。为义而远禄爵，非子思，吾恶闻之矣。'"① 子思敢于"恒称其君之恶"，即对君主进行批判，这在当时的士人当中非常罕见，为此宁愿远离禄爵而在所不惜。

---

① 荆门博物馆：《郭店楚墓竹简》，文物出版社1998年版，第141页。

　　孟子以尧、舜、禹、文、武、周公、孔子的继承人自居，以拨乱反正，平治天下为己任，曾明确地表示："我亦欲正人心，息邪说，距诐行，放淫辞，以承三圣者。"（《孟子·滕文公下》）孙奭《孟子正义序》云："自昔仲尼既没，战国初兴，至化陵迟，异端并作，仪、衍肆其诡辩，杨、墨饰其淫辞。遂致王公纳其谋，以纷乱于上；学者循其踵，以蔽惑于下。犹浲水怀山，时尽昏垫，繁芜塞路，孰可芟夷？惟孟子挺名世之才，秉先觉之志，拔邪树正，高行厉辞，导王化之源，以救时弊；开圣人之道，以断群疑。其言精而赡，其旨渊而通，致仲尼之教，独尊于千古。非圣贤之伦，安能至于此乎？"①孟子在那样一个混乱的时代，自觉地以救正时乱，解生民于倒悬、弘扬孔子儒家之道为己任，对当时的社会乱象进行不遗余力的揭露和批判，"狗彘食人食而不知检，涂有饿莩而不知发。人死，则曰：'非我也，岁也。'""庖有肥肉，厩有肥马，民有饥色，野有饿莩，此率兽而食人也。"（《孟子·梁惠王上》）他反对暴政，称历史上的暴君为独夫民贼，赞成"汤放桀"、"武王伐纣"的正义行动，说："贼仁者谓之贼，贼义者谓之残。残贼之人，谓之一夫。闻诛一夫纣矣，未闻弑君也。"（《孟子·梁惠王下》）肯定人民有推翻暴君的权力，肯定解民于倒悬的正义战争，认为"仁者无敌"，能王天下；而欲仁于天下者，首当戒杀，"如有不嗜杀人者，则天下之民皆引领而望之矣！诚如是也，民归之，由水之就下，沛然谁能御之？"（《孟子·梁惠王上》）

　　孟子辟杨墨，认为杨朱为我是无君，墨子兼爱是无父，"无父无君，是禽兽也"（《孟子·滕文公下》），因为杨墨之道，废弃人伦，就会丧失人之所以为人的资格，而堕落为禽兽。杨朱是极端的个人主义，墨家是极端的集体主义，而孟子把握了儒家中庸之道的精义，在这两种极端倾向中强调走中道。正如有学者所指出的："孟子抨击杨朱墨翟，正是要在基本人性和人心受到极端个人主义和极端集体主义摧残殆尽的两极分化里开拓出一条'执中'的康庄大道来。不过'执中'绝非折中主义，因此孟子批判了'折中无权'的片面思想。"②

　　孟子还作王霸之辩，以王道反对霸道。他说："五霸者，三王之罪人

<hr />

　　① 赵岐注，孙奭疏：《孟子注疏》，《十三经注疏》，中华书局 1980 年版，第 2660 页。

　　② 杜维明：《儒家伦理与全球社群》，《儒学与廿一世纪——纪念孔子诞辰 2545 周年暨国际儒学讨论会会议文集》（上），华夏出版社 1996 年版，第 725 页。

也；今之诸侯，五霸之罪人也；今之大夫，今之诸侯之罪人也。"（《孟子·告子下》）在"王道"与"霸道"的关系上，两极的对立性被他十分鲜明地摆了出来："以力假仁者霸，霸必有大国；以德行仁者王，王不待大。汤以七十里，文王以百里。以力服人者，非心服也，力不赡也；以德服人者，中心悦而诚服也，如七十子之服孔子也。"（《孟子·公孙丑上》）"霸者之民，欢虞如也；王者之民，皞皞如也。"（《孟子·尽心上》）这样，孟子将霸、王作为两条对比鲜明的政治方略和统一天下的途径提了出来，并认为选择"力"，还是选择"德"，就会导致两种截然不同的政治目标——"霸"与"王"。是"用武力征服"，还是"用道德感化"，在庶民那里，还会产生两种根本不同的态度。对孟子来说，理想的选择当然是"王"和"德"。

宋儒施德操对此予以评析，称："孟子有大功四：道性善，一也；明浩然之气，二也；辟杨、墨，三也；黜五霸而尊三王，四也。是四者，发孔氏之所未谈，述《六经》之所不载，遇邪说于横流，启人心于方惑，则余之所谓卓然建明者，此其尤盛者乎？"① 后面三个方面都与孟子的批判精神相关，这正是孟子在中国儒学史上特别光辉的地方，也是他对儒学的发展有卓越贡献的地方。

秦汉以后，儒家批判精神具体体现为积极的、直接的、对抗性的和消极的、间接的、不合作的两种方式，前者往往是在社会处于上升或基本正常状况下儒者所采取的方式，后者往往是在社会处于下降或没落的情况下儒者所采取的方式。从具体内容上看，儒家批判精神包括批判专制政治和专制思想，批判社会暴力和社会腐败，强调王道理想，倡导德治礼治，反对霸政，谴责酷刑苛法；注重民本和教化，立足社会进行改革，缓和社会矛盾，维护社会正常秩序；以"儒道"为标准，接受小康，向往大同。以上的方式和内容不同时代、不同地域、在不同儒者身上有不同的侧重点。

对于儒学的批判品质，近代以来受到一些学者的质疑。那么，儒学是否缺失批判品质呢？回答是否定的。儒学一出现就鲜明地表现了一种社会批判的精神。所谓社会批判精神或叫抗议精神，指儒学所具有的批判功能

① 施德操：《孟子发题》，黄宗羲原著，全祖望补修《宋元学案》卷四十《横浦学案》，中华书局1986年版，第1319页。

和品质。可以包括三层意思：一是政治批判；二是作为社会良知，对社会的批判；三是文化传承、文化批判精神①。这种批判精神或叫抗议精神具体存在于社会三个方面：一方面是清官、谏官，在政治权力中间；另一方面是外围的隐士；还有就是传统社会中的乡绅②。传统儒学的批判并非破坏性批判，而是建设性批判。因此，我们所持守和发扬的儒学批判精神，是一种建设性的批判精神。唯有批判，儒学才能营养自己，才能拥有活力；唯有批判，儒学的价值才能得到落实，儒学的生命才能得到舒展；唯有批判，儒学对社会的担当才得以体现③。

结　语

先秦儒者是融道德信仰和理性思考为一体的知识分子，正如杜维明所论："儒家学者在公众形象和自我定位上兼教士功能和哲学家作用……讲求实效的考虑使他要正视现实政治（realpolitik）的世界，并且从内部开始改变它。他相信，通过自我努力人类本性可得以完善，固有的美德存在于人类社会之中，天人有可能合一，使他能够对握有权力、拥有影响的人保持批评态度。"④ 余英时也有类似的看法，认为轴心时代的中国知识分子"历史性格自始即受到他们所承继的文化传统的规定，就他们管恺撒的事这一点来说，他们接近西方近代的知识分子；但就他们代表'道'而言，则他们又接近西方的僧侣和神学家"⑤。先秦儒者以"道"为承担，不愿自贬身价去入仕，温和者自诩为王者之师，激烈者则猛烈地攻击一切看不惯的现象，这既体现了与西方现代知识分子相似的关怀现实的自由批判精神；也体现了与西方宗教家类似的担当道统的宗教性卫道精神。这些精神在今天仍然具有重要的价值，需要我们挖掘和弘扬。

---

① 杜维明：《郭店楚简与先秦儒道思想的重新定位》，《中国哲学》第 20 辑，辽宁教育出版社 1999 年版，第 3 页。

② 杜维明：《现代精神与儒家传统》，《杜维明文集》第二卷，武汉出版社 2002 年版，第 339 页。

③ 李承贵：《儒学当代开展的三个向度》，《光明日报》2005 年 7 月 12 日。

④ 杜维明：《道·学·政——论儒家知识分子》，上海人民出版社 2000 年版，第 11 页。

⑤ 余英时：《中国知识分子的古代传统——兼论"俳优"与"修身"》，《士与中国文化》，第 107 页。

论儒家的身体观及其修身之道

韩 星

当代西方哲学由现代向后现代的转型中，有一个明显的趋向，即从形而上转向形而下，从思辨世界转向生活世界，从意识哲学转向身体哲学；"身体"成为审视世界和思想言说的一个重要视角，如出现了"身体现象学"、"身体伦理学"和"身体美学"，等等。在全球化背景下，中国当代哲学该怎样应对这种身体转向？目前国内学术界有一种观点，认为西方当代哲学的身体转向是中国哲学研究范式转换的一个重要契机，因为中国古代哲学是一种身体本体论的哲学。在本文看来，这种以西方身体哲学的思路和逻辑来解读中国哲学的做法，有以偏概全之弊。因此，有必要重新梳理中国传统哲学尤其是儒家哲学身体观的实际内涵。

一 儒家身体观的主流形态：身心一体、心为主宰

1. 身、身体的含义

儒家修身的"身"到底是什么含义？《说文》："身，躬也。象人之形。"清王引之《经义述闻·通说上》："人自顶以下，踵以上，总谓之身。颈以下，股以上，亦谓之身。"《字汇·身部》："身，躯也。耳目鼻口百体共为一身。"这些都说明身的本义是人的躯干，这个意义上的"身"常常是与"心"相对的。"身"除了表示形躯的基本意思之外，还有相近的概念如"体"：体验、体察、体认、体贴、体会、体恤、体谅、体行等。相关的概念有食、色、性（性欲）、六欲（生、死、耳、目、口、鼻）等属于生物本能方面的。可见，"身"在中国思想中有狭义即形躯结构的含义和广义即统摄形、气、心而为形神相合、身心一体的生命整

体的含义。儒家之"身"不简单是形躯之身，更多时候实为生命、人格的另一种表述①。生命作为一个整体，身与心、形与神、内与外、大与小、现象与本质、部分与整体始终是不可割裂地融合为一有机体而存在、成长。

2. 身心一体

中国传统的身体观与西方二元分立的逻辑思维不同，是在身心和合中讲分别，合中有分，分则仍合。尽管在中国思想史上也存在着心性与身体的断裂，理念对肉身的压抑，但身心一体，心物一如才是主流，不存在与心无关的"身"，也不存在把形躯、欲望、情感都剔除掉的"心"，身心的互渗、交融与转化才是其身体观的主要脉络。日本学者汤浅泰雄早就论及这个问题，认为东方包括印度、中国、日本在内的民族其身体观的突出特点是"身心合一"②，西方著名中国哲学史家如安乐哲（Roger T. Ames）等也认为在儒家思想中"身心是一对'两极相关'（polar）而非'二元对立'（dualistic）的观念。因此，只有在彼此互涉的情况下，二者才能够得到理解"③。因此，儒家的"心性论与身体论乃是一体的两面，没有无心性之身体，也没有无身体之心性。身体体现了心性，心性也性著了身体"④。

儒家认为人的身与心是浑然一体的，言身必言心，言心必言身，两者是不可分割的，也不是二元对立。孔子注重整全人格的存在，强调身心一体才能代表完整的自我。《论语·季氏》："君子有三戒：少之时，血气未定，戒之在色；及其壮也，血气方刚，戒之在斗；及其老也，血气既衰，戒之在得。"孔子对人们"三戒"的告诫就是在承认人性本能和生理—身体特点的基础上强调心理—精神调节，以保全生命的健康和人格的完善。

孔子认为仁是人之为人的本质。《论语·里仁》载孔子说："我未见好仁者，恶不仁者。好仁者无以尚之，恶不仁者其为仁矣，不使不仁者加乎其身。"好仁者积极地行仁，恶不仁者只是消极地拒绝不仁。无论是积极行仁还是消极拒绝不仁，最终都归结到自我的主观能动性。"实际上仁

---

① 周与沉：《身体：思想与修行》，中国社会科学出版社 2005 年版，第 132 页。

② ［日］汤浅泰雄：《灵肉探微——神秘的东方身心观》，马超译，中国友谊出版社 1990 年版，第 8 页。

③ ［美］安乐哲：《中国古典哲学中身体的意义》，《世界哲学》2006 年第 5 期。

④ 杨儒宾：《儒家身体观》，台湾"中研院"中国文哲研究所筹备处，1996 年，第 1 页。

是人性的核心，没有仁，人就不能成为真正的人。仁作为能力的美德和行为的愿望由个人尽心尽力地实现，因此它便与心和身都有了联系，并且在形成一个理想目标及实现这一目标的理想行为的过程中，将身心联在了一起。"① 仁也是孔子心目中最高的道德理想，当"仁"与"身"相辅相成时有利于人的健康长寿，《论语·雍也》载孔子说"仁者寿"，《礼记·中庸》引孔子："故大德……必得其寿。"但当"仁"与"身"发生矛盾，不能兼得时，孔子又提出了杀身成仁的观点。"子曰：'志士仁人，无求生以害仁，有杀身以成仁。'"（《论语·卫灵公》）杀身成仁其实是生命价值的最高体现，虽然从个体生命的角度来讲是不得已而为之。

郭店楚简《五行》还把"仁"写为"忎"，是儒家身心一体思想的典型体现。《五行》认为"仁"这一最高道德境界，形成于心，而完成于身。道德要形之于内（心），是生命内在的充盈，虽然就通过行为表现于外（身），显发于形色，内在的道德只有通过身的践行才能实现，身心一体贯通，呈现出金声玉振的圣人气象。正如有学者所论："仁德是种扎根于形气神一体显现的道德，它是儒家体现的身体观的道德。'仁'字从身从心，子思借此字告诉学者：道德必须在身体上体现出来，它体现的轨迹可以由心而身，也可以由身而心。""身心为仁，这是儒家的大本大宗。"②

《大学》提出"德润身，心广体胖"，说明道德修养与身体健康是相辅相成的。《易传·文言》也说："君子黄中通理，正位居体，美在其中，畅于四肢，发于事业"，也是从身心一体的角度来谈君子修之于内而发之于外，内圣外王，和谐美好的人格境界。

孟子把身心之学更往心为主宰的方向大大地发展了，他把心十字形地立体打开。在《孟子·尽心上》中他一方面曰："尽其心者，知其性也。知其性，则知天矣。存其心，养其性，所以事天也。"赋予心下学上达的知性、知天功能；另一方面又曰："形色，天性也。惟圣人然后可以践形。"认为心能有诸内而形诸外。所谓"践形"是指人的道德精神可以充实浮现于人的身体，是道德涵养经由身体的外在显示。他继续说："君子

---

① 成中英：《从康德、海德格尔到孔子》，《成中英文集》第一卷，湖北人民出版社 2006 年版，第 98—99 页。

② 杨儒宾：《子思学派试探》，《郭店楚简国际学术研讨会论文集》，湖北人民出版社 2000 年版，第 623 页。

所性，仁义礼智根于心。其生色也，睟然见于面，盎于背，施于四体，四体不言而喻。"（《孟子·尽心上》）这里以心为本，以身为末，是一种生理存在与道德存在浑然融会时的崇高生命气象，表现了一种身心合一、内外一体的观念，与上面提到的《易传·文言》的黄中通理正相互发明。此外，孟子还形成了"心—气—形"一体化的身心观，这方面台湾学者杨儒宾先生已经进行了深入阐释①。

荀子虽然认为人的形体是精神产生的基础："形具而神生，好、恶、喜、怒、哀、乐藏焉"（《荀子·天论篇》），但还是强调"君子之学也，入乎耳，箸乎心，布乎四体，形乎动静。端而言，蠕而动，一可以为法则。小人之学也，入乎耳，出乎口。口耳之间，则四寸耳。曷足以美七尺之躯哉！"（《荀子·劝学篇》）君子之学是身心合一，内外一体的，可以使人的生命呈现出美好的光辉；而小人则仅仅停留在口耳之间，没有深入内心，其生命自然不可能呈现出美好的光辉。

3. 心为身之主宰

当然，儒家的身心一体观不是身心等量齐观，而是以心为主宰的。孔子说："性相近也，习相远也"（《论语·阳货》），又说："七十从心所欲不逾矩"（《论语·为政》），并说颜回"其心三月不违仁"（《论语·雍也》），孔子没有明确说明"性"的善恶问题，而注意的是"性"作为身心统一的先天本源可善可恶，而"心"作为后天自我的主宰具有向善的主体性和能动性。

郭店楚简《五行》简45—46一段文字："耳目鼻口手足六者，心之役也。心曰唯，莫敢不唯；偌，莫敢不偌；进，莫敢不进；后，莫敢不后；深，莫敢不深；浅，莫敢不浅。和则同，同则善。"类似文字亦出现在马王堆帛书上，说明耳目鼻口手足六个器官是按照心灵的引导而行动的，强调心对于感官的指导作用。

孟子提出了"四心"说（恻隐之心、羞恶之心、辞让之心和是非之心），认为要做一个真正的人必须具备此"四心"，并认为"四心"即是道德之心（仁、义、礼、智）的萌芽。这一方面他是以否定的方式说不具备此四者则不成为人；另一方面则是以肯定的方式说此四者为人所固有。人虽然具有与生俱来的善性，但是人生在世，受各种物欲引诱，本来

---

① 杨儒宾：《儒家身体观》，第11页。

的善性在一天天变恶。孟子认为这就是失其本心，"失其本心"也就是"放其良心"（《孟子·告子上》）。

荀子讲心的地方也很多，只是与孟子在理路上有明显差别。《荀子·天论篇》说："天职既立，天功既成，形具而神生，好、恶、喜、怒、哀、乐臧焉，夫是之谓'天情'；耳、目、鼻、口、形能各有接而不相能也，夫是之谓'天官'；心居中虚，以治五官，夫是之谓'天君'。"在荀子看来，好、恶、喜、怒、哀、乐等感情是人生来就有的，这些感情所依存的耳、目、鼻、口、形等器官也是人生来就有的，但这五官都有一个天生就有的主宰者，那就是心。这里心作为"天君"对九窍之官的主宰并不是二元对立的，是建立在同一人体之上的，是同质的构成，并有内在的经络血脉贯通，有精气流行，是一个生命的整体。

汉代儒者对这些心性问题不是很感兴趣，讲的不多，但也有讨论，如董仲舒就在《春秋繁露·天地之行》里说："一国之君，其犹一体之心也：隐居深宫，若心之藏于胸；至贵无与敌，若心之神无与双也……内有四辅，若心之有肝、肺、脾、肾也；外有百官，若心之有形体孔窍也；亲圣近贤，若神明皆聚于心也。"显然，在董仲舒看来，心是人身之君，是人之为人的决定因素，心想做什么，人身就会随心欲而动，它对人的主宰就如同皇帝对大臣的主宰一样。心是整个身体思想、道德、意识的中心，决定人的仁贪、善恶、贤不肖。人要禁制贪欲之性、丑恶之行，得依靠心。

宋明理学强调心的主宰功能和作用。程颢说："人有四百四病，皆不由自家，则是心须教由自家。"（《近思录》卷四《存养》）朱熹说："心，主宰之谓也。""心者，一身之主宰。"（《朱子语类》卷五）所谓一身之主宰，是指心能够统御人身体的各个部位，如耳、目、鼻、舌、身等。又说："心者，人之所以主乎身者也，一而不二者也，为主而不为客者也，命物而不命于物者也。"（《朱子全书》卷四十四《观心说》）心的主宰表现为一而不二，它为主不为客，作用于物而不为物所管摄。

陆九渊以发明本心为宗旨。强调人生修养必须就孟子所说的"先立乎其大者"，即先明本心，收拾精神，自做主宰①。王阳明说："心者，身之主也，而心之虚灵明觉即所谓本然之良知也。其虚灵明觉之良知应感而

---

①　陆九渊：《陆九渊集》，中华书局 1980 年版，第 502 页。

动者谓之'意'。有知而后有意，无知则无意矣。知非意之体乎？意之所用，必有其物，物即事也……凡意之所用，无有无物者：有是意即有是物，无是意即无是物矣。物非意之用乎？"① 这就是说，作为身之主的心的本质属性是虚灵明觉、是良知，它表现出来的则是"意"。

二　身心合一前提下的修身之道

1. 修身为本

《大学》是儒家修身之道的宝典，就全书的文字结构可以归纳为两大部分。（1）三纲领：明明德、亲民、止于至善，是从大纲讲大学之道。（2）八条目：格物、致知、诚意、正心、修身、齐家、治国、平天下，是从细目讲大学之道。"八条目"是为了落实"三纲领"，实现"明明德于天下"的具体步骤，是一套环环相扣的系统，其中心环节是修身。以"修身"为界，又可以分为前、后两个部分：格物、致知、诚意、正心所要达到的结果是修身，离开修身的格、致、诚、正都失去了意义；修身又是齐家、治国、平天下的前提，齐、治、平是修身的主体推衍。因此，"修身"作为"八条目"中心环节在其中起着决定性的作用，是实现"止于至善"总体目标和达到"明明德于天下"最终理想的根本，即所谓"修身为本"。在"八条目"中，修身是本，齐家、治国、平天下是末，齐家、治国、平天下要以修身为条件，所谓"欲治其国者，先齐其家，欲齐其家者，先修其身"；而由修身出发，便可能家齐、国治、天下平，所谓"身修而后家齐，家齐而后国治，国治而后天下平"。"八条目"展示了双向互逆的思路：一是从"明明德于天下"到"格物"，即"明明德于天下"→治国→齐家→修身→正心→诚意→致知→格物；二是始于"格物"，终于"平天下"，即格物→致知→诚意→正心→修身→齐家→治国→平天下。这两条思路正好相反，第一条思路是逆向的，是由终极理想向起点的逆推，前一项是后一项的发展，后一项是前一项的基础；第二条思路是顺向的，是由始基向终极的顺推，前一项是后一项的基础，后一项是前一项的发展。最后归结为"自天子以至于庶人，壹是皆以修身为本"。修身之所以为本，是因为《大学》所说的"身"是身心不分的生命

---

① 王阳明：《传习录》，《阳明先生集要》上，中华书局 2008 年版，第 36 页。

整体，这对于每一个人都是普遍适用的，所以"按照《大学》的说法，自上层统治者和文化精英直到贩夫走卒，都应以修身作为根本。根本不立则道不得流行。所有为着人的发展的道德的、社会的以及政治的制度设施都依赖于修身，由此方可达致家庭稳固、社群规整、邦国安定乃至天下太平。这种与道德、社会和政治相通的个人主义基于一种简单的观念，即整体健全取决于它的各组成部分的活力。人的终极完善意味着家庭、学校、社群、国家乃至天下之每一以及一切成员的良好修养"。因此，"修身在自我与形形色色的政治、社会、文化团体构成的社群的链环中居于中心地位。就个人方面而言，修身涉及复杂的经验学习与心智锻炼过程。就人类总体发展而言，修身则为家庭稳固、社会有序和世界和谐的基础……修身的核心地位促使中国思想家们将伦理付诸实施，将审美作为经验，将形上学转化为智慧，将认识论运用于沟通"①。

《中庸》也把修身放在非常重要的地位："凡为天下国家有九经，曰：修身也、尊贤也、亲亲也、敬大臣也、体群臣也、子庶民也、来百工也、柔远人也、怀诸侯也。修身则道立。"这里的"九经"就是治理国家平天下需要遵循的九条原则，反映了儒家要从修身做起，由近及远，推己及人的基本思路，其实也就是忠恕之道。只有通过修身，才能优化自己的素质，才谈得上尊贤等其他八条原则的实行。修身在这里是前提，"修身则道立"强调了修身对于确立人生之道的基础性作用。

孟子对《大学》修身为本作了进一步的发挥。《孟子·离娄上》说："天下之本在国，国之本在家，家之本在身。"这样就以层层逆推的方式更明确地把修身看成是齐家、治国、平天下的开端和基础。

2. 内外交养、重在修心

从孔子开创儒家学派以来，修养的途径和方法就存在着向内和向外两个向度。孔子的"仁"与"礼"相辅相成，不可分离，但又存在着一定张力，这就为其后学向内或向外发展埋下了伏笔。孔子之后，以孟子为代表主要沿着向内的方向发展，认为人本身就蕴涵善性，所以不须外求，通过内省、尽心，可以知性、知天，所以修养就要存心、养性、事天，所以修养的途径是反省内求，具体的修养方法有寡欲、求放心、诚、慎独、养

① 杜维明：《修身》，《杜维明文集》第四卷，武汉出版社2002年版，第628—629、614—615页。

气、践行等；以荀子为代表主要沿着向外的方向发展，把天看成是自然而然的，人性也是自然而然的，自然的性恶使人本身缺乏善，所以修养的途径是格物外求，具体的修养方法有闻见、思虑、学习、正名、知统类、解蔽、虚壹而静、行为等①。

儒家认为"修身"的根本在于"修心"。因为"身"是"心"的基础，"心"是"身"的主宰。如前所述，儒家认为在身心关系上，心居于主宰的地位。因此，"修身"的根本就是"修心"。怎么修心？《大学》讲"正心"："所谓修身在正其心者：身有所忿懥，则不得其正；有所恐惧，则不得其正；有所好乐，则不得其正；有所忧患，则不得其正；心不在焉，视而不见，听而不闻，食而不知其味。此谓修身在正其心。"按照八条目的先后关系讲，正心在修身之先，是先有正心而后才有身修，但这里却讲"身有所"云云，是说先有身不正，而后才有心不正，显然于理不通，所以程颢认为"身"为"心"之误，应该加以改正，是有道理的。"正其心"，也就是要以端正的心思（理智）来驾驭感情，调节身心情绪，以保持中正平和的心态，集中精神修养品性。正心是修、齐、治、平的根本，正心优先于、重于修身。

孟子教人修心功夫的方法就是"求其放心"，把失去了的善心寻找回来。他以人丢失了鸡狗为例，说道："人有鸡犬放，则知求之；有放心，而不知求！学问之道无他，求其放心而已矣。"（《孟子·告子上》）怎么把心找回来？他进一步提出要时时"操存"。他引孔子的话说："'操则存，舍则亡，出入无时，莫知其乡'，惟心之谓与？"（《孟子·告子上》）还讲"养心"："养心莫善于寡欲。"（《孟子·尽心下》）还讲"存心"："君子所以异于人者，以其存心也。君子以仁存心，以礼存心。"（《孟子·离娄下》）孟子讲修心的地方很多，成为儒家心性修养的集大成者，后来宋儒谈心性修养大都宗法孟子。以"修心"为"修身"的根本就使得思孟学派为代表的心性之学成为儒学的正统。

荀子也讲心性修养，只是与孟子在理路上有差别。《荀子·修身》篇讲治气养心之术："血气刚强，则柔之以调和；知虑渐深，则一之以易良；勇胆猛戾，则辅之以道顺；齐给便利，则节之以动止；狭隘褊小，则廓之以广大；卑湿重迟贪利，则抗之以高志；庸众驽散，则劫之以师友；

---

① 郑淑媛：《先秦儒家的精神修养》，人民出版社2006年版，第73—80、179页。

怠慢僄弃，则照之以祸灾；愚款端悫，则合之以礼乐，通之以思索。凡治气养心之术，莫径由礼，莫要得师，莫神一好。夫是之谓治气养心之术也。"这是讲通过礼乐教化使人变化气质，校正个人的缺点，与孟子把良心存养起来再下修养的功夫不同。荀子可能受到稷下黄老道家的影响，强调心性修养要"虚壹而静"。在《荀子·解蔽篇》中说："人何以知道？曰心。心何以知道？曰虚壹而静。"虚壹而静是荀子对黄老学派静因之道的继承。

先秦儒家修身之道向内、向外两种倾向在后来的儒学发展史上互为消长。董仲舒从天人感应的基本观念出发，提出了人心副天心的基本主张，借以沟通天人，以天的权威提高儒家仁义道德的权威，但一定程度上偏离了先秦儒家的心性学说。当然，他的思想中有一些观点还是提出了以心为本的思想，值得注意，如说："身以心为本"（《春秋繁露·通身国》），"栣众恶于内，弗使得发于外者，心也。故心之名也栣也"（《春秋繁露·深察名号》）。心是身体的根本，有能够捍御外物的能力，能够禁制身体各种各样的贪欲恶念，使之不得外发为言论行为，心的这种作用叫做"栣"。强调"利以养其体，义以养其心"（《春秋繁露·身之养重于义》），是说利是养护身体的，义是调养心灵的。

隋唐以后，儒家更多地受到佛教心性学说的影响。宋明理学家进一步发展了早期儒家学者有关心性的理论，同时，吸收佛教、道家的心性学说，多有理论上的创获和实践上的修为，内外交养，身心整合成为其修身之道的新追求。程颐说："'持其志，无暴其气'，内外交相养也。"（《近思录》卷四《存养》）又说：

> 颜渊问克己复礼之目，夫子曰："非礼勿视，非礼勿听，非礼勿言，非礼勿动。"四者身之用也，由乎中而应乎外，制于外所以养其中也。（《近思录》卷五）

朱熹在修养论上注重"内外交养"，强调修养过程应该内外双重向度并重。如他说："'以义制事，以礼制心'，此是内外交相养法。事在外，义由内制；心在内，礼由外作。"（《朱子语类》卷七十八）"古人于礼、乐、射、御、书、数等事，皆至理之所寓。游乎此，则心无所放，而日用之间本末具举，而内外交相养矣。"（《朱子语类》卷三十四）《朱子语类》卷十二又说:"内无妄思,外无妄动。"在朱熹这里,"内无妄思"就是"心无妄思",是修身的根本;"外无妄动"就是"行无妄动",是修身的必要条件。二者相辅相成,使身心合一,人格完善。

明儒徐问也说:

> 《易》以"尺蠖之屈,龙蛇之蛰",皆自外而内,"退藏于密"之事。下言"精义入神,穷理入于微妙",如《中庸》之尽精微,乃为致用之本。利用安身,顺而利往,如《易》义以方外,乃为崇德之资,此正是内外交相养之道。(《明儒学案》卷五十二《诸儒学案中六》)

由上可见,宋明以后诸儒注重内外兼修,对内外交养问题有不断深入的讨论,形成了内本外末,由内而外的基本思路,并以此作为追求内圣与外王相统一的修身之道。

3. 修身的最高境界:与道合一

甲骨文中"太"、"天"、"元"等字皆像直立的人形,这说明在天地与人浑然一体的时候人们逐渐形成了"即身而道在"的观念,把身体提升到"天道"的高度,形成所谓"道身"。中国古代的"道"既不同于西方基督教所谓"道成肉身"之道,也不同于西方哲学的"逻各斯"。金岳霖说:"中国思想中最崇高的概念似乎是道。所谓行道、修道、得道,都是以道为最终的目标。思想与情感两方面的最基本的原动力似乎也是道。成仁赴义都是行道:凡非迫于势而又求心之所安而为之,或不得已而为之,或知其不可而为之的事,无论其直接的目的是仁是义,或是孝是忠,而间接的目标总是行道。"[①]金先生论"道"不仅仅取自道家之"道",也可以说是儒、道、墨兼而有之之"道",不仅是中国思想最核心的范畴,而且是最基本的原动力。他特别注意到中国思想中道的理性和情感的双重性,揭示了生命存在(身)与道的一致性。儒家思想中身心不二之"身"可以载道,身心修养的最高境界是与道合而为一。

不仅道家,"道"也是儒家终极性的追求与现世的担当。孔子在《论语·雍也》中对子夏说:"女为君子儒,无为小人儒。"他希望君子儒

---

① 金岳霖:《论道》,商务印书馆1978年版,第16页。

"学以致其道"（《论语·子张》），重视涵养"仁心"，以道作为生命的担当。孔子曰："君子食无求饱，居无求安，敏于学而慎于言，就有道而正焉，可谓好学也已。"（《论语·学而》）这里的"学"显然是指学修身之道，而不仅仅是我们今天的一般文化知识的学习。君子儒贵道，就会在身体上得到反映："君子所贵乎道者三：动容貌，斯远暴慢矣；正颜色，斯近信矣；出辞气，斯远鄙倍矣。"（《论语·泰伯》）也就是说，君子的修养上升到道的高度，就可见心性与身体的互动关系，天道内化于君子的心性，并由身体的"容貌"、"颜色"、"辞气"表现出来。

《论语·为政》中有一段孔子概括自己一生的话："吾十有五而志于学，三十而立，四十而不惑，五十而知天命，六十而耳顺，七十而从心所欲不逾矩。"这段话应该是他在七十岁以后时所讲的，是孔子站在人生的制高点上对自己一生的回顾和总结。在经历了"志于学"，"而立"，"不惑"，经过"知天命"，达到"耳顺"以后，不管外在的际遇如何变化，孔子的心态平和而坦然，常常静静地体会着天人之间的真谛，"道"渐渐在他身上流淌，终于充盈于他的心灵与身体。此时，他就是道，道就是他，他发出感叹：如今我从心所欲不逾矩！从"耳顺"到"从心所欲"是一个飞跃，使孔子摆脱了身体的局限，顺心而为，合于大道，进入了致广大、尽精微、通神明的圣人境界。这就是儒家超凡入圣，"即身成道"的内在超越型道路。

《中庸》说："文武之政，布在方策。其人存，则其政举；其人亡，则其政息。""为政在人，取人以身，修身以道，修道以仁。"朱熹注曰："有是君，有是臣，则有是政矣。"（《四书集注·中庸章句》）为政在于得人，能否得人，在于为君者自身；为君者自身如何，在于为君者能否修身；为君者修身如何，在于修道；为君者修道如何，在于得仁。"修道"就是"知天命"、"明道"，"得仁"就是"亲亲"、"尊贤"。《中庸》继续说："君子不可以不修身；思修身不可以不事亲；思事亲不可以不知人；思知人不可以不知天。"这就是说，"知天"、"知人"、"事亲"是"修身"的前提，"修身"是为了"为政"，"为政"即是参与政治，关心社会的行动。所以，儒家的"道"不远人，就是立足于亲亲尊尊基础之上的人之为人的本质——"仁"，修身说来说去还是修人之为人的"仁道"。

《孟子·尽心上》："天下有道，以道殉身；天下无道，以身殉道；未闻以道殉乎人者也。"强调君子贤人要以道义行事，必要时以生命捍卫道义，而不能牺牲道义屈从权势。《孟子·尽心下》："身不行道，不行于妻子；使人不以道，不能行于妻子。"自己不按正道办事，正道在他妻子儿女身上也行不通（更何况别人）；支配别人不能运用正道，连妻子儿女也不能支配（更何况别人）。

荀子认为道有普遍性和超越性，人通过对道的体认可以达到"大清明"的境界："夫道者，体常而尽变，一隅不足以举之。"（《荀子·解蔽篇》）"大道者，所以变化遂成万物也。"（《荀子·哀公篇》）"以道观尽，古今一度也。"（《荀子·非相篇》）"人何以知道？曰心。心何以知？曰虚壹而静。心未尝不臧也，然而有所谓虚；心未尝不两也，然而有所谓壹；心未尝不动也，然而有所谓静。人生而有知，知而有志。志也者，臧也，然而有所谓虚。不以所已臧，害所将受，谓之虚。心生而有知，知而有异。异也者，同时兼知之。同时兼知之，两也，然而有所谓壹，不以夫一害此一，谓之壹。心，卧则梦，偷则自行，使之则谋，故心未尝不动也，然而有所谓静。不以梦剧乱知，谓之静。未得道而求道者，谓之虚壹而静。作之，则将须道者之虚，则人；将事道者之壹，则尽；将思道者静，则察。知道察，知道行，体道者也。虚壹而静，谓之大清明。"（《荀子·解蔽篇》）尽管道超越万物，超越古今，体常尽变，遂成万物，但是人还是可以认知道的，这就是通过心知道。心何以知道？心虚壹而静，使道以本来的面貌呈现出来而不被变形、扭曲，这实际上是体道，使修养主体实现完满人性，成就圣人人格，达到大清明的精神境界。

宋儒指出，人身出于先天的本能往往有沉溺于私我而难以与道相通，如程颐说："大抵人有身，便有自私之理，宜其与道难一。"（《近思录》卷五《改过迁善　克己复礼》）所以修身首先要克服来自身体本能的私欲，制约"身"而提升"心"。心与身比较起来可以亨通。张载说：

> 《坎》"维心亨"，故"行有尚"。外虽积险，苟处之心亨不疑，则虽难必济，而"往有功也"。今水临万仞之山，要下即下，无复凝滞之。在前惟知有义理而已，则复何回避？所以心通。（《张子全书》卷九《易说》）

这说明，心亨通也可能身并不亨通，但只要心中亨通不疑，即使有艰险也一定能够度过，终能亨通。心可以通乎道。程颐《答朱长文书》曰：
"心通乎道，然后能辨是非，如持权衡以较轻重，孟子所谓'知言'是
也。……心不通乎道，而较古人之是非，犹不持权衡而酌轻重，竭其目
力，劳其心智，虽使时中，亦古人所谓'亿则屡中'，君子不贵也。"① 心
通乎道，就有了评判事物、辨别是非的基本标准与原则，这样才能更好地
评判古人的是非。程颐还说："大人于否之时，守其正节，不杂乱于小人
之群类，身虽否而道之亨也，故曰：'大人否，亨。'不以道而身亨，乃
道否也。"（《近思录》卷七《出处进退　辞受之义》）个人处于否塞不通
没有什么，只要心通乎道，道不否塞，个人的命运终究会通达。

　　宋明理学在后来的发展中出现了存天理，灭人欲，走向极端的倾向。
明清哲学家则通过向身体的回归来扭转这种倾向，王艮就是其中的代表人
物。他发挥了《诗·大雅·烝民》中"明哲保身"的处世哲学，把"明
哲保身"看作良知良能，认为人生的第一要务就是保身全性。王艮所论
"保身"之"身"一方面继承了传统儒家身心合一之"身"，另一方面他
的"身"更多地是指人的身体、肉体生命而言，强调保全人的肉体生命
的重要性，对肉体生命的安顿。王艮还指出"身"与"道"原是一件，
强调在道的基础上身心共尊。他说："身也者，天地万物之本也；天地
者，末也。身与道原是一件，至尊者此道，至尊者此身，尊身不尊道，不
谓之尊身；尊道不尊身，不谓之尊道。"② 在他看来，"身"与"道"均
为天地间"至尊者"，"圣人以道济天下，是至尊者道也；人能弘道，是
至尊者身也。道尊则身尊，身尊则道尊"。将无形（形而上）的天理
"道"，与有形（形而下）的、作为"性"之载体的"身"，合而为一。
由"道"、"身"合一，体现天人合一，这是王艮修身之道的形而上学依
据。这一点被黄宗羲称为"圣人复起，不易斯言"（《明儒学案·泰州学
案一》）的精彩之论，反映了劳动大众摆脱贫困、争取实现生存权利，维
护自身人格尊严的愿望。但其理论缺陷也是明显的，就是忽略了心的
作用。

　　4. 修身的最高目标：成圣成贤
　　儒家认为修身的最终归宿是成就圣贤人格，所以修身的核心问题是如

---

① 程颐：《答朱长文书》，《二程集》，中华书局 1981 年版，第 601 页。
② 王艮：《答问补遗》，《王心斋全集》卷一，江苏教育出版社 2001 年版，第 37 页。

何学为圣贤之道，终极目标是通过希贤希圣，成圣成贤。

《大戴礼记·哀公问五仪》载孔子把人格划分为五个层次："庸人"、"士"、"君子"、"贤人"、"圣人"。谈到圣人时孔子说："所谓圣人者，知通乎大道，应变而不穷，能测万物之情性者也。大道者，所以变化而凝成万物者也。情性也者，所以理然、不然、取、舍者也。故其事大，配乎天地，参乎日月，杂于云蜺，总要万物，穆穆纯纯，其莫之能循；若天之司，莫之能职；百姓淡然，不知其善。若此，则可谓圣人矣。"这说明圣人是与大道相通，达到了天地（宇宙）境界的人。《论语·泰伯》载孔子曰："大哉尧之为君也！巍巍乎唯天为大，唯尧则之。荡荡乎，民无能名焉。巍巍乎其有成功也，焕乎其有文章。"尧可以效法天，应该知道天道，所以他可以称为圣人。

郭店简对圣人的理解与孔子一致。楚简《五行》说"圣人知天道也"，知天道者就是圣人。又说"闻而知之，圣也"。帛书《五行》云："闻之而知其天之道也"，就是对这种观点的发挥。

《中庸》也有许多地方谈到"圣人"之道："大哉圣人之道！洋洋乎！发育万物，峻极于天……"这里的圣人能"发育万物，峻极于天"，显然是可以通天道的人。

孟子把成圣看成是人的天性，《孟子·尽心下》云："圣人之于天道也，命也，有性焉，君子不谓命也"，又云：

> 浩生不害问曰："乐正子，何人也？"孟子曰："善人也，信人也。"
>
> "何谓善？何谓信？"
>
> 曰："可欲之谓善，有诸己之谓信。充实之谓美，充实而有光辉之谓大，大而化之之谓圣，圣而不可知之之谓神。"

赵岐注说，"大而化之"，即"大行其道，使天下化之"是圣；"圣而不可知之"，即"有圣知之明，其道不可得知"，或"圣道达到妙不可测的境界"是神。这里圣与神相连，圣与道相通。

荀子认为圣人可以通过学习积累达到，《荀子·儒效篇》云："涂之人百姓，积善而全尽谓之圣人。彼求之而后得，为之而后成，积之而后高，尽之而后圣。故圣人也者，人之所积也。"荀子强调礼对于为学修身的重要性，最终也是要落实到成就圣贤人格上。他说："学恶乎始？恶乎终？曰：其数则始乎诵经，终乎读礼；其义则始乎为士，终乎为圣人。"（《荀子·劝学篇》）在荀子看来，为学的方法是从读经开始，最后归结到对礼的修习；为学的宗旨则是以培养士开始，最终造就圣人。由士到圣人这个过程的学习关键不是知识的增益，而是在生活实践中通过礼仪的践行完成身心的修养。

　　人类自从诞生那一天起身与心、灵与肉就处于对立统一之中，为此，不同的文化对这一问题的处理也是在对立中寻求统一，在紧张中寻求平衡。儒家强调身心一体、心为主宰前提下的修身之道，强调个人以修身为本。修身是内外交养，重在修心，其最高境界是与道合一，其最高目标是成圣成贤。这既是中国古代以儒家为代表的身体观的主流形态，也是我们在比较、考察当代西方身体哲学时不应忽略和混淆的一种特质和独特性，不可不察。

天人感应与天人合一

——从宗教与哲学视角看董仲舒天人关系思想

韩　星

天人关系是中国古代哲学的一个重要命题，也称为"天人之辨"、"天人之际"等，主要是对天与人、自然与人为、天道与人道等问题的探讨与论辩，在经历长期的思想演变过程，形成了天人相分、天人同类、天人合一、天人感应等各种学说。至西汉董仲舒提出了以天人感应和天人合一为主体构架的天人关系思想体系。对于董仲舒的天人关系思想一般多认为是天人感应，有的笼统地归结为天人合一。本文在前人研究成果的基础上从宗教与哲学角度，深入探讨、辨析董仲舒"天论"、天人感应与天人合一的基本涵义、思想渊源、内部结构、本质特征等，以求准确完整地理解董仲舒思想体系及其价值。

一　董仲舒"天论"：涵义及结构

对于董仲舒的"天论"，学界历来观点可谓众说纷纭，至今没有定论。自 20 世纪 50 年代以来，中国哲学史界、思想史界主导的看法是论定其宇宙观为正宗神学。改革开放以后，虽然金春峰先生认为董仲舒所讲的"天"有三方面的意义，即神灵之天、道德之天和自然之天，但又认为"自然之天从属于道德之天，道德之天又从属于神灵之天"[①]，就是说"神灵之天"起着主导作用，这样仍然未能跳出正宗神学的窠臼。

---

① 金春峰：《汉代思想史》（修订增补版），中国社会科学出版社 1997 年版，第 151 页。

　　冯友兰先生在《中国哲学史》中说道："董仲舒所谓之天，有时系指物质之天，即与地相对之天，有时系指有智力有意志之自然。有智力有意志之自然一名辞，似乎有自相矛盾之处，然董仲舒所说之天，实有智力有意志，而却非一有人格之上帝，故此谓之为自然也。"① 后来他又说董仲舒"把物质的天神秘化了，把它看成为一种有意志、有意识，有目的的超越的实体"，但"又不就是和人类的形体相类似的'上帝'"，"类似人格神的'上帝'，但没有与人一样的形体"②。冯先生这里讲的"物质的天"其实就相当于"自然之天"。

　　源于科学的"自然之天"与源于宗教的神灵之天在古人看来浑然一体的，而在科学与宗教经过对立，现在阵线分明的情况下人们觉得这种思想很混乱、矛盾。如金春峰先生认为董仲舒所讲的"天"有三方面的意义，但又认为董仲舒这三种涵义是混乱和矛盾的。"一种不由神创造而以气为基础的自然的运行规律，何以会成为神意的体现并成为神显示自己意志的工具呢？在古代，自然知识和宗教是混杂在一起的，董仲舒的企图是要克服这种混杂，建立起一元化的神学世界观，用神学消融'自然知识'；但是，秦汉时期自然知识的长足进步（如天文学、医学的发展），它已具有如此强大的影响和力量，以致神学无法予以消融掉。董仲舒希望予自然以自然知识的描述而又企图在这个基础上予自然以神学的唯心论的解释，这就不能不产生混乱和矛盾。"③ 王永祥认为"董仲舒的'天'是自然物质性、封建人伦性和自然神性的矛盾体"④。

　　其实，董仲舒的"天"的涵义主要是神灵之天、道德之天和自然之天。

　　关于神灵之天，董仲舒认为"天"是创造天地万物和人类的至上神，赋予天以至高无上的大神性质，这就是一般常引用的诸如《汉书·董仲舒传》中《天人三策》"天者，百神之君也"，"天者，群物之祖也，故遍覆包函而无所殊，建日月风雨以和之，经阴阳寒暑而以成之"。《春秋繁露·郊语》："天者，百神之大君也。事天不备，虽事百神犹无益也。"

① 冯友兰：《中国哲学史》下册，华东师范大学出版社2000年版，第9页。
② 冯友兰：《中国哲学史新编》（中），人民出版社1998年版，第61页。
③ 金春峰：《汉代思想史》（修订增补版），第150页。
④ 王永祥：《董仲舒的天论再探》，《河北学刊》1995年第4期。

《春秋繁露·顺命》："天者万物之祖，万物非天不生。"《春秋繁露·为人者天》："人之（为）人，本于天，天亦人之曾祖父也，此人之所以乃上类天也。"《春秋繁露·王道通三》："人生于天，而化取于天。"《春秋繁露·阴阳义》："天亦有喜怒之气、哀乐之心，与人相副。"以天为有人格、有意志的宇宙万物和人类的创化者、主宰者。这是宗教神学涵义的"神灵之天"。董仲舒还提到"命运之天"，如《春秋繁露·深察名号》："受君之命，天意之所予也。"《汉书·董仲舒传》中《天人三策》："命者天之令也。"但这种"命运之天"与天意有关，可以归到"神灵之天"之中。"神灵之天"又毕竟不是西方文化的上帝，它没有自己独立的形体，它就寄予大自然之中，它的目的、意志和主宰功能，必须通过大自然的各种现象来体现。

董仲舒的"天"还有自然哲学意义上的涵义，他着眼于自然界的生命力，如他说："天地之气，阴阳相半，和气周旋，朝夕不息"，"运动抑扬，更相动薄，则薰、蒿、歆、蒸，而风、雨、云、雾、雷、电、雪、雹生焉。气上薄为雨，下薄为雾，风其噫也，云其气也，雷其相击之声也，电其相击之光也。"（《雨雹对》）而更多地是对自然之天内部结构及其运行规律的探讨。他说："天有十端，十端而止已。天为一端，地为一端，阴为一端，阳为一端，火为一端，金为一端，木为一端，水为一端，土为一端，人为一端，凡十端而毕，天之数也。"（《春秋繁露·官制象天》）"天、地、阴、阳、木、火、土、金、水、九，与人而十者，天之数毕也。"（《春秋繁露·天地阴阳》）这里的"天"显然分成两个层次：第一个"天"是狭义的与地对应的物质之天，是指人眼可见的与地相对的天空；第二个"天"则是包含了前面十种基本成分在内的宇宙的总称，它囊括了天地、阴阳、五行及人等十种要素。万物皆附属于这"十端"，然不能自成其中的一个方面，所谓"毕之外，谓之物。物者所投贵之端，而不在其中"（《春秋繁露·天地阴阳》）。天之十端，起于天毕于人，在这之外才是万物。"十端"本质上都是"气"，"天地之气，合而为一，分为阴阳，判为四时，列为五行"（《春秋繁露·五行相生》），"十端"都是浑元之气的分化而成，天有天气，地有地气，混而为一，派生出阴阳、五行、四时，"阴阳虽异，而所资一气也。阳用事，则此气为阳；阴用事，则此气为阴。阴阳之时虽异，而二体常存"（《雨雹对》），"是故惟天地之气而精，出入无形，而物莫不应，实之至也"（《春秋繁露·循天之道》）。这些显然是自然哲学意义上的"自然之天"。

董仲舒的"天"也有道德本原的涵义，同时他把伦理纲常、道德情感的体验投射到天上，给"天"赋予了许多道德观念，表现为普遍的道德原则，于是就有了道德（伦理）之天。如他说："天，仁也。天覆育万物，既化而生之，有养而成之，事功无已，终而复始，凡举归之以奉人。"（《春秋繁露·王道通三》）"仁，天心，故次以天心。"（《春秋繁露·俞序》）他之所以永不停歇地化生、养成天地万物，是因为天有"仁"，"仁"也就是"天心"。显然，在董仲舒这里，"天"的意义和本质就是"仁"，换句话说，"仁"乃天之最高的道德准则。

那么，这三种涵义的"天"到底是什么关系呢？董仲舒心目中的"天"是浑然一体的，三种涵义常常互相交错，互为支撑。如宗教神学涵义的"天"还含有道德的目的。他说："天高其位而下其施，藏基而见其光。高其位，所以为尊也；下其施，所以为仁也；藏其，以为神，见其光，所以为明，故位尊而施仁，藏形而见光者，天之行也。"（《春秋繁露·离合根》）人格神的"天"在这里显示的是尊、仁、神、明的道德品性，人间的君主只有效法"天之行"，才能以德配天，得到上天的庇护。他还说："人之受命于天也，取仁于天而仁也。"（《春秋繁露·王道通三》）"人受命于天，有善善恶恶之性。"（《春秋繁露·玉杯》）人道德领域的"仁"与善恶之性取之于天，与天地同构。这里的"受命"不仅指人格神的命令，而且指先天的道德禀赋[1]。而这种道德禀赋又是天的意志的体现："察于天之意，无穷极之仁也。"这显然是"主宰之天"与"道德之天"的合一。"天常以爱利为意，以养长为事；春、秋、冬、夏，皆其用也。"（《春秋繁露·王道通三》）这样就使天之爱意与天地自然的运动变化（四季的生长收藏）联为一体。"既然天的意志指引着自然的运行，那么天的道德准则也就通过四时变迁及星辰幻化获得了展现。"[2] 董仲舒还说："是故明阴阳出入虚实之处，所以观天志。"（《春秋繁露·天地阴阳》）阴阳五行之气有规律的运行则是天志的彰显，所以，借由阴阳五行之气即可"观天志"。在这个意义上说，董仲舒的"神灵之天"是通

---

① 金春峰：《汉代思想史》（修订增补版），第 144 页。

② ［美］桂思卓：《从编年史到经典——董仲舒的春秋诠释学》，朱腾译，中国政法大学出版社 2010 年版，第 262 页。

过"自然之天"来显示其意志和主宰作用的，是以"自然之天"为其哲学基础的。

这样，对于前贤所谓董仲舒"天论"的混乱与矛盾，在笔者看来，也可能是我们以西化的学科分化所形成的诠释误区，所以笔者同意龙文茂先生的判断："所谓董子'天论'的内在矛盾，是解读董子时遇到的矛盾，而不是董子哲学自身的矛盾。在董子和他那个时代的人那里，'天'是囫囵不分的，它既是自然的，又是义理的、意志的；或者说，'天'的三个层次是天衣无缝融合在一起的。"① 那么，"天"的这三个层次是怎么"天衣无缝融合在一起"，龙先生论之不详。笔者认为，神灵之天是董仲舒"天论"的思想形式，自然之天是董仲舒"天论"的哲学基础，道德之天是董仲舒"天论"的伦理核心。这样有基础、有核心，又有形式，就构成了董仲舒"天论"的逻辑结构。这里神灵之天是董仲舒继承上古以来的宗教之天而形成的；自然之天是董仲舒继承春秋战国以降诸子理性思想，吸收当时的自然科学成果而形成的；道德之天是董仲舒传承三代，特别是西周以德配天、敬德保民传统和孔孟仁义道德思想而要着力构建的，是其"天论"的目标和归宿。而且这种结构不仅仅是一种逻辑结构，更是一个大的"有机体的构造"②，是以"道"或"理"贯通其中的有机整体。董仲舒强调"天"的规律性、永恒性、公正性及唯一性③，如"道之大原出于天，天不变，道亦不变"（《春秋繁露·天人三策》）。这里的"道"指的是常道，即宇宙大生命系统永恒本体对"天"的规定。他又说："道者，所繇适于治之路也，仁义礼乐皆其具也。"这里的"道"则是人类社会的治理之道。可见，董仲舒的"道"虽然出于天，但又贯通到人，具体就有天道、天理等说法：

> 天道之大者在阴阳，阳为德，阴为刑，刑主杀而德主生。是故阳常居大夏而以生育养长为事，阴常居大冬而积于空虚不用之处，以此见天之任德不任刑也。（《春秋繁露·天人三策》）

---

① 龙文茂：《董仲舒"天论"新解》，《中国哲学史》1998 年第 1 期。
② 徐复观：《先秦儒家思想的转折及天的哲学的完成》，《两汉思想史》第二卷，华东师范大学出版社 2001 年版，第 245 页。
③ ［美］桂思卓：《从编年史到经典——董仲舒的春秋诠释学》，朱腾译，第 231 页。

　　天之道，有序而时，有度而节，变而有常，反而有相奉，微而至远，踔而致精，一而少积蓄，广而实，虚而盈。（《春秋繁露·天容》）

　　天之道，终而复始。故北方者，天之所终始也，阴阳之所合别也。冬至之后，阴俯而西入，阳仰而东出，出入之处常相反也。多少调和之适，常相顺也。有多而无溢，有少而无绝。春夏阳多而阴少，秋冬阳少而阴多，多少无常，未尝不分而相散也。以出入相损益，以多少相溉济也。（《春秋繁露·阴阳终始》）

　　天意难见也，其道难理，是故明阳阴、入出、实虚之处，所以观天之志，辨五行之本末、顺逆、小大、广狭，所以观天道也。（《春秋繁露·天地阴阳》）

　　人之德行，化天理而义。（《春秋繁露·为人者天》）

　　故夏无道而殷伐之，殷无道而周伐之，周无道而秦伐之，秦无道而汉伐之，有道伐无道，此天理也，所从来久矣。（《春秋繁露·尧舜不擅移汤武不专杀》）

　　有大奉禄，亦皆不得兼小利与民争利业，乃天理也。（《春秋繁露·度制》）

　　天道大数，相反之物也，不得俱出，阴阳是也。春出阳而入阴，秋出阴而入阳，夏右阳而左阴，冬右阴而左阳。阴出则阳入，阳出则阴入；阴右则阳左，阴左则阳右。是故春俱南，秋俱北，而不同道；夏交于前，冬交于后，而不同理。立行而不相乱，浇滑而各持分，此之谓天之意。（《春秋繁露·阴阳出入》）

　　看来，董仲舒的"天道"就是阴阳和合、四时循环、五行生克等天道运行的规律，而"天理"则是天道自然运行的法则在人类社会的体现。天道、天理观念显然是董仲舒对天的涵义的深化，是在自然之天的基础上兼容或者说整合了神灵之天与道德之天，形成了自己独特的"天"的结构。

二　董仲舒的天人感应思想

正如有学者指出的，董仲舒之前流行的"天人感应"说，就其自身的逻辑论证看，尚缺乏系统性与整体性；而就其实用理性看，又缺乏通融性与对应性[①]。所以，董仲舒在前人的基础上总结和发展传统的"天人感应"学说，对其进行更深入系统的论证，提出了"天人同类"、"天人相副"之说。"人之所以上类天也。"（《春秋繁露·为人者天》）天出阳"生育养长于上"，"积十月"而功成，"人亦十月而生，合于天数也。是故天道十月而成，人亦十月而成，合于天道也"（《春秋繁露·为人者天》）。"天以终岁之数，成人之身，故小节三百六十六，副日数也；大节十二分，副月数也；内有五藏，副五行数也；外有四肢，副四时数也；乍视乍瞑，副昼夜也；乍刚乍柔，副冬夏也；乍哀乍乐，副阴阳也；心有计虑，副度数也；行有伦理，副天地也。"（《春秋繁露·人副天数》）"求天数之微，莫若于人，人之身有四肢，每肢有三节，三四十二，十二节相持，而形体立矣；天有四时，每一时有三月，三四十二，十二月相受，而岁数终矣；官有四选，每一选有三人，三四十二，十二臣相参，而事治行矣；以此见天之数，人之形，官之制，相参相得也，人之与天多此类者，而皆微忽，不可不察也。"（《春秋繁露·官制象天》）因为人与天是同一类，所以具有了相互感应的前提。

那么，天与人又是怎么感应的？首先是以类相召，善类与善类相感，恶类与恶类相感。"今平地注水，去燥就湿；均薪施火，去湿就燥。百物去其所与异，而从其所与同，故气同则会，声比则应，其验皦然也。试调琴瑟而错之，鼓其宫，则他宫应之，鼓其商，而他商应之。五音比而自鸣，非有神，其数然也。美事召美类，恶事召恶类，类之相应而起也。如马鸣则马应之，牛鸣则牛应之。帝王之将兴也，其美祥亦先见；其将亡也，妖孽亦先见。物固以类相召。故以龙致雨，以扇逐暑，军之所处以棘楚。美恶皆有从来，以为命，莫知处所。"（《春秋繁露·同类相动》）这

①　黄朴民：《天人合一——董仲舒与汉代儒学思潮》，岳麓书社1999年版，第81页。

显然是说，"以类相召"有如平地注水去燥就湿、均薪施火去湿就燥，或如调琴瑟，鼓宫宫应，鼓商商应，马鸣则马应，牛鸣则牛应一般，"美事召美类，恶事召恶类"。

其次是同类相感，阴类与阴类相感，阳类与阳类相感。董仲舒强调天人之间相应相感的中介就是阴阳之气。《春秋繁露·如天之为》："阴阳之气在上天亦在人。"天有阴阳之气，人也有阴阳之气。《春秋繁露·同类相动》："天有阴阳，人亦有阴阳。天地之阴气起，而人之阴气应之而起，人之阴气起，而天地之阴气亦宜应之而起，其道一也。"所谓"同类相动"主要以阴阳二气为动力的相互感应，这是董仲舒天人感应的基本内容。《春秋繁露·为人者天》又说："人生有喜怒哀乐之答，春秋冬夏之类也。喜，春之答也，怒，秋之答也，乐，夏之答也，哀，冬之答也。"认为"物之以类动者也，其动以声而无形"（《春秋繁露·同类相动》），乐器是通过无形的声音产生共鸣，天与人是通过无形的气产生感应的。《春秋繁露·王道通三》云："天有寒有暑，夫喜怒哀乐之发，与清暖寒暑其实一贯也，喜气为暖而当春，怒气为清而当秋，乐气为太阳而当夏，哀气为太阴而当冬，四气者，天与人所同有也，非人所能蓄也，故可节而不可止也，节之而顺，止之而乱。"人有喜怒哀乐，天有春夏秋冬、清暖寒暑，天人之间的情绪是感应的，这种情绪可以节制而不能阻止，阻止就会产生混乱。这说明董仲舒天人感应论的重要理论基础是这种天地浑元之气，即带有宗教神学色彩的天人感应是以自然哲学色彩的天人合一为其理论基础的。

韦政通先生说："我们可以说，先秦儒家是侧重由形上之'道'来了解人，董仲舒则侧重由形下之器来了解人；人本来就有这两面，只重道而不重器，无法对人有完整的认识；在这个意义上，仲舒何尝不是对人生命的理解开拓一条新路？"[1]徐复观先生也指出："董氏从形体生理上，把人说成与天是完全一致，这就把人与天的距离去掉了"，"董氏的天，是与人相互影响的，天人居于平等的地位"[2]。

董仲舒的天人感应实际上是指天、地、人三才感应。他继承了传统的三才模式来构架其理论体系，天、地、人三才相互感应，其中人固然是指

---

①　韦政通：《中国思想史》上，上海书店出版社 2003 年版，第 324 页。

②　徐复观：《两汉思想史》第二卷，第 244—245 页。

一切人，但主要是指君主，君主才是天、地、人感应相通的主体。他说："古之造文者，三画而连其中，谓之王。三画者，天地与人也，而连其中者，通其道也。取天地与人之中以为贯而参通之，非王者孰能当是？是故王者唯天之施，施其时而成之，法其命而循之诸人，法其数而以起事，治其道而以出法，治其志而归之于仁。"（《春秋繁露·王道通三》）这里董仲舒指出，王是沟通天、地、人的桥梁。王怎么沟通天、地、人？以"中和"来"贯而参通之"。《春秋繁露·循天之道》说："中者，天地之所终始也，而和者，天地之所生成也。夫德莫大于和，而道莫正于中，中者，天地之美达理也，圣人之所保守也，诗云：'不刚不柔，布政优优。'此非中和之谓与！是故能以中和理天下者，其德大盛，能以中和养其身者，其寿极命。"中和之道是天地之道，圣王效法天地之道修道立德，就要遵循中和之道。中和之道大能治理天下，小能养身长寿。以中和之道治理天下就是遵循阴阳之道。《春秋繁露·阴阳义》云："天地之常，一阴一阳。阳者天之德也，阴者天之刑也。……故为人主之道，莫明于在身之与天同者而用之，使喜怒必当义乃出，如寒暑之必当其时乃发也。使德之厚于刑也，如阳之多于阴也。"《春秋繁露·阳尊阴卑》云："物随阳而出入，数随阳而终始；三王之正，随阳而更起；以此见之，贵阳而贱阴也。……是故人主近天之所近，远天之所远，大天之所大，小天之所小。是故天数右阳而不右阴，务德而不务刑；刑之不可任以成世也，犹阴之不可任以成岁也；为政而任刑，谓之逆天，非王道也。"《春秋繁露·基义》云："天出阳为暖以生之，地出阴为清以成之，不暖不生，不清不成，然而计其多少之分，则暖暑居百而清寒居一，德教之与刑罚犹此也。故圣人多其爱而少其严，厚其德而简其刑，以此配天。"董仲舒认为天为阳，地为阴，一阴一阳为天地之常道，但阳多而阴少，贵阳而贱阴，王者要效法天地阴阳之道，就要"务德而不务刑"，"厚其德而简其刑"，这就是说以中和之道平衡阴阳，落实在政治实践中就体现为德主刑辅的王道治理模式。

　　君王在天人感应中居于特殊的重要地位，是天人感应的主体。那么君王与天地沟通的具体途径是什么？"天若不予是家，是家者安得立为天子？立为天子者，天予是家。天予是家者，天使是家。天使是家者，是家天之所予也，天之所使也。天已予之，天已使之，其间不可以接天何哉？故《春秋》凡讥郊，未尝讥君德不成于郊也。乃不郊而祭山川，失祭之叙，逆于礼，故必讥之。以此观之，不祭天者，乃不可祭小神也。郊因先卜，不吉不敢郊。百神之祭不卜，而郊独卜，郊祭最大也。"（《春秋繁露·郊祀》）既然天子是天之所予、天之所使的，就应该担当起"接天"（与天沟通）的责任与使命，"郊祭"就是"接天"的最重要的途径。

董仲舒在肯定人在天地间的独特地位和君王在天人感应中的主体地位时，又指出"天"通过与君王的"感应"，以祥瑞或灾异的形式所体现的赏善罚恶性能，形成了受命之符、符瑞和灾异的理论。问题首先是汉武帝在策问中提出来的："三代受命，其符安在？灾异之变，何缘而起？"对此董仲舒回答说："臣闻天之所大奉使之王者，必有非人力所能致而自至者，此受命之符也。天下之人同心归之，若归父母，故天瑞应诚而至。《书》曰：'白鱼入于王舟，有火复于王屋，流为乌'，此盖受命之符也。周公曰：'复哉复哉'，孔子曰：'德不孤，必有邻'，皆积善累德之效也。及至后世，淫佚衰微，不能统理群生，诸侯背畔，残贼良民以争壤土，废德教而任刑罚。刑罚不中，则生邪气；邪气积于下，怨恶畜于上。上下不和，则阴阳缪盭而妖孽生矣。此灾异所缘而起也。"（《天人三策》）概括这一大段话的意思就是，只要累德行善，天下归心，就会招致天降祥瑞符命；反之，如若残贼百姓，人民离散，诸侯背叛，即会招致灾异。正是因此，董仲舒指出："国家将有失败之道，而天乃先出灾害以谴告之。不知自省，又出怪异以警惧之。尚不知变，而伤败乃至。"（《天人三策》）可见，灾异的出现乃是"天"对君王失道的一种警告。

当然，在董仲舒看来，这种警告对君王并不表示天神的恶意，相反正是表现了对君王的仁爱之心。如《春秋繁露·必仁且智》所说："天地之物有不常之变者谓之异，小者谓之灾，灾常先至而异乃随之。灾者，天之谴也；异者，天之威也。谴之而不知，乃畏之以威。……凡灾异之本，尽生于国家之失，乃始萌芽，而天出灾异以谴告之。谴告之而不知变，乃见怪异以惊骇之。惊骇之尚不知畏恐，其殃咎乃至。以此见天意之仁而不欲害人也。"《春秋繁露·王道通三》亦云："唯人道为可以参天。天常以爱利为意，以养长为事，春秋冬夏皆其用也；王者亦常以爱利天下为意，以安乐一世为事，好恶喜怒而备用也。"这就是说，天人之间是有感应的，天意仁。如果国家政治有所失误，不能体现天意之仁，一开始天就要通过灾异来谴告；对于天的谴告君王不能有所改变，接着就会以怪异现象惊吓；如果君王还仍然置若罔闻，不知敬畏，就必遭"殃咎"。所以，人就要主动地与天地参，王者要以天的爱利为意，养长为事，多做爱人利民之事。"在董仲舒的观念中，《春秋》对既往灾异所蕴涵的记录正是理解现时之天意的指南，而对君主来说，《春秋》作为天人交感的现实记载则是必不可少的参考书。君主倘若能结合灾异所蕴涵的道德原理来思考《春秋》中的各种类似灾异，就能发现自己的道德过错的来源，修正自己的行为并最终保住天命。"① 可见，灾异是天人感应的一种现象，本质上是董仲舒"为了给官僚们提供一种向皇帝进谏的精神武器，也是论证皇帝必须加强修身和为政以德的理由和根据"②。

那么怎么评价董仲舒的天人感应学说？朱腾说："在董仲舒的天人学说中，人对天的敬畏是始终获得强调的……因此，如果我们不局限于'刚性宗教'的定义而采取一种本质性概念，那或许也可以将如儒家的天人感应说视为一种宗教学说。"③ 恢复宗教性的神灵之天是其"天人感应"思想的主旨，董仲舒继商周以来传统的天命论，强调"唯天子受命于天，天下受命于天子"（《春秋繁露·为人者天》），重新论证"君权神授"说。但是，应该看到"天人感应"的神学思想是建立在当时的自然科学和哲学发展的基础上的，是以重建道德理想和伦理秩序为出发点和归宿的，只是一种粗浅的神学形式，并不是其思想的本质。

三　董仲舒的天人合一思想

董仲舒天人关系思想的本质内核是"天人合一"的命题："天亦有喜怒之气，哀乐之心，与人相副。以类合之，天人一也。"（《春秋繁露·阴阳义》）所谓"以类合之"就是承认天与人是一类，然后才得出"天人一也"的结论。他又说："事各顺于名，名各顺于天。天人之际，合而为一。"（《春秋繁露·深察名号》）一切事物都各自顺着名，一切名都各自顺着天意。天与人的关系在这个意义上就合二为一体了。

为了论证这个命题，董仲舒把"天"与"人"之间从外在形貌到内

---

① ［美］桂思卓：《从编年史到经典——董仲舒的春秋诠释学》，朱腾译，第265页。
② 周桂钿：《董学发微》，北京师范大学出版社1989年版，第61页。
③ 朱腾：《代译序》，［美］桂思卓：《从编年史到经典——董仲舒的春秋诠释学》，朱腾译，第12—13页。

在性情都进行了一番奇特的比较，提出了"人副天数"，"天人相副"的理论。"为生不能为人，为人者，天也。人之（为）人本于天，天亦人之曾祖父也，此人之所以乃上类天也。人之形体，化天数而成；人之血气，化天志而仁；人之德行，化天理而义；人之好恶，化天之暖清；人之喜怒，化天之寒暑；人之受命，化天之四时；人生有喜怒哀乐之答，春秋冬夏之类也。喜，春之答也；怒，秋之答也；乐，夏之答也；哀，冬之答也。天之副在乎人，人之情性有由天者矣。"（《春秋繁露·为人者天》）天生了人，他就是人的曾祖父，经过一种"逻辑推衍"就得出结论说两者是完全一致的。"人有三百六十节，偶天之数也；形体骨肉，偶地之厚也；上有耳目聪明，日月之象也；体有空窍理脉，川谷之象也；心有哀乐喜怒，神气之类也。观人之体，一何高物之甚，而类于天也。物旁折取天之阴阳以生活耳，而人乃烂然有其文理，是故凡物之形，莫不伏从旁折天地而行，人独题直立端尚，正正当之，是故所取天地少者旁折之，所取天地多者正当之，此见人之绝于物而参天地。是故人之身，首<u>坒</u>而员，象天容也；发象星辰也；耳目戾戾，象日月也；鼻口呼吸，象风气也；胸中达知，象神明也；腹胞实虚，象百物也；百物者最近地，故要以下地也，天地之象，以要为带，颈以上者，精神尊严，明天类之状也；颈而下者，丰厚卑辱，土壤之比也；足布而方，地形之象也。是故礼，体带置绅，必直其颈，以别心也。带而上者尽为阳，带而下者尽为阴，各其分。阳，天气也；阴，地气也。故阴阳之动，使人足病，喉痹起，则地气上为云雨，而象亦应之也。天地之符，阴阳之副，常设于身，身犹天也，数与之相参，故命与之相连也。天以终岁之数，成人之身，故小节三百六十六，副日数也；大节十二分，副月数也；内有五藏，副五行数也；外有四肢，副四时数也；乍视乍瞑，副昼夜也；乍刚乍柔，副冬夏也；乍哀作乐，副阴阳也；心有计虑，副度数也；行有伦理，副天地也。此皆暗肤著身，与人俱生，比而偶之弇合。于其可数也，副数；不可数者，副类。皆当同而副天，一也。是故陈其有形以著其无形者，拘其可数以著其不可数者。以此言道之，亦宜以类相应，犹其形也，以数相中也。"（《春秋繁露·人副天数》）他认为人是天的副本或缩影，人的形体和性情都来源于天，与天相类似。在形体方面，天有四时，人有四肢，天有五行，人有五脏，天圆地方人头圆足方等，在性情方面天有四季之气，而四季之气表现着天喜怒哀乐。春气喜，夏气乐，秋气严，冬气哀。人得春气因而博爱容众，得夏气因而盛养乐生，得秋气因而能立严成功，得冬气因而哀死悲痛，等等。这就全面地论证了天人合一的原因和内涵问题。最后，董仲舒还把"天人合一"归结到"天人一道"的高度："天人之际，合而为一。同而通理，动而相益，顺而相受，谓之德道。"（《春秋繁露·深察名号》）天与人因为"人副天数"，"天人相副"而遵循一致的道理，互动补益，相生相受，这就是宇宙大道在天人之间的体现，被称为"德道"。德者，得也，得道也，德即是道的具体落实。

董仲舒对"天人合一"命题的论证，是建立在当时自然科学的基础之上的。董仲舒对自然现象进行了长期的观察和思考，善于运用各种自然科学的成果来探讨哲学问题。如他说"天地之间，有阴阳之气，常渐人者，若水常渐鱼也。所以异于水者，可见与不可见耳，其澹澹也。然则人之居天地之间，其犹鱼之离水，一也。其无间若气而淖于水。水之比于气也，若泥之比于水也。是天地之间，若虚而实，人常渐是澹澹之中，而以治乱之气，与之流通相也。"（《春秋繁露·天地阴阳》）可以看出，他认为阴阳之气虽然是肉眼所看不见的，但充满了天地之间，是确实存在着的物质。董仲舒用阴阳之气浸人如同水浸鱼来说明人是如何通过气与天合一的。他列举了当时还无法解决的十大科学难题："酤去烟，鸥羽去眯，慈石取铁，颈金取火，蚕珥丝于室而弦绝于堂，禾实于野而粟缺于仓，芜荑生于燕，橘枳死于荆。"认为"此十物者，皆奇而可怪，非人所意也。夫非人所意，然而既已有之矣，或者吉凶祸福，利不利之所从生。无有奇怪，非人所意，如是者乎？此等可畏也"（《春秋繁露·郊语》），来说明有许多自然现象是"非人所意也"，人必须对它们抱着敬畏的态度，不要轻易否定，也不要随意狎弄。这显然是一种科学理性的态度。

四　从宗教与哲学角度看董仲舒天人感应与天人合一的关系

关于"天人感应"与"天人合一"的关系，学界也存在不同意见，代表性的如张岱年先生说："董仲舒所谓天具有奇特的含义，一方面天是'百神之大君'，是有人格的神灵；另一方面天又是包括日月星辰的天体。因而他所谓'天人一也'的含义也是复杂而含混的。董仲舒又讲天人感应。在董氏的系统中，天人感应与'天人一也'是密切联系的，因为他所谓天有'喜怒之气'、'哀乐之心'。但是在理论逻辑上天人感应思想与天人合一观点并无必然的联系。"① 这是说二者没有逻辑上的必然联系，但他又说董仲舒讲的"天人相类是一种牵强附会的思想，认为天人在形体性质上皆相似。……天人相类非即天人相通，然亦是一意义的天人合一"②。也就是说董氏的天人相类（即天人感应）是天人合一的内涵之一。

黄朴民教授认为董仲舒的"天人感应"与"天人合一"是两个不同的概念，前者是粗疏的、不系统的，在董仲舒前早已流行，后者虽荒诞不经，但却成系统，体大思精，是由董仲舒创立的。在董仲舒那里，"天人感应"与"天人合一"之间既有联系，又有区别，实际上存在着一种"体"与"用"的内在关系。"合一"是"体"，而"感应"则是"体"之"用"。换言之，即"天人合一"是"天人感应"的重要理论依据，而"天人感应"则是"天人合一"的具体外化表现。不过，在两者关系中，"体"是占主导地位的，而"用"依附从属于"体"。董仲舒的天人关系理论应命名为"天人合一"说，而不能简单地称之为"天人感应"说。董仲舒在天人关系问题上的真正贡献，在于他系统地建立了"天人合一"的理论，将它与旧有的"天人感应"说相糅合，从而对"天人感应"现象予以理论上的说明，并且结合阴阳五行学说构造了其完整的天人宇宙图式，把天人关系问题推到一个新的阶段③。显然他与张岱年先生接近，试图以"天人合一"囊括"天人感应"说。

桂思卓教授提出了"相关性宇宙观"和"交感性宇宙观"的观点。"相关性宇宙观"是董氏在仕于景帝朝时所提出的，"董仲舒相信，宇宙、自然及人的世界是彼此密切相关的。在论及政治领域时，他认为统治者应当将自己的行为及制度与天的规范性模式联系起来，因为这种规范性模式作为一个整体已把宇宙、自然及人世全部包括在内"。"交感性宇宙观"是董仲舒在武帝朝任职时所倡导的，他"着重论述了《春秋》与天人交感之间的关系"，"将《春秋》转变成天的诸种规范模式的具体化"，"而这类宇宙真理则是在人世统治的动态情景及人际关系的变动语境中获得表

---

① 张岱年：《中国哲学中"天人合一"的思想剖析》，《文化与哲学》，中国人民大学出版社 2006 年版，第 146 页。

② 张岱年：《中国哲学大纲》，中国社会科学出版社 1982 年版，第 173—174 页。

③ 黄朴民：《"天人感应"与"天人合一"》，《文史哲》1988 年第 4 期。

达的"。二者是董仲舒宇宙观的两个面向，不是互相对立而是互补的两极①。这里的"相关性宇宙观"近似于"天人合一"，"交感性宇宙观"近似于"天人感应"。这一论证对我们有很大启发。

这些无疑是富有卓见的结论，但笔者觉得还是有未妥之处。在董仲舒之前，即有"天人感应"，也有"天人合一"，前者是一种宗教性的思想，后者则是一种哲学性的命题，二者在中国思想史上各有源头，各有流变，互有交错，互为消长，情况比较复杂，不宜简单论之。

"天人感应"是中国哲学中关于天人关系的一种神学论述，指天意与人事的交相感应。认为天能干预人事，预示灾祥，人的行为也能感应上天。天人感应的思想渊源可以追溯到我国的先民社会，《国语·楚语下》所记载的观射父谈论"绝地天通"的那段话，"其要义，并不像通常所说的那样，是反映私有制产生之后，统治者对宗教祭祀权力的垄断，而是客观准确地追叙了先民社会中关于'天人关系'的原始观念"。"这种天人之间可以通过媒介物'申'（神）进行对话联系的原始宗教思想，势必衍生演化出'天人感应'的观念。"②儒家经典《尚书·洪范》认为：天和人同类相通，相互感应，天能干预人事，人亦能感应上天。天子违背了天意，不仁不义，天就会出现灾异进行谴责和警告；如果政通人和，天就会降下祥瑞以鼓励。孔子作《春秋》重灾异，每有灾异必书。"《春秋》之所以重灾异，是因为孔子认为天人之间有感应关系，人类的行为会上感于天，天会根据人类行为的善恶邪正下应于人，天下应人的方式即是用灾异来谴告人，使人反省改过。"③ 在《论语·八佾》中孔子强调"获罪于天，无所祷也"。《礼记·中庸》："国家将兴，必有祯祥；国家将亡，必有妖孽。见乎蓍龟，动乎四体。"有德必能感应上天。《易·坤文言》："积善之家必有余庆，积不善之家必有余殃。"《墨子·法仪》曰："爱人利人者，天必福之，恶人贼人者，天必祸之。"墨家的观点被董仲舒借鉴吸收，在其天人关系的思想体系的建构过程中发挥了重要的作用。天人感应说最终在《白虎通》中规定下来，给汉代政事带来很大的影响。在汉代，天人感应思想占了统治地位，刘向、刘歆、班固都承认政治得失可以

---

① ［美］桂思卓：《从编年史到经典——董仲舒的春秋诠释学》，朱腾译，第228、237页。

② 黄朴民：《天人合———董仲舒与汉代儒学思潮》，第78—79页。

③ 蒋庆：《公羊学引论》，辽宁教育出版社1995年版，第207页。

导致灾异变怪。《史记·天官书》、《汉书·五行志》有大量灾异变怪的记载。谶纬之学泛滥时，天人感应说更为盛行。

"天人合一"也起源于先秦，其基本思想是人类的生理、道德、政治等社会现象是天地的直接反映。周武王革命，推翻殷纣王的统治，认识到"皇天无亲，唯德是辅"，"天"是一个有道德理性，能够赏善罚恶的最高主宰，特别是意识到了人民的力量，周朝统治者提出"天视自我民视，天听自我民听"和"民之所欲，天必从之"，将"天"和民相联系，天人关系变成了君民关系，"天"对人间的主宰作用，变成了人民对世间的决定作用。春秋战国时期以儒、道两家为代表对此均有阐述。孔子淡化了"天"的人格神地位，开启了以人道为主的人文理性传统，但也强调"畏天命"的必要，而归结为知天命，尽人事。子思、孟子主张天人合一，据说子思所作的《礼记·中庸》认为人只要扩充"诚"的德性，就"可以赞天地之化育"，"与天地参矣"。孟子已经区分了自然之天、主宰之天和义理之天，但他似乎更重视与人事相关的义理之天，提出尽心、知性、知天的天人合一思路。荀子认为"天"是不以人们意志为转移的，提出要"明于天人之分"，主张"制天命而用之"（《荀子·天论篇》）。《易传·文言》提出了"与天地合其德，与日月合其明，与四时合其序，与鬼神合其吉凶"的天人合德说。以老庄为代表的道家以道超越了传统"天"的人格神，把宇宙还原为一种自然存在。老子指出"天之道损有余而补不足；人之道则不然，损不足以奉有余"（《老子》十七章），"域中有四大，而人居其一焉。人法地，地法天，天法道，道法自然"（《老子》二十五章），提出人应当效法天道自然。《庄子·秋水》说："牛马四足，是为天；落马首，穿牛鼻，是谓人。故曰，无以人灭天，无以故灭命，无以得殉名。谨守而勿失，是谓反其真。"以为一切人为都是对自然的损害，只有取消人为，取消人与天的对立，"反其真"也就是返于自然，才能实现"与天为一"（《庄子·达生》）的"天人合一"境界。

董仲舒对两个方面都有继承和发挥，并在新的形势下，在新的思想基础上进行了更为完备的理论构建。以笔者的理解，董仲舒在"天人感应"的宗教神秘外衣下充实着"天人合一"的人文理性内容，宗教性的"天人感应"是以哲学性的"天人合一"为基本原理的。"天人合一"具有人文理性特征，是其天人关系理论的本质内核；"天人感应"具有宗教神秘特征，是其天人关系的神学形式。从逻辑结构上说二者是一种体与用、主与从的关系。这种关系集中体现了董仲舒天人关系的本质特征。

五　从宗教与哲学角度看董仲舒
天人关系的本质特征

关于董仲舒天人关系思想的本质特征，思想史研究的代表性观点就是侯外庐先生主编的《中国思想通史》中的神学世界观：认为董仲舒"是中世纪神学思想的创建者"，"他的理论……为神学的正宗"①。顾颉刚先生认为："两汉经学的骨干是'统治集团的宗教'（统治者装饰自己身份的宗教）的创造……皇帝利用儒生们来创造有利于他们自己的宗教，儒生们也利用皇帝来推行有利于他们自己的宗教。"② 任继愈先生也认为："董仲舒、《白虎通》借孔子的口，宣扬适宜汉代统治者要求的宗教思想。……先按照地上王国的模特儿塑造了天上王国，然后又假借天上王国的神意来对地上王国的一切活动发挑唆。这就是汉代从董仲舒到白虎观会议的神学目的论的实质。"③ 于首奎认为："董仲舒是一个神学唯心主义哲学家，他把'天'打扮成仁爱的曾祖父，神学性质的'天'是他的哲学体系最高层次的最高范畴。董仲舒的神学唯心主义哲学体系是神学性一元论的'天'，而不是神学性、自然性和伦理性兼有的三元论或多元论的'天'。"④ 这些观点一度几为定论，主要是受流行的主流意识形态的影响，在对宗教否定基础上认为董仲舒是一种宗教神学，是为所谓封建统治者进行论证的。也有不少学人仍然把董仲舒宗教神秘性的天人感应说看成是其思想的基础性内容，如丁为祥教授认为："董仲舒是明确地以天的神性主宰义统摄了其道德超越与自然生化的涵义。"⑤ 似乎仍然未能脱离神学目的论的窠臼。近几年学界逐渐放弃了这种说法，思想史界如金春峰先生认为不能简单地把他的"天论"归之为神学思想⑥，哲学史界更倾向于进行

---

①　侯外庐等：《中国思想通史》第二卷，人民出版社1957年版，第98页。

②　顾颉刚：《汉代学术史略》，《中国现代学术经典·顾颉刚卷》，河北教育出版社1996年版，第117—118页。

③　任继愈：《论儒教的形成》，《中国社会科学》1980年第1期。

④　于首奎：《试析董仲舒哲学思想的"天"》，《东岳论丛》1986年第6期。

⑤　丁为祥：《董仲舒天人关系的思想史意义》，《北京大学学报》2010年第6期。

⑥　金春峰：《汉代思想史》（修订增补版），第143页。

其天人关系的哲学论证；冯友兰先生在《中国思想史新编》中把董仲舒具有宗教神秘性的"天人感应"说成是其哲学体系的核心①，做了非宗教的诠释，对其进行"祛魅化"，但作者似乎又走向另一极端，完全排除了宗教性。

如前所述，笔者认为神灵之天是董仲舒"天论"的思想形式，自然之天是董仲舒"天论"的哲学基础，道德之天是董仲舒"天论"的伦理核心。以此为基础的天人关系主要是指"天人感应"和"天人合一"，二者的关系是：具有人文理性特征的"天人合一"是其天人关系理论的本质内核；具有宗教神秘特征的"天人感应"是其天人关系的神学形式。就是说，人文理性就是董仲舒天人关系的本质特征。现论证如下。

就人文精神而言，董仲舒之所以如此竭力地以天比附人，是想将人提升到天的高度，以天的神圣性来强调人的神圣性，是对天、地、人三才并立，以人为主体的深入论证。如前董仲舒曾言"天有十端"，把宇宙构成的基本要素归结为天、地、阴、阳、金、木、土、水、火和人共十项。在这十项中，人与狭义的"天"并列，属于广义的"天"之有机组成部分，是董仲舒"天"的构成中的最后一端，但这不等于说它不重要。相反，在董仲舒的有机宇宙论系统中，人与天地共同构成了万物之本，"天地人，万物之本也……三者相为手足，合以成体，不可一无也"（《春秋繁露·立元神》）。人是联系天地与万物的纽带，在天地之间处于尊贵的地位，"得天之灵，贵与物……天地之性人为贵"（《天人三策》）。"人何其贵者？起于天至于人而毕。毕之外谓之物，物者投所贵之端，而不在其中。以此见人之超然万物之上，而最为天下贵也。"（《春秋繁露·天地阴阳》）人与天、地并列为三，能够超然于万物之上，人可以"绝于物而参天地"（《春秋繁露·人副天数》）。显然，他特别强调人在天地之间的独特地位。这样，"由人之外的九端，董仲舒建构了一个机械的宇宙……但是，宇宙的构成要素中还有一项是'人'，并且，人之成为天的一部分，不在于占据某个固定的空间位置、充当宇宙间架的构成部件，而在于人能够与天感应，能够主动地施加影响于天。这样，宇宙的机械属性就被打破了，宇宙的'既定状态'也就不存在了，它具有何种面貌，将由人所给

---

① 冯友兰：《中国哲学史新编》（中），第75—76页。

予天的影响来决定"①。他还说:"天生之,地养之,人成之。天生之以孝弟,地养之以衣食,人成之以礼乐。"(《春秋繁露·立元神》)一方面,天地生养万物,有赖于人成之;另一方面,天之所以生养万物,其目的也全在于人。"天德施,地德化,人德义。天气上,地气下,人气在其间。春生夏长,百物以兴,秋杀冬收,百物以藏。故莫精于气,莫富于地,莫神于天,天地之精所以生物者,莫贵于人。人受命乎天也,故超然有以倚;物疢疾莫能为仁义,唯人独能为仁义;物疢疾莫能偶天地,唯人独能偶天地。"(《春秋繁露·人副天数》)天地生人,人就与天、地并列为三,居中而立,天气为阳,地气属阴,人在之间具备阴阳二气。天的德行是施与,地的德行是化育,人的德行就是仁义。人能够顺应天地之间的自然规律,在天地万物之中最为尊贵,受命于天,与其他生物不同,"独能为仁义","独能偶天地"。这就是人与其他生物的本质区别,凸显了人在天地之间最为尊贵的特殊地位。徐复观先生为了突出"天"在董仲舒哲学中的至尊地位,把董仲舒的哲学说成"天的哲学",但同时他也特别强调这个"天的哲学"的核心是人。他说:"(天人)互相影响,互相决定,而由人决定天的意义更重。""董氏的基本立足点,依然是人而不是天。""他所以如此,是要把人镶在整个天的构造中,以确立人的不可动摇的地位,及不可逃避的责任。"② 桂思卓也认为,《春秋》这样的"神圣经典是沟通天人的桥梁",但"不是神示的产物,而是圣人——他向世人阐明或揭示了天的意蕴——之洞察力的创造"。"《春秋》的记载视为生活现实,因为为《春秋》所具体化的知识的源泉并不是天启,而是人类的感知,就此而言,无论《春秋》保有何种'超验'和神圣的地位,它所反映的都是以人类为中心的宇宙观而非以神为中心的宇宙观。"这样的"经典之所以神圣,其原因并不在于它集中表达了对神的崇拜,而在于它以一种合乎天道的方式规定了人伦之生活的整体"③。

就理性精神而言,董仲舒的天人关系学说从今天的学术视角看是一种

---

① 陈静:《"天人感应论"与王充的批判》,张岱年等著《中国观念史》,中州古籍出版社2005年版,第377页。

② 徐复观:《先秦儒家思想的转折及天的哲学的完成》,《两汉思想史》第二卷,第245、242、244页。

③ [美]桂思卓:《从编年史到经典——董仲舒的春秋诠释学》,朱腾译,第255—256、258页。

以哲学、宗教为主的形上之学，但这种形而上学则来源于历史。西方的形而上学是哲学家对世界本质的思索，研究超自然的哲学，而中国的形而上学就是"道"。在中国传统哲学中，"道"作为一个非常具有普遍意义的"元范畴"为各家各派所青睐和运用。其中代表性的就是儒家和道家的"道"。儒、道两家的"道"不是源于上天的神意，而是圣贤人物通过对历史文化反思来达到对天道的体悟，"孔子生长在一个礼崩乐坏，天下无道的时代，他对道有了自觉的意识，这就是通过对礼乐文化的历史反思来'悟道'的，所体悟出来的是历史之道、人文之道。比较起来，与孔子同时代的老子也是通过对礼乐文化的历史反思来'悟道'的，然而他悟出的则是宇宙之道、自然之道。这样说当然只是一种方便说法，很容易被人误解，所以更确切地说孔子应该是以人道为主而下学上达，通天地人，而老子则是天道为本，上道下贯，涵天地人。这样的差异体现在思想体系中，儒家是以人为本的人文主义性质的思想体系，而道家则是以天为本的自然主义性质的思想体系"①。看来，无论是道家的"道"还是儒家的"道"，都是来源于历史的，是对历史的反思。在这个基础上，"汉儒一般意向，均重在本历史，言治道"②。如《汉书·儒林传》载公孙弘"明天人分际，通古今之谊"的提法；司马迁《报任少卿书》中有"究天人之际，通古今之变"的说法，将"究天人之际"的天人之学和"通古今之变"的历史之学并提。这实际上暗含以历史的经验理性来思考和解决"天人之际"这种哲学—宗教的形上之学问题的思路。《汉书·董仲舒传》载董仲舒说："天人之征，古今之道也。"说明汉儒对天人关系的思考源于对历史发展规律的探索，在一定意义上说，古今之道即是天人之道。这种学术思想的渊源是孔子，具体就是《春秋》公羊学。《春秋繁露·精华》曰："《春秋》之为学也，道往而明来者也。然而其辞体天之微，故难知也。"董仲舒强调《春秋》之学是通过历史事实体天之微，明天之道，这样他就"立足于历史，立足于具体的人事的《春秋》及《公羊传》，拉入到他的天的哲学系统中去，在笃实明白的文字中，赋予以一份

---

① 韩星：《孔学述论》，陕西师范大学出版社 2008 年版，第 1 页。
② 钱穆：《朱子学提纲》，生活·读书·新知三联书店 2002 年版，第 4 页。

神秘的色彩"①。董仲舒在《天人三策》中以《春秋》发凡举例，回答汉武帝的咨询：

> 臣谨案：《春秋》之中，视前世已行之事，以观天人相与之际，甚可畏也。

> 臣谨案《春秋》之文，求王道之端，得之于正。

> 臣谨案《春秋》谓一元之意：一者，万物之所从始也；元者，辞之所谓大也；谓一为元者，视大始而欲正本也。《春秋》深探其本，而反自贵者始。

"视前世已行之事"属于历史的经验理性认识，"观天人相与之际"属于哲学的形而上学认识。董仲舒认为天是赋予人善恶之本性，是道德法则产生的根源。"孔子作《春秋》，上揆之天道，下质诸人情，参之于古，考之于今。"（《天人三策》）孔子参古考今，明天意，达人情，"推天施而顺人理"（《春秋繁露·竹林》），通过作《春秋》向世人传达天意，以正是非，明得失，求王道之端，探大始之本。这就是董仲舒天人关系学说理性精神的来源。在这个基础上，董仲舒树立了《春秋》在国家意识形态重建过程中的权威："《春秋》大一统者，天地之常经，古今之通谊也。"（《天人三策》）

结　语

本文从宗教与哲学视角对董仲舒以"天人感应"和"天人合一"为主的天人关系的做了辨析，缺点是遮蔽了伦理道德一面。其实，要完整地再现董仲舒的天人关系，应该是宗教、哲学、伦理的三维视角，所以最后笔者想强调一下，由于道德之天在董仲舒的"天论"中起着核心的地位，"天人感应"与"天人合一"都是建立在当时的自然科学和哲学发展的基

---

① 徐复观：《先秦儒家思想的转折及天的哲学的完成》，《两汉思想史》第二卷，第217页。

础上，都以重建道德理想和伦理秩序为出发点和归宿。所以，尽管以董仲舒为代表的汉代儒学与先秦儒学有了很大的差异，导致了先秦原始儒学的变异，并由此导致儒学真精神遗失①，董仲舒本质上还是一位大儒②，因为他的天人关系是以人文理性为本质特征的，他的思想的最终目标是重建道德理想和伦理秩序，于是就形成了"中国式的道德精神"，影响到了中国文化的基本精神。对此，唐君毅先生在中西比较的视域下进行了阐释："中国人之以自然有德性、有价值，其根据则在中国人之道德精神之不私其仁与其德，故能客观化其仁德于宇宙间。中国此种思想，文化史上之渊源，则在中国古代相传之上帝与天皆不超越而外在，而上帝无常处，天道贯入地中，天道内在于万物之宗教哲学思想。此种思想之精神，正通于西方理想主义唯心论之精神。故能不止于人生中言理想价值，于人上言心；而于自然万物，亦言其具人心之德性、神之德性也。"③ 中国传统的宗教与哲学思想，终极成就了一种道德精神，成为中国文化的核心价值之一。

---

① 韩星：《秦汉政治文化整合中儒学思想的变异》，《孔子研究》2006 年第 5 期。

② 对于董仲舒在儒学史上的地位，班固评论说："汉兴，承秦灭学之后，景武之世，董仲舒治《公羊春秋》，始推阴阳，为儒者宗。"（《汉书·五行志》）又说："仲舒遭汉承秦灭学之后，'六经'离析，下帷发愤，潜心大业，令后学者有所统一，为群儒首。"（《汉书·董仲舒传》）凡此，当然都是对董仲舒在汉代儒学中地位而言的，直到今天，现代研究者也不得不承认一个基本事实，这就是"汉代思想的特性，是由董仲舒所塑造的"（贺昌群《魏晋清谈思想初论》之附录《汉唐精神》，商务印书馆 1999 年版，第 200 页）。

③ 唐君毅：《中国文化之精神价值》，广西师范大学出版社 2005 年版，第 82—85 页。

新国学的内在结构探析

——以新经学、新子学为主

韩　星

一　国学概念及其演变

关于"国学"这个词，其实已经存在几千年了，原指国家学府，如古代的太学、国子监等。《周礼·春官·乐师》："乐师掌国学之政，以教国子小舞。"孙诒让《周礼正义》："国学者，在国城中王宫左之小学也。"也就是说，在周代"国学"只是国家所办的一种"贵族子弟学校"。《礼记·学记》也说："古之教者，家有塾，党有庠，术有序，国有学。"孔疏引正义曰："国有学者，国谓天子所都及诸侯国中也。"可见，这里"国学"指的是诸侯在国都所设之学校。"国学"作为国家级学校的称谓，历代有所变化。汉代称太学，晋代称国子学，北齐称国子寺，隋代称国子监，唐宋时则以国子监总管国子、太学、四门等学，元代设国子学，明、清两代设国子监，至清光绪三十一年（1905 年）开始设学部，国子监的称呼于是废止。到了清末，国学成为国家最高层次的学校。但不管怎么变，"国学"在中国古代实际上指的是学校。

现在我们经常用的"国学"概念是指学问、学术，产生于清末西学东渐、文化转型的历史时期，相对于"西学"称"中学"，后改称"国学"，这样就完成了由"国家设立的学校"向"我国固有的文化、学术"意义的转变。它兴起于 19 世纪末 20 世纪初，20 世纪 20 年代始盛；在中国，"文化大革命"结束后思想学术自由逐步有所恢复，中华传统文化学术的空间逐步扩大，20 世纪 80 年代后"国学"复起至今。

近代以来人们对于"国学"的界定仁者见仁，智者见智，众说纷纭，莫衷一是。主要原因是近代以来中国文化处于激烈的变革时期，也可以说是过渡时期，中西古今文化交流冲突，国学没有，也不可能确立自己相对独立的疆域、规范、典范。但大致可以肯定，近代的"国学"概念主要是相对于新学、西学（外学）而寻求中国学术文化的地位，凸显中国学术文化的自身特征，很大程度上泛指中国传统学术文化。

近代的"国学"概念又相继演变出"国粹"、"国故"等概念词。有感于亡国灭种的危机，清末民初有一批知名的学者，形成了一股以"研究国学，保存国粹"为宗旨的学术文化思潮。他们以陶铸国魂为号召，一边进行学术研究，一边从事政治与文化活动，文化保守特点尤为明显，在社会上赢得了广泛影响，被称为"国粹派"。"国学"、"国粹"两词难分轩轾，都流行于 20 世纪初年，具有当时中国知识分子文化反思的意义。他们把文化传统冠之以"国"，包含了深厚的爱国情结。当然，两者内涵不无差异。"国粹"以"国学"为依托，而"国学"更为宽泛。一般来说，"国粹"的重心在"粹"，不无保守色彩，以国粹派为代表；"国学"的实质在"学"，没有明确的思想倾向，论者包括国粹派及其以外的许多学者①。由"国学"、"国粹"后来又发展出"国故"一词。其实"国故"一词也是古已有之，在中国古代，"国故"一词是指国家遭受的凶、丧、战等重大变故。到了晚清，"国故"有新的含义，即"朝掌（章）国故"，用来专指典章制度。五四新文化运动期间，新旧文化激烈交锋之时，"国故"一词流行开来，大有取代"国学"之势，"旧派"、"新派"国学家都使用了"国故"一词。为了弘扬"国学"，章太炎除了发行《国粹学报》，还出版《国故论衡》，明确地将语言（文字、音韵、训诂）、文学（文学界说、历代散文、诗赋）、诸子学等一并纳入，进一步拓展了"国故"的传统含义，大致勾勒出近代"国故"一词的涵盖范围。由于章太炎的声望和影响，"国故"一词开始广为接受。于是，"国学"又有了"国故"的称谓。王淄尘在《国学讲话》说："国学之称，始于清末。首定此名之人，今已无从确知。……庚子义和团一役以后，西洋势力日益膨胀于中国。士人之研究西学者日益众，翻译西书者亦日益多，而哲学、伦理、政治诸说，皆异于旧有之学术。于是概称此种书籍曰'新学'，而称

---

① 罗检秋：《也说"国学"》，《文史知识》2000 年第 1 期。

固有之学术曰'旧学'矣。另一方面，不屑以旧学之名称我固有之学术，于是有发行杂志，名之曰《国粹学报》，以与西来之学术相抗。'国粹'之名随之而起。继则有识之，以为中国固有之学术，未必尽为精粹也，于是将'保存国粹'之称，改为'整理国故'。研究此项学术者称为'国故学'，简称'国学'。"① 随着五四新文化浪潮低落，"国学"一词在 20 世纪 30 年代得到普遍承认和运用，"国故学"则销声匿迹。

关于国学的定义，严格意义上，到目前为止，学术界还没有给我们做出统一明确的界定。名家众说纷纭，莫衷一是。现在所说的"国学"一般有狭义、广义、泛义之分。

狭义的国学则专指中国传统的思想文化（精神文明、意识形态）方面，诸如历史、哲学、伦理、宗教、语言文字、文学、艺术、政治、经济、法律等，具体指以文字为载体的文献及其思想观念体系。尽管涉及的门类甚多，内容广泛，但传统的精神文明是以儒学为核心的中国传统文化。

广义的国学是与中国传统文化等同的概念。文化包括物质文明、制度文明、精神文明三个方面，这三个方面加起来就是广义国学的内涵，可以说是一门无所不包的学问，甚至可以说就是中国传统文化的代名词。

泛义的国学，如台湾学者龚鹏程近来撰文指出："国学，在晚清，具体内涵其实是指经学，因此绝没有一个弄诗词戏剧的人会被称为国学大师。到了'五四'以后，国学变成了史学，胡适、傅斯年所谓'整理国故'，均是将国故视为史料而整理之，史学家钱穆也写过一册《国学概论》。如今呢？国学也者，范围指涉大异于前，实只是中国学问之概称。中国固有之学问，如经学、宋明理学、佛教、道教、孙子兵法、诗词歌赋，固然都可列入国学之林，就是中国学人、文化人想要发展成具有'中国性'、'中国特色'的学问，亦都可以号称为国学。"② 这应该是对"国学"的泛称，不是严格意义上的界定。

一些学者还提出"大国学"概念。

季羡林先生生前认为，"国学应该是广义的'大国学'的范畴，不是

---

① 王淄尘：《国学讲话》，世界书局 1935 年版，第 1—3 页，转引自《辛亥革命时期期刊介绍》第二集，人民出版社 1982 年版，第 339 页。

② 钱穆：《国学新世代》，《文讯》2005 年，第 241 期，第 11 页。

狭义的国学。既然这样，那么国内的各地域文化和56个民族所创造的文化，就都包括在'国学'的范围之内"①。国学不是"汉学"、"儒学"等狭隘的国学，而是集全中国56个民族文化财富于一身的"大国学"：从齐鲁、荆楚、三晋、青藏、新疆等，到敦煌学、西夏学、藏学、回鹘学、佛学等，都是"大国学"的研究范畴。

中国人民大学2005年成立国学院，首任院长冯其庸先生曾专门到医院与季羡林交流看法，一致认为"大国学"教育应以多民族共同创造的涵盖广博、内容丰富的文化学术为主要内容②。"很明显，'大国学'蕴涵着中国作为由56个民族组成的大民族家庭的和谐统一的思想精髓。这个思想告诉并告诫我们的是，中国真正广义的'国学'，应该是由56个民族共同创造的所有文化核心思想的集萃，同时这所有的文化思想又是一脉相承、相辅相成的，它们构成了一个整体的中国文化。"③

海外国学大师饶宗颐先生还提出了"华学"概念。

一直以来，汉学是一门西方的关于中国的知识系统，是西方人发起的对中国文化所进行的研究。而国学则是中国人对自己传统文化进行的研究。而饶宗颐对汉学、国学有不同的看法。他觉得，中华民族的文化不应该简单地被名称割裂开来，中国还有少数民族，在外还有华人。他们都有自己的文化，也都促进了中国文化的发展。如果要一个称呼，应该叫"华学"。1997年，他创办了大型学术刊物——《华学》。华侨大学校长贾益民认为饶宗颐提出这个"华学"的概念，更具包容性，也更容易为外国朋友以及华人华侨所认同，因此意义非常重大。另外，"华学"概念的提出符合历史发展的史实。华学融合了我们历史上的汉文化、少数民族文化以及海外华侨华人的文化，可以说它是世界范围内所有中国人沉淀下来的文化，在文化上符合我们"大中华"的概念④。饶宗颐提出的"华

① 季羡林：《各地域和56个民族的文化都是"国学"》，人民网，http://www.022net.com/2010/12-15/503518253314078-7.html。
② 周宁：《季羡林留给中国"大国学"观念》，来源：新华网，2009年7月20日12：47：53。
③ 欧东衢等：《关于"大国学"思想的理论与现实解读》，来源：新华网，2009年8月12日17：16：23。
④ 林野：《东方鸿儒饶宗颐：华学才是对中华民族文化的最好概括》，《都市时报》2011年12月27日。

学"理念，也就是涵盖西方所说的"汉学"与中国所说的"国学"而汇通为一的学术理念，实际上就相对于中华文化，可以避免政治化，可以兼顾海外华人的文化认同。有学者从"国学"这一称谓的弊病出发，力主饶宗颐的"华学"说。倡导将中国古代学术、现当代学术、汉民族主体文化和少数民族文化，以及海外华人华侨传承、流布、创造的中华文化，作为一个结构整体，构成古今中外文明交流发展新的平台①。

　　鉴于"国学"概念的界定，学术界多有分歧，中国人民大学纪宝成校长撰文指出："国学可以理解为是参照西方学术对以儒学为主体的中华传统文化与学术进行研究和阐释的一门学问。它有广义与狭义之分。广义的国学，即胡适所说的'中国的一切过去的历史文化'，思想、学术、文学艺术、数术方技均包括其中；狭义的国学，则主要指意识形态层面的传统思想文化，它是国学的核心内涵，是国学本质属性的集中体现，也是我们今天所要认识并抽象继承、积极弘扬的重点之所在。"② 这个界定比较明确，但对其中谈到以西方学术为参照来研究国学则引发了学术界的异议，如楼宇烈在《中国国学研究的回顾与展望》一文中说："应当承认，借用西方文化的一些基本观念来比照中国文化的某些观念，以及运用实证分析的方法来梳理中国文化中原来比较模糊的概念和理论，在一些领域与一定范围内确实促进和提高了中国'国学'研究的水平，但同时不可忽视的是，西方文化中的某些基本观念以及分析的方法与中国传统文化的根本精神和思维特点存在着极大的差异。因而，套用这种研究方法整理或诠释出来的中国传统文化，有时离其原来的意蕴不知相去几何。然而更令人担忧的是，长期在西方思维方式和研究方法的影响下，如今已没有多少人能真正把握中国传统文化的原来意蕴了。"③

　　对此，笔者认为，国学研究形成于 20 世纪中西古今文化冲突、交流、融汇的历史时期，已经不可能完全脱离既有的话语环境。我们今天已经处在一个中西不可分割的对话的时代，不可能完全离开西方学术思想谈中国思想学术，而是应该在继承批判百年来国学发展成就的基础上，对五四新

① 肖云儒：《称"国学"为"华学"是否更好——序〈岷峰山人说〉》，《西安交通大学学报》（社会科学版）2008 年第 1 期。

② 纪宝成：《重估国学的价值》，《南方周末》2005 年 2 月 26 日。

③ 楼宇烈：《温故知新——中国哲学研究论文集》，商务印书馆 2004 年版，第 575 页。

文化运动的矫枉过正进行反思和调正，深入发掘中国传统文化的思想精华，在重新确立中国文化主体性基础上，我们以自己的文化传统为主体来吸收消化外来文化，同时以自己文化传统为主体来参与世界多元文明的融合。

二　新国学与新经学、新子学

（一）当代学界关于"新国学"讨论

1991年，《学人》杂志第一期中的"学术研讨笔谈"首次对"新国学"进行了普遍而深入地阐释，主要立足于国学观念中的陈规陋习、思想僵化以及中国20世纪80年代以来学术空泛的现象进行讨论，希望建构一个有标准、有中华民族特征而具有世界意义的学术体系。传统国学研讨似乎不能满足我们的时代、文化语境、世界文化格局、现代民族精神等的需求，所以得在国学的根底上重新考虑它们参与我们文化心理构造、民族文化特质建立的方式和办法，这就是"新国学"概念提出目的，即试图对国学观念进行重新审视或批判，以构建能够涵盖中国学术的全部成果的"新国学"概念，真正表现中国学术的主体性、独立性与整体性，为中国文化的复兴奠定深厚的学术基础。

1993年，袁行霈教授在《国学研究》发刊辞中说："国学作为固有文化传统的局部，曾经渗进民众的心灵，直接间接地参与理想生活……"在其后与记者的谈话中也说道："国学并不是一个封闭的体系，研讨国学并不是复古，而是为了如今和将来。因而要抱着开放的态度，把国学放在世界各民族文化大格局中加以研讨……使之为中国现代化和世界全人类文化的进步做出奉献。这样，就是有别于旧国学的新国学了。"[①]

2005年，王富仁教授发表了《"新国学"论纲》的长篇宏论，更深入全面地探讨了新国学的内涵，他定义"新国学"说：它"不是一种学术研究的方法论，不是一个学术的指导方向，也不是一个新的学术流派和学术团体的旗帜与口号，而只是有关中国学术的观念。它是在我固有的'国学'这个学术概念基础上提出来的，是使它适应已经变化了的中国学术现状而对之作出的新的定义"。与一般学者对新国学界定不同的是，他

---

①　袁行霈：《国学研究》第三卷，北京大学出版社1995年版，第657页。

把五四以后生成和发展起来的中国现代文化，特别是由陈独秀、李大钊开其端的中国现代革命文化，以鲁迅为主要代表的中国现代社会文化，由从事外国文化的翻译、介绍和研究的学者和教授创造出来的大量的学术成果也都纳入"新国学"的概念中①。

北大教授钱理群说："'新国学'的理想主义，更代表如今它对'精神归宿'的考虑与呼吁……'新国学'这个学术概念对于我们是至关重要的，就是因为，只有这样一个学术观念，可以成为我们中国知识分子文化的、学术的和精神的归宿。"②

2008 年，方克立先生在《创建适应时代需要的新国学》提出：

> 新国学是在吸收前人一切有价值的研究成果，包括乾嘉学派和"疑古"、"信古"、"释古"学派，以及章太炎、梁启超、王国维、胡适等人的有价值的国学研究成果的基础上，以马克思主义世界观和方法论为指导原则，全面总结和清理前人给我们留下来的学术文化遗产，构建中国传统人文学术，包括中国古代史、中国文学史、中国哲学史、中国经学史、中国政治思想史、中国宗教思想史、中国科学思想史……等等的新学科体系，形成对于中国古代社会和传统思想文化的真正科学的认识。③

刘勇教授指出："从目前来看，'新国学'的讨论的确是致力于清理中国'内部'的学术结构问题，还未转过身来对中国学术与世界学术之问题进行深入的思考。而这一点，无疑是'新国学'讨论应该继续深入的地方，惟其如此，'新国学'才能拥有更大的发展空间，也才能真正完善自身的历史定位。"④ 同时他就这个问题做了深入探讨。

从以上这些对新国学概念的讨论，可以看出，改革开放 30 多年来，特别是进入 21 世纪，在中华民族伟大复兴，中国传统文化复兴的大趋势

---

① 王富仁：《"新国学"论纲》上，《社会科学战线》2005 年第 1 期。

② 钱理群：《我看"新国学"——读王富仁〈"新国学"论纲〉的片断思考》，《文艺研究》2007 年第 3 期。

③ 方克立：《创建适应时代需要的新国学》，《光明日报》2008 年 8 日 4 日。

④ 刘勇：《全球化浪潮下的知识主体性重构——"新国学"讨论及其向度之观察》，《中国现代文学研究丛刊》2004 年第 4 期。

下，学术界对国学的研究也越来越重视，并且有了强烈的现代意识，提出有别于古代，不同于民国时期的"新国学"，不断拓展和深化国学的研究领域。

（二）新经学

早在 20 世纪 30 年代，马一浮就提出了"六艺该摄一切学术"的"新经学"（现代新儒学）思想，其具体内涵：一曰"六艺统诸子"，二曰"六艺统四部（指经、史、子、集）"，三曰"六艺统西学"。他声称"六艺不惟统摄中土一切学术，亦可统摄现在西来一切学术"。即以六艺来统摄一切的精神与文化，统摄一切传统与西方的学术。而他所谓"六艺"，即指儒家的《诗》、《书》、《礼》、《乐》、《易》、《春秋》这"六经"[1]。马一浮的学术思想是以中国文化的整体观消弭古今、汉宋、朱陆和儒佛道之纷争，用世界主义的文化观寻找中西文化融合之路，纳西入中，以中国之六经统摄西来学术的新经学[2]。

当代学者提出"新经学"这一概念已有 20 余年。1988 年，党跃武教授发表《新经学浅论》，认为：

> 自"五四运动"喊出了"打倒孔家店"的口号，作为推崇封建大道的旧经学基本上已经完成了它的历史革命。然而，经学并不能因此而消亡。思想的多元化和本能的否定，使得新经学迟迟没有得以构建，不论是其理论框架还是其内容涵义，都还接近于空白，至少可以说是零星的。一个历史的事实需要引起我们足够的重视：几千年的封建社会中，经学体现了其思想根基，而漫长的封建历史，至今对人们产生着重要的影响。"古为今用"的观点既为新经学的产生提供了科学的方法，也为新经学的产生提供了需求。随着最近几年来，一种中国文化寻根的热潮的出现，一种全方位反思的出现，人们已经认识到中国文化的发展是无法割裂的，是一个发展的系统（虽然这种系统

---

① 马一浮：《论六艺该摄一切学术》，《马一浮集》第一册，浙江古籍出版社 1996 年版，第12—16 页。

② 袁新国：《马一浮学术思想新探——消弭古今汉宋、纳西入中的新经学》，《国学学刊》2011 年第 3 期。

的发展是相当缓慢的），而从作为"学问之源"的经学中寻找中国传统文化和现代文化的联络和更新，则成为一种理论上和实践上的必然和可能。①

他还提出了新经学研究至少应该包含的几个方面，如对经学文献的整理、对经学历史的研究、对旧经学观的否定、对经学文献价值的辨析、经学研究引入现代科学手段等。这大概是当代最早提出"新经学"概念的一文。

"新经学"概念提出的标志，应是 2001 年 11 月 2 日，著名国学大师饶宗颐在北京大学百年纪念论坛上作了题为《新经学的提出——预期的文艺复兴工作》的发言，后来他又写成《〈儒学〉与新经学及文艺复兴》一文发表在《光明日报》。他说：

> 我们现在生活在充满进步、生机蓬勃的盛世，我们可以考虑重新塑造我们的新经学。世界上没有一个国家没有他们的 Bible（日本至今尚保存天皇的经筵讲座，像讲《尚书》之例）。我们的哲学史，由子学时代进入经学时代，经学几乎贯彻了汉以后的整部历史。"五四"以来，把经学纳入史学，只作史料来看待，不免可惜！……经书是我们的文化精华的宝库，是国民思维模式、知识涵蕴的基础；亦是先哲道德关怀与睿智的核心精义、不废江河的论著。重新认识经书的价值，在当前是有重要意义的。②

何正波撰文③中指出所谓"新经学"是相对传统经学而提出的一个新概念。"新经学"则以国学（在这里，国学特指中国固有的思想文化学术）为研究对象，超越传统经学以儒家文化为主的研究范式，根据"古为今用"的指导思想全面总结、吸收春秋战国以来中国各家思想学术的精华，推陈出新，是国学之经学。"新经学"是一种广义经学，举凡道、武、医、佛等各家的著作都称"经"，并且各家都有自己的经学。传统经

---

① 党跃武：《新经学浅论》，《江西图书馆学刊》1988 年第 2 期。
② 饶宗颐：《〈儒学〉与新经学及文艺复兴》，《光明日报》2009 年 8 月 31 日。
③ 何正波：《论"新经学"之初步构建》，TCE 文化工作室，http://blog.sina.com.cn/s/blog_ 4a554f450100v433.html。

学特指儒家经学，是狭义的经学。今天我们重提经学，自然不能局限于儒学一家，而应该博采众长、推陈出新，是为"新经学"，亦即广义经学。"新经学"的提出，为国学研究指明了一个方向。研究国学，首先就要研究影响国学发展的基本学派及其代表著作，这正是"新经学"的研究范畴。

　　笔者认为，传统经学以儒家六艺、六经为中国文化代表性的经典，是有其历史渊源和合理性的。孔子经过整理发掘了这些典籍的思想蕴涵，同时用它们来教育学生，全面地继承了上古以来的传统文化，代表了中国文化的正统。正因为如此，儒经被看成古代圣人的精心制作，是安身立命、治理国家和规范天下的大经大法。如班固在《汉书·儒林传》中就说："古之儒者，博学乎'六艺'之文。'六艺'者，王教之典籍，先圣所以明天道，正人伦，致至治之成法也。"这就强调了儒经的来历及其政治教化功能，显示了儒经神圣性的一面。今人熊十力也说："夫儒学之为正统也，不自汉定一尊而始然。儒学以孔子为宗师，孔子哲学之根本大典，首推《易传》。而《易》则远绍羲皇。《诗》《书》执礼，皆所雅言，《论语》识之。《春秋》因鲁史而立义，孟子称之。《中庸》云仲尼祖述尧、舜，宪章文、武。孟子言孔子集尧、舜以来之大成。此皆实录。古代圣帝明王立身行己之至德要道，与其平治天下之大经大法，孔子皆融会贯穿之，以造成伟大之学派。孔子自言'好古敏求'，又曰'述而不作'，曰'温故知新'。盖其所承接者既远且大，其所吸取者既厚且深。故其手定六经，悉因旧籍，而寓以一己之新意。名述而实创。是故儒学渊源，本远自历代圣明。而儒学完成，则又确始于孔子。但孔子既远承圣帝明王之精神遗产，则亦可于儒学而甄明中华民族之特性。何以故？以儒学思想为中夏累世圣明无间传来，非偶然发生故。由此可见儒学在中国思想界，元居正统地位，不自汉始。"① 这就非常清楚地论证了儒经作为中国文化正统的历史原因，孔子所继承的是远古至他那个时代圣王立的精神遗产，吸收了深厚的营养，开创了儒家的学统。由对儒家经典的诠释和普及而形成了经学传统，从西汉武帝开始，儒家的经学便成为官方意识形态，并逐渐成为主流的文化形态。历史上，皇权以经学作为统治的思想来源，社会以经

---

　　① 熊十力：《读经示要》卷二，《熊十力全集》第三卷，湖北教育出版社2001年版，第747—748页。

学作为秩序的价值准则。历代的官方版刻经籍、社会启蒙读本、民间乡约村规，在思想观念上都与儒家经学有密切的关系。由于社会发展的广泛需要，经过历代学者的不断诠释，儒经成为中国文化的代表性经典，经学不断丰富，以至于成为学术的主流。因此，儒经的地位是中国文化自身发展的必然，不仅仅是汉代以后统治者提倡的结果。

与此相应，儒学在中国文化中处于主体性的地位。余英时先生说："儒家教义的实践性格及其对人生的全面涵盖使它很自然地形成中国大传统中的主流。"① 钱穆指出："儒家思想是中国文化的一根大梁。"② 儒学深刻地影响着中华民族的哲学、文学、艺术、伦理、宗教、科技、医药以及政治经济各方面的发展，在中国文化发展过程中历史地形成了主体地位。因此，新国学还是要以经学及建立其上的儒学为核心或主体，即"以儒学为主体，以经学为核心"③。

（三）新子学

方勇教授《"新子学"构想》一文 2012 年 10 月 22 日在《光明日报》发表后，引起学术文化界广泛关注。他提出："'六经'系统包含了中华学术最古老、最核心的政治智慧，因而在历朝历代均受到重视，西汉以降一直被尊为中华文化的主流思想而传承至今。子学系统则代表了中华文化最具创造力的部分，是个体智慧创造性地吸收王官之学的思想精华后，对宇宙、社会、人生的深邃思考和睿智回答，是在哲学、美学、政治、经济、军事、教育、技术等诸多领域多维度、多层次的深入展开。比起经学系统，子学系统在传统观念中的地位虽有不如，但其重要性却丝毫不见逊色。它们共同构成中华文化的两翼，为东方文明的薪火相传奠定了深厚的思想基础。"④ 这个观点笔者基本能够接受，因此也同意邓国光先生的看法：

中国文化的集体智慧，保存在传统学术之中，包括经学、史学、

---

① 余英时：《士与中国文化》，上海人民出版社 1987 年版，第 143 页。
② 钱穆：《中国文化丛谈》第 2 册，台北：三民书局 1975 年版，第 372 页。
③ 李学勤：《国学的主流是儒学，儒学的核心是经学》，《中华读书报》2010 年 8 月 4 日。
④ 方勇：《"新子学"构想》，《光明日报》2012 年 10 月 22 日。

子学与集学。从立义的角度言，四部都是一心。从分类而言，四部是体。从学术功能而言，因体见用。四部全体大用，皆不能偏废。……在集部，有新文学；在经部，有新经学；在史部，有新史学。但作为时代理性思维象征的"子学"，独落后于斯。可幸的是，方勇教授提出"新子学"，如此整个四部学术能共同在相同方向上各显辉煌。①

也就是说，20 世纪以来，相比较新文学、新经学、新史学，新子学没有形成整体力量，只有作为一家一派的分散子学，如新道家、新法家、新墨家等。方勇教授现在提出"新子学"的构想首先把子学作为整体凸显了出来。所谓诸子的提法在春秋战国、诸子百家争鸣时代都没有，到了汉人才逐渐整理、分类、概括出来先秦学术思想流派为"九流十家"，即后世所谓"诸子百家"。方勇教授在中国经过了 20 世纪诸子百家争鸣时代之后，现在独具慧眼，对近代以来的诸子复兴思潮作出了整体性的概括总结，提出了新子学构想，非常及时，非常必要。但是对下面所说笔者不敢苟同：

> 清末以来，子学更是参与到社会变革的激流中，化身为传统文化转型的主力军。尤其是它通过"五西"以来与"西学"之间起承转合的变化发展，早已经使自身成为"国学"发展的主导力量。如今，"新子学"对其进行全面继承与发展，亦将应势成为"国学"的新主体。……倡导子学复兴、诸子会通，主张"新子学"，努力使之成为"国学"新的中坚力量。②

这不符合有清以来中国思想史发展的史实，特别是怎么解释现代新儒家的学术思想成就和在 20 世纪产生的巨大影响？对此，谭家健先生对这一观点也提出质疑：

> 《构想》指出："新子学，将应势成为国学新主体。"这个问题涉及对国学的总体界定，目前意见纷纭。如前所述，方勇教授主张新子

---

① 邓国光：《"新子学"笔谈》，《文汇读书周报》2012 年 12 日 2 日。
② 方勇：《"新子学"构想》，《光明日报》2012 年 10 月 22 日。

学以思想史为对象，并不包括经学，史学，古代文学和古代自然科学史。然而在传统文目录学中，"新子学"之书只是子部中的一小部分。能够称得起起国学新主体吗？它与经学、史学、文学是什么关系呢？建议多听听经学界、史学界、文学界和自然科学史界朋友的意见。目前，某些学科地位的界定，不仅是理论问题，而且涉及实际利益。某个学科一旦由二级升为一级，或由非重点升为重点，待遇大不相同。新子学可否宣称是"国学新主体"，必须慎之又慎，广泛听取不同意见，特别是反对者的意见。①

笔者以为大力弘扬新子学时也应该看到新子学的局限性，给予适当的学术定位。姜广辉先生说：在中国实际的历史中，"子学"的地位从来就不那么高。近现代的中国哲学史、中国思想史著作过于凸显"子学"的历史地位，若从信史的角度看，不免有拔高之嫌。经学支配中国思想界两千年，这是实际的历史。作为历史学家应该承认这段历史，解释这段历史，而不应以个人之好恶抹煞这段历史，改写这段历史②。

这里以中国哲学史学科的构建为例来说明。近代以来中国学界引进西方哲学，建立中国哲学史学科，怎么处理与传统学术体系的关系，就成为当时学者探索的重大学术问题之一。胡适站在西方哲学的角度批评中国古代"经学与哲学的疆界不明"的毛病，强调"经学与哲学究竟不同：经学家只要寻出古典经典的原来意义；哲学家却不应该限于这种历史的考据，应该独立地发挥自己的见解，建立自己的系统"，因此提出，"经学与哲学合之则两伤，分之则两收其益"③。后来冯友兰也强调中国哲学史必须与经学分离而独立，以西方哲学为蓝本来建立中国哲学史的学术范式。他们这样把哲学与经学相分离的认识现在看来也是走向了另一个极端，实际上他的哲学史写作是抛开了经学传统，纯粹以子学的眼光来写作中国哲学史的，这就出现了讲中国哲学史以子学为主，摆脱经学的"失根"现象，使中国哲学史几乎成了无源之水、无本之木。正如有学者所

---

① 谭家健：《对〈"新子学"构想〉的建议》，中国文学网，http://www.literature.org.cn/Article.aspx? id=73100。

② 姜广辉：《新思想史：统合经学与子学》，《中华读书报》2013 年 1 月 16 日。

③ 姜义华主编：《胡适学术文集·中国哲学史》（下），中华书局 1991 年版，第 1071—1072 页。

指出的："在中国古代两千多年的历史中，经学一直是社会的指导思想，自《庄子·天下篇》、《汉书·艺文志》以及后世关于经、史、子、集的文献分类等等，有关传统的思想文化的陈述都是以经学为纲统合子学的。后世无论多么伟大的思想家，其影响都是无法与儒家六经相比的。而两千年间的一般知识分子可以不读诸子百家之书，但很少有不学儒家经典的。若一部中国思想史（或哲学史）著作不包括经学的内容，你能说它是信史吗？即以子学而言，中国思想家（哲学家）的问题意识，多是从经学衍生出来的，许多哲学命题所讨论的正是经学中的问题，你如果不懂经学，如何能正确地理解那些命题呢？所以我认为，如果一位中国思想史（或哲学史）教授不懂经学，那他就没有资格讲授中国思想史或中国哲学史。……一部中国思想史或中国哲学史著作，若没有经学思想的内容，就等于没有了文化的根基和价值的本原，那岂不成了无源之水、无本之木？"①

三　新国学的内在结构探析

古代"国学"的分类和构成有一个演变的过程。《汉书·艺文志》对国学有一个基本的分类，将其分为六个部分。第一部分：六艺。指《诗》、《书》、《礼》、《乐》、《易》、《春秋》六部经典。六艺有大六艺，小六艺。大六艺，就是六经。小六艺是六种技术：礼、乐、射、御、书、数，是具体培养人的人格和各种技能的。第二部分：诸子百家。有儒家、道家、墨家、法家、名家、阴阳家、农家、纵横家、小说家等。第三部分：诗赋。第四部分：兵书。第五部分：术数。第六部分：方技。房中术、医术都是方技。

西晋荀勖的《晋中经簿》将六略改为四部，即甲部录经书（相当于六艺），乙部录子书（包括诸子、兵书、数术、方技），丙部录史书，丁部为诗赋等，这就奠定了四部分类的基础。东晋李充所编《晋元帝书目》根据当时古籍的实际情况，将史书改入乙部，子书改入丙部，这样，经、史、子、集四部分类已略具雏形。四部体制的最终确立，体现在《隋书·经籍志》中，这部实际上由唐初名臣魏徵所编的目录，正式标注经、

---

① 姜广辉：《新思想史：统合经学与子学》，《中华读书报》2013 年 1 月 16 日。

史、子、集四部的名称，并进一步细分为 40 个类目。从此，四部分类法
为大多数史志、书目所沿用。

《四库全书》分为经、史、子、集四部，但以经、子部为重，尤倾向
于经部。经部分为易类、书类、诗类、礼类、春秋类、孝经类、群经总义
类、四书类、乐类、小学类、石经类、汇编类，主要是儒家经典和注释研
究儒家经典的名著。史部分为正史类、编年类、纪事本末类、别史类、杂
史类、诏令奏议类、传记类、史抄类、载记类、时令类、地理类、职官
类、政书类、目录类、史评类、汇编类。子部分为儒家类、兵家类、法家
类、农家类、医家类、天文算法类、术数类、艺术类、谱录类、杂家类、
类书类、丛书类、汇编类、小说家类、释家类、道家类、耶教类、回教
类、西学格致类。集部分为楚辞类、别集类、总集类、词曲类、闺阁类。
中国古代经、史、子、集四部分类以经为根，史、子为干，集为枝。根、
干、枝构成国学大树的整体，较全面表明了我国古代学术文化的结构与体
系。正如明代学者胡应麟在《少室山房笔丛》卷二中所说："经、史、
子、集，区分为四，九流百氏，咸类附焉，一定之体也。"

近代以降这一传统的结构与体系经过了革命性的转变。左玉河先生考
察了注重通、博的中国传统"四部之学"怎样在形式上完成了向近代分
科性质的"七科之学"的转变的过程，大约从 19 世纪 60 年代开始，到
20 世纪初大致成形，到五四时期基本确立，到 20 世纪 30 年代最终完成。
从"四部之学"到"七科之学"的转变，实际上就是从中国文史哲不分、
讲求博通的"通人之学"向近代分科治学的"专门之学"的转变①。这
一转变是革命性的，与近代以来中国社会革命性的变革是相互呼应的，但
是对于这一转变的利弊得失、功过是非现在有越来越多的学者在进行
反思。

方朝晖教授通过仔细研究儒家学术分类方法，并与西方学科范畴进行
比较发现，"儒家学说的分类体系是建立在不同的逻辑之上，摧毁或放弃
儒学固有的分类体系，就是对儒家学说内在精神的人为阉割。大体来说，
西方学科范畴是为人类'认知'的目的而建立起来的，而儒家的学术分
类体系则是服务于人格的成长和人生的终极关怀等实用的需要而建立起来

---

① 左玉河：《从"四部之学"到"七科之学"——晚清学术分科观念及方案》，《光明日
报》2000 年 8 月 11 日。

的。前者遵从的是'知'的逻辑，后者遵从的则是'做'的逻辑。20世纪中国学术史的一个重要特征就是，把本来不属于'认知'范畴的学术强行纳入到'认知'性的学术范畴之中，从而导致几千年来绵延不绝的中国古代学术传统的人为中断。"① 这一判断笔者认为是基本符合事实的。他还批评今天的学科体系说：

> 今人将经、史、子、集的分类系统彻底打乱，按照现代西方学科分类系统所划定的领域，将其重新归类，即按照文、史、哲、政治、经济、法律、社会、教育……等领域划界分类；例如将《诗经》归入"文学类"，《尚书》归于"政治学类"、"三礼"根据情况可以分别归入"政治学"、"伦理学"、"文化学"等类，《周易》似乎应归于"哲学类"或"杂类"，《春秋》应归于"历史学类"，等等。这样做表面上看很合理，但实则不然。因为它严重忽视了儒家学术分类思想的一系列内在依据的根本合理性：首先，儒家的学术思想将"六艺"或"五经"作为一个完整的、不可分割的整体。……按西方学科体系将"六艺"归入六门不同的学科，使之分为六门不相关联的学术，从学理上看固无不可，但"六艺"或"五经"内在的关联和整体性则遭到了忽略，而在儒家学说史上，这种内在关联和整体性恰恰具有特殊的意义。其次，在儒家学说史上，"六艺"或"五经"一直处于群学之首、万学之源的特殊地位，按照这一思想，一切古代其它领域的学问均可视作围绕、阐述"六艺"、"五经"的某一方面，或以"六艺"、"五经"精神为依据的产物。②

今天的学科体系是按照现代西方学科分类系统划分的，是20世纪中国社会全盘西化在学术研究和教育体系中的反映，对中国古代有机整体的学术思想分类体系进行了全面肢解，根本没有考虑到经过两千多年形成的"四部之学"有一系列内在依据的根本合理性，实际上从学术根本上解构了中国文化，其影响是深远的，后果是严重的。

在近代"四部之学"向"七科之学"转变的过程中，笔者觉得张之

---

① 方朝晖：《现代中国学术的命运与前途》，《天津社会科学》2002年第3期。
② 同上。

洞 1903 年提出的"八科分学"方案最佳。他将大学堂的学科分为经学、政法、文学、医、格致、农、工、商八科，并具体规定了各科所包括的学科门类，其最大特点是将"经学"列为群学之首，单独开设了"经学科"，并在"经学科"设置了 11 门，强化了经学的研究门类。尽管张之洞在经学、文学科的设置上存在着不少值得批评的谬误，但"八科分学"方案，初步奠立了中国近代学术分科的基础，大致划定了近代中国学术的研究范围。中国传统学术中的经学、史学、文学在"经学科"和"文学科"中得到保存，晚清时期引入的各种"西学"门类，在"政法科"、"格致科"、"农科"、"工科"、"医科"和"商科"中确定下来①。可惜这一有价值的方案没有得到认可，后来在 1913 年初，当时的教育部公布了《大学令》、《大学规程》，对大学所设置的学科及其门类作了原则性规定："大学以教授高深学术，养成硕学闳材，应国家需要为宗旨。"大学取消了"经学科"，分为文科、理科、法科、商科、医科、农科、工科七科，直至今日。

今天，在重建新国学的时候，我们又不约而同地想起了中国传统经过两千多年的形成的"四部之学"。"关于'国学'的书籍虽称'浩如烟海'……直到今日，经、史、子、集的四分制，还在广多的应用。这种分类法，在现代目录家看来，自然是毫无意义。但在一般研究'国学'的人，却还以为没有打破的必要，因为有他的历史的意义和价值的存在。"② 郭齐勇先生说："国学是中国传统文化的通称，但基础是四部之学。传统学术的经、史、子、集四部之学，即是国学独立的研究对象，故说国学没有独立的研究对象是不对的。"③ 具体说，经学是四部的总纲、主脑，这与秦汉以后儒家中国文化的主流和主体密切相关，它凝聚着华夏文明根源性的基本价值理念、原创思想观念。经和子中的儒家部分、道家部分以及佛教部分主要是讲"义理"，也是国学中的主干部分，反映了中华民族精神家园的丰富多彩和实践特征。

不仅仅是构建新国学的学术体系需要在"四部之学"的基础上，清

①　左玉河：《从"四部之学"到"七科之学"——晚清学术分科观念及方案》，《光明日报》2000 年 8 日 11 日。

②　谭正璧编：《国学概论讲话》，光明书局 1934 年版，第 9 页。

③　郭齐勇：《试谈"国学"学科的设置》，《光明日报》2010 年 8 月 25 日。

代中叶以后流行的义理、考据、辞章、经世四分科也有其现实意义。这一划分是有深远历史渊源的。在西汉时，随着经学的发展，经学研究出现章句、义理和训诂三门分支学科。所谓章句，即章节和句读。所谓训诂，即是解释字词的本意。所谓义理，是指经籍包含的意义和道理。三科的出现是中国学术发展的反映。到北宋时，逐渐出现所谓文章之学、训诂之学与义理之学的分野。明清以后，作为经学研究的四种分科——义理之学、考据之学、经济之学与文章之学的名称，逐渐为学者通用。清代学者们在总结前人学术发展及其思想的基础上明确而集中论述了这一问题。如曾国藩说："为学之术有四：曰义理、曰考据、曰辞章、曰经济。义理者，在孔门为德行之科，今世目为宋学者也。考据者，在孔门为文学之科，今世目为汉学者也。辞章者，在孔门为言语之科，从古艺文，及今世制义诗赋皆是也。经济者，在孔门为政事之科，前代典礼政书，及当世掌故皆是也。"①

当代学人对新国学的内在结构的探讨多从国学学科定位角度出发，一般认为新国学应该是一个学科整体，其分科办法既要遵从国学传统，强调国学的独特性，也要与时俱进，与民国时期以西方的分科法为基础进行划分不同。詹杭伦教授提出：

　　　　国学有一定的学科构架。国学以经、史、子、集作为研究主体的学科构架应该是可以形成共识的。……经、史、子、集不仅是目录学上的典籍分类，而且体现了中国传统文化的学术流别……国学以经、史、子、集作为文献载体或研究对象，从学问或学术的角度，又可以划分成义理、考据、辞章、经世四个门类。考据之学是接受和检验知识之学，由外向内，应该达到至真的境界。辞章之学发抒情意，描状自然之态，由内向外，应该达到至美的境界。义理之学是体，经世之学是用，体用结合，内外兼修，旨在造福人群社会，最终达到至善的境界。义理、考据、辞章、经济之学，综合为用，结合成一个整体，表现出国学的丰厚意蕴。

国学的文献载体是经、史、子、集，国学的学术门类是义理、考据、

---

① 《劝学篇示直隶士子》，《曾文正公全集·杂著》，台南：王家出版社1970年版，第490页。

辞章和经世之学。从学科分类的角度来看，我们认为，国学以国学研究作为一级学科，以国学基础（小学）、国学方法、经学研究、诸子学研究、史学研究、集部研究、国学与宗教、国学与少数民族文化、国学与社会习俗、国学与出土文物、国学与海外汉学等作为二级学科①。

成中英教授指出："国学是中国人对自己的学问的梳理，里面当然包含了很多层次。但我认为最主要的，还是经史子集，经代表核心的价值理念，子代表哲学的思考，史代表理历史的回忆和记载，集代表整体的人类情感的回馈和表达。经史子集是中国人对自己的经验历史与智慧财富的开发。"②

袁济喜教授说："国学四部不光是目录学的概念，而且蕴涵着现代学科的意思在内。一般说来，经部、子部相当于现在的哲学学科，史部相当于历史学科，而集部接近于现代的文学学科，这也说明国学与现代西学学科分类是可以互相兼容的，不存在水火不相容的问题，当年的北大与清华国学门，也是将四部与现代学科互相融合的。从学理上来说，我们完全可以在现有的学科平台上来振兴国学。"③

显然，新国学的内在结构还得在传统经学的基础上建立起来，特别是经、史、子、集四部之学和义理、考据、辞章、经世四科之学不能割断，在确立中国学术主体性的前提下文、史、哲和社会科学诸多学科共同参与，结合现代学术发展和西方学科划分进行更深入、细致、全面的整合，重建新国学的学科结构，使新国学真正成为一级学科。

四　新经学、新子学的关系与互动

（一）新经学与新子学的关系

传统上认为孔子为百家之祖，诸子乃"六经之支与流裔"。

所谓孔子为百家之祖，刘向在《别录佚文·诸子略辑略》中说："昔周之末，孔子既没，后世诸子，各著篇章，欲崇广道艺，成一家之说，旨

---

① 詹杭伦：《什么是国学？》，《中国文化报》2007年12月10日。

② 梁涛：《国学、经学与本体诠释学——成中英教授访谈录》，《国学学刊》2010年第1期。

③ 袁济喜：《百年孤独话国学》，《国学的新视野和新诠释》，河北大学出版社2011年版，第30—31页。

趣不同，故分为九家，有儒家、道家、阴阳家、法家、名家、墨家、纵横家、杂家、农家。""昔仲尼没而微言绝，七十子丧而大义乖，故春秋分为五，诗分为四，易有数家之传；战国纵横，真伪分争，诸子之言，纷然殽乱；……"这就是说，孔子之后，后世诸子，因旨趣不同，各成一说，分为九家，但都"崇广道艺"，这里的"道艺"就是指六艺，《周礼·地官·乡大夫》："正月之吉，受教法于司徒，退而颁之于其乡吏，使各以教其所治，以考其德行，察其道艺。"贾公彦疏："察其道艺者，谓万民之中有六艺者并拟宾之。"而孔子一生以六艺教授学生，六艺为儒家思想的大本大源。所以，可以说诸子起于孔子死后，即以孔子为各家的开山祖。

刘向还把起于孔子以后的诸子思想分为九流十家，并指定其皆出于王官：

> 儒家者流，盖出于司徒之官，助人君顺阴阳明教化者也……道家者流，盖出于史官，历记成败存亡祸福古今之道，然后知秉要执本，清虚以自守，卑弱以自持……阴阳家者流，盖出于羲和之官，敬顺昊天，历象日月星辰，授民时……法家者流，盖出于理官……名家者流，盖出于礼官；古者名位不同，礼亦异数，孔子曰：必也正名乎……墨家者流，盖出于清庙之守，茅屋采椽，是以贵俭……宗祠严父，是以右鬼……纵横家者流，盖出于行人之官……杂家者流，盖出于议官……农家者流，盖出于农稷之官……是以九家之术蜂出并作，各引一端……其言虽殊，譬犹水火相灭亦相生也……舍短取长，则可以通万方之略矣。（《汉书·艺文志·诸子略》）

刘氏的诸子出于王官说，自班固以下，即有争论，到了近代更遭遇一些学者的质疑，但诸子学说不可能是无源之水，无本之木，虽不能绝对说诸子出于王官，但联系《庄子·天下》"道术为天下裂"的判断，诸子与西周王官之学是有一定源流关系当无可异议。孔子顺应"学在官府"向"学移民间"的历史潮流，创立私学，主张"有教无类"，"以《诗》、《书》、《礼》、《乐》教，弟子盖三千焉，身通六艺者七十有二人"（《史记·孔子世家》）。《诗》、《书》、《礼》、《乐》本属于古代王官之学，其传授也限于贵族之间。至孔子之时，"周室微而礼乐废，《诗》、《书》缺"（《史记·孔子世家》），于是孔子对其进行了编定、整理，并运用于教学之中，使其由贵族垄断的学问一变而成为一般民众的知识修养，这样才有可能形成诸子百家。这就说明儒家与诸子是同源于王官之学，但与诸子比较起来，孔子则又是源头。刘向还说："诸子十家，其可观者九家而已。皆起于王道既微，诸侯力政，时君世主，好恶殊方。是以九家之术，蜂出并作，各引一端，崇其所善，以此驰说，取合诸侯。……今异家者各推所长，穷知究虑，以明其指。虽有蔽短，合其要归，亦六经之支与流裔。"（《汉书·艺文志·诸子略》）这就进一步说明诸子百家乃"六经之支与流裔"。《汉书·艺文志》又认为"儒家者流……游文于六经之中，留意于仁义之际。祖述尧、舜，宪章文、武，宗师仲尼，以重其言，于道最为高"。《韩诗外传》卷五也云："儒者，儒也，儒之为言无也，不易之术也，千举万变，其道不穷，六经是也。"这样，儒家产生之时是作为诸子之一，但由于对六艺、六经的情有独钟，游文于六艺之中，体道于六经之典，就使得儒家有了超越其他诸家的深广的学术文化基础。这样，也就历史地形成了六艺、六经、孔子与诸子的源流本末关系，成为其后处理儒学与子、史、文学关系的基本原则。

对此，章学诚《文史通义·诗教》论道："战国之文，其源皆出于六艺，何谓也？曰：道体无所不该，六艺足以尽之。诸子之为书，其持之有故而言之成理者，必有得于道体之一端，而后乃能恣肆其说，以成一家之言也。所谓一端者，无非六艺之所该，故推之而皆得其所本；非谓诸子果能服六艺之教，而出辞必衷于是也。《老子》说本阴阳，《庄》、《列》寓言假象，《易》教也。邹衍侈言天地，关尹推衍五行，《书》教也。管、商法制，义存政典，《礼》教也。申、韩刑名，旨归赏罚，《春秋》教也。其他杨、墨、尹文之言，苏、张、孙、吴之术，辨其源委，挹其旨趣，九流之所分部，《七录》之所叙论，皆于物曲人官，得其一致，而不自知为六典之遗也。"

近人马一浮在《因社印书议》中也说："窃谓群籍皆统于六艺。……儒者以六艺为宗本。诸子亦原出于六艺，各得其一端。"在《复性书院简章》中说："书院以综贯经术、讲明义理为教，一切学术该摄于六艺，凡诸子、史部、文学研究皆以诸经统之。"这是由于"六艺"为中国学术文化之源头，其后任何学说均不可能与此源头无关。

但是，近代以来经学式微，西学东渐，中国传统的学术结构体系被打破、被解构了，经学首当其冲，遭遇史无前例的批判和打击，特别是学界对经学的学术解构影响更为深刻致命。

说到经学与子学，确实自从汉武帝"罢黜百家，表章六经"之后，经学在两千多年历史的长河中一统天下，处于独尊地位，而子学则处于附属的地位，到了明清以后经学越来越出现了僵化和停滞，再加上经学在历史上居于支配地位时间太长，起了思想专制的负面作用，近代以来引起了学者的普遍反感，在 20 世纪文化激进主义独领风骚，多元思潮纷纭迭起的时代，大家几乎不约而同地有一种共识，即认为经学思想僵化、经验教条，如以古史辨派为代表的经学研究就是代表。1951 年，顾颉刚就说："董仲舒时代之治经，为开创经学，我辈生于今日，其任务则为结束经学。……清之经学渐走向科学化的途径，脱离家派之纠缠，则经学遂成古史学，而经学之结束期至矣。特彼辈之转经学为史学是下意识的，我辈则以意识之力为之，更明朗化耳。"① 因为经学有许多弊端，到了现代社会已经没有存在的意义了，今天的经学研究就是要有意识地把经学变成史学，促进经学时代的结束。周予同用阶级分析的观念来研究经学，认为："所谓'经'，是指中国封建专制政府'法定'的以孔子为代表的儒家所编着书籍的通称。"② 并称经"只是一个僵尸，穿戴着古衣冠的僵尸，它将伸出可怖的手爪，给你们或你们的子弟以不测的祸患"③。

所以，我们应该抱着陈寅恪所说的"了解之同情"的态度来反思近代以来的经学研究，正确地认识经学及其发展演变的历史，正确地估量经学的现代价值，正确地定位经学与子学的关系。

其实所谓经学僵化、教条、专制主要是汉代以后经学神圣化、神秘化、政治化、法典化所产生的流弊，早期经学则完全不是这样。早期经学在孔子整理的六经基础上继续进行阐释，它对经典的诠释是自由的、开放的，同时由于存在以六经为源头的子学诸子百家，他们或苦思冥想，或结交同道，或游说四方，或组织团体，或参与政治，他们几乎不受经济、政

---

① 顾颉刚：《致王伯祥》，《顾颉刚学术文化随笔》，中国青年出版社 1998 年版，第 295—296 页。

② 周予同：《什么是经学》，《周予同经学史论著选集》（增订本），上海人民出版社 1996 年版，第 656 页。

③ 周予同：《僵尸的出祟——异哉所谓学校读经问题》，《周予同经学史论著选集》（增订本），第 604 页。

治体制的制约，从不同角度对宇宙时空、社会秩序和个人存在以及相互关系进行自由的学术探讨，交流争鸣，提出了许多思想观点，使华夏民族的理论思维在这个时期获得突飞猛进的发展，成为中国思想文化史上最辉煌的一页。这样，早期经学不但没有压制思想创造，反而造成"百家争鸣"的生动局面；而它对于古代经典的传承，则使其在思想创造的同时，并没有割断与传统的联系，而是保证了中国思想史的连续性，保证了中华民族基本的价值取向，促进了中华民族的团结与凝聚。

即使汉代以后至清末的经学，也不是死水一潭，凝固僵化，而是以穷通变久的基本规律不断更新发展。正如《四库全书总目提要》卷一经部《总叙》所云：

> 自汉京以后垂二千年，儒者沿波，学凡六变。其初专门授受，递禀师承，非惟诂训相传，莫敢同异，即篇章字句，亦恪守所闻，其学笃实谨严，及其弊也拘。王弼、王肃稍持异议，流风所扇，或信或疑，越孔、贾、啖、赵以及北宋孙复、刘敞等，各自论说，不相统摄，及其弊也杂。洛闽继起，道学大昌，摆落汉唐，独研义理，凡经师旧说，俱排斥以为不足信，其学务别是非，及其弊也悍（如王柏、吴澄攻驳经文，动辄删改之类）。学脉旁分，攀缘日众，驱除异己，务定一尊，自宋末以逮明初，其学见异不迁，及其弊也党（如《论语集注》误引包咸夏瑚商琏之说，张存中《四书通证》即阙此一条以讳其误。又如王柏删《国风》三十二篇，许谦疑之，吴师道反以为非之类）。主持太过，势有所偏，才辨聪明，激而横决，自明正德、嘉靖以后，其学各抒心得，及其弊也肆（如王守仁之末派皆以狂禅解经之类）。空谈臆断，考证必疏，于是博雅之儒引古义以抵其隙，国初诸家，其学征实不诬，及其弊也琐（如一字音训动辨数百言之类）。要其归宿，则不过汉学、宋学两家互为胜负。夫汉学具有根柢，讲学者以浅陋轻之，不足服汉儒也。宋学具有精微，读书者以空疏薄之，亦不足服宋儒也。消融门户之见而各取所长，则私心祛而公理出，公理出而经义明矣。盖经者非他，即天下之公理而已。[1]

---

[1] 《四库全书总目提要》，海南出版社1999年版，第13页。

　　成中英先生也指出经学有一个不断扩大、增加甚至取代、转移的过程，这是经学发展的必然现象。而这种经学的更新是以典范的转移为基本特征的。什么是典范的转移？"先秦是一种典范，汉代又是一种典范，宋明是一种典范，清代也有典范。典范一旦形成，就主要在典范里面谈问题。但典范又是变化的，这样就呈现出经学的发展。需要不需要典范呢？经学嘛，是大经大法，价值系统，是为社会提供规则规范，维护社会的稳定。所以不能变来变去，要保持相对的稳定，但经义一旦固定下来，又面临僵化、教条化的危险。这样，就需要新的典范出来。而且需要对经学经常进行哲学的思考，以寻求新的典范。"① 每一次经学的发展都是典范的转移。

（二）新经学与新子学的互动

　　典范的转移还涉及子学的创新性、经典性及其上升为经典的问题。早期儒家学者学孔、孟、荀都重视经典，但他们对经典抱有一种开放、自由、灵活的态度，立足现实，创造出社会人生之学，也就是子学，构成了早期经学发展的系统。"早期经学的发展靠的是生命哲学，是对人性的认识，是一种价值论和伦理学，我认为这是经学的实质内涵。这些内容是一种真实的体验，包含了个人的生命感受，而不只是文字的简单解读，我们所说的经学应该是这样的。"② 由于其创造性、经典性，后来就上升为经，如《论语》、《孟子》、《孝经》等。当然，历史上这种子学升格为经有特定的历史背景，往往也有其局限性，如宋明理学把《论语》、《孟子》、《大学》、《中庸》升格为经，凸显的是天道性命内圣之学，忽视了《荀子》、《春秋繁露》、《中说》等礼乐制度外王之学，所以今天有学者提出"新四书"，不同意传统上《论语》、《大学》、《中庸》、《孟子》"四书"代表了儒家道统的观点。而认为早期儒学其实是一个更为丰富、开放、包容性的精神传统，可以代表这一传统的应是《论语》、《礼记》、《孟子》、《荀子》四部书，可称为"新四书"。今天儒学研究的一个任务，便是把《荀子》纳入儒家的核心经典之中，呼唤儒家礼的复兴。在此基础上，统

---

① 梁涛：《国学、经学与本体诠释学——成中英教授访谈录》，《国学学刊》2010 年第 1 期。

② 同上。

合孟荀，建构仁礼统一的儒学思想体系①。也有学者提出"五经七典"来重构儒学核心经典系统。他所理解的儒家核心经典系统应该指儒学孕育和奠基时期最重要的儒学经典。五经为孔子所手订，乃夏、商、周三代的文化积淀，隐含着中国文化基因，孕育着儒家生命，其经典地位是不可动摇的。从孔子到孟、荀，为儒学的奠基期。这个时期的儒学，群星灿烂，学派林立，著作迭出，繁荣之至，世称显学。现存儒学奠基期最重要的经典可新编为七：《论语》（附《论语》类文献）、《子思子》、《公孙尼子》、《子车子》、《内业》、《孟子》、《荀子》，总称"七典"，与五经合称"五经七典"②。

在今天中国思想学术的多元发展中，新经学与新子学之间也一直在互动，但新经学（儒学）无疑仍然起着主导作用。黄蕉风发文说：

80 年代末 90 年代初兴起的新道家、新法家、新墨家等新子学学派，也大多以（大陆/港台）新儒家作为自己的参照系。与新儒家不同的是，新道家、新法家、新墨家缺乏构建独立的"道统—政统"体系的能力；……缺乏这样的历史文化资源。面对资讯科技迅猛发展、多元文明交汇共在的全球化时代，新子学在未来中国有怎样的可能性与限度，取决于其在"返本开新"的路径上做出怎样的选择和改变。

新子学学派的崛起和发声，自始至终脱离不了"儒家的言说传统"。因为新子学与新儒学的争夺角力，是属于中国文化内部的"小传统"与"大传统"的相咬相吞。从形态学的意义上，"儒墨斗法"、"儒法之争"、"儒道之争"的外在形式有变，内里实质却没有变。当新子学汲汲于与新儒学争夺当代中国文明价值的现代诠释话语权时，经常忘记了如果没有"儒家"作为其比较和参照的对应物，那么自身就很难开出独立的特属于"新子学"的政治哲学话语和传统。先秦虽曰百家，然诸子共享的"公共文本"，却也不出《诗经》、《尚书》、《易经》等范围。故就文化传统内部而言，以儒家言说传统为

---

① 梁涛：《应将〈荀子〉纳入儒学的"新四书"》，《中华读书报》2011 年 3 月 2 日。

② 郭沂：《五经七典——儒家核心经典系统之重构》，《人民政协报》2006 年 12 月 18 日、2007 年 1 月 15 日连载。

主要模式的近两千年的中国文化形态，已经差不多将诸子百家的异质性化合为以儒家言说传统为主的同一性。其表现不但在周初诸子百家对公共文本的诠释上，更表现在"独尊儒术"之后诸子学处理公共文本的方法论上。①

这就比较细致地从新子学的角度分析了新儒学与新子学在现时代中国多元文化思潮下互动的实际状况，对于我们更好地理解和定位新经学和新子学的关系及其互动很有启发。

五　重建道统，传承学统

因为中华文化近代以来主要是"失本"，所以要正本清源，固本培元，即回归中华文化的源头，在回归中创新，而固本的学术基础就是国学。所以，国学就不是传统文化的某一领域、某一方面、某些内容的一般意义上的学术研究，不是在现代学术分化之后的重新简单相加。这样的研究其实已经很多了，但没有抓住其文化精神、精蕴、精义，做的是单纯"术"层面的工作，而没有与"道"联系起来，不是在道统摄下的浑然一体的有机整体。其根本原因就是"道统"的破坏，以及由此引起的本末的倒置，体用的颠倒，等等②。所以，道统的重建应该是"新国学"的核心和目前的主攻方向，而道统的重建与学统又不能分开，是在学术基础上的重建，具体说就是在经学基础上重建儒家道统。

道统和学统密切联系，相辅相成。文字、文本的研究是学术方面，形成学统，但更重要的是文字、文本背后所表达的宇宙、社会、人生之道，历代儒者通过阐发这些宇宙、社会、人生之道形成了道统，担当起中华民族核心价值观的构建。历代经学通过担当重建道统的学术任务，使中华文化的道统若隐若现，若断若续，但是一脉相传，绵延不绝。近代以来中国文化可以说是道丧学绝，最突出的表现是辛亥革命以后在中国的教育体系中没有了经典教育，中华民族成了抛弃自己经典的民族。

---

① 黄蕉风：《我对当代大陆新儒家及新子学学派的一点怀疑》，http：//www.21ccom.net/articles/sxwh/gxxc/2013/0227/77876_ 8. html。

② 韩星：《国学——中华文化的固本之学》，《深圳商报》2007 年 4 月 27 日。

经学所表达和传承的思想内容无疑是非常丰富的，但核心是什么？这得从"经"的含义谈起。"经"，《广雅·释诂》："经，常也。"《孟子·尽心下》："君子反经而已矣。"朱熹注："经，常也，万世不易之常道也。"《白虎通·五经篇》云："经所以有五何？经，常也。有五常之道，故曰'五经'。"《孔丛子·执节》："经者，取其事常也，可常则为经矣。"桓谭《新论》曰："经者，常行之典。"《韩诗外传》卷二："夫道二，常之谓经，变之谓权。"可见，古人把经训为常、常道。与此相应，历代儒者都把经典看成载道之书，研读、诠释经典是为了求道、明道、得道、行道。

今人熊十力在《读经示要》第一讲开宗明义即说："经者常道也。夫常道者，包天地，通古今，无时而不然也，无地而可易也。以其恒常，不可变改，故曰常道。夫此之所宗，而彼无是理，则非常道。经之道不如是也。古之传说，而今可遮拨，则非常道，经之道不如是也。戴东原曰：'经之至者道也'，此语却是。"①

徐敬修在论述"经学之意义"时说："'经'常道也，即不可变易之道也；以不可变易之道，载之于书，谓之'经籍'。古人称经之昭著，如日月经天，江河行地；盖惟其为常道而已，惟其为不可变易之道而已，此就经之大体言之也。"②

王节说："盖经者，吾国先民数千年来精神所系者也，政教号令准于是，声明文物源于是，世风民情日用起居安于是。实为历代体国经野化民成俗者必循之道，必用之器。……经者，常也，举世共循之常道也。……比类而观，可见经者，世之常道，人之通径，记前人所经之政教得失，以垂则于将来，而为后人经纬万端，经纶世务，经营事业，经纪人群之道具。"③

饶宗颐说："'经'的重要性，由于讲的是常道，树立起真理标准，去衡量行事的正确与否，取古典的精华，用笃实的科学理解，使人的文化生活，与自然相调协，人与人之间的联系，取得和谐的境界。"④

---

① 熊十力：《读经示要》卷一，《熊十力全集》第三卷，第569页。

② 徐敬修：《经学常识》，大东书局1931年版，第1页。

③ 龚鹏程主编：《读经有什么用：现代七十二位名家论学生读经之是与非》，上海人民出版社2008年版，第32页。

④ 饶宗颐：《〈儒学〉与新经学及文艺复兴》，《光明日报》2009年8月31日。

　　所谓"经是常道",一方面是说经中包含了某些永恒、普遍的核心价值,有超越时空的意义;另一方面也是说经是可以被不断诠释,不断丰富的,所以它是"常道"。由于"经"在传统中有"常道"、"常理"的含义,"经"所呈现出来的是文字,它所承载的则是"道理"。读经、诵经、注经、研经,其最终目的是理解和把握小至百姓日用,大至宇宙天地的道理。正因为如此,对儒经的诠释、研究和普及都要把把握经典的"道"作为最高的追求,即《汉书·艺文志》所说的儒者"于道最为高"。

　　我们可以从孔子重建道统,开创学统的历史贡献中得到启示。

　　首先,就道统而言,孔子生长在一个礼崩乐坏,天下无道的时代,他对道有了自觉的意识。这就是通过对礼乐文化的历史反思来"悟道",所体悟出来的是历史之道、人文之道,使上古三代的历史超越了时间的局限,成为儒者的社会理想和精神信仰。具体点说,孔子通过对六经的诠释苦心孤诣要找回的"道",就是儒家孜孜以求的古者先王之道,是尧舜禹汤文武周公一脉相承的文化传统,它代表着儒家文化的价值理想和最高典范。孔子的"道"自然是承继春秋以来中国文化由天道转到人道的这一历史趋势而进一步探讨的,其传统资源主要是礼乐文化,其价值指向基本上是人文精神,其最后的归宿大体上是社会政治秩序的重建①。在阐述孔子诠释"六经"的宗旨时,《白虎通·五经》云:"孔子所以定五经者何?以为孔子居周之末世,王道陵迟,礼乐废坏,强陵弱,众暴寡,天子不敢诛,方伯不敢伐,闵道德之不行,故周流应聘,冀行其道德。自卫反鲁,自知不用,故追定五经,以行其道。"孔子自卫返鲁之后,自知王道不行,遂通过师儒传习的方式明道、存道、守道。因此,孔子是儒家道统谱系中的承前启后的中心人物,他观殷夏所损益,追迹三代之礼,删定六艺,仁体礼用,仁智双彰,"尽人道之极致,立人伦之型范"②。孔子不但是其前两千五百年历史文化积累的集大成者,守成者,也是上古三代历史文化的反省者,还是其下两千五百年历史文化演进的开新者。虽然,孔子未有道统之言,但他谓天之历数尧、舜、禹递相传授,亦实启发了孟子的道统思想。上古三代圣圣相传之道,因孔子而点

　　①　韩星:《孔学述论》,陕西师范大学出版社 2008 年版,第 1—2 页。
　　②　牟宗三:《历史哲学》,广西师范大学出版社 2007 年版,第 83 页。

醒，而显彰，而守而不失，绵绵常存①。因此，我们应该理解当年朱熹的话："此道更前绍圣贤，其说始备。自尧、舜以下，若不生孔子，后人去何处讨分晓？"（《朱子语类》卷九十三）这些说法并不是夸大其辞，而是深刻的见解。

后世儒者深契孔子整理六经之意，强调经以载道，以经见道，特别重视经典所蕴涵的道——核心价值。汉儒视儒经为古代圣人的精意制作，是安身立命、治理国家和规范天下的大经大法。如翼奉在《奏封事》中说："臣闻之于师曰，天地设位，悬日月，布星辰，分阴阳，定四时，列五行，以视圣人，名之曰道。圣人见道，然后知王治之象，故画州土，建君臣，立律历，陈成败，以视贤者，名之曰经。贤者见经，然后知人道之务，则《诗》、《书》、《易》、《春秋》、《礼》、《乐》是也。《易》有阴阳，《诗》有五际，《春秋》有灾异，皆列终始，推得失，考天心，以言王道之安危。"② 是说天地以"道"视圣人，圣人见"道"作"经"，以"经"视贤者；贤者见经而知人道之务，以言王道之安危。这样，圣贤通过经典代天宣化，经典当然就体现了天道，具有神圣性。

其次，就学统来看，孔子把自己当时所能够见到的古代典籍进行了整理，集古帝王圣贤之学之大成，形成了《诗》、《书》、《礼》、《乐》、《易》、《春秋》"六经"。他的学术旨趣是"述而不作"，即对古典文献只是整理而不是创作，实际上是在整理过程中表达自己的思想观点，"有述有作"，"述中有作"，开创了后来注经的学术传统，遂成一家之学，形成了儒家学派。马宗霍说："古之六艺，自孔子修订，已成为孔门之六艺矣。未修订以前，六艺但为政典，已修订以后六艺乃有义例。政典备，可见一王之法；义例定，遂成一家之学。法仅效绩于当时，学斯垂教于万祀。"③ 熊十力也说："儒学以孔子为宗师，孔子哲学之根本大典，首推《易传》。而《易》则远绍羲皇。《诗》、《书》执礼，皆所雅言，《论语》识之。《春秋》因鲁史而立义，孟子称之。《中庸》云仲尼祖述尧、舜，宪章文、武。孟子言孔子集尧、舜以来之大成，此皆实录。古代圣帝明王

---

① 罗义俊：《中国道统：孔子的传统——儒家道统观发微》，http://www.confucius2000.com/。

② 《汉书》卷七十五《眭两夏侯京翼李传》。

③ 马宗霍：《中国经学史》，上海书店1984年影印本，第9页。

立身行己之至德要道，与其平治天下之大经大法，孔子皆融会贯穿之，以造成伟大之学派。孔子自言'好古敏求'，又曰'述而不作'，曰'温故知新'。盖其所承接者既远且大，其所吸取者既厚且深。故其手定六经，悉因旧籍，而寓以一己之新意，名述而实创。是故儒学渊源，本远自历代圣明。而儒学完成，则又确始于孔子。"① 这样，由孔子开创的儒家思想是通过对古代文化典籍的诠释来表达和发挥的，而这些文化典籍所代表的中国古代文化又是通过和依赖于儒家的诠释不断发扬光大，而传承至今的。

孔子开创的这一传统对日后中国经典诠释产生了重要影响。在一定意义上，"述而不作"成为中国经典诠释的基本形式特征。换言之，孔子之后，通过"传先王（贤）之旧"而进行传述和创作成为中国经典诠释的基本形态。这一点在作为中国传统学术之正统的儒家经学中得到了鲜明的表现。由孔子开创的"学统"意识在汉唐正史的《儒林传》、《艺文志》、《经籍志》便已有表现，即以经学为源，以儒家为宗，以子学为流。宋明时期朱熹的《伊洛渊源录》、周汝登的《圣学宗传》、冯从吾的《关学编》以及清初孙奇峰《理学宗传》、汤斌的《洛学编》等学术史著作，更体现出强烈的"学统"观念。康熙年间熊赐履著《学统》一书，上起孔子，下及明末，"为之究其渊源，分其支派，审是非之介，别同异之端，位置论列，宁严勿滥，庶几吾道之正宗，斯文之真谛，开卷了然，洞若观火"②，系统梳理评判了从先秦到明代各派学术的发展脉络、思想观点及其主要代表人物，分别将其划归正统、翼统、附统、杂统、异统五个门类中，力图讲明儒学之源流派别，接千古正学之统，"以垂教于天下后世"③，集中反映了熊赐履崇正距邪、立言卫道、捍卫理学正统地位的学术立场。

近代以来，我们传统的"学统"断裂，而我们引进西方的哲学史、思想史研究概念、范畴、模式又产生了许多问题，至今"学统"没有接续起来，所以提出重建问题。而且，不仅仅是"学统"的重建，还要在"学统"的基础上重建道统。近代以来中国文化的核心问题就是传统道统

---

① 熊十力：《读经示要》，《熊十力别集》，中国人民大学出版社 2009 年版，第 136 页。
② 熊赐履：《学统自序》，徐公喜、郭翠丽点校《学统》，凤凰出版社 2011 年版，第 17 页。
③ 《高裔序》，徐公喜、郭翠丽点校《学统》，第 14 页。

断裂，民族精神涣散，国家政治分裂，至今未能统一。这就急需我们学者在"学统"的基础上完成重建"道统"的历史任务，以为我们的国家确定重心，为我们的民族确立方向。

近年来的出土文献与中国哲学史研究

杨庆中

一　引言

　　中国哲学史的研究，既是一种哲学的研究，又是一种史学的研究。作为史学的研究，史料的占有无疑是十分重要的。中国古代典籍浩如烟海，这为中国哲学史的研究提供了丰富的资料。但由于史阙有间，对于某些历史时期，或某些历史时期的某些流派，人们仍然因为史料的匮乏而无法描述其面目。例如提到先秦儒家，人们大概只对孔、孟、荀比较"熟悉"，而孔孟之间的百余年和孟荀之间的百余年间的思想发展脉络，便不十分清楚。又如研究中国易学史，《易传》之后，由于文献阙如，不得不转入汉代中期的象数易学的描述，显得十分突兀。虽然《史记》、《汉书》对孔子传《易》的世系言之凿凿，但并没有足够的资料帮助人们了解这一时期的情形。因此，中国哲学史的研究往往不得不面对这样尴尬的局面：一方面，传世典籍浩如烟海，令人目不暇接；另一方面，对于一些关键时期的关键人物，文献所及又少得可怜，甚至连蛛丝马迹都难寻到。

　　20世纪70年代以来，上述情况开始发生了改变，这主要归功于考古发掘出土的一批又一批弥足珍贵的简帛文献。这些出土文献，多为失传了的、对于认识某一历史时期的思想学术十分重要的文献资料，对于人们完整地认识中国学术史和中国哲学史具有无与伦比的意义。诚如李学勤先生所说："简帛书籍的发现研究作为学术前沿，带动了不少学科的进步，影响是多方面的，但关系最直接、影响最大的，显然是学术思想史"；"大量简帛'惊人秘籍'的出现，迫使学者们对学术思想史的若干根本问题作重新审查和思考"，"由于简帛的出现，古代学术思想史必须重写"，

"因为新发现涉及中国传统文化的核心典籍，对古代学术思想看法的改变，同时也必然波及对后世，一直到近代若干学术思想问题的认识……"这种"波及"，其范围当然也包含中国哲学史的研究。本文拟围绕近年来的出土文献与中国哲学史研究，对此予以申论。

二　近年来的出土文献与中国哲学史料

中国哲学史学科，诞生于20世纪初叶，因而深受活跃于当时史学界的疑古思潮的影响，这使得中国哲学史的研究在史料的甄别、取舍方面受到了很大的限制。例如关于孔子，在经学时代的观念中，与之相关的史料是相当丰富的，六经自不必说，此外举凡汉代以前典籍中涉及孔子的言论、事迹，多被信以为真。但清代以来，尤其是20世纪初叶以来，学者怀疑古人造假，像法官一样，辨别古书的真伪，这固无可厚非，但因疑古过勇，致使许多典籍要么被打入伪书的行列，要么把其著作的年代推得过于靠后。其结果是，研究孔子，除了一部《论语》勉强可信之外，基本上再没有什么可依赖的史料了。类似的情况在其他历史人物身上或重要典籍中也经常发生。可以说，从中国哲学史学科诞生之日起，中国哲学史料学便面临着巨大的危机。

然而，20世纪70年代以来，随着一批批简帛书籍的出土，人们越来越发现，事实并非如疑古学者所担心的那样，而是相反，先秦及秦汉时期的许多与中国哲学相关的史料大部分都有值得信赖的成分，至少不是空穴来风，与其"疑"而"拒"之，不如"释"而"证"之，这就为中国哲学史史料学研究开辟了一片新天地。正所谓"自地佑之，吉无不利"！

综合20世纪70年代以来的考古发现，与中国哲学有关的简帛典籍，比较著名的约有：

1972年4月，在山东临沂发掘出土的《孙子兵法》、《孙膑兵法》、《六韬》、《尉缭子》、《管子》、《晏子春秋》。

1973年5—12月，在河北定县八角廊村西汉中山怀王刘修墓中出土的《论语》、《儒家者言》、《哀公问五义》、《保傅传》、《太公》、《文子》等。

1973年12月，在湖南长沙马王堆3号墓出土的大批帛书与竹木简，与中国哲学有关的有《周易》（包括《易经》和帛书《易传》）、《春秋事语》、《战国策》、《老子》、《黄帝四书》、《式法》等。

1977 年在安徽阜阳双古堆出土的《诗经》、《周易》、《万物》等。

1983 年 12 月，在湖北江陵张家山出土的《盖庐》。

1988 年初在湖北江陵张家山 136 号墓出土的《庄子·盗跖》。

1993 年 3 月，在湖北江陵荆州镇郢北村王家台出土的秦简"易占"（有学者认为系《归藏》）。

1993 年冬在湖北荆门郭店出土的竹简，内容包括《老子》甲、乙、丙三本，《太一生水》，《缁衣》，《五行》，《鲁穆公问子思》，《穷达以时》，《性自命出》，《成之闻之》，《尊德义》，《六德》，《语丛》，等等。

1994 年，上海博物馆从香港购回 1200 多支战国竹简，简的内容包括书籍 80 多种，内容涉及儒家、道家、兵家、杂家等，其中多数古籍为佚书，个别见于今本，主要有《易经》、《诗论》、《缁衣》、《子羔》、《孔子闲居》、《彭祖》、《乐礼》、《曾子》、《武王践阼》、《赋》、《子路》、《恒先》、《曹沫之陈》、《夫子答史䇅问》、《四帝二王》、《曾子立孝》、《颜渊》、《乐书》，等等。

上述这些简帛文献，有些有今传本，可证古书之不伪；有些是前所未见的佚书，可补史料之不足。以定州简为例：定州简《论语》是目前发现最早的《论语》抄本，简数有 620 多枚，共七千余字，虽不足今本《论语》的一半，但文字差异多达 700 余处，分章上也有独特的特点。这对于了解《论语》的成书、校勘传本《论语》具有非常重要的意义。定州简《儒家者言》，"上述商汤和周文的仁德，下记乐正子春的言行，其中以孔子及其门弟子的言行为最多。所记多为对忠、孝、礼、信等道德的阐发，这部书的大部分内容，散见于先秦和西汉时期的一些著作中，特别在《说苑》和《孔子家语》之内，但它比这些书保存了更多的较为古老的原始资料"①。有学者还怀疑这部分材料当是《孔子家语》的原型。而定州《文子》简 277 枚，共 2790 字。其中属今本《道德篇》的简有 87

---

① 国家文物局古文献研究室、河北省博物馆、河北省文物研究所定县汉墓竹简整理小组：《定县 40 号汉墓出土竹简简介》，《文物》1981 年第 8 期。

枚，计1000余字，另少量竹简文字与《道原》、《精诚》、《微明》、《自然》等篇内容相似，余者皆是于今本《文子》中找不到佚文。《汉书·艺文志》诸子略道家下著录《文子》9篇，自注曰："老子弟子，与孔子并时，而称周平王问，似依托者也。"简文内容与《汉书·艺文志》所说颇同（只是"平王"前未见"周"字），主要是平王与文子的问答。长期以来，传本《文子》被认为是伪书，定州本《文子》的出现，"会对《文子》的研究和正名，提供宝贵的依据"①。

又如马王堆帛书《易传》，大量记载了孔子与弟子讨论《周易》卦爻辞的言论，不仅证明今本《易传》确与孔子有关，而且还让人们对孔子的思想有了进一步的认识②。又如《孙子兵法》一书，不少人怀疑其作者不是春秋时期的孙武，而是战国时期的孙膑。但在山东临沂银雀山汉墓"《孙子兵法》和《孙膑兵法》竹简同时被发现，对于解决长期以来存在着的关于这两部书的一些悬而未决的问题，有十分重要的帮助"③。阜阳双古堆《诗经》简共170余支残简，有今本中近65篇（有的仅有篇名）《风》诗和《小雅》中的《鹿鸣》等篇，虽都不完整，但因"绝非《毛诗》系统"，也不是鲁、齐、韩三家《诗》中的某一家，所以对于早期诗学的研究很有价值。……至于郭店简、上博简等等，其足以令世人刮目相看的文献资料更是所在多有，因后面还将涉及，此处不再一一枚举。

总之，上述简帛文献的出土，为我们打开了诸多尘封百余世纪的思想历史的原貌，不仅如此，也纠正了我们多年来对于古人的诸多误解。中国学术思想研究的方法、观念都在因着这些史料的被发现而发生着变化。难怪有不少学者都不约而同地惊叹：中国学术史将可能因此而重写！而国学大师饶宗颐先生则预测道，近二十年的考古新发现，特别是大批楚简的出土和研究，有可能给21世纪的中国带来一场"自家的文艺复兴运动以代替上一世纪由西方冲击而起的新文化运动"！

---

① 李学勤：《简帛佚籍与学术史》，江西教育出版社2001年版，第394—395页。
② 廖名春：《试论孔子易学观的转变》，《孔子研究》1995年第4期。
③ 《山东临沂西汉墓发现〈孙子兵法〉和〈孙膑兵法〉等竹简的简报》，《文物》1974年第2期。

三　近年来的出土文献与《周易》经传研究

《周易》，是中国古代最有历史、最具代表意义的重要经典之一，在经学时代，它简直就是中国传统知识分子的哲学教科书。卜筮的外衣使其免遭秦火，得以完整流传。但其本来面目究竟如何？伏羲画卦，文王（周公）重卦，孔子作传；"人更三圣，世历三古"的传统史说究竟可靠不可靠，一直受到人们的质疑。特别是孔子与《易传》的关系，更是被炒得沸沸扬扬，20世纪，甚至有人认为孔子根本就没有与《周易》经传发生过关系。

1973年12月，在湖南长沙马王堆3号墓中出土的帛书《周易》卷后佚书（本文称之为帛书《易传》）中，大量记载了孔子论《易》的言论。弥足珍贵的是，还记载了孔子自述其学《易》的目的：

> 夫子老而好易，居则在席，行则在囊。子赣曰：夫子它日教此弟子曰："德行亡者，神灵之趋；智谋远者，卜筮之繁。"赐以此为然矣。以此言取之，赐缗行之为也。夫子何以老而好之乎？夫子曰："君子言以榘方也。剪祥而至者，弗祥而巧也。察其要者，不诡其德。《尚书》多阏矣，《周易》未失也，且有古之遗言焉。予非安其用也。"……"赐闻诸夫子曰：'逊正而行义，则人不惑矣。'夫子今不安其用而乐其辞，则是用奇于人也，而可乎？"子曰："谬哉，赐！吾告汝，《易》之道……故《易》刚者使知惧，柔者使知刚，愚人为而不妄，渐人为而去诈。文王仁，不得其志以成其虑，纣乃无道，文王作，讳而避咎，然后《易》始兴也。予乐其知……"子赣曰："夫子亦信其筮乎？"子曰："吾百占而七十当，唯周梁山之占也，亦必从其多者而已矣。"子曰："《易》，我后其祝卜矣，我观其德义耳也。幽赞而达乎数，明数而达乎德，又仁〔守〕者而义行之耳。赞而不达于数，则其为之巫；数而不达于德，则其为之史。史巫之筮，乡之而未也，好之而非也。后世之士疑丘者，或以易乎？吾求其德而已，吾与史巫同涂而殊归者也。君子德行焉求福，故祭祀而寡也；仁义焉求吉，故卜筮而希也。祝巫卜筮其后乎？"

这是有关孔子和《周易》关系的极重要的材料，是孔子讲《周易》的一个有力的旁证。我们虽然不能据此遽认孔子是《易传》的作者，但所谓孔子与《易》没有发生过关系的说法无疑是不攻自破了。

不仅如此，透过帛书《易传》的记载，还可以大大丰富研究孔子的直接材料。据专家统计，传世本《易传》与帛书《易传》共有"子曰"、"夫子曰"、"孔子曰"135次。这等于在《论语》之外，又多出了100多条研究孔子的材料。其实，揆诸近年来出土的简帛书籍，多出的又何止这100多条！上博简中还多得很呢！我们甚至可以说，不言简帛，不足以言孔子。由此对比传世文献，以前被疑作伪造假的许多前汉典籍的相关记载，都有重新认识的必要。

除了孔子传《易》之外，帛书《周易》还让人们对汉初易学的面貌有了进一步的认识。《史记》和《汉书》都曾记载了先秦至汉代的易学传承，但秦末汉初的易学究竟是个什么样子，由于史料缺乏，一直不得而知。帛书的出土，在很大程度上为解决这个困惑提供了帮助。此外，汉代象数易学中的诸多问题如卦气问题、卦序问题等，在这批帛书材料中也能找到一些踪迹，这是很有意义的。

帛书《周易》之外，上博简《周易》、阜阳汉简《周易》也都颇有特色，对于校勘传世本《周易》具有一定的意义，对于了解《周易》的成书、版本的流传也不无重要价值。

近年来，在与《易》有关的考古发掘中，还有一项重大的发现值得一提，这就是20世纪80年代以来学界争论颇火的数字卦。这项研究，不仅让人们看到了早期筮占的部分真面，而且还证明重卦并不始于文王。这对于理解传统所谓"伏羲画卦、文王重卦"之说很有价值。更有趣的是，2001年在陕西长安县西仁村发掘的有字陶拍中，有两件上面刻有数字卦，其中陶拍2上的数字卦从右至左依次为：

八八六八一八
八一六六六六
一一六一一一
一一一六一一

依照奇阳偶阴的原则转化为《易经》的符号卦则为《师》、《比》、《小畜》、《履》四卦。陶拍 1 上的数字卦从右至左依次为"六一六一六一"、"一六一六一六",转化为符号卦则为《既济》、《未济》二卦。《师》、《比》、《小畜》、《履》四卦是《易经》第七、八、九、十卦,《既济》、《未济》二卦是《易经》第六十三、六十四卦。李学勤先生认为,"这样的顺序排列,很难说出于偶然"①。青年学者廖名春先生也指出:"从这六卦的排列同于《周易》卦序类推,其他 58 卦的排列也当与《周易》同。因此,这种数字卦也应是由六十四卦组成的。能确认这一点,就意味着它也是由三画卦'八八相重'而来,不然,就不可能刚好不多不少正是64 卦。"②

　　或许有一天,人们真能从地下发掘出全本的周初面貌的《易经》呢!

四　近年来的出土文献与"七十子"及其后学研究

　　在先秦,儒学号称显学,但研究儒学的人都知道,20 世纪,一说到先秦儒学,可资利用的材料大概只有《论语》、《孟子》和《荀子》了。正如李零先生所说:"现在出版的哲学史,总是习惯以'孔—孟—荀'三段论讲儒家,中间跳过的恰恰是孔子最直接的学生。"③ 这种现象的确颇为尴尬。其实,关于孔子的学生,也就是所谓的"七十子",并不是没有史料,《礼记》中就有不少的记载,只是人们不敢相信,总害怕它们是伪书。现在看来,这层忧虑似乎是可以部分地解除了。

　　长沙马王堆出土帛书中有一篇东西,被整理者命名为《五行》。整整二十年后,1993 年冬,出土于湖北荆门郭店村的众多竹书中,有一篇自名为《五行》篇。"二十年前的研究已经指明,这个《五行》篇,正是荀子在《非十二子》中作为子思孟轲学派代表作来批判的那个'五行'说;二十年后它与《缁衣》等相传为子思的著作相伴再次出土,并自名曰《五行》,于是多了一层内证,而使此前的断案铁证如山,永毋庸议"④。

①　李学勤:《新发现西周筮数的研究》,《周易研究》2003 年第 5 期。
②　廖名春:《长安西仁村陶拍数字卦解读》,《周易研究》2003 年第 5 期。
③　李零:《简帛古书与学术源流》,生活·读书·新知三联书店 2004 年版,第 296 页。
④　庞朴:《竹帛〈五行篇〉与思孟五行说》,《哲学与文化》1999 年 5 月第 26 卷第 5 期。

这是一个非常了不起的发现，它使一度模糊不清的思孟学派开始重新被人们认识。不仅如此，据李学勤先生研究，郭店竹简中有一部分，如《缁衣》、《五行》、《鲁穆公》就属于史书所记《子思子》的内容。另外，如《成之闻之》、《性自命出》、《尊德义》等，李先生认定也与《子思子》有关，并指出"这些儒书的发现，不仅证实了《中庸》出于子思，而且可以推论《大学》确实可能与曾子有关。《大学》中提出的许多范畴，如修身、慎独、新民等等，在竹简里都有反复的论述引申。……由此可见，宋以来学者推崇《大学》、《中庸》，认为《学》、《庸》体现了孔门的理论理想，不是没有根据的"①。

当然，郭店竹简中的儒家著作，哪些是子思一系的作品，哪些不是，学者间还有争论，但统而言之，"它们反映的主要是'七十子'的东西，或'七十子'时期的东西，其中也包含了子思一派的东西"②，应该是没有问题的。况且，在数量更大的正在陆续公布的上博简中，还发现很多"《孔子世家》和《仲尼弟子列传》中的人物，如颜回、仲弓、子路、子贡、子游、子夏、曾子、子羔、子思等人，有些甚至就是以他们的名字题篇。它们是'七十子'的东西，这点更明显"③。看来，不言简帛，简直是不能言先秦儒家了。

这种说法一点也不为过！方兴未艾的相关研究越来越证明着这一点。如先秦儒家关于心性问题的看法，尤其是孔孟之间，七十子及其后学的看法，传世文献反映得非常之少。过去，透过《孟子》一书，人们多少能知道一点信息。《告子上》引公都子的话说：

> 或曰：性可以为善，可以为不善，是故文武兴则民好善，幽厉兴则民好暴。或曰：有性善有性不善，是故以尧为君而有象，以瞽瞍为父而有舜，以纣为兄之子且以为君，而有微子启、王子比干。

公都子话中的"或曰"指的是谁，《孟子》书中没有说明，东汉人王充所著《论衡·本性篇》中的一段记载弥补了这一不足。其曰：

---

① 李学勤：《先秦儒家著作的重大发现》，《人民政协报》1998 年 6 月 8 日。
② 李零：《郭店楚简校读记》（增订本）"前言"，北京大学出版社 2002 年版，第 4 页。
③ 同上。

> 周人世硕以为人性有善有恶，举人之善性，养而致之则善长；恶性，养而致之则恶长。如此，则情性各有阴阳，善恶在所养焉。故世子作《养性书》一篇。宓子贱、漆雕开、公孙尼子之徒，亦论性情，与世子相出入，皆言性有善有恶。

按照王充的说法，公都子话中的第一个"或曰"，当是指世硕，第二个"或曰"，当是指宓子贱、漆雕开等人。据《汉书·艺文志》记载，世硕，"世子二十一篇"，自注："名硕，陈人也，七十子之弟子。"宓子贱："《宓子》十六篇"，自注："名不齐，字子贱，孔子弟子。"漆雕开："《漆雕子》十三篇"，自注："孔子弟子漆雕启后。"公孙尼子："《公孙尼子》二十八篇"，自注："七十子之弟子。"《论衡》与《汉书》的记载，可信程度有多大，以前的研究并不是十分清楚。郭店楚简有《性自命出》（又出现在上博简中）一篇，从一个侧面反映了当时的儒家学者关于人性问题的看法，虽然目前学者之间在关于该篇的作者问题上尚未形成统一的认识，但它确实说明了孔子之后，在七十子及其后学之间曾经流行过反思人性的思潮，而这恰恰是孟子性善说和荀子性恶说的思想资源。可以说，郭店简与上博简中有关人性问题的材料，为人们系统梳理、认识先秦儒家的人性论、心性论、性情论、性命论提供了最可靠、最权威的史料，因而也使相关的研究成为可能。

又如先秦儒家的天人观，在郭店简中得到了出人意料的表现。如《穷达以时》中说：

> 有天有人，天人有分。察天人之分，而知所行矣。有其人，无其世，虽贤弗行矣。苟有其世，何难之有哉？

这是一段非常值得研究的文字，它的意义不仅仅限于能够照应上荀子"天人相分"的观念，对于理解孔子、孟子的天人观，也至关重要。以前人们围于《论语·公冶长》中子贡的一句"夫子之言性与天道，不可得而闻也"的话，对孔子的天道观鲜有讨论。实际上，如果结合郭店简、上博简及马王堆帛书《易传》的材料，则这一问题是很值得重新引起人们的重视的。

总之，出土简帛材料中有关先秦儒家的部分，像一个富矿，正等待着人们去开发！谁不去开发，谁大概就没有资格谈先秦儒家了。绕不过，避不开，引人入胜！

五 近年来的出土文献与老子及黄老道家研究

在近年来的出土简帛中，有关道家的材料也十分丰富。1973 年在长沙马王堆出土的帛书《老子》甲、乙本，曾经引起学术界的轰动，1993 年在郭店出土的楚简《老子》甲、乙、丙本，更使老学成为学术热点之一，问题则主要集中在老子其人其书的研究，简、帛、今本的关系等。

关于老子其人其书，20 世纪曾经有过"早出说"和"晚出说"的争论，但由于史料不足，双方都未提出有力的证据说服对方。简帛文献的出土，虽然没有终结上述争论，但为这种争论提供了新材料和新视野。如李学勤先生就结合出土简帛中的有关文献，综合研究，得出结论：

> 郭店简里的《老子》三组，只是《老子》一书的摘抄本。这有其内证，《老子》丙组附有《太一生水》，而《太一生水》乃道家后学所作，其文字所本的《老子》篇章，有的不见于郭店简，充分说明当时《老子》绝不限于简本的那么多。摘抄本自然要晚于内容更多的原本。
>
> 简中还有一些作品，是引申推演《老子》的，例如《恒先》。《恒先》不仅袭用《老子》，而且在思想上有相当大的跨进。这表示《老子》比简早，而且要早相当大的时段。
>
> 我们还可以把马王堆帛书中的《黄帝书》放在一起考察。《黄帝书》作于先秦，不少学者都认为应属战国中期（参见唐兰《马王堆出土〈老子〉乙本卷前古佚书的研究》，《考古学报》1975 年第 1 期；龙晦《马王堆出土〈老子〉乙本前古佚书探原》，《考古学报》1975 年第 2 期），其内容多本《老子》，看来《老子》成书应更早些。我曾从各方面材料考虑，认为《老子》其书"不晚于战国早期"。①

---

① 李学勤：《古文献丛论》，上海远东出版社 1996 年版，第 140 页。

李先生的这个考证，同时也在一定意义上回答了帛本、简本与传世本三者之间的关系。当然，学者之间关于这个问题的看法并不一致，还有待于进一步研究。

此外，关于儒道关系问题，也是楚简出土以来学术界所讨论的一个热点问题。例如，通行本第18、19章对于"仁义"、"孝慈"颇持否定的态度，将二者与"大伪"放在"相类的地位上"。而郭店简本"并未以仁义、孝慈与大伪相提并论"①，"早期的道儒关系远没有达到冲突尖锐化和激化的程度"②。这很发人深思，对于人们理解早期儒道关系也十分有价值。又如有无问题，简文有一句话："天下万物生于有，生于无。"与传世本"天下之物生于有，有生于无"相比，"之"与"万"有别，又少一"有"字。对此，有学者认为简本优于传世本，并指出这表明在《老子》哲学中，"有""无"共同作为万物存在的始源，"天下之物生于有，同时天下之物也生于无"，"无"并不比"有"根本。这种认识究竟是否正确，值得认真研究。从哲学的层面讲，"天下万物生于有，生于无"，与"天下万物生于有，有生于无"，虽然只是一字之差，但其哲学意向却有着本质的不同。有学者指出，在《老子》一书中，"无"字虽然出现一百余次，但很少用作名词，因而没有明确的"无"的哲学概念。这种看法值得引起重视。至于"有"，据朱伯崑先生的研究，"老庄哲学中的'有'就古代汉语说，是有这个，有哪个的简称，相当于英文中的'There is'，德文中的'Dasein'，都是就个别存在物及其特征说的。所以魏晋时期的人，又称为'群有'，'万有'，提出'有不能以有为有'，'济有者皆有'的命题。在中国传统哲学中，没有形成'有'为一般及存在自身这样的抽象的观念……"③ 的确，如果"有"在老子那里已经被解释为一种具有一般意义的抽象概念，以魏晋玄学家的理论水平之高，就没有必要再提出"群有"、"万有"的概念，和"有不能以有为有"，"济有者皆有"的命题。相反，他们提出了这样的概念和命题，说明在此之前"有"并没有成为具有一般意义的抽象概念。所以，研究老子哲学中的有

---

① 裴锡圭：《郭店〈老子〉简初探》，《道家文化研究》第十七辑，生活·读书·新知三联书店1999年版。

② 李存山：《从郭店楚简看早期道儒关系》，《中国哲学》第二十辑，辽宁教育出版社1999年版。

③ 朱伯崑：《朱伯崑论著》，沈阳出版社1998年版，第554页。

无问题，似乎还应该考虑到整个中国哲学发展史的背景。

在郭店楚简中，有一篇《太一生水》，抄在《老子》丙本之后，原文不长，却很有特色：

> 太一生水，水反辅太一，是以成天。天反辅太一，是以成地。天地［复相辅］也，是以成神明。神明复相辅也，是以成阴阳。阴阳复相辅也，是以成四时。四时复［相］辅也，是以成寒热。寒热复相辅也，是以成湿燥。湿燥复相辅也，成岁而止。故岁者，湿燥之所生也。湿燥者，寒热之所生也。寒热者，［四时之所生也］。四时者，阴阳之所生［也］。阴阳者，神明之所生也。神明者，天地之所生也。天地者，太一之所生也。是故太一藏于水，行于时，周而又［始，以己为］万物母；一缺一盈，以己为万物经。此天之所不能杀，地之所不能埋，阴阳之所不能成。君子知此之谓［□，不知者谓□］。天道贵弱，削成者以益生者，伐于强，责于［□；□于弱，□于□］。下，土也，而谓之地。上，气也，而谓之天。道亦其字也，青昏（清浑）其名。以道从事者必托其名，故事成而身长。圣人之从事也，亦托其名，故功成而身不伤。天地名字并立，故讹其方，不思相［当，天不足］于西北，其下高以强。地不足于东南，其上［□以□。不足于上］者，有余于下。不足于下者，有余于上。

如果从哲学的角度去诠释，可以说它是一篇讲宇宙论的文字。这篇文字的思想归属，学者意见不一，还在继续争论。笔者认为，与这种争论同样重要的，乃是它的"古代数术思想"的背景。这个背景知识不清楚，则理解这篇文字的本来意义可能是相当困难的。近年来出土的大量简帛文献中，与古代数术相关的《日书》的出土相当可观。也许在那里面可以找到一些线索，包括汉代象数易学的线索。

在出土的道家著作中，"最新也最重要的发现是上博简《恒先》。此篇是属于古代的道论，即在中国真正够得上称为哲学著作的东西"①，这对于研究先秦道家无疑是很有帮助意义的。其他如《庄子》、《文子》的有关文献，也是弥足珍贵的材料。而1973年长沙马王堆出土的四篇古佚

---

① 李零：《简帛古书与学术源流》，第305页。

书：《经法》、《十六经》、《称》和《道原》，被学者断定为《黄帝四经》，对于研究汉初黄老之学也极具价值。

六　近年来的出土文献与早期经典诠释问题

春秋战国时期，是诸子百家，尤其是其中的儒家诠释经典——《诗》、《书》、《礼》、《乐》、《易》、《春秋》，努力实现"哲学的突破"的思想文化空前繁荣的时期。这一点，传世文献虽然语焉不详，但也透露了非常丰富的信息。然而，由于受疑古思想的影响，这样一个对于中国文化来说十分重要的事情，长期以来却一直被忽视，乃至早期经学的研究几乎是一片空白。近年来的简帛文献的出土也为扭转这一局面提供了非常丰富的材料。

众所周知，在传世文献中，"六经"的最早出处是《庄子·天运》："孔子谓老聃曰：'丘治《诗》、《书》、《礼》、《乐》、《易》、《春秋》六经。'"但向来的研究，对于该篇的记载，敢于相信的人并不多。幸运的是，郭店楚简中的资料，似乎能够帮助人们解除这层疑惑。《语丛一》说：

> 礼，交之行述也；乐，或生或教者也；〔书，□□□□〕者也；易，所以会天道、人道也；诗，所以会古今之诗也者；春秋，所以会古今之事也。

郭店简下葬的年代被学者厘定为公元前300年左右，墓中楚竹书，其成书、抄写当然更应靠前，因此可以证明，战国时期"六经"的地位已经是相当地突出了。又如《六位》（原《六德》）篇亦云："夫夫，妇妇，父父，子子，君君，臣臣，六者各行其职，而谗谄无由作也。观诸诗、书则亦在矣，观诸礼、乐则亦在矣，观诸易、春秋则亦在矣。"又，马王堆出土的帛书《要》篇也将易、诗、书、礼、乐并称，说："故易之为书也，一类不足以亟之，变以备亓请者也。故胃之易又君道焉，五官六府不足尽称之，五正之事不足以至之，而诗书礼乐不□百扁，难以致之。"又说："《尚书》多令也，《周易》未失也。"这些都证明在中国思想史上，"六经"地位的凸显是相当早的，而且很可能与孔子有关。

传统经学有孔子编订六经之说，此说是否全然可信，还可以进一步讨论。从近年出土的简帛材料看，孔子对它们进行过独具特色的诠释，这种诠释在儒家内部产生了重大的影响，进而使"六经"受到了人们的更多的重视，应该是不成问题的。以《周易》为例，孔子的诠释就是沿着由"巫"进乎"史"，又由"史"进乎"德"的进路完成的。根据帛书《易传》提供的材料，我们已完全可以勾勒出孔子诠《易》的准则、体例及方法了。这是一种人文主义的诠释路线，准宗教的《周易》正是因着这样的诠释，而实现了其"哲学的改造"的。又据上博简可知，孔子对《诗经》的诠释也是很下功夫的。由此不免想到《礼记·经解》篇的如下记载：

> 孔子曰："入其国，其教可知也。其为人也，温柔厚敦，《诗》教也；疏通知远，《书》教也；广博易良，《乐》教也；絜静精微，《易》教也；恭俭庄敬，《礼》教也；属辞比事，《春秋》教也。故《诗》之失愚，《书》之失诬，《乐》之失奢，《易》之失贼，《礼》之失烦，《春秋》之失乱。其为人也，温柔厚敦而不愚，则深于《诗》者也；疏通知远而不诬，则深于《书》者也；广博易良而不奢，则深于《乐》者也；絜静精微而不贼，则深于《易》者也；恭俭庄敬而不烦，则深于《礼》者也；属辞比事而不乱，则深于《春秋》者也。"

如果不是对"六经"下过一番解释的功夫，怎么可能得出这样精辟的结论呢！因此，利用简帛材料及传世材料，重新梳理孔子及先秦儒家经典诠释的思路，已是可行之事，也将成为中国哲学研究的重点之一。近年来，有学者呼吁建立中国的诠释学，这的确是一个有意义的学术问题，相信简帛文献的研究，尤其是简帛文献及早期儒家经典诠释的研究，一定会对中国诠释学的建立起到十分积极的推动作用。

六 结语

以上，我们提纲挈领，从五个方面对近年来的出土文献对中国哲学史研究的影响进行了粗线条的描述。事实上，细节的问题还多得很呢！近代中国著名学者王国维先生指出："古来新学问起，大都由于新发现。"① 这句话，在近年来简帛学研究者的文章中出现频率极高，这一方面反映了这些"新发现"的确令人振奋；另一方面也说明人们在这些"新发现"面前表现出了极大的信心。确实是这样，与这些"新发现"相关的问题，没有一个不是前沿性问题；而对这些"新发现"的相关解释，没有一个不丰富乃至更新着人们对中国学术思想史的认识，诚如李学勤先生所说："新出土简帛书籍与学术史研究的关系尤为密切。学术史的研究在最近几年趋于兴盛，已逐渐成为问世领域内的热门学科，而简帛书籍的大量涌现，正在改写着古代学术史的面貌，影响甚为深远。"② 面对新史料、新问题，中国哲学史的研究能做些什么？又应该做些什么呢？"合世界学者之全力研究之，其所阐发尚未及其半，况后此之发见亦正自无穷，此不能不有待少年之努力也!"③

① 王国维：《最近二三十年中中国新发见之学问》，《王国维文集》第四卷，中国文史出版社1997年版，第33页。

② 李学勤：《简帛佚籍与学术史》，江西教育出版社2001年版，第7页。

③ 王国维：《最近二三十年中中国新发见之学问》，《王国维文集》第四卷，第38页。

天人问题溯源

杨庆中

　　天人关系问题，是中国古代哲学的基本问题，也是当前学术研究中颇受关注的问题，不少专家学者从不同的侧面对这一问题进行了深入的探讨。但在中国古代思想的发展中，天人问题是如何产生的？它又是如何成为中国古代哲学的基本问题的？为什么古代哲人总是喜欢用天人合一的思维模式理解天人关系？对于这些问题，人们的讨论似乎仍嫌薄弱。而它直接关系到中国哲学的起源，中国哲学的特点，乃至于中国哲学的现代意义等诸多问题，因而值得引起高度重视。本文将主要围绕天人问题的起源，略陈己见，以就教于方家。

一

　　哲学脱胎于宗教，是学界普遍的共识。马克思说："哲学最初在意识的宗教中形成，从而一方面它消灭宗教本身；另一方面从它的积极内容来说，它自己还只在这个理想化的、化为思想的宗教领域内活动。"① 所以，考察天人问题的起源，不得不从"意识的宗教"开始。

　　上古时代的宗教信仰，由于史阙有间，已不可详考。目前所见最早的宗教传说，当为颛顼的"乃命重黎，绝地天通"（《国语·楚语下》）。据观射父的解释，"绝地天通"，是指改变"夫人作享，家为巫史"（同上）的混乱现状，将沟通神人关系的权力限制在巫、祝、史的手中。而在上古时代，国王通常就是这些巫、祝、史的首领。如史载殷商开国之君商

---

　　① 《马克思恩格斯全集》，人民出版社1972年版，第26页。

汤就曾为解决当时的旱灾而"以身祷于桑林"(《吕氏春秋·顺民》)。所以,"绝地天通",乃意味着原始宗教正在渐渐地发展为为统治集团服务的国家宗教①。夏代及夏代之前的史实已不可知,殷商宗教则的确表现了这一特征,《管子·国准》篇载:"殷人之王,诸侯无牛马之牢,不利其器;⋯⋯诸侯无牛马之牢,不利其器者,曰淫器而壹民心者也。"不准诸侯具备"牛马之牢",说明殷王朝对诸侯方国的祭祀权力是有所限制的。

就殷人的宗教信仰系统而言,可谓神灵多多,天神、地祇、人鬼等一应具有:"大体上说,殷人对自然崇拜,于天神有上帝、日、东母、西母、风、云、雨、雪等等;于地祇有社、方(四方)、山、岳、河、川等等;对祖先神不仅于先王、先妣有复杂的祭典,而且于名臣又有配享制度⋯⋯"②而在自然诸神中,天神上帝的权威最大,商人把自然现象中的风、云、雷、雨,都看成是天神上帝所驱使的神灵③。但值得注意的是,"殷人以为凡是雨量的多少、年成的丰歉,都是上帝所为⋯⋯但求雨求年,就要祷告祖先,求先祖在帝左右从旁再转请上帝,而绝不向上帝行之"④。可见,在殷人的宗教信仰系统中,人并不直接向天神行祭,每有所求,必须通过祖神这个中介来实现。之所以这样,乃是由于"在绝地天通之后,人不能直接和天神交通,必须祭祀祈求高祖"⑤。殷人几乎天天轮流祭祀先公先王的宗教习惯,恐怕就与它们的这种中介作用有关。这表明,在殷人的观念中,祖神的地位十分突出,人直接面对祖神,而不向帝神负责,帝神与人之间也因此没有共同遵循的准则。对人而言,帝神只是"一种强大而意向又不可捉摸的神灵⋯⋯看不出具有理性,恣意降灾或降佑"⑥。这种文化现象,以宗教的形式反映了神与人、自然与人之间的复杂关系。

殷周之际,政治制度及宗教思想的变革甚为剧烈,在周公的直接领导下,周初统治者对殷商宗教进行了一系列的改革。实在说来,在相信天神

① 牟钟鉴、张践:《中国宗教通史》,社会科学文献出版社2000年版,第85页。
② 金景芳:《中国奴隶社会史》,上海人民出版社1983年版,第97页。
③ 王玉哲:《中华远古史》,上海人民出版社2000年版,第402页。
④ 胡厚宣:《殷卜辞中的上帝和王帝》,《历史研究》1959年第10期。
⑤ 陈来:《古代宗教与伦理》,生活·读书·新知三联书店1996年版,第114页。
⑥ 朱凤瀚:《商周时期的天神崇拜》,《中国社会科学》1993年第4期。

方面，周公与殷人并无实质区别，他的独特之处在于，对王朝兴替、天命转移的原因进行了十分理性的思考。周公戎马一生，又摄政多年，历史的经验和现实的教训告诉他，单纯地相信天命，无助于永保周祚。因为天命也曾与夏、商两朝同在，现在又转移到周人身上。天命转移的原因是什么？是天帝的好恶吗？如果是，根据又是什么？周公反思的结果是：天之赏罚及天命转移的根据乃在于统治者的"德行"。周公说："我不可不监于有夏，亦不可不监于有殷。我不敢知曰，有夏服天命，惟有历年；我不敢知曰，不其延。惟不敬厥德，乃早坠厥命。我不敢知曰，有殷受天命，惟有历年；我不敢知曰，不其延。惟不敬厥得，乃早坠厥命。"（《尚书·召诰》）在这里，周公把夏、商失国的原因归结为"惟不敬厥德"。因而，他谆谆告诫周初统治者："王其疾敬德！"（同上）并强调指出，他们的祖先就是因为自己的德行而赢得了天帝的信任。这就是所谓的"以德配天"。

纳"德"于宗教信仰系统之中，作为天人沟通的根据，是周公的一大创新。由于这一创新，天神与统治者靠着"德"被统一起来，德也因此成为沟通天神与统治者的桥梁，成为天神和统治者"共同遵守"的原则。这一"原则"，就其理论意义说，至少可以演绎出两层含义：其一，天命因统治者的"德行"而转移，天也应该且必须是"德"之化身；其二，统治者因"德行"而配天，统治者应该且必须要把"敬德"作为第一要务。就前者说，天神的内涵较之殷商有所增加：它除了是一种自然神、人格神外，还是"至善"；但其外延却因此而缩小：即并非如殷商时期那样毫无规律，乱行赏罚，而是有德行方面的依据。就后者说，统治者的行为受到了某些方面的限制，必须"明德慎罚"、"疾敬德"、"克慎明德"，但主动权却更大了，可以通过自己的德行谋求上天的悦纳，可以通过把握自己的行为来把握天命。这样，殷人信仰系统的基本结构就发生了如下变化（见下表）。

朝代	天　神	祖神或时王	天人关系
殷	自然神、人格神	祖神或时王	靠祖神来沟通
周	自然神、人格神、至善	有德的（祖神和）时王	靠德行来沟通

　　"以德配天"，是周公的一大发明，也是周公对传统天命观的一种"维新"。这种"维新"，把统治者的德行好坏作为天命转移的根据，从而将对"天命"的信仰，转变为统治者对自身行为的自觉。春秋时期的理性觉醒，其思想发展的逻辑根据，就隐藏在周公的这种"维新"之中了。

二

　　说到春秋时期，人们常常想到"礼坏乐崩"这一成语，它不但成为这个社会大转型期的代名词，还经常被用来作为这个大转型期思想观念变化的原因。这当然无可厚非，但就思想发展的逻辑言，西周宗教思想内部潜存的矛盾可能更值得引起重视。

　　如上所述，经由周公"维新"的传统宗教留给人们的是"天神—有德行的时王"这样一个基本信仰模式。周公透过"以德配天"，找到了神（天命）人（统治者）统一的基础，但又何尝不是埋下了神人分裂的种子呢？由于把天命是否眷顾与人自身的德行联系了起来，人们便越来越注意人自己的努力，注意在人自己的身上，而不是在神的意志方面寻找祸福的根源。如《诗经》中说，"下民之孽，匪降自天，噂沓背憎，职竞由人"（《小雅·十月之交》），"显示出周人开始在人的社会中，而不是在天命中，去寻找社会灾难的直接原因"①。西周末年，由于统治者的腐败和连年灾荒，人们有时会通过批评上帝来讽刺时王，如曰："上帝板板，下民瘅瘅"，"天之方虐，无然谑谑"（《诗经·大雅·板》）等，高亨先生说："上帝喻指周王。"② 这虽然并不表明至上神的信仰已经受到怀疑，但批评和抱怨意味着反思的开端。所以，它至少预示着天帝的威信开始打折扣了。到了春秋时期，随着社会转型的外缘助力，传统天命观的内在矛盾进一步突出出来，遂逐渐发生分化：以天道自然为特征的自然主义思潮和以民本主义为特征的人文主义思潮由此产生。

　　天道问题，本来是传统天神信仰中自然神崇拜的内容之一，自然诸神，当然包括日月星辰等天文、天象在内。日月星辰等天文、天象有自身的运行规律，其运行所遵循的轨道称为天道。中国古代，天文、天象学十

---

① 陈来：《古代宗教与伦理》，第212页。
② 高亨：《诗经今注》，上海古籍出版社1980年版，第436页。

分发达，早在帝尧时期就曾"乃命羲和，钦若昊天，历象日月星辰，敬授民时"（《尚书·尧典》）。但在神学时代，天时的变易，星象的变化常常被视为与社会人事有关，天道也因之包含了天命神学和道德至善等多方面内容。但天文、天象学毕竟不同于一般的宗教，在一定范围内，他还保持着其客观自然性，也就是仍然保留着自然主义的理解空间。春秋时期，随着传统宗教内部矛盾的进一步激化，传统天道观中天人感应的两极开始出现分裂，导致了具有宗教色彩的天道观向自然主义方向的发展。如范蠡曾说："天道皇皇，日月以为常……阳至而阴，阴至而阳。"（《国语·越语下》）显然是从自然的意义上来理解天道的。鲁僖公时，周内史叔兴把"阴阳之事"与人事分开，强调"吉凶由人"（《左传·僖公十六年》），也无疑是对传统天人感应思维模式的超越。昭公时，子产提出"天道远，人道迩"（《左传·昭公二十四年》）的命题，则正是这种"超越"的必然结果。所以有学者说，自然主义的"天"是在春秋时期的天学和星象学中渐进转出的①。

与自然主义的"天"的渐进转出相适应，这一时期用来理解自然现象的概念范畴，如五行、阴阳、气等，其内涵也得到了丰富和发展。五行观念渊源甚古，与原始宗教信仰关系密切。而这一时期，五行观念的神学色彩渐被抹去，成为人们理性地解释自然现象的思维工具："夫和实生物，同则不继……故先王以土与金木水火杂，以成百物"（《国语·郑语》）；"水、火、金、木、土、谷，谓之六府"；"天生五材，民并用之"（《左传·文公七年》）；等等。这些材料，或把五行看作和成百物的质料，或把五行看作切于民用的五种东西，总之都已超越了祭祀意义上的五行观念。至于"阴阳"和"气"的观念，这一时期"在智者群中已普遍流行"②，并渐渐与人事吉凶发生分化③，成为人们解释自然现象的基本要素。

春秋时期的人文思潮，是伴随着天道自然观的出现而产生的，但其思想渊源也很古老，大致说来，有两方面：三代民本思想和西周天命论中的"敬德"思想。《尚书·皋陶谟》中说："天聪明自我民聪明，天明畏自我

---

① 陈来：《古代思想文化的世界》，生活·读书·新知三联书店2002年版，第62页。

② 同上书，第72页。

③ 同上书，第74页。

民明畏。"这种思想，在周公"以德配天"观念的支配下，渐渐转化为
"民之所欲，天必从之"（《尚书·泰誓》）的"天意在民"的思维模式①。
春秋初年，随国大夫季梁提出"夫民，神之主也，是以圣人先成民而后
致力于神"（《左传·桓公六年》）。四十余年后，史嚚又说："国将兴，
听于民；将亡，听于神。神，聪明正直而壹者也，依人而行。"（《左传·
庄公三十二年》）这些议论，虽然仍然承认神的存在和其至善的本性
（"聪明正直而壹者"），但神意"依人而行"。所以，到了僖公时期，终
于发展成为"吉凶由人"说。

　　这一时期，"依人而行"的一个突出表现，是大批界定人的行为的德
目的产生。周公提出"以德配天"，目的是让统治者谨慎自守，以获得上
天的悦纳。在《尚书》及西周金文中，德字频繁出现，但内涵仍嫌贫乏。
有学者甚至认为，周初德字只当作一种"行为"或"作为"的意思来使
用，所以《周书》里德字前面往往加上各种修饰词，以便知道是什么行
为②。这种情况到了春秋时期发生了很大变化，周公种下的"敬德"的种
子，此时已是硕果累累了。陈来教授根据《逸周书》、《左传》、《国语》
的相关材料作了很详细的排列，涉及德目达 40 多项，如：孝、悌、慈、
惠、忠、恕、中、正、恭、宽、温、静、理、智、清、武、信、让、名、
果、贞、仁、行、言、固、始、义、意、勇、治、禄、赏、刚、柔、和、
顺、友、咨、询、度、诹、谋、周、祥、衷、敏、事、罚、临等。陈来先
生得出结论，认为春秋时代是一个"德行的时代"③。重视德行必然反思
主体。所以，春秋时期伦理德目的丰富发展，为"人"的进一步发现提
供了基础。

　　总之，天道自然观的出现和人文思潮的兴起，以及由此引发的观念
"大爆炸"，表明在传统天命观的分化过程中，构成天命观的各种要素，
特别是天、人二要素都得到了相对独立的发展。而这，无论从思维观念方
面，还是从思想范畴的建构方面，都为春秋末期开始的哲学创作提供了丰
富的文化资源。春秋战国之际兴起的儒道两家，正是在反思、梳理这些文
化资源的过程中建立起自己的哲学体系的。

---

① 　陈来：《古代宗教与伦理》，第 191 页。
② 　王培德：《书传求是札记》，《天津师大学报》1983 年第 4 期。
③ 　陈来：《古代思想文化的世界》，第 269 页。

三

春秋战国之际，随着社会变化的进一步加剧，学在官府的体制被打破，"私家"学术渐渐兴起，使得一些知识分子可以自由地反思三代宗教、政治，自由地建构自己的理想国。最早从哲学的高度进行这种反思的，当推有史官背景的老子和对三代礼制很有研究且忧患意识十分强烈的孔子。

老子的思想，重视天道，具有明显的自然主义特征。如说："天之道，损有余而补不足"（七十七章），"天之道，不争而善胜，不言而善应，不召而自来"（七十三章），认为天道有其自身的法则，不因人的需求而转移。如说："道生一，一生二，二生三，三生万物。万物负阴而抱阳，冲气以为和"（四十二章），认为阴气、阳气和冲气相互结合而生成万物。这种天道自然观，显然来源于春秋时期的自然主义思潮。老子的道论即由此产生。

老子论"道"，有两句话最值得玩味，一句是"象帝之先"；一句是"先天地生"。前者出自《老子》第四章，后者出自第二十五章。这两章，都是讨论道的本源性特征问题。其用"象帝之先"和"先天地生"来界定道，分明是针对着传统天命论和春秋时期的天道自然观而言。就前者说，老子否认万物的生成有意识、有目的，他用道代替帝，作为天地万物的本原，正是为了凸显其"生而不有，为而不恃，长而不宰"（五十一章）的自然特性。可以说，为了超越传统天命论中的上帝决定论，老子把"道"界定为比上帝资格还老的本根。就后者说，老子道论虽然从天道自然观中转出，却也是要超越天道自然观的局限。张岱年先生说，春秋时代所谓天道是天之道，道是从属于天的。老子则以为道比天更根本，天出于道①。可以说，为了超越天道自然观的局限性，老子又把"道"界定为"是谓天地根"（第六章）。而由于要完成这两个"超越"，老子在界定道时，特别拈出"无"字，来形容天地万物之本原的普遍性和非人格性特征。

本原问题，是古希腊哲学的核心问题，古希腊哲学就是由于泰勒斯提

---

① 张岱年：《中国古典哲学概念范畴要论》，中国社会科学出版社2000年版，第24页。

出了"水是本原"这一命题，而开始了她的求知历程。老子道论也讨论
了"本原"问题，而且他提出的"道"比泰勒斯的"水"抽象程度更
高。但两种本原论又有本质的不同，泰勒斯的本原论同时就是其哲学的全
部内容。且其提出本原问题，恰如亚里斯多德所说："不是为了任何别的
利益，而只是因为人是自由的。"①　老子则不然，本原问题不过是他为完
成上述两种超越而建构的哲学基础而已，其目的则在于"推天道以明人
事"②，即解决天人关系问题。所以，虽然老子的本原论，其起点并不低
于泰勒斯，但并没有为中国哲学开出一条探求本原的知识论进路。老子
说："人法地，地法天，天法道，道法自然。"（第二十五章）"道法自
然"即道以自然为法，是说道作为宇宙的最高原则，本质特征是自然而
然。"天地之根"的本质属性是自然而然，天地的本质属性当然是自然而
然。"故道大，天大，地大，王亦大。域中有四大，而王居其一焉"（二
十五章），所以，在老子看来，人道的特征也应该体现自然而然的特征。

可见，老子的道论，吸收了春秋时期的天道自然观，扬弃了西周天命
论中的天人德合说，从而形成了自然主义的天人观。这种天人观，"推天
道以明人事"，目的在于界定人在宇宙中的位置（域中有四大），在于为
现实社会的存在样式及存在的合理性找到一个可靠的根据。可以说，老子
的道论，是对三代宗教、政治进行哲学反思的产物。

孔子的思想，重视人道，具有明显的人文主义特征。如其评价郑国著
名政治家子产说："有君子之道四焉：其行己也恭，其事上也敬，其养民
也惠，其使民也义。"（《论语·公冶长》）如其对弟子说："君子道者三，
我无能焉：仁者不忧，知者不惑，勇者不惧。"（《论语·宪问》）如子张
问仁于孔子。孔子说：能行五者，即恭、宽、信、敏、惠于天下，就算是
做到仁了（《论语·阳货》）。这些德目，无疑是源于春秋时期的人文主义
思潮。

孔子作为春秋末期的理性主义大师，作为三代正统文化的自觉传承
者，其思想的最大特点是"与命与仁"。"与命"，是要对业已衰落的西周
天命观作出反思；"与仁"是要对春秋时期的人文思潮作出总结。孔子的

---

① 杨适：《哲学的童年》，中国社会科学出版社 1987 年版，第 56 页。

② 朱伯崑：《〈易传〉的天人观与中国传统哲学》，《中国传统文化的再诠释》，北京大学出
版社1993 年版。

仁学，是在其研究、反思三代礼学的过程中建立起来的，目的是要给礼仪规范等外在的行为准则找到一个内在于人自身的根据。其所谓"为仁由己"，"人而不仁如礼何"，表明的就是这样一种思路。所以，本来是春秋时期众德目之一的"仁"，经由孔子的创造性诠释，便成了内在于人的规范人的行为的众德目的根据。孔子的天命论，是在其反思、省察自己的生命历程中体认出来的，目的是为了从"天生德于予"的视角进一步提高人的自觉能力。其所谓"不知命，无以为君子也"（《论语·尧曰》），揭示的正是这样一条认识自我的独特通道。所以，本来是业已衰落了的神学天命观，经由孔子的损益辨析，便成了人们认识自我，自觉使命，坚定信心（"天生德于予，桓魋其如予何"；"天之未丧斯文也，匡人其如予何"）的方法之一。

孔子"与命与仁"，从人出发，上契天命，走的是一条"下学上达"的路子。"子曰：'莫我知也夫！'子贡曰：'何为其莫知子也？'子曰：'不怨天，不尤人。下学而上达。知我者其天乎！'"（《论语·宪问》）"下学而上达"就是由"为仁"、"克己"而"知天命"。后来的孟子内化道德之天，使之成为人性善的根据，并开出"尽心、知性、知天"的天人沟通之路，正是孔子"与命与仁"思想的发展。

可见，与老子立足于天道，通过超越西周天命观和春秋时期天道自然观的局限，来"推天道以明人事"，整合春秋时期出现分离的天人关系不同；孔孟则是立足于人道，透过内化西周天命论及春秋时期伦理德目的合理因素，来"尽人事而知天命"，整合已经出现裂痕的天人关系的。虽然二者的致思路向稍有差别，但整合天人关系，为现实存在寻找可靠的理论根据，乃是他们的共同追求。

孔老两家各有侧重的天人观，在成书于战国时期的《易传》中得到了继承和发展。《易传》是解经之作，《易经》成书于殷周之际，该书一方面重视"神谋"（"自天佑之，吉无不利"）；一方面重视"人谋"，包含着古人丰富的生存智慧，与周公"天人德合"观，在思维方式方面有着内在的统一性。所以，到了春秋时期，此书很受重视。孔子晚年就曾对其"爱不释手"，"读《易》，韦编三绝"（《史记·孔子世家》）。《易传》正是在孔子等人的研究基础上，以儒家人道思想为主干，吸取道家"推天道以明人事"的思维方法，综合创新，建构自己的天人学体系的。

《易传》论天道，提出"立天之道曰阴与阳"的命题，认为一切事物都由阴阳两方面构成，都必须遵循阴阳合德，刚柔相推的变易法则；提出"鼓万物而不与圣人同忧"的命题，认为天道的运行，没有意识，自然而然；提出"天地以顺动，故日月不过，而四时不忒"的观点，认为自然界的变化，有其规律可循，不相紊乱。这些思想，显然受到了老子自然观的影响。《易传》论人道，本诸忧患意识，提出"人文化成"的观念，以人文为人道的特点；提出"迁善改过"的命题，认为"人文化成"的方法是见善则迁，有过则改；提出"与时偕行"，"动静不失其时"的命题，认为迁善改过的效果是"变化日新"；提出"穷理尽性以至于命"的命题，认为变化日新的最终目标是安身立命。这些思想，无疑源于孔孟儒家人文主义传统。而《易传》最大的特点则在于，在天人关系方面有机地结合儒道二家，综合创新，形成了一套较为系统的天人理论。

《易传》天人观的特色，首先表现为天、地、人三才统一的整体观念。以此为前提，《易传》一方面强调人要"崇效天，卑法地"，努力在"天道"与"人道"之间寻求内在同一性，以通过认识和效法天道，从中汲取教益，引申出人事所遵循的原则；另一方面又强调"天地设位，圣人成能"，分别人道与天道的不同，强调人在自然面前应积极主动，参赞天地的大化流行；同时又特别重视从中正和谐的立场调适天人关系，追求宇宙的高度和谐（保合太和）。认为能这样，就能真正达到"乐天知命故不忧"的天人合一境界。

《周易》经传在汉代被奉为经典，从此成为经学时代的学术核心，对中国哲学的发展产生了深远的影响。

四

周公宗教意义上的"以德配天"说，在经由春秋时期的分化，和分化后各要素的独立发展之后，到春秋战国之际的老子、孔子和《易传》那里，终于又在哲学的意义上实现了合一。这种合一，奠定了中国哲学发展的基本思路。因此可以说，中国哲学源于对大人问题的反思。亚里斯多德在论古希腊哲学的起源时指出："古今人们开始从事哲学的思考或探究都是由于惊异。他们最初从明显的疑难感到惊异，便一点一点地进到那些重大问题上的疑难，例如关于日月星辰的现象和宇宙创生的问题。感到困惑和惊异的人想到自己无知（因此爱神话的人在一定意义上也可以是爱智慧的人，因为神话正是由惊异构成的），为了摆脱无知，他们就爱智慧，因此他们这样做显然是为了求知而追求学术，而不是为了任何实用的目的。"① 事实也许比亚氏所说要复杂得多。但亚氏去古未远，又是当时著名的哲学家和哲学史家，他的描述应当说部分地反映了历史的真实。尤其就思想发展的逻辑言，由对自然世界的"惊异"而进行的哲学思考，其知识论的进路确实成为后来西方哲学发展的主要思路。

很显然，亚氏的"惊异"说，并不符合中国哲学产生的实际情形，中国哲学虽然出现在春秋末期，但根子却在殷周之际。如前所述，在殷人的信仰模式中，时王与天神并不直接对话，他们的沟通，要靠祖神这个中介来实现。这就意味着在天人之间，没有一个共同遵循的原则。天神对时王的降福降祸，与时王的行为也并没有必然的联系。所以，在殷人看来，天神好像一种强大而意向又不可捉摸的神灵。这表明，在殷人的信仰系统中，天神与人之间是存在着某种紧张关系的，这种紧张关系在一定意义上反映了人与自然的矛盾。殷周之际，周公损益殷商宗教，提出"以德配天"，在天人之间建立了统一的基础，使天神对时王的降福降祸变得有据可依。这就改变了殷人信仰系统所折射出来的人与自然的对立关系，使之发生转向，变成了具有道德至善性的天帝与有德的时王之间"德性"统一的关系。神人关系的反思，也因之变成了对现实政治存在之合理性的探讨。翻开《周书》不难发现，周公的"谆谆教诲"基本上都是围绕着这一核心展开的。

殷周之际宗教信仰的这一转向，对中国文化的发展走向产生了不可估量的影响。春秋时期，天命神学衰落，构成天命神学的两大要素——天命与人，得到了相对独立的发展，从前者中转出了自然主义天道观，从后者中滋生出了人文主义的人道观。但自然主义和人文主义的出现，只是部分地净化（淡化）了西周天命论的神学色彩，并没有从根本上颠覆西周天命论中天人合一的思维模式。因此，春秋末期，当老、孔对三代以来的思想文化和春秋时期的社会政治进行哲学反思时，都是以扬弃的方式，而非全然拒绝的方式来对待"以德配天"这一文化资源的。在老子，其表现为"推天道以明人事"，也就是以天道自然的本然和谐为根据，求证人类社会的合理存在方式。在孔子，其表现是"与命与仁"，即以"天命之

① 杨适：《哲学的童年》，第54—55页。

德"之内化于人自身，来为人的伦理道德行为寻求内在的动力源泉（有些工作是由孟子来完成的）。前者是推天道以明人道，后者是推人道而上达天命。《易传》综合二家，以子贡不可得而闻的"性与天道"为核心，进一步从天人统一的立场，论证了"人和社会存在的合理性，及人和社会合理存在的可能性"问题（如"崇效天，卑法地"，"天地设位，圣人成能"，"天行健，君子以自强不息"，等等）。

可见，在中国哲学的形成期，天人问题就已经成为哲学家们思考的重心。先秦哲学对于天人问题的研究，奠定了中国古代哲学发展的基本思路。中国历代哲学，就其理论形态说，有两汉经学、魏晋玄学、隋唐佛教、宋明理学之别；就各个时期的哲学基本范畴说，又有"有无"、"心性"、"理气"、"心理"的不同。但他们又无一例外地围绕着"人和社会存在的合理性，及人和社会合理存在的可能性"问题而展开。汉代经学在形式上表现为对西周天命神学的回归。但这丝毫也不奇怪。先秦哲学家的"合理性"证明，在当时并没有与政治实践直接挂钩，不乏理想的成分。这种理想的成分彰显了先秦哲学与现实政治的距离和张力，正是这种距离和张力，使它保持了诸多的解释空间，具有了无穷的魅力，成为中国哲学发展的源头活水。而在经由了春秋战国长期战乱和楚汉纷争之后，重新走向统一的汉代政治，其所面临的问题，与周公当年面临的问题颇有相似之处，摆在思想家面前的首要任务是解释现实政治的合理性问题。在这种情况下，颇具神秘色彩的天人感应论重新抬头并非不可理解之事。而事实上，汉代的天人感应论与西周天命论是有本质区别的，例如董仲舒对天人感应思想的论述就不乏自然论的证明（如人副天数、同气相感等）。至于象数易学家利用卦气、纳甲之说影射现实政治，则更表现出了以自然的变化解释社会变化原因的特点。所以，汉代经学形式上的向西周天命神学的复归，绝对不是倒退。如果说西周天命论是一种宗教信仰的话，那么汉代经学不过是宗教色彩颇浓的哲学论证而已。与先秦哲学家的理想性相比，他们表现了更多的现实实用性。所以，它不是倒退。如果是倒退，便无法理解由此转出的魏晋玄学何以会有如此之高的哲学反思。魏晋玄学的核心问题是"本末有无"之辨。但哲学上的有无之辨，是否就是他们哲学的最高目标呢？显然不是。他们讨论本末有无，无非是为了给汉代经学已无法提供理论基础的封建伦理纲常，寻找一个更可靠的根据而已。所以在颇为玄奥的本末有无之辨的背后，隐含着的乃是自然、名教以及性、情关系之争。至于宋明理学，虽然有气本论、理本论和心本论之别，但也毫不例外的是把论证伦常名教的合理性和人性善恶的根据以及人生的终极目的等问题作为其目的的。

总之，天人问题，产生于三代宗教和政治的反思，它主要围绕着"人和社会存在的合理性，及人和社会合理存在的可能性"问题而展开。由于这一问题自身的特点，古人对它的探讨，常常采取天人合一的思维模式。现在学术界流行一种观点，认为中国古代的天人合一思想，对于解决目前较为严重的人与自然的矛盾很有价值。从上面的论述看，传统的天人合一思想主要不是用来解决人与自然的矛盾的，而是解决伦常名教的形上基础、人之为人的根据，以及终极关怀等安身立命问题的。所以，中国古代哲人从来不对单纯的自然发生兴趣，即便是老子、《易传》的自然主义天道观，也只能说是对天道的一种自然主义的解释，而不是解释自然。可以说古代哲人几乎从不用知识论的进路来考量天人及二者之间的距离；而是靠修养、直觉、（准宗教性的）情感体验来达到天人之间的默契。由于是一种默契，也就没有一个客观的标准，因此理解的空间也就相当大，能充分满足人们（无论是儒家还是道家）的精神需求。当然，这并不是说此种思维模式对于当前人们思考人与自然的关系问题没有帮助。我们坚信，只要对中国传统天人问题作出进一步的哲学诠释，它必将会对中外文化的未来发展产生非常有益的启示。

现代易学研究的困境与出路

杨庆中

　　《周易》是中国古代知识分子的哲学教科书，历史上的许多大学者、大思想家都曾透过《周易》经传的研究，传承圣道，融会新知，建构有时代特色的哲学思想体系。可以说，一部易学史，凝聚了中华古圣先贤的生命智慧、价值取向、理想追求。然而，进入近、现代以来，易学的研究虽然也取得了一定的成就，但由于种种原因，始终未能构建出反映这一时代之精神特色的新易学。一些研究成果，虽不乏现代"面貌"，却难见现代"特质"。因此，如何突破此一困境，以期易学研究在 21 世纪重新"活灵活现"于中华文化的各个层面，应当成为当今学人，特别是易学研究专家重点思考的问题之一。本文即不揣浅陋，于反思传统易学辉煌成就的同时，观照现代易学研究的困境，并进而试图探索未来易学发展的出路。

一

　　《四库全书总目提要》曰："易道广大，无所不包，旁及天文、地理、乐律、兵法、韵学、算术，以逮方外之炉火，皆可援《易》以为说。"这段话，研《易》者大概都耳熟能详，它表明，《周易》对于中国传统文化的影响相当广泛，中国传统文化的各类形态，各个层面，都能看到《周易》的影子。因此可以说，《周易》是中国传统文化的灵魂或"轴心"，是中国传统文化的哲学基础。

　　事实确实如此。《周易》及历代学者研究《周易》而形成的易学，恰恰也是中国传统哲学的核心内容之一。秦汉以降，中国哲学的理论形态大体经历了两汉经学、魏晋玄学、隋唐佛教、宋明理学等几种形态。这几种形态，其形成的过程，也是不同文化资源综合创新的过程。而《周易》及易学在上述几种理论形态的综合创新中，始终扮演了十分重要的角色（隋唐佛教除外，但隋唐易学作为儒学发展的过渡形态，其作用相当关键）。朱伯崑先生说："中国哲学颇受易学发展的影响，而历代易学又从其时代精神中吸取营养，发展自己的理论体系。易学与哲学互相促进成为中国哲学一大特色。中国传统哲学有两大传统，即儒家的人文主义和道家的自然主义。此两大传统，到战国时代，为《易传》哲学所吸收，反过来《易传》哲学又为后来哲学的发展提供了理论基石。"[1] 朱先生的论述，大有深意，所谓"《易传》哲学又为后来哲学的发展提供了理论基石"，则更是一针见血，指出了易学在中国传统哲学发展中的意义。

传统易学，其自身的发展，以及其对中国传统哲学的影响，是通过历代经学家对解经体例——诠释经典的方法——的不断创新来实现的。例如汉代象数易学建构的宇宙论图式，就是透过卦气说、五行说、八宫说、纳甲说、爻辰说、卦变说等解经的体例来完成的。如孟京易学，特别是京房易学，通过其卦气说，建立了一个以阴阳五行为世界间架的哲学体系。这个体系将八卦和六十四卦看成是世界的模式，认为《周易》既是自然界又是人类社会的缩影，阴阳二气的运行和五行之气的生克，则是他们共同遵循的法则。这样，京房便以《周易》为理论架构，将西汉以来的哲学更加系统化了。他提出的世界图式对后来的哲学家们探讨世界的普遍联系，很有启发的意义。"特别是他以阴阳二气解释《周易》的原理，借助于当时天文学的知识和理论，阐述《周易》经传中关于事物变化的学说，这是对先秦易学的一大发展。这种学风，对汉代哲学、思想文化的发展都起了很大的影响。"[2]

魏晋义理易学建构的形上学体系，也是透过取义说、一爻为主说、爻变说、适时说、辨位说等解经的体例来完成的。宋代理学各流派也都透过创新解经体例，建构新的诠易原则，来总结理论思维的成果，实现哲学体系的创新。例如宋明哲学中的五大流派即理学派、数学派、气学派、心学派和功利学派都同易学哲学有着密切的关系。前三个流派都是以易学哲学

① 朱伯崑：《朱伯崑论著》，沈阳出版社1997年版，第595、803页。

② 朱伯崑：《易学哲学史》第1卷，华夏出版社1994年版，第155页。

为中心形成了自己的哲学体系。如程颐是宋明道学中理学派的奠基人，其哲学体系主要来源于对《周易》经传的解释。他在解释《周易》的性质和体例时，提出了许多原则，予以哲学的解释，形成了自己的易学哲学。而易学哲学也是程颐哲学的核心，作为其哲学体系的理学就是以其易学为基础形成和展开的。像"体用一源，显微无间"，"所以阴阳者道"，"动静无端，阴阳无始"，"往来屈伸只是理"以及"性即理"等命题，无一不源于程颐的易学哲学。因此可以说，在儒、释、道三教合流而形成的道学中，《周易》起到了理论基础的作用。

解经体例的创新，不仅影响着哲学的发展，还影响着中国传统文化的发展。约成书于汉代的《黄帝内经》，其强调阴阳相反相济，五行相生相克，人与自然相互感应，等等，也是受到了汉易阴阳五行说的影响。汉唐时期的天文学则直接吸收了孟京卦气说的成果，用卦气图来描述一年四季、二十四节气、七十二候的变化特征。而道教学者根据卦气讲炼丹，就更是易学研究成果的直接运用了。

总之，传统易学，其之所以在中国传统哲学及文化的发展中屡有建树，乃在于它能在《易传》解《易》的基础上，不断创新解经体例。这种解经体例的创新，一方面并不违背《易传》的解经体例，从而表现出了很强的传承性；另一方面又能丰富《易传》解经体例的内涵，融会新知，从而表现出很强的创新性。因此，每一个时代的解经体例，基本上都能够反映出那个时代的认识成果，时代精神。从这个意义上说，体例的创新也是诠释思路的更新。中国历代哲学家基本上都是透过经典的注释、诠解来阐发、建构自己的哲学体系，所以说，解经的体例很能表现一个思想家的思想特点、思维特征。解经体例的不断创新，正反映了中国传统哲学思想的发展历程。

二

近代以来，中国社会遭遇大变革，思想观念也因之数变，但就儒家哲学的形态说，至今仍未脱去宋明理学的窠臼，易学的研究则更是在清代文献考证、辨伪的惯势下难以自拔而面临着相当大的窘境。表现之一，就是直到现在，在《周易》诠释的体例方面还未能有大的突破，因而，亦未能建构出具有现代理论色彩的新易学。究其原因，有以下三点值得注意。

其一，清代以来易学理论思维的建构逐渐趋于衰落。清代易学，受明清之际实学的影响，其路向基本上是从文献考证和辨伪的角度清算宋易中的图书之学，进而转向汉学（易）的复兴。如其代表人物惠栋、张惠言等，均以推崇和解说汉易中的象数之学为己任，或以汉易为正统。而他如焦循等人，虽并不唯汉易是从，但仍是以汉人解易的精神，独辟蹊径，建立自己的易学体系。"一般说来，他们的易说，缺乏探讨哲学问题的兴趣，在理论思维方面很少建树。"① 这表明，传统易学发展到宋易阶段后，至清代再也没有创造出新的理论形态。"因此，清代的易学及其哲学，就其理论思维发展的总的趋势说，可以说是由高峰走向低坡。"② 换言之，到清代，易学理论思维已经开始走向衰落了。作为近现代易学发展的基础，这未免显得有点先天不足。不过，从易学史上来看，易学理论思维的衰落，并不是什么奇怪的事，汉代易学就曾走进象数学的死胡同而不能自已。但物极则反，"衰落"的事实往往反而促使人们另辟蹊径，寻找脱困的方法，具有划时代意义的王弼易学的出现，就是明证。而且，易学史上，多数解经体例的发明，也都与摆脱前人的困境，进行理论思维的新尝试有关。其实在清代，这种努力也未尝没有进行，前面提及的焦循就曾试图融会西学，建构新的解经体例，可惜的是，清末以来，中国社会变化至巨，易学的反思与建构尚未深入展开之时，又无奈地遭遇了近代西方学科体制的大举东进，经学的知识系统遭到裂解，经学的价值追求遭到抛弃。因此，易学理论思维的振衰起痹，面临了易学史上从未有过的挑战。

其二，近代学科分类对中国传统学术的裂解，更使先天不足的近代易学研究雪上加霜。传统经学，是一门综合性很强的学问，融哲学、伦理学、政治学、史学、文学、文字学、文献学等于一体。拿易学来说，它不仅有一套知识系统，而且这套知识系统本身还寄托了经学家们的价值取向和精神信仰。因而，在他们的眼中，《周易》经传同时也是一部教人"进德修业"、"穷理尽性"和"乐天知命"（安身立命）的圣经宝典。可以说，这套"知识系统"是知识、信仰，乃至生命体验圆融一体的，人们往往透过对它的研究，理解宇宙自然，认识社会人生，践履行为规范，提高精神境界。然而，近代学科体制传入中国后，文史哲分家，文史哲各门

---

① 朱伯崑：《易学哲学史》第4卷，第4页。
② 同上书，第5页。

类内部又分而细分，一切研究均对号入座，传统经学的综合性便在这分而细分中被一一瓜割，其知识系统被打乱，其价值追求被消解。结果，《易学》究竟应该归哪类学科研究也成了问题，或者是：搞文献的不理会哲学理论，搞哲学的不理会文字训诂，各说各话，言人人殊，何谈易学的发展？

　　其三，价值观念的模糊与错位，使易学研究失去了自己的努力方向。近代西方学科体制的东进，是与五四反传统的新文化运动相依而行的。五四的精神毋庸置疑，反传统的思想解放运动，其积极作用亦绝对无可置疑。但思想解放并不等于文化建设，反传统，是否需要反掉中国人的精神家园？反传统，是否需要否掉中国古人的生命智慧？这是值得深思的问题，而这也是五四时代的知识精英们迫于救亡图存的现实而未遑多思的问题。其结果是，泼洗澡水，同时也泼掉了刚洗干净的婴儿。例如易学，被拉下经学的"神坛"（顾颉刚语）固无不可，但传统解易的体例，传统易学的知识系统也一并被扫除，则实在是"过犹不及"了，这无疑等于斩断了易学发展的经脉。现代易学研究，就其主流而言，少有关注其解经体例者，即使关注，也往往把重点放在体例与经义是否相合的实证层面。例如著名易学家高亨先生在《周易大传今注》的"传解"中，就经常运用如下四类表达方式，以表现传之解经的正确与否：第一类："与经意同"；第二类："余与经意同"；第三类："传解卦辞与经意同"、"其余字与经意同"、"字义与经意同，而文义异"；第四类：不明言"传解"与"经意"同否。这种解经方式，其最大的损失在于忽视了解经体例的本质内涵（朱伯崑先生的《易学哲学史》之所以伟大，原因之一，在于从哲学的角度挖掘了解经体例的本质意义）。这也难怪现代易学研究，文献学的解释思路一枝独秀了。

三

　　文献学的研究思路，继承了传统易学中文字训诂、历史考据方面的成果，但抛弃了对解经体例的探索，其研究《周易》的目的，只是为了还原文字的本意，寻求文字背后的历史真实。如高亨先生说："我们今天并不把《易经》看作神秘宝塔，而是把《易经》看作上古史料，要从这部书里探求《易经》时代的社会生活及人们的思想意识、文学成就等。"高先生认为，"从这个目的出发来注解《易经》，基本上可以不问《易经》作者在某卦某爻写上某种辞句，有什么象数方面的根据，只考究卦爻辞的原意如何，以便进一步利用它来讲那个时代的历史，也就够了"①。高先生所谓的"可以不问《易经》作者在某卦某爻写上某种辞句，有什么象数方面的根据"，就是强调不必在意前人解经的体例。

高先生的话是很有代表性的，反映了现代易学研究的指导思想与解易方法。与之相关，现代易学研究，史学的成果最为丰富。例如顾颉刚先生发表于1929年的《周易卦爻辞中的故事》，发表于1930年的《论易系辞传中观象制器的故事》，就是立足于文献的考证来讨论古代历史的，并得出了没有尧舜禅让的故事，没有圣道的汤武革命的故事，没有封禅的故事，没有观象制器的故事等等一系列在20世纪颇有影响的结论。又如郭沫若先生写于1927年的《周易的时代背景与精神生产》，主要是利用《周易》卦爻辞的史料价值，揭示殷周社会的政治、经济结构和精神生产，影响也非常之大。此外，著名易学家李镜池先生也穷毕生之力，一直努力用《周易》卦爻辞来理解周代的历史。李先生甚至说："我们现在讲《易》，目的在求真，希望能够拨开云雾而见晴天；整理旧说，分别的归还他各自的时代；使《易》自《易》，而各派的学说自各派的学说，免致混乱参杂，失其本真。换句话说，我们以历史的方法来讲《易》，不是以哲学伦理来注释。我们以客观的态度来讲《易》，不是以主观的成见来附会。我们要求《易》的真，不讲《易》的用。"② 其反对"以哲学伦理来注释"《周易》，就是反对传统经学的治易模式。我们不否认易学研究中的"历史的方法"，也不否认求"真"可以作为易学研究的目的之一。但史学的研究和哲学的诠释并非水火不容，不能因为要从史学的意义上钩沉文献史料，就否认从哲学的意义上诠释《周易》经传。如果把"历史的方法"和"哲学伦理的注释"对立起来，一味按照文献学的思路注释《易经》，就会把《易经》讲死，就会把《周易》变成古董、文物，这对中国传统哲学的发展是不利的。

当然，在现代易学研究中，传统经学的思路并非全然中断，其中尤以出身于复性书院的著名史学家金景芳先生最有代表性。金先生注《易》，

---

① 高亨：《周易古经今注》"重订自序"，中华书局1984年版，第4页。
② 李镜池：《周易探源》，中华书局1978年版，第264页。

恪遵《易传》，依循王（弼）程（颐），努力揭示《周易》中的哲学思想，并试图用唯物辩证法思想理解和丰富人们对《周易》的认识。但总起来说，金先生也并没有创新出适合现代人需要的、富有时代精神的易学新体例。然而，在以"破坏其伏羲神农的圣经的地位而建设其卜筮的地位"，"辨明《易十翼》的不合于《易》上下经"，"从圣道王功的空气中夺出真正的古籍"为职志的现代易学研究的大环境中，金先生的尝试已属难能可贵了①。

　　总之，近代以来，易学的发展面临着巨大的危机，虽然就其表面看是一热再热，但实质的发展并不大。我们不禁要问：现代易学还能不能像传统易学一样，在未来中国文化发展中发挥核心地位的作用？还能不能像传统易学一样在未来中国人的宇宙观、人生观建构中发挥理论思维基础的作用？或者说，就易学自身而言，它的固有的知识系统还需要不需要得到传承？它的价值追求还需要不需要得到弘扬？一言以蔽之：现代易学研究，其出路何在？这些都是今天需要思考的问题。

四

　　如前所述，《周易》是中国传统文化的灵魂或"轴心"，是中国传统文化的哲学基础。正因为如此，毫不夸张地说，斩断了易学发展的经脉，无异于斩断了中国传统文化发展的根。所以，当我们站在今天的立场反思近现代易学家走过的道路的时候，我们一方面要同情他们在当时的历史背景下冲决罗网、谋求民族新生的心路历程，肯定他们在当时的历史条件下呕心沥血，探索学术发展新路的艰难实践；另一方面也要看到，由于时代的局限，他们的思想观念和研究方法未尝没有改进的空间，我们今天应该在总结他们的宝贵经验的同时，以他们的成果为基础，站在他们的肩膀上，努力为突破易学研究的困境寻找出路。浅见以为，有三方面值得注意。

　　首先，审慎回归传统易学的知识系统。传统易学，关于《周易》经传，有一套系统的知识，如关于其成书，经学家们普遍认同伏羲画卦，文王重卦，孔子作传的"人更三圣，世历三古"（《汉书·艺文志》）之说；

---

　　① 顾颉刚编著：《古史辨》第三册"自序"，上海古籍出版社1982年版。

关于其性质，普遍认为经传均是讲圣人之道的哲理之书；关于其研究的方法，有象数、义理、图书等诸流派的区别，但都以解通卦爻象与卦爻辞之间的关系，揭明象辞之理作为研究的目的。其他如卦名、卦序等，传统易学也都有一套比较公认的看法。这些系统的知识，可以说涉及了《周易》经传基本知识的方方面面，构成了传统易学丰富多彩的内容，虽然其中不乏错误的认识，需要作出进一步的研究，但作为一套解释系统，它经受过历史的考验，取得过辉煌的成就。而且，20 世纪 70 年代以来，随着与易学有关的出土文献的不断研究，可以发现，古人关于《周易》认识，并非都是凭空捏造，相反，多有一定的根据。而《周易》本身的研究也表明，传统易学的知识系统，如对象辞关系的认识等，都很具有合理性。离开了对他们的分梳，将很难把握易学的解释空间。

与传统易学的知识系统相关，有一批中国传统哲学的核心范畴如太极、太和、阴阳、道、道器（形上形下）、天、神、动静、刚柔、象、意、变、化、易、几、中，等等，也都与《周易》经传密不可分。它们中有的直接源于《易传》，如太极、道器、形而上、形而下等；有的则经过了《易传》的新解释，如阴阳、刚柔、神等。这些范畴，既是易学范畴，又是哲学范畴。就易学发展的历史说，历代易学家透过解经体例的创新，不断丰富着人们对这些范畴的理解和认识；就哲学发展的历史来说，历代思想家又透过新的解经体例诠释《周易》经传，不断将时代精神、生命体验融入对这些范畴的理解之中，从而丰富了其哲学的内涵。因此，不了解这套知识系统，不审慎回归这套知识系统，将无法探讨传统易学的现代形态。相反，只有把握了它，再利用它的解释空间去丰富它、诠释它，才有望超越传统易学的理论形态，使之获取具有现代意义的精神面貌。

其次，努力继承传统易学的价值追求。前面说过，传统易学的知识系统，又不仅仅归结为一种纯粹的知识，其中还寄托了经学家乃至古代知识分子的价值取向和精神信仰。因而，在他们的眼光中，《周易》经传同时也是一部教人"进德修业"、"穷理尽性"和"乐天知命"（安身立命）的圣经宝典。所以说，这套"系统"融知识、信仰、行为于一体，人们往往透过对它的注释，来理解宇宙自然，认识社会人生，践履行为规范，提高精神境界。而这一点，最容易被戴上"封建落后思想"的大帽子而遭人唾弃，也是文献学或史学的研究思路所最容易忽视的层面。但中华民族的精神，中华民族的价值取向，中华民族文化的特色恰恰就集中体现在这部分内容之中了。例如朱伯崑先生在讨论《易传》中的天人观时曾经指出："中国哲学所倡导的天人之学，总的来说，有两条意义：第一，讲人道不能脱离天道，天道与人道之间有内在联系；第二，就理论思维的内容来说，以自然主义和人本主义相结合考察自然和人生。总之，就是企图从自然界和人类生活自身中引出基本原理来解释宇宙的统一性，而不是借助于神道。"[①] 朱先生的这一分解，非常简明地概括了中国传统文化的本质特色，是有启发意义的。而国学大师张岱年先生自 20 世纪 80 年代开始，一直透过对《周易》经传的解释，来发掘中华民族的基本精神，并特别就《易传》"自强不息"、"厚德载物"两个命题进行了深入的研究。今天中国共产党提出和谐社会构建问题，其思想渊源事实上也可以追溯到《周易》的和谐观。所以，努力继承传统易学的价值追求，已是当今学者必须面对的艰巨任务。

最后，探索现代解易新体例。审慎回归传统易学的知识系统，努力传承传统易学的价值追求，并不是为了恢复传统易学的旧面貌，而是为了复活传统易学的真精神。所以，我们还必须站在时代的视角，更新理念，融会新知，探寻现代解易新体例。而现代解易新体例，必须具备以下条件：其一，脱胎于传统易学；其二，能够用来解通卦爻象与卦爻辞；其三，能够彰显《周易》的解释空间，从而融入新知识；其四，能够成为当代经典诠释的出发点，从而发挥其理论思维及价值导向的作用。有鉴于此，我们认为，虽然如何创新解易体例尚待众多学者的不懈努力，但这种新体例应该凸显什么，应该是现在就可以知道的，那就是"和谐"与"爱"。和谐是我们这个时代的主题，《周易》及传统易学中包含了丰富的和谐思想。笔者曾撰文认为，《周易》的和谐观至少可以分疏为五个层面：其一，阴阳对立是和谐得以建立和存在的前提；其二，和谐指阴阳矛盾的各方面合理地存在于一统一体中，并使统一体的存在也具有合理性；其三，和谐的实现表现为一个与时偕行的过程；其四，和谐的本质是"生生"，换句话说，和谐不仅使矛盾各方面在统一体中找到了最佳的存在方式，同时还获得了释放生命力的最佳的存在环境；其五，三才之道与宇宙的大和

---

① 朱伯崑：《关于中国传统哲学的未来走向》，见谢龙主编《中西哲学与文化比较新论》，人民出版社 1995 年版，第 140 页。

谐等。若能用一种体例将此五大层面统一起来，注释《周易》，则《周易》中的和谐思想必将更加充分地展现出来。同时，由于和谐的本质是"生生"，而"生生"向来被传统儒家视为宇宙之爱的具体表现，所以，此种新体例也必将对于揭示宇宙之爱、人类之爱起到积极的作用。而且，这样的体例创新，不但能让传统易学的精神被激活，又能融会时代的主题，则现代易学的真面貌也就在其中了。

总之，反思传统易学的辉煌发展史，观照现代易学面临的困境，探寻现代易学发展的出路，不难发现，易学的发展，就其自身而言，需要诠释体例的不断更新。所以，只有审慎回归传统易学的知识系统，努力传承传统易学的价值追求，再切实反映当今社会的时代精神，并最大限度地融会新知，才能让易学的研究焕发新的光彩，才能让中国传统文化在现代转化中有根基，有经脉，有新生命。冯友兰先生临终前曾告诫后人："要注意《周易》哲学！"其言不虚！

传统孝道中的生命本体意识

杨庆中

一 引言

在众多的中国传统伦理德目中，只有"孝"和"悌"等少有的几个德目具有血缘关系的基础。而在"孝"、"悌"诸德目之中，又只有"孝"这个德目与个体化的主体生命之所从来相关联。所以，古人特别重视"孝悌"，尤其是"孝"道在伦理实践中的价值和意义。

孔子的弟子有子曾视"孝"为君子所务之"本"（《论语·学而》），其后的儒家诸学者（甚至包括儒家之外的部分学者）也均从"本"的层面讨论"孝"的问题：所谓"民之本教曰孝"（《大戴礼记·曾子大孝》），所谓"夫孝，天下之大经也"（《大戴礼记·曾子大孝》），所谓"夫孝，三皇五帝之本务，而万事之纪也"，所谓"凡为天下，治国家，必务本而后末。……务本莫贵于孝"（《吕氏春秋·孝行》），乃至"夫孝，置之而塞于天地，衡之而衡于四海，施诸后世，而无朝夕，推而放诸东海而准，推而放诸西海而准，推而放诸南海而准，推而放诸北海而准。《诗》云：'自西自东，自南自北，无思不服。'此之谓也"（《大戴礼记·曾子大孝》），"夫执一术而百善至，百邪去，天下从者，其惟孝也！"（《吕氏春秋·孝行》）可见，在古人心目中"孝"是最为核心的伦理德目。

那么，为什么基于血缘关系的"孝"道会成为传统伦理德目的核心？或者换一个角度说，"孝"道之成为传统伦理德目的核心，仅仅是因为它的血缘基础吗？本文即试图从哲学的意义上对此做出探讨。

二　本根意识

传统孝道，内涵十分丰富，而其中有一个值得注意的面向，就是"追孝"。如："追孝于前文人。"（《尚书·文侯之命》）"修宗庙，敬祀事，教民追孝也。"（《礼记·坊记》）等等。

从相关材料来看，"追孝"，其对象是祖先或死去的父母，其方式是祭祀，其目的是继承祖先的志行和功业。孔子所谓的"慎终追远"之"追远"，就是指的这种祭祀先人的"追孝"行为。

祭祀先人的传统很古老，由殷商甲骨卜辞可知，那时就已经存在了频繁而成熟的祭祖活动。这种行为在周代发展为"孝"道的核心内容之一。春秋末期发展起来的儒家对"孝"道的这一内涵十分重视，如《大戴礼记·曾子本孝》中说："故孝子之于亲也，生则有义以辅之，死则哀以莅焉，祭祀则莅之以敬，如此而成于孝。"《礼记·祭统》亦曰："生则养，没则丧，丧毕则祭。养则观其顺也，丧则观其哀也，祭则观其敬而时也。"这些都是把祭祀先人看成"孝"道的核心内容之一。或者说，生养、死葬、祭祀，传统"孝"道的三个面向，祭祀居其一。

古人为什么十分重视对先人的祭祀呢？《礼记·祭统》说："祭者，所以追养继孝也。"孔传解释说："亲没而祭之，追生时之养，继生时之孝也。"孔传的这一理解是否正确，还可以再讨论。但毫无疑问的是，这只是谈到了祭祀的表面现象，在此现象的背后，还存在着一个更根本的原因，《礼记·祭义》：

> 筑为宫室，设为宗、祧，以别亲疏远近，教民反古复始，不忘其所由生也。……君子反古复始，不忘其所由生也；是以致其敬，发其情，竭力从事，以报其亲，不敢弗尽也。

清人孙希旦解释说："周于外者谓之宫，处于内者谓之室。前为庙谓之宗，后为寝谓之祧。古、始，皆为祖、考也。以其已往则谓古，以其为身之所自始则曰始。反古复始，谓设为祭祀之礼，以追而事之也。"（《礼记集解》）在这里，"反古复始，不忘其所由生"很耐人寻味，也恰恰是"追养继孝"的根本原因之一。这说明"追孝"、祭祀，乃是基于对个体生命之所从来（"反古复始"）的一种自觉而产生的行为。这种自觉，我们可以谓之"生命自觉意识"。

生命自觉意识是人的自觉意识中最重要的意识之一。个体的我从哪里来，根在什么地方，这是关乎人之面对宇宙、面对周围世界而自我觉醒的本质问题。西方历史上的一神教，其核心内容之一就是回答人从哪里来，根在什么地方等问题的。如基督教的经典《旧约圣经》，开篇《创世记》即描述了上帝造人的过程。中国的古圣先贤，基于《周易》的阴阳宇宙观，把万物的由来归于"天地纲缊"，把个体生命的产生归于"男女媾精"，因此对于先人之为个体生命之"本"的意识非常自觉：

> 万物本乎天，人本乎祖，此所以配上帝也。郊之祭也，大报本反始也。（《孔子家语·郊问》）

> 礼有三本：天地者，生之本也；先祖者，类之本也；君师者，治之本也。无天地，恶生？无先祖，恶出？无君师，恶治？三者偏亡，焉无安人。故礼，上事天，下事地，尊先祖，而隆君师。是礼之三本也。（《荀子·礼论》）

万物从天而来，人则出于先祖，没有先祖，个体生命就没有出处，所以"祖"是人类之本。对于这个"本"，人们不但不可忘记，还要适时祭祀，所谓"宗庙致敬，不忘亲也"（《孝经·感应章》）。由此看来，"追孝"或祭祀，是一项基于血缘关系的，与生命自觉、身份认同相关的，宗教性很强的祖先崇拜活动。已故著名学者韦政通指出："祖先崇拜，是中国的宗教，祖先崇拜的仪式，是在家庭中进行的。"[1] 韦先生的这一说法是正确的。

由此，也就不难理解"孝"何以具有君子所务之"本"的意义。因为它不但关涉血缘关系，还因着血缘关系而关涉个体生命的存在。所以当人们对自我生命的存在形式有所自觉时，当人们对自觉的自我生命存在形式的完美性存在价值追求诉求时，人们便把"孝"作为了教化的出发点：所谓"亲事祖庙，教民孝也"（《唐虞之道》），"是故先王之教民也，始

---

① 韦政通：《中国文化概论》，吉林出版集团有限责任公司2008年版，第54—55页。

于孝弟"（《六德》），"祭者，教之本也"（《礼记·祭统》）。从这个意义上说，古人所谓的教化，其所本乃在于人之生命、人之本根的自觉。

三　不朽意识

"追孝"是不忘"本"。而如何使"本"继续获得它的在世性并进而展开，也是传统孝道的核心内容之一。这一内容包含两个面向：一是德业不朽，一是传宗接代。本文只讨论德业不朽的问题。

不朽即永恒，但经验告诉人们，肉体的生命，生老病死，是不可能不朽的。所以古人十分重视绍述先人之德性和先人之功业。例如古人有铸鼎撰铭的传统，《礼记·祭统》关于撰写铭文就有如下的论述：

> 夫鼎有铭，铭者，自名也。自名，以称扬其先祖之美，而明著之后世者也。为先祖者，莫不有美焉，莫不有恶焉，铭之义，称美而不称恶。此孝子孝孙之心也，唯贤者能之。铭者，论撰其先祖之有德善、功烈、勋劳、庆赏、声名，列于天下，而酌之祭器，自成其名焉，以祀其先祖者也。显扬先祖，所以崇孝也。身比焉，顺也。明示后世，教也。夫铭者，壹称而上下皆得焉耳矣。是故，君子之观于铭也，既美其所称，又美其所为。为之者，明足以见之，仁足以与之，知足以利之，可谓贤矣。贤而勿伐，可谓恭矣。

"自名"，郑玄注："谓称扬其先祖之德，著己名于下。""功烈"，即功业。"勋劳"，郑玄注："王功曰勋，事功曰劳。""酌之祭器"，郑玄注："言斟酌其美，传著于钟鼎也。""身比焉"，郑玄注："谓自著名于下也。""顺"，即孝顺。"上"，指祖先。"下"，指自己。"见之"、"与之"、"利之"，郑玄注："见之，见其先祖之美也。""与之，与其先祖之铭也。""利之，利己名得比于先祖。"总之，这里是要人把先人的德业之美而可述者，著之于金石，传扬于后世，并认为这本身就是孝行。相反，若是"子孙之守宗庙社稷者，其先祖无美而称之，是诬也；有善而弗知，不明也；知而弗传，不仁也。此三者，君子之所耻也"。

不但要称扬绍述，还要继承先祖之志而发扬光大之。

> 子曰："父在，观其志；父没，观其行；三年无改于父之道，可谓孝矣。"（《论语·学而》）

> 夫孝者，善继人之志，善述人之事者也。（《中庸》）

对于《论语》中的话，宋人范祖禹解释说："为人子者，父在则能观其父之志而承顺之，父没则能观其父之行而继述之。"（《四书章句集注·中庸》）这种"继"和"述"，在汉代学者看来，就是"追孝"《尚书·文侯之命》："追孝于前文人"，孔安国《传》："继先祖之志为孝。"此可见，能够传承光大先人的德业，是传统孝道的"题中应有之义"，这一点正是"光宗耀祖"观念产生的基础，如《孝经》中所说："立身行道，扬名于后世，以显父母，孝之终也。"

透过德业的称扬、传承与光大来追求不朽，是一个具有深刻内涵的话题。从中外文化发展的历史来看，"不朽"的观念往往是与灵魂观念联系在一起的，如基督教的追求不朽（永生）是通过生命存在形式的超越，灵魂升天，即由此岸到彼岸的转化来实现的。传统孝道中的德业不朽观，同样涉及了生命存在形式的超越问题，但这种超越不是以脱离此岸为前提，恰恰相反，是以精神和功业的世俗永驻化为目的。换句话说，传统孝道不是透过超验世界如天堂、地狱的建构来规划生命存在的永恒价值，而是透过德业的弘扬和精神的永驻来实现对永恒的追求。因此，传统孝道不仅在"追孝"层面具有宗教性，在弘德传业、光宗耀祖的层面也同样落实着人们的宗教情感。而中国人之所以在面临失败的时候首先会想到对不起祖宗，在面对成功时首先会想到祖上的荫德，也正由于这种基于生命本根自觉的宗教情感的流露。正如基督徒在遭遇失败时要向上帝忏悔，在欣逢成功时要赞美上帝一样。

四　继后意识

由于与彼岸世界的建构相比，中国古人更重视此岸世界的传承、永驻，所以当人们面对个体生命的有限性，并试图超越这种有限性时，人们选择了传宗接代这样一个途径，并视之为传统孝道的核心内容之一。

子曰："……父母生之，续莫大也。"（《孝经·圣治章》）

不孝有三，无后为大，舜不告而娶，为无后也，君子以为犹告也。（《孟子·离娄上》）

"续"，指"继先传后"。这是借孔子的话说明从父母那里获得生命的人，延续这一生命是最为重要的事情。孟子便以此为理由，为儒家心目中的圣人舜的一个在传统孝道看来有点不妥的行为进行了辩护。按照传统的观念，子之娶妻，应该先告诉父母。由于舜的家庭背景比较复杂，舜没有这样做，而是"不告而娶"，依礼当属不孝。但在孟子看来，"告"则有可能受到父母的阻拦而娶不成妻，娶不成妻则意味着可能无后。而"无后"乃不孝中的大不孝，所以，舜的"不告而娶"恰恰是孝的表现。关于这段文字，东汉赵岐注释说："于礼有不孝者三事：谓阿意屈从，陷亲不义，一也；家贫亲老，不为禄仕，二也；不娶无子，绝先祖祀，三也。三者之中，无后为大。"（《孟子集注》）南宋朱熹则从经与权的角度解释说："舜告焉则不得娶，而终于无后矣。告者礼也，不告者权也。犹告，言与告同也。"（《孟子集注》）在这里，孟子、赵岐和朱熹都是以"无后"为理由，证明舜的"不告而娶"是合理的。虽然"告"与"不告"也关乎孝道的问题，但"无后"乃是孝道中的最大者，所以特殊情况下可以"不告"。

由于重视传"后"的问题，古人也因此特别重视婚姻在传宗接代中的作用。

昏礼者，将合二姓之好，上以事宗庙，下以继后世也。故君子重之。（《礼记·昏义》）

天地合，而后万物兴焉。夫昏礼，万世之始也。（《礼记·郊特牲》）

天地不合，万物不生；大昏，万世之嗣也。（《礼记·哀公问》）

"昏礼"，即婚礼。古人认为，婚姻乃是关系到祭祀宗庙、延续后嗣的大事情，所以特别为君子所看重。不但如此，《礼记》甚至把它上升到宇宙法则的高度，认为婚姻中的男女结合，犹如天地之合生养万物一样。所以《中庸》中说，"君子之道，造端乎夫妇；及其至也，察乎天地"，此可见，婚姻生育这种本来属于社会层面的自然现象，由于其与"继后"的孝行——生命延续活动联系在一起，所以也具有了本体的意义。难怪《孝经》中说："夫孝，天之经也，地之义也，民之行也。"关于这一点，《易传》中有一段话很能反映古人的看法：

> 有天地，然后有万物；有万物，然后有男女；有男女，然后有夫妇；有夫妇，然后有父子；有父子然后有君臣；有君臣，然后有上下；有上下，然后礼仪有所错。（《序卦传》）

这是说，父子、君臣、上下礼仪，都来源于男女夫妇；而男女夫妇又来自天地。这就从本源的意义上提升了婚姻生育这一社会层面中的自然现象的价值，使之具有了大本大根的意义。而且这种大本大根，由于是由阴阳、男女二元和合而构成，所以它同时又是人类生命生生不息之本。生生不息就是永恒。由此可见，古人对个体生命的永恒追求是建立在继先传后、生生不息的基础之上的，而这个基础，又有它的基础，那便是宇宙的大化流行。

把对永恒的追求建基于"生生"之上，是对人类生命的一种肯定。把这种肯定转化为一种价值追求——孝行，并以此为出发点（"本"），展开伦理德目的建构，则是对人类生命的完美性和完美追求的可能性的一种肯定。这种肯定同时也彰显了人性的完美性和完美追求的可能性。这种肯定同时还为个体生命现世存在的合理性奠定了基础。因为先人因其德业被"追孝"，这就首先肯定了先祖的完美人格，从理论上和价值理想的追求层面说，人们要繁衍的也正是这种完美人格。传统儒家把人性的本质定格在"善"上，不能不说与此有关。这与基督教是很不一样的，在基督教那里，祖先是罪人，并因其罪行才堕落到了人间。所以人一生下来就有本罪和原罪，整个生命的历程就是在罪中与罪斗争。由于是本罪和原罪，世人靠自身的力量无法战胜并摆脱它，必须靠耶稣道成肉身来拯救，以脱离肉体，回归天堂。传统儒家没有天堂的建构，不是天堂不美，主要是因为不需要——人们在现世中就可以完成生命的升华并使其永驻不毁。

五　结语

传统孝道中的"追孝"、"不朽"、与"继后"意识，具有鲜明的生命本体色彩。从时间的维度说，它落实了人们对生命本源的追寻；从逻辑的结构看，它解决了个体生命存在的根据与个体生命的本质等问题。而由于它始终隐含着"生命的永恒"这一话题，所以其宗教性色彩非常浓烈。孝道之为中国传统伦理德目的核心，以此！孝道之为教化之本，以此！

"亲亲相隐"与"隐而任之"

梁　涛

　　最近学术界围绕"亲亲相隐"的问题，引发了一场如何认识、评价儒家伦理的讨论。批评者指责孔孟等儒者错误地夸大了血缘亲情的地位，"把父慈子孝的特殊亲情置于诚实正直的普遍准则之上"，"为了血缘亲情不惜放弃普遍性的准则规范"，认为儒家伦理中存在着深度的悖论。反批评者则称血缘亲情"是一切正面价值的源头"，"抽掉了特殊亲情，就没有了所谓的儒家伦理准则"，"父子互隐"恰恰有着深度的伦理学根据①。这一讨论实际涉及如何看待血缘亲情，以及孔孟等儒者是如何处理血缘亲情与仁义普遍原则的关系等一系列问题。对此，学者已发表了不少高见，澄清了一些问题。但总体上看，该次讨论更多地是一场"立场之争"而非"学术之争"。其实对于"亲亲相隐"这一复杂的学术问题，辨明"事实"比做出"评判"更为重要，"立场"应建立在"学术"的基础之上。值得注意的是，近年出土的简帛文献中涉及与"亲亲相隐"相关的内容，为我们理解这一学术公案提供了重要的材料。本文拟结合地下的新出土材料以及前人的讨论，对"亲亲相隐"尤其是儒家对于血缘亲情的态度和认识做一深入、系统的分析和梳理。

一　《论语》的"直"与"直在其中"

　　有关"亲亲相隐"的一段文字见于《论语·子路》章，其原文是：

---

　　① 参见郭齐勇主编《儒家伦理争鸣集——以"亲亲互隐"为中心》，湖北教育出版社2004年版，及《〈儒家伦理新批判〉之批判》，武汉大学出版社2011年版。

> 叶公语孔子曰："吾党有直躬者，其父攘羊，而子证之。"孔子曰："吾党之直者异于是。父为子隐，子为父隐，直在其中矣。"

面对"其父攘羊，而子证之"的尴尬局面，孔子的态度如何，主张应如何化解之，其实是个需要分析和说明的问题。这涉及对"直在其中矣"一句中"直"的理解。在《论语》中，直凡二十二见，是一个不为人重视但相对较为重要的概念，其内涵也较为复杂，在不同的语境下，有微妙的差异。大致而言，直有直率、率真之意，也指公正、正直。前者是发于情，指情感的真实、真诚；后者是入于理，指社会的道义和原则，《论语》有时也称"直道"，而直就代表了这样一种由情及理的活动与过程。直与《论语》中仁、义等其他概念一样，是一个过程、功能性概念，而非实体性概念。在《论语》中，直有时是指直率、真实之意，如《论语·公冶长》说：

> 子曰：孰谓微生高直？或乞醯焉，乞诸邻而与之。

邻人前来借醋，或如实相告家中没有，或向别人家借来以应乞者之求，本身没有是非对错之分，但后一种做法未免委曲做作，不够直率、坦诚，有沽名钓誉之嫌，故孔子认为不能算是直。这里的直主要不是指公正、正直，不是一个品质的问题，而是性情的流露，指坦率、实在。微生高为鲁人，素以直闻，说明其品质正直，能恪守原则。但微生高的直往往生硬、刻板，有惺惺作态之嫌，故孔子对其有所保留。在孔子眼里，直不仅指公正、正直，指乐善好施的品质，同时还指率真、率直，指真情实感的流露。微生高显然没有做到后一点，孔子对其不满也主要在于此。

> 子曰："狂而不直，侗而不愿，悾悾而不信，吾不知之矣。"（《泰伯》）

"狂而不直"的直是指率直、爽直。钱穆说："狂者多爽直，狂是其病，爽直是其可取。凡人德性未醇，有其病，但同时亦有其可取。今则徒有病而更无可取，则其天性之美已丧，而徒成其恶。"① 又，《论语·阳货》称：

> 子曰："古者民有三疾，今也或是之亡也。古之狂也肆，今之狂也荡；古之矜也廉，今之矜也忿戾；古之愚也直，今之愚也诈而已矣。"

"愚也直"的"直"指质朴、耿直，古代的人愚笨而纯朴、耿直，远胜于今人的愚蠢而狡诈。不过"愚也直"虽然有其质朴、真实的一面，但并非理想状态，而是三种缺点（"三疾"）之一。所以仅仅有质朴、率直还是不够的，还需经过学习的提升、礼乐的节文，使德性、行为上达、符合于义，否则便会有偏激、刻薄之嫌。孔子说"好直不好学，其蔽也绞"（《阳货》），又说"直而无礼则绞"（《泰伯》）。绞，急切、偏激之意。邢昺疏："正人之曲曰直，若好直不好学，则失于讥刺太切。"如果一味地率性而为，不注意性情的陶冶，难免会伤及他人，招人厌恶了。故说"恶讦以为直者"（《阳货》）。讦，"攻人之阴私也"（《玉篇·言部》）。当面揭露别人的短处、阴私，似乎是率直、敢为的表现，其实是粗鲁、无礼，根本不能算是直。正确的态度应该是"质直而好义"（《颜渊》），既有率真、真实的本性，又重视义道的节制，发乎情，止乎礼，这才是"达者"所应具有的品质。所以《论语》中的直也常常指恪守原则，公正、正直，实际是对"质直"的"直"（率真、率直）与"好义"的"义"（原则、道义）的结合。

> 子曰："直哉史鱼！邦有道，如矢；邦无道，如矢。君子哉蘧伯玉！邦有道，则仕；邦无道，则可卷而怀之。"（《卫灵公》）

史鱼，卫国大夫。他以"尸谏"的形式劝卫灵公进贤（蘧伯玉）退不肖（弥子瑕），尽了为臣的职责，获得"直"的美名。"如矢"即形容史鱼的刚正不阿，忠心耿耿，恪尽职守。这里的直不仅指直率、耿直，更重要的是指公正、正直。直主要是针对义而言，指直道。在《论语》中，"直

---

① 钱穆：《论语新解》，生活·读书·新知三联书店 2002 年版，第 227 页。

道"凡二见：

> 柳下惠为士师，三黜。人曰："子未可以去乎？"曰："直道而事人，焉往而不三黜！枉道而事人，何必去父母之邦！"（《微子》）

> 子曰："吾之于人也，谁毁谁誉？如有所誉者，其有所试矣。斯民也，三代之所以直道而行也。"（《卫灵公》）

前一章中，"直道"与"枉道"相对，直道即公正、正直之道，也就是义道。浊乱之世，不容正直，以直道事人，自然见黜；以枉道事人，又非心之所愿。夫子以柳下惠为喻而感慨系之。后一章中，"斯民"指孔子所赞誉之民，也就是有仁德之民。以往学者释"斯民"为"三代之民"（刘宝楠《论语正义》），或"今此之人也"（朱熹《论语集注》），"即今世与吾同生之民"①，均不准确。其实《论语》中有一段文字，可与本章对读。

> 子曰："人之生也直，罔之生也幸而免。"（《雍也》）

"人"读为"仁"，指仁者；"罔"读为"妄"，指妄者，与仁者相对②。仁者生存于世，是因为公正、正直；狂妄者生存于世，则是因为侥幸而获免。所以，三代之所以直道流行，就是因为有这些以直道立身的"斯民"的缘故，正是"人能弘道，非道弘人"（《卫灵公》）。因此，直与仁有一定的关系，是仁的一个德目，有仁必有直，而由直也可以实现仁。

> 哀公问曰："何为则民服？"孔子对曰："举直错诸枉，则民服；举枉错诸直，则民不服。"（《为政》）

> 樊迟退，见子夏曰："乡也，吾见于夫子而问'知'；子曰：'举直错诸枉，能使枉者直。'何谓也？"子夏曰："富哉言乎！舜有天下，选于众，举皋陶，不仁者远矣；汤有天下，选于众，举伊尹，不

---

① 钱穆：《论语新解》，第441页。
② 此采用廖明春先生的说法，见其给笔者的电子邮件。

仁者远矣。"（《颜渊》）

两章"举直错诸枉"的"直"都是指直者，即公正、正直之人，如皋陶、伊尹等。若能举正直之人置于枉者之上，则"天下兴仁"，而"不仁者远矣"。明白了《论语》中的直包含了直率、率真，以及公正、正直的含义，那么，颇有争议的"以直报怨"的问题就容易理解了。

> 或曰："以德报怨，何如？"子曰："何以报德？以直报怨，以德报德。"（《宪问》）

何谓"以直报怨"？曾使注家颇为费解。朱熹云："于其所怨者，爱憎取舍，一以至公而无私，所谓直也。"（《论语集注》）仅仅以"至公"来理解直，未必能揭示出直的真谛。其实直者，真实、率直，情感的自然流露也。别人有德于我，自然报之以德；别人加我仇怨，也应以内心真实的想法和态度回应之。以德报怨表面上似乎温柔敦厚，更有包容性，但因不符合人的本性、常情，故不为孔子所取。但若一味地听从情感的宣泄、流露，又容易走向极端，发展为"以怨报怨"了。所以"以直报怨"既从情出发肯定"报怨"的合理性，又基于理对报怨做出种种限制，主张以公正、合理也就是"直"的方式来报怨，直是直道之意。钱穆先生说："直者直道，公平无私。我虽于彼有私怨，我以公平之直道报之，不因怨而加刻，亦不因怨而反有所加厚，是即直。"[1] 后来儒家在具体的实践中，既肯定复仇的合理性，又对复仇的理由、方式、手段等做出种种规定和限制，正是以直报怨[2]。

综上所论，《论语》中的直在不同语境下，具体内涵有所不同，既指率真、率直，也指公正、正直，兼及情与理，而直作为一个德目，代表了由情及理的实践过程，亦称直道。直的这一特点，与早期儒家重视情感与理性的统一密切相关。郭店竹简《性自命出》云："苟以其情，虽过不恶；不以其情，虽难不贵。"（50 简）如果是发自真情，即使有了过错也不可恶；如果没有真情，做到了难以做到的事情也不可贵。可见情的重

---

① 钱穆：《论语新解》，第 408 页。

② 参见周天游《古代复仇面面观》，陕西人民教育出版社 1992 年版，第 7—8 页。

要！既然只讲情可能会导致过错。那么，正确的方式应是"始者近情，终者近义"，既发于情，又止于义（理），"知情者能出之，知义者能内（人）之"（3—4简），做到情理的统一，这一过程就是道，故又说"道始于情"。《性自命出》反映的是孔子、早期儒家的情况，《论语》中的许多概念都可以从这一角度去理解。如孔子的仁既指"亲亲"，也指"泛爱众"（《学而》），仁道就代表了由孝亲到爱人的实践超越过程。仁不是一个实体性概念，而是一个功能性概念，直也是如此。

　　搞清了直的特点及其涵义的微妙差异，我们才有可能对"亲亲相隐"章做出更为准确的解读。首先，本章三次提到直——"直躬"、"吾党之直者"、"直在其中矣"，但具体内涵有所不同。"直躬"① 之直主要是公正、正直，但直躬只讲理不讲情，故为孔子所不满。"吾党之直者"代表了孔子理想的直，兼及情与理，其直是指直道②。关键在于"直在其中矣"一句中的直，一般学者往往将其理解为公正、正直，那么，此句就是说父亲为儿子隐瞒，儿子为父亲隐瞒，是公正、正直的，或体现了一种正直，显然是不合适的。其实，这里的直是直道的具体表现，是率真、率直，而不是公正、正直。孔子的意思是说，面对亲人的过错，子女或父母本能、自然的反应往往是为其隐匿，而不是控告、揭发，这一率直、真实的感情就体现在父母与子女的相互隐匿中。因为"亲子之情，发于天性，非外界舆论，及法律之所强"③。故从人情出发，自然应亲亲相隐。孔子的这一表述，只是其对直躬"证父"的回应，而不是对"其父攘羊"整个事件的态度，不等于默认了"其父攘羊"的合理性，或对其有意回避，视而不见。因此如学者指出的，在该章中虽然出现了三个直，但叶公、孔子所说的直内涵其实是有所不同的，叶公是立足于"法的公平性"、"法无例外"来说直④，而孔子则是从人情之本然恻隐处论直，是人心人情之

　　① 据刘宝楠《正义》："躬盖名其人，必素以直称者，故称直躬。直举其行，躬举其名。"直躬即名躬的直者。

　　② 有学者认为，鲁国直者并非孔子的理想，结合"齐一变，至于鲁，鲁一变，至于道"来看，孔子不是无条件地认可鲁国直者，而是主张应该调整为以礼节直（参见万光军《礼与直、道与鲁：孔子未必赞成父子互隐》，《伦理学研究》2009年第5期）。

　　③ 蔡元培：《国民修养二种》，上海文艺出版社1999年版，第38—39页。

　　④ 庄耀郎：《〈论语〉论"直"》，《教学与研究》（台湾）1995年第7期。

直。直"不是法律是否、社会正义的含义",而"与情感的真诚性有
关"①,是一种发诸情感,未经礼乐规范的率真、真实。这种直虽然为孔
子所珍视,但并非最高理想,不是直道,还有待学习的陶冶、礼乐的节文
进一步提升之,由情及理,上达直道。孔子对直躬的不满,主要在于其只
讲理不讲情,而孔子则希望兼顾情感、理性两个方面。从率真、真实的情
感出发,孔子肯定"父为子隐,子为父隐"的合理性,但从公正、正义
的理性出发,则必须要对"其父攘羊"做出回应。盖因自私有财产确立
以来,几乎所有的民族都将禁止盗窃列入其道德律令之中,勿偷盗几乎是
一种共识,孔子自然也不会例外,不会认为"其父攘羊"是合理、合法
的。只不过由于情景化的表述形式,孔子点到即止,没有对这一重要问题
做出说明,留给后人一个谜团,引起种种误解和争议。

二　直道的实现:"隐而任之"

幸运的是,近些年地不爱宝,孔子没有谈到的问题却在地下文献中被
涉及,使我们有可能了解,从维护公正的角度,孔子、早期儒家将会对
"其父攘羊"之类的问题做出何种回应。2004 年公布的《上海博物馆藏楚
竹书(四)》中,有《内礼》一篇,其内容与《大戴礼记》中的《曾子
立孝》、《曾子事父母》基本相同。据学者研究,《内礼》应是孔门嫡传曾
子一派的作品,其内容一定程度上也反映了孔子的思想。《内礼》说:

> 君子事父母,亡私乐,亡私忧。父母所乐乐之,父母所忧忧之。
> 善则从之,不善则止之;止之而不可,隐而任之,如从己起。(第6、
> 8 简)

面对父母的"不善"之行,《内礼》主张"止之",具体讲,就是要谏
净。由此类推,对于"其父攘羊",孔子一定也是主张谏净的。如果说
"隐"是一种率然而发的性情之真,是对亲情的保护的话,那么,"谏"
则是审慎的理性思考,是对社会正义的维护。在孔子、早期儒家看来,这
二者实际是应该结合在一起的。所以儒家虽然主张"事亲有隐而无犯"

---

① 李泽厚:《论语今读》,安徽文艺出版社 1998 年版,第 315 页。

（《礼记·檀弓》），却一直把进谏作为事亲的一项重要内容。"子曰：事父母幾谏，见志不从，又敬不违，劳而不怨。"（《论语·里仁》）"父有争子，则身不陷于不义。故当不义，则子不可不争于父……从父之令，又焉得为孝乎？"（《孝经·谏诤章》）"父有争子，不行无礼；士有争友，不为不义。""从道不从君，从义不从父。"（《荀子·子道》）因此，不好简单地说，儒家错误地夸大了血缘亲情的地位，为了血缘亲情就无原则地放弃了普遍准则。在重视血缘亲情的同时，儒家对于是非、原则依然予以关注，依然主张通过谏诤来维护社会正义。值得注意的是，儒家对于谏诤的态度呈不断强化的趋势。在《论语》中，只说"幾谏"，幾，微也。微谏，即微言讽谏。在成书于曾子一派的《孝经》中，则说"当不义，则子不可不争于父"，争，读为"诤"，谏诤之意。到了《荀子》，则明确提出"从义不从父"，说明随着时代的发展，"义"的地位越来越凸显，谏诤的作用也不断被强调。但问题是，当子女的谏诤不被父母接受时，又该如何实现直道？又该如何兼顾情理两个方面呢？《内礼》的回答是"隐而任之"，任，当也，即为父母隐匿而自己将责任担当下来。故根据儒家的观点，直躬的根本错误在于当发现父亲攘羊后，不是为其隐瞒而是主动告发，正确的态度则应是，替父亲隐瞒而自己承担责任，承认是自己顺手牵羊。这样情理得到兼顾，亲情与道义得以并存，这才是真正的直，是率真、率直与公正、正直的统一，是直道。所以，为全面反映孔子、早期儒家思想，"亲亲相隐"章应根据《内礼》的内容补充一句：

> 叶公语孔子曰："吾党有直躬者，其父攘羊，而子证之。"孔子曰："吾党之直者异于是。父为子隐，子为父隐，直在其中矣。［隐而任之，则直道也。］"

"亲亲相隐"是对亲情的保护，是率真、率直；"隐而任之"则是对社会道义的维护，是公正、正直，由于兼顾了情与理，故是直道也。二者相结合，才能真正全面地反映孔子、儒家对待"其父攘羊"之类行为的态度。以往学者在讨论该章文字时，由于没有对"直"字做细致的分疏，不了解孔子情景化的表述方式，以偏概全，反而在"亲亲相隐"的是非对错上争论不休，控辩双方恐怕都没有切中问题的实质，没有把握住孔子对于

"其父攘羊，而子证之"整个事件的真实态度。

那么，"亲亲相隐"是否有一定的范围、条件呢？是否只要是亲人的过错都一概可以"隐而任之"，由己代过呢？这个问题比较复杂，因为儒家内部并非铁板一块，不同派别态度可能并不完全一样。不过一般而言，早期儒家主张"亲亲相隐"是有一定范围和条件的，主流儒家是情理主义，而不是亲情主义，更不是亲情至上论。如简帛《五行》篇就认为，虽然为亲人隐匿是合理、必要的，但并非没有条件的。其文云：

> 不简，不行；不匿，不察于道。有大罪而大诛之，简也；有小罪而赦之，匿也。有大罪而弗大诛也，不［行］也；有小罪而弗赦也，不察于道也。简之为言犹练也，大而显者也①；匿之为言也犹匿匿也，小而隐者也②。简，义之方也；匿，仁之方也。强，义之方；柔，仁之方也。"不竞不絿，不刚不柔"，此之谓也。（第38—41简）

《五行》提出了处理罪行的两条原则：简和匿。其中"简之为言犹练也"，练，指白色熟绢，引申为实情。《礼记·王制》："有旨无简不听。"孔颖达疏："言犯罪者，虽有旨意，而无诚（情）实者，则不论之以为罪也。"就是作实情讲。因此，简是从实情出发，秉公而断，是处理重大而明显罪行的原则，故又说"有大罪而大诛之，简也"。"匿之为言也犹匿匿也"，"匿匿"的前一个匿是动词，指隐匿；后一个匿应读为"昵"，指亲近。《左传·襄公二十五年》："危不能救，死不能死，而知匿其昵。"杜预注："匿，藏也。昵，亲也。"所以匿是从情感出发，隐匿亲近者的过失，是处理轻微不容易被注意罪行的原则，故又说"有小罪而赦之，匿也"。《五行》简、匿并举，是典型的情理主义。在其看来，论罪定罚的界限不仅在于人之亲疏，还在于罪之大小，不明乎此便不懂得仁义之道。对于小罪，可以赦免；对于大罪，则必须惩处。据邢昺疏，"有因而盗曰攘，言因羊来入己家，父即取之"（《论语注疏·子路第十三》）。可见，"其父

---

① "显"，帛书本作"窂"，竹简本作"晏"，意思不明。周凤五先生读为"显"，盖显与窂、晏古音相通。参见周凤五《简帛〈五行〉一段文字的解读》，"简帛文献对思想史研究的方法论启示"工作坊论文，香港中文大学2012年6月。

② "隐"，帛书本作"轸"，竹简本作"访"，整理者认为是"轸"之讹。周凤五先生读为"隐"，"二字音近可通"，同上。

攘羊"乃顺手牵羊,而非主动偷羊,显然是属于"小罪",故是可以赦免的,孝子的"隐而任之"也值得鼓励。只不过前者是法律的规定,后者是伦理的要求而已。但对于"其父杀人"之类的"大罪",则应依法惩办,孝子自然也无法"隐而任之",替父代过了。《五行》的作者学术界一般认为是孔子之孙子思,故子思一派显然并不认为亲人的过错都是应该隐匿的,可隐匿的只限于"小而隐者",即轻微、不容易被觉察的罪行。其强调"不简,不行",就是认为如果不从事实出发,秉公执法,就不能实现社会的公正、正义①。又说"不以小道害大道,简也"(第34—35简),《五行·说》的解释是:"不以小爱害大爱,不以小义害大义也。"小爱,可理解为亲亲之爱;大爱,则可指仁民爱物之爱。小义、大义意与此相近,前者指对父母亲人的义,后者指对民众国家的义。故子思虽然简、匿并举,但更重视的是简,当小爱与大爱发生冲突时,当小义与大义不能统一时,则反对将小爱、小义凌驾于大爱、大义之上,反对为小爱、小义而牺牲大爱、大义。也就是说,子思虽然也认可"隐而任之"的原则,但又对"亲亲相隐"做了限制,"其父杀人"之类的大罪并不在隐的范围之中。子思的这一主张显然与孟子有所不同,而代表了一种更值得关注的思想传统。

现在回头来看《孟子》中饱受争议的舜"窃负而逃"的故事,就能发现这段文字其实也是可以从"隐而任之"来理解的,只不过其立论的角度较为特殊而已。据《孟子·尽心上》:

　　桃应问曰:"舜为天子,皋陶为士,瞽瞍杀人,则如之何?"孟子曰:"执之而已矣。""然则舜不禁与?"曰:"夫舜恶得而禁之?夫有所受之也。""然则舜如之何?"曰:"舜视弃天下犹弃敝屣也。窃负而逃,遵海滨而处,终身訢然,乐而忘天下。"

当面对父亲杀了人,儿子怎么办的难题时,舜做出了两个不同的选择:

---

①　笔者曾指出,"不简,不行"的"行"乃针对义而言,荀子曰:"唯义之为行。"(《荀子·不苟》)下文说:"简,义之方也。"正可证明这一点。参加拙文《简帛〈五行〉新探——兼论〈五行〉在思想史上的地位》,《孔子研究》2002年第5期。又见拙作《郭店竹简与思孟学派》第四章第一节,中国人民大学出版社2008年版。

一方面命令司法官皋陶逮捕了杀人的父亲；另一方面又毅然放弃天子之位，背起父亲跑到一个王法管不到的海滨之处，"终身訢然，乐而忘天下"。可以看到，孟子与子思的最大不同是扩大了"亲亲相隐"的范围，将"其父杀人"也包括在其中。当小爱与大爱、小义与大义发生冲突时，不是像子思那样坚持"不以小道害大道"，而是折中、调和，力图在小爱与大爱、小义与大义之间维持一种平衡。而维持平衡的关键，则是舜的"弃天下"，由天子降为普通百姓，使自己的身份、角色发生变化。郭店竹简《六德》："门内之治恩掩义，门外之治义斩恩。"说明早期儒家对待公私领域是有不同原则的。依此原则，当舜作为天子时，其面对的是"门外之治"，自然应该"义斩恩"，秉公执法，为道义牺牲亲情；但是当舜回到家庭，成为一名普通的儿子时，其面对的又是"门内之治"，则应该"恩掩义"，视亲情重于道义。故面对身陷囹圄的父亲，自然不能无动于衷，而必须有所作为了。另外，舜放弃天子之位，或许在孟子看来，某种程度上已经算是为父抵过，为其承担责任了。这样，孟子便以"隐而任之"的方式帮助舜化解了情与理、小爱与大爱之间的冲突。这里的"隐"是隐避之隐，而"任之"则是通过舜弃天子位来实现。

另外，被学者不断提及的石奢纵父自刎的故事，也可以看作"隐而任之"之例。据《韩诗外传》、《史记·酷吏列传》等记载，石奢是楚国的治狱官（"理"），任职期间路上有人杀人，他前去追捕，发现凶手竟是自己的父亲。石奢放走了父亲，自己返回朝廷向楚王请罪。虽然楚王表示赦免，但他仍以"不私其父，非孝也；不行君法，非忠也"为由，"刎颈而死乎廷"。可以看到，面对"其父杀人"石奢同样做出了不同选择：一方面以执法者的身份放走了杀人的父亲来尽孝；另一方面又向朝廷自首，并选择了自杀来尽忠。毕竟，杀人是大罪，石奢不能谎称人是自己所杀，去替父抵罪，故严格说来，石奢并非隐匿了父亲的过错，而是隐护、庇护了父亲。但这样一来，在忠孝不能两全的格局下，又使自己陷入不义。石奢的刎颈自杀，表面上似乎是为自己的"徇私枉法"谢罪，但同时也是为杀人的父亲抵罪，是"隐而任之"的表现，"隐"是隐护之隐，"任之"则通过石奢的自我牺牲来完成。由于石奢的自我牺牲，其父杀人已不再是关注的中心，可以不被追究或至少可以减轻罪责了。而这一"隐而任之"的背后，则是石奢悲剧性的命运。

三　亲亲相隐：范围、理据和评价

由上可见，早期儒家内部其对于"亲亲相隐"的态度并非完全一致。子思简、匿并举，匿仅限于"小而隐者"，而孟子则将"其父杀人"也纳入隐或匿的范围之中。那么，如何看待子思、孟子二人不同的态度和立场呢？

首先，是立论的角度不同。子思《五行》所说的是处理案狱的现实的、可操作的一般原则，而《孟子》则是特殊情境下的答问，盖有桃应之问，故有孟子之答。它是文学的、想象的，是以一种极端、夸张的形式，将情理无法兼顾、忠孝不能两全的内在紧张和冲突展现出来，给人心灵以冲击和震荡。它具有审美的价值，但不具有实际的可操作性，故只可以"虚看"，而不可以"实看"。因为现实中不可能要求"其父杀人"的天子"窃负而逃"，如果果真如此，那又置生民于何地？这样的天子是否太过轻率和浪漫？生活中也不可能有这样的事例。石奢的故事亦是如此，现实中同样不可能要求执法者一方面徇私枉法，包庇、隐瞒犯法的亲人，另一方面又要求其自我牺牲来维持道义，这同样是行不通的。人们之所以称赞石奢为"邦之司直"，恰恰在于石奢纵父循法的特殊性，在于石奢悲剧性命运引发人们的感慨、喟叹和思索。所以舜和石奢的故事，虽然一个是文学的虚构，一个是真实的事件，其功能和作用则是一样的，都是审美性的而非现实性的，与子思《五行》"有小罪而赦之，匿也"属于不同的层面，应该区别看待。批评者斥责舜"窃负而逃"乃是腐败的根源，予以激烈抨击；而反批评者又极力想将其合理化，给予种种辩护，恐怕都在解读上出了问题，误将审美性的当作现实性的，以一种"实"的而非"虚"的眼光去看待《孟子》文学性、传奇性的文字和记载。有学者强调，中国哲学史研究需要诠释学技巧和人文学关怀，无疑是很有道理的①。那么，对于《孟子》象征性、设问式的描写，自然应有相应的诠释学技巧，应更多地以审美的、文学的眼光看待之，而不应与客观事实混在一起。

---

① 杨海文：《文献学功底、解释学技巧和人文学关怀——论中国哲学史研究的"一般问题意识"》，载郭齐勇主编《儒家伦理争鸣集》，第501—517页。

　　其次，在情与理、亲亲与道义的关系上，子思、孟子的认识存在一定的差异。前面说过，儒家主流是情理主义，而不是亲情主义，更不是亲情至上论。孔子、子思虽对亲亲之情有一定的关注，但反对将其置于社会道义之上，反映在仁、孝的关系上，是以孝为仁的起始和开端，所谓"为仁自孝悌始"，而以仁为孝的最终实现和目标。仁不仅高于孝，内容上也丰富于孝；孝是亲亲，是血缘亲情，是德之始，仁则是"泛爱众"（《论语·学而》），是对天下人的责任与关爱，是德之终。因其都突出、重视仁的地位和作用，故也可称为儒家内部的重仁派。那么，儒家内部是否存在着亲情主义，存在着将亲亲之情置于社会道义之上，将孝置于仁之上的思想和主张呢？答案是肯定的，这就是以乐正子春为代表的重孝派。笔者曾经指出，曾子弟子乐正子春在儒家内部发展出一个重孝派，他们以孝为最高的德。孝是"天之经，地之义"，孝无所不包，"置之而塞于天地，衡之而衡于四海"（《大戴礼记·曾子大孝》），孝广大而抽象，体现为"全身"、"尊亲"和"保其禄位，而守其祭祀"，而仁不过是服务于孝的一个德目而已，"夫仁者，仁此者也"（同上），扭转了孔子开创的以仁为主导的思想方向，在先秦儒学上具有特殊的地位和影响①。值得注意的是，孟子在其思想的形成过程中，恰恰一度受到重孝派的影响，故思想中有大量宣扬血缘亲情的内容。如，"孟子曰：事孰为大？事亲为大。守孰为大？守身为大……事亲，事之本也。孰不为守？守身，守之本也。"（《孟子·离娄上》）认为"事亲"和"守身"是最重要的事情，与他后来突出仁政、民本显然有所不同。又说，"仁之实，事亲是也。义之实，从兄是也。智之实，知斯二者弗去是也。"（同上）将仁、义分别理解为"事亲"和"从兄"，与他后来"仁，人心也"（《告子上》）、"亲亲而仁民，仁民而爱物"（《尽心上》）等说法也有一定区别。还有，"孝子之至，莫大乎尊亲；尊亲之至，莫大乎以天下养。为天子父，尊之至也；以天下养，养之至也。"（《万章上》）认为最大的尊贵就是身为天子父，得到天下的奉养，甚至说"尧舜之道，孝弟而已矣"（《告子下》），这些都是受重孝派影响的反映，有些表述就是直接来自乐正子春派，笔者有过详

---

① 参见拙文《仁与孝——思孟学派的一个诠释向度》，《儒林》2005 年第 1 辑；又见拙作《郭店竹简与思孟学派》第八章第三节。

细考证，此不赘述①。故孟子在先秦儒学史中的地位是比较特殊的，一方面在其早期较多地受到重孝派的影响，保留有浓厚的宗法血亲的思想；另一方面随着"四端说"的提出②，孟子一定程度上又突破了宗法血亲的束缚，改变了"孝弟也者，其为仁之本与"（《论语·学而》）的看法，把仁的基点由血亲孝悌转换到"恻隐"、"羞恶"、"辞让"、"是非"等更为普遍的道德情感中去，完成了一次思想的飞跃，将儒家仁学发展到一个新的高度，呈现出新旧杂糅的特点。前面说他在小爱与大爱之间折中、调和，根本原因就在这里。

　　本来血缘家族是人类最早的组织，每个人都生活、隶属于不同的家族，故当时人们只有小爱，没有大爱，家族之外的人不仅不在其关爱范围之内，杀死了对方也不承担法律责任，而被杀者的家族往往又以怨抱怨，血亲复仇，这便是"亲亲为大"的社会基础。然而随着交往的扩大，文化的融合，地缘组织的形成，逐渐形成了族类意识甚至人类意识，人们开始超越种族、血缘的界限去看待、关爱所有的人，这便是孔子"仁者，爱人"、"泛爱众"（《论语·学而》）的社会背景。儒家仁爱的提出，某种意义上，也是生命权利意识的觉醒。从积极的方面讲，"天生万物，人为贵"，人的生命至为珍贵，不可随意剥夺、伤害。"厩焚，子退朝，曰：'伤人乎？'不问马。"（《乡党》）孟子说："行一不义，杀一不辜，而得天下，皆不为也。"（《孟子·公孙丑上》）就是认为人的生命比外在的"天下"更为重要，与康德"人是目的，不是手段"精神实质是一样的。从消极的方面讲，则是要求"杀人偿命"，维持法律、道义的公正。因此，在"亲亲为大"和"仁者，爱人"之间，实际是存在一定的紧张和冲突的。是以孝悌、亲亲为大，还是仁义为最高的理想，在儒家内部也是有不同认识的。孔子、子思等重仁派都是以仁为最高原则，以孝悌为培养仁爱的起点、根基，当孝悌与仁爱、亲情与道义发生冲突时，他们主张"亲亲相隐"、"隐而任之"，但隐匿的范围仅限于"小而隐者"，要求"不以小道害大道"。而孟子的情况则比较复杂，由于其一度受到重孝派

---

　　① 参见拙文《仁与孝——思孟学派的一个诠释向度》，《儒林》2005 年第 1 辑；又见拙作《郭店竹简与思孟学派》第八章第三节。

　　② 据笔者考证，孟子"四端"说形成的下限约为孟子第二次来到齐国的齐宣王二年（公元前 318 年）。参见拙文《孟子"四端说"的形成及其理论意义》，《中国社会科学院历史所学刊》第 1 辑，2001 年；又见拙作《郭店竹简与思孟学派》第六章第一节。

的影响，故试图在"亲亲为大"和"仁者，爱人"之间折中、调和，表现出守旧、落后的一面。表面上看，舜"窃负而逃"似乎是做到了忠孝两全，既为父尽孝，也为国尽忠，但在这一"执"一"逃"中，死者的存在恰恰被忽略了，站在死者的立场，谁又为其尽义呢？如果用"推己及人"、"己所不欲勿施于人"的原则来衡量的话，显然是不合理、不符合仁道的。所以如学者所说的，"在孟子的思想中，真正害怕的是旧的'亲亲为大'的伦理原则的坍塌，而不是其'杀一不辜而得天下，不为也'的新人道原则的坍塌"①。

　　孟子的这种折中、调和的态度在另一段引起争议的文字中也同样表现出来。当孟子的弟子万章问，象是一个非常坏的人，舜却封给他有庳。为什么对别人就严加惩处，对弟弟却封为诸侯时，孟子的回答是：仁者对于弟弟，"亲之欲其贵也，爱之欲其富也；封之有庳，富贵之也。身为天子，弟为匹夫，可谓亲爱之乎？"为了使有庳的百姓不受到伤害，孟子又想出让舜派官吏代象治理国家，以维持某种程度的公正（见《万章上》）。孟子生活的战国时期，反对"无故而富贵"已成为社会的普遍呼声，不仅墨家、法家有此主张，即使在儒家内部，荀子也提出"虽王公、士大夫之子孙也，不能属于礼义，则归之庶人；虽庶人之子孙也，积文学，正身行，能属于礼义，则归之卿相、士大夫"（《荀子·王制》）。如果说孟子质疑"身为天子，弟为匹夫，可谓亲爱之乎"是维护亲情的话，那么，荀子主张将王公、士大夫的子孙降为庶民岂不是寡恩薄义了？两者相较，哪个更为合理，哪个更值得肯定？如果不是立足于"亲亲为大"，而是从仁道原则出发的话，我们不能不说，在这一问题上，荀子的主张是合理、进步的，而孟子是保守、落后的。

　　另外，《孟子》舜"窃负而逃"的故事虽然是文学性的，但由于后来《孟子》成为经书，上升为意识形态，"窃负而逃"便被赋予了法律的效力。从实际的影响来看，它往往成为当权者徇私枉法、官官相护的理据和借口。据《史记·梁孝王世家》，汉景帝的弟弟梁孝王刺杀大臣袁盎，事发后其母窦太后拒绝进食，日夜哭泣，景帝也十分忧郁。与大臣商议后，决定派精通儒术的田叔、吕季主去查办。田叔回京后，将孝王谋反的证据

① 吴根友：《如何在普遍主义与历史主义之间保持适度的张力？》，载郭齐勇主编《儒家伦理争鸣集》，第554页。

全部烧掉,空手去见景帝,把全部责任推给孝王的手下羊胜、公孙诡身上,让二人做了孝王的替死鬼。景帝闻说后,欣喜万分,连忙通告太后,"太后闻之,立起坐餐,气平复"。《史记·田叔列传》中还记载有田叔与景帝的一段对话:

> 景帝曰:"梁有之乎?"叔对曰:"死罪!有之。"上曰:"其事安在?"田叔曰:"上毋以梁事为也。"上曰:"何也?"曰:"今梁王不伏诛,是汉法不行也;如其伏法,而太后食不甘味,卧不安席,此忧在陛下也。"景帝大贤之,以为鲁相。

梁孝王擅杀朝臣,犯了大罪,不杀弟弟就破坏了朝廷法律;杀了弟弟母亲又食不甘味,卧不安席,自己也于心不忍。田叔深知其中的难处,故教景帝装糊涂,不要过问,而自己随便找两个替死鬼处理了事。值得注意的是,景帝处理弟弟杀人时,大臣曾建议"遣经术吏往治之",而田叔、吕季主"皆通经术"(《梁孝王世家》)。据赵岐《孟子题辞》,《孟子》在文帝时曾立于学宫,为置博士,故田叔所通的经术中应该就有《孟子》,他之所以敢坦然地销毁证据,为犯了杀人大罪的孝王隐匿,其背后的理据恐怕就在于《孟子》。既然舜可以隐匿杀人的父亲,那么景帝为何不能隐匿自己杀人的弟弟呢?在孟子文学性的答问中,还有"弃天下"一说,但田叔明白这种浪漫的说法陈义过高,现实中根本行不通,景帝不可能背着杀人的弟弟跑到海边,"终身訢然,乐而忘天下",结果只能是转移罪责,以无辜者的生命来实现景帝的"亲亲相隐"了,孟子的答问恰恰成为田叔徇私枉法、司法腐败的理据,这恐怕是孟子所始料不及的吧。

又据《新五代史·周家人传》,周世宗柴荣的生父柴守礼居于洛阳,"颇恣横,尝杀人于市,有司有闻,世宗不问。是时,王溥、汪晏、王彦超、韩令坤等同时将相,皆有父在洛阳,与守礼朝夕往来,惟意所为,洛阳人多畏避之,号'十阿父'"。柴守礼依仗自己是天子的生父,聚集党徒,滥杀无辜,横行市里,使百姓苦不堪言,世宗却不让有司处理,任其为害一方。对于世宗的"亲亲相隐",《新五代史》的作者欧阳修以《孟子》的"窃负而逃"为之辩护,"以谓天下可无舜,不可无至公,舜可弃天下,不可刑其父,此为世立言之说也"。欧阳修所说的"至公"是"亲亲为大"也就是重孝派的至公,从"亲亲为大"来看,自然是父母为大,天下为轻了。"故宁受屈法之过，以申父子之道"，"君子之于事，择其轻重而处之耳。失刑轻，不孝重也"（《周家人传》）。

对于欧阳修的说法，清代学者袁枚给予针锋相对的批驳。"柴守礼杀人，世宗知而不问，欧公以为孝。袁子曰：世宗何孝之有？此孟子误之也。"他认为，孟子让舜"窃负而逃"不是解决问题的方法，反而使自己陷入矛盾之中。"彼海滨者，何地耶？瞍能往，皋亦能往。因其逃而赦之，不可谓执；听其执而逃焉，不可谓孝；执之不终，逃而无益，不可谓智。""以子之矛，陷子之盾，孟子穷矣。"对于世宗而言，即使没能制止父亲杀人，事后也当脱去上服，避开正寝；减少肴馔，撤除乐器；不断哭泣进谏，使父亲知道悔改，以后有所戒惧，"不宜以不问二字博孝名而轻民命也。不然，三代而后，皋陶少矣。凡纵其父以杀人者，彼被杀者，独无子耶？"① 显然，袁枚是从"己所不欲勿施于人"的仁道来立论的。如果世宗纵父行凶为孝，那么被杀者难道没有子女？谁去考虑他们的感受？他们又如何为父母尽孝？如果将心比心，推己及人，以"己所不欲勿施于人"的仁道原则来衡量的话，世宗的所作所为不仅不能称为孝，反而是不仁不义之举。袁枚将孟子的"窃负而逃"落到实处，未必符合孟子的本意，但他批评世宗非孝，则是十分恰当的。这也说明，是从"亲亲为大"还是"推己及人"来看待"亲亲相隐"，观点和态度是有很大不同的。一方面孟子的"窃负而逃"本来是要表达亲情与道义的紧张与冲突，是文学性的而非现实性的，但在权大于法、法沦为权力的工具的帝制社会中却被扭曲成为法律的通例。由于"窃负而逃"涉及的是天子之父，而非普通人之父，故其在法律上的指向是特殊的，而非普遍的，实际是为王父而非普通人之父免于法律惩处提供了理论根据，使"刑不上王父"成为合理、合法的。普通人犯法，并不会因其为人父便可以逃脱法律的惩处，而天子、皇帝的父亲即使杀人枉法，法律也不应予以追究，中国古代法律虽然有"王子犯法庶民同罪"的优良传统，却始终没有"王父犯法与庶民同罪"的主张，这不能不说是十分遗憾的。但是另一方面，孟子也具有丰富的仁道、民本思想，他主张"杀一不辜而得天下"，"不为也"，认为"民为贵"，"君为轻"，均体现了对民众生命权利的尊重；他的性善

---

① 袁枚：《读孟子》，载袁枚著，周本淳标校《小仓山房诗文集》（四），上海古籍出版社1988年版，第1653、1655页。

论，则包含了人格平等的思想，从这些思想出发，又可以发展出批判封建特权的观点与主张。袁枚的批判思想，其实也间接受到孟子的影响，是对后者思想的进一步发展。这看似吊诡，却是历史的真实。

综上所论，围绕"亲亲相隐"的争论，其核心并不在于亲情是否珍贵，"亲亲相隐"是否合理，而在于儒家是如何看待、处理孝悌亲情的，儒家又是在何种意义、条件下谈论"亲亲相隐"的，尤其是如何看待、理解"窃负而逃"故事中孟子对亲情与道义的抉择和取舍。这些无疑是较为复杂的学术问题，需要具体分析，不可一概而论。根据我们前面的讨论，围绕"仁"与"孝"，儒家内部实际是存在不同的观点和主张的。重孝派以孝为最高原则，通过孝的泛化实现对社会的控制，与重仁派视孝为仁的起点和根基，主张孝要超越、提升为更高、更为普遍的仁，实际代表了儒家内部两种不同观点和流派。孔子虽然也提倡孝，视孝为人类真实、美好的情感，但又主张孝要上升为仁，强调的是"泛爱众"、"己所不欲勿施于人"。因此，在面对亲情与道义的冲突时，并不主张为亲情去牺牲道义。孔子讲"父为子隐，子为父隐，直在其中矣"，直是率真、率直之直，而不是公正、正直之直。为了维护社会的道义、公正，曾子一派又提出"隐而任之，如从己起"，要求子女不是告发，而是代父受过以维护情与理、亲亲与道义的统一。子思一派的《五行》篇则将隐匿的范围限定在"小而隐者"，即小的过错，并强调"不以小道害大道"，"不以小爱害大爱"。孟子的情况虽较为复杂，在亲亲与道义间表现出一定的折中、调和，但其"窃负而逃"的情节设计，主要还是展示亲情与道义间的冲突与紧张，更应从文学、审美的眼光看待之，而不可落在实处，进行简单的道德批判或辩护。这样的做法，恐怕都并没有理解孟子的本意。况且，孟子也不是为了父子亲情便完全置社会道义于不顾，他让舜下令逮捕父亲瞽瞍，让舜"弃天下"，便是对道义、法律的尊重，试图维持情理间的紧张、冲突，是"隐而任之"的表现。只不过孟子的这一设计不仅不具有可操作性，而从实际的后果看则是为"刑不上王父"提供了法理的依据，成为帝王将相转移罪责，徇私枉法的根据和理由。从这一点看，子思强调"有小罪而赦之"，"不以小道害大道"，可能更值得关注，更具有时代进步的意义。

清华简《保训》与儒家道统说再检讨

——兼论荀子在道统中的地位问题

梁 涛

清华简《保训》公布后，引起学界的极大关注，其中关于"中"的内容，更是引发人们对儒家道统说的思考。李学勤先生在多篇文章中谈到，从《保训》的内容来看，"似乎尧舜以来确有'中'的传授"，"《保训》的思想与儒学有共通之处，很值得探索研究"①。无疑是很有见地的。但也有学者提出，儒家道统说本来就是后人的虚构，《保训》的"中"与"人心惟危，道心惟微"的"十六字"心传无关，更不能证明宋儒的道统说。我们认为，儒家道统说是一个较为复杂的问题，它既有一定的历史根据，也包含了某一时期儒者较强的主观选择和价值判断，是儒学内部"判教"的产物。因此，宋儒的道统说首先是个需要检讨的问题，而不应先入为主，以某种新材料对其做简单的附会和证明。但如果我们将道统理解为一思想学说的中心观念、核心价值，理解为生生不息、"一以贯之"的精神传统，那我们就不得不承认，儒家在其几千年的传承中确有"道统"存在，否则儒学便不成其"学"，儒教也不成其为"教"了。这样，竹简《保训》篇的发现，无疑提供了一个重要契机，使我们有可能去重新认识、了解儒家的精神传统——"道统"，并在此基础上，对宋儒的道统说进行反省、检讨，进而对荀子被排除儒家道统这一公案做出分析和说明。

---

① 李学勤：《周文王遗言》，《光明日报》2009 年 4 月 13 日；李学勤：《论清华简〈保训〉的几个问题》，《文物》2009 年第 6 期。

一　《保训》舜"求中"、"得中"释义

《保训》引人注目，在于其"中"字；引起争议，也在于其"中"字。关于《保训》的"中"，学界的意见已有十余种之多，且不时有新说涌现，大有"你方唱罢我登场"之势。但沉淀下来，真正有影响的不外中道说、地中说、诉讼文书说、旌旗说、民众说和军队说等几种①。笔者认真阅读了学者的有关论述，感到要读懂《保训》，读懂《保训》的"中"，以下几点值得予以关注。首先，是《保训》的性质和年代。已有越来越多的学者倾向认为，《保训》虽然体例上接近《尚书》，但它可能并非史官的实录，而有可能是后世学者的追述或撰述。笔者同意这一观点，这里不展开讨论，可参看有关学者的论述②。如果这一观点成立，那么，撰述《保训》的自然应该是儒家，也就是说，《保训》主要反映的是儒家的思想，应该将其放在儒学的思想脉络里进行解读。其次，《保训》形式上是文王"临终遗言"，是文王临终前以史为鉴，向武王传授治国安邦的"宝训"。而儒家的治国安邦思想，不外乎仁、礼两个方面，并落实于民本、仁政，制礼、正名的具体措施之中。这一点也十分重要。一些学者喜欢追溯"中"的字源，将其理解为太阳崇拜或者是大地之中，未免失之迂远。盖太阳崇拜、"建中立极"固然是上古已有的观念，但它已非儒家政治思想的重心。文王绝无可能在其遗训中对太子发讲述这些内容，更不可能将其视为治国安邦的"宝训"。还有，《保训》主要讲了舜"求

---

①　中道说，见上引李先生文。地中说（"中"代表"四方之极"，与九鼎一样，是权力的象征），见李零《说清华简〈保训〉的"中"》，《中国文物报》2009年8月21日。诉讼文书说，见李均明《周文王遗嘱之中道观》，《光明日报》2009年4月20日；《〈保训〉与周文王的治国理念》，《中国史研究》2009年第3期。民众说（"中"可通假为"众"，即民众），见子居《清华简〈保训〉解析》，复旦大学出土文献与古文字研究中心网站，2009/7/8；高嵩松《允执厥中，有恃无恐——清华简〈保训〉篇的"中"是指"中道"吗?》，《东方早报》2009年7月26日。旌旗说（"舜向尧借来象征最高权力的旌旗以治民施政"；"上甲微向河伯借来象征最高权力的旌旗以出兵征伐"），见周凤五《清华简〈保训〉重探》，《中国人民大学国学院五周年纪念会论文集》，2010年10月。军队说（"中"字是"帀〔师〕"字讹误），见王辉《也说清华楚简〈保训〉的"中"字》，中国古文字研究会、中华书局编辑部编《古文字研究》第28辑，中华书局2010年10月，第473页。

②　李存山：《试评清华简〈保训〉篇中的"阴阳"》，《中国哲学史》2010年第3期；杜勇：《关于清华简〈保训〉的著作年代问题》，《天津师范大学学报》2010年第4期。

中"和上甲微"假中"的故事，共出现四个"中"字。这四个"中"的含义虽然不必完全一致，容有语境的差异，但也应彼此呼应，具有内在联系。最后，中国古代有源远流长"中"的思想传统，并形成了中正、中庸、中和等概念，《保训》的"中"显然应该放在这一背景下去分析、理解，而不应仅仅停留在字源的考察上。下面我们将根据清华简《保训》的释文①，同时结合学者的研究成果，对《保训》的内容进行分析、梳理、解读。凡意见一致处，径直采用其说，只对有争议的地方进行注释、说明。简文云：

惟王五十年，不豫。王念日之多逝②，恐坠宝训。戊子，自靧③。己丑，昧〔爽〕□□□□□□□□□□□。〔王〕若曰："发，朕疾渍甚④，恐不汝及训。昔前人传宝，必受之以詷⑤。今朕疾允病，恐弗忝终。汝以书受之。钦哉！勿淫。

"昔舜久作小人⑥，亲耕于历丘，恐，求中，自诣厥志，不违于庶万姓之多欲，厥有施于上下远迩。乃易位设仪⑦，测阴阳之物，咸顺不逆。舜既得中，焉不易实变名，身兹服惟允，翼翼不懈，用作三

---

① 清华大学出土文献研究与保护中心：《清华大学藏战国竹简〈保训〉释文》，《文物》2009 年第 6 期。

② 逝，简文作"𣦟"，整理者隶定作"鬲"，读为"历"。周凤五认为当释为"帝"，读为"逝"。《论语·阳货》："日月逝矣"与简文"日之多逝"用语相同。见上引周凤五文。

③ 靧，简文左从水，右从宀，从𦥑，整理者释"渍"，读为"靧"，通作"頮（盥手）"、"沫（洗面）"。对于此字，学者多有异说，或读为"馈"，或改释为"演"，或读为"寅"，或改释"演水"二字合文，参见林志鹏《清华简〈保训〉集释》，武汉大学简帛网 2010 年 9 月 30 日。此处暂不讨论。

④ 渍甚：渍字简文作"亯"，整理者隶定为"适"，训为方。"适甚"指病情正处于严重。或读为"渐"，"渐甚"指病情严重（孟蓬生《〈保训〉"疾渐甚"试解》，复旦大学出土文献与古文字研究中心网，2009/07/10）。或读"渍"，训为病（苏建洲《〈保训〉字词考释二则》，复旦大学出土文献与古文字研究中心网，2009/07/15）。周凤五引《吕氏春秋·孟春纪·贵公》："管仲有病，桓公往问之，曰：'仲父之病矣，渍甚！'"认为"渍"与"渐"意相近。

⑤ 詷，整理者谓指幼稚童蒙；又疑读为"诵"。学者或释为"讽"，谓背诵；或通假为"庸"，训为"功"，谓必须有功之人方能接受。参见林志鹏《清华简〈保训〉集释》。

⑥ 久，简文作"旧"，读为"久"。

⑦ 设，简文作"埶"，学者多读为"设"。仪，简文作"诣"，整理者读为"稽"，学者从之而说解各异。周凤五读为"仪"，诣，古音疑纽脂部；仪，疑纽歌部，二字声同韵近可通。见上引周凤五文。

降之德①。帝尧嘉之，用授厥绪。呜呼！祗之哉！

　　"昔微假中于河，以复有易，有易服厥罪，微无害，乃追中于河。微志弗忘，传贻子孙，至于成汤，祗服不懈，用受大命。呜呼！发，敬哉！

　　"朕闻兹不久，命未有所引。今汝祗服毋懈，其有所由矣，丕及尔身受大命。敬哉，勿淫！日不足，惟宿不祥②！"

　　简文第一段讲述文王病重，向武王发传授宝训的情景；第二、三段，则讲述舜和上甲微"求中"、"假中"的故事。关于舜与"中"的关系，儒家典籍中多有涉及，说明《保训》的记载确有来历，并非空穴来风。如《论语·尧曰》载尧命舜：

　　"咨，尔舜，天之历数在尔躬，允执其中，四海困穷，天禄永终。"舜亦以命禹。

朱熹《集注》："此尧命舜，而禅以帝位之辞……历数，帝王相继之次第，犹岁时气节之先后也。允，信也。中者，无过不及之名。四海之人困穷，则君禄亦永绝矣，戒之也。"朱熹认为，此章是尧禅让舜帝位时的言辞，甚为正确；但将"中"理解为"无过不及"，则稍显狭窄。其实，这里的"中"就是中道，"执中"就是执政应公平、公正，不偏不倚，执两用中。刘宝楠《正义》："执中者，谓执中道用之。"甚是。又，《礼记·中庸》云：

　　子曰："舜其大知也与，舜好问而好察迩言，隐恶而扬善，执其

---

　　① 三降之德：学者或读"降"为"隆"，为重、大的意思。《尚书·洪范》："三德：一曰正直，二曰刚克，三曰柔克。"（李均明《周文王遗嘱之中道观》，《光明日报》2009 年 4 月 20 日）。或谓字为"降"而读为"陟"，是楚简特殊的用字现象。"三陟"是说舜被尧试用九年，每三年考核一次，历经九年三次考核，而登上帝位（上引周凤五文）。或谓即上博简《容成氏》"尧于是乎为车十又五乘，以三从舜于畎亩之中。""三降"指舜有德感动尧三次降从（李学勤：《清华简释读补正》，《中国史研究》2009 年第 3 期）。

　　② 惟宿不详：宿训为拖延。《管子·君臣上》："有过者不宿其罚。"尹注："宿，犹停也。"《汉书·韩安国传》："孝文寤于兵之不可宿。"颜注："宿，久留也。""日不足，惟宿不祥"，是说时间不多，迟滞拖延是不吉祥的（子居《清华简〈保训〉解析》，复旦大学出土文献与古文字研究中心网站 2009/7/8）。

两端，用其中于民，其斯以为舜乎。"

朱熹《集注》："两端，谓众论不同之极致。盖凡物皆有两端，如小大厚薄之类，于善之中又执其两端，而量度以取中，然后用之。"朱熹将"两端"理解为事物的两个方面，尤指众人不同的意见，甚为精当。但他主张"于善之中又执其两端"，不免又戴上了理学家的有色眼镜。其实，社会之有两端、意见之有分歧，均无所谓善与不善的问题，"政治家的任务，是在两端调节均衡，不以一端去消灭或取代另一端"，这就是中道，就是"中"的精神。"所以中国正统的政治思想，总不外一个'均'字、'平'字，平与均都是从中而来的。"① 尧舜重视、授受"中"，可能与其所处的部落联盟时代有关。据《战国策·赵三》，"古者四海之内分为万国，城虽大，无过三百丈者；人虽众，无过三千家者"。这些蕞尔小邦，在金属工具尚严重短缺的冷兵器时代显然尚不具备攻城略地的实力，于是各方只有偃武修文，平心静气地讨论共处之道。共主只是召集人，其权力只能以同意为基础②。这样，"上古竞于道德"的现实便发展出"中"的政治智慧，并贯穿于以后的政治实践与思想之中。诚如徐复观先生所言，"大概拿一个'中'字来衡量中国几千年来的政治思想，便可以左右逢源，找出一个一贯之道。并且中国的思想家，对中的了解，是'彻内彻外'的，是把握住中在社会进化中的本质，且不局限于某一固定阶段的形式……中的政治路线，在中国文献中的实例举不胜举"③。《保训》关于"中"的追述，应该正是来自这一政治文化传统。

　　根据竹简，舜曾经身份低微（"小人"），耕种于历山之下，"恐，求中"。舜为什么恐？文章没有交代。据《韩非子·难一》："历山之农者侵畔，舜往耕焉，期年，甽亩正。河滨之渔者争坻，舜往渔焉，期年而让长（注：礼让长者）。"故舜的"恐"，显然与历山之农的相互争夺有关，而相互争夺又源于"庶万姓之多欲"。"多"，训为"大"。《吕氏春秋·知度》："其患又将反以自多。"高诱注："多，大。"多欲即大欲。《礼记·

---

　　① 徐复观：《论政治的主流——从"中"的政治路线看历史的发展》，收入《学术与政治之间》（新版），台北：台湾学生书局1985年版，第9页。

　　② 参见陈明《〈唐虞之道〉与早期儒家的社会理念》，《中国哲学》第20辑。

　　③ 参见徐复观《论政治的主流——从"中"的政治路线看历史的发展》，收入《学术与政治之间》。

礼运》："饮食男女，人之大欲存焉。"明白了"多欲"即"大欲"，《荀子·礼论》中的一段文字，可能有助于我们对于简文的理解：

> 人生而有欲，欲而不得，则不能无求；求而无度量分界，则不能
> 不争；争则乱，乱则穷。先王恶其乱也，故制礼义以分之，以养人之
> 欲，给人之求，使欲必不穷乎物，物必不屈于欲，两者相持而长，是
> 礼之所起也。故礼者，养也。

人生下来就有饮食男女等各种欲望，如果欲望得不到满足，便会向外求索；如果没有"度量分界"，便会产生纷争，导致混乱、贫穷的结果。这恐怕就是舜"恐"的原因吧。舜于是"自诣（注：考）厥志"，也就是反躬自问，认识到既不能违背百姓饮食男女的大欲，但显然也不能任其无限膨胀。那么，最好的办法就是"求中"，有一个"度量分界"，"使欲必不穷乎物，物必不屈于欲"。这样便消除了人与人之间的纷争，使其可以和睦相处了。这个"度量分界"其实也就是礼。盖中是抽象的，必须落实为具体的准则、礼义，否则"民无所措手足矣"。所以在儒家那里，礼往往也被看作是中，是中的体现。《荀子·儒效》："曷谓中？曰：礼义是也。"《礼记·孔子闲居》："'敢问将何以为此中者也？'子曰：'礼乎礼！夫礼所以制中也。'"《逸周书·度训解第一》："众非和不众，和非中不立，中非礼不慎（注：应为'顺'），礼非乐不履。"所以，中体现为礼，礼就是中，二者是一回事，只不过一个是抽象的原则，一个是具体的规定。了解这一点就可以明白，原来舜"求中"实际与制礼有关，而礼乐乃古代圣贤治国安邦的大纲大法，是当时政治实践中最重要的内容。

舜将"中"推行到不同地位、关系的人群之中（"厥有施于上下远迩"），又"易位设仪"。"易位"即变换方位，仪，表也。《管子·禁藏》："法者天下之仪也。"尹知章注："仪，谓表也。"《荀子·君道》："君者，仪也，仪正而景正。"王引之《经义述闻》："仪，即表也。""设仪"即设立圭表，通过观测阴阳的变化来确定时间、方位。"测阴阳之物"一句中的"阴阳"，学者或释为"相反之事"，疑指君臣、上下、夫妇等[1]。

---

[1]　李学勤：《论清华简〈保训〉的几个问题》，《文物》2009 年第 6 期。廖名春、陈慧：《清华简〈保训〉释文》，《中国哲学史》2010 年第 3 期。

不确。其实，这里的阴阳就是阴阳，指山之北与山之南，水之南与水之北，指"日所不及"与日之所及，而日之及与不及当然与空间方位与日影的变化有关。古人常常通过立表测量日影的变化来确定时间、方位，表也就是中，是中的原型（详后）。故一族迁居异处，必测阴阳以辨方正位。《诗经·大雅·公刘》："笃公刘，既溥既长，既景乃冈。相其阴阳，观其流泉……度其隰原，彻田为粮。度其夕阳，豳居允荒。"公刘率领族人迁豳，在安居之前要"相阴阳"、"度隰原"、"度夕阳"才能规划好具体的处所[①]。这后来发展为"求地中"的思想。故"不违于庶万姓之多欲"是求人与人关系的"中"，"测阴阳之物"是求空间地域的"中"。这两者又是联系在一起的，都属于古代礼学的重要内容。

舜得到中，也就是确立了人与人关系与空间地域的中之后，"焉不易实变名"。"焉"，介词，于是、乃之意。"名"，指名分、名位，是礼的核心。《论语·子路》："名不正则言不顺，言不顺则事不成，事不成则礼乐不兴。""实"，指"名"所规定的义务关系，如父慈、子孝之类。这里的"实"是"循名责实"之实，而非一般"名实"之实。故"不易实变名"就是不变易名实，不改变礼所规定的人伦关系及其责任义务。舜不仅"求中"、制礼，更重要的是，"身兹服惟允"。"兹"，代词，此也，这里指中。"兹服"即"服兹"。允，信也。就是一心一意奉行中，恭敬不懈（"翼翼不懈"），终于成就了"三降之德"，赢得帝尧的嘉许，得天命，擢升天子之位。

根据上面的分析，舜"求中"、"得中"的"中"主要是指一种调节人与人关系的原则、准则，中有适中、适当的意思，具体讲，包括欲望的适当、适中，与行为的适当、适中。同时，中也蕴涵了"地中"的含义，要求"易位设仪，测阴阳之物"，即变换方位，设立圭表，通过观察阴阳的变化，以"辨方正位"。另外，中与礼存在密切联系，中的原则主要是通过礼义来实现。明白了中可以指礼，《保训》与《逸周书》中的一些内容便容易沟通了。已有学者指出，《保训》与《逸周书》的《文儆》、

① 倪木兰：《清华简〈保训〉篇新解——兼论"中"之含义》，复旦大学古文献与古文字研究中心网站 2009 年 11 月 4 日首发（http：//www. gwz. fudan. cn/SrcShow. asp？Src_ID = 960）。

《文传》等篇多有联系①，二者文体相近，都记载文王临终遗言。《文
儆》、《文传》约成书于春秋中期后或战国时期②，与《保训》的年代也
大体相当。但二者的内容表面上又有所不同，《逸周书·文儆第二十
四》云：

> 维文王告梦，惧后嗣之无保，庚辰，诏太子发曰："汝敬之哉！
> 民物多变，民何向非利，利维生痛，痛维生乐，乐维生礼，礼维
> 义，义维生仁。呜呼，敬之哉！民之适败，上察下遂，信（注：或
> 谓'民'之误）何向非私，私维生抗，抗维生夺，夺维生乱，乱维
> 生亡，亡维生死。呜呼，敬之哉！汝慎守勿失，以诏有司，夙
> 夜勿忘，若民之向引。

在文王看来，求利乃民的本性（"民何向非利"），如果任其私欲的膨胀，
便会产生对抗、争夺、混乱，导致亡国乃至死亡的恶果。要避免这一切，
关键是要"利维生痛"。"痛"，或谓当读为"通"③。甚是。通者，共也。
"利维生痛"也就是要有共同利益。有了共同利益，才能"生乐"，有了
生活的快乐。而做到这一点，就必须有礼、有义。有了礼、义，才能避免
争夺、混乱之苦，并上升为仁，使百姓相亲相爱。在《保训》舜的故事
中，是用中"不违"也就是调节百姓的"大欲"，达到"咸顺不逆"；而
在《文儆》中，则是以礼（义）去规范、引导百姓之利，避免私欲的膨
胀。一个用中，一个用礼，二者的精神实际是相通的。在两篇文字中，文
王实际讲述的是同样的道理。

二 《保训》上甲微"假中"、"归中"解读

再看上甲微的故事。上甲微为商人先祖，其父王亥牧牛时为有易部所
杀，他借师河伯，替父报仇，灭有易部，杀其君棉臣，曾轰动一时，产生

---

① 王连龙：《〈保训〉与〈逸周书〉多有联系》，《社会科学报》2010 年 3 月 11 日。
② 黄怀信：《〈逸周书〉源流考辩》，西北大学出版社 1992 年版，第 100 页。周玉秀：《〈逸周书〉的语言特点及其文献学价值》，中华书局 2005 年版，第 269 页。
③ 黄怀信、张懋镕、田旭东：《逸周书汇校集注》（修订本）上册，上海古籍出版社 2007 年版，第 232 页。

过广泛影响，其事迹被记入《竹书纪年》、《山海经》、《世本》、《楚辞·天问》等史籍之中，上甲微的王子复仇记也被视为古代血亲复仇的典范。但《保训》所记，则可能是后世儒生推演出的另一个版本，与传世文献有所不同。据《山海经·大荒东经》，"王亥托于有易、河伯仆牛。有易杀王亥，取仆牛"。郭璞注引《古本竹书纪年》："殷王子亥宾于有易而淫焉，有易之君绵臣杀而放之。是故殷主（注：'主'宋本作'上'）甲微假师于河伯以伐有易，灭之，遂杀其君绵臣也。"《今本竹书纪年》也说："（帝泄）十二年，殷侯子亥宾于有易，有易杀而放之……（帝泄）十六年，殷侯微以河伯之师伐有易，杀其君棉臣。"竹简称"昔微假中于河"，"河"即河伯，故此句当与上甲微借助河伯之力复仇有关。但该句的"中"当做何解，一直使学者迷惑不解。若根据传世文献，此"中"当与军队有关，故学者或释为"师"，或读为"众"。但通读简文，其内容与传世文献有所不同，对"中"字的解读，恐怕还应以简文为准。

　　按，"假中"的"假"应训为"请"。《吕氏春秋·士容》："齐有善相狗者，其邻假以买取鼠之狗。"高诱注："假，犹请也。""中"应训为"正"。姜亮夫云："中得引申为正，盖物得其中必正，在两极则偏矣。故正为中义之直接最近之引申。""凡中必正，故二字复合为一词，所表为一义。事物各有两极，而中以持之，凡中在两极之中，所以持正两极者，故中即正矣。"[①] 故"微假中于河"是说，上甲微向河伯请求公正，也就是请河伯主持公道，做审判人、调节人[②]。盖古代部落之间发生冲突时，为避免矛盾激化，常常请有一定的地位、影响，且与双方都保持友好关系的第三方来调节。《史记·周本纪》载，"西伯阴行善，诸侯皆来决平。于是虞、芮之人有狱不能决，乃如周"。"决平"意为公平断案。伯为诸侯之长，文王为西伯，虞、芮等小诸侯国有纠纷，找文王断案，可见伯有

　　① 姜亮夫：《楚辞通故》第 2 辑，《姜亮夫全集》（二），云南人民出版社 2002 年版，第 309　311 页。

　　② 李锐说："古代'中'有中正义，引申之则与狱讼之公正有关。因疑'假中于河'即是请求河伯作中人、公证人、审判人。当然，这是表面文章，实际很可能是请河伯给予军队，而且保证师出有名。"（《〈保训〉"假中于河"试解》，清华大学简帛研究网，2009/4/16）。但后来又放弃此说，认为"假中于河"可能当读为"格中于河"，"假"与"格"相通，为度量、推究，也就是说上甲微由河（或在河附近地区）体会到了"中"的道理（《上甲微之"中"再论》，孔子 2000 网，2009/6/24）。

主持公道、审理案件的权力。《保训》中的河，爵位也是伯，地位与文王相当，故也应有调解纠纷、审理案件的权力①。一些学者释中为"司法判决书"，认为"微假中于河"是上甲微从河伯处借到司法判决书，恐难以成立。盖河伯断狱在于其公平、公正，而不在于其所下之判决书也，且河伯、上甲微时是否已有司法判决书制度，尚属可疑。如果中是司法判决书，那么后面"追（归）中于河"一句，便是把判决书归还给河伯。可是，上甲微为什么不把判决书留在自己身边，而是要归还给河伯呢？何其不惮烦也！故从简文来看，中应训为正，不仅文从字顺，而且与前面的中统一起来，相互呼应。盖中即正也。

由于河伯主持公正，支持了上甲微，判定有易有罪，上甲微于是向有易复仇（"以复有易"），在这种压力下，有易不得不认罪（"有易服厥罪"）。下一句"微无害"又让学者颇感费解，因为《纪年》明明说"灭之"，即消灭了有易部，这里为什么又说"无害"呢？故学者或说是上甲微在战争中无所折损，大获全胜②；或说是灭有易后的另一场内部斗争③；或说近于后世司法用语"文无害"④。按，以上说法均不通，"微无害"应按字面理解为：上甲微对有易氏没有加害。《保训》的记载与传世文献有所不同，而这种不同正是我们读懂《保训》的关键。

盖上古时代，在世界不同地区、不同种族中均普遍存在过血亲复仇的现象。为本氏族的人复仇，是氏族每一个成员应尽的神圣义务，任何拒绝这一使命的行为，都是不可思议和难以原谅的。古代的复仇往往采取以怨报怨、血亲仇杀的形式，复仇者"常常把仇人的整个氏族看作复仇的对象，对氏族中某位成员的伤害，便构成了对受害人整个氏族的伤害，所以肇事者的氏族也被对等地作为整体仇家看待。至于其中的是非曲直，已无关紧要。因此往往酿成氏族间大规模的械斗，以致扩大为灭绝性的战争"⑤。例如，澳大利亚的库尔奈人要将仇人的整个部族加以杀戮，才会

---

① 刘光胜：《〈保训〉之"中"何解——兼谈清华简〈保训〉与〈易经〉的形成》，《光明日报》2009 年 5 月 18 日。

② 参见上引周凤五文。

③ 罗琨：《〈保训〉"追中于河"解》，清华大学出土文献研究与保护中心编《出土文献》第 1 辑，中西书局 2010 年版，第 46—47 页。

④ 李均明：《〈保训〉与周文王的治国理念》，《中国史研究》2009 年第 3 期。

⑤ 周天游：《古代复仇面面观》，陕西人民教育出版社 1992 年版，第 2 页。

得到满足。又如格灵人不但要杀仇人的全家，甚至还要斩尽他们饲养的牲畜，不许有一个生灵存在。中国古代，也有"斩草除根"的做法，均是这种非理性复仇心理的反映。《纪年》称"微假师于河伯以伐有易，灭之，遂杀其君绵臣"，反映的应该正是古代以怨报怨、血亲复仇的情况。又据《楚辞·天问》，"恒秉季德，焉得夫朴牛？何往营班禄，不但还来？昏微遵迹，有狄不宁。何繁鸟萃棘，负子肆情？"此段诗文文义古奥，又有传写讹脱，据学者考证，"朴牛"即"仆牛"，"有狄"即"有易"，"昏微"即"上甲微"，"负子"即"妇子"。其中"昏微遵迹"以下四句，"写上甲微兴师伐有易，灭其国家，肆情妇子，使国土成为一片荆棘"①。可见，上甲微的复仇是相当血腥和野蛮的。然而随着社会的发展与交往的扩大，人们逐渐认识到避免暴力冲突、培养相互容忍、尊重彼此生活空间，乃是共存共荣的先决条件。所以当出现冲突时，人们不再是一味地诉诸武力，而是通过和谈，并以伤害人一方认罪、赔偿来消除仇恨。这一更具人道色彩的复仇方式在原始社会后期逐渐流行，并演化为华夏民族独有的伦理观念和礼仪习俗——"兴灭国，继绝世"。虽然部落、国家之间可能有政治、利益的矛盾，并演化为军事的冲突；虽然武力讨伐、伸张正义是当时较为流行的形式，但复仇雪恨绝不是为了灭亡其部族、摧毁其国家，而是以维护部落、国家间的和睦相处以及礼仪秩序为目的。正如何炳棣先生所指出的，"观念上，'兴灭国、继绝世'是生命延续的愿望从'我'到'彼'的延伸；制度上，'兴灭国、继绝世'是新兴王朝保证先朝圣王永不绝祀的一套措施。尽管远古政治和武力斗争的实况不容过分美化，'兴灭国、继绝世'在一定程度上确实反映华夏文化的一系列奠基者的宽宏气度和高尚情操"②。《保训》的"微无害"，恐怕要放到这一背景下去理解。

作为三代政治文化的继承者，儒家一方面肯定血亲复仇的正义性、合理性，所谓"父母之仇，不与同生；兄弟之仇，不与聚国，朋友之仇，不与聚乡，族人之仇，不与聚邻"（《大戴礼记·曾子制言上》）；另一方

---

① 袁珂：《山海经校注》，上海古籍出版社1994年版，第12—13页。
② 何炳棣：《华夏人本主义文化：渊源、特征及意义》（下），《二十一世纪》1996年3月号。

面又对复仇的手段、方式做了限定①。既不赞同"以德报怨"，视为"宽身之仁"（郑玄注：宽，犹爱也，爱身以息怨，非礼之正也），也反对"以怨报怨"，斥为"刑戮之民"（见《礼记·表记》）。当有人问"以德报怨，何如"时，孔子回答："何以报德？以直报怨，以德报德。"（《论语·宪问》）如果说"以怨报怨"与"以德报怨"是两个极端的话，那么，"以直报怨"无疑就是中道了。故"微无害"是说上甲微以中道的方式为父复仇，迫使有易氏认罪伏法，又"以直报怨"，不对其部族赶尽杀绝，《保训》的记载与传世文献有所不同。《纪年》等传世文献的主题是复仇的正义性，突出的是上甲微借师河伯、剿灭有易的英雄气魄，甚至渲染了其屠城灭国的复仇心理。而《保训》的重点是复仇的中道方式，强调的是上甲微不滥用武力，通过河伯的居中调节，赢得道义、法律和军事上的支持，同时隐忍、克制，适可而止，不对其整个部族进行加害。这种不同显然与后世尤其是儒家复仇观念的变化有关，《保训》当是出自后世儒者之手，反映的是儒家更为理性的中道复仇观。由于观念不同，二者在史实的记载上也有不同。古本《纪年》说是"灭之"，而《保训》则说是"无害"。古史本来就茫昧无稽，扑朔迷离，后人往往根据需要作出不同的"取舍"，这在史籍中较为常见，不值得奇怪。

上甲微复仇后，"乃归中于河"。"归"，简文做"追"，整理者读为"归"。学者或理解为"归还"之意，认为中是指具体的器物。也有学者主张读本字，如姜广辉先生认为，"追"即"慎终追远"之"追"，即"追溯"。"殷人的把握分寸的'中'的方法，可以追溯于河伯。"②罗琨先生认为，"追中于河"，句式同于《尚书·文侯之命》"追孝于前文人"，"追中"之追当与"追孝"之追含义相同，都是追随、继承、发扬的意思，"追中于河"的意思是要发扬"河"所信守的公平、公正③。这些说法虽较有启发，但仍有值得推敲的地方。《保训》是说上甲微"乃归

① 这种限制包括，"书于士"，即复仇前后应向掌管政法、狱讼的各级士报告、汇报；"复仇不除害"（《春秋公羊传·定公四年》），即复仇只限于仇人本身，不得扩及其子弟亲属；有正当的理由才可以复仇，"凡杀人而义者"，被杀者的家属即使同处一个城市，也"令无仇，仇之则死也"（《周礼·地官·调人》）；此外，还限定了复仇的时限等。参见周天游《古代复仇面面观》，第7—8页。

② 姜广辉：《〈保训〉十疑》，《光明日报》2009年5月4日。

③ 罗琨：《〈保训〉"追中于河"解》，《出土文献》第1辑，第47页。

中于河"，而上甲微与河伯是同时代人，自然不能"追溯"了。至于"追孝"，一般理解为"追养继孝"，追主要是追念、追祭之意。虽也可引申为追随、继承，但若说"发扬'河'所信守的公平、公正"，那就应是"乃归河之中"，而不是"归中于河"了。按，"追"应读为"归"。归，属也。"归中于河"是说，上甲微把复仇的中道方式归功于河伯。盖上甲微秉持中道，以直报怨，是通过河伯的居中调节，故中道的实现自然应归功于河伯了。又据《山海经·大荒东经》，"河念有易，有易潜出"。郭璞注："言有易本与河伯友善。上甲微，殷之贤王，假师以义伐罪，故河伯不得不助灭之。既而哀念有易，使得潜化而出，化为摇民国。"可见，历史的实况远比后世的宣传复杂，河伯不仅支持了殷人，判定有易有罪，同时又暗中庇护，帮助有易逃避上甲微的迫害，"微无害"的中道是由河伯一手促成。这样，就不难理解上甲微为何要"归中于河"了。上甲微将中道归于河伯，同时牢记不忘（"微志弗忘"），将其作为处理对外矛盾、冲突的原则，传递给子孙后代（"传贻子孙"），一直到成汤（"至于成汤"），恭敬不懈（"祗服不懈"），终于因此获得天命（"用受大命"）。

综上所述，《保训》舜和上甲微的故事都与中道有关，舜的故事是从正面讲积极的中，要求在人与人之间确立"度量分界"——恰当的准则、原则，以避免彼此的矛盾、冲突，达到和睦相处。这个中就是礼，是荀子所讲的"群居和一之道"，故中是属于礼乐文化的核心观念。上甲微的故事则是从反面讲消极的中，指出当正常的秩序被打破，部落、国家间出现矛盾、冲突时，应秉持中道，以直报怨，避免冤冤相报、血亲仇杀对部落共同体的伤害。这个中同样与礼有关。不管是正面积极的中，还是反面消极的中，都属于古代最常见、最重要的政治实践，故《保训》予以特别重视，视为治国安邦的"宝训"，并认为是得到天命的关键。这与儒家尊王贱霸，尚德不尚力的一贯立场无疑也是一致的。

附　《保训》译文：

　　文王在位五十年，感到身体不适，王考虑到时间流逝，（剩下的日子不多），害怕丧失宝贵的遗训。戊子日，王自己洗了脸。次日己丑，天快亮的时候……
　　文王这样说道，"发，我的病越来越严重，恐怕来不及训示你。

以前古人传授宝物，必定要赠送好的言论。如今我的病情非常严重，恐怕不能寿终正寝，你用文字记下我的话。要恭敬谨慎！不可放纵。

"从前舜曾经很长一段时间是一个平民，耕种于历丘，（看到百姓彼此争夺，互不相让），感到很不安，想要找到'中'。他反躬自问，认识到不能违背百姓'饮食男女'之大欲，于是将'中'推行到地位高低、关系远近的不同人群中。又变换方位，设立圭表，观测天地自然的变化（以确立时间、方位），使一切都井然有序。舜既已得到'中'，于是不改变名和实，恭敬谨慎地奉行'中'，小心翼翼，不敢懈怠，因而获得三隆之德。帝尧嘉许他，授予他帝位。啊！要恭敬谨慎呀。

"从前上甲微请求河伯做中人，（裁决有易杀害其父王亥的罪行，河伯判定有易有罪），上甲微于是向有易复仇，有易被迫认罪。上甲微没有加害有易，并把'以直报怨'的中道归于河伯，（认为是河伯促成的）。上甲微谨记不忘，传递给子孙，一直到成汤，恭敬奉行不敢懈怠，因而得到了天命。啊！发，要恭敬谨慎呀。

"我听说这个道理不久，未能得到天命。今后你若能恭敬谨慎不懈怠，就会有所成就，在你这一代得到天命。要恭敬谨慎，不可放纵。时间不足，拖沓迟延会遭致不祥。"

三　先秦儒家"弘道"意识发微

由《保训》的"中"，自然会使人想到儒家的道统说，故《保训》与道统的关系，便成为目前学界亟待讨论的问题。对于儒家的道统说，尤其是朱熹圈定的"十六字"心传，学者一向认为是后人的虚构，缺乏事实根据。但系统的道统说固然晚至唐代才出现，但儒学自创立起，便具有了强烈的弘道意识，并将道溯源于三代以上，此点同样值得重视。对于儒家道统这样复杂的学术问题，绝不可简单地否定了事，而应站在新的高度，以史料为依据，对其做出检讨、反省，甚至是重构。

孔子创立的儒学，虽是一私家学派，但又与唐虞、三代文明存在密切联系，是对后者的全面继承。"祖述尧舜，宪章文武"不仅是孔子，也是后世儒生的共同理想。这样，唐虞、三代的历史文化为什么仍能适用于今天，历史在损益、变革中是否有某种超越的价值理念、"一以贯之"的文化精神，便成为儒家学者关注的问题。在《论语》中，孔子与弟子子张有一段关于三代因革的对话。

> 子张问："十世可知也？"子曰："殷因于夏礼，所损益可知也；周因于殷礼，所损益可知也。其或继周者，虽百世可知也。"（《为政》）

"十世可知也？"即是问历史的传承中是否有某种连续、不变的东西？是否有超越性的道贯穿其中？孔子的回答是肯定的，故认为"虽百世可知也"。孔子此论，亦可看作是一种道统说。此"道统"的内容是指礼，尤指礼的精神。在孔子看来，三代的礼乐制度可以过去，成为陈迹，但礼的原则、精神不会过时，不仅适用于当时，还可应用于未来，"虽百世可知也"。所以面对礼崩乐坏，孔子发出的第一声呐喊是"克己复礼"，希望通过复礼重振纲常秩序，重建理想社会。"复礼"不是简单复兴古礼，而是在继承礼的价值理念、合理内核的同时，为其注入新的活力。周文的疲敝，说明当时的礼已失去凝聚人心的力量，故孔子提出仁，以仁释礼。"为仁由己，而由人乎哉？""一日克己复礼，天下归仁焉。"（《论语·颜渊》）故从孔子开始，儒家之道的内容主要有二，一是仁，一是礼，但二者的位置又有所不同。仁是孔子开创之新统，是孔子思想之创造，所谓"夫子以仁发明此道"，仁自孔子后始具有全新的意义，成为儒者追求的最高理想。礼是孔子承继之旧统，是"先王之道"之延续，由于孔子的继承、发展，礼不仅成为儒者普遍认可的价值理念，同时也是最具有历史根源的观念。

孔子之后，有儒者突出尧舜禅让，以唐虞之道为儒家之道统。郭店竹简《唐虞之道》云："唐虞之道，禅而不专。尧舜之王，利天下而弗利。禅而不专，圣之盛也。利天下而弗利也，仁之至也。"唐虞之道即尧舜之道，其实质是禅让天下而不独占，有利于天下而不以天下为一己之私利，分别代表了圣、仁的价值理念。竹简提出，"禅也者，上德授贤之谓也。上德则天下有君而世明，授贤则民兴效而化乎道"。认为只有实行禅让，才能君主贤明，政治清明，"不禅而能化民者，自生民未之有也"。故"天下为公"，实行禅让才是唐虞之道的核心。而在上古的帝王中，尧舜禅让，禹以下世袭，若用"轲之死，不得其传焉"的说法，也可以说，

"舜之死，不得其传焉"。正是因为这个缘故，同样肯定禅让的《礼记·礼运》篇，将儒家之道的传授分为"大道之行"和"大道既隐"两个阶段①，前者为"天下为公，选贤与能，讲信修睦"的"大同"之世，后者为"天下为家，各亲其亲，各子其子，货力为己，大人世及以为礼"的"小康"之世。而"禹、汤、文、武、成王、周公，由此（注：指小康之世）其选也"，儒者称颂的禹、汤、文、武、周公等圣王，均是小康之世的"英选"，而非"大同"之世的代表，实际等于被排除在道统之外。后人常常对宋儒道统说排除荀子及汉唐儒学迷惑不解，且深感不满。其实，道统本来就是一种价值判断，这种判断往往与对道的理解有关，若以"天下为公"、"利天下而弗利"为道之核心，那么，连禹、汤、文、武、周公也会被排除在道统之外。当然，这只不过是儒学在特定时期的极端看法罢了。

亚圣孟子的弘道意识向来受到重视，被视为道统说的先声。不过经历了燕王哙让国失败的教训，孟子虽然推重"先王之道"，认为"为政不因先王之道，可谓智乎？""遵先王之法而过者，未之有也"（《孟子·离娄上》）。但在其眼里，尧舜之道已不是《唐虞之道》、《礼运》的"禅而不专"、"天下为公"，而主要是指仁心、仁政而言。

> 尧舜之道，不以仁政，不能平治天下。今有仁心仁闻，而民不被其泽，不可法于后世者，不行先王之道也。故曰：徒善不足以为政，徒法不能以自行。《诗》云："不愆不忘，率由旧章。"（《离娄上》）

可见，仁才尧舜之道的核心，具体讲包括"仁心"、"仁政"，其逻辑是"先王有不忍人之心，斯有不忍人之政"（《公孙丑上》）。与仁相比，"天下为公"、实行禅让不过是特定历史阶段的政治理念和制度设计，是仁心、仁政在具体历史阶段的体现，并非绝对、无条件的。而仁则超越于具体历史条件之上，成为儒家道统的核心。故"孟子曰：仁也者，人也。合而言之，道也"（《尽心上》）。又引"孔子曰：道二，仁与不仁而已

---

① 关于《礼记·礼运》与禅让的关系，参见拙文《战国时期的禅让思潮与"大同""小康"说——兼论〈礼运〉的作者与年代》，载《中国哲学与文化》第6辑，广西师范大学出版社2009年版。

矣"（《离娄上》）。仁不仅是唐虞之道，同时也是三代之道，只有仁才能贯通"天下为公"的唐虞之世与"天下为家"的三代。"孟子曰：三代之得天下也以仁，其失天下也以不仁。""桀、纣之失天下也，失其民也，失其民者，失其心也。得天下有道，得其民，斯得天下矣。得其民有道，得其心，斯得民矣。得其心有道，所欲与之聚之，所恶勿施尔也。"（《离娄上》）唐虞、三代的历史沿革说明，仁与不仁乃是社会治乱、"得天下"、"失天下"的关键，仁超越时代条件，贯穿于历史之始终。不过在孟子那里，仁既是超越的又是具体的，是具体的超越。在孟子看来，一方面"先圣后圣，其揆一也"（《离娄下》），圣人虽有地域、时代的不同，其行为原则却是一致的。这个"一"就是仁，是圣人之为圣人之所在。另一方面，仁又是具体、灵活的，在不同的情境中可以有不同的选择与表现。"孟子曰：禹恶旨酒而好善言。汤执中，立贤无方。文王视民如伤，望道而未之见。武王不泄迩（注：轻慢身边的人），不忘远。周公思兼三王，以施四事（赵岐注：'禹、汤、文、武所行之事也'），其有不合者，仰而思之，夜以继日，幸而得之，坐以待旦。"（《离娄下》）禹、汤、文、武、周公的行为处事虽有不同，但均有仁道贯穿其中，是其仁心的具体体现。更重要的，先王之仁心须落实为仁政，故孟子论先王之道尤重仁政，认为"尧舜之道，不以仁政，不能平治天下"。而先王之仁政、功业在不同的时间、地域可以有不同的表现，不必完全一致。"昔者禹抑洪水，而天下平；周公兼夷狄，驱猛兽，而百姓宁；孔子成《春秋》，而乱臣贼子惧。"（《滕文公下》）大禹治水、周公兼夷狄、孔子作《春秋》，这些仁政、功业虽然表现不同，却体现了共同的价值理念，这即所谓的"易地则皆然"（《离娄下》）。故孟子的弘道意识，一是突出了仁的地位，以仁为道统的核心；二是重视仁政，认为仁心需要落实为仁政。其仁不仅仅是一种抽象的理念，同时是仁心具体、灵活的表现，是仁心、仁政的统一。

作为先秦儒家的殿军，荀子的弘道意识主要体现在推崇"先王之道"、"礼义之统"，以及"法先王"、"后王"之中。与孔孟一样，荀子也推崇先王，认为"不闻先王之遗言，不知学问之大也"（《荀子·劝学》）。"劳知而不律先王，谓之奸心。"（《非十二子》）"凡言不合先王，不顺礼义，谓之奸言，虽辨，君子不听。"（《非相》）他批评惠施、邓析："不法先王，不是礼义，而好治怪说，玩琦辞。"（《非十二子》）但与孟子不同，荀子推崇先王不是突出仁心、仁政，而是礼义之统。孔子承前启后，继往开来，确立仁、礼为儒家的核心价值。作为后继者，荀子自然也肯定仁，不仅讲礼义之统，也讲仁义之统。"今以夫先王之道，仁义之统，以相群居，以相持养，以相藩饰，以相安固邪？""况夫先王之道，仁义之统，《诗》、《书》、礼乐之分乎。"（《荣辱》）"圣人也者，本仁义，当是非，齐言行，不失豪厘，无它道焉。"（《儒效》）但在荀子看来，仁义是主观、抽象的，高悬仁义不仅"犹然而材剧志大"，于事无补，而且蒙骗世人，"嚾嚾然不知其所非也"，故仁义还必须落实到客观的礼义秩序中。所以在荀子那里，仁义是目标，是形式，礼义是实质，是内容，"将原先王，本仁义，则礼正其经纬蹊径也。若挈裘领，诎五指而顿之，顺者不可胜数也"（《劝学》）。礼义是实现仁义的最佳途径，若考察先王，探究仁义，礼是最好的方法。抓住了礼，就像抓住了皮衣的领子，一顺百顺矣。"先王之道，仁之隆也，比中而行之。曷谓中？曰：礼义是也。"（《儒效》）先王之道体现为仁，但仁需要按照"中"的原则而实行，这个"中"就是礼义。故在荀子那里，儒家道统的核心乃指礼、礼义，道统即礼义之统。

不过荀子以礼义为道统，其礼义就不应指具体的礼节仪文，而应指礼之原则、共理，这种原则、共理能够超越时代的限制，使礼具有了恒常的价值，不仅"十世可知"甚至"百世可知也"。特别是荀子生活的时代，"邦无定交，士无定主"，"绝不言礼与信矣"①，这就需要对"制礼"的可能与根据做出说明。故荀子提出"类"概念，赋予其特殊意义。"荀子所谓'类'乃是指同类事物中之共理或共相（universal）。盖凡言类，则必有其所以成类之依据，此依据即同类事物中所函之共理。故共理由类而显，类由共理而成。凡言类，共理即存焉。且唯类中之共理可以统，可以贯。故荀子言：'类不悖，虽久同理。'（《非相》）"② 不过荀子所谓的"类"乃历史文化脉络中的类，是经验世界中的类，而非纯粹逻辑中的类，故荀子不仅谈类，也谈统。类是类别，统是统绪。类是从空间上说，统是从时间上说，合称之曰"统类"。荀子说：

---

① 顾炎武著，黄汝成集释：《日知录集释》卷十三《周末风俗》，上海古籍出版社 2006 年版，第 749 页。

② 李哲贤：《荀子之名学析论》，台北：文津出版社 2005 年版，第 198 页。

　　故学者以圣王为师，案以圣王之制为法，法其法，以求其统类，
以务象效其人。(《解蔽》)

李涤生先生称："下'法'字谓礼法，即圣王之制。圣王之制是各类事物
的具体规范，具体规范都是依据抽象义理而制定的。学者从各类事物具体
规范中，推求其潜在的抽象义理，体察各类事物的规范所具的义理，就可
会通而成道，知道则既可以处常，又可以处变。此即荀子所谓'知统
类'。"① 从圣王制作的具体礼法中，推求其潜在的共相、共理，就可以打
通古今，贯通先王、后王。故荀子不仅讲"法先王"，同时也讲"法后
王"。"天地始者，今日是也；百王之道，后王是也。君子审后王之道而
论于百王之前，若端拜而议。"(《不苟》)"彼后王者，天下之君也；舍
后王而道上古，譬之是犹舍己之君而事人之君也。"(《非相》)"言道德
之求，不二后王。道过三代谓之荡，法二后王谓之不雅。……百家之说不
及后王，则不听也。"(《儒效》)在荀子看来，"礼法如同任何文化一般，
皆是一有机体，能创造发展，亦能变迁，具有累积性与适应性。盖善美之
礼法非成于一人之手，一时之作，而是历代圣王因应环境、时代之需求，
运用智慧所逐渐发展、改良、积累而成。故于后代之礼法中，必蕴有前代
礼法之遗迹。易言之，后代礼法乃集前代礼法之大成，较诸前代必最为粲
然明备。故荀子曰：'欲观圣王之迹，则于其粲然者矣，后王是也。'
(《非相》)后王之礼法既最为粲然明备，可知其必非凭空而起，而是有其
承传，有其渊源。故荀子之法后王即是明言其乃承继历史文化之遗产"。
"就礼宪发展之迹言之，百王之道乃一脉相承，后王之道乃百王之道积累
损益而成，最为粲然明确，故后王之道即足以代表百王之道。……故圣人
于礼义发展之迹中，推求其统类，把握其共理，即足以形成'礼义之
统'。由是即能处常而尽变。"② 故与孟子不同，荀子的弘道意识是突出了
礼义之统，以礼义为道之核心，同时以"知通统类"为推求礼义之原则、
共理之方法，使礼之价值、意义贯穿于历史之中，形成礼义之统。

　　综上所论，早期儒学的弘道意识包括历史意识、担当意识、正统意识
等多个方面。在论及道的传授时，孔、孟、荀等儒者都溯源于尧、舜、

① 李涤生：《荀子集释》，台北：台湾学生书局1979年版，第499—500页。
② 李哲贤：《荀子之名学析论》，第192—193页。

禹、汤、文、武、周公，认为儒家之道具有悠久的历史根源，表现出浓厚的历史意识。这是因为，儒家作为一个学派，固然是从孔子始，但作为一个文化传统，则是从尧、舜、禹、汤、文、武、周公始，是对尧、舜、禹、汤、文、武、周公为代表的三代历史文化的全面继承。这样，儒者所承继的乃是古代圣王的事业，传递的是尧、舜、禹、汤、文、武、周公之道，"祖述尧舜，宪章文武"成为儒者的共同信念与理想。与之相应，是强烈的担当意识。"子畏于匡。曰：'文王既没，文不在兹乎？天之将丧斯文也，后死者不得与于斯文也？天之未丧斯文也，匡人其如予何。'"（《论语·子罕》）面对匡人的威胁，孔子坚信自己承担着传播"斯文"的重任。除非老天想要毁灭"斯文"，否则几个匡人又能奈我何！正可谓是"人能弘道，非道弘人"（《卫灵公》）。孟子坚信"五百年必有王者兴，其间必有名世者"，如果老天不想平定天下便罢，如果想要平定天下，"当今之世，舍我其谁也？"（《孟子·公孙丑下》）主张"天下有道，以道殉身；天下无道，以身殉道；未闻以道殉乎人者也"（《尽心上》）。荀子称赞大儒之效，"虽隐于穷阎漏屋，无置锥之地，而王公不能与之争名……用百里之地，而千里之国莫能与之争胜；笞棰暴国，齐一天下，而莫能倾也"（《荀子·儒效》），主张"从道不从君"（《子道》），均是这种担当意识的反映。还有正统意识。儒者以道自认，具有维护正统的意识，孔子"攻乎异端"（《论语·为政》），孟子"距杨、墨"（《孟子·滕文公下》），荀子"非十二子"，均反映了这一点。但是在早期儒学那里，由于对于道的内涵没有形成固定、统一的认识，或以仁、礼为道之核心（孔子），或推崇唐虞之道"禅而不专，利天下而弗利"（《唐虞之道》），或重视仁心、仁政（孟子），或推崇礼义之统（荀子），因而在道统的问题上，其认识是开放、多样的，这与后世的道统说有明显的不同。

四　韩愈、朱熹道统说辨疑

魏晋以降，儒学衰微，面对佛老的冲击，儒者不断寻找回应之道，至唐中叶有韩愈者出，辟佛老，提出系统的道统说。其《原道》云：

博爱之谓仁，行而宜之之谓义，由是而之焉之谓道，足乎己，无待于外之谓德。其文《诗》、《书》、《易》、《春秋》，其法礼乐刑政，

> 其民士农工贾，其位君臣、父子、师友、宾主、昆弟、夫妇……斯道
> 也，何道也？曰：斯吾所谓道也，非向所谓老与佛之道也。尧以是传
> 之舜，舜以是传之禹，禹以是传之汤，汤以是传之文武周公，文武周
> 公传之孔子，孔子传之孟轲，轲之死，不得其传焉。

韩愈此说有两点特殊之处，一是将道的内容规定为仁义，认为"凡吾所谓道德云者，合仁与义言之也，天下之公言也"，"仁与义为定名，道与德为虚位"；二是与之相应，列出了孔子、孟子的传道谱系。在另一文中，具体为孔子、曾子、子思、孟子①，而将荀子及汉唐儒学排除在外。盖因为在韩愈看来，孔子之后光大仁义的是曾子、子思、孟子，荀子突出礼义之统，偏重外王事业，对于仁义，"择焉而不精，语焉而不详"（韩愈《原道》），"大醇而小疵"（韩愈《读荀》），故不得不排除于道统之外。韩愈标榜道统，辟佛老而明仁义，扬孟轲而抑荀卿，是在"儒门淡薄"的颓势下，为儒学寻找新的出路，其立论虽有偏颇之处，却得到宋明理学家的认可②。南宋理学集大成者朱熹称："孔子传之孟轲，轲之死，不得其传。此非深知所传者何事，则未易言也。夫孟子之所传者何哉？曰：仁义而已矣……尧舜之所以为尧舜，以其尽此心之体而已。禹、汤、文、武、周公、孔子传之，以至于孟子，其间相望，有或数百年者，非得口传耳授密相付属也。"（《李公常语上》）但尧、舜、禹、汤传授仁义乃是一种"虚说"，并无文献的根据，而在朱熹的时代，"孔子以仁发明此道"乃是多数儒者的共识。按照理学家的理解，"以仁发明此道"乃是自孔子始，而非自尧、舜、禹、汤、文、武、周公始。所以要论证道统说，不仅要有文献的根据，还要说明其与仁义的关系。关于这一点，朱熹接受了程颐"《中庸》乃孔门传授心法"的观点，以《古文尚书·大禹谟》为道统说的文献根据，将尧、舜、禹、汤传授道统落实在著名的"十六字心传"上。在《中庸章句序》中，朱熹称：

---

① 韩愈《送王秀才序》云："孟轲师子思，子思之学盖出曾子。自孔子没，群弟子莫不有书，独孟轲氏之传得其宗。"

② 唐宋儒者中还有另一种道统说，如宋初三先生之一的孙复称："吾之所谓道者，尧、舜、禹、汤、文、武、周公、孔子之道也，孟轲、荀卿、扬雄、王通、韩愈之道也。"（《孙明复先生小集》，文渊阁四库全书本）参见拙文《回到"子思"去——儒家道统论的检讨与重构》，《学术月刊》2009年第2期。

　　　盖自上古圣神继天立极，而道统之传有自来矣。其见于经，则"允执厥中"者，尧之所以授舜也；"人心惟危，道心惟微，惟精惟一，允执厥中"者，舜之所以授禹也。尧之一言，至矣，尽矣！而舜复益之以三言者，则所以明夫尧之一言，必如是而后可庶几也。

　　"十六字心传"中，"允执厥中"是核心，是尧所以命舜；舜所增"人心惟危，道心惟微，惟精惟一"三句，是对此句的进一步解释、说明，是舜所以命禹。这样，尧、舜、禹传授道统便有了文献的依据，道统传授不再是"虚说"而得到了证明。虽然尧、舜、禹、汤传授仁义没有文献记载，但《大禹谟》的人心、道心即是指仁义而言，"道心"即是仁义之心，指符合义理之心。这样，仁义的问题便转化为人心、道心的问题。在朱熹看来，仁乃"心之德而爱之理"，它源于天地生物之心，落实在人便是性，是"心之体"。此"心之体"或仁义之理亘古长存、客观独立，不会因人的理解而改变，这是道统得以成立的根本。但人的认识能力又是不同的，"特此心之体，隐乎百姓日用之间，贤者识其大，不贤者识其小"，而尧、舜、禹、汤、文、武，不过是"体其全且尽"者。这样，得道统之传便是体会"心之体"，是用"道心"去转化、统辖"人心"。

　　我们知道在朱熹那里，心、性是既有联系又有区别的，一方面心、性具有形上、形下的差别，心是形而下，是气；性是形而上，是理，故说"性即理"。另一方面，心又可以通过知去认识、把握理，认识、把握到理的是道心，没有认识、把握到理的是人心。故朱熹说，"心者，人之知觉，主于身而应事物者也。指其生于形气之私者而言，则谓之人心；指其发于义理之公者而言，则谓之道心"（《尚书·大禹谟》，《朱文公文集》）。"只是这一个心，知觉从耳目之欲上去，便是人心。知觉从义理上去，便是道心。"（《朱子语类》卷七十八）"人自有人心、道心，一个生于血气，一个生于义理。饥寒痛痒，此人心也。恻隐羞恶是非辞让，此道心也。"（《朱子语类》卷六十二）"心只是一个心，只是分别两边说，人心便成一边，道心便成一边。"（《朱子语类》卷七十八）人心、道心虽是同一个心，是同一个心的不同表现，但性质、作用又是不同的，"人心则危而易陷，道心则微而难著"（《朱子语类》卷七十八）。"一则危殆而难安，一则微妙而难见。必使道心常为一身之主，而人心每听命焉，乃善也。"（《朱子语类》卷六十二）"人心如船，道心如柂。任船之所在，无所向。若执定柂，则去住在我。""人欲也未便是不好，谓之危者，危险，欲堕未堕之间。若无道心以御之，则一向入于邪恶，又不止于危也。"（《朱子语类》卷七十八）为了使人心能升华为道心，就要"惟精惟一，允执厥中"，"精，是辨之明。一，是守之固。既能辨之明，又能守之固，斯得其中矣。这中是无过不及之中"。"惟精惟一，是两截功夫。精，是辨别得这个事物。一，是辨别了，又须固守他。若不辨别得时，更固守个什么？若辨别得了又不固守，则不长远。惟能如此，所以能合于中道。""惟精是要别得不杂，惟一是要守得不离。惟精惟一，所以能允执厥中。"（《朱子语类》卷七十八）故"允执厥中"就是要通过"惟精惟一"，也就是"择善固执"，以把握"心之体"或仁义之理，以实现由人心到道心的转化。这样，道统说终于在文献与理论上得到落实与证明。

不过朱熹虽然通过挖掘古代文献及理论诠释，建构起完整的道统学说，但其学说带有浓厚的理学气息，更多地是一种理论建构，而并不具有历史的根据。首先，朱熹所据之《大禹谟》出自伪古文，乃后人伪作，或至少经过后人的增补修订，此点学者早有明证。明代学者梅鷟称："尧之告舜，仅曰'允执厥中'，而舜亦以命禹，则其辞一而已，当无所增损也。《禹谟》出于孔壁，后人附会，窃取《鲁论·尧曰篇》载记而增益之，析四句为三段，而于'允执其中'之上妄增'人心'、'道心'等语，传者不悟其伪，而以为实然，于是有传心法之论。且以为禹之资不及舜，必益以三言然后喻。几于可笑！盖皆为《古文》所误耳，固无足怪也。"①梅鷟认为，《大禹谟》"人心"、"道心"三句乃是后人附会《荀子》所引《道经》而来，以此论道统心法传授不足为据。

　　自今考之，惟"允执厥中"一句为圣人之言。其余三言盖出《荀子》，而钞略掇拾胶粘而假合之者也。《荀子·解蔽篇》曰："昔者舜之治天下也，不以事诏而万物成，处一之危，其荣满侧，养一之

---

① 梅鷟：《尚书谱》卷二。《尚书谱》迄今未有刊本，本文凡所引据，以中国国家图书馆藏清孔氏藤梧馆抄本为底本（现收于《续修四库全书》中，第四十三册），而以中国国家图书馆收藏清李礼南所藏抄本为参校本。

微，荣矣而未知。故《道经》曰：'人心之危，道心之微，危微之几，惟明君子而后能知之。'"荀卿称"《道经》曰"，初未尝以为舜之言。作《古文》者见其首称舜之治天下，遂改二"之"字，为二"惟"字，而直以为大舜之言……至于"惟精惟一"，则直钞略荀卿前后文字，而攘以为己有。①

《荀子·解蔽篇》引《道经》有"人心之伪，道心之微"之说，而此段文字正好用来说明"舜之治天下"，故被作《古文尚书》者当作舜的言论，略加改动，编入《大禹谟》中。又由于《荀子》中多有论"精"和"一"的文字，如"农精于田而不可以为田师，贾精于市而不可以为贾师，工精于器而不可以为器师。有人也，不能此三技而可使治三官，曰：精于道者也"。"处一之危，其荣满侧，养一之微，荣矣而未知。"（《荀子·解蔽篇》）故"惟精惟一"一句，也当是钞略《荀子》文字而来。考虑到舜的时代尚不可能有人心、道心的说法，故认为《大禹谟》"人心惟危，道心惟微"等句是钞略《荀子》等旧籍而来，或是后儒的铺陈发挥，而非尧、舜典诰的实录并不为过。朱熹以此建立道统说，显然是文献"不足征"也。

其次，关于尧、舜、禹的传授，实际有两种不同的记载：一个是《论语·尧曰》，一个是《尚书·大禹谟》。二者虽然都提到"允执厥中"，但具体内容实际是有所不同的。在《论语·尧曰》中，尧仅告诫舜"允执厥中"，并说"舜亦以命禹"，说明尧、舜、禹所传仅有"允执厥中"一句。此"中"应指公平、公正，指中道，主要是一种德行、行为，尚不涉及心的问题。而在《尚书·大禹谟》中，舜传授禹时又加入了"人心惟危，道心惟微、惟精惟一"三句，按照朱熹的解释，"舜复益之以三言者，则所以明夫尧之一言"，但这样一来，一定程度上使文意发生了变化，道统的传授落在了人心、道心上，"允执厥中"也是针对道心而言②。朱熹建构道统说，是将《尧曰》与《大禹谟》等量齐观，以《大

① 梅鷟：《尚书谱》卷二。
② 《尚书·大禹谟》孔疏："民心惟甚危险，道心惟甚幽微。危则难安，微则难明，汝当精心，惟当一意，信执其中正之道，乃得人安而道明耳。"释"中"为中正之道，较之朱熹，更接近中的原意。

禹谟》理解《尧曰》，故认为尧、舜、禹、汤之传实际是在传心，而孔子之后，子思作《中庸》，"推本尧舜以来相传之意"；孟子发明本心，"千变万化，只说从心上来。人能正心，则事无足为者矣"（《孟子序说》，《四书集注》），皆得圣人之传，为"孔门传授心法"，故得列于道统之中。这样，其道统说显然有过度诠释的成分，此点连力图为朱熹辩护的牟宗三先生也不得不承认："尧命舜'允执厥中'是指行事言……而《道经》之语则直就心上作功夫，此非有真实而严肃之道德自觉者不能也。宋儒重视此语，不在《古文尚书》之伪不伪，而在其道德自觉上义理之精当。二帝三王之自政治措施上言'中'，固尚不能进至此。"① 牟先生承认《尧曰》"允执厥中"是自"行事"、自政治措施上言"中"，尚不能达到自"心"上言"中"，但又认为"人心"、"道心"之语实体现了"严肃之道德自觉"和"义理精当"，仍具有重要价值。这样在他看来，儒家的道统说只能从"理"上讲，而不能从"事"上讲。必须换一个角度，即认为尧、舜、禹、汤自"行事"上言"允执厥中"，而后儒剿取《道经》之语，自"心"上言"允执厥中"，此表明儒家内部实际存在一个谈"中"的传统，这一传统有一逐步发展、深化的过程。就这一点讲，道统说依然可以成立。不过牟先生的这一辩护，实际也等于承认，朱熹的道统说与历史的实况有出入，有必要做出修正和调整。

还有，前面说过，朱熹承韩愈说，认为尧、舜、禹、汤所传授者为仁义，而在"十六字心传"中，尧命舜、舜命禹者则为"允执厥中"，一为仁义，一为中，二者并不相同。朱熹为了建构尧、舜、禹、汤"一以贯之"的道统说，必须对二者关系做出说明，必须将二者统一起来。根据朱熹的理解，仁乃"心之德，爱之理"，"心之德"是从心上说，就人而言；"爱之理"是从理上说，就天而言。二者结合起来，便是仁的基本内容。"爱之理"不是爱，爱是情，爱之理是性，是"心之体"，故说"心有不仁，心之本体无不仁"（《朱子语类》卷九十五）。"心之本体"是形而上的，超越性的，至善无私的，与宇宙的"生生之理"是合一的。爱之理虽然是形而上的，但它需要通过爱，通过恻隐、羞恶、辞让、恭敬之情来表现。故朱熹也从气上说仁，"仁是天地之生气"，仁固然是"天人合一"的形而上之理，但必须在形而下之气上体现。"要识仁之意思，是

① 牟宗三：《心体与性体》第1册，台北：正中书局1968年版，第230页。

一个浑然温和之气，其气则天地阳春之气，其理则天地生物之心。"（《朱子语类》卷六）这便是体用合一、天人合一之气象。与之相应，朱熹将"中"也做了形上、形下的区分，分为"未发之中"与"时中之中"。未发之中是"天命之性"，"天理之当然"，也就是"心之体"；而时中之中是"不偏不倚"，是"做得来恰好"；"未发之中是体，时中之中是用"，"所以能时中者，盖有那未发之中在"（《朱子语类》卷六十二）。这样，就仁（"爱之理"）和中（"未发之中"）都是"天命之性"、"心之本体"、形而上之理而言，它们是统一的，是指同一个东西。二者在心上，在"心之体"上得到了统一，这是从体上讲。从用上讲，根据朱熹的说法，要发明"心之本体"，还需要经过"格物致知"的实践功夫，故做到了时中之中，即在具体事物上做到了"不偏不倚"，"做得来恰好"，又可以"豁然贯通"，实现"心之本体"的未发之中。这样，中与仁在体、用上也得到了统一。不难看出，朱熹关于仁与中关系的论证是十分迂曲的，纯粹是为了满足自身理论的需要，而缺乏文献的依据。在先秦典籍中，没有任何材料表明，仁可以直接等同于中。相反，如前文所举，礼同于中的例子则比比皆是。《中庸》有"喜怒哀乐之未发，谓之中"，此"中"固然可理解为性，但它是自然人性，也就是《性自命出》的"喜怒哀悲之气"，与仁义之性并不能等同。一些学者看到《保训》中有传授"中"的内容，便马上联想到后世的道统说，但他们往往忽略了，韩愈的道统是指仁义，并没有涉及"中"的内容；朱熹的道统说虽然加入了"十六字心传"，但其重心是在人心、道心，"中"主要还是针对道心、"心之体"而言，并落实到仁义上。这与《保训》的"中"有很大的不同，不管是肯定，还是否定《保训》与儒家道统关系的学者，似乎都忽略了道统说内部的复杂情况，而急于论证或否定儒家之道统，这显然是不合适，也是不应该的。

五　中道思想溯源

既然韩愈、朱熹等人的道统说更多是一种理论建构，朱熹将"中"落实在人心、道心上也不符合古代思想的实际，那么，"中"的本意是什么？古代中道思想又经历了哪些变化？便是个值得探讨的问题。学者谈论"中"，往往从字形入手，甲骨、金文中的中字分作三形，一作"🗲"，一作""，一作""，其中""字出现较早，接近其原始字形。关于中字，学者有旗帜说、圭表说等说法。持旗帜说者如唐兰先生认为："盖古者有大事，聚众于旷地，先建中焉，群众望见中而趋附，群众来自四方，则建中之地为中央矣。列众为阵，建中之首长或贵族，恒居中央，而群众左之右之望见中之所在，即知为中央矣（若为三军，则中军也）。然则中本徽帜，而所立之地，恒为中央，遂引申为中央之义，更引申为一切之中。"① 在唐兰看来，"中"本为旆旗之类，其中"｜"即旗杆，上面的饰物乃旗斿，由旆旗的"中"又发展出"中央"、"中间"的中。唐兰此说影响甚大，其实颇有疑问。盖其所说的中乃主观的中，而非客观的中，立旗为中，则天下无处不可以为中矣，这样的中未免太过随意了。

　　按，中应该指圭表。古人往往通过观测太阳投影长短、方向变化以定方位与时间，是中国传统天文观测的重要方法。卜辞有"立中"的记载，据学者研究，"是商人树立测量日影的'中'（相当于《周礼》上所记载的'圭表测影'的'表'）时进行的一种占卜祭祀活动"②。而中在卜辞的最初字形，就是一根附有斿的杆子。2002 年，山西襄汾陶寺遗址出土漆木长干一根，据学者研究，应是古人定位计时的槷（臬）表，即陶寺先民所使用的观象授时的天文仪器——"中"③。远古时代的人们，日出而作，日落而息，根据太阳的出入安排生活作息，多山地带的人，往往以山为太阳出入的标尺，而平原地区的人，只好用树或杆来测量日影以定时了。今天语言中还有"日出三竿"、"太阳上树"之类的说法，便是这一天文传统的反映。太阳清晨东升，日暮西落，故根据太阳的出入，就可以确定东西方向。据《周礼·考工记·匠人》记载，立表测影以定东西首先要"为规"，即在地面画一个圆，再标记圆周与日出日入之影交会所成的两个点，这两点的连线，就是东西的方向线。正因为如此，古书里也往往把东西称为朝夕。《考工记·匠人》："昼参诸日中之景，夜考之极星，以正朝夕。"贾公彦疏："正朝夕者，正其东西也。"后来在长期的天文观

---

① 唐兰：《殷虚文字说》，中华书局 1981 年版，第 53—54 页。

② 萧良琼：《卜辞中的"立中"与商代的圭表测影》，《科学史文集》第 10 辑，上海科技出版社 1983 年版，第 27 页。

③ 中国社会科学院考古研究所：《陶寺城址发现陶寺文化中期墓葬》，《考古》2003 年第 9 期。

测中，古人发现只有在春分、秋分时，太阳从正东升起，从正西降落①。
"因此，东、西两个方位的确定有赖于春、秋分两个节气的确定，反之亦
然，春、秋分的准确确定也离不开东、西方向的正确测定；冬、夏二时则
离不开南、北方基准，古人借助于立表测影确定冬、夏至……中午影长最
短的日子就是夏至，最长的日子就是冬至，而要准确观测中午日影的变化
必须首先准确确定南、北方。总之，春、夏、秋、冬四时的确定离不开
东、南、西、北四方的确定，反之亦然，四时配四方的观念即滥觞于
此。"② 故古之"立中"测影，目的在于建构时空体系，"辨方正位"、
"敬授民时"，而时间、方位实为古代一切宗教性礼仪活动的基础，故
"中"作为方位、时间的准绳，与古代的礼治实践是密切联系在一起的。

　　"🐦"字所从"⊙"形，学者或认为是鼓形③，或认为是"旐柄在日
中时所投之正影"④，或认为是"盛牲或装血的盘子之类"⑤，冯时认为乃
辨别方位所划之规，后又认为是"邑"字的初文。盖三代制度以邑为王
庭之所在，如"夏邑"、"商邑"、"大邑周"等，故"中"乃合"⊙"
（邑）与表（旗）的会意字，反映了上古时代居中而治的传统政治观⑥。
"⊙"是否即是"邑"字，还可讨论，但中与邑或国存在密切的联系，
则是不争的事实。《周礼》天、地、春、夏、秋每官前第一句均言："惟
王建国，辨方正位，体国经野，设官分职，以为民极。"说明古人建国，
必先"辨方正位"，而"辨方正位"必然要立表测影。《周礼·地官·大
司徒》亦说："以土圭之法测土深（贾公彦疏：'深谓日景长短之深
也。'），正日景，以求地中。"可见"求地中"乃建国的必要条件，也是
古代礼治的重要活动。这一传统渊源甚早，距今六千五百年前的河南濮阳
西水坡原始宗教遗址，在南北百米左右的广阔空间内准确地沿子午线等距

　　① 《开元占经》引张衡《浑仪注》："春分、秋分日在黄赤二道之交……出卯入西。"是说
春分或秋分两天，太阳才从卯的方位即正东方升起，在酉即正西方降下，日影也恰好是正东方或
正西方。

　　② 刘宗迪：《五行说探源——从原始历法到阴阳五行》，《哲学研究》2004 年第 4 期。

　　③ 胡念耕：《唐兰释"中"补苴》，《安徽师大学报》1991 年第 2 期。

　　④ 姜亮夫：《"中"形形体分析及其语音演变之研究——汉字形体语音辩证的发展》，《杭
州大学学报》1984 年第 4 期增刊。

　　⑤ 萧兵：《"中"源神杆说》，《中国文化》第 9 辑，1994 年。

　　⑥ 冯时：《陶寺圭表及相关问题研究》，"文本·记忆·图像国际学术会议"论文，2011
年。

分布，这种布局在人们不知方位的蒙昧时代是不可能完成的，说明此时表的存在已是不容怀疑的事实①。根据殷墟遗址的发掘，小屯房屋、宫殿"基址的方向，东西向者居多，南北向者较少……都接近磁针的正方向"②。立表求中，一开始还只是某一地区相对的中，经过对不同地区日影长度的长期探索，人们最终认识到，夏至日正午影长为一尺五寸的地方，是为天下之中，此即《大司徒》所云："日至之景，尺有五寸，谓之地中，天地之所合也，四时之所交也，风雨之所会也，阴阳之所和也。然则百物阜安，乃建王国焉。"据贾公彦疏，此事是指"周公摄政四年，欲求土中而营王城，故以土圭度日景之法也"。周公所测的天地之中在"颍川阳城"，即今河南登封市告成镇，于是在此营造王城洛邑。《尚书·召诰》《洛诰》、《逸周书·作雒》对此均有记载，其中《召诰》称"王来绍上帝，自服于土中"。自，用也。服，治也。土中，即天下之中。"自服于土中"即在天地之中治理百姓。又记周公曰："其作大邑，其自时配皇天；毖祀于上下，其自时中乂。"时，此，这。"其自时中乂"即用这天地之中来治理。《洛诰》亦记周公曰："其自时中乂，万邦咸休，惟王有成绩。"《逸周书·作雒》篇："周公敬念于后，曰：'予畏周室不延，俾中天下。'及将致政，乃作大邑成周于土中……以为天下之大凑。""俾中天下"即使居于天下之中，这样方可使周室命祚延续而不至中断。从这里可以看到周人对于"土中"、"地中"的特殊信仰和崇拜。至于为何选日影"尺有五寸"的"颍川阳城"为天地之中，这当然与周人的地理知识和活动范围有关，是对夏人、殷人建都嵩山、河洛一带传统的延续。

由上可见，古人是通过立表测影活动造就了汉字的"中"，并成为中国文化中影响深远的核心概念。故"中"在古代"义至广阔而重要"，最初指测影的表，引申为空间、时间之中。有学者注意到，商代甲骨文中的"中"已有中间义，与上下左右相对，中间义最早应是透过时间及空间意识所呈现的一个特殊的时间或空间位置。故在古人的观念中，"土中"、"地中"有着特殊的意义，中国之为中国，就因为与四夷相对，居于天下之中。西周何尊铭文曰："余其宅兹中国，自兹乂民。"这一观念影响甚远，战国时孟子仍称："中天下而立，定四海之民。"（《孟子·尽心上》）

① 冯时：《河南濮阳西水坡 45 号墓的天文学研究》，《文物》1990 年第 3 期。
② 邹衡：《商周考古》，文物出版社 1979 年版，第 69 页。

"中天下"即确立天下的中,确立天下的中而立于此,如此方可"定四海之民",仍沿袭了古代居中而治的传统。就时间而言,"日之方中"是"一日行事最高标准,而亦一日时间之最高极点,过此则日昃矣"①。故中实具有中央、日中之义。又因立表测影必求其垂直中正,故中又得引申为正。"槷表之中正,实际则意味着树立的槷表不偏倚于东、西、南、北任何一方的垂直状态,这便是表之称'中',而'中'具有中正之义的事实依据。"②并发展出中庸、时中、中和等概念,"中"对中国文化之影响可谓大矣。

在《尚书》等文献中,"中"往往有公正、中正之意,并出现中正的用法。如《盘庚》篇:"汝分猷念以相从,各设中于乃心。"盘庚迁都乃为殷人的整体利益考虑,而反对迁都的贵族多是出于私心,故盘庚训导其要"设中于乃心",此"中"应训为"正",即公正之意。古文尚书《蔡仲之命》有"率自中,无作聪明乱旧章",可见"中"往往与先王的"旧章"有关,或者说"中"与"不中"实际是以"旧章"为标准。古文《仲虺之诰》则说:"王懋昭大德,建中于民。以义制事,以礼制心。""建中于民"即建立中正于民众中,具体做法是"以义制事,以礼制心",实际将中与礼联系在一起。《周礼·地官·大司徒》亦说:"以五礼防万民之伪而教之中。"古文《尚书》、《周礼》相对晚出,可能掺杂了后人的用语,今文《尚书》中所谓"旧章"更多是用"彝"或"彝伦"概念,但彝实际也就是后来的礼③,故后人将礼与中联系在一起,确有渊源与根据。《尚书》出现"中"字较多的是《吕刑》篇,凡九见,这是因为折狱往往最能体现"中"之中正、公正之意,同时也反映了周人对于司法公正的重视。如,"非佞折狱,惟良折狱,罔非在中"。断案时,不用巧辩的人而用善良的人,这样才能保证审判公正。"民之乱(注:治),罔不中听狱之两辞,无或私家于狱之两辞。"要公正地听取双方的陈述,不要听信一方之辞而有所偏袒。"明启刑书,胥占,咸庶中正。"要以刑书

---

① 姜亮夫:《楚辞通故》第2册,齐鲁书社1985年版,第292—293页。

② 冯时:《陶寺圭表及相关问题研究》。

③ 徐复观:"在周初,把'殷礼'与'殷彝'分别得清清楚楚。殷礼专指的是祭神,而殷彝则指的是威仪法典;这中间没有一点含糊的地方……孔子所说的殷礼加上了殷彝,这应当看做是由彝向礼的移植扩充的具体证明。"《中国人性论史·先秦卷》,上海三联书店2001年版,第39页。

为依据，仔细斟酌，力求做到中正。值得注意的是，在周人的观念中，刑罚的公正（"刑之中"）往往与德有关，是德的一项重要内容。如，"士制百姓于刑之中，以教祇德"。据孔颖达疏，这里的"百姓"乃"百官之姓"，即有姓的贵族，士师用公正的刑罚制御百官，教导其敬重德。"罔不惟德之勤，故乃明于刑之中，率乂于民棐彝。"率，用。棐，读为"非"，非彝，即非法。民非彝，即民之非法者。只有勤于德，才能刑罚公正，刑罚公正才能治理违法的民众。"典狱非讫于威，惟讫于富。"断狱的目的不在于威吓民众，而在于造福百姓。后又发展出"折中"、"执中"的概念，如《管子·小匡篇》："决狱折中，不杀不辜。"《韩诗外传》："听狱执中者，皋陶也。"（《尸子·仁意篇》作"折衷"）执中本为治狱时中正不偏之义，引申为对一切公共事务求其公平、公正之义。如《论语·尧曰》："允执其中。"《大戴礼记·五帝德》："（帝喾）执中而获天下。"诚如学者所说，"'中'已从先秦时代主要作为一种刑罚原则扩展到立法、司法领域，以其合理主义的原则或精神涵盖了法的各个方面，成为中华法系的一大传统"①。

　　要做到公平、中正，就要发现、确立中，这就涉及了中庸。谈到中庸，人们往往会想到"子思作《中庸》"，其实中庸有着更为久远的历史根源。如果说中正主要侧重于司法、政治领域的话，那么，中庸更多地是一个德行、伦理概念，是一种认识、处理事物的理论方法。诚如庞朴先生所说，"中庸不仅是儒家学派的伦理学说，更是他们对待整个世界的一种看法，是他们处理事物的基本原则或方法论"。具体讲，中庸可表现为四种常见的思维形式。最基本的形式，是把对立两端直接结合起来，以此之过，济彼不及，以此之长，补彼所短，以追求最佳的"中"的状态，可以概括为 A 而 B 的公式。如《尚书·皋陶谟》所列举的"宽而栗（庄敬、严肃），柔而立，愿（谨慎）而恭"等"九德"。与此相辅，还有一个 A 而不 A′ 的形式，它强调的是泄 A 之过，勿使 A 走向极端。如《尚书·尧典》中的"刚而无虐（残害），简（率性，真实）而无傲"等。中庸的第三种形式为不 A 不 B，它要求不立足于对立双方的任何一边，强调的是毋过毋不及。如《尚书·洪范》中的"无偏无颇"、"无偏无党"、

---

　　① 俞荣根：《儒家"中道"的法文化思考》，《道统与法统》，法律出版社 1999 年版，第247 页。

"无反无侧"等。中庸还有一种形式为亦 A 亦 B，它实际为不 A 不 B 的否命题，重在指明对立双方的互相补充，最足以表示中庸的"和"的特色。如《礼记·杂记下》的"张而不弛，文武弗能也；弛而不张，文武弗为也。一张一弛，文武之道也"①。庞先生的概括生动、全面，惜乎所举例子多为德行，是行为、态度的无过不及。其实中庸更多的表现是"执两用中"，是在事务的两极寻找平衡点，在人群中的两派达成共识。《逸周书·度训第一》："天生民而制其度，度小大以正，权轻重以极，明本末以立中。立中以补损，补损以知足。"（译文：上天降生民众为其制定法度，度量大小才能确定适中，权衡轻重才能保持正中，搞清本末才能确立中。确立中才能补充不足减损有余，补充不足减损有余才能知足。）这里的"大小"、"轻重"、"本末"就是针对"民"而言。在不同身份、地位的民众间"立中"，这样才能"□爵以明等极，极以正民"（同上）。《保训》中舜"求中"、"得中"，就是要在"上下远迩"的"庶万姓"中求其"度量分解"，确立名实关系，属于典型的中庸思维形式。当然，司法的公平、公正需要有个标准，应该以法律为准绳。但法律条文的最初制定，也是古之"圣人"审时度势，执两用中的结果，有些就是来自古代的判例。如《保训》中河伯居中调解，以中道的形式处理了上甲微与有易的矛盾，此后"微志弗忘，传贻子孙"，将"以直报怨"作为后世处理与外部矛盾、冲突的基本原则，使其具有法律的效力和地位。中也有恰当、适当的意思，但恰当、适当往往也是以中道为根据的。在上甲微的例子中，以怨报怨、血亲复仇曾经被看作是恰当、合理的，而经过河伯的调解后，以直报怨的原则则逐渐被接受，被视为恰当、合理的，这背后体现的乃是价值观念的转变，是中道原则的确立。

与中道相关的另一重要概念是中和，中和的观念亦渊源甚早。《周礼·春官·大司乐》："以乐德教国子，中、和、祇、庸、孝、友。"说明中、和较早已是两个重要的德行概念。《周礼·地官·大司徒》亦有："以五礼防万民之伪而教之中，以六乐防万民之情而教之和。"《左传·成公十三年》记刘康公曰：

> 民受天地之中以生，所谓命也。是以有动作礼义威仪之则，以定

---

① 庞朴：《"中庸"评议》，《中国社会科学》1980 年创刊号。

命也。能者养以之福，不能者败以取祸。是故君子勤礼，小人尽力。

这里的"中"可理解为正，而"命者教命之意，若有所禀受之辞"。"民受天地之中"反过来说，也就是天地赋予了（"命"）民中，此"中"实际也就是后来的性。天地是公正、无私的，是万物的主宰，因此民所受的"中"也含有价值的意味，有适当、恰当的意思。民从天地所受的中是恰当、适当的，但后天还需要以礼义威仪保持住中，这就是"定命"。正是在这一基础上，子思明确提出了"中和"的概念：

> 天命之谓性，率性之谓道，修道之谓教……喜怒哀乐之未发谓之中，发而皆中节谓之和。中也者，天下之大本也；和也者，天下之达道也。致中和，天地位焉，万物育焉。（《礼记·中庸》）

显然，子思所谓"未发"之喜怒哀乐就是天命之性，由于它是天的赋予，是恰当、适当的，故"谓之中"。这天所赋予的喜怒哀乐未发之性作用、表现出来，皆中其节度便是和。"致中和"即是要达到内在人性的恰当、和谐，和外在秩序的恰当、和谐，实际是双重的和谐。因此，中和实际是从本体心性论的角度对中道做了进一步的阐发。人类之所以能和谐相处，保持中道，就是因为中和乃天地之根本。以后董仲舒对此做进一步发展，认为"中者，天地之所终始也，而和者，天地之所生成也。夫德莫大于和，而道莫正于中。中者，天地之美达理也，圣人之所保守也"。"中者，天地之太极也，日月之所至而却也，长短之隆，不得过中。"天地赋予人性，使人具有了中和的本性，故保持住中和，以中和治天下，就可以身修国治天下平矣。"是故能以中和理天下者，其德大盛，能以中和养其身者，其寿极命。"（《春秋繁露·循天之道》）

中正、中庸、中和构成了中道的主要内容，其中，中正的概念出现比较早，可能反映了"中"较早的含义，尧、舜、禹、汤等古代帝王所崇尚的"中"主要是指中正而言，它是一个法律、政治的原则，而不是心性的原则。中庸的概念虽然出现较晚，但作为一种思维方式已存在古人相关的表述中了，庞朴先生对此有很好的概括。中和的情况亦是如此，刘康公的"民受天地之中以生"已蕴涵了后来的中和思想，中和实际是对刘康公思想与史伯"夫和实生物，同则不继"（《国语·郑语》）思想的结合。故中国古代确实有重视中道的思想传统，体现了尧、舜、禹、汤等古代先王独特的伦理、政治实践智慧，及其对宇宙人生的理性思考。但这一思想传统显然与朱熹等人的道统说是有一定距离的，是无法简单将二者等同起来的。

六　"仁义——中"与"礼义——中"

综上所论，由韩愈首倡、朱熹集大成的道统说实际是以"仁义——中"为内容的，其中"仁义"是核心，"中"是针对仁义或心之体而言，故道统之传也就是所谓的虞廷十六字心传，而"人心惟危，道心惟微，惟精惟一，允执厥中"十六字则是来自颇有疑问的伪古文《尚书·大禹谟》。朱熹的这一道统说虽在儒学史上产生过深远的影响，但更多地是一种理论建构，与古代"中"的思想传统不一定相符。之所以如此，主要是因为魏晋以降，佛老渐兴，"儒门淡泊，收拾不住"，朱熹等宋代儒者面临的是信仰重建的问题，是"性与天道"的问题，而不是制度重建的问题，故主要继承的是孔子开创的新统，而不是尧、舜、禹、汤、文、武、周公的旧统，是仁之统，而非礼义之统。但为了将其道统溯源到古圣先贤，故将尧、舜的"允执其中"与孔门的"仁以为己任"（《论语·泰伯》）联系在一起，形成"仁义——中"的道统说。在朱熹等人看来，孔子之后，主要继承、光大"仁义——中"的是曾子、子思、孟子，故得列于道统之中，而荀子、汉儒则被排除在道统之外。然而正如前文指出的，中国古代虽然存在一个源远流长"中"的思想传统，并形成中正、中庸、中和等一系列概念，但古代的"中"源于宗教性的礼仪活动，是古代礼学的重要范畴。孔子之后，真正全面继承"中"的传统的主要是荀子，而非孟子。这样，在讨论儒家道统时，就需将眼光由"仁义——中"转向"礼义——中"，而荀子的地位由此凸显出来，下面试分析、论述之。

孔子之前，中国古代已存在重视中道的思想传统，孔子创立儒家时自然对这一思想传统做了继承，使其成为儒家学说的一个重要内容。《论语·尧曰》有"允执其中"，这是对尧舜禹公平执政的继承。《子路》称"不得中行而与之，必也狂狷乎？狂者进取，狷者有所不为也"。"中行"《孟子》引作"中道"，狂、狷是两个极端，中行或中道则是取其中，接近于庞朴先生所概括的"不 A 不 B"，是对"不偏不倚"中庸思维方式的继承。《雍也》记"子曰：中庸之为德也，其至矣乎！民鲜久矣"。此是称赞中庸之德的可贵，同时感慨民众偏离中庸之德之久。不过孔子对中道思想的重要发展，一是提出忠恕，以忠恕为中道的思想基础；二是将仁、礼纳入中道之中，试图通过"中"将二者统一起来。前面说过，孔子一方面开仁之新统，另一方面又承继礼之旧统，故仁、礼的关系或者说如何将仁、礼统一在一起，便成为孔子及以后儒家所着力探讨的问题。从现有材料看，仁、礼的统一实与"中"有关。上博简第五册《季康子问于孔子》记孔子云：

> 君子在民之上，执民之中，施教于百姓，而民不服焉，是君子之耻也。是故君子玉其言而慎其行，敬成德以临民，民望其道而服焉，此之谓仁之以德。

"执民之中"的"中"应训为"正"，表率之意。君子在民众之上，树立民众的表率，以身教、德政影响、感化民众。在孔子看来，这就是"仁之以德"，是仁德的表现。这一思想在《论语》中也有反映，如，"政者，正也，子帅以正，孰敢不正？""子为政，焉用杀？子欲善而民善矣。君子之德风，小人之德草。草之上风，必偃。"（《颜渊》）但仁又是抽象的，仁德的表率作用需要通过具体的礼义表现出来，需要符合礼的规定。"子曰：敬而不中礼，谓之野；恭而不中礼，谓之给（注：讨好逢迎）；勇而不中礼，谓之逆。"（《礼记·仲尼燕居》）"敬"、"恭"、"勇"作为内在德目，是属于仁，包括于仁之中的。但它们要"中礼"，即符合礼，否则便会有"野"、"给"、"逆"的弊端。可见，在孔子心目中"中与不中"还是要以礼为标准，"中"要落实在礼之上，故说"礼乐不兴，则刑罚不中；刑罚不中，则民无所措手足"（《论语·子路》）。

孔子之后，子思作《中庸》是对古代中道思想的一大发展。《中庸》虽名为中庸，实包含三个主要概念，一是诚，二是中和，三是中庸。其中，诚是德性概念，是道德主体，内在创造性，类似于孔子的仁，实际是对仁的继承和发展。中和是内在心性概念，但侧重于自然人性。中庸是外在伦理概念，侧重于人伦德行。关于中庸，学者或释"庸"为"用"，释"中庸"为"用中"，取"执两用中"之意。但从《中庸》的内容来看，中庸的"庸"应训为常，而常有平常、恒常之意。故中庸即中道与常道，它包含执两用中，无过不及，有在平常中求中（恰当、适当）等意。其中"执两用中"前文已有引述，"无过不及"《中庸》也有强调，如"道之不行也，我知之矣，知者过之，愚者不及也。道之不明也，我知之矣，贤者过之，不肖者不及也"（《中庸》）。而中庸的另一特色乃是在平常中求中，无过不及、执两用中要体现在平常之事中。徐复观先生说："'庸'者指'平常地行为'而言。所谓'平常地行为'，是指随时随地，为每一个所应实践所能实现的行为。因此'平常地行为'实际是指'有普遍妥当性的行为'而言……表明了孔子乃是在人人可以实践、应当实践的行为生活中，来显示人之所为人的'人道'，这是孔子之教与一切宗教乃至形而上学断然分途的大关键。"[1] 李泽厚先生亦说："它（注：中庸）着重在平常的生活实践中建立起人间正道和不朽理则。此'人道'，亦'天道'。虽平常，却乃'道'之所在。"[2] 观诸《中庸》的内容，确乎如此。"君子之道，费而隐。夫妇之愚，可以与知焉，及其至也，虽圣人亦有所不知焉。"这里的"君子之道"即中庸之道，中庸之道光明而隐微，不离人伦日用，愚夫愚妇也可以明白，但要做到恰当、极致，却是圣人也难以做到的。正因为如此，"君子之道四，丘未能一焉。所求乎子，以事父，未能也；所求乎臣，以事君，未能也；所求乎弟，以事兄，未能也；所求乎朋友，先施之，未能也"。这并非夫子自谦，而确乎是有感而发。盖因为"君子之道，造端乎夫妇；及其至也，察乎天地"。"人莫不饮食也，鲜能知味也。"在平常中求中，在平常中发现生命的意义，往往是最难深入，也最难持久。而生活的常道之所以能够一代代延续下去，恰恰是因为做到了中，盖不中则不常（恒常），常则必有中。

与孔子试图通过"中"统一仁、礼的关系一样，子思不仅在客观上讲中庸，也从主观上讲"中道"、"中节"，试图统一主、客观，"合外内之道"，故《中庸》中又有"诚"和"中和"之说。在子思看来，做到中庸不仅要执两用中、无过不及、常中求中，同时还需保持内心的诚，"诚者，不勉而中，不思而得，从容中道，圣人也"。"中道"即符合道，"不勉""不思"，"从容中道"，这只有少数的圣人可以做到，对于一般

---

① 徐复观：《中国人性论史·先秦卷》，台北：台湾商务印书馆1968年版，第113页。
② 李泽厚：《论语今读》，安徽文艺出版社1998年版，第166页。

人也就是"诚之者",则需要"择善而固执之",经过后天的实践努力方可。《大戴礼记·保傅》有"化与心成,故中道若性",是说经过后天的实践培养,行为自然中道,好像发自本性一样,说明经过后天的培养,同样可以中道。诚也包含了忠恕的价值原则,"忠恕违道不远,施诸己而不愿,亦勿施于人","在上位,不陵下;在下位,不援上;正己而不求于人,则无怨"(同上)。只有推己及人,己所不欲勿施于人,才可以真正做到中道。其次是中和,前面说过,中和是从本体心性论的角度探讨了中道如何可能的问题。根据子思,一方面,"中"是内在的,是"天命之谓性",是内心恰当、和谐的自然状态,是含而未发的内在要求;另一方面,"中"又是外在的,可以由内而外表现为行为上的"中节"、合于礼。这样,通过"中"便把儒家的"外内之道"贯通了起来,未发之"中"是行为"中节"的前提,而行为中节,则是内在之"中"的表现和作用。"同时这个'中'也把天道与人道贯通了,因为它一方面是内在于人心中的,另一方面却又是受之于天,是天所赋予的'命',其实也就是指人之所以为人的内在的和必然的要求。"① 这样,子思便从理论的高度对中道思想作了系统的阐发,将诚、中和、中庸统一在一起,以诚为内在德性,中和为内在情性,二者合为内在心性,而以中庸为外在德行,君子之道应内外兼修,做到诚、中和与中庸的统一,这即所谓"合外内之道"也。

子思之后,孟子对中道虽有所阐发,但并无特殊之处,反倒是荀子对中道做了系统论述,成为中道思想的集大成者。在韩愈、朱熹等人构建的道统体系中,孟子被视为道统传授的关键环节,"轲之死,不得其传焉",但若以中道为道统的话,则荀子的地位无疑远在孟子之上,孔子、子思之后,有荀卿焉。先看孟子。前文提到,孟子有"中天下而立"之说,但只是一般提及,并无深意。又引孔子"不得中道而与之,必也狂狷乎"(《孟子·尽心下》),是对孔子中庸思想的进一步解释和阐发。孟子称:"大匠不为拙工废绳墨,羿不为拙射变其彀率。君子引而不发,跃如也;中道而立,能者从之。"君子教人好比射箭,只要摆出正确的姿势就可以了。至于掌握的程度,则要靠个人的努力。"中道"即符合道,就是要像工匠中于绳墨,射手合于彀率一样,符合"道"的要求。此道是法则、

---

① 徐克谦:《从"中"字三重含义看中庸思想》,《孔孟月刊》第 37 卷第 4 期,1998 年 12 月。

方法之意。孟子称赞："汤执中，立贤无方。"（《离娄下》）此"中"应训为"正"，汤执政公平、中正，立贤却没有一定常法。盖因贤人各有特点，执中还需有权，不可简单划一。故孟子称："子莫执中，执中为近之。执中无权，犹执一也。所恶执一者，为其贼道也，举一而废百也。"（《尽心上》）可见人道的复杂性就在于灵活多变，不可一概而论。子莫只知执中，不知有权，实际是执一，执一机械僵化，没有权变，结果是抓住了一点而废弃了其余。故孟子不仅讲执中，更讲权变。"权"的本意是指秤锤，称量东西必须在秤锤和物体间保持一种"中"的平衡状态，但秤锤的位置是灵活的，会根据物体的重量在秤杆上移动，其位置不一定要处于正中，但却总是处在一个适当的位置上。孟子称赞孔子为"圣之时者"，就是因为孔子能够根据一时一地的不同具体情况，灵活地决定自己的行动，"可以速而速，可以久而久；可以处而处，可以仕而仕"（《万章下》）。因此，孟子虽然对中道思想有所涉及、阐述，但并无实质发展，通读《孟子》全书，也未见有关中道的更多论述。若一定要说孟子对中道思想有所推进的话，那也是孟子突出了"权"，以权为"执中"的补充。

　　那么，为什么向来被视为道统传人的孟子反而对儒家中道较少涉及呢？这主要是因为中或中道作为古代先民的实践智慧、实用理性，与古代礼学存在更为密切的联系，或者说就是隶属于古代礼学的。中道所强调的公平、公正，恰当、适当，无过不及，不偏不倚，保持适当的度，等等，都是与礼仪实践联系在一起，需要通过具体的礼仪来表达。与之相反，中道与儒家仁学虽然也有一定联系，如仁的价值原则需要落实在中道之上，经过了仁的浸润，体现了忠恕精神的中道方是活泼、生机的，否则便会有僵硬、干枯之虞；同时，仁作为道德实践的动力和原则也需要落实到具体的行为中，这样就存在中不中，"从容中道"的问题。但不论是孔子的仁，《中庸》的诚，还是孟子的心（仁者，人心也），都是"极广大而致精微"的概念，其内含绝不仅仅限于中，或是无法用中道来概括的。仁或诚不仅是一种德行原则，同时也是内在的超越原则，是一个"下学上达"、"与天地参"、"尽心、知性、知天"的超越过程，这一向天道的超越过程显然是不能用"中"来衡量的。仁同样是一个推己及人，不断向外施爱实践过程，所谓"老吾老以及人之老，幼吾幼以及人之幼"（《孟子·梁惠王上》），"亲亲而仁民，仁民而爱物"（《尽心上》）。这一"扩而充之"的实践过程同样也是不能用"中"来衡量的。故中道实际隶属于礼学，而与仁学虽有联系，但重合较少。明乎此就可以理解，为何儒家内部光大仁学的孟子对中道较少涉及，而"隆礼重法"的荀子反而成了中道思想的集大成者。

翻开《荀子》一书，不难发现对于中道的详细论述和系统阐发，荀子不仅对"地中"、"中正"、"中和"、"中庸"等思想都有涉及、论述，且做了进一步发展。不妨夸张地说，荀学某种程度上可称为"中"学。如，"欲近四旁，莫如中央，故王者必居天下之中，礼也"（《荀子·大略》）。这是阐发"天地之中"和"居中而治"的思想。值得注意的是，荀子称"礼也"，说明居中而治乃属于古代礼学，或已被归入礼学的范畴。"中立无有所偏而为纵横之事。"（《王制》）这里的"中立"就已超越了空间范畴，而成为政治概念。又如"中正"，"故君子居必择乡，游必就士，所以防邪辟而近中正也"（《劝学》）。这里的中正侧重于伦理，与《吕刑》的"咸庶中正"有所不同，说明荀子已将中正概念由刑罚扩大到一般伦理领域。又如"中和"，"故乐者，天下之大齐也，中和之纪也，人情之所必不免也"（《乐论》）。"礼之敬文也，乐之中和也，《诗》、《书》之博也，《春秋》之微也，在天地之间者毕矣。"（《劝学》）乐之入人深矣，化人速矣，它触动人的情感，影响人的行为，发乎情，止乎礼义，故为"中和之纪也"。不过，荀子的中和已不限于心性的概念，同时还是一种处理政治、法律事务的态度准则。"凡听，威严猛厉而不好假道人，则下畏恐而不亲……和解调通，好假道人而无所凝止之，则奸言并至，尝试之说锋起……故公平者，听之衡也；中和者，听之绳也。"（《王制》）"临事接民而以义，变应宽裕而多容，恭敬以先之，政之始也；然后中和察断以辅之，政之隆也；然后进退诛赏之，政之终也。"（《致士》）这里的中和乃中正平和之意，其中《王制》篇之中和即针对宽猛得中而言，既有公正的原则，又有适中、平和的态度，这才可谓是"听之绳也"。故荀子对中道思想的一大发展，是将中正、中和、中庸等思想贯通在一起，使其彼此渗透，成为一个有机整体。如，"血气刚强，则柔之以调和；知虑渐深，则一（注：通'抑'）之以易良；勇胆猛戾，则辅之以道顺；齐给便利，则节之以动止；狭隘褊小，则廓之以广大"①　（《修

---

① 《荀子》中"中庸"凡一见："元恶不待教而诛，中庸民（或谓民字衍）不待政而化。"（《王制》）此中庸为中等、平常之意。

身》)。这是将中庸发展为"治气养心之术",是中庸与中和的结合。又如,"文理繁,情用省,是礼之隆也;文理省,情用繁,是礼之杀也;文理情用,相为内外表里,并行而集,礼之中流焉"(《礼论》)。这是以中道来取舍礼,文理、情用不偏于一方,恰当适中,即礼之中流。中流,即中道也。

前面说过,孔子、子思都试图通过"中"来统合仁、礼或"合外内之道",这一点在孟、荀这里却没有得到贯彻。由于孟子主要继承的是孔子的仁学,而对礼学有所忽视,故他主要强调的是道德自主性,认为"由仁义行,非行仁义也"(《孟子·离娄下》),仁义不可以看作是外在、对象化的存在,而只能是不容自已的内在创造力。甚至主张"自反而缩,虽千万人吾往矣"(《公孙丑上》),只要是正确,即使面对千万人的反对也要勇往直前。孟子的这一思想,显然与不偏不倚的中庸有所不同,他少谈中道也与他重仁的思想倾向有关。与孟子不同,荀子虽然也谈到仁与中,如,"言而非仁之中也,则其言不若其默也,其辩不若其呐(注:同'讷')也。言而仁之中也,则好言者上矣,不好言者下也"(《荀子·非相》)。"仁之中"也就是中于仁,即符合于仁。但"中于仁"的具体方式则是通过礼来实现的。"先王之道,仁之隆也,比中而行之。曷谓中?曰:礼义是也。"(《儒效》)仁虽然是先王之道,是普遍的价值原则,但它是抽象的,需要根据"中"来具体实行,而中就是礼义。故与孟子以内(仁义)开外不同,荀子实际是以外(礼义)统内(仁义),中落实在礼义上。因此,与孟子反对"执一",主张行权不同,荀子则明确提出了"执一"说。

> 尧问于舜曰:"我欲致天下,为之奈何?"对曰:"执一无失,行微无怠,忠信无倦,而天下自来。执一如天地,行微如日月,忠诚盛于内,贲于外,形于四海。天下其在一隅邪!夫有何足致也!"(《尧问》)

"执一"也就是守一,守于道之意。这个道显然即礼义之道。故荀子对于礼十分重视,视礼为是非、善恶之标准,行为、人伦之准则。"程者,物之准也;礼者,节之准也。程以立数,礼以定伦。"(《致士》)人的思想、情感、生活、起居,乃至行为、动静都要通过礼来实现。"凡用血气、志意、知虑，由礼则治通，不由礼则勃乱提僈；食饮、衣服、居处、动静，由礼则和节，不由礼则触陷生疾；容貌、态度、进退、趋行，由礼则雅，不由礼则夷固僻违、庸众而野。"（《修身》）思考问题也应以礼为标准，不妨称为礼的思维模式。"礼之中焉能思索，谓之能虑；礼之中焉能勿易，谓之能固。能虑能固，加好者焉，斯圣人矣。"（《礼论》）故称"君子不贵者，非礼义之中也"（《不苟》）。反过来讲，君子所贵者也就是礼义之中也。故"天下有中，敢直其身；先王有道，敢行其意"（《性恶》）。中或中道成为可以为之献身的最高理想和目标，称荀学为"中"学，确乎有其根据。

荀子中道思想的另一大发展，是将"中"落实为"理"，提出了"中理"说。"中"本是指测量日影的表，因其处于四方之中，故有中间意。引申为事物两极、人群两派之中，又引申为执两用中，不偏不倚，公平、中正，又引申为恰当、适当之意。那么，什么才是适当、恰当的呢？如学者所指出的，一般来讲，两极之中往往是比较恰当、适当的，但却不能说凡是处于两极之中都是恰当、正确的，因为正确性并不是由"中间性"所决定的①。故又有时中之说，"君子之中庸也，君子而时中"（《礼记·中庸》）。"中"总是随时间、形势的变化而变化，并非简单固守中间即可。故合理的说法应该是，符合理的即是恰当、适当的，是"中"的。故荀子称："心之所可中理，则欲虽多，奚伤于治！……心之所可失理，则欲虽寡，奚止于乱！"（《正名》）可与不可，关键是要中理，即符合理。因此，"凡事行，有益于理者立之，无益于理者废之，夫是之谓中事。凡知说，有益于理者为之；无益于理者舍之。夫是之谓中说。事行失中谓之奸事；知说失中谓之奸道"（《儒效》）。有益于理的事是中事、说是中说，相反，失中的则为奸事、奸道了。而理也就是礼，是礼的根据、原理，"礼也者，理之不可易者也"（《乐论》）。中就是礼，也就是理，三者统一在一起。以后宋儒称中庸为"天下之正道"，"天下之定理"，其思想恰恰是来自被他们排除道统之外的荀子。

根据以上所论，尧、舜、禹、汤、文、武、周公等古代先民在长期的实践中逐渐形成中道的思想传统，包括"求地中"的礼仪实践，"允执其

---

① 徐克谦：《从"中"字三重含义看中庸思想》，《孔孟月刊》第37卷第4期，1998年12月。

中"(《论语·尧曰》)、"设中于乃心"(《尚书·盘庚》)、"咸庶中正"
(《吕刑》)、"作稽中德"(《酒诰》)的思想观念,以及"知其两端用其
中于民"(《礼记·中庸》)的思维方式,等等,体现了古代先民独特的实
践智慧和实用理性。孔子创立儒学,继承了古代中道思想,使其成为儒学
的一个重要内容。孔子之后,子思作《中庸》,是对中道思想的重大发
展。《中庸》从诚、中和、中庸的角度对中道做了系统阐发,提出了"合
外内之道",对后世产生深远影响。不过,由于中或中道主要属于古代礼
学,与礼仪实践存在密切联系,故子思之后,孟子虽对中道有所涉及,但
并无实质的发展,反倒是荀子对中道做了全面继承和总结,成为中道思想
的集大成者。所以,如果说"尧舜以来确有'中'的传授",儒家内部存
在一个中道传授谱系的话,那么,处于这一谱系的恰恰是孔子、子思、荀
子,孟子反而可能要排除在道统之外了。之所以如此,主要是因为道统本
来就是价值选择的产物,若从仁义的超越性、从"性与天道"的角度来
理解道统,自然是光大儒家仁学一翼的孟子重,而固守儒家礼学一派的荀
子轻,"轲之死,不得其传焉,荀与扬也,择焉而不精,语焉而不详"
(韩愈《原道》),"大醇而小疵"(韩愈《读荀》)。但若换一个角度,从
礼义、中道的角度看待道统的话,那么,荀子的地位便无疑大大凸显起
来,传道统者,有荀卿焉。

　　那么,如何理解儒家道统说? 如何确定儒家道统的完整内容呢? 我们
认为,这既非朱熹等宋儒构造的"仁义——中",也非历史上曾经存在的
"礼义——中",而是二者的结合,是仁学与礼学的结合,儒家之道乃内
圣外王之道也。其中,内圣即儒家仁学,而外王可理解为儒家礼义制度之
学。内圣外王并非内圣、外王的简单相加,更非仅指由内圣而外王,而是
由内圣而外王,与由外王而内圣的双向互动过程。因此,统合仁学与礼
学,"合外内之道"才是儒家道统之所在。清华简《保训》的发现,使我
们得以重新认识了古代中道思想传统,以及与礼学的特殊关系,从而使荀
子的地位凸显出来。但正如我们前面指出的,孔子、子思都试图通过
"中"来统一仁、礼的关系,"合外内之道",而在孟子、荀子那里却没有
得到真正的贯彻。从这一点看,孟子、荀子虽然分别对儒家仁学、礼学做
出重大贡献和发展,但均不能独自代表儒家道统。发展仁学,改造礼学,
统合孟荀,才能发展出儒家的新道统。

荀子对"孟子"性善论的批判

梁　涛

　　《荀子·性恶》篇是反驳孟子性善说的一篇檄文，文中三引"孟子曰"，以此为的，展开批驳，系统阐发自己的性恶说。然而，令人奇怪的是，荀子所引的三处"孟子曰"均不见于今本《孟子》中，且与我们所了解的孟子思想有一定的距离，引起学者的种种猜疑。如徐复观先生认为："我根本怀疑荀子不曾看到后来所流行的《孟子》一书，而只是在稷下时，从以阴阳家为主的稷下先生们的口中，听到有关孟子的传说；所以在《非十二子篇》对子思、孟子思想的叙述中，有'案往旧造说，谓之五行'的话；在今日有关子思、孟子的文献中，无此种丝毫地形迹可寻，害得今人在这种地方，乱作附会。而他对于孟子人性论的内容，可说毫无理解。假定他看到了《孟子》一书，以他思想的精密，决不至一无理解至此。"① 韦政通先生也说："《性恶篇》本针对孟子性善说而发，但细案荀子所传述孟子意，亦尽属误解。先秦儒家在孔子以后，唯孟荀两大儒，何以荀子对孟子竟如此疏隔？此诚难以索解矣。我怀疑，荀子一生，根本未见《孟子》一书，所述者或多据失实之传闻。但复可疑者，依据传闻而定人之罪，虽小智者，其诬妄亦不至此，荀子何独屑为？此亦不能索解者。"② 不过也有不同意见，如龙宇纯先生认为："建立在仁义礼智四端的性善说，本来几句话就可以说得清楚，一句话也可以讲个大概，即使荀子

---

　　* 本文为国家社会科学基金一般项目"新出土文献与荀子哲学研究"（08B2X034）、重大项目"中国孟学史"（11&ZD083）前期成果。

　　① 徐复观：《中国人性论史·先秦卷》，台北：台湾商务印书馆 1968 年初版；上海三联书店 2001 年版，第 208 页。

　　② 韦政通：《荀子与古代哲学》，台北：台湾商务印书馆 1997 年版，第 280 页。

果真不曾读过孟子，也不可能对性善说'毫无理解'。说这种话，不仅是污蔑了颇有科学精神的荀子，也太看轻了齐国的稷下先生。"① 说"颇有科学精神的荀子"不至于道听途说，据传闻而定人之罪，无疑是有道理的。特别是随着简帛《五行》的出土，徐先生所举的思孟五行之例，恐怕只能作为反证了。但龙先生所论，并没有回答荀子何以对孟子的思想有如此"疏隔"、"误解"的质疑。这样看来，对于《性恶》"孟子曰"的问题，还需要另辟蹊径，做出进一步探讨。

一 《孟子》的成书与外书四篇问题

据《史记·孟子荀卿列传》，《孟子》一书乃孟子晚年与弟子万章等人所作。

> 天下方务于合从连衡，以攻伐为贤，而孟轲乃述唐、虞、三代之德，是以所如者不合。退而与万章之徒序《诗》、《书》，述仲尼之意，作《孟子》七篇。

东汉赵岐《孟子题辞》亦说：

> 于是退而论集所与高弟子公孙丑、万章之徒难疑答问，又自撰其法度之言，著书七篇，二百六十一章，三万四千六百八十五字。②

司马迁说"作《孟子》七篇"，赵岐说"著书七篇"，都是强调《孟子》一书乃孟子所"作"或所"著"，二者看法是一致的。不过赵岐又说：

> 又有外书四篇：《性善》、《辩文》、《说孝经》、《为政》。其文不

---

① 龙宇纯：《荀子论集》，台北：台湾学生书局 1987 年版，第 74 页。
② 《孟子正义·孟子题辞》，《诸子集成》第 1 册，上海书店出版社 1986 年影印版，第 6—7 页。

能宏深，不与内篇相似，似非孟子本真，后世依放而托者也。①

　　说明在《孟子》七篇之外，另有外书四篇，这样《孟子》一书实际有十一篇。这在其他文献中也有反映，如《汉书·艺文志》："《孟子》十一篇。名轲，邹人。子思弟子，有列传。"《风俗通义·穷通》亦说："又绝粮于邹、薛，困殆甚，退与万章之徒序《诗》、《书》、仲尼之意，作书中、外十一篇。"这里的"中、外十一篇"即是指《孟子》七篇与外书四篇，二者相加正好十一篇。

　　据赵岐的看法，《孟子》七篇与外书四篇的最大不同是，前者是孟子所著，而后者非出于孟子之手，乃后人的依托。故《孟子题辞》开篇称："孟，姓也。子者，男子之通称也。此书孟子之所作也，故总谓之《孟子》。"赵氏之说影响很大，后来学者受其影响，多在七篇乃"自著"上做文章。如朱熹称："熟读七篇，观其笔势，如镕铸而成，非缀缉所就也。论语便是记录缀缉所为，非一笔文字矣。"（《答吴伯丰》）认为《孟子》七篇非后人的编辑，与《论语》性质不同。"《论语》多门弟子所集，故言语时有长长短短不类处。《孟子》疑自著之书，故首尾文字一体，无些子瑕疵。不是自下手，安得如此好？"（《朱子语类》卷十九）朱子关于《孟子》与《论语》的对比，引起学者的共鸣。元代何异孙《十一经问对》称："《论语》是诸弟子记诸善言而编成集，故曰《论语》，而不号《孔子》。《孟子》是孟轲所自作之书，如《荀子》，故谓之《孟子》。"② 认为《孟子》乃"自作之书"。阎若璩《孟子生卒年月考》说："《论语》成于门人之手，故记圣人容貌甚悉；七篇成于己手，故但记言语或出处耳。"③ 强调《孟子》"成于己手"。魏源《孟子年表考》亦说："七篇中无述孟子容貌言动，与《论语》为弟子记其师长不类，当为手著无疑。"④ 认为《孟子》是"手著"。其实这些说法都是出于成见，似是而非，不能成立。

　　首先，说《论语》"言语时有长长短短不类处"，而《孟子》"首尾

① 《孟子正义·孟子题辞》，《诸子集成》第1册，第9页。
② 何异孙：《新编十一经问对》，北京图书馆出版社2006年版，第2页。
③ 阎若璩：《孟子生卒年月考》，《皇清经解》第二十四。
④ 魏源：《魏源全集》第12册，岳麓书社2004年版，第185页。

文字一体",并不恰当。《论语》各章时有长短,这是事实,但《孟子》也同样如此。《孟子》各章有些长达千字以上,有些仅十余字,且穿插在一起。如著名的"知言养气"章长达一千余字,而下面的"以力假仁者霸"章则不到百字。这样的例子多不胜举,有兴趣者可以找本《孟子》翻翻,不难得出结论。至于说《孟子》"笔势如熔铸而成,非缀缉可就",恐怕也值得商榷。试以《万章》、《告子》两章为例,前者主要为孟子与弟子万章间的对话,话题以古代圣贤的出处去就为主。涉及论舜的孝行,尧舜"禅让"及"传贤"、"传子"的问题,以及伊尹、孔子、百里奚的进身,周代的爵禄制度,等等。后者主要记载孟子与告子著名辩论,涉及"大体"、"小体","天爵"、"人爵","人皆可以为尧舜",义利之辩,"王霸之辩"等内容,二者内容上不仅有很大不同,文字风格上也有一定差异。有兴趣者同样可以对读一下,这两章恐怕就是"缀缉"而成,前者是对孟子、万章言论的"缀缉",后者是对孟子、告子辩论的"缀缉"。

其次,说《论语》"记圣人容貌甚悉",而《孟子》"无述孟子容貌言动",同样是不准确的。《孟子》其实有很多章是描述"孟子容貌言动",试举两例。一是《公孙丑下》"孟子将朝王"章,孟子准备去朝见齐王,齐王却派人来说,本该亲自拜访孟子,但因为染了风寒,不能吹风,希望第二天临朝时孟子能来拜见自己。孟子对曰:"不幸而有疾,不能造朝。"第二天却去东郭氏家吊丧。弟子公孙丑问:"昔者辞以病,今日吊,或者不可乎?"孟子答:"昔者疾,今日愈,如之何不吊?"这样的描写不能不说是很传神生动的。还有《公孙丑下》"孟子去齐"章,孟子离开齐国,在昼邑过夜。有人想为齐王挽留孟子,坐着与孟子交谈。孟子"不应,隐几而卧"。寥寥数笔,孟子的神态跃然纸上。其实,《论语》除了《乡党》篇比较特殊外,描写孔子"容貌言动"的内容并不多,以此判断作品是否"自著",没有说服力。

再有,说《孟子》是孟子自作,类似《荀子》,也是不能成立的。《荀子》各篇主要为议论体,除了少数几篇有文字拼合的痕迹外,每篇基本是围绕一个主题展开论述,首尾一贯,有理有据,是一篇完整的议论文,这些文字自然是作者"自作"或"手著"。而《孟子》为记言体,体裁更接近《论语》,与《荀子》显然有所不同。为说明《孟子》乃"自作",而将其与《荀子》类比,显然不合适。

其实,从各方面看,《孟子》都与《论语》更为接近。《论语》为

"孔子应答弟子、时人及弟子相与言而接闻于夫子之语也"（《汉书·艺文志》），《孟子》也主要记载孟子应答弟子、时人之问，以及孟子的思想、言论；《论语》为记言体，每章多以"子曰"的形式出现，《孟子》亦为记言体，每章前常冠以"孟子曰"。二者所不同者，《论语》编订于孔子之身后，而《孟子》成书于孟子在世之晚年。盖孔子在世时，并未想到要将自己一生的言论编订成册，传之后世。孔子去世后，"弟子恐离居已后，各生异见，而圣言永灭"①。于是通过"相与辑而论纂"的形式编订了《论语》。到了孟子这里，情况则有所变化。孟子自称"乃所愿，则学孔子也"（《孟子·公孙丑上》），而他想要向孔子学习的，恐怕就包括编著一本像《论语》那样可以传之后世的著作。此点赵岐已经注意到，他说：

> 孟子退自齐梁，述尧舜之道而著作焉。此大贤拟圣而作者也。七十子之畴，会集夫子所言，以为《论语》。……孟子之书，则而象之。卫灵公问阵于孔子，孔子答以俎豆。梁惠王问利国，孟子对以仁义。宋桓魋欲害孔子，孔子称"天生德于予"。鲁臧仓毁鬲孟子，孟子曰："臧氏之子，焉能使予不遇哉？"旨意合同，若此者众。（《孟子题辞》）

赵岐认为《孟子》的编订，是"则而象之"，刻意模仿《论语》，故多有相似的章节设计，可谓颇有见地。了解了这一点，有关《孟子》成书及外书的问题就容易理解了。盖《孟子》一书乃孟子晚年"退自齐梁"后，与弟子万章等人共同编订。编订的过程也大致与《论语》相似，首先是搜集孟子与弟子、时人的答问，以及孟子平时的思想、言论，这些或是靠弟子帮助回忆，或是来自弟子平时的整理、记录，然后是对这些材料整理、选择，挑出代表性材料编订入册，最后是孟子的审定、修改、润色。有学者称，"《史记》谓退而与万章之徒作七篇者，其为二人亲承口授而笔之书甚明"②。认为是孟子口授，而万章等人笔录，恐怕并不准确。《孟子》严格说来是"编"，而不是"作"。以往学者多在"自作"、"手著"

---

① 何晏注，邢昺疏：《论语注疏·序解》，北京大学出版社1999年版，第2页。
② 魏源：《孟子年表考》，《魏源全集》第12册，第185—186页。

上做文章，未必合适。其实，《孟子》的成书与《论语》相似，所不同者，孟子参与了《孟子》的编订，而《论语》结集时，孔子已不在人世，不能参与其中了。

　　然而，正如《论语》结集后，仍不断有《论语》类文献出现一样，《孟子》编订后，仍有弟子继续编订"孟子曰"，甚至假托孟子的言论，这应该就是外书四篇的来源。有学者称，"孟子内书七篇，或是出自孟子之手，或是经门人整理，孟子作了修改、润色、审定的；而孟子外书四篇，则是由孟子门人整理而成，未经孟子修改、润色、审定的"①。应该是有道理的。那么，孟子外书大概编订于何时呢？由于资料缺乏，不能详考，只能确立大致的范围。据《孟子题辞》，"孟子既没之后，大道遂绌，逮至亡秦，焚灭经术，坑戮儒生，孟子徒党尽矣"。故外书的下限应在坑儒事件（前212年）之前，而上限应为孟子的第一、第二代弟子，也就是孟子卒后的20—40年间。孟子的生卒有不同的推断，较流行的说法是卒于周赧王二十六年（前289年），则外书的上限应为前269年至前249年间。据《史记·孟子荀卿列传》，"春申君死而荀卿废，因家兰陵"。春申君卒于楚考烈王二十五年（前238年），荀子此后客居兰陵，不久去世。由于兰陵（山东苍山县）距孟子故国邹（山东邹城市）不远，且孟子、荀子都有弟子活跃于当时的学术中心齐国稷下，若外书编订于孟子第一、二代弟子之手的话，那么，荀子完全有可能读得到，不过这时已是荀子的晚年了。

　　外书四篇《性善》、《辩文》、《说孝经》、《为政》，前三篇也有断作：《性善辩》、《文说》、《孝经》。南宋孙奕《履斋示儿编》称："昔尝闻前辈有云，亲见馆阁中有《孟子》外书四篇：曰《性善辩》，曰《文说》，曰《孝经》，曰《为政》。"② 即采用这种读法。南宋刘昌诗《芦浦笔记》说："予乡新喻谢氏多藏古书，有《性善辨》一帙。"③ 南宋史绳祖《学斋占毕》亦说："《孟子序》谓有外书四篇，《性善辩》居其一，惜其不传。"④

---

　　① 刘培桂：《孟子大略》，泰山出版社2007年版，第101页。

　　② 孙奕：《履斋示儿编》卷六《孟子篇目》，《知不足斋丛书》本。

　　③ 刘昌诗：《芦浦笔记》卷二《性善辨》，唐宋史料笔记丛刊本，中华书局1986年版，第15页。

　　④ 史绳祖：《学斋占毕》卷一《孟荀扬言性之所本》，丛书集成初编本，中华书局1985年版，第15页。

都是认为外书中有《性善辩》一篇，这一看法影响了明代的姚士粦，其伪造《孟子外书四篇》时，即是以《性善辩》、《文说》、《孝经》为说。其实这一说法是有问题的。按，《孝经》为独立的一篇，其内容为"孔子为曾参陈孝道也"，并未涉及孟子，自然不应当做孟子的著作收于外书中。故从"孝经"处断句是不正确的，只能断为：《性善》、《辩文》、《说孝经》。《说孝经》者，对《孝经》的解说也。其实东汉王充就曾见过《孟子外书》并提到其篇名："孟子作《性善》之篇，以为'人性皆善，及其不善，物乱之也'。"（《论衡·本性篇》）王充（27—约 97 年）与赵岐（？—201 年）同为东汉人，且生活于赵岐之前，赵岐见过的《外书四篇》王充也曾见到过，其称"孟子作《性善》之篇"，言之凿凿，不容改易，故外书四篇只能断为：《性善》、《辩文》、《说孝经》、《为政》。孙奕、刘昌诗所说的馆阁、乡中所藏外书，即便存在，也是伪书，因不明断句，露出马脚。姚士粦误信其说，伪造外书四篇，更是以讹传讹，错上加错。有学者竟为此书辩护，殊为可笑！

　　盖因外书中有《性善》之篇，故荀子有《性恶》之作，荀子《性恶》乃针对《性善》而发。刘向说"孟子者，亦大儒，以人之性善，孙卿后孟子百余年。孙卿以为人性恶，故作《性恶》一篇，以非孟子"①。王充称"孙卿有反孟子，作《性恶》之篇"（《论衡·本性篇》），严格说来，荀子"反孟子"实际是反外书的《性善》篇。明乎此，围绕《性恶》所引"孟子曰"的种种问题便可迎刃而解。

二 《荀子·性恶》所引"孟子曰"疏解

　　《孟子》七篇中虽然有关于性善的论述，但不够集中，分散在不同的篇章之中。而外书《性善》篇，从题目上看，应是专门讨论性善，或至少有大量关于性善的论述。故荀子要批判性善论，建构性恶论，由此入手，设为靶的，自然顺理成章，简捷便利。但外书没有经过孟子的认可、审定，与孟子的思想可能并不完全一致，有些可能代表了孟子后学的思想，学者感慨荀子何以对孟子的性善论如此"疏隔"、"毫无理解"，恐怕

---

　　① 刘向：《孙卿书录》，王先谦撰，沈啸寰、王星贤点校《荀子集解》下册，中华书局 1988 年版，第 558 页。

原因就在这里。盖荀子所批判者乃孟子外书也，而外书成于孟子弟子，其与我们所了解的孟子思想有一定的距离，并不奇怪。先看《性恶》所引的"孟子曰"。

> 孟子曰："人之学者，其性善。"

杨倞注："孟子言人之有学，适所以成其天性之善，非矫也。与告子所论者是也。"杨倞此注，十分精当，特别是联系孟、告的辩论，更是点睛之笔。杨倞所说，应该是指孟子"顺杞柳之性而以为桮棬"之语。告子主张"性如杞柳也，义犹桮棬也；以人性为仁义，犹以杞柳为桮棬"（《孟子·告子上》），认为人性好比杞柳，仁义好比杯盘；用人性成就仁义，就好比将杞柳做成杯盘。孟子并不否认这一点，但他强调，将杞柳加工为杯盘，恰恰是顺应了杞柳的本性，而不是戕害了杞柳的本性。与此同理，用人性成就仁义，也是顺应了人的本性，而不是戕害了人的本性。这个性当然是指善性。由此看来，《性恶》所引的第一个"孟子曰"虽然不见于内七篇，但并非没有根据。不过仔细分析，其与孟子的思想仍有所不同，主要是前者突出了"学"的地位和作用，认为"学"的原因是因为"性善"；反过来讲，"性善"需要"学"来实现和完成。即，因为"性善"，所以要"学"；而"学"又促使了"性善"的实现，也就是杨倞所说的"适所以成其天性之善"。这在其他文献中也有反映，如《说苑·建本》就曾两引"孟子曰"，亦涉及"学"的内容。

> 孟子曰："人知粪其田，莫知粪其心；粪田莫过利苗得粟，粪心易行而得其所欲。何谓粪心？博学多闻；何谓易行？一性止淫也。"

> 孟子曰："人皆知以食愈饥，莫知以学愈愚。"

《说苑》所引的"孟子曰"不见于《孟子》七篇，应属于外书轶文，或类似外书的文献，反映了孟子后学的思想。值得注意的是，其提出了"粪心"说和"以学愈愚"说，均反应出对"学"的重视和强调。而孟子虽然也谈及学，但他所谓的"学问之道"，不过是"求其放心而已矣"（《告子上》）。而"求放心"也就是要"思"，故说"心之官则思，思则得之，不思则不得也"（同上）。天赋予了我们恻隐、羞恶、辞让、是非之心，只要思就可以得到它，不思，就会失去它。这个"思"是反思，是"反求诸己"（《公孙丑上》），它与"孟子曰"所说的"粪心"和"以学愈愚"显然是有所不同。这说明，由于孟子提出性善论，其思想的重心转向了人的道德自觉与自主。认为人有恻隐、羞恶等四端之心，四端之心是先天的道德禀赋，是"不虑而知"、"不学而能"的良知、良能，道德实践就是将四端之心"扩而充之矣，若火之始然，泉之始达"（《公孙丑上》），"达之天下也"（《尽心上》）。认为"苟能充之，足以保四海；苟不充之，不足以事父母"（《公孙丑上》）。故孟子性善论也可称作"性善扩充论"，而"扩充"主要是一种意志活动，是仁性的，而不是知性的；是由内而外，而不是由外而内。当然，孟子也承认知性的作用，如，"孟子曰：舜居深山之中，与木石居，与鹿豕游，其所以异于深山之野人者几希；及其闻一善言，见一善行，若决江河，沛然莫之能御也。"（《尽心上》）这里的"闻一善言，见一善行"即属于知性活动，但在孟子这里，它是间接的、外缘的，孟子主要强调的还是内在善性（"几希"）势不可挡，"若决江河，沛然莫之能御"。所以孟子说："由仁义行，非行仁义也。"（《离娄下》）"由仁义行"是内在仁义不容自已，由内而外，自主、自发的活动和表现；"行仁义"则是以仁义为客观的对象与存在，去认知、实践此外在的仁义。孟子又说："尧舜，性之也；汤武，身之也。"（《尽心上》）尧、舜高于汤、武，故由内而外、自主自发的"性之"，高于由外而内、后天人为的"身之"。

学术的发展就是这样，思想的创新，往往伴随着形式的偏颇。孟子创立性善说，对儒学思想是一大贡献，"功不在禹下"，但他在突出道德自主性的同时，多少忽略了学、知的作用。在发展儒家仁学的同时，多少弱化了儒家的知性传统，一定程度上与孔子思想形成了反差。孔子仁、智并举，被称为"仁且智"（《公孙丑上》）。《论语》开篇就称"学而时习之"（《论语·学而》），孔子亦自称"十室之邑，必有忠信如丘者焉，不如丘之好学也"（《公冶长》）。可见其对学的重视。《论语》一书中四次讲到"博学"，谈"学"则有"学文"、"学干禄"、"学《易》"、"学《诗》"、"学礼"、"学道"等，谈"知"则有"知人"、"知十世"、"知百世"、"知禘之说"、"知礼"、"知乐"、"知父母之年"、"知所以裁之"、"知过"、"知言"等。与孔子相比，孟子可以说是仁多而智少——指经验性的"学"和"知"。更重要的是，孟子的"扩而充之"可能只适用于某些具体领域，对一切伦理、政治、社会的问题都想通过发明本心、扩充善性来解决，恐怕是不现实，也是行不通的。孟子的性善扩充说，在实践上，可能更适用于孟子这样的天赋异禀之人；在理论上，也不具有普遍性，无法应对所有的社会问题。对于这些，孟子后学不能不有所体会，并试图有所纠正。其提出"以学愈愚"，就是认为摆脱愚昧不能仅仅靠扩充是非之心，还需要经过后天的学习和认知。其提出"粪心易行"，则是要将"博学多闻"和"一性止淫"结合起来。"博学多闻"属于知性活动，"一性止淫"则属于仁性和意志活动，其中"一性"指专一其性，此性当然指善性；"止淫"指禁止其淫，意近于孟子的"养心莫善于寡欲"（《孟子·尽心下》）。故实际是回到孔子的仁、智并举，内外兼修。当然，不是简单的回归和重复。在孔子那里，由于没有形成性善说，"学"与"性"的关系尚没有得到清晰的表述，而孟子已提出了性善论。故其后学主张"人之学者，其性善"，认为学的目的是为了实现、完成性善，是围绕性善展开的，实际是将孟子的"性善扩充说"发展为"性善修习"说。荀子曾见过外书《性善》篇，他即便没有对孟学内部的变化有如此清晰的了解，但对孟子后学的观点至少是知道的，故针锋相对提出"性伪之分"，对其予以批驳。荀子称：

> 曰：是不然。是不及知人之性，而不察乎人之性伪之分者也。凡性者，天之就也，不可学，不可事，礼义者，圣人之所生也，人之所学而能，所事而成者也。不可学、不可事而在天者谓之性，可学而能、可事而成之在人者谓之伪，是性伪之分也。（《荀子·性恶》）

这里荀子对性做了两个规定，一是"天之就也"，即天的赋予；二是"不可学，不可事"。可，训为"用"。《吕氏春秋·用民》："唯得其道为可。"高诱注："可，用也。"《礼记·礼运》："何谓人情？喜怒哀惧爱恶欲，七者弗学而能。""不可学，不可事"即不用学，不用事，也就是"弗学而能"之意。而需要通过学习、从事才能实现、完成的，则属于伪。按照这个规定，上引"孟子曰"显然是犯了不察乎"性伪之分"的错误，盖经过"学"而成就的善性已不是性，而只能是伪了。再看第二个"孟子曰"。

孟子曰："今人之性善，将皆失丧其性故也。"（同上）

此段文字，可谓是《荀子》研究最有争议的难点。杨倞注："孟子言失丧本性，故恶也。"据杨注，则这段文字是持性善论的孟子在解释为何会有恶的存在。但此说显然与"孟子曰"原文不符，故学者又认为原文可能存在错漏，需改字、补字方可读通。这实际是据杨注去改原文，而没有去怀疑杨注的理解是否正确。如刘师培《荀子补释》说："据杨说，则'将'字本作'恶'。改'恶'为'将'，当在唐代以后。"梁启雄《荀子简释》称："据杨注'故恶也'，正文'故'下似夺一'恶字'。"包遵信《读荀子札记》则认为："'善'疑当作'恶'。孟子道性善，谓人之性恶，乃以其不扩充其固有之善性，而使人失丧之也。杨注谓'孟子言失丧本性故恶也'，是杨氏所见本尚未误也。"① 这样，关于此段文字，大致有三种不同意见：（1）孟子曰："今人之性善，［恶］皆失丧其性故也。"（刘师培）（2）孟子曰："今人之性善，将皆失丧其性故（恶）也。"（梁启雄）（3）孟子曰："今人之性［恶］，将皆失丧其性故也。"（包遵信）但以上说法的最大问题，不仅是据杨注去改动原文，更重要的，是与下面荀子的议论对应不上了。在《性恶》中，"孟子曰"与下面荀子的议论是一个整体，"孟子曰"应如何理解，显然应考虑到荀子的回应。至于千年之后的杨倞注，虽有一定的参考价值，但显然不能完全以此为据。按，上引"孟子曰"并不存在错字、漏字，应按原文来理解。今，假设连词，王引之《经传释词》卷五："今，犹若也。"将，连词，犹则也。裴学海《古书虚字集释》卷八："将，犹则也。"《左传·襄公二十九年》："专则速及，侈将以其力毙。"《吕氏春秋·离俗》："期得之则可，不得将死之。"以上两句的"将"都训为"则"。性故，指性原来、过去的状态。故，原来、旧有之意。《广韵·暮韵》："故，旧也。"《礼记·曲礼下》："祭祀之礼、居丧之服、哭泣之位，皆如其国之故。"即皆如其国之"旧"。故上引"孟子曰"是说：若人性善，则已经不是原来的性了。该句"孟子曰"乃紧承上一句而来，上一句讲"人之学者，其性善"，认为性善是通过学而实现、完成的。那么，经过学而实

① 参见董治安、郑杰文《荀子汇校汇注》，齐鲁书社1997年版，第799页。

现、完成的善性显然已不是本来的性了，丧失了性的本来状态，故说
"将皆失丧其性故也"。可见，第一与第二句"孟子曰"之间是有密切
联系的，有着思想的内在关联，荀子的引用并非是随意的。那么，孟子后
学的这样一种观点与孟子是什么关系呢？在孟子的思想是否可以找到根据
呢？我们知道，孟子有著名的"四端说"，他认为"人皆有不忍人之心"，
其中：

> 恻隐之心，仁之端也；羞恶之心，义之端也；辞让之心，礼之端
> 也；是非之心，智之端也。（《孟子·公孙丑上》）

端的本意是开端、开始。恻隐之心是仁的开始、开端，故作为"四端"
的恻隐、羞恶、辞让、是非之心，与"四德"的仁、义、礼、智显然是
有所不同，是不能直接等同的。但问题是，孟子是否会认为仁、义、礼、
智的获得是丧失了四端之心的本然呢？应该不会！这主要是因为，孟子持
性善扩充说，他强调的是，从四端到四德需经过"扩而充之"的过程，
而并非关注的是四端与四德有哪些差异和不同。在孟子那里，四端与四德
的差异主要是量上的，而非质上的。但到了孟子后学这里，情况可能有所
不同，由于提出了性善修习说，善性在实现的过程中已融入了所学、所知
的内容，故最终实现、完成的性与本初、原本的性显然是有所不同了。经
过"粪心"的心显然已不同于原本的心，经过"以学愈愚"性也不同于
原本的性，可以说"皆失丧其性故也"。故第二个"孟子曰"实际表达的
是一种"性善完成说"，认为性善有一个实现、完成的过程，由于经过了
"学"与"知"，故最终实现的性不同于本初的性，"皆失丧其性故也"。
"性故"指性的本然状态，"故"是对"性"的强调和说明，故说"失丧
其性故也"，而不说"失丧其性也"。孟子后学的这种思想，在其他文献
中也有反映。如《韩诗外传》卷五：

> 茧之性为丝，弗得女工燔以沸汤，抽其统理，不成为丝。卵之性
> 为雏，不得良鸡覆伏孚育，积日累久，则不成为雏。夫人性善，非得
> 明王圣主扶携，内之以道，则不成为君子。

《韩诗外传》出于汉初文帝时博士韩婴之手，虽然名义上依附于《诗经》，

实际是杂采先秦诸子各家的著述加以编辑，主要是引《诗》以证事，而非述事以明《诗》。由于全书三分之一多的内容都可在现存先秦典籍找到出处，且有些材料自身已经用《诗经》引文作结束，故严格说来是一部编著，而不是创作。全书引用《荀子》最多，达44条，说明其对荀学较为重视。但对《孟子》也多有引用，特别是引《荀子·非十二子》文，则删除子思、孟子，只列十子，可见其不薄孟子。故徐复观先生说："韩婴虽受荀子的影响很大，而在他自己，则是要融合儒门孟、荀两大派以上合于孔子的。"① 是符合实际的。值得注意的是，由于《韩诗》持性善说，故其人性思想应主要是来自孟学，受孟学的影响要大于荀学。在《韩诗》看来，茧的性是可以抽成丝，卵的性是可以孵出鸡，但这之间都需经过一个加工、孵育的过程。而茧抽成的丝，显然已不同于茧；卵孵出的鸡，显然也不同于卵，可以说"皆失丧其性故也"。这说明，"孟子曰"的表述是没有问题的，相反杨注的理解则是不正确的，《韩诗》"茧之性"、"卵之性"的说法可能就受到孟学人性论的影响，或是对其的进一步发展。更重要的是，只有这样理解，才能与下面荀子的回应对应起来。据《性恶》，荀子的回应是：

> 曰：若是，则过矣。今人之性，生而离其朴，离其资，必失而丧之。用此观之，然则人之性恶明矣。

该段文字的难点在于"生而离其朴，离其资，必失而丧之"一句，以往学者多将该句的"生"理解为出生，故认为是说，"言人之性，一生出来就离其质朴，离其资材，那么，其质朴之美与资材之利的丧失是必然的"②。或认为是，"如果人的本性生下来就脱离了它固有的自然素质，那就一定要丧失本性"③。这些说法其实都是不能成立的。因为在荀子那里，所谓"朴"、"资"就是指人生而所具的禀赋，若说生下来就失去了先天禀赋，显然是自相矛盾，根本不通的。按，此句的"生"不是"出生"

---

① 徐复观：《两汉思想史》第3卷，华东师范大学出版社2001年版，第15页。

② 李涤生：《荀子集释》，台北：台湾学生书局1979年版，第543页。

③ 北京大学《荀子》注释组：《荀子新注》，中华书局1979年版，第392页。作者可能感觉到以上解释不通，又补充说："荀况认为，人的本性是不可能脱离'资'、'朴'的，而'资'、'朴'是'好利'、'疾恶'、'有欲'的。"

之生，而是"生长"之生，该句是说：若人的性，在生长、发展的过程
中失去了先天的朴和资，就不再是性了。因为"孟子曰"认为性善乃
"失丧其性故也"，故荀子针锋相对，认为性只能是就朴、资而言，丧失
了朴、资就不能算是性了。在荀子这里，性、朴、资是同一的概念，也就
是"孟子曰"所说的"性故"。在荀子看来，只要搞清了性是什么？性
善、性恶就根本不用争论了，是非常清楚的。这当然还是从其"性伪之
分"来立论的。荀子接着讲：

> 所谓性善者，不离其朴而美之，不离其资而利之也。使夫资朴之
> 于美，心意之于善，若夫可以见之明不离目，可以听之聪不离耳，故
> 曰目明而耳聪也。

这段文字是对"孟子曰"的进一步回应。由于孟子后学认为，经过学、
知而实现、完成的善性，已不是原来的性了，"失丧其性故也"。故荀子
指出，不是这样！如果主张性善，一定要就其朴和资而言，不离开朴就是
美的，不离开资就是好的，才可以说是性善。性与善的关系，就如同眼睛
与视觉、耳朵与听觉的关系一样，有了眼睛就能看，有了耳朵就能听，不
需任何的学习、培养。同样，不离朴、资就可以表现出美、善，才能算是
性善，若经过后天学、知的培养，就已经是"伪"而不是"性"了。这
样，荀子便从"性伪之分"对"孟子曰"进行了批驳，同时说明，"孟子
曰"一定是在讨论性善的问题，而与恶无关。今人据杨注将"今人之性
善"改为"今人之性恶"，或是在"皆失丧其性故也"一句中加"恶"
字，都是不能成立的。

　　最后一个"孟子曰"相对简单，只有一句："孟子曰：人之性善。"
但这一句同样值得关注。在《孟子》七篇中，尚没有以命题形式对人性
做出明确判断，只是提到"孟子道性善"、"言性善"。而"道性善"、
"言性善"是宣传、言说关于性善的一种学说、理论，它虽然也肯定"人
之性善"，但并不能简单等同于后者。这是因为"人之性善"是一个命
题，是对人性的直言判断，而性善论则是孟子对于人性的独特理解，是基
于孟子特殊生活经历的一种体验与智慧，是一种意味深长、富有启发意义
的道理。这一富有启发意义的"道理"显然是不能用"人之性善"这样

一个命题来概括的①。孟子后学由于提出"人之性善"，以命题的形式对其论点做出概括，一方面固然使其主张明确化，但另一方面也容易引起分歧与争议。据王充《论衡·本性篇》：

> 孟子作《性善》之篇，以为"人性皆善，及其不善，物乱之也"。谓人生于天地，皆禀善性，长大与物交接者，放纵悖乱，不善日以生矣。

据王充的介绍，《性善》篇认为"人之性善"是因为人"皆禀善性"，这与孟子"仁义礼智，非由外铄我也，我固有之也"，"此天之所与我也"（《孟子·告子上》）的看法，显然是一致的。但《性善》篇又称"人性皆善"，则容易引起分歧与争议，与孟子的思想也不完全一致。孟子除了肯定人有仁义礼智的善性外，也承认"口之于味也，目之于色也，耳之于声也，鼻之于臭也"等感性欲望事实上也是性。只不过通过"性命之分"，主张"君子不谓性也"（《尽心下》），又将其排除于性之外。但只是一种价值选择，且仅限于君子。所以，孟子并没有"人性皆善"的表述，可能也不会接受这样的说法。如果王充的转述无误，"人性皆善"便不能没有争议。《性善》篇的表述或许与其"人之性善"的命题有关，因为"人之性善"就是认为，人性的内容及其表现是善的。从命题上肯定了"人之性善"，自然就会得出"人性皆善"的结论。另外，《性善》篇除了肯定性善外，还对恶或不善做了说明，认为是"物乱之也"，即外物的引诱和扰乱，这与孟子"陷溺其心"（《告子上》）的说法是一脉相承的。前面说过，荀子《性恶》篇乃针对外书《性善》篇而作，因后者主张性善，故荀子主张性恶；因后者有"人之性善"之说，故荀子针锋相对提出"人之性恶"。不过据王充所述，《性善》篇实际涉及两方面的内容，既肯定了性善，也对恶或不善的原因做了说明。与之相对，荀子的《性恶》篇也谈到了善、恶两个方面，既肯定了性恶，也对善做了说明，其完整的表达是："人之性恶，其善者伪也。"

---

① 笔者曾经提出，孟子性善论实际是以善为性论，"孟子道性善"的深刻意蕴至少应用"人皆有善性"、"人当以善性为性"、"人的价值、意义即在于其充分扩充，实现自己的性"等命题来概括。参见拙作《郭店竹简与思孟学派》，中国人民大学出版社 2008 年版，第 362 页。

三　荀子对"孟子"性善论的批判

我们知道，孟子性善论的提出，具有多方面的意义，既是确立人生信念和目标，给人以精神的方向和指导①，也是为当时的政治危机、民生疾苦寻找解决方案。"孟子以为圣王之盛，惟有尧舜。尧舜之道，仁义为上……仁义根心，然后可以大行其政。"（《孟子正义·孟子篇叙》）故在孟子那里，性善说与其仁政、王道的政治理想是联系在一起的。如果说，性善论是孟子思想的出发点和理论基石的话，那么，效法尧舜，推行仁政便是其终极目标和最高理想，而"有不忍人之心，斯有不忍人之政"（《公孙丑上》），"人皆可以为尧舜"（《告子下》）则成为孟子思想中的两个重要命题。

在孟子看来，效法尧舜，推行仁政不仅是可能的，也是可行的。从可能性上讲，由于人性为善，"人皆有不忍人之心"，每个人都有对他人的同情之心。"今人乍见孺子将入于井，皆有怵惕恻隐之心"（《公孙丑上》），即使好战如齐宣王者，看到将要被宰杀的衅钟之牛，也会"不忍其觳觫"，有善性的流露。这样，善性的存在，便从根本上保证了仁政的可能。即便暂时没有实现，那也只是"不为也，非不能也"。故效法尧舜，推行仁政，是"为不为"的问题，而不是"能不能"的问题。"不为"与"不能"的差别在于，前者是客观上可以做到而主观没有努力的，后者则是主观虽然努力但客观却无法实现的。如，"挟太山以超北海，语人曰：'我不能。'是诚不能也。为长者折枝，语人曰：'我不能。'是不为也，非不能也。故王之不王，非挟太山以超北海之类也；王之不王，是折枝之类也。"（同上）由于仁政不过是我们内在善性的扩充、推广，而善性内在具足，不假外求。"凡有四端于我者，知皆扩而充之矣……苟能充之，足以保四海；苟不充之，不足以事父母。"（《公孙丑上》）"言举斯心加诸彼而已。""今恩足以及禽兽，而功不至于百姓者，独何与？"（《梁惠王上》）这岂不是能够且容易实现的吗？

从现实性上讲，由于性善赋予了人的价值与尊严，确立了人格平等，这就决定了王道必定战胜霸道，仁义必定战胜强权，只有符合人性、维护人的尊严的政治，才是最有前途的政治。"以力服人者，非心服也，力不赡

---

① 参见拙作《郭店竹简与思孟学派》，第 357—363 页。

也；以德服人者，中心悦而诚服也，如七十子之服孔子也。"（《公孙丑上》）
故得民心者得天下，"得其民，斯得天下矣"（《离娄上》）。孟子生活的战
国时期，统一已是大势所趋。"天下恶乎定？……定于一。"但只有"不嗜
杀人者能一之"（《离娄上》）。"今夫天下之人牧（注：人君），未有不嗜
人者也。如有不嗜杀人者，则天下之民皆引领而望之矣。诚如是也，民归
之，由（犹）水之就下，沛然谁能御之？"（《梁惠王上》）"苟行王政，四
海之内皆举首而望之，欲以为君。齐、楚虽大，何畏焉？"（《滕文公下》）
故"仁者无敌"（《梁惠王上》），"保民而王，莫之能御也。"（《梁惠王上》）
"以不忍人之心，行不忍人之政，治天下可运之掌上。"（《公孙丑上》）

　　这样，以性善为出发点，以仁政为解决民生疾苦的方案，以王道为建
构政治秩序的基本原则，孟子实际提出了一套性善—仁政/王道说，表现
出人性上的乐观主义和政治上的理想主义。需要说明的是，孟子的这套学
说是在游说君王的过程中逐渐形成、提出的，更多是出于对君王的宣教、
劝诫和诱导，故策略的考虑多于对人性的审慎思考，它是一套救世的方
案，而不是一种全面系统的人性理论。当有君王宣称"寡人有疾，寡人
好货"、"寡人好色"时，他不是像荀子那样通过对人性的反思走向"生
而有好利焉"、"生而有耳目之欲好声色焉"的性恶论①，而是主张"与
百姓同之，于王何有？"试图通过推己及人以化解人性中恶的倾向和因
素。这样，宣教的需要使其关注的重点主要在于人性中积极、善的方面，
而不是消极、恶的方面，或者说对人性中善的关注压倒了对恶的思考。另
外，孟子的性善—仁政/王道说也存在自身的理论困境，他强调"扩而充
之"对于突出人的道德自主性固然有重要意义，但内在的善端或善性如
何扩充出仁政的具体设计和内容，依然是个难以说明的问题。从孟子的论
述看，他也是重视古代的井田、税制、爵位等内容的，这些内容很难说是
"扩而充之"的结果，而只能是历史文化的损益和沿革。孟子后学可能看
到了这一点，故将孟子的性善扩充说改造为性善修习说，以强调"学"、
"知"的重要性，甚至提出"皆丧其性故"的性善完成说，认为性善实际
是一个实现、完成的过程，容纳了历史文化的内容，最终实现的性已不同
于先天禀受的性。

---

　　① 《荀子·性恶》："生而有耳目之欲，有好声色焉。"刘师培曰："'有'与'又'同。"见
王天海《荀子校释》下册，上海古籍出版社 2005 年版，第 936 页。

　　然而，即便是经过了孟子后学的补充与修订，在荀子看来，性善论依然是难以成立，不能接受的。如果肯定性善，那就等于承认每个人都生而具有善的禀赋，不管是通过"扩而充之"还是后天的修习，凭借自身的力量就能够成圣成贤，而不需要"圣王之治、礼义之化"，不需要礼义秩序、圣王的权威了。如果性善，那么"有不忍人之心，斯有不忍人之政"就不只是理论的预设，而应是客观的事实，仁政、王道的理想国也就应该在人间实现了。然而现实却为何并非如此，甚至恰恰相反呢？就在孟子周游列国，启发君王的"不忍人之心"，宣扬仁政、王道时，呈现在他面前的却是"争地以战，杀人盈野，争城以战，杀人盈城"（《离娄上》）的暴行，以及"庖有肥肉，厩有肥马，民有饥色，野有饿莩"（《梁惠王上》）的惨状。那么，这些暴行、杀戮难道没有人性的根源？难道仅仅可以归于"物乱之"吗？道德理想国的破灭，某种程度上也就是性善论的失败。不管其动机如何，孟子没有对人性中的幽暗意识和恶给予应有的重视，没有从理论上做出反省和思考，只是一味地突出、强调恻隐、不忍人之心，在荀子看来，其人性论不能不说是偏颇、不合理的，是不能够成立的。性善论不能成立，其为解决民生疾苦、政治危机而提出的仁政、王道说也就失去了基础，没有了可行性。因此，必须重新审视人性，重新探寻平治天下之道。如果说孟子及其后学强调的是"人皆有不忍人之心"，认为"人之性善"的话，那么，荀子则反复宣称"夫好利而欲得者，此人之情性也"，"今人之性，饥而欲饱，寒而欲暖，劳而欲休，此人之情性也"，"今人之性，生而有好利焉……生而有疾恶焉……生而有耳目之欲好声色焉"，认为"人之性恶，其善者伪也"（《荀子·性恶》），提出性恶心知善、行善说[①]。如果说孟子试图以仁政、王道平治天下的话，那

---

　　① 在《性恶》篇中，荀子人性论的完整表达是："人之性恶，其善者伪也。"又《正名》篇称："心虑而能为之动谓之伪。"故"伪"的一个重要涵义是指心的思虑及活动，具体讲就是知善、行善的思虑与活动，伪应落实到心来理解。郭店竹简中有上为下心的"惎"字，整理者隶定为"惎"。庞朴先生认为："上为下心，它表示一种心态，为的心态或心态的为，即不是行为而是心为。"（庞朴：《古墓新知：漫读郭店楚简》，姜广辉主编《郭店楚简研究》，《中国哲学》第20辑，辽宁教育出版社1999年版，第11页）又说：《荀子·正名》篇中"'心虑而能为之动谓之伪'句中的'伪'字，本来大概写作'惎'，至少也是理解如惎，即心中的有以为……只是由于后来惎字消失了，钞书者不识惎为何物，遂以伪代之"（庞朴：《郢燕书说》，武汉大学编《郭店楚简国际学术研讨会论文汇编》，湖北人民出版社2000年版，第39页）。庞说可供参考。笔者另有专文论述，这里不展开。

么，荀子开出的救世药方则是"圣王之治、礼义之化"，认为圣王、礼义才是解决政治危机的关键。如果说孟子提出"人皆可以为尧舜"，表现出对人性积极、乐观态度的话，那么，荀子则提出"涂之人可以为禹则然，涂之人能为禹，未必然也"（《性恶》），对人性持一种审慎的态度。故荀子对"孟子"性善论的批判，一是认为其"无辨合符验"，与事实不符；二是指责其否定了礼义、圣王，没有对后者做出合理的说明；三是批评其对成圣成贤的态度过于乐观，将可能性混同于现实性。而他批驳性善论，建构性恶论的理论基础，则是"性伪之分"。《荀子·性恶》称：

> 今孟子曰"人之性善"，无辨合符验，坐而言之，起而不可设，张而不可施行，岂不过甚矣哉！

在荀子看来，性善论最明显的问题是"无辨合符验"，与事实不符。它不仅对人性"生而有好利焉"、"生而有疾恶焉"、"生而有耳目之欲好声色焉"等内容视而不见，从性善论出发，也根本找不到平治天下的方法，只能"坐而言之"，纸上谈兵，却"起而不可设，张而不可施行"，不具有实际操作性。可见，荀子对"孟子"的批判，不仅在于性善论本身，还在于其性善—仁政/王道说，在于其由性善论引出的政治方案与理想。按照性善论，人与人之间自然应以善相待，充满了同情关爱，"父子有亲，君臣有义，夫妇有别，长幼有序，朋友有信"（《孟子·滕文公上》）。那么，事实是否如此呢？"今当试去君上之埶，无礼义之化，去法正之治，无刑罚之禁，倚而观天下民人之相与也，若是，则夫强者害弱而夺之，众者暴寡而哗之，天下之悖乱而相亡不待顷矣。"（《荀子·性恶》）可见，"好利而欲得"、嫉妒憎恶（"疾恶"）比"不忍人之心"更根本，一旦没有礼义法政、外在的权威，必然是人与人之间的欺诈、争夺，必然是社会秩序的混乱，而不是恻隐、辞让。"用此观之，然则人之性恶明矣，其善者伪也。"（《性恶》）荀子反对性善论，亦与其对"善"的理解有关。

> 孟子曰："人之性善。"曰：是不然。凡古今天下之所谓善者，正理平治也；所谓恶者，偏险悖乱也。是善恶之分也矣。

"正理平治",即正确、合理、治理、有序。其中"正理"是从原因上说,"平治"是从结果上说。所以荀子不仅是从根源、动机上谈善,同时还从客观结果上谈善,如学者所称,是结合着礼义秩序来谈善。如果主张性善,那就必须证明,人性本身是"正理平治"的,或者从人性出发,可以自然达到"正理平治"。孟子主张性善,但其所谓善不过是指善的禀赋或内在善性,故称"可欲之谓善"(《孟子·尽心下》),"乃若其情,则可以为善矣,乃所谓善也"(《告子上》)。问题是,我们在生活中可能都有过乍见孺子将入于井,援之以手子,或见长者为其"折枝"的经历,但这样的"可以为善"是否可以达到"正理平治",形成礼义秩序?如果不能,就不能认为是性善。毕竟,偶然的善言、善行随处都可能存在,但客观的秩序之善则是需要一定的条件的,秩序的背后是利益,"正理平治"并非来自恻隐同情、"不忍人之心",而恰恰是源于人们之间的利益争夺,以及为了消除争夺而来的制度设计、礼义制作。这一过程曲折、漫长,其中某些智慧、勇气过人的"圣王"发挥了重要作用,绝不是用性善就可以简单说明的。如果性善,又何必要圣王,何必用礼义?"今诚以人之性固正理平治邪?则有恶用圣王,恶用礼义矣哉?虽有圣王礼义,将曷加于正理平治也哉?"(《荀子·性恶》)故荀子认为性善论最大的问题,是否定了圣王、礼义,没有说明圣王、礼义在历史中的特殊地位,反映了与孟子不同的历史文明观。

不过,荀子对圣王、礼义的强调,可能是荀子思想中最有分歧,也最容易产生争议的部分。在《性恶》篇中,荀子似乎是将圣王、礼义作为前提条件接受下来,以此为根据对性善、性恶做出判断,而不是首先对何以有圣王做出说明。《性恶》篇中多有这样的论述,如,"今诚以人之性固正理平治邪?则有恶用圣王,恶用礼义矣哉?""故性善则去圣王,息礼义矣;性恶则与圣王,贵礼义矣。"荀子的逻辑似乎是:一方面因为存在着圣王、礼义,如果承认性善,就否定了圣王、礼义。所以,性善论是不成立的。但是另一方面,荀子又认为"凡人之性者,尧、舜之与桀、跖,其性一也;君子之与小人,其性一也"。既然人性是平等的,圣人与凡人并无区别,"其性一也",那么,又为何预设了圣人的存在,而圣人又能化性起伪,制作礼义呢?在荀子这里,似乎存在着人性平等说与圣凡差异说的对立和矛盾,这可能是每一位阅读《性恶》篇的人都会有的突出感受。荀子的论述可能存在着逻辑不严谨甚至跳跃的问题,不过若结合了荀子的整体思想，尤其是其他各篇的内容，荀子的思路基本还是清楚的。《荀子·礼论》称：

> 人生而有欲，欲而不得，则不能无求；求而无度量分界，则不能不争；争则乱，乱则穷。先王恶其乱也，故制礼义以分之，以养人之欲，给人之求，使欲必不穷乎物，物必不屈于欲，两者相持而长，是礼之所起也。

这里所描写的是一个"前礼义时代"，这时圣王和礼义还没有出现，人们受"好利而欲得"本性的支配，加之没有"度量分界"，这样就产生了彼此的争夺，导致了混乱，最后陷入穷困。人们不满意穷困、混乱，开始思考如何摆脱这一状态——这在荀子那里属于"伪"，也就是"僞"。这时有人振臂一呼：再不能这样下去了！必须要制定规则，确立度量分界，只有这样大家才能真正实现、满足自己的欲求，才能摆脱穷困、混乱的局面。于是礼义开始诞生了，而那位振臂一呼者也就是后来所谓的圣王了。所以上文中的"先王"应该是一种后设的说法，先王或圣王并不特殊，不过是眼光更为长远，智慧、勇气更为卓著者而已。《性恶》篇谈到圣人制作礼义时亦称："圣人积思虑、习伪故，以生礼义而起法度。""习"学者或释为"学"，或释为"袭"，指学习或是承袭；"伪故"作为"习"的对象，其中"伪"应是《礼论》篇"伪者，文理隆盛"之意，指人为形成的"节文条理"；"故"可理解为"旧有"、"既有之传统"，"习伪故"是说学习既有之礼义法度①。如学者指出的，"这段话隐约表明，在制作礼仪法度的古圣人之前，人们已经按照一定的行为规则而有一定的社会生活了，所以圣人能'积思虑、习伪故'，把他认识到的行为规则明确且固定下来"②。所以，圣王和礼义的出现，是一个动态、历史的过程。最初的圣王对社会中自然形成的礼义加以总结、概括，使其成为人们共同

---

① 周德良：《荀子心伪论之诠释与重建》，《台北大学中文学报》2008 年第 4 期。关于"故"字的多重涵义，可参见裘锡圭《由郭店竹简〈性自命出〉的"室性者故也"说到〈孟子〉的"天下之言性也"章》，载氏著《中国出土古文献十讲》，复旦大学出版社 2004 年版，第 260—276 页。梁涛：《竹简〈性自命出〉与〈孟子〉"天下之言性"章》，《中国哲学史》2004 年第 4 期。

② 虞胜强：《荀子性恶论新解》，《复旦学报》1996 年第 4 期。

遵守的礼义规则，而后来的圣王则从先王的各种具体礼义制作中，推求其统类，把握其共理，这样就可以处常而尽变，制作、发展出其时代所需要的礼义。固然我们可以说，圣人制礼，"礼义法度者，是圣人之所生也"（《性恶》）。但是另一方面，正是通过"积思虑，习伪故"，通过实践礼义才成就了圣人。这本是一个事物的两个方面，只有从这种动态、辩证的观点，才能更好理解荀子关于圣人与礼义的思想。

因此，在荀子看来，不管是圣人还是礼义，都是历史文化的产物，其产生和出现都需要一定的条件，不是用性善就可以简单说明的。孟子主张"辞让之心，礼也"，将礼义看作是辞让之心的扩充和表现，甚至认为"人皆可以为尧舜"，未免过于天真和乐观。辞让之心最多可以推出礼节、礼貌这些形式化的内容，而不可能建构起"正理平治"的礼义秩序，至于"人皆可以为尧舜"也只能是一种可能性，需要客观的外在条件以及主观的自愿和努力，它是一个不断学习、积累的过程，而不是靠善性的扩充或者后天的学习就可以简单实现的。孟子从性善论出发，不仅对成圣成贤的态度过于乐观，而且在方法上也出现了偏差，这是荀子批判孟子性善论的一个重要原因。学者往往根据荀子主张"涂之人可以为禹"，认为荀子与孟子虽然一个主张性恶，一个主张性善，但都肯定人能成为圣人，故二者名异而实同，表面不同而实质相同。这种看法将荀子的"涂之人可以为禹"与孟子的"人皆可以为尧舜"等量齐观，只注意到二者表面的相似性，而忽略了根本的差异性，是不可取的。孟子主张"人皆可以为尧舜"，这里的"可以"即是"能"的意思。由于仁义内在，人们通过善性的扩充（孟子），或是后天的修习（孟子后学），"人皆可以为尧舜"，可能性与现实性之间不存在巨大的鸿沟，只有"不为"的问题，而没有"不能"的问题。在荀子这里，情况则有所不同。虽然荀子也承认"涂之人可以为禹"，但"禹之所以为禹"的根据和途径则与孟子有所不同。

> "涂之人可以为禹"，曷谓也？曰：凡禹之所以为禹者，以其为仁义法正也。然则仁义法正有可知可能之理，然而涂之人也，皆有可以知仁义法正之质，皆有可以能仁义法正之具，然则其可以为禹明矣。……故圣人者，人之所积而致矣。

这里的"仁义法正"即"正理平治"之善，其中"仁义"是理想、目标，"法正（政）"是内容、方法，"仁义"需落实在"法正"上，故它是外在之善，而不是内在之善。由于仁义法政具有可以被认知、可以被实践的特性（"理"），而一般的人都具有可以认知仁义法政的材质，具有可以实践仁义法政的资具，这就决定了"其可以为禹明矣"。但这只是"可以"，是一种可能性，而不等同于现实性。荀子与孟子的最大不同是对"可以"与"能"做了区分①，孟子由于肯定性善，成圣的根据在内不在外，只有"不为"的问题，没有"不能"的问题；而荀子以"正理平治"、"仁义法正"为善，虽然心可以知善、行善——人具有"可以知仁义法正之质"、"可以能仁义法正之具"，但所知、所行之善在外不在内，故成圣是有条件的，不仅需要礼义的法则与规范，也需要圣王的教化与指导。对于荀子而言，成圣不仅有类似于"不为"的"不肯"的问题，同时还有"未必能"的问题。

　　　曰："圣可积而致，然而皆不可积，何也？"曰：可以而不可使也。故小人可以为君子而不肯为君子，君子可以为小人而不肯为小人。小人、君子者，未尝不可以相为也，然而不相为者，可以而不可使也。故涂之人可以为禹则然，涂之人能为禹，未必然也。虽不能为禹，无害可以为禹。足可以遍行天下，然而未尝有能遍行天下者也。夫工匠、农、贾，未尝不可以相为事也，然而未尝能相为事也。用此观之，然则可以为，未必能也；虽不能，无害可以为。然则能不能之与可不可，其不同远矣，其不可以相为明矣。

"圣可积而致，然而皆不可积"，并不是说历史上古往今来圣人都是不可以通过积学达到的，尧、舜、禹、汤等人物的出现，已证明圣人在历史上确实存在。以往学者往往将此句理解为"不是所有的人都能这样"②，"一般人都不可以积累"③，或"谓非人人皆可积而为圣人也"④，实际是将

　　① 庄锦章（Chong, Kim-chong）对《性恶》篇"可以"与"能"的区别做了详细分析，并认为这是荀子批判孟子性善论的主要原因。见 Chong, Kim-chong, "Xunzi's Systematic Critique of Mencius", *Philosophy East & West*, Apr. 2003, Issue 2。
　　② 北京大学《荀子》注释组：《荀子新注》，第400页。
　　③ 杨柳桥：《荀子诂译》，齐鲁书社1985年版，第666页。
　　④ 王天海：《荀子校释》下册，第955页。

"皆不可积"理解为"不可皆积",是不正确的。其实,这里的"皆不可积"应从字面来理解,是说:理论上圣人是可以通过积学达到的,但现实中却并没有人做到。只不过它并非荀子的主张,而是一种设问,反映了设问者的认识和理解。但这一设问也表明,荀子承认在一定的时代和条件下,"涂之人"是很难成为"禹"的,正可谓"天地闭,贤人隐",圣人不出。这里除了"不肯"即主观努力的原因外,更重要的是,在荀子那里,"涂之人可以为禹"只是一种理论上的可能性,是"可以为禹",而不是"能为禹","可以"是可能性,"能"是现实性,可能性与现实性之间是存在着巨大鸿沟的。为了强调、说明这一点,荀子举出两例,一是理论上我们的足迹可以遍行天下,但实际上没有人能够走遍天下,即理论上可以,但若不具备一定的条件,现实中是做不到的。就像给我一个支点,我可撬动地球一样。二是理论上工匠、农夫、商人都可以从事对方的职业,但实际上却没有人这样做,即理论上可以,但如果客观条件不允许,现实中仍无法做到。这可能是针对世农、世商、世工制而言,在这种制度下,"工之子恒为工","商之子恒为商","农之子恒为农",工匠、农夫、商人随意改变职业是不被允许的。荀子以这样两个例子说明"涂之人可以为禹",而非"能为禹",最清楚不过表明荀子对于人性的审慎态度和看法,这与孟子的乐观精神是有根本不同的。固然,"虽不能,无害可以为",但荀子真正想要强调的还是"能不能之与可不可,其不同远矣,其不可以相为明矣",这恐怕才是荀子思想的落脚处。因此,荀子从性恶心知善、行善说提出的"涂之人可以为禹",与孟子从性善扩充说(包括性善修习说)提出的"人皆可以为尧舜",是两个有着根本区别的不同命题,反映了荀子与孟子学派对于人性的不同认识和理解,这种不同认识和理解也正是荀子批判"孟子"性善论的一个重要原因。

唐明皇御注与《孝经》学的转折

陈壁生

《孝经》之学，经文有古今文之分，郑注主今文，孔传主古文，经文互有出入，注解大相违异。唐代天下一统，经学随之统一，故有《九经正义》之写定。而《孝经》仍今古别行。至唐玄宗之世，乃诏令群儒质定《孝经》之义，刘知幾主古文，立十二验以驳郑注，司马贞主今文，言古文鄙俚，事俱载《唐会要》。明皇乃以今文十八章为本，杂采汉唐之间旧解，自注《孝经》。自明皇御注，诏天下家藏，邢昺作疏，使播于国庠，孔、郑二家之说，遂定于明皇一家之言。而孔传、郑注渐至浸微，终于亡佚。于是千余年间，言《孝经》今文者，皆以明皇御注为定本。司马光以古文经为本作《孝经指解》，朱熹也据古文以分经传，作《孝经刊误》，其影响皆远不及明皇御注。然邢昺作疏，已言明皇改经，《广扬名章》"居家理故治可移于官"，邢疏云："先儒以为'居家理'下阙一'故'字，御注加之。"① 此邢疏唯一言及明皇改动经文者。及至清世，辑佚之学大兴，郑玄《孝经注》残存于古籍者，不论只言片语，尽皆蒐集无遗。臧庸作《孝经郑氏解辑本》，始言唐本有非②。严可均集《孝经郑注》，乃言明皇臆解③。百年以来，敦煌遗书纷纷出土，白文《今文孝经》

---

① 唐明皇注，邢昺疏：《孝经注疏》，阮刻《十三经注疏》，台北：艺文印书馆 2007 年版，第 47 页。

② 如《天子章》"刑于四海"，臧庸云："此经'刑于四海'犹《感应章》'光于四海'，当从郑作'形'，唐本作'刑'，非也。"（臧庸《孝经郑氏解辑本》，商务印书馆 1959 年版，第 3 页）又《广扬名章》"居家理故治可移于官"，对于明皇注本增加"故"字，臧庸云："唐本增经字，非。"（同上书，第 17 页）

③ 如《庶人章》"而患不及己者"，严可均云："明皇无'己'字，盖臆删耳。"（严可均《孝经郑注》，商务印书馆 1959 年版，第 4 页）

写本残片，屡现人间，郑玄《孝经注》几近全璧，重见天日。以新出《今文孝经》校明皇《孝经注》，可知明皇御注，绝非今文之真，而是对今文经文不合己意处，颇加改易。此实注经之大忌。而这种改经所据，也略有迹可循。日本存《古文孝经》孔传传世，未必全真，然有隋代刘炫《孝经述议》写本，经林秀一校定，可见《古文孝经》之一斑。又司马光据古文作《孝经指解》，也可见古文经文之大略。以《古文孝经》之大略校明皇御注，可知明皇改经，实多据古文以改今文。可以说，就经文而言，明皇以《今文孝经》为本，采《古文孝经》之言，以及己意改易经文，使《孝经》经文，得一新定本。就经解而言，明皇采六家旧注，又加己意以解新定之经文，使《孝经》注解，归于一家。此二者，共同促成了《孝经》学的根本转折。

一　改经

唐明皇注《孝经》有二次，《唐会要》卷三十六载：

> （开元）十年六月二日，上注《孝经》，颁于天下及国子学。至天宝二年五月二十日，上重注，亦颁于天下。①

开元旧注本，后来亡于中土，而存于日本，即《古逸丛书》所收之《覆卷子本唐开元御注孝经》。天宝重注本，即宋初邢昺据元行冲疏所作《孝经注疏》本，亦即南宋合刻之《十三经注疏》本。唐明皇注《孝经》之前，《孝经》学的基本状况，《隋书·经籍志》有云：

> 郑氏注，相传或云郑玄，其立义与玄所注余书不同，故疑之。梁代，安国即郑氏二家并立国学。而安国之本亡于梁乱。陈及周、齐，唯传郑氏。至隋，秘书监王邵于京师访得《孔传》，送至河间刘炫，炫因序其得丧，述其义疏，讲于人间，渐闻朝廷，后遂著令，与郑氏并立。儒者喧喧，皆云炫自作之，非孔旧本。②

---

① 王溥：《唐会要》，中华书局1955年版，第767页。
② 魏征等：《隋书·经籍志》，中华书局2008年版，第935页。

隋唐之间，《孝经》行世者，主要即郑注本、孔传本二本。《孝经注疏序》亦云唐明皇注经背景："至有唐之初，虽备存秘府，而简编多有残缺。传行者唯孔安国、郑康成两家之注，并有梁博士皇侃《义疏》播于国序，然辞多纰缪，理昧精研。"①又，据邢昺《孝经注疏》所标明，陈鸿森先生曾统计，明皇御注所引先儒旧解，"凡郑康成二十九事，魏克己十六事，孔传、王肃各十四事，韦昭二事"②。上述诸家经文，当亦唐玄宗所见。是故明皇《孝经注》经文所本有二，一为今文本，即自郑玄注以来的《今文孝经》本；一为古文本，即刘劭所得，刘炫所讲之《古文孝经》传本。而明皇御注，就是据《今文孝经》而注之。

自唐玄宗写定《孝经》经、注，至五代时，郑注、孔传遂亡③。自此之后，主今文者，皆以明皇定本为纯今文本。赖《今文孝经》白文、郑玄《孝经注》千年湮没，一朝出土，古文《孝经述议》千年辗转，异域重光，我们可以看到唐玄宗不但注《孝经》，而且改经文。而今天要探讨唐玄宗之改经情况，最主要在于以敦煌新出今文十八章校唐玄宗御注今文，观其文字歧异，及注释是否别具用心，便可知其改经之意。对唐玄宗改今文经文处，校以《古文孝经》，可知到底是以古文校今文，还是以意改经。

校唐玄宗《孝经注》所据今文，即敦煌新出《今文孝经》以及郑玄《孝经注》。近百年来，敦煌文献重见天日，使今人得以一窥唐代经书写本之真相。而在敦煌经部文献中，又以《论语》、《孝经》所获最多。就《孝经》而言，在敦煌文献中，《今文孝经》白文写本多达二十七片，经陈铁凡、徐建平诸先生之蒐集整理，一部几近完整无缺之唐代《今文孝经》白文写本，已经清晰可见④。以残片拼集而成之《今文孝经》白文，虽偶有抄写之误，也不无异字、借字，然经文大体完整，字义基本一致。尤其是取郑注以对勘经文，若合符节。又，敦煌出土文献中，还有郑玄

---

① 唐明皇注，邢昺疏：《孝经注疏》，第3页。

② 陈鸿森：《唐玄宗〈孝经序〉"举六家之异同"释疑》，《"中研院"历史语言研究所集刊》，台北，2003年，第36页。

③ 陈振孙《直斋书录解题》云："按《三朝志》：'五代以来，孔、郑注皆亡。'"（陈振孙《直斋书录解题》，上海古籍出版社1987年版，第69页）

④ 徐建平：《敦煌经部文献合集》之"群经类孝经之属"，中华书局2008年版。

《孝经注》残片，收集并加以注解最佳者，为陈铁凡《孝经郑注校证》（"国立"编译馆1987年版）。郑玄《孝经注》自清初朱彝尊《经义考》始为辑佚，有清一代，学人蒐集，极尽辛劳。及至敦煌遗书纷纷出土，郑注几近全璧。而此注本，也为今天提供了一个几近完整的郑玄所据《今文孝经》文本。白文和郑注两个文本，共同构成了一个大体一致的唐写本《今文孝经》，而将之与唐明皇《孝经注》经文对比，有十余处出入，这些出入，可以断定为唐玄宗改经的结果。

确定唐玄宗改经之后，还要进一步确定改经的依据，即是否根据《古文孝经》改动《今文孝经》。唐玄宗的御注采《孔传》十四事，足见其对《孔传》的重视。他的改经，是否与《古文孝经》相关，则以御注改今文处，校以《古文孝经》经文，便可一目了然。但是，现存《古文孝经》经文，驳杂难辨。计有几个本子，一是清朝从日本回传的太宰纯本《古文孝经孔传》，此本《四库提要》已言其伪；一是司马光《古文孝经指解》，此本经文虽为古文，然多受明皇定本之影响。幸而有刘炫《孝经述议》出，以之为校，可以考见明皇所见古文真本之一斑。可借以见明皇所见《古文孝经》者有几个本子。

一是刘炫《孝经述议》，隋刘炫得王邵所得《孔传》，乃作《孝经述议》，以发明古文之义，又作《孝经稽疑》，辨《孔传》之误，作《孝经去惑》，明郑注之非。三书于中土俱失，然数十年来，日本竟发现《孝经述议》写本，使刘炫《古文孝经》义说，大白于世。陈鸿森先生述其事云："刘炫《孝经述议》五卷，藤原佐世《日本国见在书目录》著录，知其书唐时已传行日本矣。是书中土久亡，宋人志目俱不载，盖宋时已佚；惟其书日本则传行不绝如缕。一九四二年，日本学者武内义雄教授，时任国宝调查委员会，于清点故家舟桥清贤家藏旧籍时，发现《述议》古写残卷，存卷一、卷四两卷。其余所阙三卷，林秀一氏复就日本故籍所过录《述议》之文，蒐辑比次，为《孝经述议复原に関する研究》一书，刘炫《述议》旧貌，十得七、八矣。"①《述议》虽不列经、传文字，然刘炫疏文详尽，可以据疏文推见经、传字词。因此，以之为据，探明皇改《今文孝经》处，可以推知明皇是否以古文改今文。

① 陈鸿森：《〈续修四库全书总目提要〉孝经类辨证》，《"中研院"历史语言研究所集刊》第六十九本，台北，1998年，第314页。

另，今所见《古文孝经孔传》，为乾隆时日本学人太宰纯校对，回传中土，鲍廷博刻入《知不足斋丛书》。《四库》虽有收录，然斥其"浅陋冗漫，不类汉儒释经之体，并不类唐、宋、元以前人语。殆市舶流通，颇得中国书籍，有桀黠知文义者摭诸书所引《孔传》影附为之"①。其后，清代学者周中孚、郑珍、丁晏皆斥其伪。是故此书经文，不能定位明皇所见古文本。然此书之价值，如陈鸿森云："据近年所发现刘炫《述议》残本以校之，知太宰纯所传刻者，与刘炫所据本大体不异，卢文弨谓'其文义典核，又与《释文》、《会要》、《旧唐书》所载一一符合，必非近人所能撰造'，其说是也。"② 故此书经文有一定的参考价值。而中土传世之《古文孝经》经文，宋有司马光作《古文孝经指解》，其说多受明皇御注影响，经文不可全据。此两本，互有不同，但经文皆不能作为准的，故在校对中只能谨慎取用。

具体而言，明皇改经，虽然表面上只是字词之别，但一字之增删更改，往往牵涉着对《孝经》的结构、义理的理解。

（一）增字以改变对"五等之孝"的理解

《孝经》第一章为《开宗明义章》，第二章至第六章，分别述天子、诸侯、卿大夫、士、庶人五等之孝。五等之孝的叙述中，孔子将天下一切人分为五个等级，每个等级都各行其孝，以达至"民用和睦，上下无怨"。而在《庶人章》最后，有一句总结，对这句总结的解读，关系着对五等之孝的理解。

> 《庶人章》：故自天子至于庶人，孝无终始，而患不及者，未之有也。
>
> 明皇注：始自天子，终于庶人，尊卑虽殊，孝道同致，而患不能及者，未之有也。言无此理，故曰未有。③

---

① 纪昀等：《四库全书总目》，中华书局 2003 年版，第 263 页。

② 陈鸿森：《〈续修四库全书总目提要〉孝经类辨证》，《"中研院"历史语言研究所集刊》第六十九本，第 319 页。

③ 唐明皇注，邢昺疏：《孝经注疏》，第 27 页。

严可均辑佚郑注，校对经文至此云："明皇本无'己'字，盖臆删耳。据郑注，'患难不及其身'，身即己也。《正义》引刘瓛云'而患行孝不及己者'，又云'何患不及己者哉'，则经文元有己字。"① 今敦煌《今文孝经》白文、郑玄《孝经注》抄本出土，乃知严说确凿无疑。经文当为："故自天子至于庶人，孝无终始，而患不及己者，未之有也。"观《古文孝经》，《知不足斋丛书》本、日本足利本皆无"己"字，但林秀一整理之刘炫《孝经述议》，解此句为："言行孝无有终始，则患祸必及其身矣。"② 则经文似有"己"字。所以，我们无法确定明皇删"己"字，是据古文以删今文，还是以己意删经。但是，这一删定，对《孝经》经义的改变影响甚巨。

御注之前，此处经文注解自古有异说。郑注云："总说五孝，上从天子，下至庶人，皆当行孝无终始，能行孝道，故患难不及其身也。未之有者，盖未有也。"③ 邢昺《孝经注疏》云："《苍颉篇》谓患为祸，孔、郑、韦、王之学引之以释此经。"④ 而"终始"之意，诸家注释皆落实于《开宗明义章》"身体发肤，受诸父母，不敢毁伤，孝之始也。立身行道，扬名于后世，以显父母，孝之终也"。"孝无终始"即《开宗明义章》的"始于事亲"、"终于立身"，那么，此经理解为："上自天子，下至庶人，凡天子、诸侯、卿大夫、士、庶人，如果不能做到始于事亲，终于立身，而能使祸患不降落在自己身上，那是不可能的事情。"但是，若如明皇御注，"终始"则落实于"天子"与"庶人"，此经文意思改变为："始于天子之尊，终于庶人之卑，皆当各行其孝道，如果有人担心自己做不到，那是不可能做不到的。"

这种理解的差别，从内容上与明皇御注本对《孝经》理解的转化密切相关。对《孝经》性质的判断，是解释这部经典的根本所在。《孝经》开篇即言"先王有至德要道，以顺天下"，则此经乃是一部经纬天地的政治书，而不是一部劝人行善的道德书。在《孝经》学史上，自汉以来，无论是郑玄、何休、王肃、皇侃的注解，即便仅有残句遗存，也能看出他

① 严可均：《孝经郑注》，第4页。

② ［日］林秀一：《孝经述议复原に関する研究》，东京：文求堂1953年版，第250页。

③ 陈铁凡：《孝经郑注校证》，台北："国立"编译馆1987年版，第71—75页。

④ 唐明皇注，邢昺疏：《孝经注疏》，第27页。

们都讲《孝经》视为政教大典。尤其是按照郑玄的理解，《孝经》本来是一部圣人制作，以总会六经之道的政教大典。也就是说，《孝经》讲的是怎样创造一种好的政教制度，让天下人都能行孝。而从唐明皇御注开始，《孝经》实现了根本性的转折，成了一部时王劝人行孝的伦理书。《孝经》变成了在现行制度中劝人行孝。自御注之后，《孝经》的这种性质，历经宋、元、明三朝注解，一直持续到清代。在"故自天子至于庶人，孝无终始，而患不及己者，未之有也"一句中，是否有"己"字，其实包涵着对五等之孝的理解的差别。按照郑玄的解释，五等之孝是孔子教导天子至于庶人，不同阶层之行孝虽有差别，但是其始于事亲，终于立身则无二致。即便庶人只是奉养父母便得称孝，但是庶人也可以有更高的立身行道、扬名后世的道德要求。在这里，教化的主体是孔子，五等之孝是孔子所立，让天子、诸侯、卿大夫、士、庶人所行的法典。但是在明皇御注中，把"终始"变成始于天子，终于庶人，并且删掉"己"字，便把五等之孝的意思，变成作为时王的玄宗，要求社会上不同阶层的人各自勉力行孝。唐玄宗《孝经注》成后，诏天下家藏，五等之孝的意义，最终从政治上的宪章的价值，转化成伦理上的劝孝意义。

而且，唐玄宗在这里改经文、易经注之后，这部经的结构也发生了变化。如果按照唐玄宗以前的解释，"孝无终始"的"终始"对应的是《开宗明义章》的"始于事亲"、"终于立身"，那么，自《开宗明义章》，经《天子章》、《诸侯章》、《卿大夫章》、《士章》、《庶人章》五章述五等之孝，成为一科段，而《三才章》之后另起一科段。但是，如果据唐明皇《孝经注》，"终始"为"始于天子，终于庶人"，则此经文对应的是《天子章》至《庶人章》之五等之孝，而不呼应《开宗明义章》。

（二）增字以改变"父子"与"君臣"关系

唐玄宗《孝经注》在义理上最大的变化，是通过改经文，加注解，改变了《孝经》中的父子君臣关系，将之与郑玄《孝经注》相比，便非常明显。

《孝经》之言君臣父子者，最典型，也是被引用最多一句，是《圣治章》所言：

> 《圣治章》：父子之道，天性也，君臣之义也。父母生之，续莫

大焉。君亲临之，厚莫重焉。

　　明皇注：父子之道，天性之常，加以尊严，又有君臣之义。父母生子，传体相续。人伦之道，莫大于斯。谓父为君，以临于己。恩义之厚，莫重于斯。①

必须注意的是，"天性"和"君臣之义"后皆有"也"字。依明皇注，父子之道，固为天性之合；同时，父子之道又有君臣之义，是将父子关系，与君臣关系等同起来，使"父子君臣化"。观刘炫《孝经述议》，解此句曰："言父子相与之道，乃是天生自然之恒性也。其以尊严临子，亲爱事父母，又是君臣上下之大义也。"② 又曰："经意言父子之道，是天性也，又是君臣之义也。"③ 可见刘炫所见《古文孝经》经文也有两个"也"字，而据《古文孝经》之《知不足斋丛书》本、日本足利本、司马光《古文孝经指解》，皆有两"也"字。

　　但是，敦煌出土《今文孝经》此句经文为："父子之道天性君臣之义。"由此可见，唐玄宗注此处经文，是为了使语句显得更加通顺，根据《古文孝经》来修改《今文孝经》的经文。而且，这种修改绝非仅仅是出于表述通顺的考虑，更加是有他作为一个时王的政治目的。因为，有了这两个"也"字，经文的意思，便变成从"父子之道"，是"天性之常"，同时，又有"君臣之义"。这样一来，虽然表面上是在讲"父子之道"，但是暗地里已经把"君臣之义"的建立在"父子之道"这种"天性"的基础之上。如果按照《今文孝经》原貌，"父子之道天性"与"君臣之义"，断为二事，郑注尤其清晰。

　　《圣治章》：父子之道，天性也，君臣之义也。父母生之，续莫大焉。君亲临之，厚莫重焉。

　　郑玄注：性，常也。父子相生，天之常道。君臣非有骨肉之亲，但义合耳。三谏不从，待放而去。父母生之，骨肉相连属，复何加

①　唐明皇注，邢昺疏：《孝经注疏》，第38页。
②　[日] 林秀一：《孝经述议复原に関する研究》，第125页。
③　同上书，第127页。

焉。君亲择贤，显之以爵，宠之以禄，厚之至也。①

以此注与明皇御注对比可以看出，明皇御注极力将"父子之道"与"君臣之义"合辙，而郑君之注，则极力将"父子之道"与"君臣之义"分途。这种对经义完全不同的解释，固然与郑玄、明皇对《孝经》的整体理解相关，但直接的文本依据，则是古文、今文有无二"也"字的区别。今文无二"也"字，则"父子之道"与"君臣之义"分而为二，分别对应下文的"父母生之"与"君亲临之"。故郑玄注"君亲临之"为"君亲择贤，显之以爵，宠之以禄"。而明皇据古文改今文，加二"也"字，将"父子之道"与"君臣之义"合而为一，使文气读起来更通顺，语势看起来更畅达，但下文的"君亲择贤"则无所着落，因此明皇不得不将"君"解释为"谓父为君，以临于己"，即父亲像君主一样临于己，就全句而言，这样的理解明显扞格不通。

《孝经》在后世之所以备受诟病，除了伦理上的君臣父子化，还有道德上的"移孝作忠"。而这一观念，同样是唐明皇改经的结果。

> 《广扬名章》：君子之事亲孝，故忠可移于君。事兄悌，故顺可移于长。居家理，故治可移于官。
> 唐明皇注：以孝事君则忠，以敬事长则顺。君子所居则化，故可移于官也。②

邢昺《孝经注疏》云："先儒以为'居家理'下阙一'故'字，御注加之。"③ 是疏文唯一坦言明皇改经者。而唐玄宗之前的陆德明《经典释文》，经文为"居家理故治"，下云"读居家理故治绝句"④。皮锡瑞《孝经郑注疏》认为："古本无此'故'字，《释文》也本无之，当作'居家理治'，陆氏见此句少一'故'字，与上二句文法有异，恐人读此有误，故特发明句读。"⑤ 今校诸敦煌新出《今文孝经》白文、郑玄《孝经注》

---

① 陈铁凡：《孝经郑注校证》，第 138—141 页。
② 唐明皇注，邢昺疏：《孝经注疏》，第 47 页。
③ 同上。
④ 陆德明：《经典释文》，中华书局 1983 年版，第 343 页。
⑤ 皮锡瑞：《孝经郑注疏》，《师伏堂丛书》，光绪乙未刊本。

抄本，皆无"故"字。可证邢昺之说不虚，《经典释文》所载"居家理故治"，"故"字为后人所加，而皮锡瑞考证甚确。而校诸《古文孝经》，刘炫《孝经述议》释此句云："居在其家，能使家事理治，其治可移之于在官也。"① 刘炫《孝经述议序》亦云："乃使室家理治，长幼顺序。"② 可知《古文孝经》也无"故"字。唯司马光《古文孝经指解》、日藏《古文孝经》皆有"故"字，不可据。是故唐玄宗加一"故"字，表面上也是为了语意通顺，乃改经文，然而，这一改动，又严重地改变了经文原意。结合陆德明之说，探解郑注之意，经文、句读、解释，皆与明皇御注不同：

> 《广扬名章》：君子之事亲孝故忠，可移于君。事兄悌故顺，可移于长。居家理治，可移于官。
>
> 郑玄注：欲求忠臣必出孝子之门，故言可移于君。以敬事兄则顺，故可移于长。君子所居则化，所在则理，故可移于官。③

以一"故"字之别，而全句点逗皆异，经义也为之全变。细味郑注之意，是言君子事父母能孝，则此孝中自然内在地包涵有忠之品质，若君子出仕为政，则此忠之品质，便自然表现于事君之中。孝之所以能够包涵忠的品质，因为孝是"德之本"，从对父母的孝行中，可以全面培养一个人的德性。而当行孝之人面对其他长辈、君上，自然便会做出适合的行为。因此，"君子之事亲孝故忠"，不是把事亲之孝（感情、行为）移于事君，而是在事父母孝的过程中，养成一个孝子的品质，当环境变化，这个孝子从家来到国，就自然能够很好地事君，事君的那种道德，便可以定义为"忠"。同样的，事兄能悌，一个人养成悌于兄的品质，当出仕为政，此悌之品质，便自然表现于事长之中，这种表现便可以定义为"顺"。而君子在家能理能治，出仕为政之后，这种能力便能自然运用在官事的过程之中。在郑玄的解释中，忠、孝有别，父、君完全不同，而事父、事君也完全不同。而在唐明皇的注解中，邢昺为之疏道："君子之事亲能孝者，故

---

① ［日］林秀一：《孝经述议复原に関する研究》，第277页。
② 同上书，第65页。
③ 陈铁凡：《孝经郑注校证》，第187—188页。

资孝为忠，可移孝行以事君也。事兄能悌者，故资悌为顺，可移悌行以事长也。居家能理者，故资治为政，可移治绩以施于官也。"① 于是忠孝合一，事君事父无别矣。

《孝经》乃孔子为曾子陈孝道，以立政教之本，使天子至于庶人皆能行孝，以期民用和睦，上下无怨。其中，父子关系、君臣关系皆是人伦之重，而孝、忠，俱为道德之要。郑玄注解，于"父子之道天性。君臣之义"一句，从伦理上将父子、君臣关系断然分别，而于"君子之事亲孝故忠，可移于君"一句，则从道德上将孝、忠明确区分。但是，唐明皇作为一时之君主，要颁布《孝经》之正义以教训天下，所以，千方百计地并举君臣与父子，等同忠和孝。因此，《圣治章》采《古文孝经》经文而成"父子之道，天性也，君臣之义也"，由伦理而言，君臣与父子混同矣。《广扬名章》又增一"故"字，使经文前面一句变成"君子之事亲孝，故忠可移于君"，由道德而言，孝与忠合一矣。明皇改经之后，天下皆以明皇御注即为《今文孝经》真本，凡言今文孝经者，皆不能脱明皇定本之窠臼，于是《今文孝经》之古注泯，而新解兴，父子君臣，忠孝，皆并为一谈。

（三）其他改动

明皇御注，尚有数处改易经文，或以古文校今文，或臆改，最重要者有如下几条。

> 1.《天子章》：爱敬尽于事亲，而德教加于百姓，刑于四海。
> 明皇注：刑，法也。君行博爱广敬之道，使人皆不慢恶其亲，则德教加被天下，当为四夷之所法则也。②

《经典释文》"形于"下云："法也。字又作'刑'。"③ 是《今文孝经》本有两种写法，一般作"形"，有的作"刑"。校诸敦煌新出唐写本，《孝经》白文抄本编号伯3398，伯3416C，斯728 等写本，皆作"形"，而编

---

① 唐明皇注，邢昺疏：《孝经注疏》，第 38 页。
② 同上书，第 11—12 页。
③ 陆德明：《经典释文》，第 341 页。

号伯2545，伯3372，斯1386，伯3369写本皆作"刑"①。郑玄《孝经注》抄本（编号伯3428）文为"刑于四海"，郑注云："刑，见也。德教流行，见于四海，无所不通。"②可见明皇之前，《今文孝经》"形"、"刑"并用，而注解则以郑注"见也"为正。而《古文孝经》则只用"刑"字，《孔传》云："刑，法。"③可见明皇定"刑于四海"，是参用《古文孝经孔传》之"刑"字义，故择《今文孝经》之"刑"而弃"形"。

2.《孝治章》：治家者，不敢失于臣妾，而况于妻子乎？

明皇注：理家，谓卿大夫。臣妾，家之贱者。妻子，家之贵者。④

新出土所有《今文孝经》抄本、郑玄《孝经注》抄本中，"臣妾"下皆有"之心"二字。足见"之心"是唐明皇所删。而且，日藏开元初注本经文尚有"之心"二字，而今传本，即天宝重注本则无之，可见是唐明皇在天宝重注时删去。而林秀一整理刘炫《孝经述议》解释此句云："以诸侯爱士民，故大夫以下治一家者，身常谨敬，尚不敢失意于微臣贱妾而不念之，而况于適妻贵子乎？"⑤细看文意，应有"之心"二字，而《古文孝经》之《知不足斋丛书》本，足利本皆有"之心"，可见古今文皆有"之心"二字，而唐玄宗臆删之。盖玄宗以今文上明王言"不敢遗小国之臣"，治国者言"不敢侮于鳏寡"，故治家者应言"不敢失于臣妾"，以资对应，故删去"之心"。这种删改，纯属臆改经文。

3.《圣治章》：故不爱其亲而爱他人者，谓之悖德。不敬其亲而敬他人者，谓之悖礼。

明皇注：言尽爱敬之道，然后施教于人，违此则于德礼为悖也。⑥

① 徐建平：《敦煌经部文献合集》之"群经类孝经之属"，第1892页。
② 同上书，第1927页。
③ ［日］林秀一：《孝经述议复原に关する研究》，第228页。
④ 唐明皇注，邢昺疏：《孝经注疏》，第34页。
⑤ ［日］林秀一：《孝经述议复原に关する研究》，第265页。
⑥ 唐明皇注，邢昺疏：《孝经注疏》，第38页。

新出土所有《今文孝经》抄本、郑玄《孝经注》抄本中，经文两处"他人"之下皆有"亲"字。此处无二"亲"字，唐玄宗删之无疑。而据刘炫《孝经述议》解此句为："若人君不自爱其己之亲而敬他人者，谓之为悖乱之德也。不自敬其己之亲而敬他人之谓之为悖乱之礼也。"① 则刘炫本无二"亲"字，而《古文孝经》之《知不足斋丛书》本、日藏足利本、司马光《古文孝经指解》，皆无二"亲"字，是唐玄宗据《古文孝经》以删《今文孝经》经文也。

唐玄宗此处删改经文，表面上对经义理解没有多大影响，事实上改变了经文的深层含意，尤其是对比郑注，便可以看得更加明显。此句经文，与《天子章》可以对看，《天子章》云："爱亲者不敢恶于人，敬亲者不敢慢于人。"郑注曰："爱其亲者，不敢恶于他人之亲。己慢人之亲，人亦慢己之亲，故君子不为也。"② 郑注将"人"释为"人之亲"，虽属增字解经，然其据即在于《圣治章》此文。若非敦煌遗书出土，使人知明皇据古文改今文，则郑注虽存，读者终难得其精义。郑注《天子章》，意为爱己之亲，推爱以及他人之亲，则人不止爱己，且爱及于己之亲。敬己之亲，推敬以及他人之亲，则人不止敬己，且敬及己之亲。人因爱己、敬己，进而爱己之亲、敬己之亲，这才是真正的"孝"。在儒家思想中，爱、敬往外推，是从爱敬己亲到爱敬他人之亲，譬如爱敬己之父母，直接推到爱敬他人之父母，而不会推到爱敬同龄人或者婴孩。因此，《孟子·梁惠王上》不言"老吾老以及人，幼吾幼以及人"，而必为"老吾老以及人之老，幼吾幼以及人之幼"。而《孟子·尽心上》言"杀人之父，人亦杀其父。杀人之兄，人亦杀其兄"，其理亦同。

4.《事君章》：君子之事上也，进思尽忠，退思补过，将顺其美，匡救其恶，故上下能相亲也。

明皇注：上，谓君也。进见于君，则思尽忠节。君有过失，则思补益。将，行也。君有美善，则顺而行之。匡，正也。救，止也。君

---

① ［日］林秀一：《孝经述议复原に关する研究》，第131页。
② 陈铁凡：《孝经郑注校证》，第15—16页。

有过恶，则正而止之。下以忠事上，上以义接下。君臣同德，故能相亲。①

　　检敦煌新出《孝经》白文，郑玄《孝经注》，"故上下能相亲也"一句，基本都作"故上下治，能相亲也"。所以可以断定，"治"字是明皇御注所删。然观刘炫《孝经述议》注释此句云："臣既爱君，君亦爱臣，以是故上下能相亲也。"是刘炫所见本无"治"字，而《古文孝经》之《知不足斋丛书》本、足利本，司马光《古文孝经指解》皆无"治"字，是唐玄宗据《古文孝经》以删今文也。此处删改，对经义没有真正的影响。

　　此外，对比敦煌新出《孝经》白文，明皇御注写定的《今文孝经》经文，还有多处增加"也"字。如《开宗明义章》敦煌写本作"夫孝，德之本，教之所由生。"明皇定本变成"夫孝，德之本也，教之所由生也"。《三才章》写本作"夫孝，天之经，地之义，民之行。"明皇定本变成："夫孝，天之经也，地之义也，民之行也。"《广至德章》敦煌写本作："君子之教以孝，非家至而日见之。教以孝，所以敬天下之为人父者。教以悌，所以敬天下之为人兄者。教以臣，所以敬天下之为人君者。"而明皇定本变成："君子之教以孝也，非家至而日见之也。教以孝，所以敬天下之为人父者也。教以悌，所以敬天下之为人兄者也。教以臣，所以敬天下之为人君者也。"这些都无关宏旨，不像改"父子之道天性，君臣之义"一句那样使经义完全改变，故不赘述。

二　重注

　　皮锡瑞《孝经郑注疏》序言略对比郑注、明皇注及明皇之后注本，有云："郑君深于礼学，注《易》笺《诗》，必引礼为证，其注《孝经》，亦援引古礼，此皆则古称先，实事求是之义。自唐以来，不明此义。明皇作注，于郑注引典礼，概置不取，未免买椟还珠之失，而开空言说经之弊。宋以来尤不明此义，朱子《定本》，于经文征引《诗》《书》者辄删去之，圣经且加刊削，奚有于郑注。"②

---

① 唐明皇注，邢昺疏：《孝经注疏》，第52页。
② 皮锡瑞：《孝经郑注疏》，《师伏堂丛书》，光绪乙未刊本。

　　皮氏以"征引典礼"与"空言说经"为明皇《孝经注》之前及其后《孝经》学之差别,诚可谓识见宏深。盖自东汉以降,典礼之学实为经学之核心。魏晋至隋唐之间,士大夫或志游于老庄,发为玄言,或依据于释典,译释佛语,然其注疏礼学,孜孜不倦,故政治虽有分合,而华夏文明,一线不绝。自唐宋以后,经师转而为道学家,或从程朱,或从陆王,然其损益礼经,制作家礼、乡约以敬宗睦族,故能重建社会,收拾人心,然其规范政治,则远不如两汉之宏大。故在清代朴学"清谈许郑"之前,经学之兴废,实表现于礼学之兴废。六经皆孔子所述作,其意旨、功能各有不同,对每一部经的注释,以经注经,则经注征实可信,而且,唯有如此,才能发明整个经学体系,使周孔之制得以发明。若夫以己意释经,则不但改变经文性质,而且使经与经之间不能贯通。

　　明皇御注之前,经说众多,歧义纷出,然皆以《孝经》与五经体系相呼应,举其大者,有郑注、孔传,皆以《孝经》为孔子教化后世之天下的政治书,故注《孝经》,皆博引五经礼义,使之相互发明,唯师法不同,择其要者,郑注有皇侃之《义疏》,孔传有刘炫之《述议》。而明皇御注,杂引众家,间下己意,但此杂引,并非简单之采择,而是有意的改造,即对诸注之典礼,几乎尽弃,不取征实之礼制,唯余说理之空言。于是《孝经》脱离五经系统,一转而为时王以圣人之教教化天下的伦理书。

(一)《孝经》的转化
《孝经》开宗明义,明皇即弃其典礼:

　　　子曰:"先王有至德要道,以顺天下,民用和睦,上下无怨。"
　　　郑注:子者,孔子。禹,三王最先者。至德,孝悌也。要道,礼乐也。以,用也。睦,亲也。至德以教之,要道以化之,是以民用和睦,上下无怨也。[1]
　　　明皇注:孝者,德之至,道之要也。言先代圣德之主,能顺天下人心,行此至要之化,则上下臣人,和睦无怨。[2]

---

[1]　陈铁凡:《孝经郑注校证》,第2—4页。
[2]　唐明皇注,邢昺疏:《孝经注疏》,第10页。

明皇将"先王"释为"先代圣德之主",实质上是将《孝经》的礼法模糊化。盖三代圣王,皆制作礼乐,所尚不同,御注之前,郑注云"禹,三王最先者",是用夏法;陆德明云"王,谓文王也"①,是用周礼。郑、陆之说,皆有所指。而明皇笼统言"先代圣德之主",言无所指,则制无所据。接着,明皇援用王肃,将"至德"与"要道",统归于"孝"。"道"与"德",古经皆分为二,如《论语》"志于道,据于德",《周礼》"考其德行、道艺",况经言"至德"与"要道",后又有《广至德》、《广要道》之章。故郑注以"孝悌"释"至德",以"礼乐"释"要道",而王肃云"孝者,德之至,道之要也",是王肃注经,专与郑玄立异,故将"道""德"二事,合为一义,而罔顾《广要道》章之言礼乐。明皇本不取典礼解经,故依用王说。本来,孔子之经教,对于后世之天子至于庶人,不但是规定德性以教之,而且是规定礼乐以化之。但是明皇引用王注,把"礼乐"这个维度完全取消了——"礼乐"维度的取消,与唐代的政治现实密切相关。可以说,礼乐的维度一旦取消,《孝经》马上从一本体国经野的政治书,转变成一本劝人行孝的伦理书。在接下来的经注中,唐玄宗自始至终,把《孝经》背后的政教制度悉数刊落。

> 《纪孝行章》:孝子之事亲也,居则致其敬。
> 郑注:尽其礼也。②
> 明皇注:平居必尽其敬。③

明皇改"礼"为"敬",一字之易,用心昭然可见。《广要道章》云:"礼者,敬而已矣。"敬,礼之本,在心为敬,发而为礼。以《孝经》经文相证,则如郑注,以"尽其礼"解"致其敬",经义皎然。明皇注解"居"为"平居",而不释"敬"字。以郑注之义,居而致其敬,敬之心必落实于具体的礼乐制度中,如出告入面之类皆是也。而以明皇之意,经义唯言平居之时,有敬心已足,而不明言该如何落实敬心。

---

① 陆德明:《经典释文》,第341页。
② 陈铁凡:《孝经郑注校证》,第151页。
③ 唐明皇注,邢昺疏:《孝经注疏》,第42页。

《广至德章》：君子之教以孝也，非家至而日见之也。教以孝，所以敬天下之为人父者也。教以悌，所以敬天下之为人兄者也。教以臣。所以敬天下之为人君者也。

郑注：天子父事三老，所以敬天下老也。天子兄事五更，所以教天下悌也。郊则君事天，庙则君事尸，所以教天下臣。①

明皇注：举孝悌以为教，则天下之为人子弟者，无不敬其父兄也。举臣道以为教，则天下之为人臣者，无不敬其君也。②

明皇此注，皆依王肃。而以此注对比郑注，特点同样非常明显。经言"敬天下之为人父者"，"敬天下之为人兄者"，"敬天下之为人君者"，则此"君子"，实指天子。惟其明为天子，则玄宗此注，必极尽心思，小心行事，以与当时政治相符合。经云"教以孝"、"教以悌"二句，明皇注泛泛而言"举孝悌以为教，则天下之为人子弟者，无不敬其父兄也"，但天子如何"举孝悌以为教"，则明皇并无一语言及。虽邢疏也略引《礼记·祭义》食三老、五更于太学之事释之，然在明皇注中，却不语及此礼制。观刘炫《述议》，亦引三老、五更以为教孝、教悌之事，可知明皇所见孔传与郑注，在此问题并无大出入。三老、五更之名，隋唐无之。刘炫曾云："三老是民之长师，若今之乡正也。"③ 三老、五更，至隋唐，略如乡正之官。明皇绝不会沿用郑注、孔传之义，以事三老、五更释教孝教悌，主要是因为，依唐代之政治现实，不可能请三老、五更于明堂，而使皇帝父事、兄事之。倘若明皇从郑或用孔，则虽符合经义，却不适于现实，况明皇本为时王，若依用郑孔，则是搬起石头砸自己的脚。经云"教以臣"句，明皇御注也泛泛而言"举臣道以为教"，此亦空言说经之典型，远不及郑注解以郊祀，庙祭之礼之征实可信。"教以孝"、"教以悌"、"教以臣"三句，本身便极难解释。盖继承制度为父死子及，故天子本无父；嫡长子继承制，故天子本无兄；而己为天子，率土之滨莫非王臣，故天子本无君。以无父、无兄、无君之天子，而欲教天下孝、悌、臣，则必于具体的礼制活动之中，才能实现。所以郑注、孔传皆不能不以

---

① 陈铁凡：《孝经郑注校证》，第180—183页。
② 唐明皇注，邢昺疏：《孝经注疏》，第47页。
③ ［日］林秀一：《孝经述议复原に関する研究》，第85页。

典礼解经。但是，如郑注之典礼，在唐代几已完全消失，明皇不能用这些典礼注经，故只能将"落实典礼"转变成"空谈道理"。细味明皇御注，"教以孝"、"教以悌"、"教以臣"分别解释为"举孝悌以为教"、"举臣道以为教"，其意为天子讲孝、悌、臣的道理给天下人听，使人们皆能敬其父、兄、君。而对比郑注，郑注之意，则是孔子教天子如何通过父事三老以教天下敬其父，通过兄事五更以教天下敬其兄，通过郊祀庙祭以教天下敬其君。一是时王教万民，一是孔子教后世，其意判然有别。类似的注解还出现在《感应章》：

> 《感应章》：故虽天子，必有尊也，言有父也，必有先也，言有兄也。
>
> 郑注：虽贵为天子，为有所尊事之若父，即三老是也。必有所先，事之若兄，即五更是也。①
>
> 明皇注：父，谓诸父。兄，谓诸兄，皆祖考之胤也。礼，君燕族人，与父兄齿也。②

天子本无父无兄，而经云："言有父也"、"言有兄也"，则是尊事之若父、若兄者也。因此，郑注仍依《广至德》之说，释为天子于明堂父事三老，兄事五更以教天下孝悌。而依明皇御注，父是指诸伯父、叔父，而兄是指自己的族兄，如此一来，则《感应章》所言，不是天子父事三老以教天下孝，兄事五更以教天下悌的礼仪，而是天子尊事诸父、诸兄的宗族燕乐图。如郑所注，则经文之言，为政教大典，是公。而若明皇御注，则经文所言，是天子家宴，是私。依郑之注，孝悌之所以能感应上天，以至"通于神明，光于四海"者，在于天子行其礼乐，教化天下所致。而依明皇御注，则在于天子能有孝悌之心，行于一家所致。在这里，唐明皇仍然是将作为天下政教的孝悌转化为伦理道德的孝悌。

> 《谏诤章》：昔者，天子有争臣七人，虽无道，不失其天下。诸侯有争臣五人，虽无道，不失其国。大夫有争臣三人，虽无道，不失

---

① 陈铁凡：《孝经郑注校证》，第203—204页。
② 唐明皇注，邢昺疏：《孝经注疏》，第51页。

其家。

> 明皇注：降杀以两，尊卑之差。争谓谏也。言虽无道，为有争臣，则终不至失天下、亡家国也。①

经所言七人、五人、三人，其数明确，非泛泛言之。所以，此七人、五人、三人所指何官，是唐以前历代注家所特别注意者。七人，邢疏云："孔郑二注及先儒所传，并引《礼记·文王世子》以解七人之义。案《文王世子》记曰：'虞、夏、商有师保，有疑丞，设四辅及三公，不必备，惟其人。'"② 郑注即云："七人，谓三公，左辅、右弼、前疑、后丞。"③ 邢疏言"孔郑二注及先儒所传"，透露一个关键信息：明皇御注以前，"七人"之解，向无异义，皆据《文王世子》以为说。那么将"七人"之说泛化，不加以明确注解，是自明皇御注始。五、三之数，郑玄云："尊卑转少，未闻其当"，此郑君注经，疑者阙如。而"五人"，邢疏云："孔传指天子所命之孤及三卿与上大夫，王肃指三卿、内史、外史。"④ 三人，邢疏云："孔传指家相、宗老、侧室，以充三人之数。王肃无侧室而谓邑宰。"⑤ 是明皇所见之孔传、王注，也尽可能将五、三之数，落实到具体的典礼上。如果依郑注、孔传、王注的理解，《孝经》本章，是孔子为天子、诸侯、卿大夫规定谏诤的法度，使每一级别皆有相应的职官，可以专行谏诤之职。但是，按明皇御注的理解，本章只是讲论必须谏诤的道理，至于七、五、三之差，只不过是因天子、诸侯、大夫有尊卑之差，所以"降杀以两"而已，没有明确的指向。明皇此注，固然与当时政治不可能存在诸如专门谏诤的四辅、三公有关，但这种注解，却再一次把孔子规定政教制度，转化为孔子空谈孝悌道理。

上述诸例，只是唐玄宗《孝经注》刊落典礼的一些典型例子，事实上，整部《孝经注》有大量类似的情况，如《开宗明义章》之"始于事亲，中于事君，终于立身"，《卿大夫章》之"法服"、"法言"、"德行"，《圣治章》之"父子之道天性也，君臣之义也"，《事君章》之"进思尽

---

① 唐明皇注，邢昺疏：《孝经注疏》，第48页。
② 同上。
③ 陈铁凡：《孝经郑注校证》，第194页。
④ 唐明皇注，邢昺疏：《孝经注疏》，第48页。
⑤ 同上。

忠，退思补过"，等等。那么，唐玄宗注《孝经》，为什么不像汉唐之间注疏那样，而是竭尽其智，刊落典礼呢？

（二）皇帝身份与《孝经御注》

唐玄宗注《孝经》刊落典礼，既与唐朝政治密切相关，也与唐玄宗作为皇帝的身份密切相关。

经学西京初兴，以孔子祖述尧舜，宪章文武，为汉世立法，故对孔门之垂法，经学之大义，进行不遗余力的落实。及至东汉末造，古文经学如《周礼》、《毛诗》、《左传》迭次兴起，渐居主流，而郑玄以《周礼》为根柢，遍注群经，整合古今文异义，遂成郑氏家法，孔子之法渐至凌迟，《周礼》之制替之而起。此后五经号为经学，实则史学。经学之所以影响政治，不在其素王之法，而唯在其周孔之礼，是故自魏晋至唐代讨论五服，廷议明堂郊祀诸说，不胜其烦。而经中所言礼制，多众说纷繁，莫定一是。《孝经》之义，表面非常明确，自成一体，但事实上，如果经文背后没有一套礼制，则绝不能真正通达经义。如《卿大夫章》之"非先王之法服不敢服，非先王之法言不敢道，非先王之德行不敢行"，《谏诤章》之"昔者天子有争臣七人"，《圣治章》"郊祀后稷以配天，宗祀文王于明堂以配上帝"之类，且不论《孝经》是孔子为曾子陈孝道，还是曾子或其门人手书，《孝经》皆是孔门法度，与他经大义相通，不能无典礼相证。故郑玄《孝经注》其制度多同《王制》、《春秋公羊传》，其大义亦与《王制》、《公羊传》相应。后来皇侃据郑注作《义疏》，刘炫依孔传作《述议》，也多发掘《孝经》背后的礼制，但此二疏以礼注经的共同特征，是杂引礼制，而不分今古文之差异。而唐玄宗《孝经注》刊落典礼，原因正在于其先所据的礼制，早已不能完全成为政治制度的指导思想。就像《广至德》章"教以孝，所以敬天下之为人父者也；教以悌，所以敬天下之为人兄者也"，若依郑注，教孝教悌之义，在明堂制度中非常明确清晰。但是，唐代的明堂制度，在学术上早就已经是一桩糊涂公案，歧说纷纭，无可适从；在政治上则更加不切实际，无法落实。在这样的情况下，注经若依典礼，则成空谈典礼；若依现实，则只能空谈义理。此实为古今异制，注经与现实之间不可弥合的张力，无可如何之事。

而唐玄宗在空谈典礼与空谈义理之间，选择并实行了后者，则是由唐玄宗作为当朝皇帝的特殊身份决定的。郑玄以《王制》、《公羊》之礼法注《孝经》，固然与汉世典章有重大关系，其说与《白虎通》礼制相合处众多，故可施于政事，即便有不合于汉代典章，也可以作为一种理想政制。而其后如皇侃《义疏》之类，引典礼注经，不一定直接面对当时的朝廷政制，但是，却能够将之视为一种理想政制，即便与当时典礼完全不相合，也不受非圣无法之讥。可以说，无论郑注、孔传，还是皇侃《义疏》、刘炫《述议》，注经者之身份皆为学者大儒，其经注皆为理想政制，所以，他们可以取当时未曾实行之古经典礼，以注解《孝经》，发明大义。而唐玄宗《孝经注》则完全不同。唐玄宗的身份是当朝皇帝，这一特殊身份，决定了他的注经，必须与当时政治密切结合，而绝不能与当时政治有异。否则便是皇帝自己非毁圣人之法。正因如此，唐玄宗之《孝经注》，几乎完全抛弃那些具有实际意义的古礼。如《广至德章》"教以孝"、"教以悌"句，唐玄宗若依从郑注，则必须择古之三老、五更，即当时之乡正，在明堂父事兄事之，否则不能避免非圣无法之讥。所以，唐玄宗乃尽削典礼，把《孝经》背后的制度完全抽空。而《孝经》背后的制度一旦被抽空，《孝经》便从孔子为后世设立政教，以使天下人行孝的政治书，转变成孔子讲述孝道的伦理书。而且《孝经》也从五经之脱离出来，成为没有五经也可以独立单行的一经。

（三）《孝经御注》与中唐典礼

当唐玄宗将《孝经》的性质转变为伦理书，经文规定政治生活，尤其是要求君主的政治言说，经过唐玄宗的注解，便顺理成章的变成了轨戒百姓的道德教条。《孝经》由责君之书，而成责民之书。最明显的有几则经注：

《庶人章》：用天之道，分地之利，谨身节用，以养父母。
郑注：行不为非为谨身，富不奢泰为节用，度才为费，十一而税，虽遭凶年，父母不乏。①
明皇注：身恭谨则远耻辱，用节省则免饥寒，公赋既充，则私养不阙。②

---

① 陈铁凡：《孝经郑注校证》，第194页。
② 唐明皇注，邢昺疏：《孝经注疏》，第27页。

此章言"庶人之孝"，表面上似乎是"规定庶人如何行孝"的问题。但郑注强调，庶人能否行孝，与政治制度之善恶密切相关，要在"十一而税"的政治制度中，庶人才能实现"虽遭凶年，父母不乏"，即便是最下层的庶人，其孝也必然要在政治生活中才可能实现。如果细察郑玄对第二至第六章所谓"五等之孝"的注解，便可以看出，五等之孝的内容，不是规定天子、诸侯、卿大夫、士、庶人分别如何行孝，而是规定一种正当的政治生活，使天子至于庶人在其中皆能各行其孝。而在唐玄宗的注解中，经文完全转变为对庶人行孝的规定，尤其是"公赋既充，则私养不阙"，"公赋既充"纯为增字改经，而亦可见唐玄宗训民之用心。而《三才章》所注也很明显。

> 《三才章》：先王见教之可以化民也。是故先之以博爱，而民莫遗其亲。陈之于德义，而民兴行。先之以敬让，而民不争。导之以礼乐，而民和睦。示之以好恶，而民知禁。
>
> 明皇注：君爱其亲，则人化之，无有遗其亲者。陈说德义之美，为众所慕，则人起心而行之。君行敬让，则人化而不争。礼以检其迹，乐以正其心，则和睦矣。示好以引之，示恶以止之，则人知有禁令，不敢犯也。[1]

经文言君上之教化民下，但如何教化，明皇注明显地刊落典礼，规避君责。经云："陈之以德义而民兴行"，郑注云："上好义，则民莫敢不服"，用《论语》以注《孝经》，"陈"为陈列以示之之义，此责君上行德义，以使民披其教，起而行之。而玄宗注则将"陈"解为"陈说"，于是变成君上讲解德义之理。郑注为身教，身教要求人君必须亲行礼乐，以为民范。而明皇注则是言教，言教之则逃避了君主自身的责任，而成空说义理。经云"导之以礼乐而民和睦"，郑注云："上好礼，则民莫敢不敬之。"同样引《论语》以注《孝经》。之所以引《论语》者，郑注以《孝经》为孔子思想，故引《论语》言论以证之，最为切近，故郑玄《孝经注》多引《论语》之言。依郑注，经意乃责君上行礼乐，以使民起敬起

---

[1] 唐明皇注，邢昺疏：《孝经注疏》，第28页。

爱，蒙礼乐之化而上下相亲，故和睦也。而明皇注言"礼以检其迹，乐以正其心"，"其"，指民，非指君，于是经意从规正、教育、限制君主行为，跳转成为检查、规范、限制人民的行为。这种语意的完全翻转，透露出唐玄宗作为当朝皇帝教训天下的特别用心。

《新唐书·礼乐志》言礼乐古今之别云：

> 由三代而上，治出于一，而礼乐达于天下。由三代而下，治出于二，而礼乐为虚名。……三代已亡，遭秦变古，后之有天下者，自天子百官名号位序，国家制度，宫车服器一切用秦，其间虽有欲治之主，思所改作，不能超然远复三代之上，而牵其时俗，稍即以损益，大抵安于苟简而已。①

南宋朱熹回答弟子黄仁卿的问题："自秦始皇变法之后，后世人君皆不能易之，何也？"也说："秦之法尽是尊君卑臣之事，所以后世不肯变。且如三皇称'皇'，五帝称'帝'，三王称'王'，秦则兼'皇帝'之号。只此一事，后世如何肯变！"② 经文之中，礼乐皆是实说，而注经者之世，礼乐多为虚名。在这种矛盾上，如果将经当成政治理想或历史陈迹，都可以做到如实的注解经文。但是皇帝的身份使唐明皇不可能把经视为未曾实现的政治理想，或已经过去的历史陈迹，对他来说，经必须与当时政治紧密结合在一起，否则他自己便成了"非圣无法"了。而在《孝经》中，恰恰有几处经文，与制度建构大有关系。

> 《圣治章》：昔者周公郊祀后稷以配天，
> 明皇注：后稷，周之始祖也。郊谓圜丘祀天也。周公摄政，因行郊天之祭，乃尊始祖以配之也。③

郊祀之礼，为国家政教大典，然自汉以后，说者纷芜，归其要，有郑玄王

---

① 欧阳修等：《新唐书·礼乐志》，中华书局2011年版，第307—308页。
② 黎靖德编：《朱子语类》，《朱子全书》（18），上海古籍出版社、安徽教育出版社2010年版，第4189页。
③ 唐明皇注，邢昺疏：《孝经注疏》，第36页。

肃二家。《礼记·郊特牲》孔疏曾归纳道："先儒说郊，其义有二。案《圣证论》以天体无二，郊即圜丘，圜丘即郊。郑氏以为天有六天，郊丘各异。"①而杜佑《通典·郊天上》亦言二家之别云："说曰郊丘之说，互有不同，历代诸儒，各执所见。虽则争论纷起，大凡不出二涂：宗王子雍者，以为天体唯一，安得有六？圆丘之与郊祀，实名异而体同。所云帝者，兆五人帝于四郊，岂得称之天帝！一岁凡二祭也。宗郑康成者，则以天有六名，岁凡九祭。盖以祭位有圆丘、太坛之异，用乐则黄钟、圆钟有差，牲乃骍苍色殊，玉则四珪苍璧，祭名且同称禋祀，祭服又俱用大裘。略举大纲，不复悉数。"②

唐代郊祀之礼，初略用郑氏，以为天有六天，郊、丘为二。至显庆二年（657年），礼部尚书许敬宗黜郑而从王，其议云："六天出于纬书，而南郊圆丘一也。玄以为二物，郊及明堂本以祭天，而玄皆以为祭太微五帝，传曰：'凡祀，启蛰而郊，郊而后耕。'故郊祀后稷以祈农事。而玄谓周祭感帝灵威仰，配以后稷因而祈谷，皆缪论也。"《新唐书》并云："由是尽黜玄说。"③唐玄宗《孝经注》引孔传云："郊，谓圜丘祀天也"，正与当时郊祀之礼相合。

《孝经》除郊祀外，又有宗祀之礼：

> 《圣治章》：宗祀文王于明堂，以配上帝。
>
> 明皇注：明堂，天子布政之宫也。周公因祀五方上帝于明堂，乃尊文王以配之也。④

宗祀明堂之礼，涉及宫室制度，而复古愈难。《新唐书·礼乐志》云："《孝经》曰：'宗祀文王于明堂，以配上帝'而三代有其名而无其制度，故自汉以来，诸儒之论不一，至于莫知所从，则一切临时增损，而不能合古。"⑤《礼乐志》并言隋唐明堂之制，隋不立明堂，"季秋大享，常寓雩

---

① 郑玄注，孔颖达疏：《礼记注疏》，《十三经注疏》，台北，艺文印书馆2007年版，第480页。

② 杜佑：《通典·郊天上》，中华书局1988年版，第1167页。

③ 欧阳修等：《新唐书·礼乐志》，第334页。

④ 唐明皇注，邢昺疏：《孝经注疏》，第36页。

⑤ 欧阳修等：《新唐书·礼乐志》，第337页。

坛"。至唐,"唐高祖、太宗时,寓于圆丘"①。名儒如魏征、孔颖达、颜师古议明堂,也莫衷一是。至武则天始毁乾元殿而立明堂,垂拱四年(688年)辛亥,明堂成,极为奢华,当时侍御史王求礼上书批评道:"古之明堂,茅茨不剪,采椽不斲。今者饰以珠玉,涂以丹青,铁鹭入云,金龙隐雾,昔殷辛琼台,夏癸瑶室,无以加也。"②而则天皇帝不从。是故至唐玄宗开元五年(717年)又将明堂改为乾元殿而不毁,"冬至、元日受朝贺,季秋大享,复就圜丘"③。

及至开元十年(722年)六月二日,唐玄宗注《孝经》,颁于天下及国子学④。此时还没有"明堂",而当年,"冬,十月,癸丑,复以乾元殿为明堂"⑤。这次改名与玄宗注《孝经》相距只有几个月的时间,基本上可以确定,唐玄宗之所以要恢复因奢华不合古制而备受诟病的明堂这个名号,是与《孝经注》密切相联系的。而在开元二十年(732年)制定的《开元礼》中,又规定,明堂"祀昊天上帝","睿宗配明堂"⑥,则与《孝经注》之"祀五方上帝"与"尊文王以配之"又有所不同。

另外,唐玄宗注解《孝经》,还必须考虑与当时朝廷颁布之律典相应。

> 《五刑章》:五刑之属三千,而罪莫大于不孝。
> 明皇注:五刑,谓墨、劓、剕、宫、大辟也。条有三千,而罪之大者,莫过不孝。⑦

在唐明皇的注解中,不孝三千之条中,罪之最大者,不孝之罪在三千条之内。但是,这是唐玄宗独特的理解,邢疏留下前人之说:"旧注、说及谢安、袁宏、王献之、殷仲文等,皆以不孝之罪,圣人恶之,云在三千条

---

① 欧阳修等:《新唐书·礼乐志》,第337页。
② 司马光:《资治通鉴》,中华书局2012年版,第6455页。
③ 同上书,第6728页。
④ 王溥:《唐会要》,第767页。
⑤ 司马光:《资治通鉴》,第6753页。
⑥ 同上书,第6798页。
⑦ 唐明皇注,邢昺疏:《孝经注疏》,第42页。

外。"① 郑注便云："三千之罪莫大于不孝，圣人所以恶之，故不书在三千条中。"皮锡瑞《孝经郑注疏》解此云："五刑三千，极重者不过大辟，郑云死如杀人之刑，与此注云'手杀人者大辟'正合。若'焚如'之刑更重于大辟，当在三千条外，是杀其亲者不在五刑三千中矣。"② 唐玄宗《孝经注》之所以冒天下之大不韪，尽弃前儒所说，独取一己之义，实与当时唐朝典礼相关。唐律列"十恶"，一曰谋反，二曰谋大逆，三曰谋叛，皆谋危社稷，毁宗庙叛其国之类。又有二恶针对自己父母的，"四曰恶逆"，即"谓殴及谋杀祖父母、父母，杀伯父母、姑、兄姊，外祖父母、夫、夫之祖父母、父母"③。"七曰不孝"，即"谓告言、诅詈祖父母父母，及祖父母父母在，别籍、异财，若供养有阙，居父母丧，身自嫁娶，若作乐，释服从吉，闻祖父母父母丧，匿不举哀，诈称祖父母父母死。"④《唐律》将"不孝"纳入"十恶"之内，对不孝的惩罚，也置于整个刑律体系之中，而非"在三千条外"，因此，明皇注经，才会与前儒违异，将不孝之罪纳入五刑之属三千中。

三　结语

经注之中，删改经文，向为注经之大忌。唐明皇《孝经注》大行天下，至今一千二百余年，其间因无明皇之前或同时之《今文孝经》写本传世，故言及《今文孝经》，皆以明皇定本为标准。虽邢昺、臧庸、严可均偶及明皇改经，但均为只言片语。而百年来敦煌遗书纷纷出土，才能系统地检讨改经的真相，还原《今文孝经》古本的真貌。

本来，经文传抄，偶有歧异，则注家不得已而增删之，如郑玄注《论语》，以《古论》校《张侯论》，终成《论语》定本，人莫非之。或注家有所特见，故增改经文，如朱熹注《大学》，以程子之言，补格物之意，以成《大学章句》，虽有争议，然不失其为一家之说。但是，唐明皇《孝经注》的改经，或据古文以改今文，或以己意改经文，固然是因为当

---

① 唐明皇注，邢昺疏：《孝经注疏》，第43页。

② 皮锡瑞：《孝经郑注疏》。

③ 刘俊文撰：《唐律疏议笺解》，中华书局1996年版，第58页。

④ 同上书，第61页。

时今文郑注、古文孔传相争不下，但明显也带有唐明皇以时王的身份，行其政教，使人民各行其孝，防止犯上作乱的目的。这最典型地表现在唐明皇对《孝经》中父子、君臣关系的重新解读上。

　　唐明皇《孝经注》的改经与重注，共同促成了《孝经》学的根本转折。从经文上言，《孝经》之学，自汉末以来，古文孔传、今文郑注别行，虽非势同水火，然亦判然有别，而明皇御注写定经文，遂使二家之言，转成一家之说，以致后世二家并微，《孝经》古本俱失。以经注而论，《孝经》之学，汉唐之间旧注，多将本经视为孔子立法大典，必以群经之典礼才能解释发明此经之大义。而自明皇采集旧注，定为一本，刊落典礼，以空言说经，则使《孝经》从孔子为后世制定典宪的政治书，变成时王教诲百姓的伦理书，这一思路，长久地影响了宋、元、明、清的《孝经》学。

章太炎的"新经学"

陈壁生

　　20世纪前二十年，有清一代累积三百年之经学，旦夕之间，土崩瓦解。究其因缘，与西学东侵，辛亥鼎革密切相关。辛亥之后，政治上与经学脱离关系，教育上废除经学一科，于是经学急遽崩溃。至于新文化运动前后，西洋学者归国，现代学科建立，新学便完全替代旧学，学术大势，由"以经为纲"转向"以史为本"，经学终至沦亡。此后，虽一二子遗，勉强支撑，而不能救学风之万一。然而，这一转化不但与西学的流行、帝制的崩溃有关，而且与晚清民初经学自身的发展有密切关系。具体而言，即是以章太炎为中心的古文经师改造经学的结果。然而，章太炎向来被视为古文经学大师，终其一生，倡导古文，不遗余力，为什么反而会成为经学消亡的前驱者呢？

一　古文经学与清代"汉学"

　　光绪二十二年（1896年），康有为曾过杭州，以新著《新学伪经考》示学界名宿俞樾。其后，俞樾曾笑谓当时年仅二十九的弟子章太炎："尔自言私淑刘子骏，是子专与刘氏为敌，正如冰炭矣。"① 章氏一生学术政见，多视康有为如大敌，凡对经学的理解，孔教的态度，革命的选择诸方面，章太炎的背后，总有康有为的阴影，而经学理论尤甚。二人学术上的区别，众所周知，是立根于今文经学与古文经学的差别。但是，无论是康有为的今文经学，还是章太炎的古文经学，事实上都早已超出汉、清两代

---

① 姚奠中、董国炎：《章太炎学术年谱》，山西古籍出版社2001年版，第42页。

的今古文。

康、章之别，至为明显的，是对西汉刘歆的评价。康有为《新学伪经考》大体上针对刘歆而作，其言云："始作伪，乱圣制者，自刘歆，布行伪经，篡孔统者，成于郑玄。"[①] 康氏将古文经学追溯到刘歆，可谓洞若观火。而以古文经书传记皆出刘歆篡乱，可以说是逼到了古文经的命门。而在章太炎，未见康氏，本尊刘歆，既见康氏之书，其后更把刘歆抬高到和孔子相匹的地位。章氏 1904 年印行的《訄书》重订本中《订孔》一篇有云："孔子死，名实足以伉者，汉之刘歆。"[②] 甚至在《訄书·官统上》中引用刘歆之语，竟云："先圣刘歆有言。"[③] 刘歆对中国经学的影响有三，一是引《左氏》证《春秋》，二是从秘府找到《周官》，以之为周公致太平之书，三是校对秘书，写成《七略》，使汉以前典籍有迹可循。章太炎在此表彰刘歆，主要以《七略》而言。在《訄书·征七略》中，章氏对刘向刘歆父子有一个具体评价："刘氏比辑百家，方物斯志，其善制割、綦文理之史也。"[④] 章太炎并不只是把《七略》视为"目录学"著作，而是看到"目录"的编排背后，有着对整个历史文明的典籍进行分类排比的思想意图。然而，把刘歆抬到这样的地位，可谓前所未有。到了1914 年章氏增删《訄书》以为《检论》，对上引之言，将"孔子死"改成"孔子殁"，自下一注云："书布天下，功由仲尼，其后独有刘歆而已……向、歆校雠之事，书既杀青，复可迻写，而书贾亦赁鬻焉。"[⑤] 是言刘歆之与孔子近似，在于将秘府典籍散布民间。章太炎只极力称扬刘歆，有意气，有实事。其意气者，在与康有为立异争胜。——要讨论章氏学问，必先知康有为，康有为将今文经学推至极致，而章氏为了与之争胜，往往有意将古文之说也推至极端。其实事者，在于章氏特别要表彰刘歆在校书中，掘出《左氏》、《周官》，并确立二书地位，从而使刘歆成为古文经学祖师。

---

① 康有为：《新学伪经考》，中华书局 2012 年版，第 2 页。

② 章太炎著，徐复注：《訄书详注》，上海古籍出版社 2008 年版，第 51 页。

③ 同上书，第 523 页。

④ 同上书，第 823 页。

⑤ 章太炎：《检论·订孔上》，《章太炎全集》（三），上海人民出版社 1984 年版，第 425页。章氏一生思想底色一定，但议论偶有变化，从他对自己文章的不断修订，可以看出这些变化的痕迹。

两汉从五经博士至十四博士之学，皆为今文，而今文经学的核心，是以经学为"孔子法"。孔子之法，备于五经，而要在《春秋》。五经除《春秋》外，本为历代圣王之法的记载，而经过孔子删削，则其法皆备于孔子，成为孔子法。也就是说，在两汉今文经学之中，经学即孔子之法。

两汉之交，刘歆出而古文经学始彰。刘歆之学，一言以蔽之，就是瓦解孔子法而重建孔子之前的圣王法。而其要，一在《左传》，一在《周官》。

对《左氏》，刘歆引其史实以解《春秋》经文。《汉书·楚元王传》云："初，《左氏传》多古字古言，学者传训故而已，及歆治《左氏》，引传文以解经，转相发明，由是章句义理备焉。"① 汉世经、传别行，无《春秋》之《左氏》，则如《国语》而已。当时学者训故，则是解释古字古言而已。而刘歆开始以《左氏》之事，解《春秋》经文，两相对照，"转相发明"者，则是以经、传互相解释，在这种互相解释中既发明经文义理，又发明传文义理。以《左氏》之事实，解《春秋》之经文，则经文成为事实的提纲，而《春秋》口传大义，荡然无存，《春秋》成为十二公的历史记载。刘歆之后，《左氏》大兴，贾逵、服虔皆名其学，而皆比附《公》、《穀》。至于杜预，将刘歆的"转向发明"推至极致，发明出一套"依传以为断"的义例。其言云："专修丘明之传以释经，经之条贯，必出于传，传之义例，总归诸凡。"② 而其凡例，则出自周公，所以杜预又说："其发凡以言例，皆经国之常制，周公之垂法，史书之旧章。仲尼从而修之，以成一经之通体。"③ 经过刘歆、杜预，《春秋》一经，从孔子的一王大法，变成周公旧典，而孔子只是根据周公的史法进行修补而已。

对《周官》，刘歆确定其性质为周公致太平之书。关于《周官》流传情况的最早记载，只能见之于孔颖达《周礼注疏》的序言《序周礼废兴》中所引马融《周官传》，马融说，孝成帝时，刘向、刘歆校理秘书，得见《周官》，"时众儒并出共排，以为非是，唯歆独识，其年尚幼，务在广览

---

① 班固：《汉书》，中华书局2012年版，第1967页。

② 杜预注，孔颖达疏：《春秋左传正义》杜序，台北：艺文印书馆2007年版，第15页。

③ 杜预注，孔颖达疏：《春秋左传正义》杜序，第11页。

博观，又多锐精于《春秋》，末年乃知其周公致太平之迹，迹俱在斯"①。
《周官》不但由刘歆发现，而且由刘歆确定为"周公致太平之迹"，也就
是说，是周公之法，并且是历史上曾经实行过的圣王之法。《汉书·艺文
志》录"《周官经》六篇"，云"王莽时刘歆置博士"②，是刘歆在王莽时
代，以《周官》为古文新"经"，并置博士。刘歆之后，《周官》之学至
郑玄而大盛。郑玄对其定位是："斯道也，文武所以纲纪周国，君临天
下，周公定之，致隆平龙凤之瑞。"③ 郑玄经学，突出的特点是以《周官》
几近完备的礼制为标准，遍注《尚书》、《礼记》、《论语》诸经传，综合
今古，把整个经学体系解释成"不同时代的圣人之法的集合体"，即不同
的圣王之法沿革、损益的历史过程。

　　自刘歆导夫先，而杜预踵其后，《春秋》由《公羊》而《左氏》，孔
子法被瓦解而周公法得以建立。自刘歆肇其端，而郑玄总其成，《周官》
遂成为古文经学的制度基础。此二者，共同构成了古文经学主要部分。而
刘歆之视经学与孔子，有云："自卫返鲁，然后乐正，《雅》、《颂》乃得
其所；修《易》，序《书》，制作《春秋》，以纪帝王之道。"④ "纪帝王之
道"一语，至为重要，表明在刘歆看来，孔子述而不作，六经皆是古圣
先王之道的记载而已。而刘歆移太常博士书，也云今文经师"信口说而
背传记，是末师而非往古"⑤，"末师"之口说，正是今文微言大义之学，
而"往古"之传记，则是古文新出书籍。而其不同在于，今文学皆传自
孔子，为孔子法，而古文学杂出崖壁，为历代圣王政典之遗。因此，始于
刘歆，成于郑玄、杜预的古文经学，根本特征是一反今文博士以六经为孔
子的素王之法，而将整个经学系统，视为历代圣王之法的集合。因此，今
文经师喜言"独尊儒术"，古文经师则言"周公之法"。说到"历代圣王
之法的集合"，本来具有"史"的意味，但是经过汉晋古文大师的努力，
历代圣王之法集中在整体性的"六艺"或"经部"内部，因此，虽然
"立法者"是多元化的，但是作为"法"本身却是整体性、无异义的。自
魏晋至于隋唐，古文经学大行于天下，通经致用之道，要在辨经注以议典

①　孔颖达：《序周礼废兴》，《周礼注疏》，台北：艺文印书馆 2007 年版，第 7 页。

②　班固：《汉书·艺文志》，第 1705 页。

③　孔颖达：《序周礼废兴》，《周礼注疏》，第 8 页。

④　班固：《汉书·刘歆传》，第 1968 页。

⑤　同上书，第 1970 页。

礼，五经不是作为律令存在，而是作为圣王时代的政教经验，指导现实的典礼改革。

至于清代的所谓"汉学"，事实上是清代学者对汉世经注的研究，而且主要是古文经学。章太炎《訄书·清儒》说："大氐清世经儒，自今文而外，大体与汉儒绝异。不以经术明治乱，故短于风议；不以阴阳断人事，故长于求是。"① 而后《检论·清儒》之说亦同。清代经学之"短于风议"，是言其通经而不求致用，这也是清代政治所造成的结果。清世虽然尊经，但经学的变化，已经完全无预于政治的美恶。最典型的，莫过于阎若璩作《古文尚书疏证》，将流行千载，又是当代大典的《尚书》证明为伪书，而竟对朝廷政教毫无影响，足见当时名为尊经，而毫无其实，政治与经学的疏离，已经几乎到了毫不相干的地步。清代经学的"长于求是"，是言其治经目的，为得到知识上的经义之真。章太炎以为清儒经学的最高成就，在戴震、高邮二王至俞樾、孙诒让诸人，其学术特色，在以小学通经，其言曰："世多以段、王、俞、孙为经儒，卒最精者乃在小学，往往近名家者流。"② 清代经学之"求是"，即在于求客观的经学知识。皮锡瑞《经学历史》将清代定为"经学复盛时代"，但是皮氏所言的"复盛"，已经不是经学本身的昌盛，而是经学研究的兴盛。以清代之去圣久远，师法废绝，故研究经学，不得不先辑佚书，勤校勘，通小学，于是发展出文献辑佚、校勘、音韵训诂之学。这些学术，后来固然成为专门的学科门类，其初不过是通经的津梁而已。清代的这种学术特色，决定了清代学术，除了今文经师与章学诚数人之外，并没有系统化理论探讨的冲动。因此，他们的解经注经，是在预设了"经"的至尊地位的基础上，进行经学研究，而不去理论化地讨论"经学是什么"的问题。他们的预设，是汉晋经学的预设，尤其是汉晋古文经师的预设。因此，清代学者通过辑佚、校勘诸方法明经、传、注，作为新疏，可以说是在一个新的时代环境中，重新更完备地解释古代圣王之法。清世"汉学"，只是"经学研究"，不是经学本身，也无预于政教，但其普遍预设，则是像汉晋经师那样，将五经视为"圣人之法"的存在，只要明经，便明圣人之法，虽不能用于当时，但可以俟诸后世。

----

① 章太炎著，徐复注：《訄书详注》，第 161 页。
② 同上书，第 145 页。

　　以五经为圣人之法，这是经之所以为经最基本的保障。在"法"的意义上，古经才获得其价值，而且这种价值对后世有重要的参考意义。而章太炎在章学诚"六经皆史"的基础上，以系统化的眼光来看待古代学术，看待经学，从而将五经视为"史"。

二　经学:由"法"而"史"

　　章太炎之新经学，一言而蔽之，曰由"法"而"史"。章氏一生，对经学的态度有前后之别，但都以由"法"而"史"为其基本底色。

　　章氏与清世古文经儒之所同者，在于以小学通经，而其异者，则在于章氏有了一种"系统的眼光"。清世古文诸儒多通一经或数经，但是对"经学"本身，即对五经的性质，则不加探讨。因为当时经部至尊，只需明经义之所然，不必明其所以然。章太炎一生尊奉古文，其《与柳翼谋书》云："鄙人少年本治朴学，亦唯专信古文经典。……中年以后，古文经典笃信如故。"① 而其自述学术次第，亦云："余治经专尚古文，非独不主齐、鲁，虽景伯、康成亦不能阿好也。"② 古文经典，既是章氏生平治学的长项，也是章氏学术、政治立场的选择。如果光看章氏早年的《春秋左传读》、《驳箴膏肓评》，晚岁的《古文尚书拾遗定本》、《春秋左氏疑义答问》诸注经解经之作，那么，他与其师俞樾、孙诒让辈，大体无别。但是，章氏处于晚清民初之世，新说与旧学相接，政局飘摇，思想动荡，学者如果仅仅从事古经新解，已经无法回应当时的民族国家建构、政治社会危机。尤其是康有为对今文经说的新改造，风行天下，推动政治改革，同样深深刺激了章太炎。如果不改造古文经学，则不能应对新的变局，也不能回应今文新说。因此，从《訄书》到《检论》，从《国故论衡》到《国学略说》，章太炎展开了他的新经学论说。

　　章太炎对清世古文经学研究的突破，在于他以系统的眼光，重新探求古文经学的性质，也就是探求古文经书中，"六经"到底是什么?

　　众所周知，中国传统书籍分类之法，一开始经史二部并不分立。图书

① 马勇编:《章太炎书信集》，河北人民出版社2003年版，第741页。
② 章太炎:《自述学术次第》，苏州章氏国学讲习会编《制言半月刊》第25期，广陵书社2009年影印。

分类之法，始于刘歆《七略》，而班固《汉书·艺文志》因之。《七略》、《艺文志》皆无史部。章太炎将图书分类之法，作为探求经学性质的起点。在《国故论衡·原经》中，他说：

> 经与史自为部，始荀勖《中经簿》，以甲乙丙丁差次，非旧法。《七略》、《太史公书》在"《春秋》家"，其后东观、仁寿诸阁校书者，若班固、傅毅之伦未有变革，讫汉世依以第录。见《隋志》。虽今文诸大师，未有经史异部之录也。①

章太炎以《艺文志》中《史记》附于《春秋》，且无史部之名，证明汉代本无经史之分，此为图书分类之客观事实。从这一事实可以推出，在一开始的时候，经即是史，史即是经。《汉书·艺文志》所呈现的，是六经为王官之学，而儒家列诸子之部。经、儒分立，而经、史合一。因此，章太炎在《訄书·清儒》中论六经的性质，有云："六艺，史也。上古以史为天官，其记录有近于神话，学说则驳。"② 这一观点，本非章氏之见。清儒章学诚《文史通义·易教》有云："六经皆史也。古人不著书，古人未尝离事而言理，六经皆先王之政典也。"③ 此数语，为章学诚思想之核心。但必须注意的是，章学诚的要旨，不是追述六经的起源，而是阐述"官师合一"的理论。因此，《文史通义·原道中》云：

> 《易》之为书，所以开物成务，掌于《春官》太卜，则固有官守而列于掌故矣。《书》在外史，《诗》领大师，《礼》自宗伯，乐有司成，《春秋》各有国史。④

由此言之，"六经皆史"之所谓"史"，非今人之言"历史"，而指史官之所职。官师合一，史官所职，即一代典宪，所以说"六经皆先王之政

---

① 章太炎著，庞俊、郭诚永注：《国故论衡疏证》，中华书局 2008 年版，第 298、299 页。

② 章太炎著，徐复注：《訄书详注》，第 133 页。其后在《检论·订孔》中，这句话修改为："六艺，史也，上古史官，司国命，而记注义法未备，其书卓绝不循。"［《章太炎全集》(三)，第 472 页］

③ 章学诚著，叶瑛注：《文史通义校注》，中华书局 2004 年版，第 1 页。

④ 同上书，第 132 页。

典",而认识到这一点,便必须"贵时王之制度","必求当代典章,以切于人伦日用,必求官司掌故,而通于经术精微,则学为实事,而文非空言,所谓有体必有用也"①。章学诚的"经",定位于过去了的"先王政典",即过去的圣王之法。在这一意义上,仍然没有背离古文家的精神。

章太炎言"六艺,史也",其"史"之义,本与章学诚同。但是,在《訄书·清儒》中,章氏接下来以古希腊哲学家毕达哥拉斯的数理之学言《易》,又云《诗》若《薄伽梵歌》,《书》若《富兰那》神话,《乐》犹《偁马》、《黑邪柔》②。则都是从原始文明的角度,也就是所谓"神话"的角度来解释此数经,易言之,章氏之"史",不止是"史官"之史,而且是"历史"之史。正因如此,章氏在自注中加了一句话:"人言六经皆史,未知古史皆经也。"③ 古代史官所记述的那些历史性的陈迹,都是"经"。就此而论,则经与史完全混合为一。如果说在章学诚那里"六经皆先王政典",经即先王史官所职,那么,在章太炎这里,他进一步将"六经皆史"之"史",由官书而视为历史。1910 年《教育今语杂志》载章太炎的白话文演讲《经的大意》,说得更加清楚:

> 《尚书》、《春秋》固然是史,《诗经》也记王朝列国的政治,《礼》、《乐》都是周朝的法制,这不是史,又是什么东西?惟有《易经》似乎与史不大相关,殊不知道,《周礼》有个太卜的官,是掌《周易》的,《易经》原是卜筮的书。古来太史和卜筮测天的官,都算一类,所以《易经》也是史。古人的史,范围甚大,和近来的史部有点不同,并不能把现在的史部,硬去分派古人。这样看来,六经都是古史。所以汉朝刘歆作《七略》,一切记事的史,都归入《春秋》家。可见经外并没有史,经就是古人的史,史就是后世的经。④

正因如此,章太炎言经学之功能,有云:"魑鬼,象纬,五行,占卦之术,以宗教蔽六艺,怪妄! 孰与断之人道,夷六艺于古史,徒料简事类,

---

① 章学诚著,叶瑛注:《文史通义校注·史释》,第 231 页。
② 章太炎著,徐复注:《訄书详注》,第 135 页。
③ 同上书,第 133 页。
④ 章太炎:《经的大意》,《章太炎演讲集》,上海人民出版社 2011 年版,第 71 页。

不曰吐言为律，则上世社会汙隆之迹，犹大略可知。以此综贯，则可以明进化，以此裂分，则可以审因革。"① 此语《检论》因之未改。断以人道，夷经为史，是章太炎的基本主张，在这一主张中，六经的意义，在于使"上世社会汙隆之迹"，大略可知。这里经学之意义，已完全转化为史学之功能。尤其是接下来之言"明进化"与"审因革"，以传统古文家之见，六经为不同的圣王之法构成，郑玄之后，弥合了这些古圣王之法的矛盾，做为圣王法集合的六经，可以通经致用，而对章太炎而言，六经以综贯，可以明不同历史时期的进化过程，六经以裂分，可以探研不同圣王之法的因革过程。章太炎与其前的郑玄、章学诚不同，不在于他们都将六经看成"史"（官书），而在于他们对"史"（官书）的态度。郑玄将六经视为"法"，旨在使六经之法贯通而为一圆融整体，可以继续求致太平之迹；章学诚将六经视为"史"（官书、政典），旨在阐明"官师合一"，使人重当世时王政典，考求古经新用；而章太炎不但视六经为"史"（官书、政典），更重要的是，以"历史"的眼光、态度来看待六经，因此，六经一变而成为"上世社会"的实录。在这一意义上，章氏之六经，已经不止是"史"（官书、政典），而且是"历史"。对"史"可以有不同的理解，对"历史"的理解只有一个，那就是遥远的古代。

在《国故论衡》中，章太炎超越"六经皆史"，将六经视为"历史"的特征有更明确的表达。《国故论衡·明解故》云：

> 《六经》皆史之方，沿之则明其行事，识其时制，通其故言，是以贵古文。

庞俊、郭诚永注曰："《六经》所载，自羲、农以至于春秋，居今稽古，舍此末由。古文之《逸礼》，不可见矣。然则行事之详，莫具于《左传》，实制之备，莫美于《周官》。故言之存，亦莫尚于斯二典者，而毛氏《诗传》次之，皆古文也。"② 此注甚确。章太炎与章学诚最大的差别，在于章太炎有了一种通史的眼光——六经本为"圣王之法"的集合。一旦有了这种"史"的眼光，一代之王法便一变而成为一代之史实，本来，依

---

① 章太炎著，徐复注：《訄书详注》，第 161 页。
② 章太炎著，庞俊、郭诚永注：《国故论衡疏证》，第 356—357 页。

传统古文家之见，考历代之圣王法，乃是为了考求最好的政治，即考求理想的政治与生活方式。但是，当圣王之法成为"历史"，治经变成"明其行事，识其时制，通其故言"，即我们今天所说的"历史研究"。在《明解故》中，章太炎接下去说："后世依以稽古，其学依准明文，不依准家法。成周之制，言应《周官经》者是，不应《周官经》者非。覃及穆王以下，六典寝移，或与旧制驳，言应《左氏内、外传》者是，不应《左氏内、外传》者非，不悉依汉世师说也。"① 无论《周官》、《左传》，皆由经书，化成史籍。

六经成为史籍，那么，"经"的价值何在？在章太炎看来，经学就是历史的记载，而且是最古老的历史记载，其价值，正在于其古老，而正因其古老，可以考见国族的根源。曾在苏州章氏国学讲习会听讲的李源澄，在章太炎去世之后写了一篇《章太炎先生学术述要》，对比章太炎与清儒之学云："先生治学与清儒异者，厥为时代所造成。因念念不忘光复，于是旁求政术，而遍览群史。"② 又云："先生以史观经，而明于古代之政术。固执内诸夏外夷狄之义，为一生精神之所寄托，此又非通常所谓汉学家所能至也。"③ 章氏身处"中国"作为民族国家形成，"天下—夷夏"转化为"世界—国家"的关键时刻，他最大的功绩，在于重新认识一个前史所无的"中国"，而这个"中国"，章氏称之为"历史民族"，"历史"成为新的民族国家的立国之本。章氏之重"史"，实质在于重"国性"，这种"国性"在晚清表现在夷夏关系中，在民国表现于中西文明关系中。章氏说："国之有史久远，则亡灭之难。"④ 盖有史久远，则国性贞固。这里的"史"，其实相当于今之谓文明史。如果说郑玄将古文经典排列为历代圣王之法的集合，从而使经学有了时间性，那么，章太炎则是在新的时期，即民族国家构建时代，将已经有时间性的古文经学大系更进一步，落实到"中国"，从而使古文经学具有空间性。这种时间性与空间性的结合，导致古文经学变成了一定的空间范围内（"中国"）已经过去的典章制度（"历史"）。近代以后，作为民族国家的"中国"构建过程中，

---

① 章太炎著，庞俊、郭诚永注：《国故论衡疏证》，第358—359页。

② 李源澄：《章太炎先生学术述要》，《李源澄著作集》，台北："中研院"中国文哲研究所，2008年，第1459页。

③ 同上书，第1462—1463页。

④ 章太炎著，庞俊、郭诚永注：《国故论衡疏证》，第305页。

古文经学在对"经"的意义的理解上，必然转化为史学，才能真正回应时代的要求。

　　史之久远，载在六经，六经正因其为久远之史而比一般史籍重要。因此，章太炎在《答铁铮》曰："孔氏之教，本以历史为宗。宗孔氏者，当沙汰其干禄致用之术，惟取前王成迹可以感怀者，流连弗替。春秋而上，则有六经，固孔氏历史之学也。春秋而下，则有《史记》、《汉书》，以至历代书志纪传，亦孔氏历史之学也。"① 明确地把整个经学系统说成"历史"。又，章氏《与简竹居书》也说："《尚书》、《春秋》，左右史所记录，学者治之，宜与《史记》、《汉书》等视，稽其典礼，明其行事，今后生得以讨类知原，无忘国故，斯其要也。"② 在"历史"的眼光中，《史记》、《汉书》之价值，无异于六经，故章氏夷经为史之说，不止于以新的"历史"眼光看待六经，而且，竟至于重新确定"经"的范围。

　　章氏对《十三经》，以新的标准进行裁减与增加。以六经为官书，故裁减《论语》、《孝经》、《孟子》。《訄书·清儒》云："流俗言《十三经》，《孟子》故儒家，宜出。"③ 盖《七略》中《孟子》本属儒家，不在六艺之科，故章氏汰之。然《孝经》、《论语》，在《七略》、《汉书·艺文志》中，皆列于"六艺"，章氏竟认为，这是因为当时"尊圣泰甚，徇其时俗"之故，因为六艺本来都是官书，与口说不同，故"宜隶《论语》儒家，出《孝经》使傅《礼记》通论"④。至订《訄书》为《检论》，章氏又加上："段玉裁少之，谓宜增《大戴礼记》、《国语》、《史记》、《汉书》、《资治通鉴》及《说文解字》、《周髀算经》、《九章算术》，皆保氏书数之遗，集是八家，为二十一经。其言闳达，为雅儒所不能论。"⑤ 在这一删减，一增加之间，可以看到章氏之论"经学"，实皆以史为断。而章氏之"新经学"对经学本身的理解，由古文经学之"法"而成史学家

---

　　① 章太炎：《太炎文录初编》，《章太炎全集》（四），上海人民出版社1985年版，第371页。标点为引者所加。

　　② 同上书，第166页。

　　③ 章太炎著，徐复注：《訄书详注》，第171页。

　　④ 同上。

　　⑤ 章太炎：《检论·清儒》，《章太炎全集》（三），第479页。章太炎《菿汉雅言札记》之说也同。1924年章氏作《救学弊论》，又说："昔段若膺欲移《史记》、《汉书》、《通鉴》为经，今移《周礼》、《左氏》为史，其义一也。"［《太炎文录续编》，《章太炎全集》（五），第102页］

之"史",治经也从考求圣王之政治理想变成考证历史之因沿迁变,所以说,章太炎是中国学术转型的一个转捩点,在章氏这里,进去的是古文经学,出来的,则成了史学。

三　孔子:"古良史也"

章太炎既"夷六艺于古史",而且将"史"视为今天"史学"之"史",便马上面临另一个问题,就是对删削六经的孔子的重新评价。六经皆孔子删削,自古以来,并无异议。因此,有什么样的经学观,便有什么样的孔子观。

李源澄《章太炎先生学术述要》有云:"先生于孔子之评论,可分为三期:一为《诸子略说》时期,二为《订孔》时期,三为《菿汉微言》时期。"[①] 李源澄虽曾亲炙章太炎,深知章氏之学,但其议论,仍然大有可商之处。首先,章太炎对孔子的评价,在具体问题上有早期晚期之别,而在大方向上则一生无异。其次,李源澄的分期本身有误。此三书,《诸子略说》(即《诸子学略说》)首次发表于《国粹学报》第二年丙午第八号、第九号,即 1906 年 9 月 8 日、10 月 7 日两期,又发表于同年《国学讲习会略说》,更名为《论诸子学》,此对孔子大加诋毁。而《订孔》则首见于 1902 年修订、1904 年出版的《訄书》重订本,与 1914 年章氏据《訄书》修改增删而成的《检论》。与《诸子学略说》立场有异者,应为《检论·订孔》,但《检论》所作,又与《菿汉微言》同时。在 1913 年到 1916 年,章太炎被袁世凯软禁,吴承仕向章氏问学,录而为《菿汉微言》。李源澄的分期,大意为章氏早年《诸子学略说》纯为诋孔,《订孔》则将孔子视为"良史"而有所肯定,《菿汉微言》以后则尊孔,晚年尤甚。

但是章太炎一生对孔子的评价,多随机而发,尤其是辛亥革命前的政论文字,更加如此。章太炎在 1922 年致柳诒徵信中说:

> 鄙人少年本治朴学,亦唯专信古文经典,与长素辈为道背驰。其后甚恶长素孔教之说,遂至激而诋孔。中年以后,古文经典笃信如

---

① 李源澄:《章太炎先生学术述要》,《李源澄著作集》,第 1460 页。

故，至诋孔则绝口不谈。①

章太炎在此非常明确地承认，早年的"诋孔"，是为了对抗康有为提倡的孔教。事实上，辛亥之前，章太炎论孔子之言，多有互为龃龉，自相矛盾，都是出于政治的需要，而非学术之使然。如1897年9月7日在《实学报》发表《后圣》，称孔子为"水精"，有"制作"，是为了表彰荀子为继孔子之"后圣"②。1899年5月20日发表的《客帝论》，称"《春秋》以元统天，而以春王为文王。文王孰谓？则王愆期以为仲尼是已"③。是以《公羊》传《春秋》，孔子为素王，而其目的则在论证当时可以孔子后代为帝。但同年12月25日，章氏在《亚东时报》发表更有学术性的《今古文辨义》，马上又变换立场，言"孔子贤于尧舜，自在性分，非专在制作也"④。此则是为了通过驳廖平之尊孔，而反康有为之学说。

但是，透过章太炎政论的言辞迷雾，章氏对孔子有一个稳定的基本看法，这个看法不是随一时议政所变化，而是由章氏一生立场所决定，这个立场就是章氏自述的"唯专信古文经典"。在今文经学中，孔子作《春秋》，立一王大法，《春秋》其事则齐桓晋文，其文则史，而最重要的是其"义"，是孔子之义，即《公羊传》所发明的微言大义。而古文经学则强调孔子"述而不作"，即便其"作《春秋》"，也只不过是据鲁史而笔削，《春秋》之正传，是《左氏传》中的历史事迹。章太炎的古文经学研究，一开始便落在《春秋》上，其早年最重要的著作是《春秋左传读》（成书于1896年，先于《訄书》初刻本三年，时章氏29岁）、《春秋左传读叙录》，而其晚年最重要的著作则是《春秋左氏疑义答问》（作于1929年)⑤。《春秋》学是章氏经学观的基本底色。而对于《左氏传》的看法，章氏早年从贾逵、服虔，晚岁从杜预。其《汉学论》云：

　　余少时治《左氏春秋》，颇主刘、贾、许、颖以排杜氏，卒之娄

① 马勇编：《章太炎书信集》，第741页。
② 章太炎：《后圣》，汤志钧编《章太炎政论选集》，中华书局1977年版，第37页。
③ 章太炎：《客帝论》，汤志钧编《章太炎政论选集》，第85页。
④ 章太炎：《今古文辨义》，汤志钧编《章太炎政论选集》，第109页。
⑤ 章太炎1932年给吴承仕的信，说此书"为三十年精力所聚之书，向之烦言碎辞，一切芟薙，独存此四万言而已。"见马勇编《章太炎书信集》，第360页。

施攻伐，杜之守犹完，而为刘、贾、许、颖者自败。晚岁为《春秋疑义答问》，颇右杜氏，于经义始条达矣。①

而发生这一转变，实际上是因为章太炎发现"刘、贾诸公，欲通其道，犹多附会《公羊》"②。因为东汉时立博士的是《公羊传》，所以《左氏》学者在解释不通之处，多引《公羊》为证。而杜预则完全依传断经，故《左氏春秋》杜预学才是真正彻底的史学。章太炎自早年之学至晚岁之论，都在寻求一条将经学彻底史学化的道路，并且，他既将六经视为史籍，那么删削六经的孔子，最重要的身份只有一个，那就是史家。

1902 年，章太炎重订《訄书》，新增一篇《订孔》，其中对孔子有明确的定位：

> 孔氏，古良史也。辅以丘明而次《春秋》，料比百家，若旋机玉斗矣。谈、迁嗣之，后有《七略》。孔子死，名实足以优者，汉之刘歆。③

以孔子为"古良史也"，实在是石破天惊，前所未有之论。而将孔子拉到下接左丘明、司马谈司马迁父子、刘歆的脉络中，同样是发前人所未曾发。在历史上，对孔子的认识确有不同的侧重，如今文家以孔子为有德无位的素王，古文家以孔子为述而不作的圣人，理学家以孔子为至圣先师。而章太炎直接将孔子视为"良史"，其实是为了与今文家的"素王"之说相对抗。"良史"之义，徐复注曰："良史，能秉笔直书，记事信而有征的史官。"④ 这一解释是错误的，章太炎以六经皆史官之遗，即史书，而孔子以私人的身份而非史官的身份删削六经，那么孔子便是史家，而非史官，况且孔子一生也从未做过"史官"。章氏对作为史家的孔子，有认同之处，一是孔子非宗教，《儒术真论》（1899 年发表）云：

---

① 章太炎：《汉学论》，《章太炎全集》（五），第 23 页。
② 章太炎 1932 致吴承仕书，见马勇编《章太炎书信集》，第 361 页。
③ 章太炎著，徐复注：《訄书详注》，第 51 页。
④ 同上。

> 仲尼所以凌驾千圣，迈尧舜，轹公旦者，独在以天为不明及无鬼神二事。……惟仲尼明于庶物，察于人伦，知天为不明，知鬼神为无，遂以此为拔本塞原之义，而万物之情状大著。①

非常明显，对孔子这方面思想的强调，是为了从理论上直接对抗康有为以孔子为教主的思想。但是经过章氏这一矫枉过正，孔子变成一个科学的哲学家。二是孔子布历史，在《訄书》修改而成的《检论·订孔》（1914年发表）中，章太炎一改《訄书》之非孔，而多加上一些"理解之同情"的文字：

> 继志述事，缵老之绩，而布彰六籍，令人人知前世废兴，中夏所以创业垂统者，孔氏也。……自老聃写书征藏，以诒孔氏，然后竹帛下庶人。六籍既定，诸书复稍出金匮石室间。民以昭苏，不为徒役；九流自此作，世卿自此堕。朝命不擅威于肉食，国史不聚歼于故府。②

此处"老"即老子，为周代史官。而孔子的贡献，在于将老子所送的秘府典籍，布于民间。章氏既认为六经之要义，在于"令人人知前世废兴，中夏所以创业垂统"，那么孔子之伟大，就在于将秘府中的史籍，整理以教弟子，使此后诸子皆得以窥见这些古史。这样，孔子便是一个史学的教师。

章氏对孔子这两方面的贡献，即便是在极力诋孔的《诸子学略说》中，也不敢抹杀，其中概括为："虽然，孔子之功则有矣，变机祥神怪之说而务人事，变畴人世官之学而及平民，此其功亦复绝千古。"③ 这样，孔子之所以卓绝者，实际是作为哲学家和史学家。这种思路与评价，已经与后来经过"现代"与"科学"洗涤的孔子观，没有根本性的区别。而早在光绪三十一年，即1905年6月20日，许之衡在《国粹学报》发表了《读〈国粹学报〉感言》，便已经说到章太炎对孔子的重新评价带来的社

① 章太炎：《儒术真论》，汤志钧编《章太炎政论选集》，第120—121页。
② 章太炎：《检论·订孔》，《章太炎全集》（三），第423—424页。
③ 章太炎：《诸子学略说》，汤志钧编《章太炎政论选集》，第291页。

会影响，许之衡说："余杭章氏《訄书》，至以孔子下比刘歆，而孔子遂大失其价值。一时群言，多攻孔子矣。"又言："近一二年来，有某氏之论保教，章氏之论订孔，而后生小子，翕然和之，孔子遂几失其旧步。"①某氏，即梁启超，当时之文为《保教非尊孔论》。许氏之论，可谓见微知著也。

　　章太炎的经学观，是"夷六艺于古史"，随之而来的孔子观，必然是夷孔子于"良史"。五经由法而史，则孔子必然由圣人而至于史学家。在章太炎看来，孔子以下，相承接的是左丘明、司马迁、班固这一谱系。《诸子学略说》云："孔子删定六经，与太史公、班孟坚辈，初无高下，其书即为记事之书，其学惟为客观之学。"② 如果说《诸子学略说》以后经过了章氏的自我否定，不足为据，那么，《国故论衡·原经》之说愈明，章氏云：

> 令仲尼不次《春秋》，今虽欲观定哀之世，求五伯之迹，尚荒忽如草昧。夫发金匮之藏，被之萌庶，令人不忘前王，自仲尼、左丘明始。且苍颉徒造字耳，百官以治，万民以察，后世犹蒙其泽。况于年历晻昧，行事不彰，独有一人，抽而示之，以诒后嗣，令迁、固得续其迹，讫于今兹。则耳孙小子，耿耿不能忘先代，然后民无携志，国有与立，实仲尼、左丘明之赐。③

章氏学之根柢在《春秋》，《春秋》主《左氏》，因此，对他而言，谈《春秋》必接《左氏》，而后是《史》、《汉》，因此，章氏言孔子，亦多与左丘明并言，而后接司马迁、班固。在现代学术中，这完全是一个"史"的系统，而不是"经"的系统。

　　章太炎对孔子的评价，更集中的是在与康有为论战的文章《驳建立孔教议》（作于1913年），此文畅论章氏心目中孔子的贡献：

---

　　① 许之衡：《读〈国粹学报〉感言》，《国粹学报》第六期，1905年出版。当时章太炎之《訄书·订孔》、梁启超之《保教非尊孔论》影响一时，而许之衡文章对此二者进行了反驳，其文之精在于从宗教角度反思中西文明的区别。

　　② 章太炎：《诸子学略说》，汤志钧编《章太炎政论选集》，第286页。

　　③ 章太炎著，庞俊、郭诚永注：《国故论衡疏证》，第302—303页。

盖孔子所以为中国斗构者，在制历史、布文籍、振学术、平阶级而已。……孔子于中国，为保民开化之宗，不为教主。世无孔子，宪章不传，学术不振，则国沦戎狄而不复，民居卑贱而不升，欲以名号加于宇内通达之国，难矣。今之不坏，系先圣是赖！是乃其所以高于尧、舜、文、武而无算者也！①

"制历史"的，是作《春秋》的孔子。章太炎说到，在孔子之前，史书之记录少。"自孔子作《春秋》，然后纪年有次，事尽首尾，丘明衍传，迁、固承流，史书始灿然大备，椠则相承，仍世似续，令晚世得以识古，后人因以知前。故虽戎羯荐臻，国步倾覆，其人民知怀旧常，得以幡然反正。此其有造于华夏者，功为第一。"② 作《春秋》的孔子，在章氏看来，最重要的贡献是开创了编年体的写作，使真正的史学得以确立。这与《国故论衡·原经》的说法是完全一致的。在这里，孔子最重要的身份是史家。

"布文籍"的，是删定六经的孔子。章太炎说到，从《周礼》中看出周代的政典教育完全掌握在官府，虽有史书，齐民不识，而孔子改变了这一状况。"自孔子观书柱下，述而不作，删定六书，布之民间，然后人知典常，家识图史。其功二也。"③ 孔子删定古王官六经，以教弟子，使教育从官府转至平民。在这里，孔子是教育家。

"振学术"的，是作为子家的孔子。诸子皆出王官，但典籍不足，学无大成，自孔子发明思想，开启了诸子争鸣的局面，故章氏说："自孔子布文籍，又自赞《周易》，吐《论语》以寄深湛之思，于是大师接踵，宏儒郁兴。虽所见殊涂，而提振之功在一，其功三也。"④ 孔子的个人思想激发了后来的儒家，并对诸子百家产生影响。在这里，孔子成为思想家。

"平阶级"者，是孔子的教育结果。章氏言春秋时代，官多世卿，父子相继，但是，"自孔子布文籍，又养徒三千，与之驰骋七十二国，辨其人民，知其土训，识其政宜，门人余裔，起而干摩，与执政争明。哲人既

---

① 章太炎：《驳建立孔教议》，《太炎文录初编》，《章太炎全集》（四），第196—197页。

② 同上书，第196页。

③ 同上书，第197页。

④ 同上。

蒌，曾未百年，六国兴而世卿废，民苟怀术，皆有卿相之资，由是阶级荡平，寒素上遂，至于今不废。其功四也"①。这里强调孔子的教育活动，在春秋战国的政治、思想变局中的影响。

章氏《驳建立孔教议》作于辛亥革命之后，当时他的思想，已经与辛亥前之诋孔不同。而这里所总结的四项，既包括了章氏早年所承认的孔子功绩，同时又包含其晚年尊孔崇经之后的议论，可以说是章氏对孔子的集中评价。即便如此，在章氏心目中，孔子也不是一个超越古今（时间）的圣人，而是落实在具体的春秋时期，对中国历史文化作出巨大贡献的"史家"。可以说，章氏以史观孔，而导出的是以孔为史。

章太炎以孔子为古代"良史"，说到底，就是要否定孔子删定五经，尤其是作《春秋》有"立法"的意义，褫夺孔子的"立法权"。孔子作《春秋》，制素王之法，这是两汉、晚清今文家最普遍的共识，汉末古文大师如贾逵、郑玄也认同之。章太炎既以六经为历史，那么作为历史的《春秋》经、《左氏》传，便成为章太炎探究的一个重要问题。章太炎晚年作《春秋左氏疑义答问》，在杜预的基础上，提出了一个更为大胆的推论：

> 孔子观周，本以事实辅翼鲁史，而非以剟定鲁史之书。又知《左氏春秋》，本即孔子史记，虽谓经出鲁史，传出孔子，可也。②

也就是说，孔子已经看到鲁国国史，但仍和左丘明到周王室去观诸侯国史，就是要通过多国国史共同考定鲁史的事实，使《春秋》更加精详。诸侯国史集合而成的《左氏春秋》，简直可以视为孔子编《春秋》的传记。章门弟子黄侃在为《春秋左氏疑义答问》所作的序言中说得更加明白："孔子作《春秋》，因鲁史旧文而有所治定；其治定未尽者，专付丘明，使为之《传》，《传》虽撰自丘明，而作《传》之旨悉本孔子。"③ 如此，《春秋》没有所谓的微言大义，一字褒贬，《公羊》、《穀梁》二传，不过后师末学，而正传惟在《左氏》。《春秋》经文与《左氏》传文，都

① 章太炎：《驳建立孔教议》，《太炎文录初编》，《章太炎全集》（四），第197页。
② 章太炎：《与吴承仕》，《章太炎书信集》，第361页。
③ 黄侃：《春秋左氏疑义答问》后序，《章太炎全集》（六），第341页。

可以视为孔子所作。通过《春秋左传疑义答问》的改造，《春秋》经与《左氏》传，合二而一，孔子与丘明，不可分割。章太炎的《春秋》学，是比杜预更加彻底的史学。通过章氏的改造，《春秋》不但不是孔子的素王大法，而且也不是周公的史法旧章，而是记述春秋时期十二公二百四十二年史实的作品。杜预将《春秋》由孔子法变成周公法，而章太炎则更进一步将孔子法转变成春秋时期的历史记载。在这个意义上，孔子成为真正的"良史"。

但是，章太炎之《春秋》学，有一事终其一生不能解释融洽的，那就是《孟子》中的两段话。其一是《孟子·离娄下》云："其事则齐桓、晋文，其文则史，孔子曰：'其义则丘窃取之矣。'"其二是《孟子·滕文公下》云："《春秋》，天子之事也。是故孔子曰：'知我者其惟《春秋》乎，罪我者其惟《春秋》乎。'"如果传《春秋》的是《左氏》，根本不存在"窃取"的问题，《春秋》的重要，也不至于在六经中独至"知我罪我"的地步。历代《孟子》注解，多同《春秋》今文之义。而章太炎不得不竭尽其智，曲为解说。在《检论·春秋故言》中，章太炎说：

> 自孔子以鲁故臣，依大史丘明为主，而修《春秋》，躬处小国陪台之列，故君弑皆讳言"薨"。丘明虽箸其事，本孔子意，不曰其君。故曰："罪我者其惟《春秋》乎！""其事则齐桓、晋文，其文则史，其义则丘窃取之矣"，"义者，《春秋》凡例，掌在史官，而仲尼以退吏私受其法，似若盗取，又亦疑于侵官，此其言'罪'言'窃'所由也。"①

以章氏之见，《左传》不为其君讳，故言"罪我"，孔子非史官而偷盗史官之法，故言"窃取"。这样的解释，非常牵强，尤其是与今文家之言孔子作《春秋》是立法而僭王章，朱子之注《孟子》用今文之义相比，章氏之说更加显得扞格不通。至1933年，章氏在无锡国专讲《〈春秋〉三传之起源及其得失》，也说：

> 盖《春秋》者官史也，孔子不在其位，不当私修官史。班固坐

---

① 章太炎：《检论·春秋故言》，《章太炎全集》（三），第408页。

私修官史而得罪，以后例前，所谓"罪我者其惟《春秋》"者，信矣。孔子又曰"其义则丘窃取之"者，当时国史，不容人看，"窃取"即偷看之谓矣。①

1935 年，章氏在苏州国学讲习会将《经学略说》，也说道：

> 后人解《孟子》，以为孔子匹夫而行天子之事，故曰"罪我者其惟《春秋》"，此大谬也。周史秘藏，孔子窥之，而又洩之于外，故有罪焉尔。……岂徒国史秘藏，其凡例当亦秘密，故又曰："其义者丘窃取之矣。"义即凡例之谓，窃取其义者，犹云盗其凡例也。②

根据章氏的解释，孔子作《春秋》，是为了"制历史"的大业，而不惜行窃盗之事。

四　章氏三"原"：以历史瓦解价值

章太炎将经学转化为历史的实录，从而将经学转化为史学的构成部分。这种双重转化，加上章氏文字音韵学之精，使他以历史的眼光探求经学中几个重要概念的"本原"，而且，在这种"本原"化的历史追溯中，瓦解了这些概念的价值，兹以经、儒、素王三个概念为例，看经学概念在极端"历史化"之后的变异。

（一）原"经"

对"经"的理解，两汉今古文经师皆无异义。今文如《白虎通》云："经，常也。"③古文如郑玄云："经者不易之称。"皆以经为常道。自汉魏至于明清，言经学之"经"字义，皆在此一理解中。章太炎既具历史之眼光，故求经字之"本义"。1910 年《教育今语杂志》载章氏在日本演讲稿《经的大意》，首发高论六：

---

① 章太炎：《〈春秋〉三传之起源及其得失》，《章太炎演讲集》，第 355 页。
② 章太炎：《经学略说》，《章太炎演讲集》，第 529 页。
③ 班固著，陈立注：《白虎通疏证》，中华书局 1997 年版，第 447 页。

甚么叫做经？本来只是写书的名目，后来孔子作《孝经》，墨子
有《经上》、《经下》两篇，韩非子的书中间也有经，就不一定是官
书了。但墨子、韩子的书，向来称为诸子。孔子的《孝经》，也不过
是传记。真实可以称经的，原只是古人的官书。《庄子·天下篇》说
六经的名号，是《易》、《诗》、《书》、《礼》、《乐》、《春秋》。《礼
记·经解篇》也同。难道古人只有六经么？并不然。现在存的，还
有《周髀算经》，是周公和商高所说。更有《逸周书》，也是周朝的
史官所记录。《易经》的同类，还有《连山》、《归藏》。《礼经》的
同类，还有《司马法》。汉朝都还完全。这些都是官书，都可以唤作
经。不过孔子所删定的，只有六经。也不是说删定以后，其余的书一
概作废，不过这六件是通常讲诵的，其余当作参考书罢了。①

在《国故论衡·原经》中，章太炎追溯先秦之称"经"数义："《吴语》
称'挟经秉枹'，兵书为经；《论衡·谢短》曰'《五经》题篇，皆以事
义别之，至礼与律独经也'，法律为经。《管子》书有'经言'、'区言'，
教令为经。"②下又列"世经"、"图经"、"畿服经"等等之称"经"，证
"经"之名非官书。是从本义讲，经不但非官书，也非儒书，古代之书皆
可称"经"。至1935年，章太炎在苏州章氏国学讲习会讲《经学略说》，
其时章氏已知辛亥鼎革，道德沦丧，古文经说，因史而亡，然讲经学，犹
云："经之训常，乃后起之义。《韩非·内外储》首冠经名，其意殆如后
之目录，并无常义。今人书册用纸，贯之以线。古代无纸，以青丝绳贯竹
简为之。用绳贯穿，故谓之'经'。经者，今所谓线装书矣。"③

此处胪列三说，贯串章氏一生，而皆以历史眼光"原经"，而"原"
至于最古时代，"经"只是古书之统称。究章氏之原意，是为了反对明确
的以六经为常道的今文经学，所以，超过汉代今文家说，而至于孔子以前
的王官六经，而且将孔子之前的六经视为历史的记载，这样一来，便自然
而然地瓦解了"经"的神圣性。可以说，章太炎为了瓦解今文经学，而
将经学视为史籍，经学一旦成为史籍，无形中，却连古文经学视经为

---

① 章太炎：《经的大意》，《章太炎演讲集》，第70页。
② 章太炎著，庞俊、郭诚永注：《国故论衡疏证》，第276页。
③ 章太炎：《经学略说》，《章太炎演讲集》，第485页。

"法"的意义，也被完全瓦解。

章太炎的这一做法，直接开启了经学溃亡，连经学研究也一并崩溃的"新学"。章门弟子朱希祖据章氏之"经"字定义，于 1919 年直接提出："经学之名，亦须捐除。"其说云："经学之名，何以必须捐除呢？因为经之本义，是为丝编，本无出奇的意义。但后人称经，是有天经地义，不可移易的意义，是不许人违背的一种名词。……我们治古书，却不当作教主的经典看待。况且《易》、《诗》、《书》、《礼》，本非孔子一家之物，《春秋》以前的书，本非孔子一人所可以垄断的。"[①] 章氏另一弟子曹聚仁在《从疑古到信古》中也列举了章氏《国故论衡·原经》言古代兵书、法律、教令、历史、地制、诸子皆可以称"经"，而云："总之依章师的主张，一切书籍都是经，这对于提倡读经尊孔的腐儒们，是最有力的讽刺。"[②] 最后曹氏的结论，是奉劝青年们："爱惜精神，莫读古书！"[③] 其中，朱希祖纯为史学研究者，且主政北京大学历史系，辛亥之后，经学科废，举世趋新，本待有识之士，重振绝学。而章太炎对经学的瓦解，使其弟子一辈，自然而然地接上西来现代学术的思路。

同时，章太炎对"经"的定义，也直接接上了新派学者的思路。顾颉刚直到 1962 年作《中国史料的范围和已有的整理成绩》，还在说："近人章炳麟早就解释过，'经'乃是丝线的意思，竹木简必须用了丝线编起来捆起，才可以使它不散乱。可见这原是一种平常的工具，没有什么崇高的意义可言。"[④]

必须特别注意的是，章太炎释"经"字本义，已非"经学"之经。当时学出廖平，又曾私淑章氏的李源澄，在这一问题上洞若观火，李源澄《经学通论》有云："经学之经，以常法为正解，不必求经字之本义。然经学虽汉人始有之，而经之得名，则在于战国之世。故常法为经学之本义，而非经之达诂。近世释经义者，皆释经字之义，而非经学之经之义

---

① 朱希祖：《整理中国最古书籍之方法论》，《朱希祖文存》，上海古籍出版社 2006 年版，第 95 页。

② 曹聚仁：《中国学术思想史随笔》，生活·读书·新知三联书店 1996 年版，第 40 页。

③ 同上书，第 44 页。

④ 顾颉刚：《中国史料的范围和已有的整理成绩》，《顾颉刚古史论文集》（卷七），中华书局 2011 年版，第 454 页。

也。"①"经"字本义与"经学"之"经"是两回事，要解释"经学"之经，不必求诸"经"字之本义，就像要解释"人性"，不必追溯到猿性，更不必追原到单细胞原始生物之性一样。以章氏之博学深思，谅不至于不知此，惟其好古过甚，厌汉儒过深，又纵横其博闻多知，故夷经为史，无所不用其极。其早年持此说，以攻击康有为，尚可理解，至于晚年，经学陵迟，既早闻其弟子朱希祖"捐除经名"之论（1919 年），又知钱玄同《重论经今古文问题》（作于 1931 年）之说，且深知"天乘"、"人乘"之别②，但仍然以"经"之义如今之谓线装书，则反坐论敌之口实矣。

（二）原"素王"

章氏之二"原"为原素王。素王之说，为今文经学立学之根基，而汉世古文家也多接受之。盖承认孔子有立法，则孔子为素王也。孔子之立法，在《春秋》。主《公羊传》者，董仲舒对汉武帝云："孔子作《春秋》，正先王而系万事，见素王之文焉。"③ 卢钦《公羊序》曰："孔子自因鲁史记而修《春秋》，制素王之道。"④ 主古文，《左传》者，贾逵《春秋序》："孔子览史记，就是非之说，立素王之法。"⑤ 是皆以孔子之作《春秋》，为立素王大法者也。章太炎以孔子为史家，史家者，整理历史，使后人明朝代兴亡者也。而素王则是提出价值，以为后世制法者。是故章氏必瓦解素王义，而其法，仍是以"历史"记载瓦解价值，《国故论衡·原经》云：

> 盖素王者，其名见于《庄子》，原注《天下篇》，伊尹陈九主素王之法，守府者为素王；庄子道玄圣素王，无其位而德可比于王者；

---

① 李源澄：《经学通论》，《李源澄著作集》，第 4 页。

② 章太炎 1935 年 9 月写给欧阳竟无的信中说："佛家宗旨本在超出三界，至于人乘，只其尘垢粃糠。而儒者以人乘为大地，所谓孔子绝四、颜渊克己者，乃是超出天人之事，原非尽以教人。今兹所患，但恐人类夷于禽兽，遑论其他。然则可以遍教群生者，不过《孝经》、《大学》、《儒行》三书而已。此三书纯属人乘，既不攀援上天，亦不自立有我，俱生我执，虽不能无，分别我执，所未尝有，以此实行，人类庶其可救。"（章太炎《与欧阳竟无》，《章太炎书信集》，第 940 页）章氏晚年此见甚卓。

③ 班固：《汉书·董仲舒传》，第 2509 页。

④ 杜预注，孔颖达疏：《春秋左传正义》，第 16 页。

⑤ 同上。

太史公为《素王眇论》，多道货殖，其《货殖列传》已著素封，无其位，有其富厚崇高，小者比封君，大者拟天子。此三素王之辨也。仲尼称素王者，自后生号之。①

章太炎以历史上可见的三种不同的"素王"，证明孔子之称"素王"，非其本来，不过是后儒为尊崇孔子，臆加"素王"之号而已。孔子是素王，则《春秋》为孔子法，孔子非素王，则《春秋》为孔子整理春秋时代之旧史而已。故章太炎以为，认为孔子作《春秋》为后世立法，是"以不尽之事，寄不明之典，言事则害典，言典则害事，令人若射覆探钩，卒不得其详实。故有《公羊》、《穀梁》、《驺》、《夹》之《传》，为说各异，是则为汉制惑，非制法也"②。今文家言孔子"为汉制法"，而章氏以为《春秋》今文有四传，义各不同，是"为汉制惑"。而他认为，《春秋》只是史，故云："言《春秋》者，载其行事，宪章文武，下尊时王，惩恶而劝善，有之矣；制法何与焉?"③ 依章氏之说，孔子实为史家，其作《春秋》，《左氏》为正传，乃在于整理春秋正史，布于人间，使民间得而习之。

　　章氏之破素王之说，仍然是以史籍之歧说，破经典之神圣。说素王之，本以孔子之前，皆有圣德，而有王位，故制作礼乐。而至于孔子，有德无位，故立空王之法以垂世，是称素王。而章氏则列"三素王之辨"，使专属孔子之素王，可属之守府者，可与之货殖者，孰不知伊尹之言，史公之论，非经学之谓素王也。

（三）原"儒"

章太炎三原为原"儒"。《国故论衡·原儒》开头即云：

> 儒有三科，关达、类、私之名。达名为儒：儒者术士也。……类名为儒：儒者，知礼、乐、射、御、书、数……私名为儒：《七略》曰："儒家者流，盖出于司徒之官，助人君顺阴阳明教化者也。游文

---

① 章太炎著，庞俊、郭诚永注：《国故论衡疏证》，第296、297页。
② 同上书，第298页。
③ 同上。

于六经之中，留意于仁义之际，祖述尧舜，宪章文武，宗师仲尼，以
重其言，于道为最高。"①

　　章氏此篇，极尽坟典，而立论大意，则追溯"儒"之歧义。章氏蒐集
古之言"儒"者，据《墨子·经上》言："名：达、类、私"，而分儒
为三种。其一"达名为儒"，指的是古人有将"儒"学概括一切"术
士"，即一切有术之士者，凡道家方士、法家、杂家，九流之人都可以
称"儒"。其二为"类名为儒"，指的是《周礼》诸侯有保氏之官，以
礼、乐、射、御、书、数"六艺"教人，通此六艺者称"儒"。其三为
"私名为儒"，指的是刘歆《七略》所云，王官失守，衍为诸子，司徒
之官变成"儒家"。言至于此，则仅分析古书中"儒"本有异说，虽同
一字，意旨有别。然章太炎之意不在此，分别三科之后，乃云："是三
科者，皆不见五经家。往者商瞿、伏胜、穀梁赤、公羊高、浮丘伯、高
堂生诸老，《七略》格之，名不登于儒籍。"②也就是说，古之儒者三种
含义，无一含义包括传五经的经师。易言之，经师不是"儒"，而在
《七略》的图书分类中，传五经之周秦大师，皆不在"儒家类"中，而
在"六艺略"中。是"经学"与"儒学"，截然分开，古"儒"之三
科，皆无经师；《七略》之六艺，皆无儒者。盖刘歆之《七略》，以六
艺为王官学，而诸子为百家言，儒家止为诸子之一，非能跻于王官。但
是，早在刘歆之前，司马迁著《史记》，其《儒林传》皆传经之士，且
自《史记》之后，历代正史，因之未改，则五经之学，岂非"儒家经
典"？章氏于此解释道："自太史公始儒林题齐、鲁诸生，徒以润色孔
氏遗业。又尚习礼乐弦歌之音，乡饮大射之礼，事不违艺，故比而次
之。"③如此说来，司马迁将经师行迹题为"儒林传"，不是因司马迁认
为传经即儒者之业，而是因为这些传经者能够发展"做为诸子之一的孔
子"的学说——勉强可以列入"私名为儒"，而且，他们也司《周礼》
六艺的礼、乐、射——勉强可以列入"类名为儒"，在章太炎看来，司
马迁大抵上是搞错了。章氏接着说："晚有古文家出，实事求是，征于

---

① 章太炎著，庞俊、郭诚永注：《国故论衡疏证》，第481—485页。
② 同上书，第488页。
③ 同上书，第489页。

文不征于献，诸在口说，虽游、夏犹黜之。斯盖史官支流，与儒家益绝矣。"① 因为古文经师研究的是王官学，不是百家言，是《七略》中的"六艺"，不是"诸子"之"儒家类"，古文经师是"史官之支流"，并不"润色孔氏遗业"，与孔子关系不大，也非"事不违艺"，不符《周官》保氏之教，所以，古文经师更不应列入《儒林传》。章太炎以他所概括的儒者三科为标准，评议道："今独以传经为儒，以私名则异，以达名、类名则偏。……传经者复称儒，即与私名之儒相殽乱。"② 传经者传的是做为官书（历史）的六经，与做为诸子的"儒"，已然不同，而将其放在一切术士的"儒"与周官保氏"六艺"的儒中，又只执一篇，所以说，经师与儒士，判然有别。

这样，章氏以历史的眼光，总结出"儒"的原意，断定"儒"是子家，"经"在经部，二者不应相混淆。如此一来，呈现出章氏的用意，是将经学与孔子区别开来。孔子不是经学的开创者，而只是经学的传承者，并且经学只是历史的实录，在这种逻辑中孔子的删削述作事业，铸就的是一个"史学家"。章氏通过"原儒"，裂分儒家与经学，夷孔子为诸子，这就是以历史瓦解价值。章氏之后，胡适《说儒》诸论，继章氏之"儒者三科"而作，儒家与经学渐行渐远。我们还可以从章门弟子曹聚仁的《〈原儒〉》来看章氏之说的影响。曹聚仁说道："太炎师是首先提出了'题号由古今异'的历史新观点，使我们明白古人用这个'儒'字，有广狭不同的三种观点。他的大贡献在于使我们知道'儒'字的意义，经过了一个历史的变化，从一个广义的包括一切方术之士的儒，后来缩小到那'祖述尧舜，宪章文武，宗师仲尼'的侠义的'儒'。我们已经把孔丘的本来面目暴露出来，让大家明白不独宋明理学的观点，跟孔子不相干，即魏晋清谈家的论点，也和孔氏相去很远；西汉今文学家更是鬼画符，连春秋战国的儒家，也不是真正的孔子之学呢！从历史观点看儒家的演化，是有了新的意义。"③

在经学史上，对"经"、"儒"、"素王"诸关键词的理解，决定了对经学大方向的认识。章太炎解释这三个概念，都以"历史"的眼光，纵

---

① 章太炎著，庞俊、郭诚永注：《国故论衡疏证》，第490页。
② 同上。
③ 曹聚仁：《中国学术思想史随笔》，第68页。

横其博闻多识的才华意气，追究其本意，胪列其歧义，结果不是使其意旨大明，而是使其价值全失。章氏原经而夷经为史，进而为史料，原儒而夷儒为子学，孔子为诸子，原素王而孔子不立法。章氏之"三原"，都已经超出了传统古文经学的范围，而导夫现代史学之先路。而在现代史学中，已没有独立的"经学"的位置。

法家"法治"学说的定性问题再思考

宋洪兵

清末民初，西学涌入，学界开始运用现代学术范式对法家思想进行系统研究，成就卓著。总体而言，现代学界的法家思想研究可以分为三个层次：首先，围绕先秦法家的文献记载，概括分析其基本观点及思想框架，譬如集中探讨法家的人性论、历史观、法、术、势思想的具体内涵等，此为法家研究的基础层次；其次，联系先秦诸子的整体脉络及历史语境，分析法家思想兴起的思想渊源和历史背景，春秋战国时期礼崩乐坏的时代特征在此得到强调和凸显，法家与先秦儒家、道家、墨家及名家的思想关联，也受到充分重视，这属于较高层次的研究；最后，关于法家思想的整体评价问题，属于法家思想研究的最高层次。其中，尤其是法家"以法治国，举措而已矣"（《韩非子·有度》，下引《韩非子》只注篇名，相似说法亦见于《管子·明法》）、"不别亲疏，不殊贵贱，一断于法"（《史记·太史公自序》）的"法治"思想引起了学界的普遍关注。

近代以来，"西学源于诸子说"的盛行，使得先秦法家与西方现代法治之间的思想关联引起了当时思想界的广泛关注。薛福成的观点很有代表性，他说："余观泰西各邦治国之法，或暗合《管子》之旨，则其擅强盛之势亦较多。"黄遵宪也认为西方"用法类乎申韩，其设官类乎《周礼》，其行政类乎《管子》者十盖七八"[1]。不料这种观点引起了沈家本、严复等人的强烈批评，明确主张法家"法治"乃"实专制之尤"，与泰西蕴涵自由、人权价值的"法治"截然不同。沈家本、严复的学术观点，其后

---

[1] 有关"西学源于诸子说"，参阅罗检秋《近代诸子学与文化思潮》，中国社会科学出版社1998年版，第75—76页。

为萧公权所继承，并在当代学界得到不断强化①。当代学界，涉及法家"法治"学说的定性，使用频率最高的往往是"专制"、"人治"以及"刑治"②。鉴于此种状况至今尚未引起人们从学理上进行深刻反思，故而对这些未经省察的相关观点做深入研究就显得尤为重要。

一　法家"法治"学说"专制论"辨正

近代意义上的"专制"汉语词，最早由日本构制，并在日本明治时期的"新日语"中已经普遍使用③。近代以来中国普遍使用的"专制"、"君主专制"等概念，实质就是源自西方文化语境的"专制"概念④。

西方近代意义上的"专制"一词主要意指两个层面：一就专制政体而言，二就专制权力行使而言。然而，这两个层面只不过是同一个问题的两个侧面而已，其实都具备一个明显的特征，即：专制政体下，统治者手握不受任何约束最高权力，可以任意行使，尤其在孟德斯鸠眼中，"专制"概念几乎等同于君主拥有不受任何约束的绝对权力，并且君主随时都可以根据个人的意愿及喜怒，任意滥用自己手中的权力而不必承担任何政治责任⑤。这里可以借用博登海默的一个概念，孟德斯鸠定义的"专制政体"其实就是博登海默定义的"纯粹专制政体"，即："纯粹的专制君主是根据其自由的无限制的意志及其偶然的兴致或一时的情绪颁布命令与禁令的。某天，他判处一个人死刑，因为他偷了一匹马；……这种纯粹的专制君主的行为是不可预见的，因为这些行为并不遵循理性方式，而且不受明文规定的规则或政策的调整。"⑥ 现代政治学认为，所谓君主专制政体，包括三方面内涵：其一，君主职位终身制和世袭制；其二，君主享有至高无上的地位和特殊的尊荣；其三，君主独揽国家权力，君权超越任何

---

① 参阅宋洪兵《韩非子政治思想再研究》，中国人民大学出版社2010年版，第31—34页。

② 参阅《法治与人治问题讨论集》编辑组《法治与人治问题讨论集》，社会科学文献出版社2003年版。

③ 冯天瑜：《新语探源：中西日文化互动与近代汉字术语生成》，中华书局2004年版，第391页。

④ 关于专制概念传入中国之后对中国法家思想研究的影响，可参见宋洪兵《二十世纪中国学界对"专制"概念的理解与法家思想研究》，《清华大学学报》2009年第4期。

⑤ ［法］孟德斯鸠：《论法的精神》，商务印书馆1959年版，分见第9、153页。

⑥ ［美］博登海默：《法理学——法哲学及其方法》，华夏出版社1987年版，第222页。

其他权力和法律之上，是不受制约的、绝对的权力。而政治学意义上的"不受限制"或"不受约束"的特定含义是君权不受法律制约、不对任何机构负责、不受任何机构和权力的"合法反对"与制约监督①。可见，西方政治语境中的"专制"一词，无论就政体角度还是从权力行使角度分析，君权至高无上并不受任何合法反对与制约监督，是其必备的题中应有之义。

要解决法家"法治"学说是否"专制"这一理论问题，关键在于回答这个问题，即：法家提倡的中央集权政体是否就是西方政治学意义上的"君主专制政体"？答案非常明确：虽然法家提倡中央集权制度，并且确实与西方政治学意义上的君主专制政体有某种相似之处，但是在法律权力与君主权力的关系问题上，二者仍然存在明显的区别。

首先，法家明确主张君主世袭制，《亡征》篇所谓"轻其適正，庶子称衡，太子未定而主即世者，可亡也"即为明证。按照韩非子的想法，君主去世，太子即位本是十分自然的事情。《难势》篇也强调政治制度的设计应该充分观照"生而在上位"的绝大多数君主是"中人"的政治现实，也透露出了韩非子赞成君主世袭。这与君主专制政体有其契合之处。

其次，加强君权，强调中央权力相对于地方政府以及君主权力对臣民的有效支配和绝对统治，这也是西方"君主专制政体"的题中应有之义。法家将中央权力的稳定性视为社会秩序稳定的基本现象，主张加强君权，强调君主相对于臣民的绝对支配权和统治权。如何维护君主权势自然成为法家思考的一个重要课题，同时也是他们为重建政治秩序提供的一个有效途径。《慎子·德立》篇突出强调了君臣伦理的重要性，反对君臣易位、尊卑失序："臣疑其君，无不危之国。孽疑其宗，无不危之家。"《商君书·定分》在强调确定"名分"重要性的基础之上维护君主权势，以此来稳定社会，如果名分不定，君主权势就存在被褫夺的危险而有亡国灭社稷之虞："夫名分不定，尧舜犹将皆折而奸之，而况众人乎？此令奸恶大起，人主夺威势，亡国灭社稷之道也。"因此，法家"事在四方，要在中央。圣人执要，四方来效"（《主道》）体现的更多是一种大一统秩序之下的政治生态，而非为了满足一人私欲而设计的专制政体。

最后，法家明确反对君主权力凌驾于法律，更反对君主为所欲为地滥

① 张星久：《中国君主专制政体的起始时间》，《武汉大学学报》2000年第1期。

用手中权力,这是法家中央集权制度与近代君主专制政体的根本区别所在。法家要求君主守法、君主不得凌驾于法律之上的观点俯拾皆是。《管子·任法》曰:"君臣上下贵贱皆从法,此谓为大治。"《慎子·君人》明确反对君主"舍法而以身治"。韩非子亦说:"释法术而心治。"(《用人》)法家的"君道无为论"、"君主能力与智慧有限论"、"君主节欲论",则进一步对此给出了深刻的阐释。

(1)法家主张"君道无为"。韩非子大力提倡的"无为"思想,继承了道家要求君主"见素抱朴,少私寡欲","去甚,去奢,去泰"一切顺其自然的思想。同时也继承了前期法家诸如《管子·版法解》"喜无以赏,怒无以杀",《管子·心术上》"人迫于恶,则失其所好;怵于好,则忘其所恶,非道也。故曰不怵乎好,不迫乎恶。恶不失其理,欲不过其情",《慎子·佚文》"我喜可抑,我忿可窒,我法不可离也"体现的君主治国去好去恶的主张,强调君主舍弃个人好恶,实行"无为"政治。韩非子主张君主"去好去恶"、"去智去旧"(《主道》),"去好去恶,群臣见素"(《二柄》),"去喜去恶,虚心以为道舍"(《扬权》),"以道为舍"(《大体》),"故至治之国,有赏罚而无喜怒"(《用人》),等等。法家主张"无为"的根本目的,在于消解君权对实际政治运作的负面影响,约束和限制君权滥用,从而确保国家治理和政治统治的公平性和公正性。法家"无为"思想的正面价值于此得以凸显。

(2)法家力主君主能力与智慧有限论。法家认为,现实中的君主无论就才智还是就德性方面而言,均属中流,从而为其君权约束理论寻求到了强有力的理论支撑。韩非子强调,参与现实政治治理过程的真正统治者,绝大多数既不是尧舜般的圣贤,也不是桀纣般的不肖,而是"上不及尧舜,而下亦不为桀纣"的"中人"(《难势》)。法家告诫君主要对自己能力和智慧的不足、有限保持清醒认识的思想非常普遍,如《难三》说:"且夫物众而智寡,寡不胜众,智不足以遍知物,故因物以治物。"《八经》也谓:"力不敌众,智不尽物。"这些言说,主要目的就在于提醒君主充分意识到自身能力的不足,自觉约束和限制权力行使,所谓"圣人尽随于万物之规矩"(《解老》)。熊十力曾称赞:"圣人尽随于万物之规矩,一言而道尽民主法治精神。美哉洋洋乎!"① 熊十力所谓"民主法

---

① 熊十力:《韩非子评论》,台北:台湾学生书局1984年版,第51页。

治精神"的断语或许略显过誉，然而就精神特质及问题意识而论，韩非子援道入法，为其"法治"思想（也即"法权高于君权"思想）确立形而上依据的理论意图非常明显。《解老》强调"缘道理以从事"，《大体》篇则直接点出道法之间的亲缘逻辑："因道全法"，《饰邪》篇则主张君主智能不足以具备道法完备的特性，强调君主以法治国的重要性："道法万全，智能多失。夫悬衡而知平，设规而知圆，万全之道也。"因此，法权高于君权的主张，在法家政治思想中本为无须多言、显而易见的逻辑。

（3）法家主张"君主节欲论"，反对纵欲，更反对滥用权力。《扬权》篇云："夫香美脆味，厚酒肥肉，甘口而疾形；曼理皓齿，说情而捐精。故去甚去泰，身乃无害。"要求君主"去喜去恶，虚心以为道舍"；韩非子对于国君沉湎女色、荒废朝政的现象更是深恶痛绝："耽于女乐，不顾国政，则亡国之祸也。"《亡征》更谓："好宫室台榭陂池，事车服器玩，好罢露百姓，煎靡货财者，可亡也。"《解老》说："有道之君，外希用甲兵，而内禁淫奢。"又说："圣人不引五色，不淫于声乐；明君贱玩好而去淫丽。"更为重要的是，韩非子要求君主必须在法律规定的范围内行使权力。他在《诡使》篇将君主不守法看作社会混乱的根本原因："世之所以不治者，非下之罪，上失其道也。"《有度》篇亦对君主不在法治范围内行使权力提出了尖锐批评："此其所以然者，由主之不上断于法，而信下之为也。"《八经》篇则径直批判君主无视法治的政治行为将导致严重的政治后果："上暗无度，则官擅为。"

通过上述分析，就主观动机而言，法家的"法权"高于"君权"的思想应该得到确认，君主既不可以超越法律的约束和限制为所欲为，更不可以随心所欲地滥用手中权力。就此而论，法家的思想体系，与西方政治学意义上的君主专制政体，并非一回事，所谓法家"法治"学说"专制"论并无多少学理依据。钱穆之所以极力反对以"君主专制"概念来评判中国传统政治制度及思想文化，主要原因就在于强调中国政治制度设计背后的理念本质上存在限制、规范君主最高权力的政治动机①。西方学者诸如安乐哲（Roger T. Ames）对法家的一些评价就值得重新思考，他认为法家主张"统治者自己可以超越法律之上，并且法律为统治者所控制并

---

① 钱穆：《国史大纲》引论部分，商务印书馆1994年版，第14—16页。

服务于他的个人利益"①。这个观点在当代仍然具有很大影响力，皮文睿（Randall P. Peerenboom）在分析法家时就曾指出，"归根结底，法律是取悦统治者的工具。因此，统治者为了维持自己的权力而公布和改变法律，并使自己始终超越于法律之上。"② 显然，这些断语其实都值得我们进行批判性的解读。如果一味以最高权力（君权）没有受到法律切实有效的约束和限制去责难和批判法家"法治"的"专制性"，势必抹杀掉法家在君主政体时代想方设法约束、限制君权滥用、实行理性政治的那份良苦用心和理论努力。

二　法家"法治"学说"人治论"辨正

一般而言，"人治"概念，具有如下几层内涵。

其一，彻底否定外在客观规范的纯粹意义上的"人治"，此即于光远所定义的："在思想上就是认为，不要法律就可以治理国家，因而，或者根本不主张立法，或者在立法之后认为可以藐视法律，可以不遵守法律。"③ 显然，主张"以法治国"的法家，不能被定性为此种纯粹意义上的"人治"。

其二，"法不自用"意义上的"人治"。于光远亦从"法不自用，法不离人"的意义来理解"人治"："只有法律条文，没有人去认真执行，再好的法律肯定是起不了作用的。"④ 若按照这种思路，法家思想是否可以定性为"人治"呢？章太炎曾批评韩非子的法治思想忽视了人的主观因素："法者非生物，人皆比周，则法不自用。"⑤ 似乎表明法家纯任法治。而根据王伯琦的研究，章太炎的这种批评显然是一种误解，若按"有了好的制度，还要好人来执行"来理解"人治"，儒家、法家是"人治"，因为"从实说来，一个能抱法的人，在道德上已是一个相当完整的人了。所以照韩非的意思，亦至少希望有一个能抱法而处势的君子"⑥。

① Roger T. Ames, *The Rule of Ship*, State University of New York, 1994, p. 132.
② Randall P. Peerenboom, *Competing Conceptions of Rule of Law in China*, Asian Discourses of Rule of Law: The Theories and Implementation of Rule of Law, Routledge Curzon, 2004, p. 114.
③ 于光远：《对人治与法治问题讨论的一点看法》，《法治与人治问题讨论集》，第8页。
④ 同上。
⑤ 章太炎：《非黄》，《章太炎集》，河北教育出版社1996年版，第539页。
⑥ 王伯琦：《近代法律思潮与中国固有文化》，清华大学出版社2005年，第224页。

应该说，王伯琦的观点对于克服章太炎对于法家"法治"思想有关"人"与"法"关系层面的错误认识，是有帮助的。但将法家思想定性为"法不自用"意义上"人治"，实为不妥。因为这种逻辑其实是以"人"与"法"之间内在的永恒张力为依据去衡量和定性法家的"法治"学说。"法不自用"所存在的缺陷，是所有主张以外在客观规范来进行社会治理的学说共同面临的一个困境。毕竟任何政治措施以及客观规范的产生与落实，归根结底都是与"人"不可分离的。在一个并非由全能上帝立法并主宰一切的世俗社会，哪个时代的客观规范诸如法律、制度之类，能够离开"人"而自动产生作用呢？如果法家的"法治"因离不开人而被定性为"人治"，哪个存在客观规范的社会不会被定性为"人治"社会呢？显然，以一种人类社会普遍存在的难以克服的矛盾来定性某个特定历史时期的一种思想学说，单纯从逻辑上讲，其研究思路及结论没有太大的漏洞，但是从深入研究和评价特定时期内的法家"法治"学说却没有实际意义。

其三，从西方近代政体理论视角，强调君主政体背景之下"立法权"无法做到"正本清源"，从而无法有效约束君主最高权力，法律最终沦为君主统治之工具，故而法家"法治"学说在君主政体时代本质必然成为"人治"。梁启超认为："法家的最大缺点，在立法权不能正本清源"，认为在立法权与废法权俱归君主的情况下，"夫人主可以自由废法立法，则彼宗所谓'抱法以待，则千世治而一世乱'者，其说固根本不能成立矣"①。萧公权亦承此思路，指出："吾国古代法治思想，以近代之标准衡之，乃人治思想之一种。盖先秦诸子之重法，皆认法为尊君之治具而未尝认其本身具有制裁元首百官之权威。……推原其故，殆由论者徒知法治之实际效用生于共守，而未注意理论上君权既属至高，则决不容有任何制裁加与其上。"②当代学者多将法家的"法治"定性为"人治"③。耐人寻味的是，每每在讨论完法家之"法治"学说之后，研究者大都千篇一律会加上诸如"法家的'法治'并非现代民主'法治'，其本质其实是'人

---

① 梁启超：《先秦政治思想史》，《饮冰室专集》之五十，《饮冰室合集》，中华书局1989年版，第149页。

② 萧公权：《中国政治思想史》，辽宁教育出版社1998年版，第235页。

③ 林欣：《论政体与法治》，《法治与人治问题讨论集》，第207页；江荣海：《论韩非的人治思想》，《北京大学学报》1993年第1期；夏伟东：《为什么说法家的"法治"是人治的一种表现》，《伦理学研究》2004年第5期。

治'"云云，此种观点影响之巨可见一斑。

　　问题在于立法权的问题真的能够做到"正本清源"吗？[①] 至少在梁启超看来，这应该是不成问题的。他明确表示，"法治主义"的实行"最少须有现代立宪政体以盾其后"[②]。显然，梁启超的观点，具有鲜明的立法、行政与司法三权分立的西方政体色彩。他在不知不觉之中，将君主视为西方立宪政体中仅仅掌握行政权的代表，强调立法权的正本清源，即主张将立法权付诸议会。如此一来，"法家的最大缺点"就可以得到克服，君主权力被约束限制在法律的最高权力之下。

―――――――

　　① "正本清源"之说，最早见于《汉书·刑法志》。班固针对汉初因为删除肉刑而在法律执行方面产生的畸轻畸重的混乱状况，一方面，因肉刑之废除，一些本不可适用肉刑而不必受"大辟之刑"的罪行因此而遭受重罚，"外有轻刑之名，内实杀人"，以致"以死罔民"、"死者岁以万数"；另一方面，本应重罚的一些罪行，诸如"穿窬之盗，忿怒伤人，男女淫佚，吏为奸臧"，却又因为肉刑之废除，仅仅适用"髡钳"之刑，无法达到惩恶的效果，"刑者岁十万数，民既不畏，又曾不耻，刑轻之所生也"。在此情况之下，执法官吏，为了有效打击偷盗行为，往往在轻刑与重刑之间，任意适用"大辟之刑"，"故俗之能吏，公以杀盗为威，专杀者胜任，奉法者不治"。而欲治理这种状况，班固建议减少死刑适用条款，恢复肉刑，"岂宜惟思所以清原正本之论，删定律令，纂二百章，以应大辟。其余罪次，于古当生，今触死者，皆可募行肉刑。及伤人与盗，吏受赇枉法，男女淫乱，皆复古刑，为三千章。诋欺文致微细之法，悉蠲除"。显然，此处之"清原正本"一语双关，一方面强调法律规范在整个司法体系之中所占据的本原地位，只有从源头上厘清法律条文，才能避免当时所谓"乱名伤制，不可胜条"的混乱状况；另一方面，又体现儒家王道政治指导下的德主刑辅理念，"圣人取类以正名，而谓君为父母，明仁爱德让，王道之本也。爱待敬而不败，德须威而久立，故制礼以崇敬，作刑以明威也。……故圣人因天秩而制五礼，因天讨而作五刑"。唯有体察圣人制礼作刑的深刻用意，教化为主，不专主刑杀，才能真正解决"礼乐阙而刑不正也"的现实弊端。如果去除先入为主的近代三权分立政体理论的影响，班固以儒家的"圣人"为法律之源，强调立法者的德性，事实上已经实现梁启超"立法权"意义上的正本清源。近人萧公权正是在班固立法者之品德意义上使用"正本清源"一词的。他在阐述管子与商韩不同点时也曾从"正本清源"的角度做了一番他自己的论证："抑吾人当注意，管子深知'法之不行，自上犯之'。故欲正本清源，教人君自身守法。所惜管子未立制君之法，故其学与欧洲之法治思想尚有可观之距离。"（萧公权《中国政治思想史》，第225—226页）在萧氏看来，管子非不知"正本清源"，而是欲正本清源而不得。"不知"是个认识论的问题，"不得"是个实践论的问题，二者不可混淆。如果我们能够超越萧氏以"人君之地位是否超出法上"的标准刻意区分管子与商韩的视野，就会发现，法家在立法权这一正本清源问题上，并非没有认识。也就是说，法家在立法权上并非不知"正本清源"，否则，法家对君主"去好去恶"、"体道"、"守道"的种种要求，就无法得到充分的理论解释。需要指出，萧氏以"人君之地位是否超出法上"的标准刻意区分管子与商韩的做法，结合《韩非子》文献分析，是无法成立的。参阅宋洪兵《韩非子政治思想再研究》第四章《先秦诸子的"政治共识"与韩非子思想的政治正义性》。

　　② 梁启超：《先秦政治思想史》，《饮冰室专集》之五十，第149页。

不过，梁启超"正本清源"的思路，存在一个不易为人察觉的错位。当讨论法家"法治"学说的"最大缺点"时，他主张君主作为最高权力既有立法权又有废法权。他讨论的其实是如何限制最高权力的问题，但当他讨论该问题的解决方案时，他并未从约束最高权力的角度去回答如何"正本清源"，他的"立宪政体"这一解决方案是从立法权与行政权的角度去探讨由立法机关制定的法律如何对行政首脑进行权力限制。如此，他本该回答西方宪政体制之下如何约束和限制最高权力的问题，这是他追问法家的逻辑，而不是立法者制定法律约束行政首脑的问题。毕竟，行政首脑的权力与法家的君主权力，不可相提并论。梁启超的回答，只解决了立宪政体由于立法权、行政权与司法权的三权分立相对于法家君主政体之下集立法、司法与行政于一体的集权政治的优越性，但却悬置了他对如何限制和约束最高权力的追问。

那么，梁启超对法家的追问逻辑，在立宪政体背景下立法权是否能够"正本清源"？这牵涉到如何看待西方宪政视野中约束与限制最高权力的问题。在西方立宪政体背景下，何者为最高权力？毋庸置疑，答案为：国家主权。梁启超本人明确阐述过国家主权："夫一切权利之主体皆人也，一切权利之客体皆物也，国家者本为有人格而能统治之人也。"① 有研究者指出，梁启超的国家观念，深受德国政治学影响，其国家主权人格化的理论，据说也是来自伯伦知理："从一个既指王朝国家又指边缘相当模糊的人类集体的概念，朝着一个完全人格化，并且成为政治生活的主体和政治辩论的基本主题的社会人类集体的方向转变。在此基础上，又出现了与这种概念紧密相联的国家目的的观念，以及属于国家本身的主权观念。"② 如果缘此推论，有人格之国家与其制定之法律之间，究竟是何关系呢？究竟哪个具有最高权力呢？

在西方近代国家学说体系之中，主权在民的逻辑又将国家主权视为全体人民的集体意志。在此，西方政治学说中的国家主权，实则与法家思想体系之君主权力具有相同的本质。如果按照梁启超"正本清源"的逻辑，

---

① 梁启超：《内阁果对于谁而负责任乎》，《梁启超全集》，北京出版社 1999 年版，第 2424 页。

② ［法］巴斯蒂：《中国近代国家观念溯源：关于伯伦知理〈国家论〉的翻译》，《近代史研究》1997 年第 4 期。

我们同样可以追问，国家主权既为最高权力，它由该由谁来制约？而我们从西方政治哲学史获知的答案却是"无解"。狄骥在阐述"主权的限制问题"时指出："国家主权所引起的这个最后的问题，如果可能解决的话，是比其他问题更加无法解决的。因为解决这个问题所进行的一切尝试都归于失败了。然而解决这个问题却十分必要，否则个人便会被国家消灭，并为集体完全吞噬了。可是我们只要略加思索，就很容易知道这个问题已经没有可能的解决方案了。"① 狄骥在近代立宪政体背景之下指出限制与约束国家主权之不可行。而这困境之根源恰恰在于国家主权之人格化，凯尔森认为："传统理论在承认国家的义务和权利的存在时所遇到的困难来自这一事实：人们将国家视为一个超人的存在，将国家看作是一类人同时又是一个权威。"②

需要指出，梁启超以及当代学界追问法家学说中君主拥有立法权、同时君主权力又得不到有效约束进而无法"正本清源"的学术观念，其思路源自德国的国家主权理论中蕴涵的"法律与国家的二元论"。德国的国家主权理论认为："国家和法律是两个不同的事物。国家和法律的二元性，事实上是现代政治科学和法学的基石之一。"③ 国家与法律的二元论，逻辑上必然提出如下问题："如果国家是法律秩序的权威，国家又如何可以从属这一秩序，并且就像个人那样，从其中接受义务和权利呢？在这种形式下，正是国家自我义务（auto-obligation）问题，特别在德国法学中，起了如此巨大的作用。这一问题被认为是一个最困难的问题。"④ 当然，凯尔森自实证法学的立场出发，批评这种将国家人格化的观点是"万物有灵论的迷信"⑤。法国思想家狄骥也对德国人格化的国家主权理论提出激烈批评，明确反对如下论调："如果政府掌握着最高的强制权，那么它们如何能够收到那些因为向它们施加消极和积极的义务，从而具有更高效力的法律的约束呢？如果政府的行为因此受到限制的话，那么它们还拥有

① ［法］莱翁·狄骥：《宪法论、法律规则与国家问题》，钱克新译，商务印书馆1959年版，第450页。
② ［美］汉斯·凯尔森：《法与国家一般理论》，沈宗灵译，中国大百科全书出版社1996年版，第223页。
③ 同上书，第204页。
④ 同上书，第222页。
⑤ 同上书，第214页。

最高的权力吗？在我们谈及加诸最高权力之上的法律义务时，难道不是产生了一个悖论吗？不过，德国的思想家们看来是会接受这一观点的。"正因如此，狄骥才舍弃德国的主权理论，认为"这种论调完全是一种错误，对于现代意识来说，上面的这一结论只能够引起争议"，进而主张以"公共服务的观念"取代"主权"观念①。殊途同归，凯尔森与狄骥都对德国的国家主权理论之中有关主权与法律的关系进行了深刻批评，均指出其在何者为最高权力的问题上存在致命缺陷，转而改弦更张，另谋出路。

　　那么，现代的民主宪政可以解决"立法权"上"正本清源"的问题吗？一般来说，现代的民主宪政，核心就在于确认宪法的最高权威。问题在于，宪法由谁来制定？按照西方的宪政理论及实践，多数答案是"人民"。然而，抽象的"人民"是否可以在使得宪法在"立法权"上"正本清源"呢？凯尔森在分析"宪法序言"时曾深刻指出，"它具有一种与其说法学上的性质倒不如说是意识形态的性质。如果将它去掉的话，宪法的真正意义通常也不会起丝毫变化。……人民（宪法声称它源于人民）首先是通过宪法才在法律上出现的，所以这只是在政治意义上，而不是法学意义上，人民才是宪法的来源。更明显的是，实际上创造宪法的那些人只代表了全体人民的一小部分，即使人们考虑到选出他们的人来说，这也是如此"②。凯尔森甚至声称宪法"代表全国人民是一种政治上的虚构"③。美国学者查尔斯·A.比尔德对1787年美国第一部宪法的深入研究，恰好可以印证凯尔森的观点。比尔德针对班克罗夫特及大法官马歇尔认为"人民"制定宪法的说法，认为"宪法并不像法官们所说的那样，是'全民'的创造；也不像南方废宪派长期主张的那样，是'各州'的创造。它只是一个巩固的集团的作品，他们的利益不知道有什么州界，他们的范围的确包罗全国"④。德国政治学家兼先法学家施密特（Carl Schmitt）亦指出实际制定法律的过程其实并不代表"人民"的意愿："所谓法律，在议会制立法国家意味着此一时彼一时的议会多数派的时不时的

---

① ［法］莱昂·狄骥：《公法的变迁》，郑戈译，辽海出版社、春风文艺出版社1996年版，第48页。

② 同上书，第290页。

③ 同上书，第322页。

④ ［美］查尔斯·A.比尔德：《美国宪法的经济观》，何希齐译，商务印书馆1998年版，第18、227页。

议决，在直接民主国家意味着此一时彼一时的公民多数派的时不时的意志。民主主义的多数原理的归结包括：第一、随时性，第二、单纯多数——即百分之五十一的多数。"① 这表明，至少在宪法意义上，"人民"只是一种意识形态说法，具体到实际运作，任何一部宪法都是由少数民意代表所组成的特定机构（诸如制宪会议）来制定的。而少数民意代表，尽管在理论上或意识形态上可以宣称代表了全体人民，但实质上却是以"人民"的名义来做这少数人想做的事情。美国学者爱德华·密德·安尔为《美国宪法原理》作序时曾援引 1777 年《联邦条例》"今后未经国会同意及各州州议会加以批准，联邦条例概不得随时加以修正"。而 1787 年各州代表开会的初衷本为修正《联邦条例》，开会过程中才临时决定制定一部新宪法取代《联邦条例》："制宪会议当时之作此决定无异一种革命性或政变性之行动，但就联邦条例之国家已入于麻痹状态一点而论，则此行动实为政治上大智与大勇之措施。"② 尽管随后的历史证明，1787 年宪法符合美国人民的根本利益，但是这部宪法制定过程实质是以"人民"的名义但"人民"缺席的"政变"。由此可见，美国 1787 年宪法，其实也是少数人参与制定的，在宪法的"立法权"上同样未能做到"正本清源"。

怎样才算宪法"立法权"的"正本清源"呢？季卫东认为，"立宪活动其实意味着某种瞬间的特权——参与宪法制定的人的意志可以等同于全民的公意"。问题在于，按照现代民主宪政的最终权力来源于人民的政治理念，这种瞬时的特权即便代表了瞬时的全民公意，是否可以代表未来公民的政治意愿呢？所以他在逻辑上进一步推导出这样的结论："如果要维持宪法的契约论或者合意论的构成，那就必须为此在一定程度上承认宪法是可变的。"如此一来，就势必会出现宪法稳定性与可变性之间的矛盾："真要彻底贯彻宪法的契约性的话，恐怕在观念上应该假定每天都得就宪法内容进行投票"，进而将"正义还原为每个人的主观体验的荒谬结局"。那如何克服这种稳定性与可变性之间的悖论？在这个问题上，也就是"最高效力从何说起"的问题上，其实是没有最终答案的，即使现代民主

① 转引自季卫东《宪政的规范结构：对两个法律隐喻的辨析》，《二十一世纪》（香港）2003 年第 12 月号。

② ［美］汉密尔顿：《美国宪法原理》，严欣淇译，中国法制出版社 2005 年版，第 4—5 页。

政治体制也没有办法根本解决①。也就是说，欲维护宪法的正当性，倘若依据梁启超在立法权上正本清源的思路，那就必须每天进行全民公决，如此一来，宪法理论上的立法权获得了正本清源式的保障，可是宪法的稳定性又如何得以体现？该种思路又具有怎样的可操作性？季卫东的这个观点，遥遥呼应着大哲康德称之为"最困难"，"同时又是最后才能被人类解决的问题"。因康德对于该问题的深刻阐述对于本文所欲探讨的理论至关重要，故不嫌累赘，长文转述于下：

> 困难之点就由这个问题的观念本身而呈现到我们的眼前，那就是：人是一种动物，当他和他其余的同类一起生活时，就需要有一个主人。因为他对他的同类必定会滥用自己的自由的；而且尽管作为有理性的生物，他也希望有一条法律来规定大家的自由界限，然而他那自私自利的动物倾向性却在尽可能地诱使他要把自己除外。因此，他就需要有一个主人来打破他自己所有固有的意志，并迫使他去服从一种可以使人人都得以自由的普遍有效的意志。然而，他又向哪里去寻找这位主人呢？除了求之于人类之中，就再没有别的地方了。但是，这位主人也同样是一个动物，他也需要有一个主人。因为无论他可能想要如何着手，但总归是看不出来他怎么才能找到一位其自身乃是公正的、正直无私的首领来；不管他是求之于一个个别的人也好，还是求之于为此而选出来的由若干人所组成的集体也好。因为其中的每一个人，当其没有另一个领导者对他自身依法行使权力时，总是要滥用自己的自由的。然而最高首领却既须其本身就是正直的，而又还得是一个人。所以这个问题就成为一切问题之中最为棘手的一个问题了。②

通过康德的阐述可以看出，人类需要一个主人，这位主人作为最高首领既是必需的，同时又是很难对其进行约束和控制的。同样的逻辑，在立法权的问题上，很难寻求一个完美的"正本清源"的制度可能，在稳定性与

---

① 季卫东：《宪政的规范结构：对两个法律隐喻的辨析》，《二十一世纪》（香港）2003 年第 12 月号

② ［德］康德：《历史理性批判论集》，何兆武译，商务印书馆 1990 年版，第 10—11 页。

可变性的悖论问题上，尽管现代民主制度可以在程度上比先秦法家更能处理好，但是并不能从根本上杜绝《汉书·杜周传》"前主所是著为律，后主所是疏为令"的情况，只不过这个"主"由法家的一人意志，变为立宪机构少数代表的"意志"而已，但正如康德所指出的那样，无论求之于个人还是求之于集体，都很难确保立法权完全意义上的"正本清源"。其实，梁启超所主张的立宪政体与法家的君主政体相比较，其对于限制与约束行政首脑的权力滥用，无疑更具可操作性。尽管如此，在民众厌政的西方社会，代议制早已为媒体舆论、利益集团所控制，民意代表的"意志"距离人民真正的内心意愿不可以道里计①。这样，少数人的意志与君主一人意志之间，只是一个程度问题，而非本质问题。现代历史学家吕思勉尚有一个非常精辟的回应，只可惜他的这个观点从未受到学者的重视，他说：

> 法家之言，皆为君主说法，设君主而不善，则如之何？万事一决于法，而持法者为君主，设君主而坏法，则如之何？近之持立宪论者，每以是为难。然此乃事实问题，不足以难法家也。何者？最高之权力，必有所归。所归者为君主，固可以不善；所归者为他机关，亦可以为不善。归诸一人，固不免坏法；归诸两机关以上，岂遂必不能坏法？今之议会，不与政府狼狈为奸乎？议会与政府，非遂无争，又多各为其私，非必为国与民也。故曰：此事实问题也。②

在吕思勉看来，立法权所关涉的最高权力之约束和限制问题，是一个人类社会共同面临的"事实问题"，是人类社会需要共同克服的一个政治困境。在此意义上，民主政体也好，君主政体也罢，其实都不能完全解决梁

---

① 黄万盛认为："在西方民主世界的任何一个国家，只要在大选年，老百姓就会饱受媒体的轰炸，政客们不惜重金滥用媒体，蛊惑选民。看起来，选民是上帝，实际上，选民只是投票的工具，他们的自我意向迷失在媒体的鼓噪中；而政客们在选举时为拉拢选票空口许愿满嘴桃花，在选举之后，他们的承诺绝大多数都是被扔在一边不能兑现的空头支票。近年来，愿意投票的选民数每况愈下，是选民对选举丧失信心的体现。"参阅黄万盛《正在逝去的和尚未到来的：〈破碎的民主〉中文本序》，《破碎的民主》（生活·读书·新知三联书店 2005 年版）一书系法国学者皮埃尔·卡蓝默所著。

② 吕思勉：《先秦学术概论》，东方出版中心 1985 年版，第 97 页。

启超所期许的"正本清源"的问题。也就是说,宪法稳定性与可变性的问题,涉及作为最高权力之宪法及其来源,其实是人类面临的永恒悖论,它不是专属于先秦法家的困惑,而是人类至今尚未彻底给出完美答案的困惑。深受政体理论濡染的现代中国学者,为了确证近代以来民主体制的正当性,以一种近乎浪漫的情怀构筑了一个有关立法权的"正本清源"神话。在这个精心编织的理论框架中,西方民主宪政受到青睐,法家有关"君臣上下贵贱皆从法"的理念被刻意解读为不能"正本清源",是一种与民主相对的"专制"、"人治"。

饶有趣味的是,法家与现代西方学者在如何约束最高权力的问题上,都提到了自我约束。试对比梁启超与狄骥的如下表述:梁启超批评法家"法治"学术涉及君主守法寄希望于"自禁"时说:"立法权应该属于何人?他们始终没有把他当个问题。他们所主张法律威力如此绝对无限,问法律从哪里出呢?还是君主,还是政府。他们虽然唇焦舌敝说:'君主当设法以自禁',说:'君主不可舍法而以心裁轻重。'结果都成废话。造法的权在什么人,变法废法的权自然也在那人。君主承认的便算法律,他感觉不便时,不承认他。当然失了法律的资格。他们主张法律万能,结果成了君主万能。这是他们最失败的一点。"① 狄骥在批评叶赫林"主权自限原则"时亦说:"很明显,在这种自限说中有一套真正的戏法。一种自愿的服从不是服从。如果只有国家才能建立和拟定法,而且国家还可以随时在它认为必要时加以修改的话,国家便不是真正受法限制的。这样给公法设定的基础,不容置辩是极为脆弱的。国家的权力只是因为国家所乐意并在国家自行设定的范围内受法限制,这种权力便极端类似一种绝对无限的权力。我刚才谈到的一种戏法,把它称为诡辩学说可能更正确一些。无论如何,这只是靠着一种似是而非的理由,人们才硬说国家是受法约束的。这就是现代整个法学界为解决用法来限制国家的问题所作出的努力。"② 梁启超以无法约束与限制君主最高权力的逻辑去批评法家之君主"自禁",与狄骥批评"主权自限"的逻辑,如出一辙。这表明,在约束与限制最高权力的问题上,无论法家也好,近代以来形形色色的立宪政体学说也罢,其实都无法根本解决梁启超所期许的"正本清源"的问题。也就

---

① 梁启超:《先秦政治思想史》,《饮冰室专集》之五十,第217页。
② [法] 莱翁·狄骥:《宪法论、法律规则与国家问题》,第459—460页。

是说，如何约束与限制最高权力其实是人类面临的永恒悖论，它不是专属于先秦法家的困惑，而是人类至今尚未彻底给出完美答案的困惑。深受西方政体理论濡染的现代中国学者，为了确证近代以来立宪政体的正当性，以一种近乎浪漫的情怀构筑了一个有关立法权的"正本清源"神话。在这个精心编织的理论框架中，西方近代宪政受到青睐，法家有关"君臣上下贵贱皆从法"的理念被刻意解读为不能"正本清源"，是一种与民主法治相对的"人治"。

令人遗憾的是，现代以来的中国学界，极少注意到西方政治哲学对国家主权理论的反思对于更新法家思想研究的重要意义，直至今日，依然沿袭着梁启超的观点和思路来定性和分析法家。显然，追问国家最高权力是否受到约束与限制，与追问法家君主最高权力与法律的关系，同出一辙。近代以来西方尤其德国思想家的国家主权理论面临的困境，被梁启超移形换景，运用到了先秦法家身上，顺此思路，自然就提出了究竟君主权力最高还是法律权力最高的问题。德国思想家们的国家主权理论"最困难的问题"，其实同样不能在立法权的问题上"正本清源"，其实同样与先秦法家一样，最后必须乞灵于最高权力的"自我义务"。梁启超运用西方国家主权理论来追问法家立法权不能正本清源时，并未意识到，他批评法家的弊端，也是西方思想家最头疼的问题。梁启超评论法家时曾提出一个重要的方法论："法治主义通有的短处"与"先秦法家特有的短处"，并且将立法权不能"正本清源"归结为先秦法家特有的短处①。这个方法论是可取的，但是结论却值得商榷。依据这个标准，法家无法有效约束与限制君主的最高权力，实则是人类普遍存在的一个理论难题，是一个根本无解的难题。倘若按照通常"正本清源"的思路，在如何约束最高权力的问题上，恐怕迄今为止所有的国家的最高权力其实都不可能受到外在法律的约束与限制，都难免"人治"之嫌了。如果法家之"法治"因此而被定性为"人治"，那还有何种制度、何种社会不是"人治"？总之，此种以人类通有的短处来界定法家，除了给学界平添诸多无谓的理论困惑外，对于深化法家之"法治"学说，并没有太多益处。

---

① 梁启超：《先秦政治思想史》，《饮冰室专集》之五十，第216—217页。

三 法家"法治"学说"刑治说"辨正

法家"法治"本质是否属于"刑治"的问题，也向来为学界所关注。严复认为："夫督责书所谓法者，直刑而已。所以驱迫束缚其臣民，而国君则超乎法之上，可以意用法易法，而不为法所拘。夫如是，虽有法，亦适成专制而已矣。"① 当代法学界亦有学者认同这种观点②。笔者以为，欲解决法家"法治"是否"刑治"的问题，需要从两个方面来考察：其一，法家之"法"与"刑"的关系以及"法"的多元内涵；其二，法家之"法"与"刑"是否含有权利、正义的意味？

首先分析第一个问题。

从文献记载来看，"刑"确为法家之"法"的重要组成部分。法家非常重视刑罚对于治国之重要性。韩非子说，"凡所治者刑罚也"（《诡使》），又说，"夫严刑重罚者，民之所恶也，而国之所以治也"（《奸劫弑臣》）。《商君书·说民》则将"刑"视为实现法治理想社会的起点："刑生力，力生强，强生威，威生德，德生于刑。"《管子·心术上》亦说："杀僇禁诛谓之法。"就此而言，《尔雅·释诂》"刑，法也"以及《说文解字》"法，刑也"的判断，是有充分依据的。法家对刑罚之重视还体现在"以刑去刑"的观念提倡方面（《商君书·去强》、《韩非子·饬令》）。法家利用人们趋利避害的心理特征，主张通过刑罚之威慑，最终使之所以惩罚的善恶价值、是非观念完全内化为百姓自身的实际意愿，从而达到"以刑去刑"的效果。《商君书·定分》详细描述了这种理想及其实现逻辑："故圣人立天下而无刑死者，非不刑杀也，法令明白易知，为置法官吏为之师以道之知。万民皆知所避就；避祸就福，而皆以自治也。"

多数情况下，法家之"法"与"刑"的关系可以表述为："法"代表一种客观规范，"刑"则代表客观规范的具体落实与实施。如《商君书·说民》称："法详则刑繁，法简则刑省。"《韩非子·解老》也说：

---

① 王栻主编：《严复集》第四册，中华书局 1986 年版，第 938—939 页。
② 梁治平：《法辨》，《中国社会科学》1986 年第 4 期；郑琼现、占美柏：《法家"法治"说：理论、实践及百年流变》，《学术研究》2004 年第 6 期。

"民不敢犯法，则上内不用刑罚。"由此亦可以看出，法与刑既存在很紧密的关系，但法家将二者分列对举来表示又至少表明二者并非完全一回事。对此，胡适的观点非常明确："法家所主张的，并不是用刑罚治国。他们所说的'法'，乃是一种客观的标准法，要'宪令著于官府，刑罚必于民心'，百姓依这种标准行动，君主官吏依这种标准赏罚。刑罚不过是执行这种标准法的一种器具。刑罚成了'法'的一部分，便是'法'的刑罚，便是有了限制，不是从前'诛赏予夺从心出'的刑罚了。"[1] 既然"法"为执行刑罚之标准与依据，由此自然衍生出罪刑法定的政治理念，"释仪的而妄发，虽中小不巧；释法制而妄怒，虽杀戮而奸人不恐。罪生甲，祸归乙，伏怨乃结。故至治之国，有赏罚，而无喜怒，故圣人极；有刑法而死，无螫毒，故奸人服"（《用人》）。毋庸置疑，这是一种公正观念，同时也是"以刑去刑"能够实现的伦理基础。上述言说都表明，尽管"刑"为法家之"法"题中应有之义，但二者存在的细微差别却不容忽视。就此而言，陈顾远的观点值得充分重视，他说："法家把法字的涵义看得很广，依正当的用法，刑书只是法的一部分，绝不能泛称为法；所以商鞅受《法经》以相秦便改法为律，把《法经》的盗法、贼法……改为盗律、贼律……表示出法与刑不是一种事物。"[2]

同时，法家之"法"蕴涵"刑"的意味，绝不意味着法家之"法治"就是"刑治"。最简单和最直接的原因在于，法家之"法"除了"刑"之外，尚有"赏"的重要内涵："二柄者，刑、德也。何谓刑、德？曰：杀戮之谓刑，庆赏之谓德。"（《二柄》）"厚赏"作为法家"法治"的逻辑基础和物质前提，就是首先让绝大多数人具备相对丰厚的物质生活条件，从而强化人们的利害意识和差别意识，唯有如此，才会乐生恶死、趋利避害，"刑"也才有了真正得以落实的社会基础。《安危》篇说："人失其所以乐生，而忘其所以重死。人不乐生，则人主不尊；不重死，则令不行也。"《六反》篇也称："凡民之取重赏罚，固已足之之后也。"《八经》篇更主张只有"使民利之"、"使民荣之"的前提下才能"使民畏之"、"使民耻之"。显然，这些史料都清楚地表明，法家及韩非子的"法治"思想本质不是仅止于"刑治"而已。

① 胡适：《中国哲学史大纲》，上海古籍出版社1997年版，第268页。
② 陈顾远：《法治与礼治之史的观察》，《复旦学报》1944年第1期。

　　法家之"法治"并非单纯"刑治"的深层原因，是先秦法家诸子并非现代法学意义上的法学家，而是政治家，尽管这两种身份都关注法律之运用，但作为政治家的法家对"法"的理解远比现代法学家更为丰富。譬如，《商君书·画策》说："国皆有法，而无使法必行之法。"此句"法"字出现三次，前两次出现之"法"既可理解为"法律"，亦可理解为广泛意义的社会规则；而最后一次出现之"法"，既可具有前面两个"法"的内涵，又可蕴涵"方法"之意。再如，韩非子曾引述申不害的话："法者，见功而与赏，因能而受官。"（《外储说左上》），此处之"法"实为奖赏与委任官吏之方法，其与申不害强调的"术"具有相同的内涵："术者，因任而授官，循名而责实，操杀生之柄，课群臣之能者也，此人主之所执也。"（《定法》）韩非子在《有度》篇的观点更可以看出"法"所具有的制度或规则内涵："故明主使法择人，不自举也；使法量功，不自度也。能者不可弊，败者不可饰，誉者不能进，非者弗能退，则君臣之间明辨而易治，故主雠法则可也。"在此，"法"作为一种制度标准，绝不具有"刑"的内涵。一般而言，"刑"是一种禁止性规范，强调行为之后果，并以惩罚为手段；但此处之"法"的功能在于"择人"、"量功"而非惩罚。章太炎将其称之为"制度"，他说："法者，制度之大名。……故法家者流，则犹通俗所谓政治家也，非胶于刑律而已。"① 冯友兰则将其视为"组织和领导的理论与方法"："把法家思想与法律和审判联系起来，是错误的。用现代的术语说，法家所讲的是组织和领导的理论和方法。"② 顾立雅（Herrlee G. Creel）在详细梳理先秦"法"的内涵之后认为，法家之"法"多数情况下具有"法律"（Law）与"行政技术"（Administrative technique）的双重内涵③。就此而论，法家所关心的"法"本质上是社会规则及其实现方法之总称，此亦胡适所谓"标准法"之缘由。

　　再看第二个问题。

　　学界有一种舆论不仅将法家的"法治"定性为"刑治"，并且"不含

　　① 章太炎：《检论·商鞅》，《中国现代学术经典·章太炎卷》，河北教育出版社1996年版，第383页。

　　② 冯友兰：《中国哲学简史》，北京大学出版社1985年版，第186页。

　　③ Herrlee G. Creel, *SHEN PU-HAI: A Chinese Political Philosopher of the Fourth Century B. C.*, the University of Chicago Press, 1974, p. 162.

有权利、正义的意蕴"。权利、正义均为西方政治概念,且为现代汉语之表达形式。若从字面上讲,先秦文献自然不会存在与西方政治语境中的"权利"、"正义"完全相同的概念。然而,没有字面意义上的概念,并非没有如此之观念。试问,倘若法家乃至整个中国古代之"刑",不含权利、正义的意蕴,那执法者岂不是真成草菅人命的杀人魔王了么?近人王伯琦依据狄骥有关社会规范理论,将法的规范分为准则法与技术法两种类型。准则法是目的,技术法是方法。以刑法为例,刑法属于技术法,但其背后却隐藏着准则法。"如不得杀人,不得盗窃,不得欺诈,不得背信,都是准则法,这是我们应遵守的行为规范,但这不是刑法的内容。刑事法所规定的是杀人盗窃欺诈背信等行为应处以何种的刑罚。"根据这个判断,王伯琦认为法家提倡的"法"既是准则法又是技术法,力主法家"法治"并非"刑治"。他说:"技术法仅是确保准则法被遵守的方法,既讲到技术法,必然的应以承认准则法之存在为前提,倘使否认了准则法,技术法就无从谈起。所以法家虽多就技术法方面发挥议论,但决不会不承认先有道德礼义之存在。"同时,他还针对将"法"与"刑"等同起来的观点只注意到技术法一面而忽视了准则法:"我们言法,决离不了准则法的概念,亦就是说,离不开道德礼义的概念。……倘说法与刑同义,那么言法的人将都是刽子手了。"① 令人遗憾的是,王伯琦有关法家"法治"并非"刑治"的观点,并未受到学界应有的重视。这至少提醒人们思考,即便从"刑治"角度去理解"法治",也应该考虑到法家之"法治"本身所具有的权利、正义价值。

探讨法家"法治"学说的权利意识,最最显著的非"街兔理论"莫属。《慎子·逸文》记载:"一兔走街,百人追之,贪人具存,人莫之非者,以兔为未定分也。积兔满市,过而不顾。非不欲兔也,分定之后,虽鄙不争。"相似说法亦可见于《商君书·定分》:"一兔走,百人逐之,非以兔也。夫卖者满市,而盗不敢取,由名分已定也。故名分未定,尧舜禹汤且皆如骛焉而逐之;名分已定,贪盗不取。"若用现代观念来审视,无主之兔(譬如野兔),在所有权问题上归属未定,如此,不管何人,均可尝试据为己有。然而,如果此兔并非野兔,其所有权归属并无分歧时,他人是不能随意侵占的。此处之"名分",具有强烈的个人所有权的意味,

---

① 王伯琦:《近代法律思潮与中国固有文化》,第10—14页。

他人不得无故侵犯。《商君书·定分》所谓"吏不敢以非法遇民,民又不敢犯法",实质也蕴涵百姓利用"法"来维护自身权益以免遭官吏之侵害的意味。此外,法家"君臣互市"的观念,亦隐隐透露出某些权利意识,所谓"主卖官爵,臣卖智力,故自恃无恃人"(《外储说右下》)。在此观念之下,君臣之间基于公平原则形成一种能力与爵禄的买卖交换关系。倘若大臣能力完全胜任君主委任之职责,那么他就理所应当地获得其应得的爵禄,这是他的"权利",并且他也不会因此对授予他爵禄的君主感恩戴德。此即"以功受赏,臣不德君"(《外储说左下》)。此种观念,即使放在当代中国,依然不乏警醒价值。

至于法家之"刑"有无正义价值,倘若去掉先入为主的阶级分析法以及现代民主制度的偏见,其实根本不成其为一个问题。缺乏正义价值的刑罚,且不问是否符合中国历史之复杂情形,单纯从逻辑上亦可推知绝不可行、不可信。《荀子·正论》曾谓:"杀人者死,伤人者刑,是百王之所同也,未有知其所由来者也。"这是最朴实最切近人情体验的公平正义价值,"百王之所同"道出了"杀人者死、伤人者刑"超越时空的价值。在一个是非观念与善恶价值正常有序的社会,杀人及伤人者,定会受到惩罚这点,无论古代也好,当代也罢,除了程度之差别外,实质完全相同。法家之"法"与"刑罚",亦能在此意义上获得其正当性。《慎子·逸文》阐述"法"之特性:"法者,所以齐天下之动,至公大定之制也。"韩非子以"法"为执行刑罚之标准与依据,并且衍生出罪刑法定的政治理念,"释仪的而妄发,虽中小不巧;释法制而妄怒,虽杀戮而奸人不恐。罪生甲,祸归乙,伏怨乃结。故至治之国,有赏罚,而无喜怒,故圣人极;有刑法而死,无螫毒,故奸人服"(《用人》)。毋庸置疑,这是一种公正观念。韩非子明确主张:"圣王之立法也,其赏足以劝善,其威足以胜暴。"追求"善之生如春,恶之死如秋"的理想社会(《守道》)。如果不去纠缠善恶价值的相对性,法家之"法治"在此表达的同样是一种扬善惩恶的正义价值。

综上可知,法家之"法"具有"刑"的内涵,但更重要的是一套社会规则体系及其实现方法,所以将法家"法治"定性为"刑治"的观点是偏颇的,不利于正确认识和评价法家。

余　论

　　学界不仅将法家之"法治"定性为"专制"、"人治"、"刑治",同时还从政体视角主张它与现代民主法治存在本质区别,所谓现代民主法治(rule of law)与法家"法治"(rule by law)区别。但是,正如前文所提到的,现代民主"法治"之下,欲使主权者居于法律之下,实则也是一种幻想而已。就此而论,古今"法治"观念具有相似的特质,也面临着同样的困境。"法治"概念本身,实则人类创造的处理人际关系及资源分配的一套规则体系。因为"法"本身的出现与存在,根本上说乃是基于"人"的需要,"法"是由"人"并且由"拥有最高权力的人或机构(少数人)"制定出来满足人类需求的。从这种意义上说,"法"是人类社会实现治理的工具,然而"法"本身蕴涵的矫正人类贪欲及偏心的公平正义特质,又使得"法"具有不听从"人"而欲"人"听从"法"的意味,无论法家之"道生法",还是西方古典自然法或近代天赋人权观念,均欲赋予"法"相对于"人"之至高无上性及绝对正当性。然而,由于"法"本身是人类制定出来的规则,所以它本身蕴涵的公平正义特质又必须依赖于"人"尤其是特定的"人"来执行,如此一来,真正意义上的"法的统治"(rule of law)无法实现,实质均为"以法为治"(rule by law)。

　　当然,如此主张,并非就说法家之"法治"与现代民主"法治"没有区别。这种区别主要体现于现代民主法治的一套相对完善的政治体制有利于"法治"相对于法家之君主政体更接近"法的统治"(rule of law)。有学者深刻指出:"西方文化的优势恰恰在于它的实践性和可操作性,西方的民主思想正因为有了一套可操作的程序,才将其变成一种社会的现实;西方的法律思想正因为有了一套运作规程,实现了三权分立、司法独立和相互制衡,才在一定程度上实现了法治和在一国范围内保证了个人的自由和人权。中国思想如果不解决实践性和可操作性的问题,如果找不到将其贯彻落实的途径和方法,我们永远就只能停留在空谈和议论方面。"①

---

　　① 张曙光:《天下理论和世界制度:就〈天下体系〉问学于赵汀阳先生》,载邓正来主编《中国书评》第五辑,上海人民出版社2006年版。

在美国民主政治中，民众被视为"睡着的狗"的生动比喻，亦说明尽管民众平时对于政治参与热情不高，然而一旦他们发现当政者滥用法律时一定会积极参与，从而在下一次选举中将他们选下台①。也就是说，西方民主"法治"尽管离真正的"法的统治"（rule of law）尚有距离，其法律之制定也难免沦为少数意志体现，然而其程序之透明以及给民众预留参与政治之途径，相对于法家之"法治"，无疑更为合理，也更有利于实现法家之"法治"理想。

毫无疑问，法家之"法治"对于业已高度规则化、有序化之西方社会而言，已经失去借鉴价值。但是，对于当代中国，依然值得提倡。诚如前文所言，法家之"法治"乃是一套社会规则体系及其实现方法。法家之"法治"涉及规则属性、规则制定、规则执行以及规则运行环境等诸多方面的探讨。所谓"规则体系"，体现在社会治理层面，就成为"制度"或"法规"，体现在日常生活领域，就成为林林总总的行为规范及交往礼仪。中国文化"重关系、轻规则"的特质，使得中国成为一个徒具规则体系而无规则落实的社会。费孝通认为在"差序格局"的社会中"一切普遍的标准并不发生作用，一定要问清了，对象是谁，和自己有什么关系之后，才能决定拿出什么标准来"②。当代中国，政治领域的腐败、商业领域的欺诈及食品安全问题、日常生活中的各种潜规则，其实都亟待规则体系之真正落实。熟悉本土文化特性之法家向来重视规则体系之落实环境及落实途径，对于解决当代中国规则缺失之困境，或有一定助益。

---

① ［美］迈克尔·罗斯金等：《政治科学》，林震译，华夏出版社 2001 年版，第 135 页。
② 费孝通：《乡土中国》，生活·读书·新知三联书店 1985 年版，第 34—35 页。

论法家道德—政治哲学的内在逻辑

宋洪兵

当代中国面临着社会道德滑坡及伦理失范的困境。一般认为,一个道德败坏、品质恶劣的人,很难遵守社会公共道德规范。因此,按照"为仁由己"及"为政在人"的儒家思维,社会道德滑坡的根源自然而然地归结于个体心性涵养及内在信仰的贫乏;而社会道德的重建之途,亦应以提升个体道德素质、重建道德信仰为起点。上述思路也常常被视为儒家当代价值的表现之一,备受世人推崇。同时,受西方伦理学影响,现代学界在纯粹知识层面对于道德如何可能的理论命题具有持续不断的研究热情。然而,正如余英时所指出的:"如果儒学仅仅发展出一套崭新而有说服力的道德推理,足以与西方最高明的道德哲学抗衡,然而这套推理并不能造就一个活生生的人格典范,那么这套东西究竟还算不算儒学总不能说不是一个问题。"[①] 历史与现实的经验表明,提升个体道德素质的培养模式所存在的"不可批量生产"的根本局限,使得人们对于儒家观念究竟能在社会道德层面有多大作为始终存在诸多疑窦,因为古今中国在观念及教育领域的道德说教不可谓不多,然而其效果却不能不令人失望。这使我们进一步深思,社会道德滑坡与重建固然与个人道德素养的提高存在关联,但是社会道德集体滑坡的背后是否还存在更为复杂的政治因素及道德心理呢?欲重建社会道德,又该何去何从呢?先秦法家的政治哲学及道德心理学,可以为我们反思这个问题提供一个很好的参照。

---

① 余英时:《现代儒学的困境》,《中国思想传统及其现代变迁》,广西师范大学出版社2004年版,第264页。

一 人性、规则与道德

法家认为，人性好利，无分善恶。韩非子指出，"舆人成舆，则欲人之富贵；匠人成棺，则欲人之夭死也。非舆人仁而匠人贼也，人不贵，则舆不售；人不死，则棺不卖。情非憎人也，利在人之死也"（《韩非子·备内》，下引该书，只注篇名）。人们追求利益的欲望固然出自内心之真诚，但是其追求利益的手段却未必正当，争夺与混乱势必难免，由此亟需制定规则来加以制约和引导。法家的这个规则就是法律。法律的特性在于，一方面为趋利避害的人性确立一个合理的界限以便于人们规避真害追求真利；另一方面，运用赏罚手段，以一种人为的利害关系来规范和引导人性自生自发的利害意愿。法家的规则欲将好利之人性导向何处？是否具有价值正当性呢？在法家看来，规则的价值正当性源自"道"与"法"的逻辑同构，所谓"欲成方圆而随其规矩……万物莫不有规矩"（《解老》）、"道法万全"（《饰邪》），尽管作为规则的"法"出自君主之手（《管子·法法》"生法者君也"），但是此君非现实之君，乃是法家理想中去除个人好恶的"体道"之君，故而法家之规则，意在体现道的品格与意图，其基本属性当为一种合理且正义的规则①。

法家的理论目标在于通过规则对人性的引导、制约，最终实现一个好的社会，一个有道德的社会。法家主张，法律的规范与引导功能如果能够切实贯彻，社会就将沿着一种良性的制度程序发展，最终达到互利共赢的和谐局面，即《守道》所谓："圣王之立法也，其赏足以劝善，其威足以胜暴，其备足以必完法。治世之臣，功多者位尊，力极者赏厚，情尽者名

---

① 现代语境中的"正义"概念源自西方文化，且规范性的"正义"是一个历史概念，具有鲜明的时代特征，不同时代具有不同的正义规范。参阅慈继伟《正义的两面》，生活·读书·新知三联书店 2001 年版，第 4 页。但是这并不意味着近代或西方的正义概念与中国古代政治理念之间不同通约，陈来认为："在西方思想史上，'正义'被所有政治思想家视为良好政治秩序的基石或基本属性，以'正义'涵盖所有的政治美德。而在中国古史时代，则以'德'（后来更以'仁'）来涵盖中国古文化所肯定的一切政治美德。"参阅氏著《古代宗教与伦理：儒家思想的根源》，生活·读书·新知三联书店 1996 年版，第 297 页。本文是在如下意义层面使用"正义"概念，一方面在于揭示法家政治哲学中体现的政治美德（诸如公正、清廉、无私）；另一方面侧重于强调法家政治哲学中各种政治措施及政治规划的根本目的符合当时社会基本的政治价值和政治伦理，即为天下苍生谋利益而非以任何个人包括君主的一己私利为中心。

立。善之生如春，恶之死如秋，故民劝极力而乐尽情，此之谓上下相得。"有了制度保障，君臣之间就能结成一种良性关系，故《用人》说："明主立可为之赏，设可避之罚。故贤者劝赏而不见子胥之祸，不肖者少罪而不见侊剖背，盲者处平而不遇深溪，愚者守静而不陷险危。如此，则上下之恩结矣。"《奸劫弑臣》在描绘法治理想国时也认为"君臣相亲，父子相保"。是故，法家"生善去恶"、"上下和谐"之规则，充分体现了法家的价值意图和道德取向。

法家敏锐地洞察到，一个道德社会之所以可能，合理且正义的规则固然不可或缺，但是欲明晰其内在理路，还需要进一步深究人们的道德意愿与道德行为之间存在复杂而密切的逻辑关联。法家认为，人的道德意愿具有两个向度。其一，无条件的操守自持意愿。此种道德意愿关注人的内在修养，具有鲜明的儒家特征。《论语·述而》谓："仁远乎哉，我欲仁，斯仁至矣。"《论语·颜渊》也说："为人由己，而由人乎哉?"《孟子·离娄下》"君子有终身之忧，无一朝之患"的"反求诸己"，《荀子·天论》之"君子不为小人之匈匈也辍行"，其实都在彰显自持意愿。在儒家看来，如果做到无条件的操守自持，最佳状态时可以利他，最低限度亦可以作一个道德高尚的人，由此而体现道德行为，即孟子所谓"达则兼善天下，穷则独善其身"，荀子也云："在本朝则美政，在下位则美俗。"（《荀子·儒效》）法家认为，儒家无待于外在社会条件与客观环境的自持利他道德意愿，尽管不能完全否定此类圣贤的存在，然而却因陈意甚高而与社会现实相脱节："财用足而力作者，神农也；上治懦而行修者，曾、史也。夫民之不及神农、曾、史亦明矣。"（《六反》）原因就在于："盖贵仁者寡，能义者难也。"（《五蠹》）其二，有条件的行为自限意愿。根据法家人性自利的理论前提，人们很难产生儒家意义上的圣贤，所以从经验现实的角度而言，人们之所以能够自觉地产生遵守某种道德规范的主观意愿，根本取决于外在规则所倡导的价值理念体现并满足了人们趋利避害的本性。在此，法家对于道德意愿之所以可能是否在于"恻隐之心"、"孝弟"之类的"儒家命题"并不十分感兴趣①，而是更多强调法律真切

---

①　法家在人的道德意愿如何可能的命题上并非没有思考，《解老》称："聪明睿智，天也；动静思虑，人也。人也者，乘于天明以视，寄于天聪以听，托于天智以思虑。"表明，人与生俱来的智慧，能够理性而明智权衡利弊，从而自内生发自我约束、自我限制的主观意愿。

关注人们趋利避害心理的必要性，所以《六反》篇说："凡人之取重赏罚，固已足之之后也。"只有人们物质生活水平达到一定程度的满足之后，才能在利害面前形成"差别意识"和"利害意识"，才能真正引导人们在利害攸关的事情上做出符合法律规定的正确抉择，此即《安危》所说的："治世，使人乐生于为是，爱身于为非，小人少而君子多。"《奸劫弑臣》篇突出强调法律规范的价值引导功能，要求君主在"设利害之道以示天下"时应该以"正直之道"为标准，为建构一种正常良好的社会道德奠定政治基础。所谓"正直之道"的内容，包括"贞信"、"忠信"、"方正"、"清廉"等美德。人们如果信仰法律的公正，也就等于接受了法律所规范、引导的道德价值，尽管这些价值相对于高远无待的仁义理念而言，在道德价值谱系中具有低位及底线的特征。

法家明确指出，不同类型的道德意愿与道德行为之间可以构成四种逻辑组合：（1）无条件的操守自持意愿产生的道德行为；（2）有条件的行为自限意愿产生的道德行为；（3）既无道德意愿又无道德行为；（4）主观无道德意愿客观却有道德行为。组合（1）、（3）的特征在于，无论有否规则存在，道德行为的最终呈现都是确定不移的。组合（1）属于纯粹的圣贤，法家称之为"太上之士"，组合（3）属于无丝毫道德意愿且不惧刑辟，专门损人利己、为非作歹的完全恶人，法家称之为"毁廉求财，犯刑趋利，忘身之死"的"太下之士"。法家强调，"治国用民之道也，不以此二者为量"，治国应该立足于社会绝大多数人的基本状况，因为这是政治领域千古不变之常道，所谓"治也者，治常者也；道也者，道常者也"（《忠孝》）。可见，法家并不崇拜法律规则万能，自始至终都以对整个社会现实保持着清醒的理性认识。组合（2）所具有的真实凡人的特性，才是法家关注的重点。但是，有效实现组合（2）的逻辑前提，却在于组合（4），即：假定人们个个都无道德意愿，如果能使无道德意愿的人最终产生道德行为，所谓"暴者守愿，邪者反正。大勇愿，巨盗贞"（《六反》），那么组合（2）的问题也便迎刃而解。法家深信，如果法律规则能够使最坏的人不做坏事，那么就等于守住了社会的道德底线，其余不好不坏的人以及好人自然更不会做坏事。故《商君书·画策》指出："故善治者，使跖可信，而况伯夷乎？"韩非子亦认为"度量信，则伯夷不失是，而盗跖不得非"，由此而推导出法家轻罪重罚的逻辑："古之善守者，以其所重禁其所轻，以其所难正其所易。"（《六反》）《内储说上》

则谓："重罪者，人之难犯也；而小过者，人之所易去也。使人去其所易，无离其所难，此治之道。夫小过不生，大罪不至，是人无罪而乱不生也。"法家轻罪重罚的基本逻辑是想让法治自动发挥其价值引导功能，使人们形成自觉遵守法律的习惯，从而形成一种自治自律的道德意愿和道德行为，是一种预防犯罪理论而非事前不管、事后惩罚的理论。

组合（2）、（4），凸显了规则的重要性。组合（2）的条件性实则指向合理、正义的法律规则的落实情况，组合（4）所强调的轻罪重罚逻辑，都与规则及其实施密切相关。在此，法家已充分认识到人性对于社会道德的形成事实上具有双刃剑的功能。趋利避害的人性具有恒定性，外在规则却有可能存在多样性。如前所述，趋利避害，本无道德善恶可言，能否产生道德行为的关键，就在于外在规则的价值引导及行为规范功能是否能够得以落实。因此，规范就成为法家道德—政治哲学的自变量。合理、正义的规则与非合理、非正义的规则都可以左右人们的好恶偏向和行为逻辑。合理、正义的规则可以利用趋利避害的人性去规范与引导人们的行为，打破合理、正义规则从而事实上另立非合理、非正义的"潜规则"同样具有如此功能。一般情况下，合理、正义的规则占据上风，社会就会形成人性、规则与好道德的良性互动。反之，人类趋利避害的本性在非合理、非正义的潜规则的挟持下亦完全可能形成"另类道德"。这样，事实上就为我们从人性、规则、道德意愿及道德行为的理论关联层面深入分析社会整体道德水平滑坡的内在机制提供了可能。

二　从"不敢清白"到"不愿清白"

法家关注道德底线，所以不希望看到法律规则出现"例外"，所谓"法不两适"（《问辩》）。然而，法家复又认识到，政治领域的两难困境，使得任何完全杜绝例外规则出现的理论努力终不可能。其一，源自"独木不成林"的悖论，即：任何统治机构的运转无法凭借一个或几个人就能实现，势必需要一个统治集团，由此就意味着统治权力的等级分配。只要政治权力不是完全集中于一人并由其单独行使，那么就无可避免地存在统治集团中的个人或群体利用手中权力打破既有合理规则从而形成例外规则的可能性。对此，韩非子深有体味，他既感慨君主"任贤则臣将乘于贤"（《二柄》），又深知"物之所谓难者，必借人成势而勿使侵害己"

（《难三》）。其二，源自法律规范自身的悖论，此即《商君书·画策》所说："国皆有法，而无使法必行之法。"最高政治权力未能受到有效限制和约束的时代，最高统治者出于个人及少数团体之私利企图，更使法律规则的落实呈现不稳定性，"法之不行，自上犯之"（《史记·商君列传》）及"上之所贵与其所以为治相反"（《诡使》）的政治现象更屡见不鲜。由此，规则的例外势所难免，而因规则的可变性与趋利避害的人性所构成的逻辑映射亦势必深刻影响人们的道德意愿及道德行为。

"独木不成林"的政治悖论，为当权重臣的产生提供了可能。法家洞察了当权重臣对于法律规则的破坏性："重人也者，无令而擅为，亏法以利私，耗国以便家，力能得其君。"（《孤愤》）一旦法律规则遭到破坏而未能及时予以制止，当权重臣以手中权势利用人们趋利避害的特性，设定以自己利益为中心的另类规则，一方面排斥打击异己，另一方面笼络人心组建小集团，进而达成自己的政治目的。韩非子在《外储说右上》有明确阐述："故人臣执柄而擅禁，明为己者必利，而不为己者必害，此亦猛狗也。"《八奸》篇再次予以深刻揭露："为人臣者，聚带剑之客、养必死之士以彰其威，明为己者必利，不为己者必死，以恐其群臣百姓而行其私，此之谓威强。"

合理、正义规则与当权重臣设立的例外规则的并存局面，势必使局内之人在两类规则之间何去何从的问题上面临利害抉择，从而对社会道德造成既深且巨的直接影响。首先，组合（1）不受例外规则影响。具有无条件操守自持意愿的人，无论外在社会环境及个人遭遇怎样，泰然自若，洁身自好。一方面，他们深刻洞察到当权重臣的行为乃是无可宥赦的大罪并随时面临制裁惩罚的危机，从而主动与"当涂重臣"拉开距离，所谓"臣有大罪者，其行欺主也，其罪当死亡也。智士者远见而畏于死亡，必不从重人矣"（《孤愤》）。另一方面，他们能够在道德层面洁身自好，不与当权者同流合污，"贤士者修廉而羞与奸臣欺其主，必不从重臣矣"（《孤愤》），韩非子还明确表示，"不肖用事而贤良伏"（《亡征》），"奸臣愈进而材臣退"（《饰邪》）。其次，组合（3）无道德意愿的小人巨盗，在例外规则面前往往会为了更便于谋求更大的私利而寻求制度依托及权力庇护，从而迅速选择与当权重臣同流合污，成为其党羽扈从，共同侵害公共利益。《孤愤》篇对这种同流合污型人格的性质有深刻阐述："是当涂者之徒属，非愚而不知患者，必污而不避奸者也。大臣挟愚污之人，上与之欺主，下与之收利侵渔，朋党比周，相与一口，惑主败法，以乱士民，使国家危削，主上劳苦，此大罪也。"《外储说右上》则将这些人视为防不胜防的"社鼠"，充分揭示了"猛狗"、"社鼠"相互勾结给社稷利益带来的巨大危害：齐桓公向管仲请教如何治国，管仲回答"社鼠"最难对付，他们和"猛狗"沆瀣一气，欺下瞒上，徇私枉法。道德卑劣的"社鼠"人格现象非常典型地呈现了例外规则对于社会道德的负面影响。随处可见的例外规则，势必使得规则的遵守和执行变得异常困难，如此，组合（4）"暴者守愿，邪者反正"的法家制度设想成为泡影，随即波及影响到组合（2）的道德形成机制，进而形成"不敢清白"的不良社会现象。

　　法家深刻指出，在权臣当道及另类规则盛行的政治生态环境中，使得原本具有道德意愿的人面临两难抉择。倘若选择公平、正义的合理规则，无形之中等于宣告了与当权重臣及流俗理念的对立，如此尽管可以清白做人，但是会因此付出沉重的利益代价。韩非子曾引述子产之父子国对子产恪尽职守、忠于郑君的一段耐人寻味的话："夫介异于人臣，而独忠于主。主贤明，能听汝；不明，将不汝听。听与不听，未可必知，而汝已离于群臣。离于群臣，则必危汝身矣。非徒危己也，又且危父也。"（《外储说左下》）显然，在另类规则主导下的"天下乌鸦一般黑"的时代，洁身自好、忠于职守就会因不合群而脱离日常人际关系，不仅面临排挤打压，而且还可能面临迫害。韩非子在《奸劫弑臣》篇还有十分精彩的分析。他认为，"国有擅主之臣，则群下不得尽其智力以陈其忠，百官之吏不得奉法以致其功矣"。原因就在于，另类规则的存在，使得老实本分的人不仅得不到好处（"身困而家贫"），反而遭受政治迫害（"父子罹其害"）。显然，这不符合人类趋利避害的本性，他们不会像贤智之士那样选择洁身自好。毕竟，养家糊口、功名利禄等功利考虑依然是他们从政的主要动机，但是他们赞同"官贤者量其能，赋禄者称其功"（《八奸》），"人臣之欲得官者，其修士且以精洁固身，其智士且以治辩进业"（《孤愤》）这样合理、正义规则，他们追求的是合理的利己主义。尽管他们没有洁身自好型人格的贤智之士那样洒脱、干净，但是他们却真实地代表了统治集团内部的绝大多数。在此意义上，他们属于典型的有条件的道德意愿者。当他们所期待的条件已不再可能时，他们便会出于个人利害关系的考量而选择屈从另类规则，选择不得罪当权重臣，选择不得罪世俗观念，进而呈现一幅"不敢清白"的道德图景：

> 左右知贞信之不可以得安利也，必曰："我以忠信事上积功劳而求安，是犹盲而欲知黑白之情，必不几矣。若以道化行正理不趋富贵事上而求安，是犹聋而欲审清浊之声也，愈不几矣。二者不可以得安，我安能无相比周、蔽主上、为奸私以适重人哉?"此必不顾人主之义矣。其百官之吏，亦知方正之不可以得安也，必曰："我以清廉事上而求安，若无规矩而欲为方圆也，必不几矣。若以守法不朋党治官而求安，是犹以足搔顶也，愈不几也。二者不可以得安，能无废法行私以适重人哉?"（《奸劫弑臣》）

其结果，势必造成社会道德水平急剧下滑，是非混淆、黑白颠倒。法家并不从道德立场谴责"不敢清白"的群臣百官，而是将批判的焦点集中于当权重臣及其设定的例外规则。在此，法家通过趋利避害的人性与例外规则的互动，深刻揭示了社会道德整体水平滑坡背后所蕴涵的政治因素及道德心理。如果例外规则得不到有效制止及废除，那么群臣百官内心深处残存的道德意愿势必会逐渐销蚀于无形，由"不敢清白"的被迫无奈色彩蜕变为心安理得的贪污腐败。

"不敢清白"与"不愿清白"之间的距离，仅一步之遥。当政治领域盛行一种因当权重臣设定的"逆者必有祸，而顺者必有福"的例外规则而迫使那些原本具有道德意愿的政治参与者"不敢清白"时，置身事外的"局外人"、"旁观者"就会慢慢由"不谙世事"变为"人情练达"，逐渐领悟到为了很好地实现、维护自己的利益有时哪怕是正当的利益，也必须按照例外规则的逻辑行事；相反地，如果一味坚持政治领域通常口头上流行的公平、正义原则，虽则不像直接政治参与者那样面临被打压、迫害的危险，但至少不利于自身利益的实现，同时还会有被人讥为"傻帽"之虞。《商君书·农战》对此有非常深刻的阐述：在明确宣扬"官爵不可巧而取"政治规则的时代，如果出现"可以巧言辩说取官爵"这样的例外规则，如此便为大臣进行权力寻租的卖权行为提供了契机，势必造成拉关系、走后门的请谒之风盛行，从而形成"不愿清白"政治人格：

> 下卖权，非忠臣也，而为之者，以末（陶鸿庆曰："末乃求字之

误。"）货也。然则下官之冀迁者皆曰："多货，则上官可得而欲也。"
曰："我不以货事上求迁者，则如以狸饵鼠尔，必不冀矣。若以情
（蒋礼鸿注：情，实也。）事上而求迁者，则如引诸绝绳而求乘枉木
也，愈不冀矣。二者不可以得迁，则我焉得无下动众取货以事上而求
迁乎？"

官员求迁本为正常、正当的利益需求，然在例外规则盛行的政治氛围之
中，如此正常、正当的利益需求却必须通过非正常的方式和手段来获得
（"以货事上"），否则无法达成这样的愿望。如此，谁还愿意主动遵守规
则致使自己正当的利益需求受到干扰呢？比较前引《奸劫弑臣》篇描述
的"求安"与此处的"求迁"，二者存在细微差别。前者着重于被动的避
害，后者则着重于主动的趋利；前者属于"不敢清白"，后者属于"不愿
清白"，共同表征着例外规则盛行的时代整个社会道德行为的匮乏。韩非
子更在《外储说左下》以西门豹的故事为例，深刻分析了违背例外规则
与顺从例外规则而产生的不同政治利益，由此使得整个社会的"坚持规
则"、"遵守规则"意识变得异常淡漠：西门豹为邺令，正直无私、明察
秋毫地行使手中职权，却因"甚简左右"而招致谗毁，使其在年度"上
计"中被魏文侯斥责，欲收其权力。此时，西门豹要求魏文侯再给他一
次机会，让他重新担任邺令之职。得到魏文侯应允之后，西门豹一改其正
直无私、明察秋毫的政治作风，"重敛百姓，急事左右"，第二年的"上
计"自然因"左右"利益的满足而使其获得魏文侯赏识。西门豹由此辞
官不作，原因就在于，坚持公认的政治原则难以获得认同（"为君治
邺"），相反，按照"例外规则"行事，处理好与左右的关系，即使实行
"重敛百姓"的苛政，却能得到正面赏识。由此，赏罚无度、进退失据之
风的形成，必然使奸邪得遂而良善受欺，对罪恶的宽容无形中势必造成对
正义的不公。西门豹第一年的遭遇，昭示了一种"不敢清白"的政治现
象；第二年的遭遇却反向说明"不愿清白"背后隐藏的利益驱动。在既
有规则体系之外一旦以"请谒"为务上升为一种社会风气，就会形成
《饰邪》篇所描绘的情形："释法禁而听请谒，群臣卖官于上，取赏于下，
是以利在私家而威在群臣。故民无尽力事主之心，而务为交于上。"由
此，政治领域的例外规则对整个社会道德的负面影响呈现逐渐蔓延和扩展
之势。

现代道德心理学及制度经济学可以为法家的道德—政治哲学提供理论佐证。休谟认为："你和我一样都有舍远而图近的倾向。因此，你也和我一样自然地犯非义的行为。你的榜样一方面推动我照样行事，一方面又给了我一个破坏公道的新的理由，因为你的榜样向我表明，如果我独自一个人把严厉的约束加于自己，而其他人们却在那里为所欲为，那么我就会由于正直而成为呆子了。"① 当代也有学者深刻指出，绝大多数人之所以遵守社会规则是有条件的，即：他人遵守正义规范是每一个人遵守正义规范的前提。"如果社会上一部分人的非正义行为没有受到有效的制止或制裁，其他本来具有正义愿望的人就会在不同程度上仿效这种行为，乃至造成非正义行为的泛滥。"② 无疑，如果合理、正义的规则持续遭到破坏，整个社会为此付出的道德代价是无比巨大的。现代制度经济学也认为，如果存在垄断性的行业、机构和组成，那么隶属于其中的成员就完全可以通过"权力寻租"的方式来为自己牟取额外的收益。如果这种权力寻租没有得到有效遏止的话，就会产生一系列连锁的寻租活动，最终形成"没人愿意从事艰苦的生产活动和创造活动"③。法家自然不知何谓现代道德心理学和制度经济学，然而他有关政治领域存在权力垄断的现象分析及其政治危害的深刻认识，的确与现代理论之间有一种异曲同工的妙处。

法家的深刻洞见还在于，"上之所贵与其所以为治相反"的政治悖论，有可能为道德底线之外的非道德行为披上"道德"外衣，从而将原本属于是非善恶的疆界的观念模糊为不同价值观念、不同学说的冲突与分歧。韩非子已然意识到，在以血缘及地缘为核心的"差序格局"之中，某些超越道德底线及最低社会规则的行为往往因其利他性而呈现迷惑性：为故人行私谓之"不弃"，以公财分施谓之"仁人"，枉法曲亲谓之"有行"（《八说》）。所谓"仁政"也被那些慷公家之慨以博取令名以逞夺权野心的乱臣利用，即《八奸》所谓："为人臣者，散公财以说民人，行小惠以取百姓。"韩非子的观念亦可以从当代的社会学研究寻得佐证。费孝通认为，差序格局会导致公私意识及是非观念的相对化："为自己可以牺牲家，为家可以牺牲族……这是一个事实上的公式。在这种公式里，你如

---

① 休谟：《人性论》，关文运译，商务印书馆1980年版，第575—576页。
② 慈继伟：《正义的两面》，生活·读书·新知三联书店2014年版，第1—2页。
③ 王跃生：《没有规矩不成方圆》，生活·读书·新知三联书店2000年版，第167页。

果说他私么？他是不能承认的。因为他牺牲族时，他可以为了家，家在他看来是公的。当他牺牲国家为他小团体谋利益，争权利时，他也是为了公，为了小团体的公。在差序格局里，公和私是相对而言的，站在任何一圈里，向内看也可以说是公。"① 韩非子认为，倘若是非善恶观念模糊不清，人们就会出于个人私利而在例外规则作用之下形成的非道德行为与合理、正义规范主导的道德价值之间选择前者，对于非道德行为，"布衣循私利而誉之"，对于正常的道德观念及道德行为，"百姓循私害而訾之"（《六反》）。此时，倘若人主对此不加详审，终将跟随世俗观念作出错误的判断。由此，"不愿清白"的非道德行为及观念一旦获得某种道德学说或政治势力的正面支持，谁还愿意去主动遵守原本正常现却"落伍"的价值观念呢？法家强调，多元化及相对性并不足以成为挑战、超越道德底线的理由与借口。

三　社会道德重建之途

　　法家分析社会道德水准整体滑坡的内在机制，根本意图在于重建社会道德。从前文分析可以看出，社会道德整体滑坡的根源实则在于合理且正义之规则与例外规则的并存格局，而造成这种格局的原因却又在于人类社会政治领域的两大悖论："独木不成林"的悖论与"国皆有法，而无使法必行之法"的悖论。因此，从逻辑上讲，欲实现社会道德重建，关键在于如何妥善处理两大政治悖论。问题在于，悖论之所以成为悖论，就在于其难以克服性。只要人类社会尚需要政治，那么上述两大悖论就会始终存在并不断制造规则与例外规则的并存格局，彻底制止、杜绝例外规则的存在事实上并无可能。法家显然已经意识到了这个问题，并尝试性地提出了克服上述悖论的政治理念，以期重建并提升社会的整体道德水准。其核心观点，在于打击当权重臣以防止例外规则内在机制的运转，在于重塑既有规则体系的权威性及公信力以培育并肯认"不敢清白"者及"不愿清白"的道德意愿、道德行为，在于君主道德自律及法术之士的政治参与以确保既有的合理正义规则避免遭受最高政治权力的负面干预。

　　防止并打击当权重臣，是法家重建社会道德的重要一环，也是君主治

<hr />

① 费孝通：《乡土中国　生育制度》，北京大学出版社1998年版，第30页。

国理政的核心内涵，所谓"明主治吏不治民"（《外储说右下》）。法家认为，欲妥善解决政治领域"独木不成林"的悖论，防止当权重臣的出现，必须"以法禁之"、"以术察之"、"以势治之"。韩非子要求人臣守法，不得枉法徇私。《定法》篇明确主张"臣无法，则乱于下"。因此之故，君主应该以法治国，应该"明法"，《南面》篇说："人主使人臣虽有智能不得背法而专制，虽有贤行不得逾功而先劳，虽有忠信不得释法而不禁，此之谓明法。"此即明确要求人臣在法治的范围内行事，从而做到进退有据，动作合度。

欲判定人臣是否守法，还必须充分运用"术治"。"术治"主要内涵包括"众端参观"、"必罚明威"、"信赏尽能"、"一听责下"、"疑诏诡使"、"挟知而问"、"倒言反事"七种方法（《内储说上七术》）。综核名实，形名参同，真正做到信赏必罚，如此就能很好地杜绝奸臣重臣擅权，所谓"庆赏信而刑罚必，故君举功于臣，而奸不用于上，虽有竖刁，其奈君何？"做到"一人不兼官，一官不兼事"（《难一》）。预防、发现、杜绝奸臣的最好办法，莫过于参验比较，一切赏罚以事实为根据，公平公正地治理国家："远听而近视以审内外之失，省同异之言以知朋党之分，偶参伍之验以责陈言之实，执后以应前，按法以治众，众端以参观，士无幸赏，无逾行，杀必当，罪不赦，则奸邪无所容其私。"（《备内》）

为了有效打击当权重臣，法家还主张必罚明威，以杜绝作奸犯科者的侥幸心理。在法家眼里，"必罚"的前提是"必知"。所谓"必知"，一方面在于让所有百姓必须对法律如何规定有明白清醒的认识，所谓"明主言法，则境内卑贱莫不闻知也，不独满于堂"（《难三》），《商君书·定分》认为天下官吏百姓皆知法懂法，就会产生"吏不敢以非法遇民，民不敢犯法以干法官也"的政治效果，全民知法，就能依靠法律规则有效监督官员的权力行使，"民以法官之言正告之吏"，以维护百姓的权益；另一方面在于让所有的违法行为都暴露在光天化日之下，无处藏身，使法治的威慑力完全体现于生活之中，只有这样，才能有效祛除人们违法犯罪的侥幸心理。韩非子说："不知，虽曾史可疑；必知，虽大盗不取悬金于市。"（《六反》）治国的道理也是这样，在规定轻罪重罚的同时，还必须创造一个能让法律施行的近乎透明的环境。

那么，法家是如何设计"必知"的制度以杜绝侥幸心理呢？其一，鼓励告奸，实行连坐制度。《制分》说："有奸心者不令得忘，窥者多也。

如此，则慎己而窥彼。发奸之密，告过者免罪受赏，失奸者必诛连刑。如此，则奸类发矣。奸不容细，私告任坐使然也。"所谓"微奸"，即指那些受社会风气的习染而在社会生活中在细小琐屑的事情上的不正当行为。韩非子认为，只有使这些败坏社会风气的不良习俗都杜绝了，方能有效遏止作奸犯科者的侥幸心理，从而达到所谓"以刑去刑"的效果（《饬令》）。其二，秘密监察。派密探出去打听情报，然后再以出人意料的方式告诉当事者，从而达到震慑的效果。《内储说上七术》有一个故事记载，卫嗣公派人装成一个旅行者过关卡，关卡官吏对这个人百般刁难，不让过关。这时候，这人趁势贿赂重金，官吏就不再盘问放其通关。过不久，卫嗣公就告知官吏：某时某刻，你收取了一个人的贿赂，并放他过关。官吏大骇，认为卫嗣公明察秋毫，再也不敢轻举妄动。其三，《内储说上七术》昭侯之握一爪、周主索曲杖而群臣惧、卜皮事庶子、西门豹详遗辖等"挟智而问"的故事，都充分说明，当很多事情无法进行暗箱操作、随时都会处于透明状态被他人知晓时，对于各种违法犯罪的行为自然有着重要的遏制作用。

"必知"必须随之"必罚"，"以势治之"。唯有说一不二，才能维护合理正义法律规则的权威性与公信力。《内储说上七术》记载：人们之所以无法抵制丽水之金矿的暴利诱惑，并非法律规则本身没有严格的规定，而是有了规则而无规则的落实，执法不严，就会给人们留下侥幸心理。只要有人对于一些违法乱纪的行为存有侥幸心理，那么就很难真正实现社会风气和道德环境的改善。基于这样的考虑，法家反对有法不依、执法不严的情况，不让人们心存任何侥幸心理。《内储说上七术》记载卫嗣君不惜以"左氏"这个都邑为筹码换回逃跑的胥靡，以维护法律的威严。这个故事亦突出强调了"必罚"对于维持法律威信进而塑造整个社会道德风气的重要性。此外，执法过程的公正性亦能影响整个社会的道德风气。法家主张"法不阿贵，绳不挠曲"（《有度》），"内举不避亲，外举不避仇"（《说疑》），"疏贱必赏，近爱必诛"（《主道》），强调"赏不加于无功，罚不加于无罪"（《难一》）。只有执法过程避免私人情感的介入，做到公平、公正，才能有效维护法律的尊严，从而使人们对法治的公平性、公正性产生深信不疑的信赖感。相反，倘若违法乱纪者不能得到及时有效的制裁，或者制裁力度不够，或者执法者本人存有私心，其结果不仅会引起民怨，还会损害法治的尊严，在"人性—规则—道德"的作用机制下打击人们对于法治公正性的信心，进而影响整个社会的道德水平。

法家十分重视诚信原则。《外储说左上》晋文公因诚信而"攻原得卫"的典故，吴起等待故人共进早餐的一诺千金，曾子杀猪教子诚信的故事，都在强调诚信原则对于治国的重要功能。《难一》篇虽然批评雍季混淆对内政策与对外政策的本质区别，但是对其"以诈遇民，偷取一时，后必无复"的政治见解还是表示赞同的，明确主张："信，所以不欺其民也。"显然，韩非子已经洞察到，依靠欺骗、蒙蔽百姓，采取口惠而实不至的做法，必将为人民群众所抛弃。唯有法律说到做到，才能让社会上广大"不敢清白"者、"不愿清白"者的道德意愿所具有的条件性得到满足，从而有利于整个社会道德水准的提高。

法家意识到，精致严密的制度设计根本无法杜绝当权重臣的产生。因为当权重臣之所以能够出现，更与"国皆有法，而无使法必行之法"的政治悖论密切相关。突出表现为君主个人好恶影响基本政治原则的落实。权力觊觎者正是充分利用了君主个人好恶，投其所好，进而成为君主心腹，成为当权重臣。《奸劫弑臣》谓："凡人之大体，取舍同则相是也，取舍异则相非也。"是故，"凡奸臣皆欲顺人主之心以取亲幸之势者也"。《孤愤》亦云："凡当涂者之于人主也，希不信爱也，又且习故。若夫即主心同乎好恶，固其所自进也。"在既有规则体系之外一旦形成以"请谒"为务的政治风气，就会为当权重臣攫取权势大开方便之门，从而形成《饰邪》篇所描绘的情形："释法禁而听请谒，群臣卖官于上，取赏于下，是以利在私家而威在群臣。故民无尽力事主之心，而务为交于上。"追根溯源，君主对此负有主要责任，"法之不行，自上犯之"的负面政治效应非常明显地呈现出来。

为克服"法之不行，自上犯之"的负面政治效应，法家从两个方面进行了理论努力。

其一，君道无为。法家理想中的君主不是儒家的圣贤，而是"中主"、"庸主"。然此"中主"政治并非简单意味着普通人手握至高权力，而是强调"中主"的行为自限与自律，要"去好去恶，虚心以为道舍"（《二柄》）。韩非子认为，君主的力量和智慧都十分有限，要想治理好国家，必须舍身体道，戒除"身治"、"心治"。《解老》篇强调君主不应该"强视"、"甚听"、"思虑过度"，要"爱其精神，啬其智识"。韩非子不断告诫君主要对自己能力和智慧的不足、有限保持清醒的认识，如《难三》说："下众而上寡，寡不胜众者，言君不足以遍知臣也，故因人以知臣。"《八经》也谓："力不敌众，智不尽物。"韩非子之所以详细阐述君主能力和智慧有限的观点，根本目的就是要告诫君主本身并非万能，只有舍身体道、无为而治，利用臣民的众智，才能真正治理好国家。显然，如果法家理想中的"中主"能够真正理性地认清自我智慧与能力之有限，进而真正做到去好去恶，权势觊觎者利用君主个人好恶偏向来获取权力的途径就会被有效阻断。

其二，君臣各有所职，君臣共治。《外储说左上》记载，子产相郑，郑简公告知子产，君主之职责在于祭祀礼乐，而宰相之责则在安定国家、治理百姓、谐和耕战，强调"子有职，寡人亦有职，各守其职"。同篇还批评魏昭侯欲超越君主之职干预日常行政之事，主张君主之职责在于牢牢地掌握权柄，而不应"欲为人臣所宜为"。君臣各有所职的制度设想，彰显了法家君臣共治的政治理念。《难二》篇所谓"凡五霸所以能成功名于天下者，必君臣俱有力焉"云者，正是这种政治理念的集中体现。《南面》篇也对此阐述得非常清楚："伊尹毋变殷，太公毋变周，则汤、武不王矣。管仲毋易齐，郭偃毋更晋，则桓、文不霸矣。"韩非子认为，"是否变"与"如何变"的问题，并不仅仅由君主一人说了算，必须要有诸如伊尹、太公、管仲、郭偃这样精明能干的大臣辅佐才能作出正确决断。《奸劫弑臣》篇更将伊尹、管仲、商君誉为深明法术赏罚的"足贵之臣"，突出彰显了"君臣共治"的政治理念：

> 伊尹得之汤以王，管仲得之齐以霸，商君得之秦以强。此三人者，皆明于霸王之术，察于治强之数，而不以牵于世俗之言；适当世明主之意，则有直任布衣之士，立为卿相之处；处位治国，则有尊主广地之实；此之谓足贵之臣。

因为他们能够洞察政治治理的深刻道理，所以才能不牵于世俗之言，在"变"与"不变"的问题上辅佐君主，从而使现实政治更趋于理性务实。可见，韩非子心目中，始终存在一种"君臣共治"的想法。然而，"君臣共治"理念遇到的一个重大现实难题，就是身处体制之外的法术之士如何才能进入既定政治体制进而发挥其辅佐君王的政治作用呢？法家显然察觉到这个困难，《难言》感慨"世之仁贤忠良有道术之士"遇到"悖乱暗惑之主"的悲剧命运，意识到"愚者难说"。加之法术之士在进取仕途的过程中时刻受到来自既定政治体制内"当涂重臣"的百般阻挠与迫害，所谓"无不胜之势"（《孤愤》），如此，法家君臣共治的政治理念势必凌空。当此之际，法家甘冒被人指责为无耻之徒的巨大道德风险，韩非子在《难言》篇通过阿谀讨好君主的非正常手段以获取信任，达到"明割利害而致其功，直指是非以饰（通'饬'）其身"的政治目的，最终克服"悖乱暗惑之主"在位时法术之士实现君臣共治理念的现实困难。

显然，法家重建社会道德的途径与《尹文子·大道上》的基本思路在逻辑上是完全吻合的，即："道不足以治，则用法；法不足以治，则用术；术不足以治，则用权；权不足以治，则用势。势用，则反权；权用，则反术；术用，则反法；法用，则反道；道用，则无为而自治。"这表明，社会道德的重建，端赖社会环境的不断改善，而政治环境的不断改善又与"法"、"术"、"势"等政治措施的正当呈现密不可分。需要指出，尽管法家对于克服两大政治悖论做出了艰难的理论探索，但是因政治悖论的恒定性决定了这种理论探索必然带有浓厚的理想色彩。并且，法家给出的有些理论答案具有鲜明的时代性与历史感，甚至某些制度设想隐含着深刻的道德风险，对于今人而言，都应进行理性的辨别，而非一概肯定。不过，倘就问题意识及理论方法而言，法家从另外的不同于儒家思路的视角为我们提供了一个分析社会道德整体滑坡的理论模型，发现政治领域的两大政治悖论并尝试对此进行理论回答，以期社会道德的重建与改善，这些都是值得我们深长思之的。

结　语

近代以来，中国虽然在政治制度、经济生活层面发生了天翻地覆的变化，同时思想观念也在一定程度上实现了由"传统"向"现代"的转型，以致有学者认为体现传统文化重要部分的儒家思想已经成为丧失制度支持的"游魂"①。然而，在此转型过程中，传统社会"重关系，轻规则"的游戏规则却悄然渗透到当代社会的社会心理及风俗习惯层面，至今仍然在左右着国人的思维方式、行为规则和价值取向。研究表明，造成这种

---

① 余英时：《现代儒学的困境》，《中国思想传统及其现代变迁》，第261—265页。

"传统"与"现代"能够顺利对接的根本原因在于"权威者"的介入："在一种业已构成的关系网络中，如果介入进来一个权威者，并同其中一个体发生了密切的联系后"，这个业已形成的制度化的或习惯化的网络秩序就会把"社会规范放在一边，而各显神通地攀附权威去了，而有人在攀附不上此人的情况下，则会通过人情面子的策略拉进更大的权威者来为自己撑腰"①。从政治社会学的角度看，这个权威者即是法家眼中的"猛狗"、"当涂重臣"，通过人情面子的策略拉进更大权威者为自己撑腰的过程其实就是"请谒以成重"（《八奸》）的过程。法家分析社会道德整体滑坡的理论模型，对于今日分析转型中国的社会道德滑坡原因、探索社会道德重建之途，不乏借鉴意义；同时对于一个论及社会道德往往下意识地"向内"批判个人"信仰危机"、"道德危机"的民族而言，也无疑具有深刻的警世价值。

从社会环境及客观制度的视角而非个人内在道德修养的层面思考社会道德的滑坡与重建，是先秦法家的思想洞见。然而，正如法家自认的，他们追求的是社会道德底线，对于具有无条件道德意愿及道德行为的贤圣，事实上采取了一种存而不论的态度。也就是说，法家在如何培养一个道德高尚的贤圣之人，缺乏理论探索，尽管并未绝对否定儒家的圣贤伦理。近人张尔田反思法家"除良莠固有余，能生嘉谷乎?"②此话有其合理性。在此意义上，我们可以看到儒、法思想共存的可能：儒家着意于培养高尚道德之人，法家关注于社会道德底线的维护及社会整体道德水平的提升。然而，前提必须是，放弃儒家覆盖一切领域的"道统"思维，将解决社会整体道德滑坡的重心放在维护道德底线而非培养道德圣人的思路之上。

① 翟学伟：《中国社会中的日常权威》，社会科学文献出版 2004 年版，第 304—305 页。
② 张尔田：《汪梅翁乙丙日记纠谬》，国家图书馆古籍馆藏，第 15 页。

韩非子治吏理念的前提预设及运作思路

宋洪兵

韩非子具有丰富的治吏思想，他曾明确强调"明主治吏不治民"（《外储说右下》，下引《韩非子》只注篇名）。整部《韩非子》十万余言，半数以上的篇幅均在探讨如何治吏的问题。然而，现代中国学界对此并未予以应有的关注与研究。原因在于，现代学者多从政体理论入手去分析治吏问题，认为"君主政体"（或者如坊间所公认的"君主专制"）乃是产生腐败之根源，而在此政体之下的任何反腐败措施，都会归于无效。毫无疑问，韩非子的治吏智慧是在君主政体时代形成的，这就使得绝大多数现代学者不相信韩非子的政治思想对于现代社会还有启迪，自然就不会从《韩非子》中去寻找治吏反腐的思想资源。显然，这种研究思路过分夸大了政体与官员权力滥用之间的关联，或者对于民主政体解决政治腐败问题存在不切实际的理论幻想。因为从社会经验事实很容易看出，官员腐败不仅是所有政体共同存在的一种政治现象，而且，在民主国家与非民主国家之间，腐败程度并未呈现出明显的界限，反倒有时呈现相反的态势。例如，单纯从民众参与政治实践的程度而论，新加坡显然不及菲律宾、印度，但是根据"透明国际"（Transparency International）2011 年发布的腐败印象指数（Corruption Perceptions Index），新加坡得分 9.2，位居全球第 5 位。菲律宾得分 2.6，位居全球第 129 位。印度得分 3.1，位居全球第 95 位。而向来被视为民主标杆的美国得分仅为 7.1，位居全球第 24 位①。这表明，腐败与政体之间并不存在必然的逻辑联系。既然如此，作为君主

---

① 参阅"透明国际"网站，http://cpi.transparency.org/cpi2011/results/。

政体时代的韩非子反腐智慧，在现代社会所具有超越时空的价值与意义得以凸显。

一　"竖刁假定"与理想状态之君臣关系

韩非子治吏理念的前提预设可以概括为"竖刁假定"。在《难一》篇，韩非子系统阐述了"竖刁假定"命题。该篇记载：管仲有病，齐桓公前往问政。管仲从人的内在动机角度分析竖刁、易牙、公子开方对于齐桓公并非发自内心地爱戴，而是别有用心地伺机夺权谋利，故而劝诫齐桓公"去竖刁，除易牙，远卫公子开方"。管仲的基本思路符合常人的判断，即：如果一个人连自己的身体、自己的亲生儿子、自己的母亲都不爱，那么他怎么可能会发自内心地爱戴并效忠于君主呢？

然而，韩非子对管仲的这种观点并不认同，他以"或曰"的形式提出商榷。韩非子从实际行为来分析竖刁、易牙、公子开方"尽死力"来效忠的行为，追问齐桓公本人是否希望自己的臣子都能竭尽所能为他、为社稷服务。韩非子主张齐桓公应该充分利用易牙、竖刁、公子开方之效忠行为，而不必过多去追问其动机如何。韩非子的"竖刁假定"命题强调从实际行为而非主观动机来用人任事，其内涵可以表述如下。

（1）人们追求利益之动机并不可怕。韩非子认为，人各自利，这是一个必须面对的事实。韩非子的君臣观，若着眼于君臣各自之动机，那就是自利，追求自身利益最大化；若着眼于利益之付诸实践，又势必与他人利益发生联系，从而形成一种利益博弈。这种利益博弈，韩非子将其称为"计"（《饰邪》）。主观动机之差异，直接导致君臣之间展开了一场权力与利益的博弈，此即《扬权》所谓"上下一日百战"。需要指出，这与先秦时期儒家思路截然不同。先秦儒家尤其孔孟对于人欲泛滥所蕴涵的潜在破坏性抱有深刻的戒心。今日治吏思路，依然徘徊在儒家观念的老路上，就此而论，韩非子以利益和权力博弈来思考政治现象的治吏思路，不乏警醒价值。

（2）人们追求利益的动机不可怕，关键在于如何去引导和约束外在行为。人们内心的求利欲望必然呈现为可以观察可以感知的现实行为，如此就可以通过外在的制度规则加以引导与约束。一方面，可以通过利益驱动机制，引导人们最大限度地发挥个人潜能及创造力，将个人利益与国家利益融为一体；另一方面，对于邪恶动机所具有的破坏倾向，可以通过外在的制度规范加以最大限度的规避。所谓"明主之道不然，设民所欲以求其功，故为爵禄以劝之；设民所恶以禁其奸，故为刑罚以威之。庆赏信而刑罚必，故君举功于臣，而奸不用于上，虽有竖刁，其奈君何?"(《难一》)

（3）政治领域的人际关系实质为权力与利益关系，处理权力与利益关系的原则，不在内在的情感与动机，而在最高统治者是否"有道"。换言之，决定人臣最终政治行为的关键因素，不在他们的动机如何，而在君主是否能够有切实之措施来加以应对，所谓"君有道，则臣尽力而奸不生；无道，则臣上塞主明而下成私"(《难一》)。在韩非子看来，作为一种基本的客观事实，君臣博弈不是问题，如何正确对待这个事实才是真正的问题。君臣异利，蕴涵着正面与负面两种可能性。关键在于执政者之治吏理念，在于是否意识到君臣之间实质为利益与权力的博弈关系，并且加以有效引导与防范。韩非子认为，如果君主认识到君臣异利这点，引入客观规则加以引导与防范，那么，君臣之间就可能由"异利"转变为"互利"；如果君主没有意识到君臣异利所蕴涵的权力与利益之博弈，盲目信任，忽视监管，其负面后果将不堪设想。在此，执政者之君臣观念及治吏政策，起着至关重要的作用。君主治吏政策如果能够有效应对君臣异利之事实，且加以制度约束，官员就清正廉洁；相反，官员必然滥权腐败。

（4）因内在动机不可捉摸，内在之动机与外在之行为相对分离。当内在动机不可捉摸时，只能以外在行为为治吏出发点，强调制度与规则之重要性。在韩非子看来，动机难测，使得甄别政治领域之中孰为竖刁孰非竖刁，成为一件十分困难之事。若从动机而论，人人都是潜在的"竖刁"，去此明显之竖刁，则彼隐藏之竖刁又至，政治领域到处都存在着竖刁式的人臣。因此，韩非子的"竖刁假定"具有重"外"（客观行为）轻"内"（主观动机）的显著特征。

需要强调的是，韩非子的"竖刁假定"，并不意味着他认定现实生活中所有人臣均是竖刁式的人物。他对"法术之士"的赞颂（《孤愤》）与伊尹等"足贵之臣"（《奸劫弑臣》）的褒扬，足以证明这一点。事实上，韩非子的观念与西哲休谟的"无赖假定"存在异曲同工之妙。休谟认为："在设计任何政府体制和确定该体制中的若干制约、监控机构时，必须把每个成员都设想为无赖之徒，并设想他的一切作为都是为了谋求私利，别无其它目标。"这并不意味着把所有人都视为无赖之徒,而是一种设计政治制度时必须预设的基本前提:"必须把每个人都设想为无赖之徒确实是条正确的政治格言。虽然,这同时看来有些令人奇怪:箴言在政治上是真理,在现实中则是谬误。"① 因此,韩非子之"竖刁假定",只是一种政治理论之最坏假设,并非生活之实际。之所以要考虑最坏情况,根本原因就在于,"如果一种理论能够解决最坏可能性中的问题,就必定能够解决任何可能性中的问题"②。韩非子认为,真正有效的政治策略,应该在假定人臣均怀有"竖刁"式的动机前提下,切实关注人臣之实际行为,依靠外在之制度规则加以规范与约束。而能否做到这一点,关键在于君主防范和惩治官吏的决心和意志。

在韩非子看来,君臣关系的理想状态即是充分展现君臣异利的正面可能性。具体表现为:君臣之间因彼此利益需求形成一种互利关系。这种各取所需的互利关系类似于一种雇佣关系。这种雇佣关系实质在于利益互补。雇主之所以愿意给予庸客很好的待遇,原因就在于庸客能为自己带来利益,跟私人情感毫无关系;庸客的利益得到满足,自然卖力苦干,争取把事情做得尽善尽美,之所以如此,原因在于雇主给予的丰厚待遇,而非出于内心之感激。韩非子实则将君主视为高级雇主,将人臣视为高级庸客,彼此之间,尽管各自的利益诉求不一致,但却可以通过买卖合作机制,实现双赢互利。君主需要他人的智慧与能力为国家效力,人臣渴望追求富贵利禄以养家糊口、出人头地;君主能够提供官职爵禄,人臣能够为国效力,二者正好形成互补,可以按照雇佣关系或买卖关系实现利益双赢,此即《外储说右下》所说:"主卖官爵,臣卖智力。"因此之故,韩非子指出官职爵禄之基本职能,就是为了满足那些有才能的人的名利需求。人臣名利需求得到满足之后,人主治国理政的利益需求自然也会得到满足。

既然君臣之间是一种基于利益交换之雇佣关系,那么,正如买卖双方用不着大谈特谈彼此私人感情一样,君臣之间并不需要任何私人情感夹杂其中。故韩非子反复申明一项基本君臣原则:"君通于不仁,臣通于不忠,则可以王矣"(《外储说右下》),"君不仁,臣不忠,则可以霸王矣"

---

① [英]休谟:《休谟政治论文选》,张若衡译,商务印书馆1993年版,第27页。
② 赵汀阳:《坏世界研究》,中国人民大学出版社2009年版,第7页。

（《六反》）。此处之"仁"与"忠"，都带有私人情感。韩非子认为，只谈买卖，不谈感情。为何不谈私人感情？一方面，韩非子认为，买卖双方各取所需，不必谈感情；另一方面，韩非子担心，一旦私人情感介入买卖关系，势必影响公平交易的原则。《外储说右下》记载了一个典型的故事：秦昭王有病，百姓为其祈祷，病愈，百姓杀牛还愿庆祝。按照常理，秦昭王本该高兴才对，至少不应该责罚为他祈祷的百姓。但是，出人意料的是，秦昭王不但不领情，反倒对这些人实施一定程度的惩罚。原因就在于，如果私人情感（"爱"）介入公共政治领域，势必导致以后处理政事时顾及情感而破坏规则之执行。

　　因此，君臣之间的利益交换能否得以顺利进行，取决于君主是否意识到君臣异利之事实，取决于主导君臣关系之间的规则是否公正与透明。所谓"设利害之道以示天下"，让臣下跟君主进行公平、公开之利益交换。在韩非子看来，人臣追求自身利益无可厚非，甚至与君主进行利益和权力之博弈，亦属正常，但是君主应该意识到这点，并采取公正透明的规则来进行积极引导，发挥人臣之才智，同时严格避免其负面倾向。人臣之表现，最终取决于规则是否公正、完善、透明。规则体现正直之道，人臣自然全力以赴，做好本职工作，在合理的规则范围内实现自己的利益诉求；一旦规则违背正直之道，人臣势必投机钻营，谋取规则之外的私利。

　　在"君臣异利—君臣互市—正直之道—君臣互利"的逻辑结构中，韩非子特别强调了人臣在君臣利益交换过程中的基本素质，即"忠臣"形象。在正直透明规则体系之中，人臣不必对人主有个人情感，比如报恩、爱戴之类，他必须忠于职守，因为这是他分内应尽之义务。所以，韩非子眼中的忠臣，因受制于公平之利益交换规则，永远是能够做事的忠于职守之人臣，绝非那种只知表决心而无实际行动能力之臣。既然承受俸禄，人臣必须忠于职守。这样就可以非常清楚地理解，韩非子为何一方面反对"忠臣"，认为君臣之间应该是"君不仁、臣不忠"；另一方面又大力提倡忠臣。所谓"忠臣"，均指有能力有作为且"忠于职守"之臣，而豫让、伯夷、叔齐等仅有忠心之情而无实际能力之人，只能被视为"无益之臣"（《奸劫弑臣》）。

　　食君之禄，忠君之事。显然，在韩非子看来，"忠臣"是立足于君臣之间依据公平原则进行利益交换之际人臣获得爵禄之后，需要诚信地履行自己的责任和义务，尽职尽责。这种清正廉洁，体现在以下几个方面。

其一，在人事举荐及职位安排方面，内举不避亲，外举不避仇，真正做到公正无私。其二，真正的清正廉洁之士，还能一心为公，主动让贤。韩非子反对尸位素餐，认为这是一种"诓能"之表现。所谓"诓能"，就是隐瞒自身之无能以获得官职爵禄，在君臣利益交换之中，这种行为恰似假冒伪劣产品骗取买主的钱财。在韩非子政治观念中，贞廉公正等品德，并不源自内在之心性修养，而是源自外在规则之规范与生活于其中的个人之利害权衡。其三，区分正当利益与不当利益，在利益面前深知"舍"、"得"之辩证关系，廉洁奉公。韩非子主张，懂得舍弃不当利益，才能真正拥有正当利益，而唯有正当利益，才是人臣最大的利益。

综上所述，在韩非子"竖刁假定"的思想语境中，君臣之间是一种基于利益与权力之博弈关系。理想之君臣状态应为正当规则主导之下的利益交换关系。君臣各自利，自利同时又利他，故而能够促成君臣合作，实现共赢。君臣能否实现共赢之关键，在于合作规则是否公正、公开、透明。如果指导君臣雇佣关系之规则没有瑕疵，那么，人臣就会像庸客为主人尽心尽责干活一样，恪尽职守，廉洁奉公，为人主尽心竭力，做好职责范围内的事情。

二　官吏腐败之表现及危害

君臣之利益博弈与权力较量，若缺乏正当规则之引导，势必酿成公权之滥用。公权力之滥用，实为政治领域腐败之最基本特征。韩非子认为，政治领域的腐败现象主要表现在以下几个方面。

其一，收受贿赂，徇私枉法。

韩非子发现，在政治领域普遍存在利用私人情感关系在人事安排及赏罚方面违背正当规则的腐败行为。韩非子将这种腐败现象描述为"货赂"（财物贿赂）、"请谒"（托关系）、"私门之请"（托关系）。《说疑》篇说："为人臣者，有侈用财货赂以取誉者"，将这种向上级行贿以博取好名声的做法视为"五奸"之一；《五蠹》篇也称："其患御者，积于私门，尽货赂而用重人之谒，退汗马之劳。"所谓患御者，即指那种只享受利益而不承担任何义务之极端自利之人，他们为了达到自身利益之最大化，通过贿赂及托关系的方式来逃避兵役及劳役等政治义务。

其二，卖官鬻爵，滥用职权。

　　作为一种腐败现象，卖官鬻爵在古今中外的政治领域都切实存在。韩非子身当战国末期，亲眼目睹当时政治生态中广泛存在的卖官鬻爵行为，对此可谓切齿痛恨。官职爵禄之功能，在于进贤材劝有功。然而，如果金钱与权力形成合谋关系，权钱交易介入政治领域，势必导致官职爵禄原有的奖赏激励功能根本丧失，其结果便是"劣币驱逐良币"，真正有才能的人被排斥，彻底边缘化。韩非子认为，这是一种"亡国之风"（《八奸》）。韩非子强调切断金钱与权力的内在利益链条，主张手握财富的工商阶层不得利用情感关系去买官。否则，"劣币驱逐良币"的逻辑必然导致很少有人愿意做真正有操守的"耿介之士"进而争相去经商盈利，"高价之民多矣"（《五蠹》）。韩非子主张君臣之间本质是一种基于利益之买卖关系，但这种关系是基于能力与爵禄之公平交换，而非通常意义上金钱与权力之间形成的卖官鬻爵。韩非子一再告诫君主，如果不依照制度与规则来进行国家治理，势必导致卖官鬻爵之风的盛行，从而产生严重之腐败现象（《饰邪》）。

　　其三，中饱私囊，贪污公家财物。

　　贪污公家财物亦是古今政治腐败的一种突出表现。韩非子对此也有相当深刻的阐述。他在《外储说左下》记载了这样一个故事："韩宣子曰：'吾马菽粟多矣，甚臞，何也？寡人患之。'周市对曰：'使驺尽粟以食，虽无肥，不可得也。名为多与之，其实少，虽无臞，亦不可得也。主不审其情实，坐而患之，马犹不肥也。'"通过韩宣子与周市的对话可知，马料不可谓不丰富，然而马却因为喂马之人中饱私囊，克扣马料，贪污公家财物，致使马瘦弱不堪。《外储说右下》亦记载了同样性质的典故：赵简主制定租税政策，主张采用轻重适当的基本原则，既不可与民争利，又不能国贫民富，国家与民众利益应该均衡。要做到这点，当然离不开官吏上通下达的职能，所以赵简主特别强调官吏应该无私公正。此时，薄疑说了一句话，"君之国中饱"。赵简主起初理解为："君之国中，饱"，以为薄疑是在称赞他治理国家时让所有人都获得了利益，非常高兴。然而，薄疑却冷不丁地告诉他，应理解为"君之国，中饱"。作为联系国家与民众的纽带，官吏发挥着重要功能，赵简主之官吏不仅中饱私囊、损公肥私，而且还搜刮百姓。真正获益的，只有贪官污吏，所以叫作"君之国，中饱"。

　　其四，利用裙带关系谋取私利。

利用裙带关系谋取私利是政治腐败的一个重要表现。政治领域的裙带关系，直接侵蚀了公平与公正的政治原则。所谓裙带关系，就是亲属及关系亲近者之间形成的利益同盟关系。具体呈现于政治领域，大多表现为任人唯亲、为亲谋利。作为手握权势一方，在人事任免及利益分配方面，倾向于为那些与自己关系亲近的人谋利，此为第一层级的裙带关系腐败；作为有权势之人的亲属或亲近之人，亦可因裙带关系而获得优势影响力，进而为自己及自己身边的人谋取私利，此为第二层级的裙带关系腐败。

韩非子在《八说》篇描述了当时盛行的第一层级的裙带关系腐败："为故人行私谓之不弃，以公财分施谓之仁人……枉法曲亲谓之有行。"《八奸》篇则深刻揭示了第一层级与第二层级裙带关系腐败的内在关联，这种腐败现象被韩非子命名为"父兄"现象：侧室公子、大臣廷吏作为君主的亲近之人，深获君主信任，言听计从，这些人之所以能够获得重用进而手握重权，本身就是君主任人唯亲的一个结果，这是第一层次意义上的裙带关系腐败；同时，这些与君主关系亲近的人又充分利用裙带关系形成的政治影响力，在次级政治生态领域任用与自己关系亲近的其他臣子，狼狈为奸，结成利益攻守同盟，最终侵犯君主利益。在韩非子看来，君主利益代表着公利或社稷之利，因此他劝解君主应对"父兄"保持警惕，这是第二层级的裙带关系腐败。归根结底，第二层级的裙带关系腐败，源自君主第一层级的裙带关系腐败。

在韩非子的思想体系中，上述四种腐败现象，均与当权重臣为首的小利益集团腐败联结在一起。韩非子反腐败思想的重心，即在入木三分地描述当权重臣构建小利益集团的过程、危害以及防治之策。当权重臣及朋党政治，成为韩非子关注的重要话题。韩非子认为，当权重臣之所以能够结党营私、以权谋私，根本原因就在于其手中拥有权势，而当权重臣的权势又源自君主之信任与授权。问题在于，君主为什么能够信任并授权给他？在韩非子看来，那是因为他善于揣摩君主心思，充分利用君主之人性弱点，投其所好，阿谀奉承。当权重臣一旦大权在握，势必排斥异己，拉帮结派（《奸劫弑臣》）。当权重臣获得君主信任之具体步骤如下：第一步，揣摩君主好恶然而投其所好、阿谀奉承，以此博取君主信任，拉近与君主的关系，构建一套基于君主宠信而对其他群臣百官产生的权威体系；第二步，充分利用自身已经获得的政治影响力，在人事任免及政治考核过程中，举荐自己的亲信，排斥异己，构建自己的小利益集团，从而谋取私利。《孤愤》篇则详细分析了诸侯及群臣百官在当权重臣独揽大权的政治生态中出于自身利益之考虑不得不向当权重臣效忠的政治现象，所谓"外内为之用"，诸侯、百官、郎中、学士构成"四助"，组建小利益集团，狼狈为奸。

韩非子认为，当权重臣及朋党政治的危害性极大，主要表现为：其一，破坏赏罚制度的公平性与公正性，这在官职爵禄等人事任免层面尤为突出。朋党政治，即是政治腐败的一个突出表现。官职爵禄的功能在于激励和奖赏真正有才能之人。然而，如果在实际的政治操作过程之中背离这条基本原则，选拔、任用官员时以虚假名誉及亲疏远近为标准，势必导致拉帮结派，结党营私，全然不顾规则之公义。韩非子一再强调朋党政治的社会危害，他们目无法纪，同流合污，在规则之外相互勾结，结成攻守联盟以权谋私而不易暴露。其二，当权重臣及其党羽为防止其腐败行径败露，又极力排斥和打击正直忠诚之士，从而形成一种是非混淆、黑白颠倒的政治氛围。在此政治氛围之中，一部分正直清廉之士往往会选择洁身自好，逃离此种畸形的政治生态，由此造成政治领域人才之匮乏。韩非子认为如此情况乃是国家灭亡之根源，所谓"忠臣危死而不以其罪，则良臣伏矣；奸邪之臣安利不以功，则奸臣进矣；此亡之本也"（《孤愤》）。其三，形成正当规则与例外规则并存之局面，导致政治领域出现"不敢清白"与"不愿清白"的心理现象，社会整体道德水平因此而急剧下降。选择退隐而维持自己做人操守的正直清廉之士毕竟占少数，绝大多数身处政治领域的普通人却在体现公平、正义的正当规则与当权重臣设定的例外规则之间面临艰难的抉择，最终结果便是为了维护自身之生命安全与基本利益主动放弃正当规则之遵守而臣服于例外规则，不敢清白，进而带动整个社会群体"不愿清白"①。马基雅维利也曾关注到人之个人修养与政治氛围之间的内在联系，他指出："人们是多么易于腐化变质，使自身表现出相反的性情，不管他们多么善良，或有多好的教养。看看那些被阿皮乌斯网罗到身边的年轻人吧，他们为了他送来的小恩小惠，多么容易成为专制统治的帮凶。"②

---

① 宋洪兵：《如何确保社会的道德底线：论法家道德—政治哲学的内在逻辑》，《哲学研究》2009 年第 12 期。

② ［意］马基雅维利：《论李维》，冯克利译，上海人民出版社 2005 年版，第 156 页。

韩非子告诫，政治腐败之最终恶果，在于酿成亡国之惨祸。在韩非子的思想体系之中，亡国具有双重含义：其一，君主对于政权失去实际控制力，处于被蒙蔽架空的状态；其二，君主被劫杀，政权易姓。双重含义之亡国，均与当权重臣之政治腐败密切相关。就第一层含义而言，韩非子有很清晰的阐述，他说："亡征者，非曰必亡，言其可亡也。"（《亡征》）即是说，所谓"亡国"，就是指存在亡国征兆，即使君主象征性的存在，但由于君主失去了实际的权力控制，那也叫"亡国"。毋庸置疑，韩非子有关政治腐败会导致亡国的见解是深刻的，政治腐败与政治权力斗争之间存在着密切关联，这也是中国古代政治的一个突出特点。不过，现代政治腐败与政治斗争之间，这种内在关联已经不再明显。也就是说，现代政治生活中，政治腐败，逐渐侵蚀着政治统治的正当性，即使执政者因为政治腐败而垮台，其直接原因往往并非源自腐败分子或贪官污吏之政变，而是指丧失民心及正当性而言。韩非子对当权重臣因腐败而篡国之探讨，类似马基雅维利之"阴谋论"①。

有鉴于政治领域之腐败情状及其巨大危害，韩非子对于当权重臣，可谓深恶痛疾。他不仅将其比作"猛狗"，而且还主张将其绳之以法，判处死刑："故当世之重臣，主变势而得固宠者，十无二三。是其故何也？人臣之罪大也。臣有大罪者，其行欺主也，其罪当死亡也。"（《孤愤》）在此，韩非子以下定义的方式展现了当权重臣之必然下场，其深刻的预见性与洞察性，屡屡为古今历史所验证。

三　韩非子治吏之运作思路

韩非子认为，社会道德整体水平下降之根本原因在于政治腐败。提升社会道德整体水平，树立正确的是非善恶观念，其突破口就在于惩治腐败。而惩治腐败之关键，又在于君主惩治当权重臣及其党羽之决心与举措。当权重臣之所以出现，其根源实在于君主，所谓"人主者，利害之辘毂也"（《外储说右上》）。故有效惩治腐败之先决条件，在于君主首先

---

① 马基雅维利认为："搞阴谋的都是大人物或君主的熟人。……这些人的君主给他们高官厚禄，他们的势力臻于完美，除了国家之外，他们似乎什么都不缺。然而他们连国家也要搞到手，所以才想谋害君主。"参阅氏著《论李维》，冯克利译，第325页。

从自身寻找问题，应该转变治吏理念，应该承担其治理腐败之政治职责，直面问题本质，放弃不切实际之幻想。就此而言，韩非子将其反腐败措施之实体主体归结于作为最高统治者之君主，其思路属于典型之"顶层设计"。

在治国基本理念层面，作为最高统治者之君主应该树立务实理性之治吏理念，应该意识到君臣关系之间本不存在骨肉亲情关系，二者本质上是一场利益与权力之间的交换、博弈。在此逻辑之下，韩非子希望君主以明确、公正之规则来主导君臣之间的权力与利益博弈。如果存在一种大家公认之公平规则，那么君臣之间的博弈就会公平、公正地进行，其结果自然会形成一种良好有序的政治氛围，所谓"上下和调"（《扬权》）、"上下相得"（《守道》）、"上下之恩结矣"（《用人》）；相反，如果缺乏公正、公平之规则，那么，君臣之间就会演变为一种无序的博弈，其结果便是导致政治领域随处可见的权力滥用，腐败便会滋生泛滥。

由此，最高统治者应该放弃有关君臣之间关系定性方面不切实际的幻想，尤其不应指望以情感作为治国之基础，而应代之以冷静客观之规则。韩非子之所以强调私人情感应绝对排除在政治领域之外，其根本原因就在于，他认为私人情感会妨碍公平、公正之政治原则之贯彻落实。韩非子认为，个人与个人之间发自内心的真实情感，值得珍视，不需要外在形式的修饰，父子、母子之间的亲情即属此类（《解老》、《八说》）。私人情感之突出特质就在于"差序心理结构"，关系之亲疏远近是其基本法则。然而，一旦个人情感超越私人领域，往往不利于公共领域之是非判断，关系之亲疏远近不应成为基本之政治原则，《说难》所揭示的"智子疑邻"以及卫灵公依据个人情感好恶评价弥子瑕等经典案例，即是在说明私人情感对于公共是非判断之妨碍。同时，私人情感不可靠，尤其涉及利益与权力时，更是如此。韩非子之所以屡屡提及亲情在利益面前之毁灭情状，诸如"产男则相贺，产女则杀之"之利益计较（《六反》）等，根本目的就在于强调私人情感在公共领域之脆弱性。此外，私人情感不可测，难以量化，并且无法大范围扩大。儒家"老吾老以及人之老，幼吾幼以及人之幼"（《孟子·梁惠王上》）的家国同构思路，实则被韩非子一刀斩为两截，他主张此种"行揖让，高慈惠，而道仁厚"之"推政"不可为（《八说》）。明乎此，君主就应该以普遍客观之规则而非个别之主观情感作为治国原则，所谓"为治者用众而舍寡，不务德而务法"（《显学》）、

"上法而不上贤"（《忠孝》）。与其将治国之原则奠基于他人"不公正"、"不可靠"、"不可测"之主观情感，莫若回到以权势为基础之客观规则，追求不可欺与不能欺之理性政治，依据客观规则治国的政治理念由此得以凸显。这也是韩非子一再强调君主自恃而不恃人之根本原因所在。正因如此，韩非子不厌其烦地反复强调强制性之"势"（权力）与客观性之"法"（规则）对于治国之极端重要性。

韩非子反腐策略之"顶层设计"，关键在于最高统治者落实反腐规则之决心。韩非子极其重视规则的权威性，而权威性之树立，端赖执政者之公平公正。《外储说右上》借晋文公与狐偃的对话表达法家为何"严而少恩"的深层缘由，晋文公问："刑罚之极安至？"狐偃对曰："不辟亲贵，法行所爱。"施行刑罚的最高境界，就是在自己最亲近的人违法犯规时铁面无私、依法办事，其目的就在于"明法之信"。试想，如果一个人就连自己最亲近的人犯法都不徇私枉法，那么谁还能怀疑他维持公正的决心和信念呢？《内储说上》记载卫嗣君以"左氏"一座城池来交换"胥靡"之故事，进一步彰显了执政者反腐决心及落实规则之意志之至关重要性。

最高统治者只有具备上述治吏理念，方能在纷繁芜杂之政治实践中有效遏制腐败行为之泛滥。韩非子认为，真正英明之君主，应该重点防范和杜绝当权重臣之出现。

那么，如何防止"重臣"之出现？

在韩非子看来，真正理想之政治氛围，只有"贵臣"而无"重臣"。"贵臣"与"重臣"的区别在于，前者"爵尊而官大"，后者"言听而力多"。从获得权势与官职之途径来看，前者在于其能力足以获得该职位，所谓"迁官袭级，官爵受功，故有贵臣"，后者在于依恃君主言听计从之宠信获得权势并构建自己之小利益集团（《八说》）。

什么样的人可以成为韩非子心目中的"贵臣"呢？他在《奸劫弑臣》篇高度称赞了伊尹、管仲及商鞅三人，认为他们是"足贵之臣"。《说疑》篇则历数中国历史上之堪称"贵臣"之人凡十五人，认为他们皆为"霸王之佐"。可见，在韩非子看来，"贵臣"至少应该具备如下特征：其一，具有超强之现实判断能力及高瞻远瞩之战略眼光，深明霸王之术；其二，身居要职且施政能力超强，真正有益于国、有利于君，辅佐君主成就一番霸业；其三，兢兢业业，遵守法纪，公忠体国，恪尽职守。这与前述之"当权重臣"之表现，可谓天壤之别，判若云泥。"贵臣"与"重臣"的根本差异，在于"公"与"私"。该篇所谓"虽当昏乱之主尚可致功"，亦再次证明即使在君主昏聩之时代，依然存在着一个洁身自好且心怀天下能力卓越之群体。

问题在于，"爵尊而官大"之"贵臣"同样也手握重权，在韩非子"竖刁假定"之思想体系之中，"贵臣"同样也存在滥用公权之可能。或者，如何才能做到只有"贵臣"而无"重臣"？如何防止"贵臣"向"重臣"转化？这已然涉及韩非子如何预防"重臣"出现之方法与措施。

韩非子认为，有三种措施可以防范当权重臣之产生，即：质、镇、固（《八经》）。所谓"质"，就是严格控制"位至而任大"之人臣之近亲，将其作为一种潜在之人质，形成一种无形之威慑，从而使得大臣欲滥用权力时不得不有所忌惮，进而不敢作奸犯科，仅此举即可使贤者不致权力滥用。所谓"镇"，就是厚赏，利用人们趋利避害之特性，满足欲利之心，化解内心之贪婪。韩非子认为，满足人臣追求爵禄富贵之心理，不仅权力滥用之可能性大大降低，还能激励人臣之公心公行："富贵者，人臣之大利也。人臣挟大利以从事，故其行危至死，其力尽而不望。"（《六反》）需要指出，利益驱动，始终是韩非子思想一以贯之的政治原则，如《八经》之"赏莫如厚，使民利之"，《五蠹》之"赏莫如厚而信，使民利之"，即是显例。所谓"固"，就是指汇集多方信息了解真实情况，然后根据既有赏罚规则进行问责与惩罚。参伍，即韩非子提倡之"循名责实"之术，是人主听言之际判断人臣忠诚度以及考核人臣功过之重要方法。一旦通过考核发现人臣言行不一或存在欺骗现象，惩罚就会剑及履及，不稍犹疑："言不度行，而有伪必诛，故无重臣也。"（《八说》）韩非子认为，质、镇、固分别因应于三者类型之"贵臣"。贵臣之贤者，止于潜在钳制且带软性色彩之质，即可一心为公；贵臣之贪利者，止于厚赏重利，可免权力滥用；贵臣之奸邪者，止于严密之制度防范及峻急之惩罚，不能贪，亦不敢贪。这种思路，与《诡使》篇提倡之"圣人之所以为治道者三：一曰利，二曰威，三曰名"是一脉相承的。

当然，预防"重臣"之形成必然依赖完整之制度体系。利益满足、严惩威慑、制度约束与营造"敢说实话"、"能说实话"之政治氛围，相辅相成，方能具备防贪之功效。而这种政治氛围之形成，关键又在于君主。马基雅维利也曾指出："一切良好的忠言，不论来自任何人，必须产生于君主的贤明，而不是君主的贤明产生于良好的忠言。"① 就此而论，韩非子与马基雅维利可谓知己。

问题在于，再严密之制度措施，均无法绝对预防"重臣"之出现。同时，在一个由乱趋治之转型时代，必然是一个发现并惩治贪腐行为之时代。此举之核心内涵，又在于发现并惩治当权重臣及其小利益集团损公肥私之行为。

那么，又该如何有效发现并惩治"重臣"？

人臣不愿得罪当权之大臣而选择随声附和，则是韩非子最为关注之现象。韩非子在《内储说上》通过鲁哀公与孔子之一段对话，深刻地揭示了这种政治心理：鲁哀公问于孔子曰："鄙谚曰：莫众而迷。今寡人举事，与群臣虑之，而国愈乱，其故何也？"孔子对曰："明主之问臣，一人知之，一人不知也。如是者，明主在上，群臣直议于下。今群臣无不一辞同轨乎季孙者，举鲁国尽化为一，君虽问境内之人，犹不免于乱也。"在此，韩非子不仅揭示了人云亦云、众口一词之心理现象，而且还进一步指出群臣附和之对象，往往是位高权大之"重臣"。《三守》篇谓"明劫"之表征就是出现众口一词之现象："诸用事之人，壹心同辞以语其美。"《说疑》篇则指出"乱主"在位时被奸臣及其党羽众口一词欺骗蒙蔽之情形："内外之于左右，其讽一而语同。"由此，治理随声附和、人云亦云，实则存有瓦解大权重臣构建之小利益集团之深刻用意。《扬权》之所以强调"大臣之门，唯恐多人"，其根本目的亦在于防止群臣之间沆瀣一气、狼狈为奸。群臣是否众口一词、人云亦云，几乎成为判定是否存在朋党政治之基本标准，也成为韩非子判定是否存在以当权重臣为首之小利益集团之重要表征。之所以得出如此结论，原因在于韩非子之如下认识："凡谋者，疑也。疑也者，诚疑，以为可者半，以为不可者半。今一国尽以为可，是王亡半也。劫主者固亡其半者也。"（《内储说上》）也就是说，正常情况下，如果人臣都能秉持公心而为国谋划，势必存在不同之意见，至少存在一半认可一半否定之情况；一旦出现众口一词之情形，那么就存在当权重臣主导舆论之情形。

韩非子认为，君臣博弈过程中君主欲有效发现并惩治"重臣"，关键在于在信息获得方面具有不对称优势。也就是说，君臣之博弈规则，在于

---

① ［意］马基雅维利：《君主论》，潘汉典译，商务印书馆1985年版，第114页。

君主神秘莫测、无所不知，人臣必须言无不尽、诚实透明，在信息量之占有及信息获取渠道方面，君臣之间完全处于不对称状态。惟其如此，君主才能洞察"重臣"之奸情，贪腐行为才有可能被及时发现并制止。

那么，君主如何才能真正取得信息优势？韩非子之解决方法为"聪明之势"。所谓"聪明之势"，即谓君主应该清醒地认识到，个人能力之有限，自觉克制炫耀个人才能之冲动，去好去恶。在韩非子看来，君主个人才能及德性并非无所不能，绝大多数君主其实均属"中人"（《难势》）。既然如此，君主又何以能够依靠"聪明之势"树立无所不能之"神明"形象？此时，韩非子主张君主必须充分利用手中权势，使整个国家之臣民都成为信息提供者。治国之信息获取必须举一国之力，最大限度地鼓励人们参与政治，从而尽可能全面地掌握各种信息，然后汇集各种信息反复比较（即《内储说上》所言之"众端参观"、《八经》之"言会众端"），最终确定正确之赏罚，树立君主无所不能之形象（所谓"神"或"神明"），从而发现并惩处各种贪腐行为，避免被谣言迷惑，不被欺骗；同时对于其他具有贪腐动机之人，亦能起到极大之威慑效果。马基雅维利也认为："无论对于自由的城邦害死其他任何生活方式，谣言是多么可恶，凡是能达到压制它们之目的的制度，皆不可忽略。消除这种谣言的上策，就是广开指控的言路。"具体来说，就是建立一种允许并鼓励任何人都能轻易地检举谣言之制度，根据检举内容之真伪，确定对检举者赏罚[①]。这与韩非子"聪明之势"之制度设想，殊途同归。

"聪明之势"之实现，必须辅之以"必知"之制度设计。所谓"必知"，一方面在于让所有臣民必须对制度如何规定有明白清醒的认识，所谓"明主言法，则境内卑贱莫不闻知也，不独满于堂"（《难三》）；另一方面在于让所有的违法行为都暴露在光天化日之下，无处藏身，使制度的威慑力完全体现于生活之中，只有这样，才能有效祛除人们违法犯罪的侥幸心理。韩非子说："不知，虽曾史可疑；必知，虽大盗不取悬金于市。"（《六反》）治国的道理也是这样，在规定轻罪重罚的同时，还必须创造一个能让制度施行的近乎透明的环境。

韩非子认为，君主以君臣利益博弈之思路来治国，去好去恶，任势、用法、操术，既防范重臣之出现，又能及时有效并惩处"重臣"，最终就

---

① ［意］马基雅维利：《论李维》，冯克利译，第69—70页。

能实现有"贵臣"而无"重臣"之政治局面。故他在《主道》篇说："大不可量，深不可测，同合刑名，审验法式，擅为者诛，国乃无贼。"所谓"国乃无贼"，即是说国家不复有当权重臣及小利益集团之存在，腐败现象也将由此得到有效治理。

　　在韩非子思想体系之中，当权重臣及其党羽形成之小利益集团之危害在于以例外规则谋取私利，破坏既有正当规则之公平性，从而导致人们不敢清白与不愿清白。有效预防并惩处当权重臣及其党羽之贪腐，政治氛围为之清明，官员敢于清白、乐于清白，以清白廉洁而获取应得之俸禄；政治公信力由此确立，社会整体风气就能随之好转。有学者在分析当代中国如何反腐败时亦指出："现在的问题是，并不是所有的人都想腐败，但是在这个制度体系下不腐败没法生活，不腐败没法工作下去，所以就要设计一个制度给清廉一个机会。"① 这个思路，正是两千多年前韩非子反腐败智慧之当代呈现，尽管该学者并未提到韩非子。

结　语

　　韩非子的治吏观念可以表述为如下命题。其一，基于"竖刁假设"，政治实践过程是上级与下级之间基于利益与权力而形成之博弈过程，本质上是一种类似买卖之利益交换关系，彼此之间各取所需，各尽其力。其二，政治力量之间的利益博弈效果，取决于博弈规则之性质。若主导博弈过程之规则正当且合乎社会公平价值，则呈现为良性博弈；若主导博弈过程之规则为个别利益集团所把控且以损害社会公利为目的，则呈现为恶性博弈。恶性博弈，往往表现为公权力滥用之政治腐败。其三，恶性博弈之危害，体现为"不敢清白"与"不愿清白"之社会心理，最终导致社会整体道德水准之下降。其四，克服恶性博弈之策略最终取决于最高执政者之政治见识与决心。若最高执政者意识到政治博弈之关键在于博弈规则而非内在动机，且具有贯彻此正当博弈规则之决心，则政治实践会呈现良性博弈；反之，则政治实践会呈现恶性博弈。其五，克服恶性博弈之具体措施，在于打击恶性博弈规则蔓延及其隐性制定者（即"当权重臣"）。在此过程中，必须确立信息不对称优势，防范并威慑恶性博弈规则之隐性制

---

① 郑永年：《中共长期执政的挑战与智慧》，《人民论坛》2013 年 5 月（上）。

定者。

　　上述治吏原理，至今依然具有理论诠释力，对于当今中国正在进行的反腐败策略亦有重要借鉴价值。需要指出，韩非子反腐败智慧产生于战国末期，难免具有时代局限性，附着了一些在今日看来应该摒弃的观念和措施，甚至与韩非子主张之政治原理完全背离。厘清并摒弃这些特定历史语境中之观念和措施，对于正面阐释韩非子思想之正面价值，无疑具有重要理论意义和现实价值。

从老子之道的当代诠释看
"新子学"之"新"

林光华

一 可说之道与不可说之道

《老子》中关于道的最重要的文本是第一章、第二十五章与第四十二章，此三章也最难解，其中第一章尤为重要，因为它奠定了《老子》的问题意识，提出了"不可道"之道。什么是可道之道？什么是不可道之道？如何理解不可道之道？这是整个《老子》的核心问题。为便于分析，这里把《老子》第一章分为五句：

    1. 道可道，非常道；
    2. 名可名，非常名。
    3. 无名天地之始，有名万物之母。
    4. 故常无欲，以观其妙；常有欲，以观其徼。
    5. 此两者同出而异名，同谓之玄，玄之又玄，众妙之门。[①]

"道可道，非常道"，即道可以说，但可说的道不是"常道"，毫无疑问，老子重视的是那个不可说的"常道"。"常道"，帛书本作"恒道"，汉代

---

① 王弼注，楼宇烈校释：《老子道德经注校释》，中华书局 2008 年版，第 1 页。以下《老子》引文及王弼注皆出自此书，只在首次出现时注明章数，不另出注。黑体为笔者所加，表示强调。

"避孝文帝刘恒讳,改'恒'字为'常'"①。帛书"恒"处对应的简本作"亘"。李零认为"亘"就是"恒"字②。《甲骨文字诂林》曰,"象回环之形"③,从其字形来看,"亘"与水之回旋的姿态有关。《说文》曰:"亘,求回也……古文回,象回之形,上下所求物也。"段注曰:"回者,转也。……《易》'屯'卦'磐桓'。'磐'亦作'盘',亦作'槃',义当作'般'。'桓'义当作'亘'。般者,辟也。亘者,回也。……凡舟之旋,曰'般'。"④ 可见,"亘"与舟、水有关,是对舟在水中上下、左右摇荡的写照。《说文》曰:"恒,常也。从心舟,在二之间上下,心以舟施,恒也。'亘',古文恒,从月。"⑤ 可见,"亘"与"恒"写法不同,但都与月、舟有关。段注曰:"谓往复遥远而心以舟运旋。历久不变。"⑥ "历久不变",是指这个动态的运行过程一直如此,而不是静止不动的意思。

"恒"字有"变动"之意,与"亘"吻合。《诗经·小雅·天保》曰:"如月之恒,如日之升。"郑笺:"恒,弦。升,出也……月上弦而就盈,日始出而就明。"⑦ "恒"本指月亮上升而逐渐呈现为"盈"的状态,相反则呈现为"亏"的状态,这意味着事物在盈、亏之间的变动,与前文讲的"亘"的意思也相通。可见,"恒"含有"变动"之意,这从通行本的"常"字很难看出,"恒道"的重要特征在于既"长久"又"变动",恒道是"变动"中的"长久"。

如何理解"恒道"之不可说?该章第二句随即给出了提示:从命名的角度来看,"恒道"对应的是"恒名",此"名"也就是第三句中的"无名"。第二十一章曰:"其名不去,以阅众甫",王弼注:"无名,则是其名也。""恒道"是一个名称,名称只是个方便说法。"恒道"不能用语言去命名,因为有语言处就有人这个主体,所说之物是人这个主体的

①　高明:《帛书老子校注》,中华书局1996年版,第221页。
②　李零:《郭店楚简校读记》,北京大学出版社2002年版,第4页。
③　于省吾主编:《甲骨文字诂林》第三册,中华书局1996年版,第2223页。
④　许慎撰,段玉裁注:《说文解字注》,上海古籍出版社1981年据经韵楼藏本影印,第681页。
⑤　同上。
⑥　同上。
⑦　《毛诗正义》,阮元校刻《十三经注疏》,北京中华书局1980年影印世界书局阮刻缩印本,第412页。

"对象"，而"恒道"在人之先，它原本不是人的"对象"。

第三、四句都是从两面来说两个不同的道，"无名"、"无欲"对应的是"恒道"，"有名"、"有欲"对应的是"道"。"恒道"不可说而"道"可说，这个"道"是人产生之后要效法的对象，是自然之法则，即第二十五章所说的"人法地，地法天，天法道"的"道"。"恒道"与"道"不是对立的关系，这就是第五句要总结的，二者同出，两相结合，这才是宇宙万物的奥妙所在。

其中第三句"故常无欲，以观其妙；常有欲，以观其徼"是根据帛书本断句。但句意上有很多疑问，需要先厘定。此句推敲起来最为费解："无欲"观尚可理解，为什么还要作"有欲"观？王弼注："故常无欲空虚，可以观其始物之妙。……欲之所本，适道而后济。故常有欲，可以观其终物之徼也。"王弼似乎也看到了"有欲"观的难解，所以将"欲"系于"道"，将"有欲"释为本乎"道"的欲，即观道之如何使万物归终，这其实是把"有欲"扭转成"无欲"，不是很有说服力。东晋孙盛已提出质疑："旧说及王弼解，妙谓始，徼谓终也。夫观始要终，睹始知著，达人之鉴也。既以欲澄神，昭其妙始，则自斯以已，宜悉镇之，何以复须有欲得其终乎？"高明指出："老子主张虚柔静观，无为无欲，'常有欲'则背其旨，焉能观物之边际或归止？"[1] 严灵峰也指出："老子以致虚守静以观万物反复，而'有欲'则不虚静矣；又岂可'观徼'乎！"[2] 因此，他自"无"、"有"处断句。

敦煌三本与唐景龙本作"常无，欲观其妙；常有，欲观其徼"，王安石以来采取此种断句的人很多，但多是受《庄子·天下》篇"建之以常无有"句的影响，视"常无有"为"常无"、"常有"的合并[3]。但常无、常有的主语毕竟是人，人是发出"观"这个动作的主体，什么叫人常有、常无，还是要归到人的心灵状态上去说，"常无"就是常无欲，"常有"就是常有欲，还不如帛书本从"无欲"、"有欲"处断句更直接。严灵峰是把"无"、"有"作为人观照道的两个角度，在义理上是成立的，自无

---

①　高明：《帛书老子校注》，第226页。

②　严灵峰：《老子达解》，台北：华正书局2008年版，第11页。

③　如钱基博《读〈庄子·天下篇〉疏记》，高亨《〈庄子·天下篇〉笺证》，见张丰乾主编《庄子天下篇注疏四种》，华夏出版社2009年版，第126、208页。

观，观道之妙，自有观，观道之徼。但问题是，把"无"、"有"作为一种观照角度主要是庄子的思想，在《老子》中并不明显。《老子》中，"无"、"有"单独出现时是独立的概念，譬如"天下万物生于有，有生于无"（四十章）。"无"与一个动词连用是《老子》中更为常见的，如"无知"、"无为"、"无忧"、"无欲"等。其中"无欲"另有四处："常使民无知无欲"（三章）、"常无欲，可名于小"（三十四章）、"夫亦将无欲"（三十七章）、"我无欲而民自朴"（五十七章）。所以，在第一章中自"无欲"断句应更符合老子的用词习惯，"有欲"、"无欲"相对而出，也符合上文"无名"与"有名"相对而出的书写风格。

《说文》曰："观（觀），谛视也。"段注曰："审谛之视也。《穀梁传》曰'常事曰视，非常曰观。'"① 首先，老子之"观"不是一般意义上的观看，而是审慎地、专注地观，是一种洞察。前面的"无欲"也就是王弼说的"空虚"之意，即没有明确目的、没有太多主观意志。"有欲"所观的内容是"徼"。帛书本作"所噭"，高明认为"噭"即"徼"，从蒋锡昌作"求"讲②。但前面的"其"从前句代指"道"，道法自然，道是无求的，所以此讲法不通。敦煌本"徼"作"曒"，意思是"光明"，朱谦之认为此与上文"妙"字对文，但是"妙"在这里含有"开始"的意思，不如河上公、王弼释"徼"为"归"③、"归终"更为恰当。事实上，"噭"与"徼"、"曒"是同音字，在意思上应有共通之处，因有"求"而"显"，"显"到极处则"归"，三个字的含义并不矛盾。

由此再来看"无欲"、"有欲"，会发现，这里的"欲"并不是一般所认为的"贪欲"④（greed）之意，而是"意欲"（will）、意向（intention）之意，也即"想要达到某种目的"⑤。"欲"在这里不是名词，而是取"想要"之意的动名词，因此是中性的。此与《礼记·乐记》的"感于物而动，性之欲也"⑥ 之"欲"（动念）、《论语·为政》的"从心所

① 许慎撰，段玉裁注：《说文解字注》，第 408 页。
② 高明：《帛书老子校注》，第 226 页。
③ 河上公著，王卡点校：《老子道德经河上公章句》，中华书局 1993 年版，第 2 页。
④ 许慎撰，段玉裁注：《说文解字注》，第 411 页。
⑤ 张永言主编：《古汉语字典》，巴蜀书社 2003 年版，第 768 页。
⑥ 阮元校刻《十三经注疏》，第 1527 页。

欲，不逾矩"① 之"欲"（欲求）更为接近。也就是说，"欲"在这里并不都是贬义词，而是中性词。所以，该句可理解为：无意无执，来洞察道创生万物的微妙；有意有执，来洞察在道的作用下万物的归趣。

综上所述，老子用可说、不可说来描述道的两种不同状态，用无欲、有欲描述观道的两种心灵状态。"不可说"是指无法直接定义。不可说的是"恒道"，"恒道"在空间上是"至大"，在时间上是"恒久"，它没有一个实心作为立足点让人去把握，因而"不可说"。但"可说"、"不可说"这样的描述框架在今天的语境下比较含混，"不可说"尤其容易让人误解为神秘主义。因而笔者援引两个现代哲学词汇——"非对象化"与"对象化"来加以限定。《老子》第二十五章、第四十二章同样蕴涵着这两个不同层面的道，一并列举如下（表1）。

表1

道 章节	非对象化的道	对象化的道
第一章	道可道，**非常道**；名可名，非常名。**无名**天地之始，有名万物之母。	故常无欲，以观其妙；常有欲，以观其徼。
第二十五章	有物混成，**先天地生**，寂兮寥兮，独立不改，周行而不殆，可以为天下母。**吾不知其名**，字之曰道，强为之名曰大。大曰逝，逝曰远，远曰反。故道大，天大，地大，王亦大。**域**中有四大，	而王居其一焉。人法地，地法天，天法道，道法自然。
第四十二章	**道生**	一，一生二，二生三，三生万物。万物负阴而抱阳，冲气以为和。

第二十五章之所以从"而王居其一焉"断开，是因为主体人出现了，这时候原初天、地、人、道合一的混沌之"域"就产生变化了，变得有

---

① 程树德撰：《论语集释》，中华书局1990年版，第76页。

区别、有区分了。但这并非是贬义，只有这样，人才能法那个对象之"道"，或者说，"道"才能作为自然的法则被掌握，使人生活得更好。但是，如果没有原初之"域"，就没有这个可效之"法"。"域"是非对象化的"恒道"，"法则"是对象化的"道"。

第四十二章之所以从第一个"一"处断，因为"一"代指可说之"道"，同第三十九章所说的"天得一以清"的"一"。不能说"道"生"道"，所以开头的"道"字应指"恒道"，"道生一"，即不可说的"恒道"对象化为可说的"道"①，也即进入语言的领域中。在语言领域中的对象化之"道"，被给予的基本含义是宇宙本源，本源之道即"一"，"一"产生了"二"，"二"即"天地"（或"阴阳"），"三"即"天地人"（或"阴气、阳气与和气"），"三生万物"即人参赞天地，天、地、人共同创生万物。因此，从"道生"二字之后，一、二、三、万物，都是对象化世界的事。这一章一般被解释为"宇宙论"或"宇宙生成论"，其实只是表面看来如此。一、二、三作为数字并不是简单地代表宇宙创生的不同阶段，而是有深刻含义的。"一"代表混沌未分的状态，"二"、"三"代表宇宙生成的结构、方式，"二"是一个相交的结构，相交才能生，"三"是一个稳定的结构，稳定才能持续地生下去。如果仅仅是为了表达宇宙论，老子为什么不直接说"道生万物"呢？这里"一、二、三"的深意在于：第一，表明生成的结构、方式或原理；第二，表明道与万物（包括人）的关系，恒道显示为可说的道，道分为二，二分为三，三生万物，因此万物中皆含道。这正好印证了第一章所说的"常无欲，以观其妙；常有欲，以观其徼"，通过万物的始、终能观道，如果物中无道，如何能自物观道呢？这一道、物关系在老子这里已经奠定，只是到庄子的

① "道生一，一生二"的结构类似于周敦颐《太极图说》中的"无极而太极。太极动而生阳，动极而静，静而生阴，静极复动。一动一静，互为其根。分阴分阳，两仪立焉"。"道生一"即"恒道生道"，在结构上相当于"无极而太极"。为什么不直接说"道生万物"或"太极生阴阳"呢？因为"恒道"与"无极"都是没有自性的，没有实体意义上的独立性，只是用来说明"道"与"太极"的特性：道不是一般的规律，而是恒道，太极不是一般的源头，而是无极。从而强调后面的"二"与"一"，"一"与"道"之间不是割裂的，而是逐渐实现、从隐到显（从非对象到对象）的关系。生完了，道没有消失，而是进入了物中。因此，无论将"二"对象化为"天地"还是"阴阳二气"，都不能忽视这种原本的关联。对周敦颐"无极"的解释，参见张祥龙《拒秦兴汉和应对佛教的儒家哲学》，广西师范大学出版社2012年版，第271—274页。

"（道）在屎溺"（《知北游》）①、王弼的"在方而法方，在圆而法圆"
（第二十五章注）才显题化。

尽管非对象化的道不可说，但人有说道的冲动与本能，有定义道的需
要。那就要看从什么角度去说。角度不同，所说的道也不同，其哲理特征
也有差异。具体来说，可以分为三个角度，概括如下（表2）。

表2

道 角度	含义	喻体	现代表述	哲理特征
自道言道	自然	橐籥	宇宙整体自生自化的运行特征	非对象化
自人言道	朴	婴儿	至真至朴的理想人性	对象化—非对象化—对象化
自物言道	根	玄牝	万物生成的根源与根据	对象化

从道的角度说，道即"道法自然"（二十五章）之"自然"。河上公
注："道性自然"②，道的本性是自然，即本来如此，它是活泼泼的宇宙
整体生命，按照自己的方式运作不息，这种原本的运行状态是最"自
然"的，最长久的，因此值得人效法的。如叶维廉所描述的，自然是
"物我、物物互参互补互认互显的圆融世界"③，在这个世界中，物我不
分。此种自然的运行机制可以用第五章的"橐籥"来表示。"虚而不
屈，动而愈出"，比喻自然之虚空无为与变动不居的特质。人就在这自
然的大化运行之中，无法去说清楚它所沉浸其中的境域，而只是自然而
然地与万物一道运行。但人能感受到大道，要将其描述出来，就需要另
一番工夫了。

从人的角度说，道即"道常无名，朴虽小"（三十二章）之"朴"，
也即第十章"载营魄抱一，能无离乎？专气致柔，能婴儿乎"中婴儿的
特性。老子之所以用问句，说明他深知人很容易离开至朴之性，因此也才

---

① 郭象注，成玄英疏：《南华真经注疏》，中华书局1998年版，第429页。

② 河上公著，王卡点校：《老子道德经河上公章句》，第103页。

③ 叶维廉：《我们今天为什么要讲道家精神》，《比较文学与世界文学》2005年第2辑，第
504页。

有"复归"之说。朴是理想的人性。人由至朴的本性开显出的情境可以称为"道境",它本身是非对象化的,当人来追忆它、描绘它时它才成为"对象"。人通常会经历了一个"闻道—为道—体道—悟道—离道—言道"的精神历程,从哲理特征上说,即从"对象化"(闻道、为道)到"非对象化"(体道、悟道)再到"对象化"(言道)的过程。当然,前一个"对象化"的"对象"是模糊的,是自我感觉,后一个"对象化"的"对象"是经历了与道合一的体悟而更加清晰的,具有真实性、客观性的对象。

对象化的道可知、可识、可得、可失、可修、可为、可守、可法、可用、可循。这就是《老子》中所谓"道冲而**用**之"(四章),"**执古**之道"(十四章),"惟道是从"(二十一章),"人法地,地法天,天法道"(二十五章),"朴(即道——引者注)散则为器,圣人用之则为官长"(二十八章),"以道佐人主者"(三十章),"道常无名,朴虽小,天下莫能臣也"(三十二章),"大道泛兮,其可左右。万物恃之而生而不辞"(三十四章),"上士闻道,勤而行之"(四十一章),"为道日损"(四十八章)以及"古之善为道者"(六十五章)等所表达的"道",此"道"与动词相连,是人之对象,指导着人的生活,其作用当然也很重要。

非对象化的道则不可知、不可识、不可说,"迎之不见其首,随之不见其后"(十四章)。所幸,《老子》第十五章、第二十章提供了了解此道的线索。第十五章曰:"善为士者"(按:帛书作"善为道者")深不可识,言下之意,他所体的道本身也是深不可识的,故有"豫兮若冬涉川,犹兮若畏四邻,俨兮其若容,涣兮若冰之将释,敦兮其若朴,旷兮其若谷,混兮其若浊"的特殊体会,这种如履薄冰的心情,不是因为对某个确定对象的"怕",而是对某个不确定东西的"畏",对环绕着自己的这份未发之情势的敬畏、好奇与探险。这章显然是借为道之人的体会来显示道本身的特征。第二十章曰:"众人熙熙,如享太牢,如春登台。我独泊兮其未兆,如婴儿之未孩。傫傫兮若无所归。众人皆有余,而我独若遗。我愚人之心也哉!沌沌兮!俗人昭昭,我独昏昏;俗人察察,我独闷闷。"如果说前一章是人对道境的模糊感受,这一章则可看作达到此道的现实条件。只有在现实中超越俗人的视野、胸襟,不惜以另类的姿态出现,才能领略这"不笑不足以为道"(四十一章)的境界。非对象化之道是让人神往的，也是最难达到的。正如苏轼所说的"不识庐山真面目，只缘身在此山中"（《题西林壁》），亦如禅诗"尽日寻春不见春，芒鞋踏遍陇头云。归来笑拈梅花嗅，春在枝头已十分"（《宋女尼悟道诗》）所隐喻的，寻春如同骑驴找驴，终不知驴。不去寻春，则春光自现，因为春不是对象。道就相当于"庐山真面目"和"春已十分"的境界。

从物的角度说，道即"玄牝之门，是谓天地根"（六章）的"根"，即"根源"。"玄牝"是个比喻，比喻万物所从来处，也即万物的母体。与"有名万物之母"、"可以为天下母"的"母"是相通的，它既是生者，也是养者。"根源"与"根由"、"根据"不同："根源"重在"来源"（origin），"根由"重在"原因"（cause），"根据"重在"依据"，即一物"之所以然"的"根基"（basis），老子侧重的是"根源"意。这几个词在当代表述中常常被混用。"母"、"根"的用法与含义与"宗"或"主"又有所不同，老子说道"似万物之宗"（四章），而不"是"万物之宗。老子强调道"衣养万物而不为主"（三十四章），所以道不能直接说成是"主"。这是因为"宗"和"主"在字面上有控制、宰制的意味，显得有为。此道是可说的，是确定的，因此是对象化的，但它不是实体。

二　道的当代诠释反思

古代老子诠释系统除了魏晋之后受佛教的影响，不涉及其他外来视野，总体上是在中国传统内部进行的。这一诠释传统尤其重视老子的非对象化之道，以王弼为代表，其将道诠释为"无"，"无"可以说是非对象化特征的最极致的表达。当代本土学者的诠释多受英美分析哲学、欧陆哲学等西方思潮的影响，各有侧重，形态多样，老子的问题意识反而淡化了。本文将侧重于对象化之道的诠释类型称为"对象化诠释"，侧重于非对象化之道的诠释类型称为"非对象化诠释"，二者兼有或不作区分的诠释类型称为"混合型诠释"。列举如下（表3）。

表3　　　　　　　　　　道的当代诠释分类表①

个案 类型	学者	代表作	对道的诠释	时间 (年)
对象化诠释	吕振羽	《中国政治思想史》	创造宇宙、统治宇宙的最高主宰	1955
	严灵峰	《老子达解》	"绝对"之体	1971
	张松如	《老子校读》	物质世界的实体;宇宙本体;普遍规律	1979
	古棣	《老子通》	独立于人之外并创造万物的绝对精神	1991
	冯友兰	《中国哲学史新编》	万物的共相	1992
	侯外庐	《中国思想史》	超自然的绝对体	1992
	劳思光	《中国哲学史》	形上之实体;泛指规律	1993
混合型诠释	方东美	《生生之德》	道体、道用、道相、道征	1964
	陈康	《老子哲学中"道"之意义》	(静义)本源、贮藏之所、楷式;(动义)生;长;反复之历程	1964
	唐君毅	《中国哲学原论》	贯通异理之道、道体、道相、德、生活之道、心境人格状态之道	1973
	傅伟勋	《老子的概念"道"》	道体、道原、道理、道用、道德、道术	1973
	刘福增	《老子哲学新论》	道说、道路、道理、准则	1987
	袁保新	《老子哲学之诠释与重建》	价值世界的形而上基础	1991
	王博	《老子思想的史官特色》	本原、言说、法则	1993
	林语堂	《老子的智慧》	道之德、道之训、道之体、力量之源、生活准则	1994
	杨儒宾	《先秦道家"道"的观念的发展》	形上实体的道、心灵修养之道、自然的规律或法则、同德之道、应物之道	1999
	刘笑敢	《老子古今》	总根据与总根源	2006
	陈鼓应	《老子注译及评介》(修订增补本)	实存意义的道、规律性的道、生活准则的道	2009
	赖贤宗	《道家诠释学》	本源的道、我们能够与本源的道构成关系的道	2010
	杨义	《老子还原》	宇宙的本体、宇宙发生的动力、落实下来的生命过程	2011

---

①　本表受启于刘笑敢先生的《"反向格义"与中国哲学研究的困境——以老子之道的诠释为例》(《中国哲学与文化》第一辑,广西师范大学出版社2007年版,第10—36页)一文,与其分类不同,选取的个案代表也有所不同。

个案 类型	学者	代表作	对道的诠释	时间 （年）
非对象化诠释	牟宗三	《中国哲学十九讲》	主观心境修养证成的"境界"	1986
	张祥龙	《海德格尔思想与中国天道》	构成性的境域、生存的顶极形态	1996
	王庆节	《解释学、海德格尔与儒道今释》	恒道（带有某种神秘性的、天地万物的生生不息、死而复生的自然过程）	2004

　　"对象化诠释"的特点是直接套用或间接使用西方传统形上学的概念来解释道，这一类是当代老子诠释早期的特征，具有拓宽视野的积极意义，但其弱点是很难摆脱西方传统形上学的二元分立思维的影响，容易割裂道、物的关系；"混合型诠释"的特点是对道进行分类解释，全面、稳妥，但其弱点是对不同层面的道之间的关系阐述得不够清楚，没有从根本上解决二元分立的问题，譬如形上之道究竟是如何"落实"到形下层面的，形上、形下之间仍然是隔的；"非对象化诠释"的特点是多受西方当代哲学以及佛教哲学的影响，大多是研究现象学及海德格尔哲学出身，他们不再用实体化、二元论、认识论、形上学的思路方法来诠释道，而是注重道在人的实际生活经验中的开显，重视对非对象化之道的诠释，重新回到老子的问题意识上去。因此，本节将着重分析这一类。其中牟宗三对道家的境界论诠释有开山之功①，王庆节的分析也很有见地，而张祥龙的诠释最为系统，最具代表性。所以这里以张祥龙的诠释为案例。

　　张祥龙是研究海德格尔出身，有比较哲学的方法与视野。他认为海德格尔与老子的内在相通之处正在于海德格尔前期的"缘在"（Dasein，又译为"此在"）、后期的"缘构发生"（Ereignis，又译为"本有"）与老子之道都具有非对象化、非现成性的特性。他将老子之道诠释为"终极处境中的构成之道"②、"生存的顶极形态"③，简言之，道是一种构成性的"境域"，既不是客观对象，也不是主观境界。"境域"具有两个根本

　　① 详见拙文《论牟宗三对老子之道的诠释》，《哲学与文化》2010年第5期。
　　② 张祥龙：《海德格尔思想与中国天道——终极视域的开启与融合》，生活·读书·新知三联书店1997年版，第281页。
　　③ 同上书，第296页。

特点，一是"构成"（constitution），二是"生存"（existence）。

"构成"即非现成的、不可对象化把握、总在生成之中的意思。类似《庄子·齐物论》中说的"葆光"，"注焉而不满，酌焉而不竭，而不知其所由来"①。张祥龙用的"构成"一词来自德文 Konstitution，与之相对的是"现成者"（Vorhanden），即"某种可以被非境域地（non-contextually）把持的对象"②，如理念、实体、本质、形式等。他认为，"任何'存在'从根本上都与境域中的'生成'、'生活'、'体验'或'构成'不可分离"③。因此，人的认知过程"必然要涉及那些模糊的、晕圈状的，处于一与多、有与无之间的'边缘域'（Horizont）"④。

老子之道体现了这种模糊的"边缘域"，它打破了一切现成的、对象化的存在，其重要根据之一是第四十章"反者，道之动；弱者，道之用"。他认为："'反'首先是对根本的无常局面的认识，其次提示出适应于这种局面的对策，'反'意味着绝不可依靠任何现成者，而总是在它们的反面和反复中看出道的动向。"⑤ 也就是说，道并不是一个不变的"实体"或"理念"，而是要通过不断的"反"来构成态势以显示自己。他说：

> "弱"、"柔"、"虚"、"静"、"冲"等等，是老子用来表示道的一组"无形大象"。它们透出的"妙"义是：在一切具体法则的终结处，并没有更高级的存在者和法则，而只能是一种"柔弱"到再无一丝一毫现成性可循的纯势态。⑥

他认为老子之道的柔、弱、虚、静等特点决定了道不是一个现成可把握的对象。柔弱，所以能化；虚静，所以能动。老子曰："致虚静，守静笃，万物并作，吾以观复。"（十六章）张祥龙解释说："真正的虚极和静笃必

① 郭象注，成玄英疏：《南华真经注疏》，第46页。
② 张祥龙：《中华古学与现象学》，山东友谊出版社2008年版，第159页。
③ 同上。
④ 同上书，第160页。
⑤ 张祥龙：《海德格尔思想与中国天道——终极视域的开启与融合》，第281—282页。
⑥ 同上书，第282页。

是一种壁立千仞的终极情境，其中一切都失去了现成存在性。"① 他看到的是"虚"所张开的态势和情境，是"险境"，也是"胜境"。他并没有忽略这句话的主语——"吾"，但并不将"虚静"仅仅理解为工夫修养所达到的心灵之静，而是强调静的"切身"性，即不仅是心境上的宁静，还包括"吾"所处的实际情境和态势。

"境域"的第二个根本特性——"生存"，其本质是"时间性"（Zeitlichkeit）。"时间性"意味着实际生活中最深层的非对象化、非现成的情绪状态和根本处境，如海德格尔说的"操心"、"畏"、"闲谈"、"语言"、"将来"、"向死存在"等概念所揭示的特性那样。张祥龙认为老子有着深度的生存关切，其玄妙的思想既是超越又是蕴藏于活生生的生存实际中的，这体现在《老子》中丰富的人生现象，如"母、赤子、屋室、器皿、舟舆、天地、仓廪、弓矢、小径、大道、山谷、水流、江海、鸡犬……"②这些现象在老子的思想中既非形上也非形下的，而是被作为原本就包含终极体会的人生实际加以思考和描绘的。他说：

> 老子思想的特点在于直接关注生存本身的问题，不管它指社稷的存亡，还是指个人的生存。而且，更关键地，他不再将人与国的生存视为一种现成目的，可以通过某种外在的手段（富足、节信、尚同、礼仪、伦常、法术等等）维持住。对于他，生存或生命有它自身的构成机制和视域。③

言下之意，道并非一个固定的、具体的法则或规律，却又有它自身的规定性，这规定性并非来自外在的神明或内在的良知，而来自于"生存"本身。道"既非原则，亦非另一个更高级的实体世界，而就是这个人生世界的顶极形态、自然形态"④。

因此，道作为"构成着的生存境域"，意味着它是"一个事先的、在那儿给你准备好的这么一个态势，一个意义的态势、意义的可能；……它

---

① 张祥龙：《海德格尔思想与中国天道——终极视域的开启与融合》，第282页。
② 同上书，第293页。
③ 同上书，第294页。
④ 同上书，第298页。

已经有了某种趋向，但是这个趋向在很大程度上还没有特化（特殊化、对象化——引者注）。这就是所谓的 horizon（视域）的意义"①。正是这个不确定的"视域"或"游戏空间"、"自由空间"使一切意义的生成成为可能。这与牟宗三所引的"地带"一词是同源的。"境域"思想确实与老子之道有相通之处，道的"非常名"、"不自生"（七章）、在"帝之先"（四章）以及"惚兮恍兮"（二十一章）、"视之不见"、"听之不闻"、"迎之不见其首，随之不见其后"（十四章）的特性在此视野下可以得到一个义理上的解释。

　　张祥龙这一非对象化的诠释，贡献在于在当代再次将《老子》诠释的重心带回到"非对象化的道"上，接续了韩非子、河上公、王弼的非对象诠释脉络，直面《老子》的显题。但他的诠释亦有局限，一是他过多地受胡塞尔"构成性"思想尤其是海德格尔的境域发生思想的影响，重视意义构成的方式，而忽略了老子之"生"主要是就宇宙创生而言，而不是就人生普遍的"意义"之生成而言。老子之道确实有构成性的一面，但同时也有实在的一面，即作为宇宙创生之"母"虽然不是"实体"，但确实实际存在的、先在的，而不是随机构成的。如何在道的虚与实的双向特征中取得平衡、获得一个准确的描述，还有待商榷。二是其援引的海德格尔的生存论思想是否适合《老子》还是个问题。老子有对人类生命的普遍关怀，譬如反战思想，但对个体生命的实际生存状况是不关注的，譬如人的不安、困顿、恐惧、自由、梦境、自我，等等，这些都是到了庄子才成为显题。海德格尔的生存论分析虽然是普遍性的分析，但是建立在个体生命的实际生存状态之上的，是通过"此在"（Dasein）来说"存在"（Sein），相当于从"个体生命"来展现"道"。这与老子的思路是不同的，在老子这里，至多可以说"道"是"个体生命"能体会的、修习的，而不能说"道"是从个体的实际生存感受中提炼出来的。一个是自天言人，一个是自人言天。

三　子学之"新"：诠释的还元

　　《老子》是先秦子学的经典之一，基于上文对《老子》的解读，本节

---

① 张祥龙：《中华古学与现象学》，第 220 页。

尝试提出一些方法论上的思考。

首先，诠释何以成为今天的一个问题？伽达默尔说："只有当再没有强有力的传统把人们的立场吸引到它自身之中，只有当人们发现自己同一种他从不属于或者他根本不能不加疑问地接受的陌生传统相遇时，才会清楚地显现出解释学问题。"① 这正切中了当代中国哲学研究的现实问题：传统文化的陌生和对西学涌进的焦虑。诠释虽然在中国古代的注疏系统中已经存在，譬如王弼对老子的诠释，郭象对庄子的诠释，但在当代无疑更加突出。因为，它提示了一种面对经典的新的方法、新的态度。本文认为，子学之"新"首先就应该新在方法上。

其次，诠释的目的是什么？伽达默尔说："解释学的出发点是构筑桥梁，在过去中重新发现最好的东西。"② 我们也可以说，当代子学研究的方法论原则正是要回到元典，重新发现那些最根本的东西。但这不是历史意义上的僵硬地还原，而是诠释学意义上的对"元典"之"元意"的还原，为了将二者区分开来，本文将它称为"诠释的还元"。这一方法既不是单一的历史考证的方法，也不是放开尺度任意读解，而是用严苛的态度，严谨地进入"思"本身，用自觉的生命经验进入元典，发掘其最根本的、最好的东西，还元典以元气、正气。

诠释的还元是建立在"前理解"上的与文本的对话，这一对话调动的是一个人的全部生命信息，生存经验、知识结构、人格个性、时代背景甚至学术信仰，等等。它们以一种严格的方式而不是任意的方式介入经典解读之中，与经典实现最终的"融合"，旧东西没有抛弃，新思想自然出来。诠释的还元，不是回到历史意义上的"原典"，而是回到哲学意义上的"元典"。具体说，它回到的是"元典"的"元意"，而不是"原意"。通过诠释，元，不是西方"元语言"意义上的"元"，而是《周易·乾卦》"元亨利贞"意义上的"元"。《象》曰："大哉乾元，万物资始，乃统天"③，"元"是"始"的意思，万物资始本身就是伟大的，是原初生命力的爆发，意味着未来无限的可能性，并且为这样的未来预备好了正能

① ［德］汉斯-格奥尔格·伽达默尔：《哲学解释学》，夏镇平、宋建平译，上海译文出版社2004年版，第46页。
② 同上书，第27页。
③ 李修平撰，潘雨廷点校：《周易集解纂疏》，中华书局2004年版，第35—36页。

量。"始"作为开端本身就含义"正"的意思，"正"才能"统天"。所以"元"与后面的"利"、"亨"、"贞"一样都是褒义词。"元典"是至大中正之典籍，是后世思想的源头活水。元典是一个民族文化最"开始"、最"正宗"的东西，是一个民族的思维方式的奠基，它具备与当代人的生命经验相碰撞、相融合并息息相关的基因而能常温常新，经得起历史的考验。

但是，当代老子诠释还远远没有放开，在诠释的路上还走得不深、不远，其中一个重要的原因是：原意焦虑，即建立在"前见"上的"视域融合"能否回到古人的"原意"。这种"原意焦虑"需要先从理论上面对、解决，诠释才能更有效地进行。

首先，"原意"不是静态地、客观地、现成地存在在那里，等着后人穿越历史回到那个特定的历史阶段、特定的人身上去"取来"的东西，而是在后人与之不断的"谈话"中活着、由谈话者参与而揭示出的"共同意义"。伽达默尔说："这种有意义的东西本身就是可以理解的，并且作为这种可理解的东西，它本身不会促使人回到他人的主观性中去。诠释学的任务即是阐明这种理解的奇迹，理解并不是一种充满神秘感的灵魂的分享，而是对**共同意义**的参与活动。"① 因此，以对象化的方式去求取"原意"无异于刻舟求剑，它遗忘了时间性，在时间的河流中，改变的不仅是我们这些解读者，元典本身也在改变，这不仅是版本流变和注释传统意义的改变，而是"意思"、"意义"的改变。伽达默尔说："认为我们可以置身于时代精神之中，以该时代的概念和观念而不是以自己的概念和观念来思考，并以此达到历史客观性，这只不过是历史主义天真的前提。"② 时间，也不应该被粗糙地切分成过去、现在，而是应该看作我们理解一切文本的基础。我们不是跨越漫长的时间界面去抵达封存在过去的某个文本的意思，而是站在此刻生存时间的点上迎接经过历史的自动淘洗而漂流到我们手里的生命。

"一切人类生命由之生存的以及以传统形式而存在于那里的过去视

---

① ［德］汉斯－格奥尔格·伽达默尔：《真理与方法》（Ⅱ），洪汉鼎译，商务印书馆2010年版，第71页。

② 同上书，第78页。

域，总是已经处于运动之中。"① 回到绝对的"原意"毋宁说是一种刻舟求剑式的一厢情愿的理想性诉求。这也是庄子批评六经皆"糟粕"、王弼一扫汉代注经方法的真正用意所在。当代老子研究中的原意焦虑除了受历史主义思维的影响，可能也受到科技思维的"客观性"诉求的影响，这一点在西方是诠释学史早期的特征，"施莱尔马赫以及他之后的 19 世纪科学由于超出了这种调解古典文化和基督教的'特殊性'，并以一种形式的普遍性看待诠释学任务，于是成功地确立了诠释学与自然科学的客观性理想的一致性"②，海德格尔所做的正是通过"诠释学循环"和"生存论论证"扭转了这一"客观性"的取向，伽达默尔继承了海德格尔的取向，并且更加注重"理解"这一活动本身的特性，从而开出了他的诠释学方法。

　　伽达默尔对"原意"问题不是没有思考过，他说："我们为了理解某个他物而必须把自身置于这个他物中，似乎成了一个合理的诠释学要求。然而，我们可以追问，这样一种说法是否也表明我们无法达到我们所要求的理解呢？"③ 我们进入古人，进入所谓的"原意"，本身就是一个无法达到的理想性要求。这一要求反而容易束缚"理解"活动的进行，成为人们不去深入"理解"文本或客观看待他人之"理解"的借口。真正的问题在于，理解的本质是一种双向度的"谈话"，而不是单向度的"求取"。我们面对的是一个等待"谈话"的活文本，而不是博物馆橱窗里的文物。伽达默尔把它称为"传承物"，非常生动、准确，它是被"传"到我们手中的，在"传"的过程中被不断激活也不断丰富。伽达默尔这一认识根植于他对"世界"概念的认识，他认为："世界从来就不是某个混沌初开的世界，而是不断地遗留给我们的世界。"④ 这是非常深刻的见地。今天我们所看到的一切，都是一代一代、一人一人"不断地遗留"给我们的，都有他们影子的叠加，正如我们每个人的身上有父母、祖父母、曾祖父母等留下的各种外貌、性格痕迹一样。因此，文本无法在时间上被断裂为过去与现在、历史与当下。我们解读文本，表面上是回到那个时代那个人，

---

① ［德］汉斯－格奥尔格·伽达默尔：《真理与方法》（Ⅰ），第 430 页。
② 同上书，第 414 页。
③ 同上书，第 428 页。
④ ［德］汉斯－格奥尔格·伽达默尔：《真理与方法》（Ⅱ），第 633 页。

实际上是带着我们这个时代这个人的信息密码进入的。所以，"视域融合"不仅是不可避免的，而且是符合理解活动本身的客观要求的。

其次，原意焦虑所担心的"前见"，并不是那么容易就能进入我们所解读的文本中去的。前见的实际内容和能起到的实际作用都是不确定的、非现成的，而是由其与其所遇到的对象共同决定的。"前见"是随机调动起来的，并且有自组织能力。调动起哪些东西、如何组织它们以构成我们"理解"的桥梁，都不是单向主观决定的，而是由我们与我们所面对的文本的谈话过程来共同决定的。如伽达默尔说："占据解释者意识的前见（Vorurteile）和前见解（Vormeinungen），并不是解释者自身可以自由支配的。"① 与文本对谈的过程是当下的、随机的，不由其中任何一方控制。我们也无法事先确认"前见"中哪些会阻碍我们的谈话，那些会成为最终的共同意义。谈话，意味着双方相互渗透、相互吸引，既有我又忘我，既投入又知道自己在投入，从而达到最大限度的融合。可以说，解读元典是严肃而严谨，艰难而充满挑战的事，是全部生命经验、知识积累、至真性情的调动，是"心有戚戚焉"的相互感染与感动。当然，这个过程不是一下子就能完成的，而是要经过"诠释学循环"来最终达到，在循环往复的理解中，偏见被剔除出去。这个循环在本质上就"既不是主观的，又不是客观的，而是把理解活动描述为传承者的运动和解释者的运动的一种内在相互作用（Ineinanderspiel）"② 。人在其中并不是扮演一个主宰的角色，甚至不是主动的，伽达默尔对此有生动的描述：

　　　　谁想理解一个本文，谁就准备让文本告诉他什么。因此，一个受过诠释学训练的意识从一开始就必须对文本的另一种存在有敏感。但是，这样一种敏感既不假定事物的"中立性"，又不假定自我消解，而是包含对我们自己的前见解和前见的有意识同化。我们必须认识我们自己的先入之见（Voreingenommenheit），使得本文可以表现自身在其另一种存在中，并因而有可能去肯定它实际的真理以反对我们自己的前见解。③

---

① [德] 汉斯-格奥尔格·伽达默尔：《真理与方法》（Ⅰ），第418页。
② 同上书，第415页。
③ 同上书，第382页。

文本不是静态的、无生命的存在，而是"另一种存在"。这"另一种存在"意味着它在向我的敞开中存在，在彼此相融的"境域"里，才有真理的自行展开。这时，文本在向我们说话，我们的角色只是聆听，它不是中立的，也不是被动的，而是主动的诉说者，当然它需要引发它诉说的研究者或解读者的存在。所以，一个好的研究者与解读者也需要具备聆听的"敏感"，诱发文本以其自身的方式展现，唯此，我们才是最适当的聆听者。这时的解读者既不是没有前见，也不是消解了自身的主观因素，而是保持着最充分的敞开性，让文本中的真理走向人，人同时也迎向它，二者达成真正的"融合"。伽达默尔说："一个文本可以开始说话。然而，当它真的开始说话的时候，它并非简单地说它的语词，那种总是相同的、无生命的、僵死的语词，相反，它总是对向它询问的人给出新的答案，并向回答它问题的人提出新的问题。"① 这种基于理解、出于理解、达到更深理解的双向问答才是诠释的本质所在，这样的诠释也才是合理的。

最后，诠释过程中的"前见"并不必然带来误读，如何让"前见"更好地发挥作用，这取决于解释者的能力与自律。伽达默尔说：

> 在这种循环中包藏着最原始认识的一种积极的可能性。当然，这种可能性只有在如下情况下才能得到真实理解，这就是解释（Auslegung）理解到它的首要的经常的和最终的任务是不让向来就有的前有（Vorhabe）、前见（Vorsicht）和前把握（Vorgriff）以偶发奇想和流俗之见的方式出现，而是从事情本身出发处理这些前有、前见和前把握，从而确保论题的科学性。②

如何避免"前见"以偶发奇想和流俗之见的方式出现，这就是能力的问题，能力不同，诠释的结果不同，达到的诠释境界也不同。

综上所述，"原意焦虑"必须放下，"理解"才能真正开始，"新子学"也才能"兴"起来。"原意"意识应该作为诠释中的自省与自律，而不必成为诠释中的负担和阻碍。

2012 年 4 月，华东师范大学先秦诸子研究中心举办的"先秦诸子暨

---

① ［德］汉斯－格奥尔格·伽达默尔：《哲学解释学》，第58—59页。
② ［德］汉斯－格奥尔格·伽达默尔：《真理与方法》（Ⅰ），第378页。

《子藏》学术研讨会"上提出了"全面复兴诸子学"的口号①，方勇先生作《"新子学"构想》一文阐述了其纲领性的想法，这对子学的复兴无疑是具有感召意义的。子学之"新"体现在很多方面，本文认为研究方法上的"新"是当代"兴"子学的关键，这意味着因各种原因歪曲已久的文本将再一次开始向我们说话。我们要在与先哲的对话、质询、问答甚至博弈中才能达成真正的"理解"，完成"诠释的还元"。方勇先生说："站在'新子学'的立场上来看，迷失在西学丛林里难以自拔的自由主义既不可取，一味沉溺于'以中国解释中国'的保守思维同样不足为训。"②诠释的还元，因为面向"元典"而能避免"迷失"，因为双向"对话"而能避免"保守"，是值得继续探索的。

---

①　方勇：《"新子学"构想》，《光明日报》2012 年 10 月 22 日第 14 版。
②　同上。

《老子》第四十二章之解读及方法论初探

林光华

一 《老子》第四十二章的不同解读

《老子》第四十二章曰："道生一，一生二，二生三，三生万物。万物负阴而抱阳，冲气以为和。人之所恶，唯孤寡不穀，而王公以为称。故物，或损之而益，或益之而损。人之所教，我亦教之。强梁者不得其死，吾将以为教父。"① 其中首句最为重要，历代有不同的解释。老子究竟要表达什么意思？"一"、"二"、"三"只是表示序数词的数字，还是有其他更深的含义？道之生是什么意义上的"生"？这些问题，老子都没有给出具体的说明，为后代学者留下了困惑，也留下了诠释的空间。

从字面上看，"一"、"二"、"三"在《老子》中并没有具体所指，只是序数词，用来说明从少到多、从简单到复杂不断生成的过程。但这并非是唯一的解释，也不能完全满足我们对"道"究竟如何"生"的探问。古代思想家在运用数字时往往都有其独特的考量，例如《周易》用"二、四、八"来表达宇宙演变的图式；庄子则用"一"、"二"、"三"来表达名言对混沌宇宙的不断命名和区分过程。因此，带着对这一章的诸多疑问，本文首先列出一些主要的诠释代表，以便对该句诠释上的复杂性与多样性有一个直观的认识。

---

① 王弼注，楼宇烈校释：《老子道德经注校释》，中华书局2008年版，第117页。下引老子文皆出此书，只注章数。

《老子》第四十二章主要解释一览表

42章 诠释者	道	一	二	三	生
文　子①		天	地	人	生成
河上公②	创生者	元气	阴阳	和、清、浊气	创生
淮南子③		元气	乾坤/阴阳	和气	通流而生
严　遵④	自然（无名）	道德	神明	和气	造成
王　弼⑤	无	无	无、一	无、一、二	衍生
冯友兰⑥	太一	气	阴、阳气	和气	交通成和
	无	有	多		产生
张岱年⑦	本根	未分的统一体	天地	阴、阳、盅气	化成
牟宗三⑧	境界	无	有	玄	一体呈现

① 王利器：《文子疏义》，中华书局 2000 年版，第 112 页。

② 王卡：《老子道德经河上公章句》，中华书局 2009 年版，第 168—169 页。

③ 何宁：《淮南子集释》（下册），中华书局 2010 年版，第 505 页。《精神训》曰："夫精神者，所受于天也，而形体者，所禀于地也。故曰：'一生二，二生三，三生万物。万物背阴而抱阳，冲气以为和。'"淮南子的解释比较简单，高诱注曰："一谓道也。二曰神明也。三曰和气也。或说：一者元气也。生二者乾坤也。二生三，三生万物，天地设位，阴阳通流，万物乃生。"笔者对高诱的两种说法进行了整合。但高诱说的"一谓道也"与"道生一"相抵触，故不取。"道"的含义保留空白；《天文训》中亦有对《老子》第四十二章的解释："道曰规始于一，一而不生，故分而为阴阳，阴阳合和而万物生。"（上册，第 244 页）故"二"可指"乾坤"，也可指"阴阳"。

④ 严遵著，王德有译注：《老子指归译注》，商务印书馆 2004 年版。严遵曰："形因于气，气因于和，和因于神明，神明因于道德，道德因于自然"（第 48 页），"无无无之无、始未始之始，万物所由、性命所以，无有所名者谓之道"（第 49 页）。可见，"自然"乃"无"，即"无有所名者"，也即"道"。

⑤ 王弼注，楼宇烈校释：《老子道德经注校释》，第 117 页。

⑥ 前一说法见冯友兰《中国哲学史新编》（第二册），人民出版社 1984 年版，第 49—50 页；后一说法见冯友兰著，涂又光译《中国哲学简史》，北京大学出版社 1985 年版，第 116—117 页。

⑦ 张岱年：《中国哲学大纲》，江苏教育出版社 2005 年版，第 50 页。

⑧ 牟宗三：《老子〈道德经〉演讲录》，《鹅湖月刊》2003 年第 29 卷，第 4 期。

续表

42 章 \ 诠释者	道	一	二	三	生
傅伟勋①	the Absolute	One	Two	Three	produce
陈鼓应②	本原	道	对立两面	和气	产生、形成
刘笑敢③	一、二、三不必有确切的指代对象				演化
张祥龙④	终极处境中的构成之道	境域	阴阳结构	气	生发
林安梧⑤	场域	整全、根源	对偶	对象	同有
陈荣灼⑥	unspoken	a process of letting-be			bringing force

这些不同的解读大致可以概括为三类。一是以河上公、淮南子为代表的宇宙生成论解释，基本上认为"一"、"二"、"三"分别指"元气"，"阴、阳二气"与"清、浊、和三气"。二是以庄子、王弼为代表的语言论解释，认为"一"、"二"、"三"表示对整一宇宙不断命名与界分的过程。"一"、"二"、"三"不是单纯的序数词，而是类似于冯友兰后期所说的"形式底观念"。三是当代牟宗三的境界论解释。他继承了庄子、王

---

① Charles Wei-hsun Fu（傅伟勋），"Lao Tzu's Concept of Tao"，*Inquiry*，Vol. 16，Oslo：Oslo University Press，1973，pp. 367 – 394.

② 陈鼓应：《老子注译及评介》（修订增补本），中华书局 2009 年版，第 226—228 页。陈鼓应列举并分析了淮南子的解释，他不同意用淮南子的"阴阳"来解释老子的"阴阳"，而赞成用庄子的"天地"来解释。

③ 刘笑敢：《老子古今：五种对勘与析评引论》，中国社会科学出版社 2006 年版，第 439 页。

④ 张祥龙：《海德格尔思想与中国天道——终极视域的开启与交融》，生活·读书·新知三联书店 1997 年版，第 284、287 页。笔者对其观点作了概括。

⑤ 林安梧：《关于〈老子道德经〉"道、一、二、三及天地万物"的几点讨论》，发表于香港中文大学主办的"道家经典诠释——我注六经还是六经注我"国际学术研讨会，2007 年 12 月 19—21 日。

⑥ Chan Wing-cheuk（陈荣灼）：*Heidegger and Chinese Philosophy*（《海德格尔与中国哲学》），台北：双叶书廊有限公司 1986 年版，第 126—127 页。

弼一脉的思路，并结合《老子》第一章，认为"一"、"二"、"三"是从名言的角度对"道"这一形式概念的具体说明。"一"、"二"、"三"分别指"无"、"有"、"玄"，"道生"并非宇宙生成论意义上的"创生"，而是寄托在主体工夫上的一种境界。

这三种解释进路为我们提供了理解《老子》的不同角度，其合理性何在，缺陷何在，离《老子》有多远，在方法论上如何评价，是下文要逐步讨论的。

二　论河上公、淮南子的宇宙论解释

冯友兰认为可以从"本体论"与"宇宙形成论"两个进路去解释《老子》之"道"，但就第四十二章来说，他认为"大概是一种宇宙形成论的说法……一就是气，二就是阴阳二气，三就是阴阳二气之和气，这都是确有所指的，具体的东西"[①]。他的根据是下文所说的"万物负阴而抱阳，冲气以为和"。这种解释在当代的解释中非常具有代表性，但这种说法其实可以一直追溯到河上公。河上公注第四十二章曰：

> 道始所生者一，一生阴与阳也；阴阳生和、清、浊三气，分为天地人也。天地共生万物，天施地化人长养之也。万物无不负阴而向阳，回心而就日。万物中皆有元气，得以和柔，若胸中有藏，骨中有髓，草木中有空虚与气通，故得久生也。[②]

从河上公注可以看出，"二"为"阴、阳"，三为"和、清、浊三气"，具体体现为"天、地、人"三才。从"万物中皆有元气，得以和柔"句来看，"一"相当于"元气"。河上公所揭示的宇宙生成次序可概括为"阴阳—三气—万物"，这是一种气化宇宙论的解释。以此来解释老子的"一"、"二"、"三"从表面上看也是能讲通的，但前提是下文"万物负阴而抱阳，冲气以为和"的"阴阳"果真是阴气、阳气之义，并且先于万物而存在。但这一点徐复观很早就提出过质疑。他指出：

---

① 冯友兰：《中国哲学史新编》（第二册），第50页。
② 王卡：《老子道德经河上公章句》，第168—169页。

1. 如果"二"指"阴阳"，老子为什么不直接说"一生阴阳"呢？

2. 老子谈到创生过程时，为什么在其他处不见"阴阳"二字呢？

3. 如果阴阳为创生宇宙的二基本元素，在层次上应该居于万物的上位；不可言"万物负阴而抱阳"，阴阳反在万物的下位。而成物以后，则阴阳已融入于万物之中，亦不可谓"万物负阴而抱阳"；因为若果如此，则是阴阳与万物为二。

4. 道生一到三生万物，说明生化的过程已完。"万物负阴而抱阳"，在文义上正承上文而说万物已经化生以后的情形。①

徐复观认为，老子所说的"负阴而抱阳"的"阴阳"与河上公的"阴阳"并不是一回事。从逻辑层次上看，老子的"阴阳"是在万物之中，而不是万物之先，因此也就不是创生万物的"阴阳二气"。从语言表述上来看，"万物负阴而抱阳"是对万物特性的描述，而不是对万物本身如何产生的说明。这里的"阴阳"是指万物所具有的阴、阳两个方面的性质，而不是创生万物的"阴阳二气"。"阴阳"在《老子》中是重要的哲学范畴，而不是关于"气"的描述词。《老子》中提到创生万物往往直接用"道生之"（五十一章），即"道生万物"的意思，可见老子对宇宙的生成过程与构成模式并不关心。河上公的解释可能是受"汉代黄老学的元气自然论"的影响②，与老子的思维方式与语言风格都有很大不同。因此，徐复观的质疑不无道理。

另一位与河上公的解释进路相似的是淮南子。《淮南子·天文训》曰："道曰规始于一，一而不生，故分而为阴阳，阴阳合和而万物生，故曰：'一生二，二生三，三生万物'③，这同样是用"阴阳"来解释"二"，"阴阳合和而生"，虽未点明是"和气"，但仍包含"和气"的意思，因为单纯"阴"、"阳"两个概念是不能创生的，如上文所述，

---

① 徐复观：《中国人性论史》，台北：台湾商务印书馆1969年版，第334—335页。笔者对其观点作了概括。

② 王卡：《老子道德经河上公章句》前言，第9—10页。

③ 何宁：《淮南子集释》（上册），第244页。

这与《老子》中的"阴阳"并不相同。《天文训》又曰:"道始于虚霩,虚霩生宇宙,宇宙生气。气有涯垠。清阳者薄靡而为天,重浊者凝滞而为地。……天地之袭精为阴阳,阴阳之专精为四时,四时之散精为万物。"①如果对应到老子的"一"、"二"、"三"上,那么,"虚廓"对应于"道","气"对应于"一","天地"对应于"二",但是"三"呢? 表面上看"四时"是天地所生的"三",但仅从数字上说很难对应,况且"四时"本就是天地运行的体现,而不是天地的产物,如《论语·阳货》曰:"天何言哉? 四时行焉,百物生焉。"②因此,很难说是"天地"生"四时"。事实上,淮南子对数字的运用方式与老子不同,他所呈现的是从"一"到"二"到"四"的推演模式,而不是从"一"到"二"到"三"。也就是说,即便老子有可能用"一"、"二"、"三"来抽象地表达宇宙的生成过程,与淮南子所设想的演化图式也是不同的。

　　《淮南子·精神训》曰:"古夫有天地之时,惟像无形,窈窈冥冥,芒芠漠闵,鸿蒙鸿洞,莫知其门。有二神混生,经天营地,孔乎莫知其所终极,滔乎莫知其所止息。于是乃别为阴阳,离为八极,刚柔相成,万物乃形",这里同样没有对"三"给出解释,而是用从"二"到"八"的偶数推演模式。这可能与汉代的气化生成论整体上受到《周易》系统的影响有关,其杂糅了《易传》、《易纬》的成分。《周易·系辞上》曰:"易有太极,是生两仪,两仪生四象,四象生八卦。"③淮南子的推演模式与此更为相像,而与《老子》相去甚远。朱伯崑指出,"在中国哲学史上,关于宇宙形成的理论,有两个系统:一是道家的系统,本于《老子》的'道生一'说;一是《周易》的系统,即被后来易学家所阐发的太极生两仪说"④。河上公与淮南子的气化宇宙论思想都可以归到后一种宇宙演化系统中去,他们对《老子》的解释其实是一种再加工,而非老子原意。刘笑敢曾指出,"《周易》系统讲太极生两仪、两仪生四象、四象生八卦,完全没有三的位置,与老子思想不合"⑤。《周易》系统不重视"三",淮南子对老子的解释同样没有说清楚"三"的含义。

---

①　何宁:《淮南子集释》(上册),第165—166页。
②　程树德:《论语集释》(第四册),中华书局2010年版,第1227页。
③　李道平撰,潘雨廷点校:《周易集解纂疏》,中华书局2004年版,第600—601页。
④　朱伯崑:《易学哲学史》(第一卷),昆仑出版社2009年版,第74页。
⑤　刘笑敢:《老子古今:五种对勘与析评引论》,第439页。

河上公、淮南子的解释进路倒是与郭店竹简《太一生水》比较接近。《太一生水》曰："大一生水，水反辅大一，是以成天。天反辅大一，是以成地。天地［复相辅］也，是以成神明。神明复相辅也，是以成阴阳。阴阳复相辅也，是以成四时。"① 李零认为，《老子》是"哲学层面的讨论"，而《太一生水》是"宇宙论的描述"，"《太一生水》与《系辞》中的宇宙论有相似之处"②。这正说明了《老子》与河上公、淮南子的进路是有分野的，它们分属于道家和《周易》两个不同的系统。李学勤更进一步指出，《太一生水》乃"深受数术家的影响，同天文数术有直接的密切的关系"，"《太一生水》把'道生一'那套道家思想与太一周行结合，正是其时思想潮流的一种表现"③。可见，河上公、淮南子以及《易传》系统的宇宙论解释进路都不能说明《老子》第四十二章讲的是气化宇宙论。

为了更好地理解《老子》，我们不妨回溯到第二十五章中的"道"。《老子》曰："有物混成，先天地生，寂兮寥兮，独立不改，周行而不殆，吾不知其名，字之曰道，强为之名曰大。"老子对天地之先的某种存在只是推测，而没有客观的认知，"道"只是"强为之名"，是虚指，而非实物。汉代气化宇宙论提供了具体的解释，恰恰有违老子本意。"道"究竟是如何创造万物的，这一宇宙论问题并不是老子所关心的。

综上所述，以河上公为代表的诠释进路并不能完全说明《老子》第四十二章的意思，更不足以填补老子所留下的意味深长的语义空间，所以，这一解释缺陷本身又对重新诠释提出了更高的要求和期待。

三　论庄子、王弼的语言论解释

王弼对该章的解释是借鉴庄子而来。庄子对宇宙论问题的思考得益于老子，但又与老子不同。《老子》第四十章曰："天下万物生于有，有生于无"，这是对万物来源的抽象概括，老子并没有具体描述其生成过程。庄子则进一步指出，宇宙本源问题是无法探讨的，如果说万物有一个开

---

① 李零：《郭店楚简校读记》，北京大学出版社 2002 年版，第 32 页。
② 同上书，第 42 页。
③ 邢文编译：《郭店老子与太一生水》，学苑出版社 2005 年版，第 253—255 页。

始，那就是从语言命名开始的。《齐物论》曰："有有也者，有无也者，有未始有无也者，有未始有夫未始有无也者。俄而有无矣，而未知有无之果孰有孰无也。今我则已有谓矣，而未知吾所谓之其果有谓乎，其果无谓乎？"① 从庄子这一颇富思辨性的观点来看，连宇宙的起源是"有"还是"无"都是无法确定的，宇宙的生成过程也就更无从谈起了。我们能谈论它，是因为有"谓"，即我们进行称谓或命名这一活动。万物因为有了称谓而"显示"给我们它的意义，因此我们首先能确定的只是语言的存在及其命名的功能。语言是意义世界的开启，但是语言的实指内容仍然是不确定的，所以庄子这里用疑问句来表达。庄子对语言的表意功能并不怀疑，他怀疑的是我们所表达出来的"意"是否是真实的"意"，即符合实际事物的"意"。

庄子曰："言非吹也，言者有言。其所言者特未定也。果有言邪？其未尝有言邪？……道隐于小成，言隐于荣华。"（《齐物论》）更准确地说，庄子对语言能否表达"道"是表示怀疑的，无论这"道"是指宇宙本源，还是指其他什么。正是在这样的理论旨趣之下，我们才能理解他对宇宙演变过程的看法。《齐物论》曰：

> 天地与我并生，而万物与我为一。既已为一矣，且得有言乎？既已谓之一矣，且得无言乎？一与言为二，二与一为三。自此以往，巧历不能得，而况其凡乎？故自无适有，以至于三，而况自有适有乎？无适焉，因是已。

庄子此段未必是直接回应老子的，但王弼引用庄子这一说法注《老子》第四十二章，说明至少在王弼看来是回应老子的宇宙论问题。而且庄子在自己的思想系统里间接地谈论老子的"道生一，一生二，二生三"问题，或探讨与老子相似的问题，都完全是有可能的。但庄子是"接着讲"，而不是"照着讲"。庄子认为，如果先于天地的果真是"一"，那就意味着连语言都不存在了，只要有语言，世界就有了"区分"，就不再是混沌整一的"道"。既然能称最初的存在为"一"，就说明人已经有语言了。原

---

① 郭象注，成玄英疏：《南华真经注疏》，中华书局1998年版，第42页。下引庄子文皆出此书，只注篇名。

初的存在加上对存在的命名就是"二"，以此类推，没有穷尽。语言的命名功能一方面使我们能更清楚地描述、概括这个世界，使世界澄明于我们；另一方面又造成了人为的区隔，如同盲人摸象，遗失整体而坠入流俗的枝节解说。因此，在庄子的眼中，世界是从高向低不断堕落的，他说：

> 有以为未始有物者，至矣，尽矣，不可以加矣！其次以为有物矣，而未始有封也。其次以为有封焉，而未始有是非也。是非之彰也，道之所以亏也。（《齐物论》）

庄子并不关心宇宙的生成过程与构成模式，他关心的是万物产生以后的世界。万物产生，语言也随之产生；语言产生，是非也随之产生，因此，庄子认为万物产生之前的世界才尽善尽美。庄子是从什么是好的世界，什么是坏的世界，也即伦理学的角度去看待这个问题的。或者说，庄子关心的是"世界"，而不是"宇宙"。"世界"是人的实际生活处境，而"宇宙"是物理上的空间存在。他看到现实世界存在严峻的问题，有了"是非"判断，也就争端不断，因此希望回溯到万物之先的无是无非的状态。而他批评既定世界是从"语言"切入的，语言造成了对原初世界的最初的破坏。

因此，回过头来理解庄子对"一"、"二"、"三"的指引性解说，就会更清楚。庄子所向往的是"天地与我并生，而万物与我为一"的宇宙原初状态，没有称谓，没有分别，更没有是非。"一"、"二"、"三"是形式上地对世界不断命名的三个层次。如果结合庄子"未始有物"段，我们可以将这里的"一"理解为"有物无封"的世界；"二"理解为"有封而无是非"的世界；"三"理解为"有是非"的世界。无物、无封、无是非的世界是"道"，也就是庄子所追求的逍遥世界。庄子对"一"、"二"、"三"给出一个如此大胆而富有原创性的语言论解释，最终目的是要实现人之生存的逍遥之境。

王弼援引《庄子》注第四十二章，所取的正是庄子的语言论视角。他说：

> 万物万形，其归一也。何由致一？由于无也。由无乃一，一可谓无？已谓之一，岂得无言乎？有言有一，非二如何？有一有二，遂生

乎三。从无之有，数尽乎斯，过此以往，非道之流。故万物之生，吾知其主，虽有万形，冲气一焉。①

楼宇烈认为，王弼此段"所本乃庄子《齐物论》"②。王弼对"一"、"二"、"三"的解释同样是从语言的角度进行的，其观点与庄子相似③，他认为一旦有了第一个命名"一"，就不能不有更多的名，以此类推，越往下命名越离开了老子之"道"。尽管王弼下文也提到"冲气"，但显然与上文的解释脱节，而像是为了照顾老子下文而故意为之。总之，王弼淡化"气"论而强调"道"，但未如庄子那样提升到"与天合一"的逍遥境界。

王弼与庄子都是从名言的局限来说明"道"的堕落过程。"一"、"二"、"三"都是形式意义上的指称，而没有实际的内容。这比河上公、淮南子的解释在思维方式上要更接近老子，当然，在具体的解释上亦与老子有所不同。他的解释更接近冯友兰的"本体论"解说，冯友兰指出：

> 如果作本体论的解释，一、二、三都不是确有所指，不是什么具体的东西。只是说，无论道生多少东西，总有一个是先生出来的，那就叫一。有一个东西，同时就有它的对立面，那就是二。二与道加起来就是三。从三以后，那就是天地万物了。④

冯友兰同样认为，"一"、"二"、"三"除了上文提到的"宇宙论"的解释进路，如河上公、淮南子那样，也可以理解为是没有具体所指的形式符号。他的所谓"本体论"的理解进路其实仍然是承接庄子、王弼而来的。他在《新原道：中国哲学之精神》中更进一步指出，"道所生之一，就是有。有道，有有，其数是二。有一有二，其数是三。此所谓一二三，都是形式底观念。这些观念，并不肯定一是什么，二是什么，三是什么"⑤。

---

① 王弼注，楼宇烈校释：《老子道德经注校释》，第117页。
② 同上书，第118页。
③ 参见拙文《〈庄子〉：从"道"到"无"的过渡》，载《哲学研究》2010年第2期。
④ 冯友兰：《中国哲学史新编》（第二册），第49页。
⑤ 冯友兰：《新原道：中国哲学之精神》，生活·读书·新知三联书店2007年版，第48页。

这与他早期的观点颇为不同，他所用的"本体论"不是西方意义上的 Ontology，而只是用来区别于汉代的宇宙生成论，说明"一"、"二"、"三"是表示逻辑关系的形式观念，而没有具体所指。

庄子、王弼以及冯友兰后期的解说淡化了宇宙论的色彩，而以新的视角重新回到老子的理性精神上去。让我们重新意识到，老子的"道"只是"强为之名"而已，它如何"生"万物，并非人所能认知的。与其赋予"一"、"二"、"三"具体的内容，不如思考老子提出"道"的目的。这一点，庄子已经开始探讨，通过破除名言障碍，消解华丽的语言而进入与天合一的逍遥状态。到了当代，牟宗三则更进一步地将这种状态与老子之"道"紧密地结合起来。

四　论牟宗三的境界论解释

牟宗三对《老子》的解释是其"境界形态学"的重要构成部分，以此来区别于西方的"实有形态学"①。其中对第四十二章的诠释尤其特别，他在庄子、王弼的基础上作出了新的论断。

牟宗三认为"道生一，一生二，二生三，三生万物"与下句"万物负阴而抱阳，冲气以为和"讲的是两回事，这一点与徐复观的看法相同。他认为，前者讲的是"道"，后者讲的是"气"；前者是超越界的，后者是现象界的。他援引《老子》第一章的"无名天地之始；有名万物之母"，认为老子是"通过道的双重性（有性、无性）来说明天地万物"，而不是用"气"来说明天地万物②。也就是说，老子更注重"道"的超越性，而不注重气化宇宙论的描述。

但他不认为"道"可以独立于"万物"，"道"的超越性只是意味着"实现原理"，它必须经过"一"、"二"、"三"的过程。从实现原理的层次上讲，他认为，老子这里的"道"也就是"无"③。

最后，他回应了庄子的解释，认为庄子的意思是处在"天地与我并生，而万物与我为一"的状态就行了，所以不主张"自无适有"或"自

---

① 牟宗三：《才性与玄理》，台北：台湾学生书局 1993 年版，第 141 页。
② 牟宗三：《老子〈道德经〉演讲录》，《鹅湖月刊》2003 年第 29 卷，第 4 期。
③ 同上。

有适无"，而要处在"当下即是的境界"。"当下即是"，也就是牟宗三所说的"主观的修道的境界"①。他认为，在老子看来，道与天地万物的关系是客观的，但庄子是从主体工夫去说的。

牟宗三认为，庄子的理解角度是可取的，一旦能用语言去命名，就是主客对待的关系了，即"对偶性"②。"一"是称谓，"一"与"一"所指的那个事物（object）就成了"二"。因此，"一"是指"无"，"二"是指"有"，从"无"看，天地万物是没有区分的，因为没有主客对待的关系。这个看法非常深刻，对庄子、王弼的解释进路给出了一个现代描述。庄子之所以始作俑者，站出来反对语言命名，其深层原因正是要克服从"天地一体"到主客对立（即不断有"封"的堕落过程）。王弼深谙其理，牟宗三亦有同情的理解。因此，它强调"一"是"无"，即不可再分为"二"、"三"等等。如果开始分了，就成了"有"，哪怕你费尽口舌说它是"无"，只要开始去言说了，就落入了"有"界，也即牟宗三所说的现象界。所以，他认为"二"就是"有"。那么，"三"又如何解释呢？

牟宗三援引《老子》第一章"此两者同出而异名，同谓之玄"的说法，认为"三"指的是"玄"。"玄"是"众妙之门"，也就是道的本性。"道"逐层展开而成为具体真实的。"三"是把"一"、"二"综合起来，"代表谐和，也代表法则"③。这个说法很有意思，但需要严格的检省。"道"作为"实现原理"逐层实现出来，成为具体的真实，这个假设没有问题。但老子说"一生二，二生三，三生万物"，"三"只是"二"的派生物，比"二"离"道"或"无"更远，何以能综合"一"、"二"？并且，在《老子》第一章中，"玄"是指"同出者"，也就是暗指"道"，在概念层次上应该在"有"（"二"）之先，而不能落在"二"之后。他之所以要将"三"解释为"玄"是有他的考虑，因为只有这样，才能解释下面的"三生万物"。"有"、"无"玄同、和合而生出"万物"。或者说，万物的产生，既需要"无"之"根据"，也需要

① 牟宗三：《老子〈道德经〉演讲录》，《鹅湖月刊》2003年第29卷，第4期。
② 同上。
③ 牟宗三：《圆善论》，台北：台湾学生书局1985年版，第3—9页。

"有"之"内容"①。这样的讲法就与庄子、王弼不同而又有了新的开展。他本人也对老子、庄子、王弼的问题意识与观点作出了区分和评论。他说：

> "道生一，一生二，二生三"，此一、二、三是对于道之分解的表象之客观地实说，实说其引生一、二、三之经过，非如庄子之重在明因名言之缠夹而引起罗嗦，故最后以归于"无适"为真也。老子尚质实，而庄子则玄微矣。故王弼以此"自无适有以至于三"解老子之"道生一，一生二，二生三，三生万物"，虽似未尝不可方便借用，然实于语意不合，亦即立言精神不合。②

牟宗三认为，老子的"道"有实的一面（有性），有虚的一面（无性），具有双重性。但庄子更偏向于"无"，所以最终走向了"玄微"。但他能够同情庄子的问题意识，即庄子是针对当时甚嚣尘上、蛊惑人心的名学而论的。因此，牟宗三想要综合老子之道的"有"、"无"两个方面的特性，才有了上文对"三"作"玄"的解释。在牟宗三看来，从"道"到"三"其实完成的不是一个创生的过程，也不完全是一个世界经语言命名而不断堕落的过程，而是不断"实现"的过程，也即他说的"分解"的过程。他认为老子之道是客观的，"有"、"无"统一，"一"、"二"、"三"只是将道生万物的过程分解来说。道可以说是变化的万物背后的"根据"，"根据"当然是客观的，他认为到了庄子，完全走向了主观，因此，他并不同意庄子、王弼的解释。

综上所述，牟宗三"接着"庄子、王弼的讲法，认同庄子、王弼从名言入手进行解释的哲学意义，即破除主客对待而达到与天合一的境界。但他认为庄子、王弼的解释也有局限，即偏向于主观而忽略了"道"的

---

① 参见拙文《论牟宗三对老子之道的诠释》，《哲学与文化》2010 年第 5 期。该文涉及牟宗三对第四十二章的诠释，但本文对其将"三"理解为"玄"这一点作了更为同情的了解，指出他如此解释的目的，从诠释方法上讲，是为了自我诠释系统的一致性；从论证过程来讲，也有他的合理性，即单纯形式意义上的"道"或"无"都不能够创生，而必须经过"有无玄同"来生，所以"玄"他理解为"动词"，而非"名词"。简言之，牟宗三认为形式意义上的"道"或"无"是根据，它层层下落到"有"的世界（现象界），才能谈得上"创生"。

② 牟宗三：《圆善论》，第 285 页。

客观性。牟宗三所说的"境界"实是主客合一的产物，也即"一"与"二"、"无"与"有"的玄同合一。"道"之"生"不是宇宙论意义上的生，而是指"道"这个最高"实现原理"的具体实现过程，而这个实现的过程需要我们的主体工夫去体会，因此它是呈现于我们的心灵之上的，"道生"就寄托在我们的心灵体会上。这一讲法在思路上是成立的，在基本精神上也不违老子，对老子与庄子、王弼之区别的判准也有道理。唯一的不足在于对"玄"的解释与老子有出入的。他援引《老子》第一章来解释第四十二章很有见地，但从第一章来看，"玄"应在"有"、"无"之先，其实就是指"道"，而不能指"三"。在这个问题上，牟宗三没有给出更多的解释，多少有些遗憾。

五　方法论初探:问题意识与回到经典

从以上三种不同的解释进路及其观点可以看出，与其说对"一"、"二"、"三"的解读不同，不如说他们对"生"这个关键词的理解不同。河上公、淮南子所说的"生"是"创生"、"创造"（creation）的意思；庄子、王弼所说的"生"是"衍生"、"派生"（derivation）的意思；牟宗三所说的"生"是"显示"、"呈现"（presenting）的意思。那么，老子本人的"生"究竟是什么意思？

《老子》第五十一章曰，"道生之，德畜之"；第二章曰，"生而不有"；第四十章曰"天下万物生于有，有生于无"。"生"均为"创生"之意，但此"创生"不是一个实然意义上的创生，如一只母羊"生"下了一只小羊那样；也不是宗教意义上的创生，如上帝创造了世界那样，而只是一个虚说，一个假设。本文认为，《老子》第四十二章的"道生一，一生二，二生三"是表示宇宙不断演化的过程，具有宇宙论的意味，但并没有宇宙生成过程的具体描述，与汉代的气化宇宙论是不同的描述体系。因此，不能简单地用河上公、淮南子的思想来解释《老子》该章。老子确实有"阴阳"的思想，如"负阴而抱阳"，但"阴阳"不等于具体存在的"阴阳二气"，而是两个重要的哲学范畴。老子也有"气"的思想，如"专气致柔"（十章），但主要是喻指和谐的、生机勃勃的状态。

此外，老子对"名言"也确实给予了高度的重视，如第一章曰："道可道，非常道；名可名，非常名。"可见名言同样很重要。老子反复强调

"道"是"强为之名"，具有"大音希声、大象无形"、"道隐无名"（四十一章）的特性，正是暗示了"名言"会造成"道"的不断堕落。因此，庄子、王弼从语言的角度去理解《老子》第四十二章，是从整体理解局部，与老子也有契合之处。牟宗三认为庄子、王弼更偏重于主体工夫而对此作一定程度的调整。但其说与庄子、王弼原意亦有差别。庄子确实重视主体工夫体验，追求与天合一的逍遥境界，但从《庄子》全书来看，他并未落入主观，比如"道有情有信"（《大宗师》）就保留了"道"的客观性。王弼更没有落入主观的工夫，他从语言论的角度分析之后，又回到了"冲气一也"，亦是就客观而言。因此，牟宗三对庄子、王弼的语言论视角有其发现，是一种洞见，但他的诠释也不乏误解之处。

《老子》第四十二章下文曰："人之所恶，唯孤寡不穀，而王公以为称。故物，或损之而益，或益之而损。人之所教，我亦教之。强梁者不得其死，吾将以为教父。"一般认为，这段与上文"道生一"部分难以构成关联。事实上，也并非全无关联。"孤"、"寡"、"不穀"都是人不愿称呼自己的，近乎"无名"，侯王却以此自称，这是与最高的"道"相匹配的德行。王弼注曰："百姓有心，异国殊风，而王侯得主焉。以一为主，一何可舍？愈多愈远，损则近之。"① 他将老子"为道日损"（四十八章）、"多言数穷，不如守中"（五章）的思想融合进来，可谓深得老子之意。

因此，纵观以上三种解释，王弼的解释最契合老子。但是，其他各种解释都为我们照亮《老子》的不同侧面、全面深刻地理解《老子》提供了丰富的参考资料，同样弥足珍贵。

但是，为什么会出现如此不同的解释呢？本文认为，最重要的是不同思想者的"问题意识"不同。而必须厘清这些问题意识，透过重重诠释的"迷雾"，才能真正理解文本的原意。

"问题意识"是指一个人在运思时所带有的主要"关切点"（concern）或"旨趣"（purport）。每个思想者都有自己对宇宙、社会、人生的观察和主要的关切点。他们的关切点不同，处理的问题也就不同，创造出的思想也就不同。

仍以本文列举的各家为例，老子的主要关切点是在礼崩乐坏的社会背

---

① 王弼注，楼宇烈校释：《老子道德经注校释》，第 117 页。

景下，如何实现"无为"之治，使国家能够"长生久视"（五十九章），而不在宇宙的创生过程和构成模式上。所以，第四十二章表面上看确实是在描述宇宙的创生过程，实际上只是抽象的概括与说明，"一"、"二"、"三"都没有具体的含义。下文更是笼统地描述万物"冲和"的状态，而没有着眼于"气"。其根本目的在于章末所说的"强梁者不得其死"的道理开启上。老子说"道"是为了说君王治国的道理，这一主要关切点不可背离。

河上公的问题意识则主要在养生处世上，而不在天道自然上。王卡认为，"《河上公章句》应成书于西汉之后，魏晋之前"，王明认为其为"黄老学者伪托战国时河上丈人所作"①。从河上公所处的时代可以推测，他多少受到了黄老学说的影响，而与老子的旨趣有所不同。

王弼的问题意识则在于破除汉代繁琐的注经方法，建构新的解释模式。因此，他更能把捉《老子》中形上的一面，故第四十二章注借鉴庄子说法，凸显"名言"对"道"的负面作用，这样也就是将"一"、"二"、"三"推向了纯形式的抽象符号而抛弃了对"一"、"二"、"三"的宇宙论解释模式。

牟宗三的问题意识则在于"道"的呈现方式，也即"道"与"人"的联系上。他重视"道"是如何开显的，而不重视"道"是如何创生的。因此，他的解释凸显主体性与工夫论，从主体上说，而不从"道"之客观存在上说。但他并不否定"道"有客观的一面，只是把"道"之创生寄托在人之体会上来讲。因此他最终将第四十二章的"三"解释为"玄"，落在主客玄同合一的"境界"上。

可见，厘清不同思想者、解释者的问题意识，对我们回到经典原意至关重要。首先，我们要承认，作为当代人，由于历史、文化、语言、思维方式与社会背景等诸多方面与古人的不同，我们很难越过那些离原典时代更近的重要注释者、思想者的解释而直接获得经典的原意；其次，在我们参考这些注释和诠释的时候，又不能迷失于他们的解释而将其直接当作经典的原意。如何平衡二者的关系，处理二者之间的张力？本文认为，深入了解不同思想者、注释者的问题意识，是回到经典原意的必经之路。同时也可以避免流行的"跨文本诠释"的方法有可能带来的误读。

① 王卡：《老子道德经河上公章句》前言，第3页。

　　"跨文本诠释"是刘笑敢从中国哲学研究方法论的角度明确提出的重要概念。"跨文本诠释"指"以一部（或一篇）作品的内容（观念、概念、命题、理论等）取解释另一部作品，这样做的结果可能是无穷多的可能性。但是，影响诠释结果最大的因素可能是不同文本之间的差异性的大小"①。《老子》第四十二章的解释可谓有"无穷多的可能性"，这既与《老子》本身的开放性有关，更是历代学者跨文本诠释的结果。例如，河上公、淮南子用汉代的一些概念去解释老子，王弼用庄子的观念去解释老子，牟宗三用自己的问题意识代替老子的问题意识，等等。但是，"文本之间的差异性"，除了我们熟知的考证的方法，还从哪里可以判断出来呢？本文认为，问题意识，正是考察文本之间差异性的重要途径之一。一旦这种差异性被忽略或忽视，就会出现盲目的用一种文本的观念、精神去解释另一种文本的现象，而当所解释的是更为古老的经典时，误读的可能性就更大。所以，要回到经典，除了已经为人们熟知的考证的方法与思想史的方法，我们还需注意的是不同文本，即不同思想者、注释者的"问题意识"之不同。

---

　　①　刘笑敢：《诠释与定向——中国哲学研究方法之探究》，商务印书馆 2009 年版，第 210 页。

张载易学"化"论缕析

辛亚民

张载以善言"神化"著称①。"神化"是张载易学哲学体系中的一对核心概念，也是理解张载易学思想的关键所在。学界关于张载"神化"学说的研究多注重对"神"的探究，对"化"论的内容涉及较少。本文就张载易学中的"化"论加以缕析，以就正于学界。

一　神与化

张载《横渠易说》（后简称《易说》）中有一段很重要的一段话：

> 一物两体者，气也。一故神（自注：两在故不测），两故化（自注：推行于一），此天之所以参也。（《易说·说卦》）

这里的"化"，指气的变化，即阴阳二气相互推移的过程，这种运动变化源自气自身的内部结构——阴阳对待。对立面的相互作用、相互依存导致了气的运动变化，这叫作化；这种变化神妙莫测，这叫作神。神和化都源自气自身的内部结构，是对阴阳二气对立统一不同角度的描述。因此，张载也用体用关系来说明神、化之间的联系：

> 神，天德；化，天道。德，其体；道，其用，一于气而已。

---

① 参见张岱年《张横渠的哲学》，载《张岱年全集》第五卷，河北人民出版社 1996 年版，第 29 页。

（《正蒙·神化》）

神妙不测，这是天固有的本性；变化运行，这是天运动的过程。神妙不测的性能是天的本体，变化运行的过程是天的作用，这些都统一于太和之气。这里的天指阴阳对立统一的太虚之气。神是"体"，是运动变化的内在根据，化则是作用和性质。

太虚之气的运行变化构成了宇宙间万事万物的变化生灭，宇宙间的变化，类型、内容极其丰富，张载所说的"化"有时专指细微、缓慢的变化，所以他又用"缓"、"渐"等字来形容"化"。

二 "推行有渐为化"

张载说："气有阴阳，推行有渐为化，合一不测为神。"（《正蒙·神化》）阴阳二气逐渐的相互推移演变叫作化。化具有缓慢、细微的特征。朱熹解释说：

> "神化"二字，虽程子说得亦不甚分明，惟是横渠推出来。推行有渐为化，合一不测为神。……化是逐一挨将去底，一日复一日，一月复一月，节节挨将去，便成一年，这是化。[1]

朱熹十分推崇张载的"神化"说，他认为张载所说的"化"是指一种缓慢、细微的变化，而且这种变化具有连续性。他以时间的推移为例，说明化的状态。张载自己也说"缓则化"：

> 神为不测，故缓辞不足以尽神，【缓则化矣；】化为难知，故急辞不足以体化，【急则反神。】

"缓辞"是指详细具体的说明，"急辞"是指言简意赅的辞语。张载认为"神"是很难测度的，详细具体的说明也不能充分表达"神"的奥妙意义，因为，那样详细具体的解说只能用来描述"化"。"化"的根据和原

---

[1] 黎靖德编：《朱子语类》卷九十八，中华书局1986年版，第2512页。

因是难以通晓的，用简要的语言说明就不能完全显现"化"的形象，因为，那样简要的语言说明"神"是较为合适的。张载认为，对"神"而言，语言摹写是不易的，更不用说详细的形象的描写和论证了，只能用直觉和体悟把握它，用最概括、最抽象的范畴描述它，这就是所谓的"急辞"。"神"虽无形无象，但气化是有形象有过程的，人能够观察、感觉到，如四时运行、百物生灭等都是它的作用的表现，所以，人能够举例列事、生动描绘、详细说明，这样的说明所用的语言概念就是所谓的"缓辞"①。张载这里说道："化为难知"。《横渠易说·系辞下》道：

> 化不可言难知，可以言难见，如日景之行则可知之，其所以行则难见也。

这两处说法似乎互相抵牾。喻博文先生的意见是："作'难知'亦通，指'化'的根原是不容易为人认识和掌握的。"②《易说》以"日景之行"为例证说明"化"，这是从外在的现象着眼，通过观察太阳影子的变化可以知道它的运行，这是可以观察到的，但这一现象背后的本质则是观察不到的。这里的"其所以行"也就是喻先生所谓的"'化'的根原"，而"化"的根原其实是"神"，"神"是难以测度的，也就是难知。

三　"变言其著，化言其渐"

《系辞》云："变化者，进退之象也。"孔颖达《正义》云：

> 万物之象，皆有阴阳之爻，或从始而上进，或居终而倒退，以其往复相推，或渐变而顿化，故云"进退之象"也。

这是以阴阳二爻的升降推移解释变化的原因。其中说到"渐变"和"顿化"，这是以变为不明显的变化，以化为显著的变化，朱伯崑先生认为，这一说法"大概本于道家，如《庄子》所说的'物化'，即以一物变为另

---

① 喻博文：《正蒙注译》，兰州大学出版社1990年版，第52页。
② 同上。

一物为化，从而以变为渐"①。而张载对变与化的定义恰好和孔颖达相反，张载说："变言其著，化言其渐。"（《易说·乾》）这是以变为显著的变化，而以化为不明显的变化。并且，张载通过阐释《系辞》"化而裁之谓之变"及"化而裁之存乎变"说明了变与化二者的关系：

> "变则化"，由粗入精也，"化而裁之谓之变"，以著显微也。"化而裁之存乎变"，存四时之变，则周岁之化可裁；存昼夜之变，则百刻之化可裁。（《易说·系辞上》）

朱伯崑先生说：

> 此是以显著的变化为变，以精微的变化为化，变而化之，即"由粗而入精"；使精微成为显著，此即"化而裁之谓之变"。把握着显著的变化，如存四时之变，细微的变化便可划分其阶段，如一年的变化可区分为四季，此即"化而裁之存乎变"。②

按照朱伯崑先生的解说，"化"是一种细微、不易察觉的变化，这种变化具有连续性，连续性的细微变化逐渐积累就构成显著的变化，对这一连续性细微变化加以人为的划分，就是若干个阶段的显著变化，这些不同的阶段显著变化就是"变"。"裁"是指人为的划分，时间的运行是就是"化"，具有连续性，人为的加以划分就有了四季、年岁。张载还说：

> 圣人因天地之化裁节而立法，使民知寒暑之变，故为之春夏秋冬，亦化而裁之之一端耳。（《易说·系辞上》）

此处还是以时间为例，时间运行是"天地之化"，圣人加以划分，以四季区别时间运行的阶段变化，是人们对寒暑有了更为明确的认识。这里张载注重强调这一人为的划分和时间本身的运行是相契合的，突出圣人在沟通天人方面的重要作用，但从另一方面也说明了变和化的关系——变和化是

---

① 朱伯崑：《易学哲学史》第二卷，昆仑出版社 2005 年版，第 332 页。
② 同上书，第 331 页。

指同一件事，变是对化不同阶段的描述。张载也用卦爻的变化来论述：

> 乾坤交通，因约裁其化而指别之，则名体各殊，故谓之变。（《易说·系辞上》）

这是用乾坤卦变说来说明变化的产生。"化"指爻位的推移，爻位的推移导致卦象整体的变化即是"变"①。这和"化而裁之谓之变"的说法是一致的——乾坤两卦的各爻互相推移，对这一推移过程加以划分、区别，就产生了其他六十二卦。

从以上论述中可以看出，在张载看来，化比变更为根本，变只是对化的人为性的划分，亦是由化而来。张载以雷霆为例，说：

> 雷霆感动虽速，然其所由来亦渐尔。（《正蒙·参两》）

这是说，雷霆的发生这一变化的速度是极其快速的，但是对其加以深究的话，也是由逐渐、缓慢的变化而来——变和化并非截然两分，急速的变源于逐渐的化。这里有突变是渐变发展、积累的结果的意思。张载还说：

> 《易》言"感而遂通"者，盖语神也。虽指暴者谓之神，然暴亦固有渐，是亦化也。（《易说·系辞上》）

这里的"神"是神速的意思，"暴"是急迫的意思，急迫的变化肃然神速，但急迫的变化包含有渐变的内容②，如果加以深究，急迫的变化也是一种"化"——"是亦化也"。在张载看来，显著、急速的变化都是由逐渐、缓慢的变化而来，渐变比突变更为根本，严格说来，所谓的"变"都可归结为"化"。

朱伯崑先生指出，张载所说的"变言其著，化言其渐"，不能归结为质变和量变。在易学哲学中很难形成质量的概念，就筮法而言，阴阳相推引起变化，主要是讲爻位的推移而非量的积累；就气论而言，气从微小到

---

① 朱伯崑：《易学哲学史》第二卷，第331页。
② 同上。

显著，是从表面形态的直观中获得的结果，张载并没有提出质、量的范畴①。

这里有一个问题需要讨论，与张载的变化学说相关，其气论中存在一个逻辑难题，那就是在气化过程中，无形之气聚而生物的"最初瞬间"是如何发生的？也就是说气聚而"生"物的过程中，"生"是怎样的一个过程？无形之气和有形之物是如何连接的？这里涉及无形与有形之间的"界点"问题，是气化过程中非常重要的逻辑转捩点，不仅仅是张载的气化学说，也是历史上诸多生成论共同面临的一个重要问题。如玄学派主张"有生于无"，仅仅指出了"有"来源于"无"，"无"是"有"的根源，但"无"是如何"生"出"有"的，其逻辑过程如何，"有""无"的连接点是什么，这些问题并没有作出回答；程氏说"冲漠无朕，万象森然已具，未应不是先，已应不是后"（《二程遗书》卷十五），意思是说从无迹可循到万象已具之间是没有时间上的先后次序，但对二者之间的逻辑关系并未有明确的说明，或者以"造化"加以解释，显得语焉不详。张载自己也意识到了这一问题，而且也注意到要解决这一问题面临的难度：

> 凡不形以上者，皆谓之道，惟是有无相接与形不形处知之为难。（《易说·系辞上》）

张载以气的聚散回答了"有无之辩"，以气自身阴阳对待的内部结构回答了气变化运行的原因，但是就在有形之物与无形之气的"相接处"出现了难题——无形之气是如何"变"为有形之物的？

张载是通过区分气的"清浊"来解决这一难题的。《正蒙·太和》云：

> 太虚为清，清则无碍，无碍故神；反清为浊，浊则碍，碍则形。

> 凡气清则通，昏则壅，清极则神。

如此一来，将无形之气分清、浊，以"浊"为无形与有形之间的逻辑连

---

① 朱伯崑：《易学哲学史》第二卷，第332页。

接点，打通气与物之间的通道。张载的这一区分并不显得圆融，无形之气如何分清、浊？清气如何变为浊气？"反清为浊"是个什么样的过程？这样的太虚之气自身又面临着逻辑难题。清、浊本身就是一对经验性很强的语词，以此来描述形上之气，自然会导致逻辑困难。前文已述，程颢曾就此问题诘难张载，《二程遗书》卷十一载：

> 气外无神，神外无气。或者谓清者神，则浊者非神乎？

面对这一诘难，据史料记载，张载为此也曾提出"清兼浊"的说法，试图解决这一矛盾：

> 渠初云"清虚一大"，为伊川诘难，乃云"清兼浊，虚兼实，一兼二，大兼小"。①

太虚之气中既然有清、浊相对，"清兼浊"的理论是不够通畅的，并没有解决先前的逻辑难题，张载对这一问题的努力并没有取得成功。"有形之物最初如何产生"的问题类似于宇宙的起源问题，是宇宙论的核心问题，一直到现在也是困扰人类的重大问题之一。张载的可贵之处在于认识到了这一问题的重要性，也意识到了这一问题的难度——"有无相接与形不形处知之为难"，"浊则形"的解释来源于经验层面，于逻辑上是讲不通的。

四　人道之"化"

1. 天之化与人之化

张载的哲学话语是天道人事"一滚论之"（《易说·系辞下》），论述天道的同时，也是在论述人事。前文已述，张载以"神"为太虚之气具有的神妙性能，同时又是圣人具备的一种神妙的精神境界；同样，张载在以"化"为气化的涵义，同时"化"也是人生修养、道德进阶的一个环节和一种境界。

---

① 黎靖德编：《朱子语类》卷九十九，第 2538 页。

　　张载的"天人合一"思想是在天人之间保持一定张力的合一，表现在对"化"的论述上，张载说：

> 神化者，天之良能，非人能；故大而位天德，然后能穷神知化。（《正蒙·神化》）

"大而位天德"化自《乾·文言》"飞龙在天，乃位乎天德"；"穷神知化"出自《系辞》，意思是穷究神妙的机能，认识事物的变化，《系辞》认为这是一种极高的德行，张载也认为这是圣人所具有的精神境界。张载认为，神化是天所具有的自然功能，而非人为的功能，作为人来说，就是要不断提高自己的修养，能达到"天德"的境界，就能充分认识天之神妙变化。天之良能是神化，而人不具有这一良能，人的任务就是通过修养功夫达到"穷神知化"，成为圣人，这样才能与天为一。

　　《易传》论"化"主要是指天道之"化"，人道是要通过修养功夫达到"知化"；张载通过将《中庸》"至诚为化"、"大德敦化"以及《孟子》"大而化之"等论"化"的内容和《易传》相结合，将天道之"化"与人道之"化"融为一体。张载说：

> 气有阴阳，推行有渐为化，合一不测为神。其在人也，智义利用，则神化之事备矣。德盛者穷神则智不足道，知化则义不足云。天之化也运诸气，人之化也顺夫时；非气非时，则化之名何有？化之实何施？《中庸》曰"至诚为能化"，孟子曰"大而化之"，皆以其德合阴阳，与天地同流而无不通也。（《正蒙·神化》）

在张载看来，天之化就是阴阳二气的运行变化，而人之化则是运用自己的理性和道德修养采取行动去顺应气之运行的时机。在儒家思想中，智，多指道德理性；义，指道德原则。张载认为，所谓化，在天指气之运行变化，在人指道德行为，这一行为要"顺时"——顺应气之变化运行的时机，运用自己的道德理性和道德原则，达到与阴阳合德、天地合流的境界。

　　张载十分重视《易传》"穷神知化"说，这和他的学术立场是分不开的。他在《易说》中说："圣人之意莫先乎先识造化，既识造化然后其理可穷。"在张载看来，《易传》所说的"穷神知化"恰好就是要人认识"造化"。

2. "化不可助长"

"化"不是靠勉强达到的。张载说：

> 穷神化知，与天为一，岂有我所能勉哉？乃德盛自致尔。(《正
> 蒙·神化》)

又

> 神不可致思，存焉可也；化不可助长，顺焉可也。(《正蒙·神
> 化》)

张载极力反对抱有功利心去追求"化"的境界，"化"是与天为一的圣人境界，圣人应该是超越了功利目的的；另外，"化"境更多的是一种道德境界，对道德境界的追求是通过自身的践履而非苦心极力的强求，只有道德修为达到一定程度，自然而然就会进入"化"境。因此，张载又说：

> "穷神知化"，乃养盛自致，非思勉之能强，故崇德而外，君子
> 未或致知也。(《正蒙·神化》)

又

> 大可为也，大而化不可为也，在熟而已。《易》谓"穷神知化"，
> 乃德盛仁熟之致，非智力能强也。(《正蒙·神化》)

这里还是强调"化"境不能刻意追求，只能通过道德修为达到，其他途径是不能达到"知化"的境界的。《易说·系辞下》也说道：

> 大可为也，大而化不可为也，在熟而已。盖大人之事，修而可
> 至，化则不可加功，加功则是助长也，要在乎仁熟而已。

张载强调"化"境的不可强求，是站在儒家一贯的价值立场，极度重视人的道德属性，作为实践理性的道德修养，其精神生命在于人的自觉自愿的践履，而非将其外在化、对象化和目的化。这一点可以看出《孟子》的道德学说在张载思想中的延续。《孟子·告子上》云："仁义礼智，非由外铄我也，我固有之也，弗思耳矣。"道德修养不是外在的东西，不能把它当作功利性的目标去刻意地强求，只能反求诸身，亲自践履，进德修业，所以张载一再强调"化不可求"。李景林先生指出：

> 儒家的文化意义是"教化"，其在哲学思想上亦特别注重一个"化"字，这个"化"的哲学意义，就是要在人的实存之内在转变、变化的前提下实现存在的"真实"，由此达到德化天下，以至参赞天地之"化"育的天人合一。①

张载一再说明的"德盛自致"、"非思勉之能强"就是在强调"内在转变"，其依据就是孟子所谓的"仁义礼智固有"说，其目标则是《易传》所谓的"穷神知化"。

3. "存神过化"

张载还主张在保持自身主体性的前提下，促使外物之"化"——"存神过化"。张载说：

> 徇物丧心，人化物而灭天理者乎！存神过化，忘物累而顺性命者乎！（《正蒙·神化》）

"徇物"即以身从物；"人化物而灭天理"出自《礼记·乐记》："夫物之感人无穷，而人之好恶无节，则是物至而人化物也。人化物也者，灭天理而穷人欲者也。""人化物"指人随外物变化。"存神过化"语出《孟子·尽心上》："夫君子所过者化，所存者神。"整段文意为，屈从外物的诱惑，丧失理智，那就是自己随着外物变化，从而毁灭了天性。人能存养精神，接触外物促使其发生变化，那就摒除了外物的诱惑，按照人的性命

---

① 李景林：《教化的哲学——儒家思想的一种新诠释》，黑龙江人民出版社2006年版，第5页。

行动①。此处是发挥《孟子》的"过化"学说，强调不能被物所化，而是促使外物的变化发展，这是借助《孟子》将《易传》之"穷神知化"向前推进了一步，从对"化"的深入认识上升到了发挥主体作用促进外物的变化发展。张载还说：

> 敦厚而不化，有体而无用也；化而自失焉，徇物而丧己也。大德敦化，然后仁智一而圣人之事备。性性为能存神，物物为能过化。（《正蒙·神化》）

此处又是以《中庸》和《易传》交互诠释，《中庸》云："小德川流，大德敦化"，这里的"化"指天地的化育功能，张载讲其理解为气化。整段话是说，个人有敦厚的德行，但不知道促使客观事物的发展变化，这是不够的，是仅仅有主体而没有发挥作用；但是，仅仅随着外物的变化而不顾及自己德行的亏损，就会丧失人的本性。圣人促使客观事物充实盛大的生成变化，做到仁德和智慧统一于一身，这样，圣人的事业就完备了。保养本性，使本性能够按照本性自己本来的规律发展，这就是做到了存养精神；以物为物，促使物按照自己本来的规律去发展变化，这就是做到了促进物化。

4. "人之化也顺乎时"

"时观"是《周易》中非常重要的一个理论体系，"时"有"时机"、"时势"、"时运"、"时宜"等含义②。程颐就将《周易》的基本性质及其原则概括为"随时变易以从道"（《易传序》）。张载论人道之"化"，也强调了"顺时"或"顺至理"、"达时中"的观点。张载说：

> 天之化也运诸气，人之化也顺夫时；非气非时，则化之名何有？化之实何施？（《正蒙·神化》）

天之"化"是阴阳二气的运动变化，人之"化"就是顺应时势而行动；没有阴阳二气的运动变化和由此而来的时势，"化"就无从说起，"化"

---

① 喻博文：《正蒙注译》，第 63 页。
② 郑万耕：《〈易传〉时观溯源》，载《周易研究》2008 年第 5 期。

的实际功用也是无从发挥。以《彖传》为代表，《易传》重"时"，认为六爻的吉凶因所处的条件而不同，因时而变，所以把因时而行视为美德。《易传》三言"与时偕行"就是强调人应该依据时机、时势而采取相应的行动。张载这里将《易传》的这一思想和气化理论相结合，提出人顺应时势而采取行动即是"化"。顺应时势，也就是顺应规律——

> 先后天而不违，顺至理以推行，知无不合也。虽然，得圣人之任者皆可勉而至，犹不害于未化尔。大几圣矣，化则位乎天德矣。（《正蒙·神化》）

"先后天而不违"出自《乾·文言》："夫大人者，与天地合其德，与日月合其明，与四时合其序，与鬼神合其吉凶。先天而天弗违，后天而奉天时，天且弗违，而况于人乎？况于鬼神乎？"郑万耕先生指出：

> 这是从天人合一的角度，对"与时偕行"加以论述，以凸显其形上学的价值。……所谓"先天"，即为天之前导，在天时变化尚未发生之前而行事，对自然加以引导、开发。所谓"后天"，即从天而动，在天时变化既已发生之后而行事，又注意适应。为天之先导，而天也从之；从天而动，则遵循天时，即能够顺应天时而行动。这便是"与天地合其德"。也就是说，圣人掌握了《周易》的法则，其德行则与天地日月四时的变化相一致。[①]

这里所谓"《周易》的法则"也就是张载所说的"至理"，"顺时"在这里被解释为"顺至理"，看清时势，把握时机其实就是对规律的认识和应用，就是对《周易》的法则的研究和运用。认识规律、顺应规律，达到智慧没有不符合天时，这就是"大而化之之谓圣"。张载这里是将孟子"大而化之"的观点和《易传》"与时偕行"的思想加以融会贯通，提出了"顺至理"而"化"的见解。

关于"化"的精神修养与"时"的联系，张载还强调了"达时中"：

---

① 郑万耕：《〈易传〉时观溯源》，载《周易研究》2008 年第 5 期。

> 神不可致思，存焉可也；化不可助长，顺焉可也。存虚明，久至德，顺变化，达时中，仁之至，义之尽也。（《正蒙·神化》）

"时中"观念是《周易》"时观"的重要内容，"与时偕行"必须以"时中"为准则。《象传》认为，中同时是相联系的，从而把"时中"即因时而行中道作为人的行为的准则。张载这里把依据时势而行中道作为达到"化"的精神境界的修养功夫，在他看来，"神"的精神境界不能通过努力思虑获得，而在善于存养；"化"的精神境界也不能通过拔苗助长的方式达到，顺应自然发展的秩序而逐渐达到。保持内心的虚静清明，恒久地修养崇高的道德，顺应自然的变化行动，依据时势而行中道，这就是"仁"的最高水平和"义"的终极之处①。

至此，张载以他天道神化与人道性命相贯通的理论体系为基础，对佛家和持"性恶论"者所谓的"化"的学说进行了批评：

> 世人取释氏销碍入空，学者舍恶趋善以为化，此直可为始学遣累者，薄乎云尔，岂天道神化所同语也哉！（《正蒙·神化》）

佛教学说认为世界的本性是空，只有在思维中排除一切存在现象的障碍，才能认识佛所谓的真如，佛家认为这就是"化"。持性恶论的荀子以人性为恶，主张"化性起伪"，以弃恶从善为"化"。在张载看来，这两种学说都是非常浅薄的说法，仅仅对初学者有排遣内心被物欲拖累的作用，与神化性命相贯通的理论是不能相提并论的。

---

① 喻博文：《正蒙注译》，第59—60页。

略论王家台秦简《归藏》的风格特征

辛亚民

1993 年 3 月，秦简《归藏》在湖北省江陵县荆州镇王家台出土，据学者研究认定，应为战国末年抄本。秦简《归藏》的卦画皆与今本《周易》对应，大部分卦名也与清人辑佚本《归藏》、今本《周易》及马王堆帛书《周易》相同①。

《归藏》作为先秦古书，其流传过程颇为曲折。汉代只见其名，不见其书，且刘歆《七略》和班固《汉书·艺文志》均未著录有《归藏》一书，以致《隋书·经籍志》认为，"《归藏》汉初已亡"；孔颖达《左传正义》也说："《连山》、《归藏》……二易并亡……世有《归藏易》者，伪妄之书。"至宋《宋史·艺文志》载有《归藏》薛贞注三卷，此三卷本随后亡佚，清马国翰《玉函山房辑佚书》与严可均《全上古三代秦汉三国六朝文》对《归藏》作了辑佚。至秦简《归藏》出土，证明《归藏》不伪。

《归藏》作为先秦占卜古书，与同是卜筮类古籍《周易》相比，其形式和内容都体现出自身的独有特点。笔者试图通过与《周易》的比较，从文本形式和思想内容两个方面对《归藏》的风格特征加以论述，以期对《归藏》能有更进一步的认识。

为讨论方便，兹将笔者整理的秦简《归藏》全文引录如下：

1. ䷒䷒曰：昔者夏后启是以登天，帝弗良而投之渊，寅共工以□江□

---

① 王明钦：《王家台秦墓竹简概述》，艾兰、邢文主编《新出简帛研究》，文物出版社 2004年版。

□501

2. ䷀天曰：朝朝不利为草木，赞赞称下□□181

3. ䷁朏曰：昔者效龙卜为上天而枚占□323

4. ䷃蒙曰：昔者□□卜□□

5. ䷄讼曰：昔者□□卜讼启□□□□

6. ䷆师曰：昔者穆天子卜出师而枚占于禺强，禺强占之曰：不吉。龙降于天，而道里修远；飞而冲天，苍苍其羽。439

7. ䷇比曰：比之茉茉，比之苍苍；生子二人，或司阴司阳；不□姓□□216

8. ䷉少督曰：昔者□小子卜其邦尚毋有咎，而枚占□206

9. ䷂履曰：昔者羿射陼比庄石上，羿果射之，曰履□□461

10. ䷯奈曰：昔者弦龙卜□□而枚占困京，困京占之曰：不吉。奈之□□2

11. ䷋否曰：昔者□□□□

12. ䷌同人曰：昔者黄帝与炎帝战于涿鹿之野，将战，而枚占巫咸，巫咸占之曰：果哉而有咎□□189

13. ䷍右曰：昔者平公卜其邦尚毋有咎，而枚占神老，神老占之曰：吉。有子其疾间瘳，四方敬贺，风雷不惊□302

14. ䷛大过曰：昔者日月卜望□□

15. ䷚颐曰：昔□

16. ䷮困曰：昔者夏后启卜其邦尚毋有咎，而枚占□208

17. ䷯井曰：昔者夏后启贞卜□319

18. ䷑蛊曰：昔者宋君卜封□而枚占巫苍，巫苍占之曰：吉。蛊之苍苍，蛊之欹欹，初有咎，后果遂214

19. ䷶丰曰：昔者上帝卜处□□而枚占大明，大明占之曰：不吉。□臣腮腮，牝□雄雄□304

20. ䷽小过曰：昔者殷小臣卜桃唐而枚占仲虺，仲虺占之曰：不吉。过其门言者□□523

21. ䷒临曰：□

22. ䷓观曰：昔者夏后启卜飨□

23. ䷿卒曰：昔者仙卜出云而枚占困京，困京占之曰：不吉。卒□305

24. ䷖复曰：昔者陼王卜复白雉□☐

25. ䷘无安曰：出入荡荡，室安处而野安藏，无妄☐471

26. ䷰曤曰：昔者殷王贞卜其邦尚毋有咎☐

27. ䷛散曰：昔者禹卜食散实而枚占大明，大明占之曰：不吉。散其☐

28. ䷻节曰：昔者武王卜伐殷而枚占老考，老考占之曰：吉。☐194

29. ䷤涣曰：昔者高☐328

30. ䷦寋曰：☐

31. ䷨损曰：☐

32. ䷞咸曰：☐

33. ䷟恒曰：昔者女娲卜作为缄而☐476

34. ䷙罷曰：昔者赤鳥止木之处，初鸣曰鹊，后鸣曰鳬，有夫娶妻，存归其家☐212

35. ䷠娔曰：昔者☐5

36. ䷹兑曰：兑兑黄衣以生金，日月并出，兽□☐334

37. ䷝丽曰：昔者上☐

38. ䷸劳曰：昔者蚩尤卜铸五兵而枚占赤帝☐536

39. ䷳陵曰：昔者赤乌卜浴水，通而现神，为木出焉，是帝☐503

40. ䷈介曰：交交黄鸟，杂彼秀墟，有丛者□□有□□人民☐207

41. ䷵归妹曰：昔者姮娥窃不死之药于西王母以奔月，而枚占有黄，有黄占之曰：吉。翩翩归妹，独将西行，逢天晦芒，毋惊毋恐，后且大昌。☐201

42. ䷴渐曰：昔者殷王贞卜其邦尚毋有咎，而枚占巫咸，巫咸占之曰：不吉。不渐于☐335

43. ䷢晋曰：昔者夏后启卜醮帝晋之墟，作为钧台于水之阳，而枚占皋陶，皋陶曰：不吉。336

44. ䷣明夷曰：昔者夏后启卜乘飞龙以登于天，而枚占皋陶，皋陶占之曰：吉。吉而必同，与神交通；以身为帝，以王四乡。☐

45. ䷑蛊曰：昔者殷王贞卜其邦尚毋有咎，而枚占巫咸，巫咸占之曰：不吉。蛊其席，投之溪；蛊在北，为牝□☐213

46. ䷿未济□□□枚卜□□□□☐

47. ䷼遂曰：遂茝以入为羽，不高不下即利，初事有利□☐463

48. 　亦曰：昔者北敢大夫卜逆女娲而枚占□343

49. 　随曰：昔者北敢大夫卜逆女娲而枚占□□404

50. 　噬曰：□之□噬嗑之□□□537

51. 　贲曰：昔□

52. 　中孚曰：帝□卜□317

53. 　大壮曰：昔者丰隆卜将云雨而枚占困京，困京占之曰：吉。大山之云徐□196

（一）文本形式的特征

1. 有卦无爻的文本形式

《归藏》文本相比较《周易》，其形式上的最大特点就是"有卦无爻"。《归藏》每一卦都是由六爻组成，卦名与《周易》大多一致，但是只有卦辞，却没有爻辞。此是《归藏》在文本形式方面与《周易》相比最突出的差别。《归藏》的这一形式特征使其诠释空间大大受限。一方面，和《周易》相比，《周易》有六十四条卦辞，三百八十六条爻辞，而《归藏》只有六十四条卦辞，有限的字数、有限的内容，这是对《归藏》加以诠释发挥所面临的先天困难；另一方面，《周易》正是因为有了六爻之分，为后来《易传》及以后的易学家的发挥、创造提供了广阔的空间，以致产生了系统、丰富的爻位、象数理论，推动易学自身获得了极大的发展。而《归藏》缺乏爻位支撑，仅凭单调的卦名、卦辞，不能发展出类似《周易》的爻位理论，自然也不为历代易学家所重视。《归藏》在学术史上的影响远不及《周易》，其流传过程曲折，甚至被疑为伪书，如果从文本形式方面探究原因的话，"有卦无爻"的文本形式是其重要原因。

2. 程式化的卜例繇辞

《归藏》的内容较为程式化，其卦名后的卦辞按照行文格式可划分为两类，一类属卜例，一般是以"昔者"开头，然后说"某某""枚占"于"某某"，结果为"吉"或"不吉"，后接韵语性质的繇辞。可惜的是，由于竹简残断严重，这类卦辞大多保留了前半部分，即"昔者某某枚占于某某"，而后半部分繇辞大多残缺，少量根据辑本得以补全。另一类是卦名之后直接接韵语性质的繇辞，同样由于竹简的残损，没有完整保留。

就第一类"卜例式"卦辞而言，占《归藏》内容的多数，这种程式化的行文一方面鲜明地体现了《归藏》一书的卜筮性质——明确说明了某人向某人占卜；另一方面则影响了后世学者的发挥创造，而且其后半部分所接的韵语式繇辞也是受到前半部分卜例的限定，显得刻板、单调，很难有诠释发挥的余地。试举一例：

> ䷖师曰：昔者穆天子卜出师而枚占于禺强，禺强占之曰：不吉。龙降于天，而道里修远；飞而冲天，苍苍其羽。

"穆天子"即周穆王，古籍记载是一位极具神话色彩的帝王天子，其事见《穆天子传》、《列子》等书。"禺强"，古神名。《山海经·大荒东经》载："黄帝生禺虢，禺虢生禺京。禺京处北海，禺虢处东海，是为海神。"郭璞注："禺京，即禺强也。"禺强，又作禺彊。《山海经·海外北经》载："北方禺彊，人面鸟身，饵两青蛇，践两青蛇。"郭璞注："禺彊，字玄冥，水神也。"《庄子·大宗师》说："禺强得之，立于北极。"袁轲《中国神话词典》以为"禺强之神职，实海神而兼风神"。这说明"禺强"是我国古神话传说中神的名字，此处穆王以出师之事卜问于他。"龙降于天……苍苍其羽"为韵语，系繇辞。道里，道路、路途之义，《管子·七法》："有风雨之行，故能不远道里矣。"郭璞《穆天子传》注引《竹书纪年》曰："穆王西征，还里天下，亿有九万里。"可以视作穆王西征"道里修远"的一个注脚。"苍苍"，青色貌，《广雅·释器》："苍，青也。"整句卦辞意为：昔者穆天子以出师之事向禺强占问，禺强占卜后说："不吉。龙从天而降，但路途远长；腾飞上天，羽色青黑。"

就此条卦辞而言，是一条卜筮记录。前半部分讲求卜之人、卜问之事及卜问之神，很程式化；中间是占断之辞——"不吉"，非常明确；后半部分是韵语式的繇辞，用取象的手法，以"龙"喻"穆王"，以"道里修远"说明为何"不吉"——取象直白，语言形式也显得缺乏突出的特点。

相比较而言，《周易》卦爻辞的行文形式则要灵活和丰富得多，其卦爻辞的类型多样，如学者所言，有"记事之辞"、"取象之辞"、"说事之辞"、"断占之辞"等①，虽然也是为占卜服务，但其判断吉凶的形式却很多样，有纯粹用来确定吉凶的文辞，如乾卦卦辞："元亨，利贞"；有单

---

① 参见杨庆中《周易经传研究》第二章《易经中的卦爻辞》，商务印书馆2005年版。

纯叙事而不对吉凶作出判断的，如坤卦"初六"爻辞："履霜，坚冰至"；有先叙事而后确定吉凶的，如乾卦"九三"爻辞："君子终日乾乾，夕惕若。厉，无咎"；有先定吉凶后叙事的，如小畜卦卦辞："亨，密云不雨，自我西郊"；还有在一卦或一爻中兼及数事，以占筮的先后为序，叙事、定吉凶的，如复卦卦辞："亨，出入无疾，朋来无咎。反复其道，七日来复。利有攸往。"这些不同形式的卦爻辞，其涉及的内容也相当广泛，有战争、祭祀、生产、婚姻、行旅、打猎等当时人类社会的生活情况，也涉及当时发生的气候变化、天象情况、自然灾害等。正是由于其形式多样，内容丰富，后世学者才得以多角度、全方位的对其加以开掘、创新。从思想史的角度而言，《周易》卦爻辞相比《归藏》，涉及宗教观念、人生态度、伦理观念以及对周围世界的总的认识的内容要丰富得多，比如卦爻辞中反映出的天道人事具有一致性的思想，人生境遇可以转化的思想，以及对人的劝诫等①，都是《归藏》卜例繇辞中很难找到的内容，而正好是这些内容，对后来的易学发展起到了深刻的影响，《周易》被认为是讲天道人事的学问，也是由此推演而来。

（二）思想内容的特征

1. 托"神"言事的叙述方式

就思想内容而言，《归藏》有一个突出的特点，即"托神言事"。《归藏》卜例中所提及的人物，大多是上古神话人物或具有神话色彩的历史人物，如夏后启、女娲、黄帝、蚩尤、丰隆、鲧、后羿、姮娥、夏桀、殷王、武王、穆天子、西王母、仓颉、炎帝等，所以这些卜例应该是虚拟的②。大量运用神话人物的内容反映了《归藏》作者的一种思维特点，即假借原始信仰的资源来显示、维护和加强占卜的神秘性和神圣性，从而树立其权威性，我们不妨称其为"托神言事"。

相比较而言，《周易》卦爻辞也是与原始的宗教信仰有关，但其思想内容又不局限于宗教迷信，包含了诸多思维方式的萌芽。具体来说，它虽然也是源于"神道"，但是却包含有"设教"的良好契机和条件。如《周易》卦爻辞中一些涉及古代宗教迷信的内容，但其思想却表现出了一定

---

① 参见朱伯崑《易学哲学史》第一卷，昆仑出版社 2005 年版，第 23 页。
② 参见李学勤《周易溯源》，巴蜀书社 2006 年版，第 294 页。

的辩证思维，如"东邻杀牛，不如西邻之禴祭，实受其福"。此外，如"无平不陂，无往不复"、"大往小来"、"小往大来"、"君子终日乾乾，夕惕若，厉，无咎"，以及乾卦六爻爻辞"龙"的飞升变化，都包含有对立面互相转化的思想，这为后来《周易》由卜筮之书升华为哲学之书提供了良好的基础。再如，有些卦爻辞不仅示人以吉凶，同时予人以教训，令人的行为按某种规范而行动。如谦卦初六爻辞说："谦谦君子，用涉大川，吉。"谦即谦卑，认为君子有谦卑的品德，过大川可平安无事。恒卦六五爻辞说："恒其德，贞。妇人吉，夫子凶。"这是说，做妻子的德行有恒，遇事吉利。做丈夫的恒守其德，不能唱义断事，遇事则凶。这些说明，吉凶之事是同人的品德联系在一起的。此外，《归藏》的卦辞断语只有简单的"吉"和"不吉"两类，而《周易》卦爻辞中的断语，除吉凶、得失、利不利之外，经常使用"咎"、"悔"、"吝"。按后来《系辞》的解释，大的得失，则以吉凶明之，小的问题则以"咎"、"悔"、"吝"示之。不能补过者则明"咎"，善于补过者则明"无咎"。有小缺点，则以"悔"、"吝"劝告之。这就意味着事情的吉凶又同人能否悔恨改过联系在一起的。而《归藏》卦辞的内容，只是记录所卜之事，并加以"吉"或"不吉"的断语，而卦爻辞对所占之事则强调其教训的意义，由"神道"这一卜筮的外壳，最终落实在了"设教"这一人事问题上。

总的来看，《归藏》的思想内容，不但直接引用神话人物、神话传说，而且这些神话人物都是明确作为问卜之人和筮人存在，整个卦辞就是单纯讲述占卜一事，且只有"吉"或"不吉"这两种结果。这种仅仅服务于占卜迷信的单一而刻板的思维方式，很难让人在思想方面有更多的发挥和开掘，因为它仅仅停留在"神道"的层面，而缺乏上升至"设教"的条件和契机，因而在学术史，尤其是思想史方面的影响和地位，与同是源于卜筮的《周易》最终有了天壤之别。

2. 单调刻板的繇辞内容

《归藏》卦辞出大量卜例内容外，还有一些均为韵语、歌谣性质的繇辞，试举几例：

䷛肅曰：昔者宋君卜封□而枚占巫苍，巫苍占之曰：吉。肅之苍苍，肅之轶轶，初有吝，后果遂214

☱☷无妄曰：出入荡荡，室安处而野安藏，无妄▨471

☷☳介曰：交交黄鸟，杂彼秀墟，有丛者□□有□□人民▨207

☱☳归妹曰：昔者姮娥窃不死之药于西王母以奔月，而枚占有黄，有黄占之曰：吉。翩翩归妹，独将西行，逢天晦芒，毋惊毋恐，后且大昌。201

▨□下，以求不得，以田伤马。……▨482

▨陈，众龙之蕾，群神伏匿，大臣不朝。259

▨□于溥，唯花作作，不出而利后之，亡羊得牛。538

《归藏》所载卜例虽有托古之嫌，其中一些繇辞也多文气不古，但就部分韵语、歌谣性质的繇辞而言，其文辞特征确实给人以古奥的印象，也许有较早的来源，但苦于竹简残损严重，传世材料有限，很难做一考证，兹就现有材料，谈谈笔者的一些不成熟的意见。

《归藏》中的具有韵语、歌谣性质的繇辞大多直接和占卜结果相联系，其内容明确示意"有利"或"不利"的结果，显得单调、刻板。如上文所举439号简师卦，其占卜结果为"不吉"，其后的繇辞即说"龙降于天，而道里修远"，显得很直白。再如201号简归妹卦，其占卜结果为"吉"，后面的繇辞即说"毋惊毋恐，后且大昌"，这就几乎完全属于占卜术语了。同样，"初有咎，后果遂"，"出入荡荡，室安处而野安藏，无妄"，"以求不得，以田伤马"，"众龙之蕾，群神伏匿，大臣不朝"，"不出而利后之，亡羊得牛"，等等，其指向性很明显，多是单一指向"吉"或者"不吉"的功利目的，再加上语句单薄，没有更多内容（爻辞）的支撑，显得过于单调和刻板，要对其加以艺术或思想的加工，困难重重。

相比较而言，韵语、歌谣性质的繇辞在《周易》卦爻辞中屡见不鲜，这些韵语、古歌在思想、艺术方面相比《归藏》就要高出一筹。《周易》卦爻辞的选择、编排、文字加工，显示出了编者的独具匠心。如中孚卦九二爻辞："鸣鹤在阴，其子和之；我有好爵，吾与尔靡之。"其表现亲情，其乐融融，可以说是不折不扣的诗歌，毫不逊色于《诗经》中的作品。类似的还有震卦卦辞"震来虩虩，笑言哑哑，震惊百里，不丧匕鬯"等。还有一些筮辞，内容生动，感情充沛，极具艺术效果，如中孚卦六三爻辞说"得敌，或鼓或罢，或泣或歌"。此是写战争情形，兵士或有余勇而击鼓，或已精疲力竭，或悲伤而哭泣，或动情而吟唱。场面真实生动，感情浓烈，有很强的艺术感染力。再如"无平不陂，无往不复"，"其亡其亡，系于苞桑"等，在思想方面本身就包含有深刻的内容，带给人的不仅仅是单纯的对占卜结果的示意，更多的是周围世界的思考、反省。这些繇辞虽然也是用于占卜，但它们相比较《归藏》繇辞，更多的是采用了较为艺术或思辨的手法，使得占问吉凶的功利目的的色彩大大减弱，在带给人审美享受、思考省察的同时，也为读者作进一步的诠释、创造提供了充分的空间。

通过以上比较，我们可以发现《归藏》在易学史上地位和影响有限的主要原因，而其流传过程也是一波三折，命运多舛，其最终导致亡佚的结果，在笔者看来，绝非偶然。